SAS Enterprise Guide

손쉽게 따라 하는 SAS 가이드

SAS 에반젤리스트 저
김소연 · 류연서 · 엄선현
이재일 · 정재민 · 정준혁
채수민 · 최정윤 · 한노아

기능편

제2판

자유아카데미

SAS Enterprise Guide

손쉽게 따라 하는 SAS 가이드

SAS 에반젤리스트 지음
김소언 · 류언서 · 엄선현
이재일 · 정재민 · 정준혁
채수민 · 최정윤 · 한노아

기능편

제2판

자유아카데미

SAS 에반젤리스트

김소연 | 류연서 | 엄선현 | 이재일 | 정재민
정준혁 | 채수민 | 최정윤 | 한노아

SAS 에반젤리스트는 Big Data 기반의 CRM, 데이터마이닝, Fraud 방지, 비즈니스 최적화, 비즈니스 인텔리전스, 데이터 통합, SAS 문제 해결 등을 담당하고 있는, 한국싸스소프트웨어의 SAS 전문가로 구성된 팀입니다.

SAS Enterprise Guide 제2판

손쉽게 따라 하는 SAS 가이드

저 자 SAS 에반젤리스트
발 행 인 김지영
발 행 처 자유아카데미
주 소 경기도 파주시 회동길 37-42 파주출판도시
전 화 031-955-1321
팩 스 031-955-1322
홈페이지 www.freeaca.com
전자우편 main@freeaca.com (대표)
editor@freeaca.com (편집)
crm@freeaca.com (영업)
등 록 제406-2003-017호, 1980. 7. 12
제2판1쇄 2025년 6월 5일 발행

저자와의 협의하에 인지생략

ISBN 979-11-5808-716-6 93310

추천사

존경하는 독자 여러분, 그리고 SAS를 사랑해주시는 모든 분들께

세계적인 데이터 및 AI 선도 기업인 SAS(www.sas.com)의 한국 법인, SAS코리아가 올해 창립 35주년을 맞이했습니다. 오랜 역사와 전통 속에서 SAS코리아는 배움에 대한 뜨거운 열정을 기업 문화의 중요한 가치로 삼아왔습니다. 제가 2002년 6월, 대한민국이 한일 월드컵에서 4강 신화를 이룬 시기에 SAS코리아에 입사하여 마케팅 업무와 금융 영업대표로서 데이터 및 통계 분석 솔루션 시장에 첫발을 내디뎠을 때, 동료들과 밤낮없이 SAS 비즈니스 솔루션을 연구하며 열띤 토론을 나누던 기억이 아직도 생생합니다. 이러한 끊임없는 학습 문화는 SAS코리아가 눈부신 성장을 이루는 든든한 토대가 되었다고 믿습니다. 그리고 오늘, 대표이사로서 다시 이 자리에서 SAS의 빛나는 인재들과 함께 배우고 토론할 수 있게 된 것을 진심으로 기쁘게 생각합니다.

오늘, SAS의 대표적인 제품인 SAS Enterprise Guide에 대한 훌륭한 안내서, 『손쉽게 따라 하는 SAS Enterprise Guide 제2판』이 출간된 것을 진심으로 축하드립니다. 이 책은 SAS 제품에 대한 깊은 애정을 바탕으로 자발적으로 모인 사내 동호회 'SAS 에반젤리스트' 여러분의 열정과 노력의 결실입니다. 귀한 시간과 정성을 쏟아 이 책을 집필해 주신 모든 에반젤리스트 여러분께 깊이 감사드립니다.

SAS Enterprise Guide는 오랜 시간 동안 고객 여러분의 꾸준한 사랑을 받아온 SAS의 대표 제품이자, SAS의 핵심 가치를 가장 잘 담고 있는 솔루션입니다. 복잡한 데이터 분석의 장벽을 낮추어 누구나 쉽고 빠르게 데이터로부터 의미 있는 통찰을 얻고 가치를 창출할 수 있도록 돕는 SAS Enterprise Guide는 오늘날에도 여전히 강력한 경쟁력을 자랑합니다. 이미 많은 고객들이 SAS Enterprise Guide를 통해 업무 프로세스를 혁신하고, 협업을 증진하며, 새로운 비즈니스 가치를 창출하고 있습니다.

이번에 출간된 『손쉽게 따라 하는 SAS Enterprise Guide 제2판』은 바로 이 SAS Enterprise Guide를 더욱 깊이 이해하고, 실무에 효과적으로 적용할 수 있도록 친절히 안내하는 최고의 길잡이가 될 것입니다. 아울러 이 책은 SAS의 빛나는 과거를 이어받아

미래로 나아가는 SAS 인재들의 열정과 노력이 고스란히 담긴 값진 결과물이기도 합니다. 이 책을 통해 더 많은 분들이 데이터라는 광활한 세계로 나아가는 여정에서 원하는 목적지를 향해 힘차게 나아가시기를 진심으로 응원합니다.

감사합니다.

한국쌔스소프트웨어(유) 대표이사 이중혁

추천사

데이터 과학과 통계 분석의 중요성이 그 어느 때보다 부각되는 시대에 출간된 『손쉽게 따라 하는 SAS Enterprise Guide 제2판』은 초보자부터 실무자까지 폭넓은 독자층을 위한 탁월한 실습 안내서입니다. 핵심 기능을 체계적으로 소개한 기능편, 다양한 통계 기법을 실무 중심으로 설명한 분석편, 금융·공공·제조 등 산업별 사례를 담은 응용 파트까지, 실제 업무에 바로 적용 가능한 구성은 이 책의 가장 큰 강점입니다. SAS Korea 에반젤리스트의 열정이 깃든 이 책이 통계와 데이터 과학의 대중화에 소중한 디딤돌이 되기를 기대합니다.

강기훈 교수, 한국외국어대학교 통계학과, 한국통계학회 회장

SAS Enterprise Guide의 핵심 기능을 체계적으로 정리하고, 다양한 산업 분야의 실전 분석 사례까지 폭넓게 다룬 이번 개정판은 데이터 분석을 처음 접하는 입문자부터 현업에서 분석을 수행하는 실무자까지 모두에게 유익한 안내서입니다. GUI 기반 환경에서 데이터 불러오기, 전처리, 시각화, 리포팅을 손쉽게 수행할 수 있도록 구성되어 있으며, 금융, 보험, 공공, 제조, 유통 등 다양한 산업군의 실제 분석 시나리오를 통해 실무 적용력을 높였습니다. 특히, 분석 기법에 대한 이론적 설명과 예제 중심의 실습 구성이 탁월하여, 독자 스스로 분석 역량을 체계적으로 쌓아갈 수 있습니다. 실질적인 인사이트를 도출하고, 데이터를 기반으로 가치 창출을 고민하는 모든 분석 실무자에게 꼭 권하고 싶은 책입니다.

고영현 데이터사이언스 실장/상무, 롯데카드

『SAS Enterprise Guide 제2판』의 출판을 진심으로 축하드립니다. 메리츠화재의 경우 본사 내근직이 SAS EG를 통하여 비정형 자료 및 실적 데이터를 자유롭게 추출하여 활용하고 있습니다. 이번 개정판에는 제품 설명 및 사용 방법이 매우 상세히 설명되어 있어 처음 사용하는 유저라고 해도 누구라도 SAS EG를 이해할 수 있고, 핵심 기능부터

심층 분석 기법까지 체계적으로 안내되어 도움이 됩니다. 특히, 새롭게 추가된 분석 응용 파트에서는 금융, 공공, 보험, 제조, 유통 다양한 산업 분야의 실제 분석 사례를 제시하여 실무 역량을 강화하는 데 큰 도움이 될 것이라 기대됩니다. SAS 사용자라면 읽어보실 만한 유용한 지침서라고 확신합니다.

김재희 차장, 메리츠화재 IT 개발파트, SAS Enterprise Guide 사용자

데이터는 해석될 때 비로소 가치를 지닙니다. SAS Enterprise Guide는 요즘 Low Code 트렌드에 맞게 복잡한 코드 없이도 강력한 분석의 세계로 사용자를 이끄는 SAS의 대표적인 도구입니다. GUI 기반의 직관적인 환경은 초보자에게는 친절함을, 숙련자에게는 효율성을 제공합니다. 이 책은 SAS Enterprise Guide를 알기 쉽게 풀어낸 안내서로, 데이터 기반 의사결정을 고민하는 모든 이들에게 든든한 길잡이가 되어줄 것입니다. 데이터 분석의 장벽을 낮추고 통찰의 문을 열어주는 이 도구와 책이 만나, 더욱 많은 이들이 데이터의 힘을 경험하게 되기를 기대합니다.

최병정 전무, 에이아이웍스 AIX 사업개발본부,
전 하나카드 AI/데이터 총괄 임원, SAS 에반젤리스트 창립 리더

대학에 입학해 처음으로 SAS를 접한 이후, 어느덧 30년 가까운 시간을 함께해 왔습니다. 데이터 분석가라 하면 곧 SAS 사용자라는 등식이 성립하던 시절을 살면서 저 역시 당연하게 SAS를 사용했고, 자부심도 가졌던 것 같습니다. SAS는 직관적이고 간결한 문법으로 다양한 통계 기법을 활용할 수 있도록 설계된 사용자 친화적인 철학이 고스란히 담긴 도구인 것 같습니다. 이처럼 실용적인 관점에서 사용자들에게 도움이 될 만한 책이 출간되어, 기쁜 마음으로 진심 어린 축하와 응원의 인사를 전합니다.

홍내리 파트장, CPC 전략실, 삼성생명

들어가며

SAS Enterprise Guide(이하 EG)는 'Low-code/No-code'라는 용어가 회자되기 훨씬 이전부터 LCNC의 가치를 묵묵히 추구해 온 분석 도구입니다. 비즈니스에 대한 깊이 있는 이해가 데이터와 만났을 때 얼마나 놀라운 통찰과 가치를 창출할 수 있는지, SAS EG는 오랜 시간 현장에서 증명해 왔습니다. 많은 실무 분석가들이 '코딩'이라는 장벽을 넘어 데이터 분석의 세계로 나아가는 데 있어, SAS EG는 든든한 발판이 되어주었습니다. 이러한 이유로 지금도 많은 고객께서 SAS EG 학습 방법과 참고할 만한 교재에 대해 꾸준히 문의를 주고 계십니다.

SAS EG는 일단 익숙해지면 매우 직관적이고 강력한 도구입니다. 어떤 분석 툴이든 사용법을 익히면 더 능숙하게 다룰 수 있는 것처럼, SAS EG 역시 좋은 안내서를 만난다면 그 잠재력을 훨씬 효과적으로 발휘할 수 있습니다. 그러나 아쉽게도 SAS EG를 전문적으로 다룬 서적은 시중에서 좀처럼 찾아보기 어려웠습니다. 이러한 갈증을 해소하고자, 과거 SAS 에반젤리스트 여러분께서 뜻을 모아 『손쉽게 따라하는 Enterprise Guide』를 출간한 바 있습니다. 이후에도 SAS EG는 꾸준히 발전하여 새로운 기능들이 추가되었고, 최신 버전의 기능을 반영한 새로운 지침서의 필요성이 커졌습니다. 이에 최신 SAS EG 8.0 버전에 맞춰 내용을 전면 개정하여 독자 여러분을 다시 만나 뵙게 되었습니다.

이번 개정판은 초판의 구성을 계승하여 '기능편'과 '분석편'으로 나뉘어져 있습니다. '기능편'에서는 SAS EG의 핵심 기능을 상세히 소개하고, 데이터를 효과적으로 불러오고 가공하며 시각화하는 방법을 체계적으로 안내합니다. '분석편'에서는 기초 통계부터 심화된 다변량 분석 기법까지 다양한 분석 방법론을 실제 예제 실습을 중심으로 설명하여 독자 여러분의 이해를 도왔습니다. 특히, 이번 개정판에는 '응용' 파트를 새롭게 추가하여 금융(로지스틱 회귀), 공공(범주형 자료 분석), 보험(상관분석 및 회귀분석), 제조(분산분석), 유통(군집분석) 등 다양한 산업 분야에서의 분석 사례를 제시하였고, 이를 통해 실제 현장에서 활용할 수 있는 분석 노하우를 전하고자 심혈을 기울였습니다.

각 실습에서 사용된 예제 데이터 파일은 My SAS 홈페이지(www.mysas.co.kr) 또는 자유아카데미 홈페이지(www.freeaca.com) 자료실을 통해 제공할 예정이니 참고하기를 바랍니다.

이 책이 세상에 나올 수 있도록 전폭적인 지지와 격려를 보내주신 SAS 코리아 이중혁 사장님께 진심으로 감사드립니다. 잊혀져가던 에반젤리스트 활동을 다시 일으켜 주시고, 집필에 전념할 수 있도록 아낌없이 지원해 주신 사장님께 깊은 존경과 감사의 말씀을 전합니다.

SAS 에반젤리스트는 R&D, 컨설팅, 기술지원 등 다양한 부서의 구성원들이 자발적으로 참여하는 사내 비공식 동호회입니다. 저희는 '동호회'라는 이름에 걸맞게, 업무 외 소중한 개인 시간을 들여 이 책을 집필했습니다. 마감 전에는 본업을 마친 늦은 밤까지도 머리를 맞대고 원고를 다듬는 날들이 이어졌습니다. 힘든 순간도 있었지만 지금은 모두 소중한 추억으로 남았습니다. 함께 땀 흘린 모든 SAS 에반젤리스트 구성원들에게 진심으로 고마움을 전합니다.

끝으로, 이 책을 선택해 주신 모든 SAS EG 사용자와 독자 여러분께 깊이 감사드립니다. 이 책이 여러분의 데이터 분석 여정에 든든한 동반자가 되어, 더 깊고 넓은 통찰의 세계로 나아가는 데 작은 보탬이 되기를 바랍니다.

2025년 6월

저자 일동

차 례

1장 Enterprise Guide 개요

4장

결과물 및 프로젝트 관리

부록
SAS 포맷과 함수

1장

Enterprise Guide 개요

Enterprise Guide는 누구나 손쉽게 사용할 수 있는 분석 도구이다. 하지만 처음 이 도구를 접하는 사용자는 낯선 환경에 어려움을 느낄 수 있다. 따라서 1장에서는 Enterprise Guide의 기본 개념과 GUI 환경을 소개한다. 특히 따라하기 쉬운 예제를 통해 신규 사용자가 Enterprise Guide 환경에 보다 빠르게 익숙해질 수 있도록 돕고자 한다.

01 | Enterprise Guide 소개

1.1 Enterprise Guide란?

Enterprise Guide는 GUI 환경에서 코딩 없이 SAS의 강력한 분석 및 데이터 처리 기능을 쉽게 활용할 수 있도록 돕는 뛰어난 데이터 과학 도구이다. 현장에서는 Enterprise Guide를 줄여 'EG'라고도 부른다. SAS 직원들 사이에서 EG는 오래전부터 'Easy'하다고 알려져 있었다. 이는 EG가 분석에 필요한 모든 기능을 단일 환경에서 제공하기 때문이다. 특히, 코딩 없이 데이터 처리와 분석을 모두 수행할 수 있다는 점은 강력한 장점이다. 이러한 이유로 EG는 'SAS의 맥가이버 칼(The Swiss Army Knife of SAS)'로 불리기도 한다.

[그림 1. 1] Enterprise Guide가 지원하는 분석 프로세스

이 책의 독자는 EG를 활용하여 원하는 데이터에 쉽게 접근하고, 필요한 형태로 가공할 수 있다. 이후, SAS의 다양한 분석 기능을 활용하여 데이터를 분석하고, 그 결과를 리포트나 그래프로 신속하게 생성할 수 있다. 뿐만 아니라, 분석 작업을 스케줄링하여 자동화하고, 다른 사용자와 분석 프로세스를 공유하는 등 다양한 방식으로 분석 환경을 개선할 수 있다.

EG는 사용하기 쉬운 윈도우 기반 분석 도구로 다음 기능을 제공한다.

- 직관적이고 사용하기 쉬운 인터페이스
- SAS의 강력한 통합 분석 기능을 GUI 환경에서 활용
- 데이터 형태, 종류, 물리적 위치에 관계없이 자유로운 접근 가능
- 다양한 데이터 소스를 통합하여 가공 및 분석 수행
- 그래프, 리포트 생성, 통계 분석 수행 및 분석 프로세스 자동화 지원

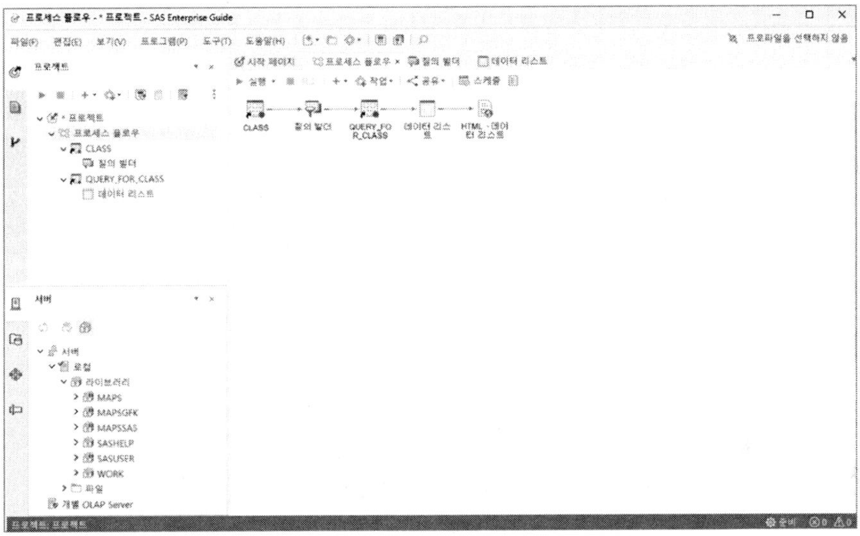

[그림 1. 2] SAS 프로그래밍 환경 지원

1.1.1. Enterpr]ise Guide 사용자 유형

SAS 분석 경험과 수준에 따라 EG 사용자는 크게 다음과 같이 나눌 수 있다.

1. SAS 분석 경험은 없지만, 데이터를 빠르고 유연하게 분석하고 싶은 사용자

SAS나 통계 분석 경험은 없지만, 다양한 형태의 데이터에 쉽게 접근하고 가공·조합하여 분석하고 싶은 사용자. 또한, 리포트를 생성하고 반복 작업을 자동화하려는 사용자.

2. 프로그래밍 방식으로 SAS를 사용해온 통계 분석가

GUI 환경에서 SAS의 다양한 비정형 통계 분석을 쉽고 빠르게 수행하는 것은 물론, 기존 SAS 프로그래밍을 보다 편리한 환경에서 활용하고자 하는 사용자.

1.1.2. 어떠한 소프트웨어가 필요한가?

사용자가 EG에서 분석 작업을 실행하면, EG는 해당 작업을 수행할 SAS 코드를 자동으로 생성하여 SAS 시스템으로 전송한다. SAS 시스템은 이 코드를 실행한 후, 실행 결과와 로그 등을 다시 EG로 반환한다. 즉, EG는 자체적인 분석 엔진이 없으며, 분석에 필요한 SAS 코드만 생성한다. 따라서 EG를 사용하려면 반드시 접근 가능한 SAS 시스템이 필요하다.

[그림 1. 3] 필수인 SAS 시스템

EG는 Windows 환경에서 사용자 PC에 설치된다. 반면, SAS 시스템은 별도의 SAS 서버에 설치되거나, 사용자 로컬 PC에 EG와 함께 설치될 수도 있다. 일부 경우에는 SAS 시스템이 원격 SAS 서버와 로컬 PC에 동시에 설치되기도 한다. 이 경우, EG를 통해 각 SAS 시스템에 접근할 수 있으며, SAS 코드 실행 시 사용할 서버를 지정할 수도 있다.

SAS 시스템은 분석 목적에 따라 다양한 세부 옵션을 포함한다. 또한, EG에서 기본적인 통계 분석, 그래프 작성, 리포팅 작업을 수행하려면 BASE SAS와 함께 SAS/STAT, SAS/GRAPH 등이 필요하다. DBMS 데이터에 직접 접근하려면 SAS/ACCESS 모듈이 필요하다. 이 밖에도 분석 목적에 따라 시계열 분석을 위한 SAS/ETS, 품질 관리를 위한 SAS/QC, 데이터 마이닝을 위한 Enterprise Miner 등 다양한 추가 모듈을 사용할 수 있다.

1.2 Enterprise Guide분석을 위한 주요 개념

EG에서 분석을 수행하려면 먼저 데이터를 가져와야 한다. 불러온 데이터는 작업(Task)이라는 GUI 환경에서 가공하고 분석할 수 있다. 분석 결과는 다양한 파일 형식으로 저장할 수 있다. 데이터 접근부터 최종 분석까지의 과정은 프로세스 플로우를 통해 시각적으로 표현된다. 이를 활용하면 처리 및 분석 과정을 쉽게 관리할 수 있다. 또한, EG는 다양한 형태의 소스 데이터에 접근할 수 있다.

1.2.1. Enterprise Guide로 분석할 수 있는 데이터

EG로 분석할 데이터는 SAS 서버 또는 EG가 설치된 로컬 PC에 존재할 수 있다. 앞서 설명한 것처럼 실제 분석은 EG가 아닌 SAS 시스템에서 이루어진다. 따라서 EG가 SAS 서버에 연결된 상태에서 로컬 PC의 데이터를 가져오면, 해당 데이터는 SAS 서버 영역으로 이동하게 된다. 또한, EG는 다양한 형태의 소스 데이터에 접근할 수 있다.

- 클라이언트 (로컬) 및 원격의 SAS 데이터셋
  - 모든 SAS 데이터셋
- 클라이언트 (로컬) 및 원격의 SAS 외 데이터
  - 대부분의 상용 데이터베이스의 테이블(Oracle, DB2, Teradata등의 데이터베이스에 직접 접근하려면 Access를 위한 별도의 라이선스가 필요)
  - MS Excel, MS Access, Lotus, 텍스트, HTML
  - ODBC, OLE DB, MS Exchange Folders
  - VBS, Log, List 파일 등

실제로 EG의 데이터 열기 창에서 선택할 수 있는 파일 유형은 다음과 같다.

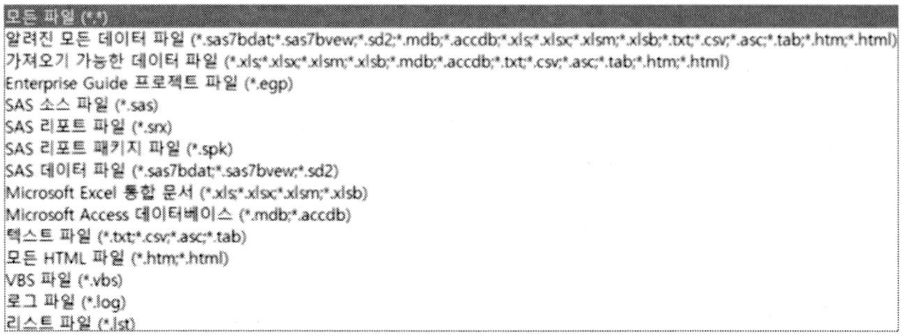

[그림 1. 4] 선택 가능한 파일 유형

1.2.2. Enterprise Guide의 분석을 이루는 작업

EG를 '누구나 손쉽게 배울 수 있다'고 말하는 이유는 작업(Task) 기능 때문이다. 데이터 관리, 처리, 분석, 리포트 생성 등 대부분의 기능을 GUI로 제공한다. 각 작업은 목적에 따라 화면 구성이 다를 수 있다. 하지만 전체적인 인터페이스는 일관성을 유지하므로, 신규 사용자도 쉽게 익힐 수 있다.

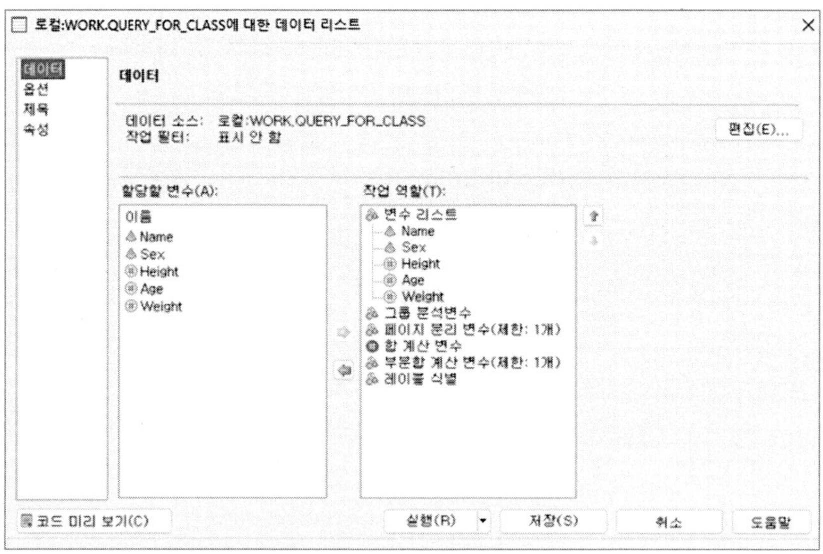

[그림 1. 5] 데이터 설정

EG의 작업을 통해 할 수 있는 것들은 다음과 같다.

- 데이터 필터링 및 정렬, 컬럼 추가 생성
- 테이블 요약 및 여러 개의 테이블 조인(Join)
- 리포트 및 그래프 생성
- 복잡한 통계기법을 적용한 분석
- 기타 분석 프로세스 관리를 위한 기능

1.2.3. Enterprise Guide의 결과물

EG의 작업 결과는 테이블 또는 리포트로 출력된다. 먼저 리포트는 아래 형태 중 사용자가 원하는 것을 선택하여 저장할 수 있다.

- SAS 리푸트 포맷
- HTML
- 일반 Text 파일
- RTF
- PDF

또한, 필요에 따라 결과 데이터를 MS Word나 Excel로 내보낼 수 있다.

1.2.4. 분석 프로세스 생성 및 자동화

EG는 작업 과정을 프로세스 플로우로 관리한다. 따라서 사용자가 분석이나 데이터 처리 과정에서 수행한 작업들은 흐름도로 기록된다. 각 작업은 화살표로 연결되어 작업 간 선후행 관계와 의존성을 명확하게 표현할 수 있다. 이렇게 생성된 프로세스 플로우는 시간이 지나도 프로젝트를 다시 검토할 때 내용을 쉽게 파악할 수 있도록 돕고, 전반적인 생산성 향상에도 기여한다.

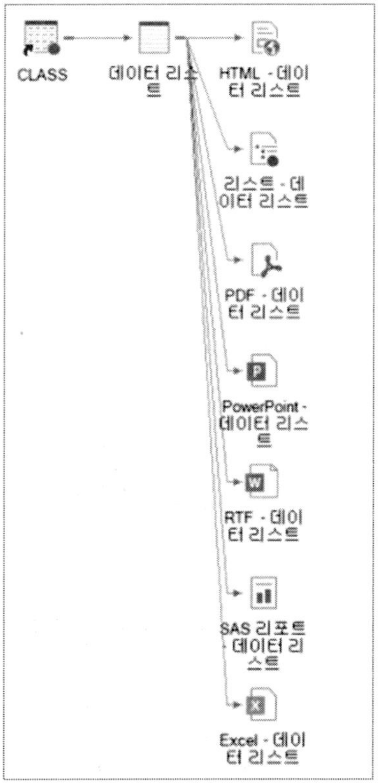

[그림 1. 6] 내보낼 수 있는 다양한 포맷

또한, 프로세스 플로우는 업무나 분석 과정을 다른 사람에게 설명하거나 인계할 때도 유용하다. 작업을 설명할 때, 작업자는 프로세스 플로우를 따라가며 순서와 과정을 쉽게 전달할 수 있다. 작업을 인계할 때도 인수자가 기본적인 선후 관계와 의존성을 즉시 파악할 수 있어 불필요한 의사소통 비용을 줄일 수 있다.

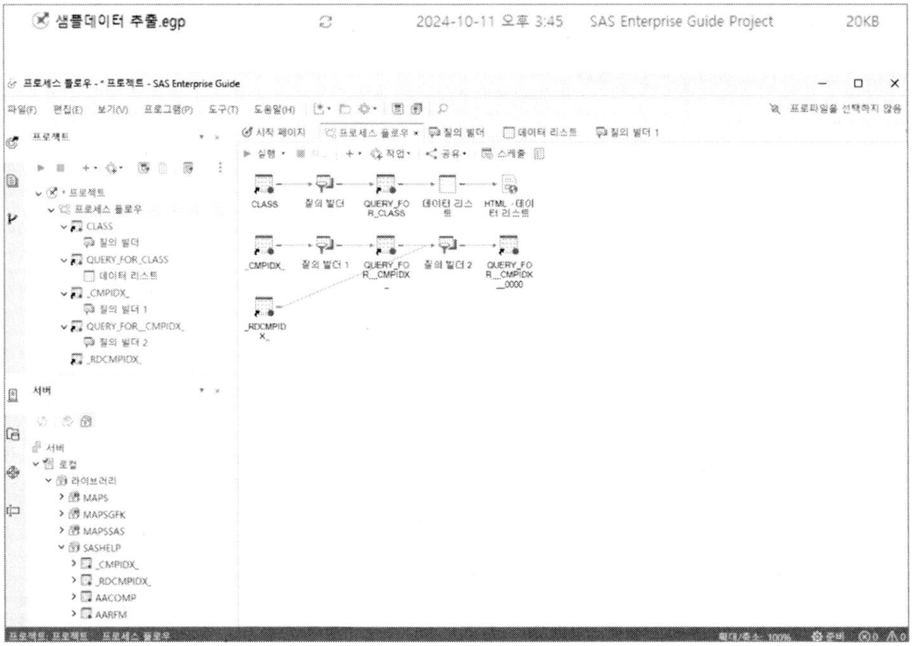

[그림 1. 7] 프로세스 플로우

EG의 분석 프로세스는 EG 프로젝트 파일로 저장되며, 확장자는 '*egp'이다. 또한, 이 파일을 스케줄러에 등록하면 원하는 시점에 자동으로 실행되게 할 수 있다.

1.3 Enterprise Guide와 SAS 시스템 연동하기

앞서 언급한 대로, EG에서 작업을 수행하려면 반드시 SAS 시스템에 접속해야 한다. SAS 시스템은 EG가 설치된 PC에 로컬 SAS로 존재할 수도 있고, 다른 장비에 SAS 서버 형태로 존재할 수도 있다.

1.3.1. 로컬 SAS 환경

로컬 SAS 환경은 EG가 설치된 PC에 BASE SAS가 함께 설치된 경우를 의미한다. 이 경우 별도의 로그인 인증 없이 EG 서버 리스트에 로컬이 자동으로 추가된다. 이 경우 서버 환경에 의존하지 않으므로 언제든 EG를 사용할 수 있다. 그러나 PC 성능에 전적으로 의존하기 때문에 작업 처리 속도는 PC 사양에 따라 달라질 수 있다.

1.3.2. SAS 서버 환경

SAS 서버 환경은 SAS가 별도 서버에 설치되어 있고, 사용자 PC에는 EG만 설치되어 있는 환경을 의미한다. 이 환경에서 EG를 사용하려면 반드시 SAS 서버에 접속해야 한다. 이 경우 SAS 메타데이터 서버 접속을 위한 '사용자 계정과, 암호, 서버 정보 등'이 필요하다. 이는 SAS 서버 관리자를 통해 얻을 수 있다. 서버 접속을 위한 정보는 EG 메뉴바의 **[도구] > [옵션] > [관리] > [연결]**에 있는 프로파일 버튼을 눌러 설정한다.

서버 SAS 환경은 로컬 SAS 환경에 비해 아래 장점을 가진다.

- 고성능 서버 환경에서 대용량 데이터를 빠르게 분석할 수 있다.
- 분석 결과를 SAS 서버를 통해 다른 사용자와 공유할 수 있다.
- 서버에서 데이터를 통합 관리할 수 있다.
- 관리자가 데이터 소스 설정(라이브러리)과 권한을 체계적으로 관리할 수 있다.
- 사용자 작업 로그를 저장하고 효율적으로 관리할 수 있다.

다음 그림은 EG에서 로컬 SAS와 서버 SAS에 함께 접속했을 때의 모습이다. SAS 서버 존재 여부에 따라 로컬 SAS와 서버 SAS 중 하나 또는 두 환경이 모두 나타난다.

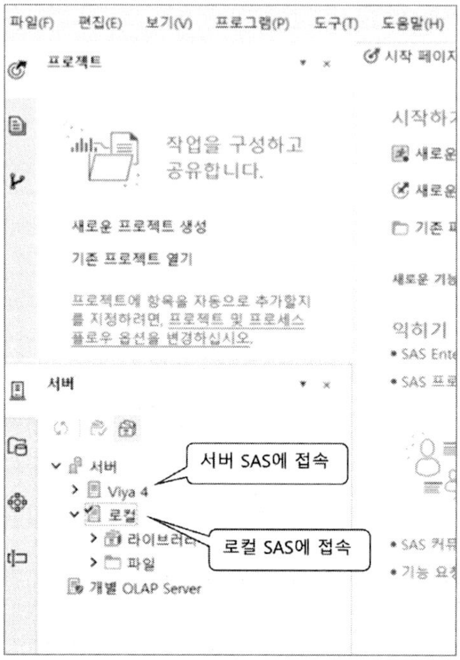

[그림 1. 8] 서버 설정

1.3.3. 본 책자의 실습 환경

물론 로컬 SAS와 서버 SAS 환경의 차이가 EG 내 작업 방법에 영향을 주지는 않는다. 다만, 본 책자의 실습 내용은 로컬 SAS 환경을 중심으로 기술되어 있다. 만약 SAS 서버 사용자는 소스 데이터에 접근하거나 데이터를 저장할 때 로컬 SAS가 아닌 SAS 서버 영역을 선택하면 된다.

02 | Enterprise Guide 처음으로 사용해 보기

2.1 데이터 접근 및 가공

앞서 소개한 것처럼 EG는 데이터에 접근하여, 원하는 형태로 데이터를 가공하고 통계분석을 수행하여 그 결과를 리포트로 생성하는 일련의 과정을 매우 손쉬운 방법으로 수행할 수 있는 분석 도구이다. 먼저 간단한 분석 프로세스를 실제로 생성해 보면서 EG의 분석 환경에 익숙해져 보도록 하자.

1. EG를 실행하기 위해 윈도우의 **[모든 프로그램]** > [SAS] > [Enterprise Guide 8.x] 아이콘을 클릭한다. EG가 실행되면서 Enterprise Guide 시작 창이 뜨면 **새로운 프로젝트**를 선택한다.

[그림 1. 9] Enterprise Guide 메인 화면

2. EG의 초기 화면은 아래와 같이 세 가지 창으로 나뉜다.

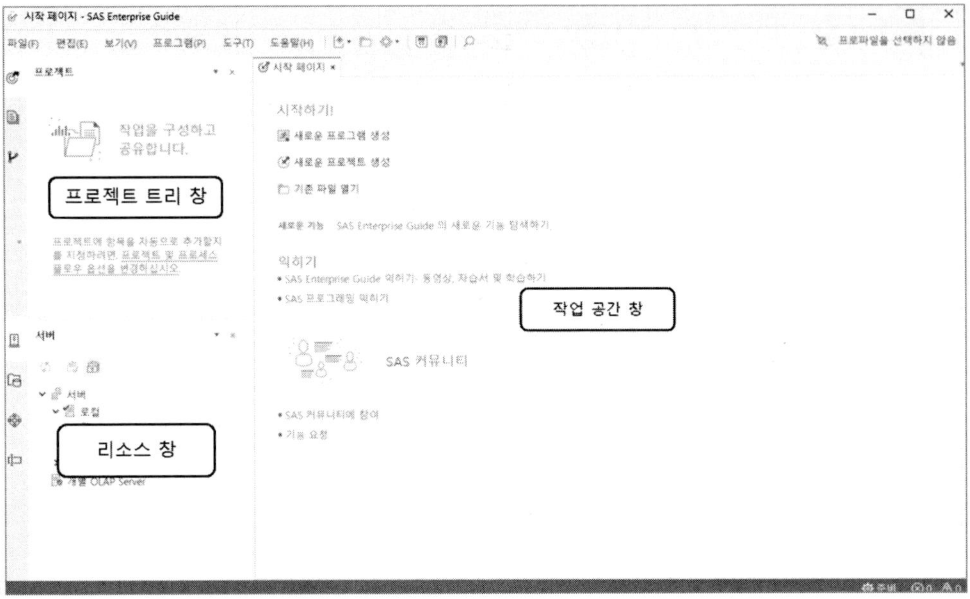

[그림 1. 10] 3개의 창으로 구성된 Enterprise Guide

EG를 처음 실행하면, '리소스, 작업 공간, 프로젝트 트리' 세 가지 창이 나타나며, 각각의 역할은 다음과 같다.

- **리소스 창**: 분석을 수행하는데 필요한 모든 자원이 관리되는 영역이다. 리소스에는 분석 대상 데이터와 작업, 결과물 등이 저장되는 폴더 등이 포함된다.
- **작업 공간 창**: EG에서 사용자가 실제 작업을 수행하는 공간이다. 작업 공간에는 리소스 창에서 가져온 데이터, 수행 작업, 결과 리포트 등이 프로세스 플로우로 표현된다.
- **프로젝트 트리 창**: 분석을 수행하는 과정에서 생성된 모든 작업 및 관련 항목이 계층 구조로 표현되는 창이다.

EG에서 사용자가 **리소스 창**에서 데이터를 선택하여 **작업 공간 창**에 끌어 놓고 분석 작업을 수행하면, 그 과정이 자동으로 **프로젝트 트리 창**에 나타나게 된다.

3. SAS 데이터는 리소스 창의 **[서버]** 탭에서 확인할 수 있다. 먼저 **[서버]** 밑에 **[로컬]을 아이콘 앞의 [>] 버튼을 눌러 확장**한다(서버 SAS를 사용하는 경우, 해당 서버를 확장). 그 다음 **[라이브러리]**를 같은 방법으로 확장한다. 그러면 MAP, MAPSGFK 등 다양한 SAS 라이브러리가 기본으로 할당되어 있는 것을 확인할 수 있다. 이 라이브러리 중 SASHELP는 SAS 매뉴얼의 예제 데이터로 활용되는 다양한 데이터가 포함되어 있다. SASHELP 리이브러리의 **확장 버튼 [>]**을 눌러 데이터 리스트를 확인해 보자.

[그림 1. 11] SASHELP 라이브러리의 데이터 리스트

TIP

SAS 라이브러리란?

라이브러리는 사용자가 활용할 데이터를 체계적으로 관리해 둔 것을 말하며, 특정 위치에 저장된 SAS 또는 DBMS 데이터의 집합이기도 하다. 라이브러리는 관리자가 설정해 주기도 하지만 사용자가 직접 설정할 수도 있다. 단, 라이브러리는 데이터에 대한 논리 정보만 가지고 있으며, 물리 데이터를 직접 가지고 있지는 않다.

4. SASHELP 라이브러리에 있는 데이터 중 CLASS 데이터를 찾아 마우스로 더블 클릭하거나, 마우스로 클릭한 다음 **작업 공간 창**으로 끌어 놓는다.

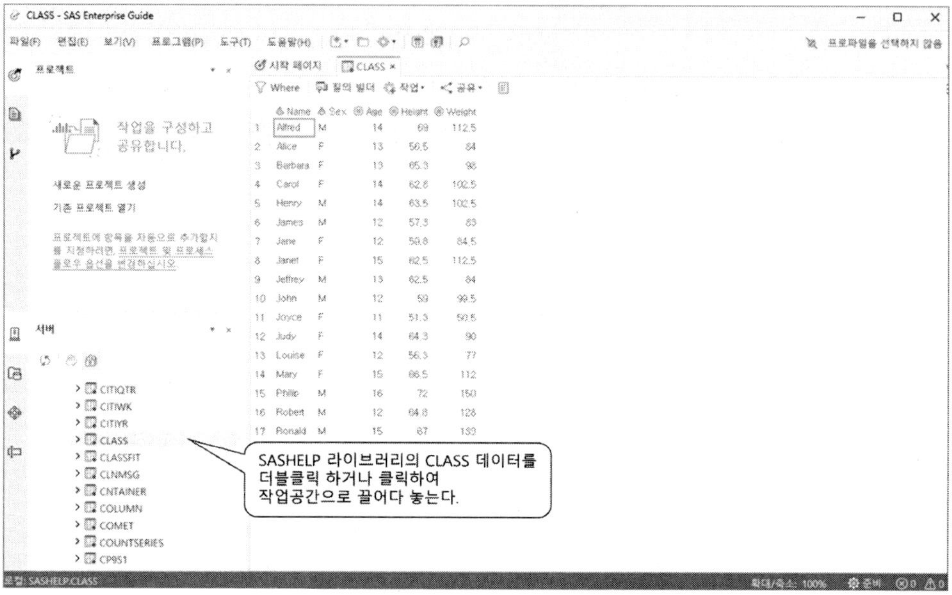

[그림 1. 12] 데이터를 더블클릭 또는 작업공간에 끌어다 놓기

5. SASHELP 라이브러리에 있던 CLASS 데이터가 자동으로 열리면서 **작업 공간 창**에 테이블의 내용이 나타난다. CLASS 데이터에서 성별(Sex) 여성(SEX='여')인 학생의 키(Height)와 몸무게(Weight)의 합을 구한다.

6. 먼저 원하는 형태로 데이터를 가공하기 위해서 상단에 있는 메뉴바에서 **[작업] > [데이터] > [질의 빌더]**를 선택하거나 도구바(Bar, 테이블 상단)에서 **질의 빌더** 아이콘을 클릭한다.

7. **질의 빌더**의 왼편에는 현재 선택되어 있는 소스 테이블이 나타나는데, 새롭게 생성할 테이블에 포함할 모든 칼럼을 오른편에 있는 **데이터 선택** 영역으로 마우스로 끌어 놓는다.

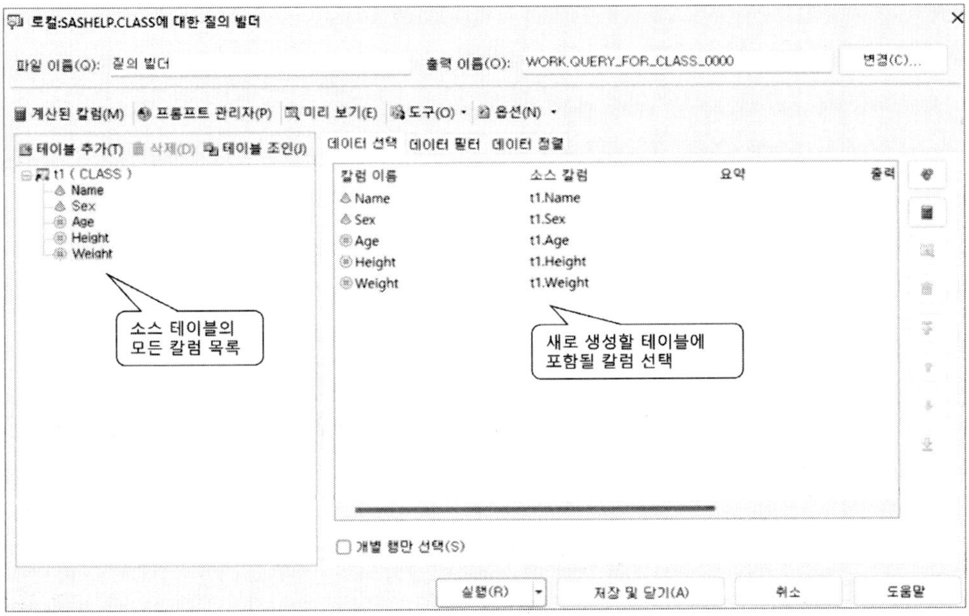

[그림 1. 13] 질의 빌더

8. 데이터 선택 탭 옆에 있는 데이터 필터 탭을 선택한 다음, 성별(Sex)이 여성인 데이터만 가져오기 위한 조건을 설정하기 위해 성별(Sex) 칼럼을 데이터 필터 영역으로 끌어 놓는다.

9. 자동으로 새로운 필터 창이 뜨는데, 칼럼 항목에는 "t1.Sex", 연산자 항목에는 "Equal to"가 기본적으로 선택되어 있는 것을 확인할 수 있다. 바로 아래에는 값을 설정하는 영역이 있는데 오른편에 있는 드롭다운 아이콘()을 클릭한다.

10. 아이콘을 클릭하면 자동으로 값을 가져오기 위한 창이 뜨는데, 하단에 있는 **값 가져오기**를 선택한다. 조건 값으로 선택 가능한 값(Male, Female) 중, 'F'를 선택한다.

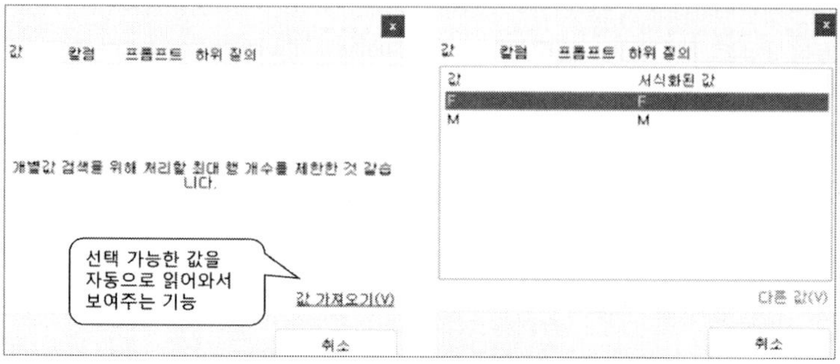

[그림 1. 14] 값 가져오기

11. 다시 새로운 필터 창으로 돌아오면 **다음** 및 **마침** 버튼을 눌러서 필터 조건 생성을 완료한다.

12. 결과 데이터를 나이(Age) 별로 정렬하기 위해서 **데이터 필터 탭** 옆에 있는 **데이터 정렬 탭**을 선택한 후, 나이(Age) 칼럼을 가져다 놓은 후, 정렬방향은 **오름차순**을 선택한다.

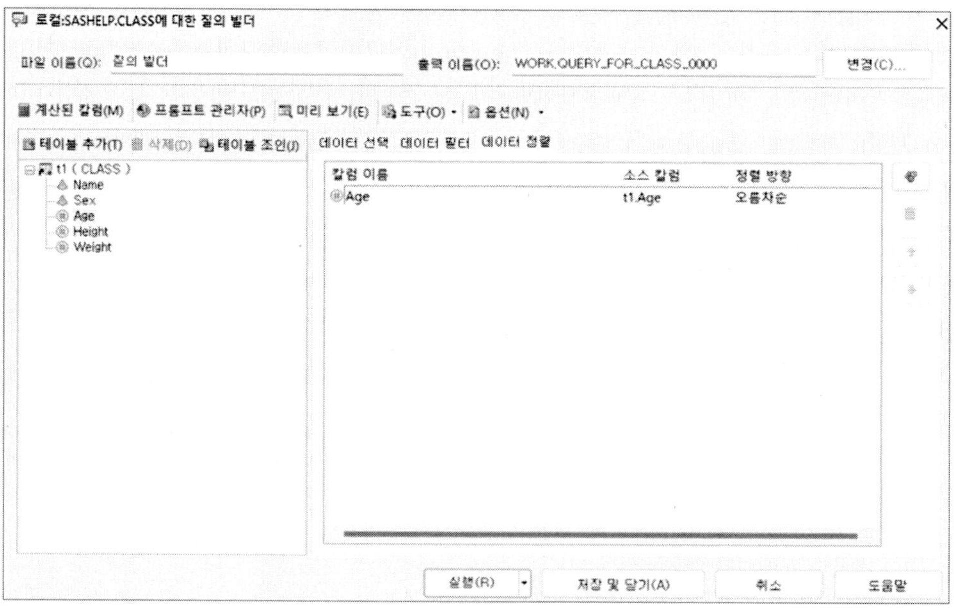

[그림 1. 15] Age 칼럼을 오름차순으로 정렬

13. **질의 빌더**의 하단에 있는 실행 버튼을 누르면 CLASS데이터로부터 성별(Sex)이 여성인 데이터가 연령(Age)별로 정렬된 결과 테이블이 생성된 것을 확인할 수 있다.

[그림 1. 16] 도구바

14. 메뉴바의 **[보기] > [프로세스 플로우]**를 선택하거나 F4 키를 누르면 지금까지의 작업이 매우 간단한 프로세스 플로우로 생성된 것을 볼 수 있다.

[그림 1. 17] 생성된 프로세스 플로우

15. 생성된 프로세스 플로우를 EG 프로젝트로 저장하기 위해 메뉴바의 **[파일] > [프로젝트 저장]**을 선택한다.

16. 저장 창이 나타나면 **로컬 컴퓨터**의 **바탕화면**을 선택한 다음, 파일 이름으로 **프로젝트1**을 입력하고 저장 버튼을 누른다. 실제 로컬 컴퓨터의 바탕화면에 **프로젝트1.egp** 라는 파일이 생성된 것을 확인한다.

[그림 1. 18] egp 파일 저장 경로

2.2 리포트 생성 및 수정

데이터를 가져와서 가공한 다음에는 다양한 분석 작업을 수행하거나, 결과 데이터를 리포트나 그래프 형태의 결과물로 나타내게 된다. 앞서 생성한 데이터를 간단한 리포트로 생성하고, 수정해 보자.

1. 생성된 결과 테이블을 간단한 리포트로 만들고자 한다면 **데이터리스트** 작업을 이용하면 된다. 먼저 결과 테이블(QUERY_FOR_CLASS)을 선택한 다음, 데이터리스트 작업을 수행하기 위해서 도구바의 **[기술] > [데이터 리스트]**를 선택한다.

2. 리포트에 출력될 칼럼을 선택하기 위해, **작업 역할**의 **변수 리스트**에 소스 테이블의 모든 칼럼을 이동시키고, 키(Height)와 몸무게(Weight)의 합을 구하기 위해 두 항목을 **합 계산 변수** 영역으로 이동시킨다. 리포트를 생성하기 위해 하단에 있는 실행 버튼을 누른다.

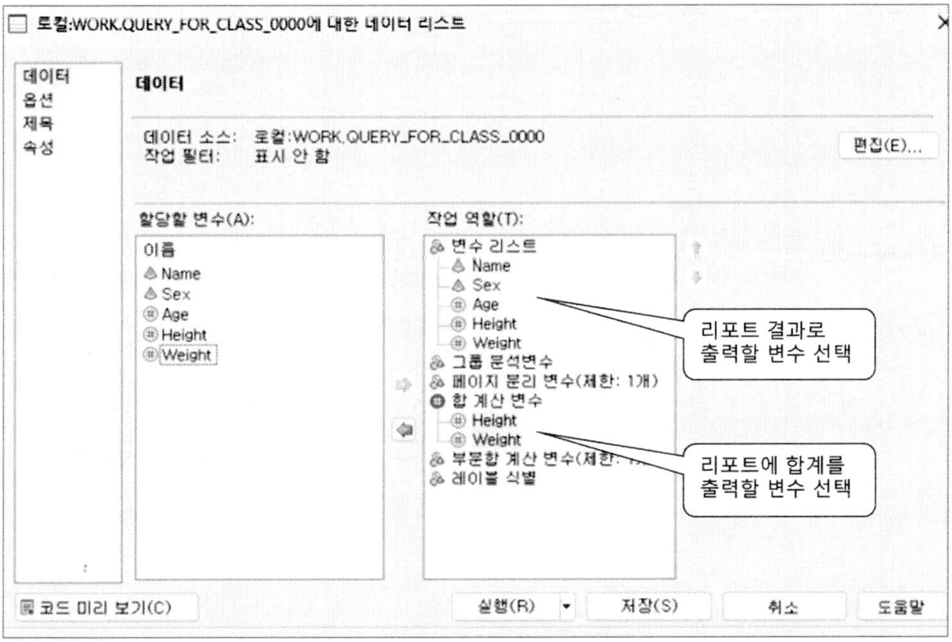

[그림 1. 19] 데이터 리스트-데이터

3. 키와 몸무게에 대한 합이 포함되어 있는 리포트가 생성된 것을 확인할 수 있다.

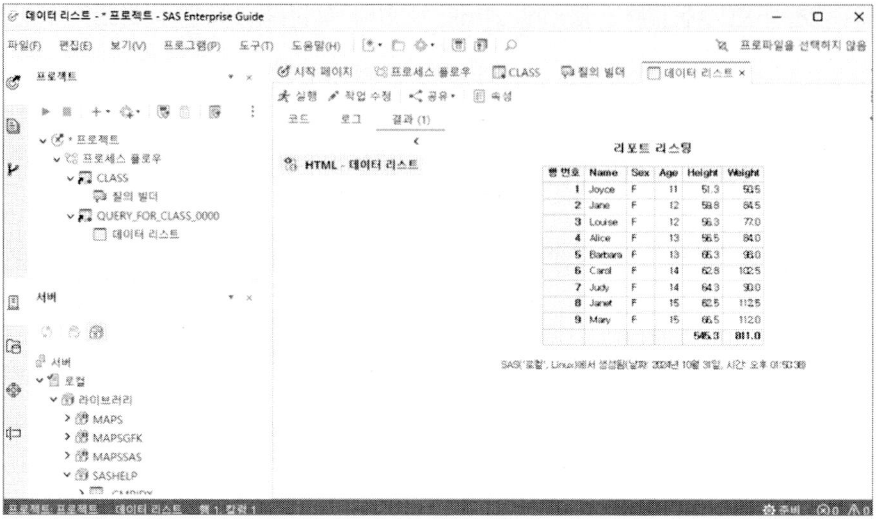

[그림 1. 20] 데이터 리스트-결과

4. 프로세스 플로우 창을 띄우면 지금까지 작업한 내용을 전체 적으로 살펴볼 수 있다. 프로세스 플로우 창을 띄우기 위해서는 메뉴바에서 **[프로세스 플로우]**를 선택하거나 프로젝트 트리 창에서 **[프로세스 플로우]** 항목을 더블 클릭한다.

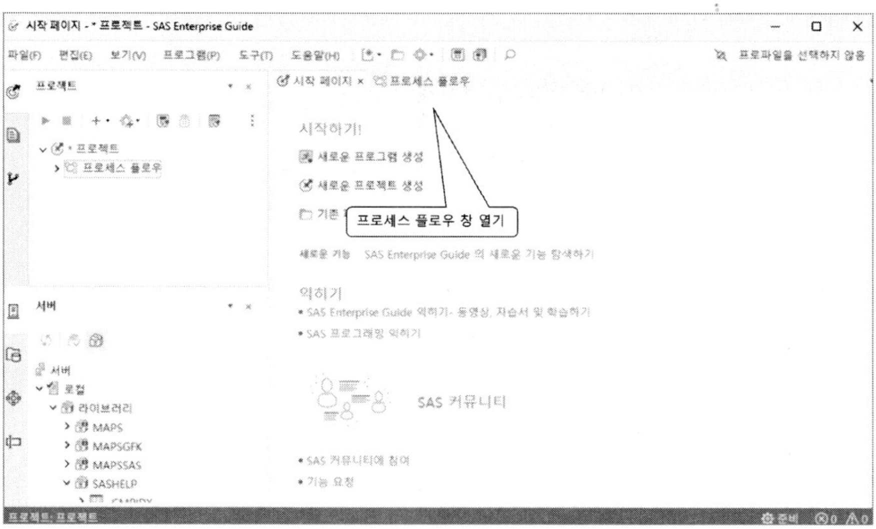

[그림 1. 21] 프로세스 플로우 창 열기

5. CLASS 데이터를 가져와서 **질의 빌더** 작업을 통해 가공한 데이터가 QUERY_FOR_CLASS라는 이름으로 생성되었고, 데이터 리스트 작업을 통해 리포트를 생성한 과정이 그대로 프로세스 플로우로 나타난 것을 확인할 수 있다.

6. 한번 생성된 EG 프로세스 플로우는 언제든지 다시 수행될 수 있다. 프로세스 플로우 창에서 첫 번째 항목인 CLASS 데이터를 선택한 뒤, 비로 위에 있는 **[실행]** 메뉴를 클릭하고 **[프로세스 플로우 실행]**을 선택한다.

[그림 1. 22] 프로세스 플로우 실행

> **NOTE**
>
> **프로젝트 실행 방법**
>
> 프로세스 플로우는 다음 4가지 방법으로 실행할 수 있다.
>
> **[표 1. 1]** 프로세스 플로우 실행 방법
>
> | 실행 방법 | 설명 |
> |---|---|
> | 선택한 항목 실행 | 현재 선택한 작업 실행 |
> | 프로세스 플로우 실행 | 현재 열려져 있는 프로세스 플로우 전체를 실행 |
> | 선택한 항목으로 실행 | 선택한 작업과 연결된 모든 선행 작업 실행 (선택 작업 제외) |
> | 선택한 항목에서 실행 | 선택한 작업과 연결된 모든 후행 작업 실행 (선택 작업 포함) |

7. 이어서 성별이 여성이 아닌 남성을 선택하여 리포트로 출력하기 위해 기존의 프로세스 플로우를 변경한다. 메뉴에서 **[프로세스 플로우]**를 선택하거나 프로젝트 트리 창에서 **[프로세스 플로우]** 항목을 더블 클릭해 프로세스 플로우 화면을 나타낸 다음, 두 번째 항목인 질의 빌더 노드에서 마우스 오른쪽 버튼을 클릭한 후 **질의 빌더 수정**을 선택힌다.

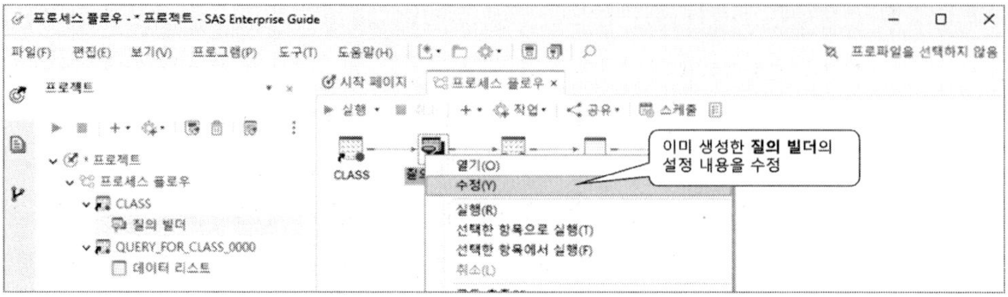

[그림 1. 23] 질의 빌더 수정 클릭

8. **질의 빌더** 창에서 데이터 **필터 탭**을 열면 현재의 조건식(t1.Sex = 'F')이 설정되어 있는 것을 확인할 수 있다. 조건식을 더블클릭 하고 이전과 동일한 방법으로 'F'로 되어 있는 조건 값을 'M'으로 변경한다.

9. 출력데이터를 확인해 보면 성별(Sex)이 'M'인 데이터만 출력되었음을 확인할 수 있다. 다시 프로세스 플로우를 실행하기 위해 프로세스 플로우 창에서 첫 번째 항목인 CLASS 데이터를 선택한다. 그리고 나서 바로 위에 있는 **[실행]** 메뉴를 클릭한 후 **[프로세스 플로우 실행]**을 선택하면 수정된 결과가 반영된 리포트를 확인할 수 있다.

[그림 1. 24] 수정 후 결과 확인

10. 이번에는 프로세스 플로우의 중간에 생성되어 있는 QUERY_FOR_CLASS데이터로부터 그래프를 생성해 보자. 메뉴에서 **[프로세스 플로우]**를 선택하거나 프로젝트

트리 창에서 **[프로세스 플로우]** 항목을 더블 클릭하여 프로세스 플로우 창을 띄운 후 QUERY_FOR_CLASS 데이터를 더블 클릭한다.

11. 메뉴바에서 **[작업] > [그래프] > [막대 그래프 마법사]**를 선택한다. 만약 그래프 항목이 보이지 않으면, **[작업] > [찾아보기]**를 통해 해당 작업을 찾는다. 막대 그래프 마법사가 뜨면 다음 버튼을 누르고 막내 항목에 이름(Name) 칼럼을, 막대 높이 항목에 키(Height) 칼럼을 선택하고 다음 버튼을 누른다.

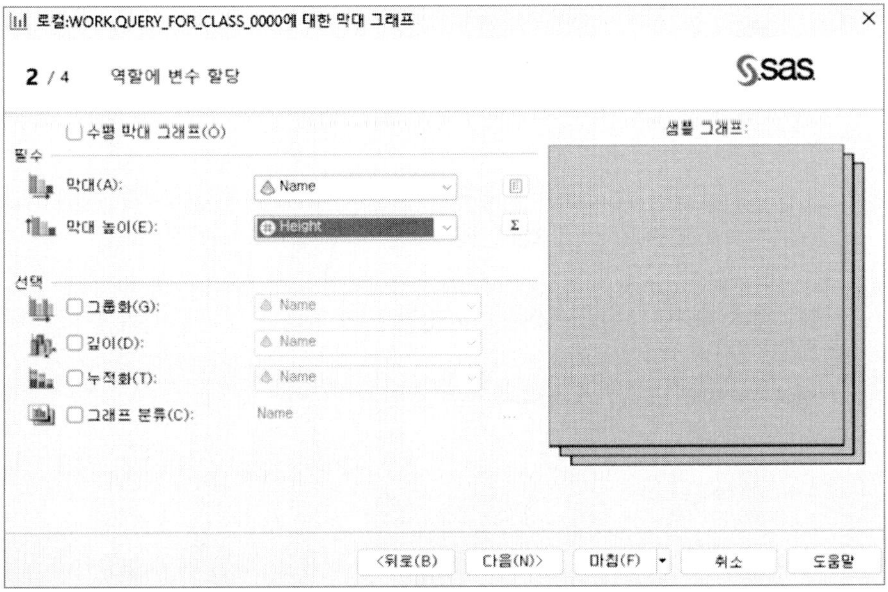

[그림 1. 25] 막대 그래프 마법사-역할에 변수 할당 화면

12. 모양 지정 단계가 나타나면, **3차원 그래프** 체크 박스를 선택하고, 막대 색상 분류를 **(모든 막대 동일)**에서 **막대 범주**로 변경한다.

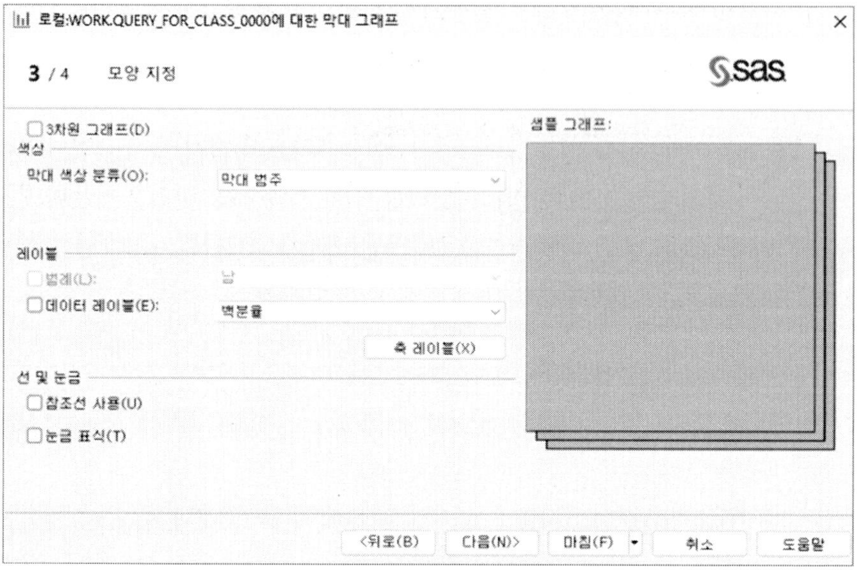

[그림 1. 26] 막대 그래프 마법사-모양 지정 화면

13. 제목 및 주석 지정 단계에서 **마침** 버튼을 누르고 그래프 결과를 확인한다.

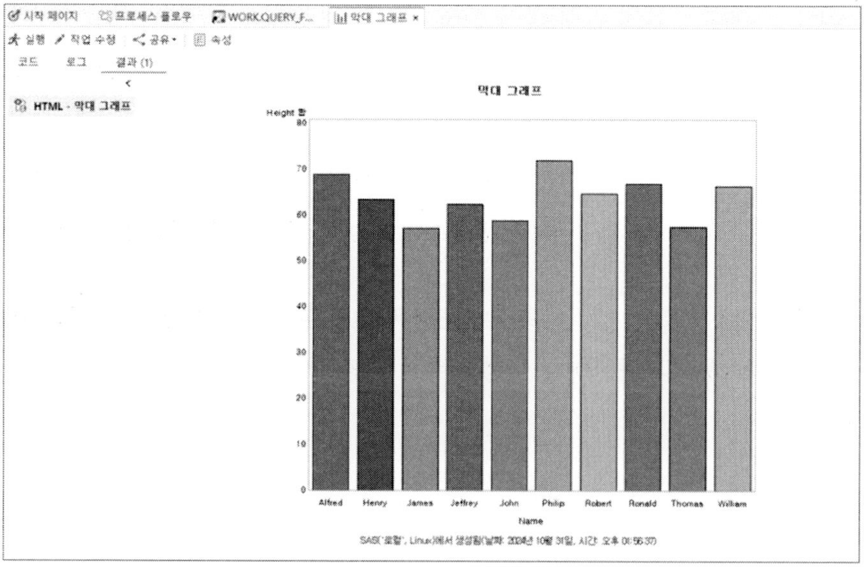

[그림 1. 27] 막대 그래프 마법사-결과

03 | Enterprise Guide 구성 요소

3.1 Enterprise Guide 창

처음 EG를 실행하면 기본 설정에 따라 일부 창이 닫혀 있거나 다른 창 뒤에 가려져 있다. 특정 창을 숨기거나 표시하려면 **[보기]** 메뉴에서 주요 창을 열거나 화면에 띄울 수 있다. EG는 이러한 창 조작 기능과 함께, 효과적인 분석 작업을 지원하기 위해 여러 창을 동시에 사용할 수 있는 인터페이스도 제공한다. 사용자는 각 창을 작업 목적이나 취향에 맞게 구성하고, 크기도 조절할 수 있다. 한 번 설정한 화면 구성은 자동으로 저장되므로, 이후 EG를 실행하면 동일한 화면이 유지된다.

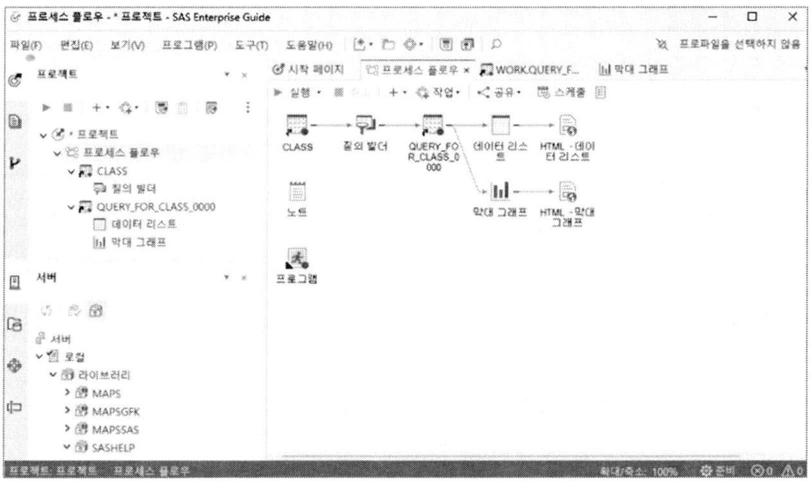

[그림 1. 28] Enterprise Guide 메인 화면

3.1.1. 작업 공간

작업 공간은 데이터 처리와 분석 등 작업을 수행하는 EG 기본 공간이다. 이를 통해 프로세스 플로우와 문서 창을 확인할 수 있다. 작업 공간 위치는 변경할 수 있지만,

완전히 닫히지는 않는다. 다만, 작업 공간 내 개별 노드는 열고 닫을 수 있다.

3.1.2. 프로세스 플로우( )

프로세스 플로우 창은 프로젝트 내 노드와 그 관계를 다이어그램으로 표현한다. EG에서는 한 번에 한 프로젝트만 열 수 있지만, 프로젝트 내에서는 원하는 만큼 프로세스 플로우를 만들 수 있다. 프로세스 플로우 창은 **[보기]** 메뉴, 작업 공간 상단의 드롭다운 메뉴, **[F4]** 키를 누르는 총 세 가지 방법으로 열 수 있다.

3.1.3. 문서 창

문서 창은 사용자 데이터, 결과, 프로그램, 로그, 노트를 보여준다. 각 종류의 문서마다 다른 타입의 아이콘을 보여준다.

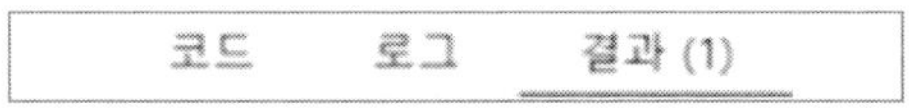

[그림 1. 29] 문서 창

3.1.4. 메뉴바와 도구바

EG 상단에 위치한 메뉴바(Bar)는 창 선택과 관계없이 항상 같다. 반면, 작업 공간 도구바(Bar)라고도 불리는 작업 공간의 메뉴와 도구는 활성화된 창의 내용에 따라 달라진다. 예를 들어, 프로세스 플로우에서 표시되는 도구바는 데이터셋에서 나타나는 도구바와 다르다. 또한, 특정 오브젝트를 마우스 오른쪽 버튼으로 클릭하면 관련 팝업 메뉴를 열 수 있다. 이처럼 같은 작업이라도 여러 가지 수행 방법이 존재한다.

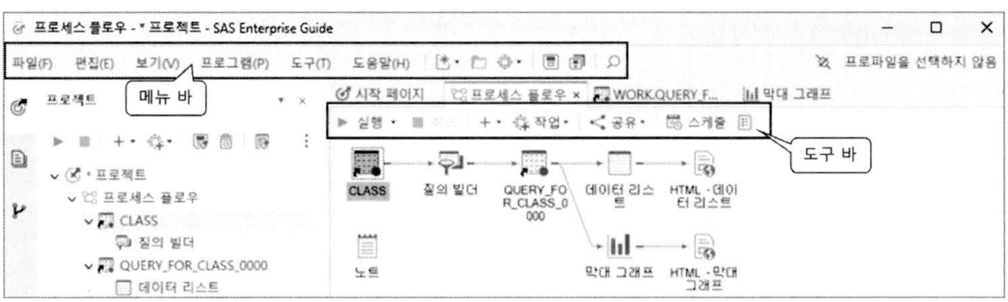

[그림 1. 30] 메뉴바와 도구바

3.1.5. 도킹된 창들

EG에서 몇몇 창은 서로 결합한 형태로 도킹되어 있으며, 작업 과정에서 선택적으로 볼 수 있다. 도킹된 창은 화면에서 회색 바탕의 창 이름을 가진다. 한 쪽에서 다른 쪽으로 창 위치를 바꾸고 싶다면 창 오른쪽 맨 위 구석에 있는 아래 화살표(▼)를 누르고 **왼쪽에 도킹**이나 **오른쪽에 도킹**을 선택한다. 이 팝업 메뉴로 **자동 숨기기** 역시 선택할 수 있다.

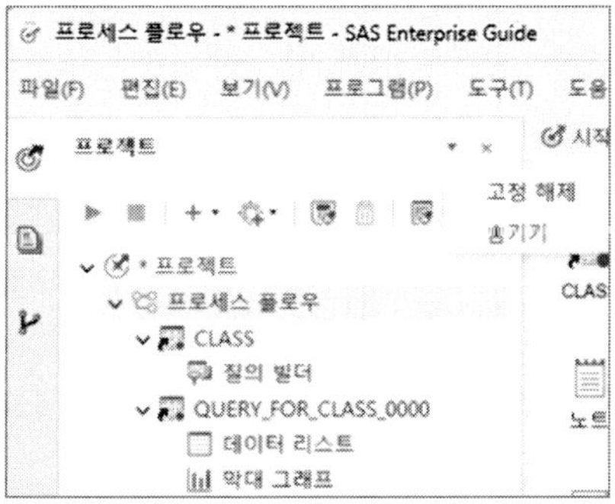

[그림 1. 31] 임의로 변경이 가능한 창의 위치

만약 **[숨기기]**를 선택하여 창을 숨긴다면 창은 사이드 탭으로 줄어든다. 숨긴 창을 다시 보려 할 때는 탭에 커서를 올리면 되고 커서가 벗어나면 창은 탭으로 다시 줄어들게 된다. 창을 다시 보이려 한다면 탭을 클릭하거나 **[보기]** 메뉴에서 선택하면 된다.

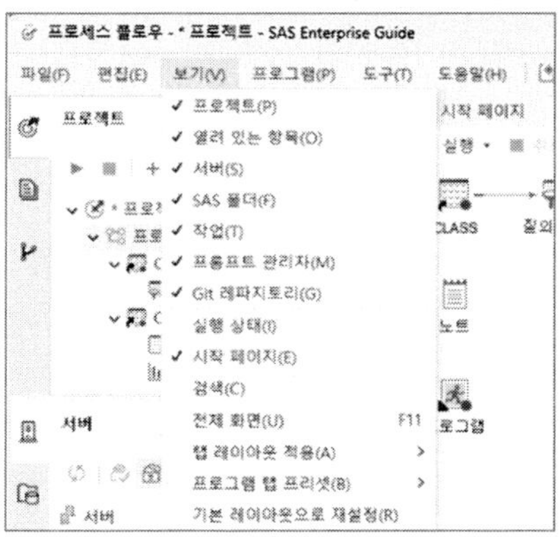

[그림 1. 32] 보기 메뉴 및 항목

아래 창들이 도킹 되어 있는 창들이다.

프로젝트 트리()

프로젝트 트리 창에서는 프로젝트를 계층적인 형태로 관련된 분석 항목들을 보여준다.

열려 있는 항목()

열려 있는 항목 창에서는 현재 사용 중이거나, 실행 중인 플로우, 작업 등을 보여준다. 더블 클릭하면 해당 작업으로 들어가 계속해서 작업을 진행할 수 있다.

서버 리스트()

서버 리스트 창은 접근 가능한 SAS 서버와 각 서버의 라이브러리와 파일을 보여준다. 서버 리스트에는 원격 서버는 물론 PC에 설치되어 있는 로컬 SAS도 함께 나타나며, SAS 서버가 여러 개일 경우 특정 서버에만 선택적으로 들어갈 수 있다.

Git 레파지토리()

Enterprise Guide 8.x 버전에서는 Git 레파지토리를 연결하여 사용할 수 있다. Git 레파지토리를 연결하여 작업 내용을 공유하거나, 저장할 수 있다.

작업 리스트()

작업 리스트는 가능한 모든 작업을 보여준다. 창 윗부분의 드롭다운 리스트를 통해 범주별 작업, 이름별 작업, 작업 템플릿 중 어느 방식으로 볼 것인지 결정할 수 있다. 창 안에서 작업을 더블 클릭하면 그 작업을 열 수 있다.

SAS 폴더()

SAS 폴더는 메타데이터 영역에 정의한 폴더를 보여준다. 사용자는 자기 폴더 내 원하는 하위 폴더를 만들고 분석 결과물을 저장할 수 있다.

프롬프트 관리자()

프롬프트란 EG 분석 플로우를 실행할 때, 조건 값을 입력 받으려고 미리 설정한 입력 변수를 말한다. 프롬프트 관리자는 현재 프로젝트를 위해 정의한 프롬프트를 보여준다.

작업 상태()

작업 상태 창은 지금 수행되고 있는 작업 정보를 보여준다. 작업 상태 창은 EG 하단에 위치하며, 작업 상태 창은 **[보기]** 메뉴에서 선택하거나, 하단의 톱니바퀴 모양 '**준비**'를 누르면 숨기거나 열 수 있다.

3.1.6. 창의 복원

EG 창을 초기 상태로 복원하고 싶은 경우, **[레이아웃으로 재설정]** 기능을 이용한다. 이 기능은 메뉴바의 **[보기] > [기본 레이아웃으로 재설정]**을 클릭하여 사용할 수 있다.

3.2 Enterprise Guide 프로젝트

EG에서 수행하는 모든 작업은 프로젝트로 관리된다. 한 프로젝트는 관련된 데이터, 작업, 결과, 프로그램, 노트 혹은 프로세스 플로우의 모음이라고 할 수 있다. 프로젝트는 데이터가 다수 서버 또는 다양한 디렉토리에 흩어져 있어도 관련된 모든 작업을 추적할 수 있다. 즉, 6개월 후나 1년 후에 오래된 프로젝트를 열어보았을 때도, 어떤 데이터셋을 사용했고 어떤 리포트를 만들었는지 확인할 수 있다.

프로젝트는 개수 제한 없이 만들 수 있으며, 하나의 데이터를 서로 다른 프로젝트에서 사용할 수 있다. 그렇기 때문에 유연한 분석과 데이터 작업이 가능하다. 새로운 프로젝트는 메뉴바에서 **[파일] > [새로 만들기] > [프로젝트]**를 선택하여 만들 수 있다. 또한 이미 만든 프로젝트는 **[파일] > [열기] > [프로젝트]**를 선택하여 열 수 있다.

3.2.1. 프로젝트 트리와 프로세스 플로우

프로젝트 트리 창은 계층적인 트리 다이어그램으로 프로젝트를 보여주고, 프로세스 플로우 창은 프로세스 플로우 다이어그램을 통해 프로젝트를 보여준다. 두 창 모두 프로젝트 속 노드를 아이콘으로 표시하며 노드 간 관계를 보여주기 위해 연결되어 있다. 다음은 어떤 프로젝트 내용을 보여주고 있는 프로젝트 트리와 프로세스 플로우 화면이다. 이 프로젝트는 데이터, 작업, 결과, 프로그램, 노트 같은 몇 가지 노드를 포함한다.

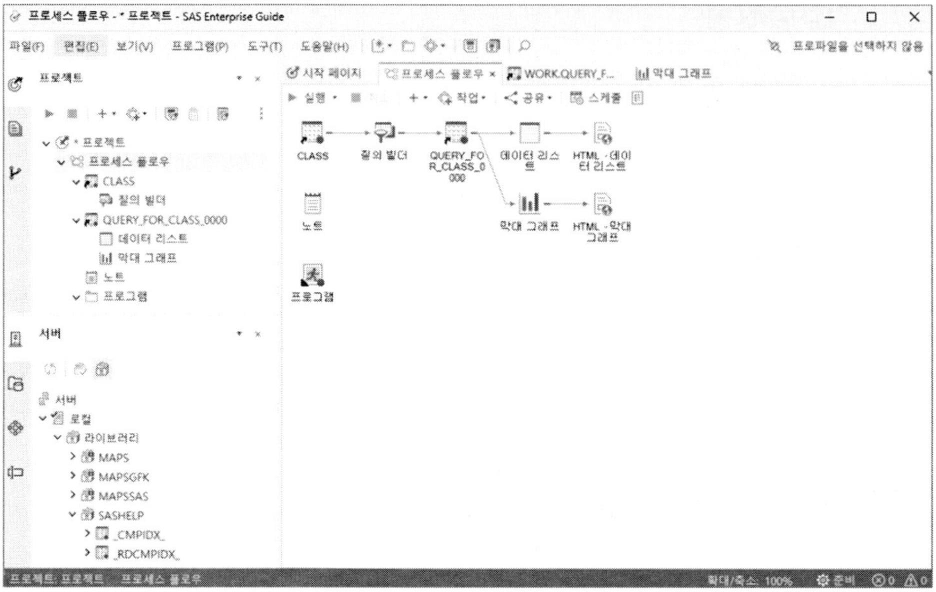

[그림 1. 33] 프로젝트 트리와 프로세스 플로우 화면

데이터( )

한 프로젝트 안에 있는 데이터 파일은 SAS 데이터셋, 가공되지 않은 텍스트 형태 데이터, 또한 데이터베이스나 어플리케이션에서 나온 파일(예: 엑셀 데이터) 등 여러 형태가 존재할 수 있다. 프로젝트는 데이터 파일 자체를 가지는 것은 아니고, 논리 링크만을 가지고 있다. 그렇기 때문에 프로젝트를 지워도 해당 데이터 파일은 지워지지 않는다. **단, 데이터베이스에 연결되어 있는 계정이 데이터베이스 삭제 권한이 있다면, 실제 데이터까지 삭제되므로 주의해야 한다.**

작업( )

작업은 데이터 리스트나 막대 그래프 같이, 사용자가 실행하는 특정한 분석이나 리포트를 말한다. 작업을 실행할 때마다 SAS EG는 그 작업을 의미하는 아이콘을 프로젝트에 더하게 된다. 예컨대, 위의 아이콘은 막대 그래프 작업을 의미한다.

결과( )

결과는 사용자가 실행한 작업으로 인해 나온 리포트나 그래프를 뜻한다. 결과는 산출물 종류(SAS 리포트, HTML, PDF, RTF, 텍스트)에 따라 서로 다른 아이콘으로 표시된다. 좌측 아이콘은 SAS 리포트 출력 결과이다.

노트()

노트는 작업과 관련된 내용을 자유롭게 기록하기 위한 텍스트 파일이며, 생성한 노트는 프로세스 플로우에서 다른 노드와 관계없이 독립적인 노드로 관리된다. 노트를 만들려면 메뉴바에서 **[파일] > [새로 만들기] > [노트]**를 선택한다.

프로그램()

프로그램은 SAS 코드로 프로그램을 작성할 수 있는 노드이다. SAS EG에 존재하는 프로그램을 열 수도 있고 새로운 프로그램을 작성할 수도 있다.

3.2.2. 속성 보기와 노드 열기

프로젝트 트리나 프로세스 플로우 안의 어떤 항목이든 아이콘을 선택하고 마우스 오른쪽 버튼을 클릭하여 **[속성]**을 선택하면 해당 아이콘의 속성을 볼 수 있다. 물론 아이콘을 더블 클릭하거나 마우스 팝업창에서 **[열기]**를 선택하면 해당 항목을 열어볼 수 있다.

3.2.3. 노드 이름 바꾸기와 지우기

프로그램, 플로우 등과 같은 노드 항목들은 마우스 팝업 메뉴에서 **[이름 바꾸기]** 메뉴를 통해 이름을 바꿀 수도 있고 **[삭제]** 메뉴를 통해 지울 수도 있다.

3.2.4. 프로젝트 저장하기

프로젝트를 저장하고자 할 경우에는 **[파일] > [프로젝트 저장]** 또는 **[파일] > [다른 이름으로 프로젝트 저장]**을 선택한다. 각 프로젝트 파일은 한 파일로 저장된다. 그리고 특정 항목에서 마우스 오른쪽 버튼을 클릭하고 **[내보내기]** 메뉴를 선택하면 데이터, 프로그램, 결과 모두를 각각 분리된 파일로 저장할 수 있다.

3.3 데이터의 위치

EG는 다양한 데이터를 다룰 수 있으며, 각 파일은 여러 서버와 로컬 경로에서 가져올 수 있다. EG는 서버와 로컬 PC를 **[SAS 서버]**로 통합하여 관리하며, 해당 서버는 **[서버] 창**에서 확인할 수 있다. 각 SAS 서버의 목록은 '서버 리스트'라고 하며, **[서버]** 창에서 현재 연결된 서버 리스트를 확인할 수 있다. 서버 리스트는 메뉴바에서 **[보기] > [서버]**를 선택하거나, 리소스 영역의 **[서버]** 아이콘을 클릭하여 확인할 수 있으며, 이를 통해 SAS에서 지원하는 대부분의 파일 포맷을 EG 프로젝트로 직접 불러올 수 있다.

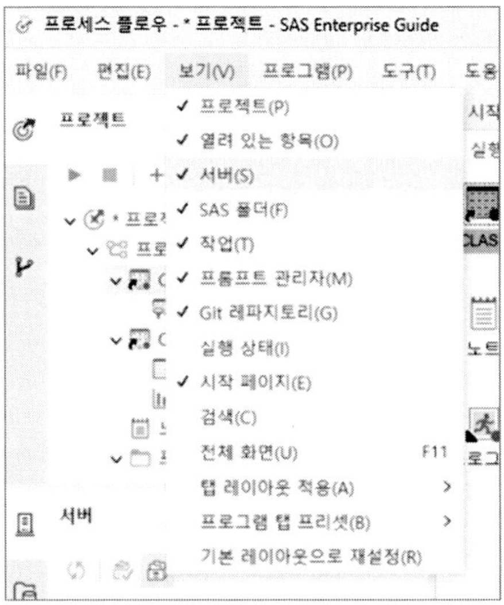

[그림 1. 34] 서버 체크 확인

[서버] 창은 사용자가 이용 가능한 모든 SAS 서버를 리스트로 보여주며, 리스트의 각 항목을 [>] 버튼을 눌러 확장하면, 해당 서버에 속한 파일과 라이브러리를 확인할 수 있다.

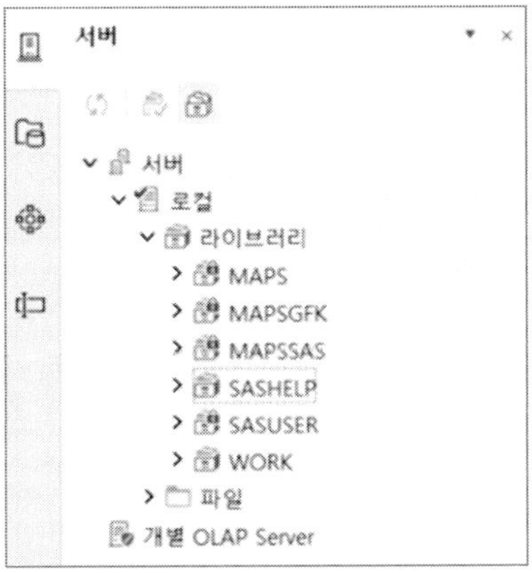

[그림 1. 35] 라이브러리 화면

3.3.1. 라이브러리

라이브러리는 사용자가 분석할 데이터를 체계적으로 관리해 둔 것을 말하며, 특정 위치에 있는 SAS 혹은 DBMS 데이터의 집합이기도 하다. 단, 라이브러리는 데이터에 대한 논리적인 정보만 가지고 있으며, 물리적인 데이터는 직접 가지고 있지 않다.

EG를 SAS 서버에 접속해서 사용하는 환경에서는 관리자가 미리 서버에서 라이브러리를 설정해 두는 경우가 많으며, PC에서 로컬 SAS와 함께 사용하는 경우 EG 사용자가 필요한 추가 라이브러리를 직접 생성하게 된다. 사용자가 자주 접하는 라이브러리는 다음과 같다.

[표 1. 2] 라이브러리 설명

라이브러리	설명
WORK	작업 중 임시로 생성되는 SAS 데이터나 View 등의 파일 저장하기 위한 라이브러리로, 사용자별로 독립적으로 할당된다. 또한 EG를 종료하면 WORK에 저장된 파일은 모두 삭제된다.
SASUSER	사용자 작업 결과 데이터를 저장하기 위한 기본 라이브러리이다. 보통은 EG가 종료되어도 저장한 데이터가 삭제되지 않는 영구 라이브러리이다. 하지만 z/OS와 일부 UNIX 시스템에서는 SASUSER 역시 임시 폴더일 수 있고, 일부 환경에서는 SASUSER가 읽기 전용인 경우도 있다. 만약 SAS 서버가 여러 대인 경우 SASUSER 라이브러리 역시 서버마다 존재한다.

사용자는 필요에 따라 여러 가지 사용자 정의 라이브러리를 만들 수 있다. 좌측 서버 리스트 창은 MYLIB이라는 이름으로 라이브러리가 정의되어 있다. EG에서는 메뉴바의 **[도구] > [프로젝트 라이브러리 할당]** 기능으로 사용자가 SAS 라이브러리를 정의할 수 있다. SAS 데이터 라이브러리에 저장된 데이터셋은 라이브러리 이름 옆의 **[>] 버튼**을 클릭해 확인할 수 있다. 마우스로 데이터셋을 선택한 뒤 EG 프로세스 플로우 창으로 끌어오면 선택한 데이터셋이 프로젝트에 추가된다.

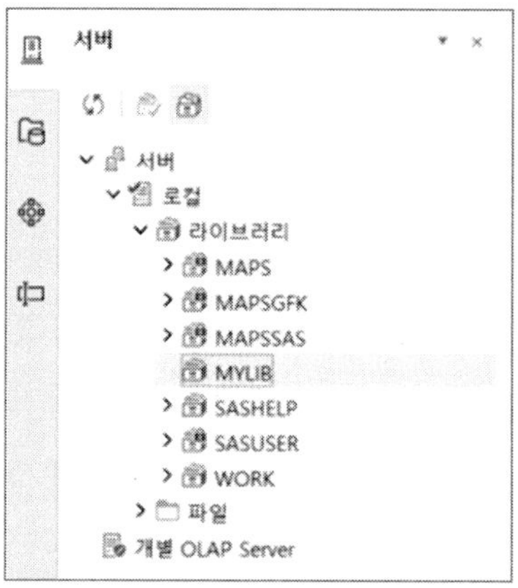

[그림 1. 36] 라이브러리 목록

[그림 1. 37] 파일 목록

3.3.2. 파일

서버 리스트 창에서 **파일**을 클릭하면 EG는 해당 SAS 서버에 있는 폴더와 디렉토리 목록을 보여준다. 서버 디렉토리 시스템으로 필요한 파일을 찾을 수 있다. 이때 파일은 SAS 데이터셋일 수도 있고 엑셀 스프레드시트 같은 다른 종류의 파일일 수도 있다. Windows에서 표준 SAS 데이터셋 파일의 확장자는 '.sas7bdat'이다. 파일을 직접 가져오는 경우도 라이브러리에서와 마찬가지로 파일을 선택한 뒤 프로세스 플로우로 끌어오거나 마우스 오른쪽 버튼으로 클릭한 뒤 **[프로젝트에 추가]**를 선택하여 가져올 수 있다.

3.3.3. 프로젝트로 데이터를 가져오는 다른 방법들

파일 유형 대부분은 메뉴바의 **[파일] > [열기] > [데이터]** 혹은 **[파일] > [데이터 가져오기]** 기능으로 프로젝트로 가져올 수 있다. 다만 SAS 혹은 DBMS 데이터가 아닌 JMP, SPSS 데이터 파일은 반드시 가져오기 기능을 이용해야 프로젝트로 가져올 수 있다.

3.4 SAS 데이터셋

EG는 매우 다양한 종류의 데이터 파일들을 읽을 수 있는데, 많은 분석 과정에서 서로 다른 다양한 데이터들이 SAS 데이터셋 포맷으로 생성된다.

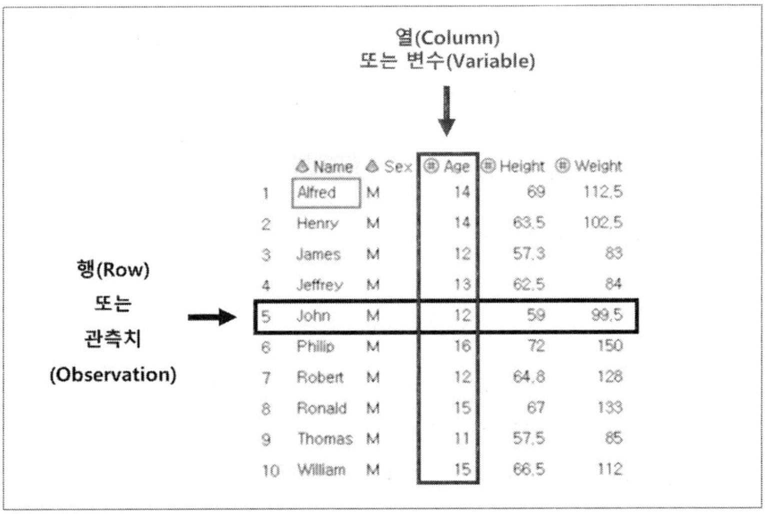

[그림 1. 38] SAS 데이터셋 구조

EG에서 행은 관측치(Observation)라고도 불리고 열은 변수(Variable)라고도 불린다. 또한 SAS 데이터셋(Dataset)은 '데이터 테이블'이라고도 불린다. SAS는 문자와 숫자 두 가지 자료형을 가진다. 다만 EG는 숫자 데이터는 보여지는 형태(format)에 따라 '숫자, 통화, 시간, 날짜'라는 4가지 유형으로 구분한다.

EG는 각 데이터 타입을 다루기 위한 개념을 가지고 있는데, 특정 타입의 데이터를 읽기 위한 인포맷(informat), 특정 타입의 데이터를 조작하기 위한 함수(function), 특정 타입의 데이터를 표시하기 위한 포맷(format) 등이 그것이다. EG는 데이터 타입을 아이콘으로 구분한다.

문자형 데이터( ) 숫자, 글자, '$'나 '!'같은 특수문자를 포함하며 32,767 자까지 표현할 수 있다. 문자형 데이터는 A 대문자가 쓰여 있는 빨간색 피라미드로 표시된다.

통화 데이터( ) 화폐에 관련된 수치를 가지고 있으며 지폐 그림으로 표시된다.

날짜(Date) 데이터( ) 1960년 1월 1일을 기준으로 계산된 날짜의 숫자에 해당하는 값을 가진다. 아래 표에서는 4개의 날짜와 그에 상응하는 SAS 상의 날짜와 포맷으로 지정한 값을 나타낸다.

[표 1. 3] YYMMDD10. 포맷

날짜	SAS의 내부 데이터	YYMMDDD10. 포맷이 적용된 결과
1959년 1월 1일	-365	1959-01-01
1960년 1월 1일	0	1960-01-01
1961년 1월 1일	366	1961-01-01
2011년 1월 1일	18628	2011-01-01

포맷이 지정되지 않은 SAS 날짜(date) 값들을 숫자로 보여지는 점에 주의해야 한다. 그리고 날짜시간(Datetime)은 1960년 1월 1일부터 계산된 초를 나타내는 값을 가진다. 날짜 데이터는 달력 모양의 아이콘으로 표시된다.

시간 데이터( )는 자정부터 계산된 초들의 값을 가진 수치이다. 시간 데이터는 시계 모양으로 표시된다.

날짜, 시간, 통화가 아닌 일반 숫자 데이터( )는 간단히 숫자형이라고 불리며 숫자, 소수자리, 양수 부호, 음수 부호 등을 가질 수 있다. 숫자형 데이터는 우물 정(井)을 그린 파란색 동그라미로 표시된다.

3.4.1. 숫자형과 문자형

만약 열 값이 문자나 특수문자라면 문자형 변수이다. 반면, 값에 숫자만 존재한다면, 숫자형과 문자형 모두 가능하다. 이는 사용자가 데이터를 이용하는 목적에 따라 정할 수 있다.

3.4.2. 칼럼(열) 이름

EG에서 칼럼(열) 이름은 영문자 기준으로 **32글자(한글 16글자)까지 허용**된다. VALIDVARNAME=ANY 옵션을 이용하면 한글 칼럼명을 사용할 수 있다.

3.4.3. 결측 값

특정 변수 값이 존재하지 않는 상태를 결측 값(Missing Value)이라고 부른다. DBMS에서는 보통 널(Null)로 결측을 표현하지만, EG는 자료형에 따라 결측을 다르게 정의한다. 먼저 문자형 변수는 공백을 결측으로 취급하며, 숫자형 변수는 점(.)을 결측으로 취급한다.

3.4.4. 데이터셋 속성 정보

SAS 데이터셋 속성 정보는 '이름, 만든 날짜, 만들 때 사용한 SAS버전' 등 데이터셋 정보를 담고 있다. 데이터셋 속성의 **[칼럼]**에는 열 이름, 타입, 길이 같은 각 칼럼에 대한 정보도 저장한다. 이 정보는 데이터셋을 선택하고 마우스 오른쪽 버튼을 클릭하고 **[속성]**을 선택하면 확인할 수 있다.

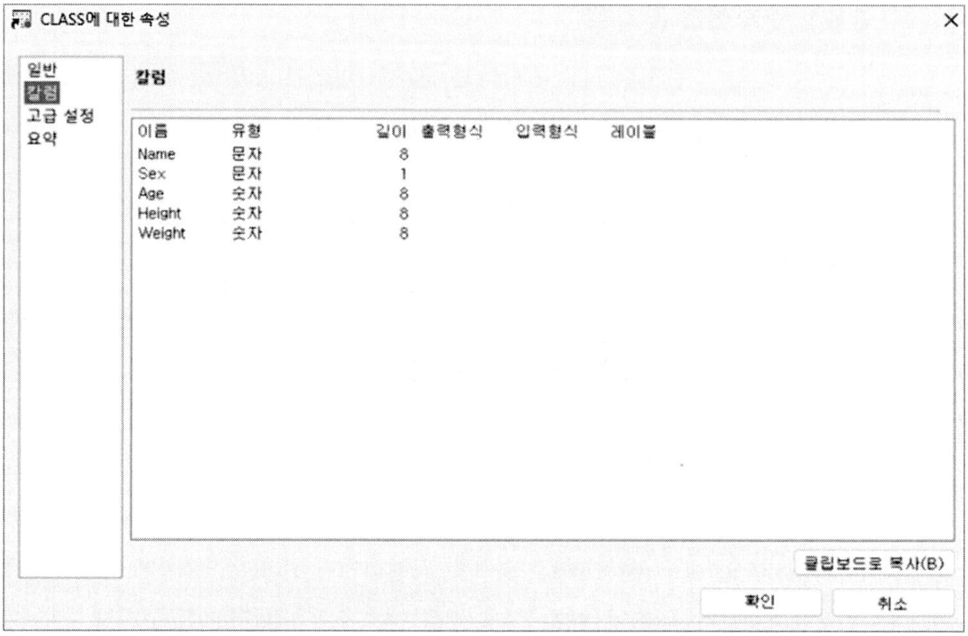
CLASS에 대한 속성
일반
칼럼
고급 설정
요약
칼럼
이름
유형
길이
출력형식
입력형식
레이블
Name 문자 8
Sex 문자 1
Age 숫자 8
Height 숫자 8
Weight 숫자 8
클립보드로 복사(B)
확인
취소

[그림 1. 39] 속성 정보

2장

데이터 작업

분석의 첫 단계는 필요한 데이터에 접근하고, 이를 분석에 적합한 형태로 가공하는 과정이다. 사용자는 Enterprise Guide(이하 EG)를 활용하여 다양한 소스 데이터에 편리하게 접근하고, 원하는 형태로 쉽게 변환할 수 있다. 전체 분석 프로세스에서 가장 많은 시간과 노력이 필요한 부분이 바로 데이터 처리이다. EG는 반복적이고 복잡한 데이터 작업을 빠르고 효율적으로 수행할 수 있도록 돕는다.

01 | 데이터 가져오기

1.1 라이브러리 할당

모든 SAS 시스템은 데이터 저장과 관리를 위해 라이브러리를 사용한다. 따라서 본격적인 작업을 시작하기 전에 라이브러리를 할당해야 한다. 이 장에서는 C:\EDU 폴더를 생성하고, 이를 EDU 라이브러리로 할당한 후 실습을 진행하겠다. 라이브러리를 할당하기에 앞서 우선 새로운 프로젝트를 생성한다. 프로젝트를 할당하기 위하여 메뉴바의 **[파일] > [새로 만들기] > [프로젝트]**를 선택한다.

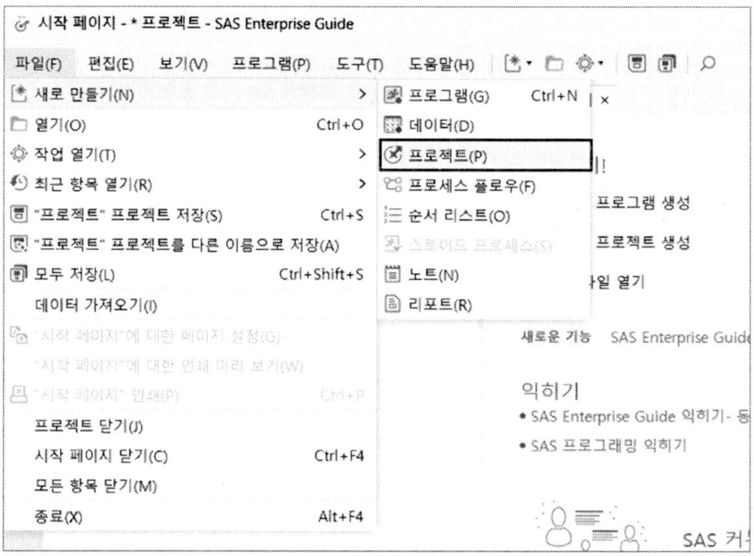

[그림 2. 1] 프로젝트 할당

[실습 2-1] 라이브러리 할당하기

C:\EDU 폴더를 EDU 라이브러리로 할당한다.

1. 라이브러리 할당을 위하여 하단 좌측 패널의 **[로컬] > [라이브러리]**를 선택하고 마우스 우측을 클릭하여 **[새로운 라이브러리]**를 클릭한다.

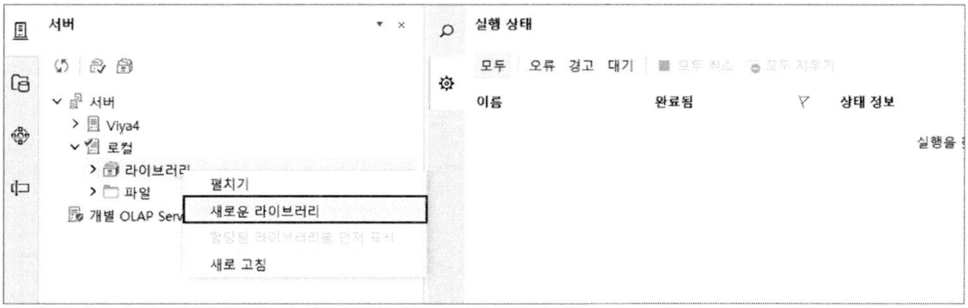

[그림 2. 2] 라이브러리 할당-새로운 라이브러리

2. 라이브러리 이름을 [EDU]로 지정한다. 서버는 [Local]을 선택한다.

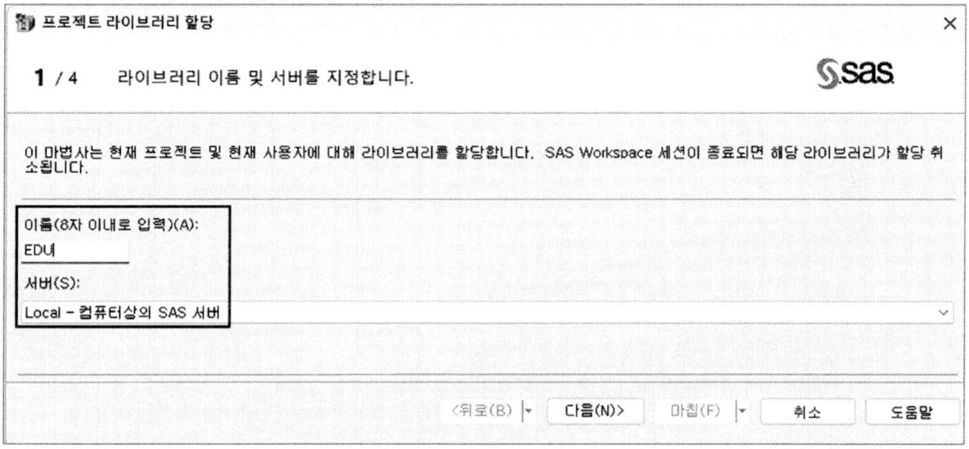

[그림 2. 3] 라이브러리 할당-이름 및 서버 지정

3. 경로는 앞서 생성한 [C:\EDU]를 입력한다.

[그림 2. 4] 라이브러리 할당-경로 지정

4. 별도 옵션 선택 없이 **[다음]**을 클릭하고, 화면에 표시 정보와 입력 정보가 맞는지 확인한다. 그 다음 **[라이브러리 테스트]**를 선택하여 잘 실행될 수 있는 형태인지 검증하고, **[마침]**을 선택하여 라이브러리를 생성한다.

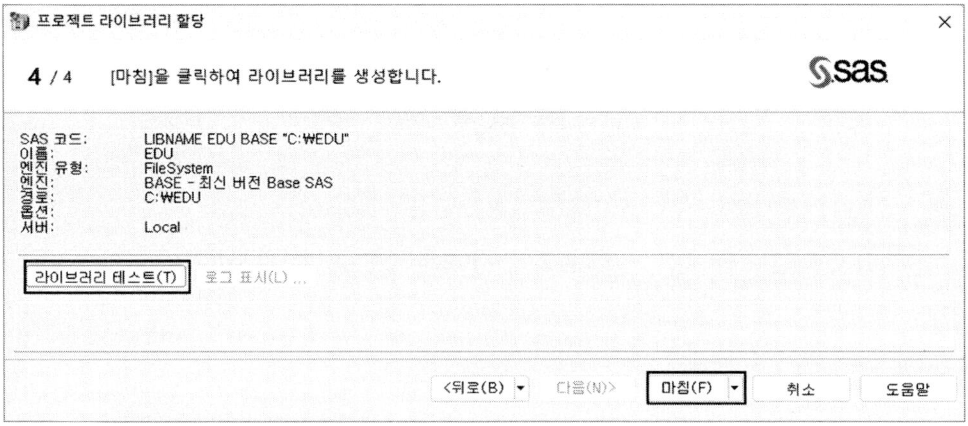

[그림 2. 5] 라이브러리 할당-테스트 및 마침

5. 프로젝트 라이브러리를 할당한 뒤, **[서버 리스트]**의 **[라이브러리]** 영역으로 **[새로 고침]** 한 뒤, 라이브러리가 잘 생성되었는지 확인한다.

[그림 2. 6] 라이브러리 할당 확인

1.2 테이블 및 데이터셋 가져오기

다른 PC 또는 SAS 서버에서 생성된 SAS 데이터(테이블 또는 데이터셋이라고도 함)는 EG에서 바로 활용할 수 있다. 데이터를 가져오는 방법은 **[프로세스 플로우]** 창에서 마우스 오른쪽 버튼을 클릭한 후 **[기존 항목 추가]**를 선택하거나, Windows 탐색기에서 드래그앤드롭(Drag & Drop) 방식으로 **[프로세스 플로우]** 창으로 끌어오면 된다.

[실습 2-2] 테이블 및 데이터셋 가져오기

C:\Program Files\SASHome\SASEnterpriseGuide\8\Sample\Data 폴더의 orders.sas7bdat 파일과 Products.sas7bdat 파일을 불러온다.

1. 앞서 설명한 두 가지 방식 중 하나를 선택하여 데이터를 가져온다. **[프로세스 플로우]** 창에서 오른쪽 마우스 클릭한 후 **[기존 항목 추가]**를 선택한다. 이후 열기에서 **[내 컴퓨터]**를 선택 후 찾아보기를 클릭한 뒤, **다음 경로에 있는 order.sas7bdat 파일을 선택**한다.

```
C:\Program Files\SASHome\SASEnterpriseGuide\8\Sample\Data
```

[그림 2. 7] 테이블 및 데이터셋 가져오기 – 찾아보기

2. 파일을 열고 Orders 데이터를 확인한다.

[그림 2. 8] 테이블 및 데이터셋 가져오기 – 데이터 확인 1

3. 같은 방법으로 C:\ProgramFiles\SASHome\SASEnterpriseGuide\8\Sample\Data\Products.sas7bdat를 열어 확인한다.

[그림 2. 9] 테이블 및 데이터셋 가져오기 – 데이터 확인 2

4. 프로세스 플로우 창으로 돌아와 Orders와 Products 데이터가 프로세스 플로우에 생성되었는지 확인한다.

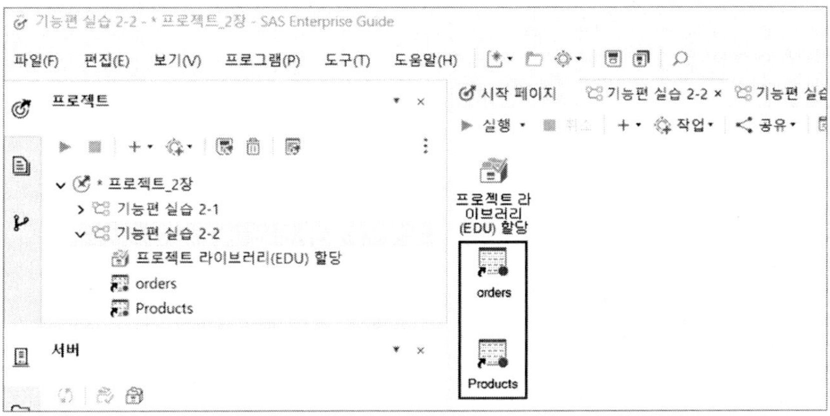

[그림 2. 10] 테이블 및 데이터셋 가져오기 – 플로우 확인

1.3 Excel 데이터 가져오기

PC에 저장된 Excel 데이터를 가져오려면 메뉴바에서 **[파일] > [데이터 가져오기]**를 선택하거나, **[프로세스 플로우]** 창에서 오른쪽 마우스를 클릭한 후 **[기존 항목 추가]**를

선택한다. 또는 Windows 탐색기에서 드래그앤드롭(Drag & Drop) 방식으로 [프로세스 플로우] 창으로 끌어올 수도 있다.

1.3.1. Excel 데이터를 가져오는 세 가지 방법

① 메뉴바에서 **[파일]** 선택 > **[데이터 가져오기]** 클릭

② **[프로세스 플로우]**에서 마우스 오른쪽 버튼 클릭 > **[기존 항목 추가]** 선택

③ 가져올 Excel 파일이 저장되어 있는 폴더에서 **[프로세스 플로우]** 창으로 드래그앤드롭

[실습 2-3] Excel 데이터 가져오기

> C:\Program Files\SASHome\SASEnterpriseGuide\8\Sample\Data 폴더의 SupplyInfo.xls 파일을 불러온다.

1. 앞서 설명한 세 가지 중 한 방법을 선택하여 데이터를 가져온다. 여기서는 메뉴바의 **[파일]** > **[데이터 가져오기]** 메뉴를 선택하여 해당 SupplyInfo.xls 파일을 연다.

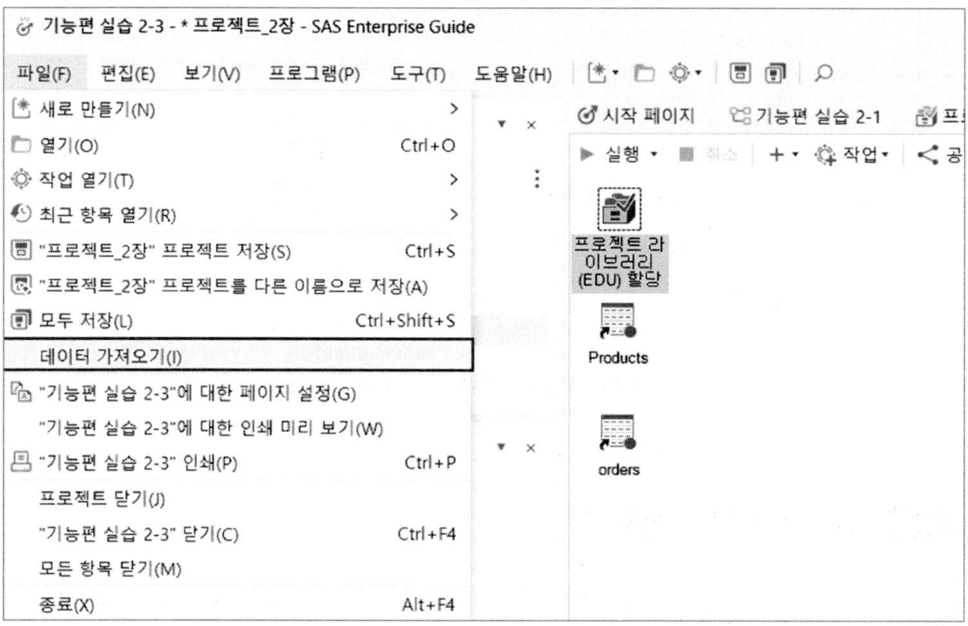

[그림 2. 11] 엑셀 데이터 가져오기 – 데이터 가져오기

2. 불러온 Excel 파일을 저장할 라이브러리와 데이터셋 명칭을 설정한다.

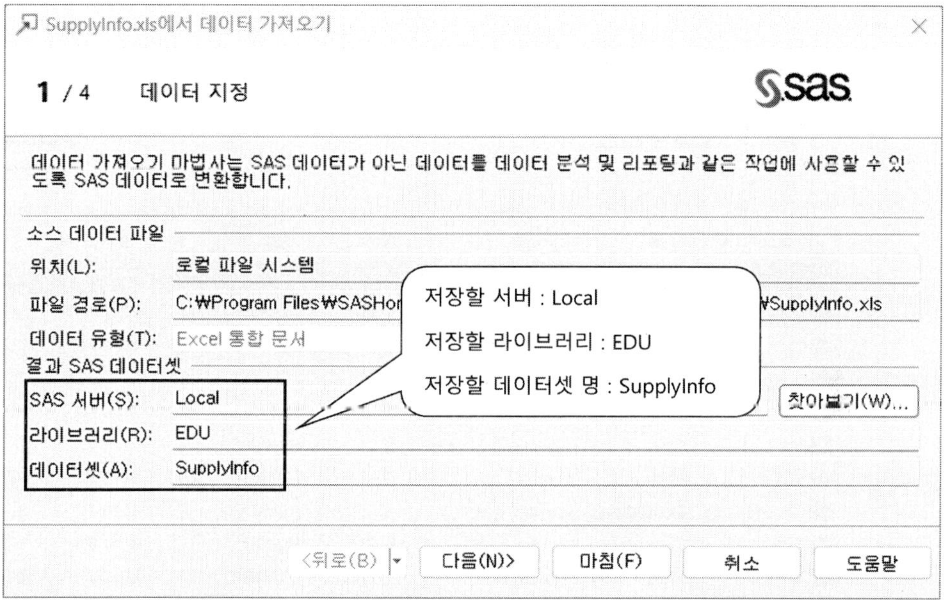

[그림 2. 12] 엑셀 데이터 가져오기 - 라이브러리, 데이터셋 지정

3. 데이터로 가져올 Excel 워크시트나 Excel에서 사전 정의된 범위를 선택한다.

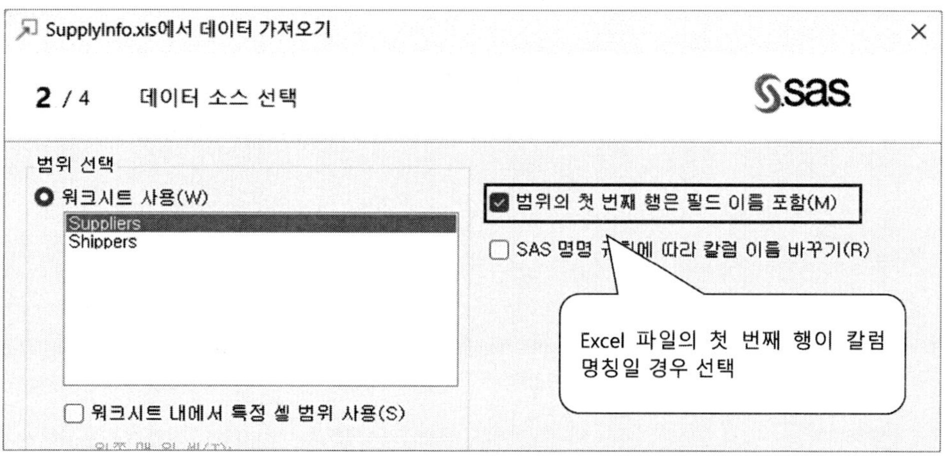

[그림 2. 13] 엑셀 데이터 가져오기 - 워크시트, 범위 지정

4. 칼럼 속성, 명칭, 레이블 등은 **[수정]**을 누르거나 각 항목을 더블 클릭하여 변경할 수 있다.

[그림 2. 14] 엑셀 데이터 가져오기 – 속성, 명칭 수정

5. 필요한 경우 옵션을 선택할 수 있다.

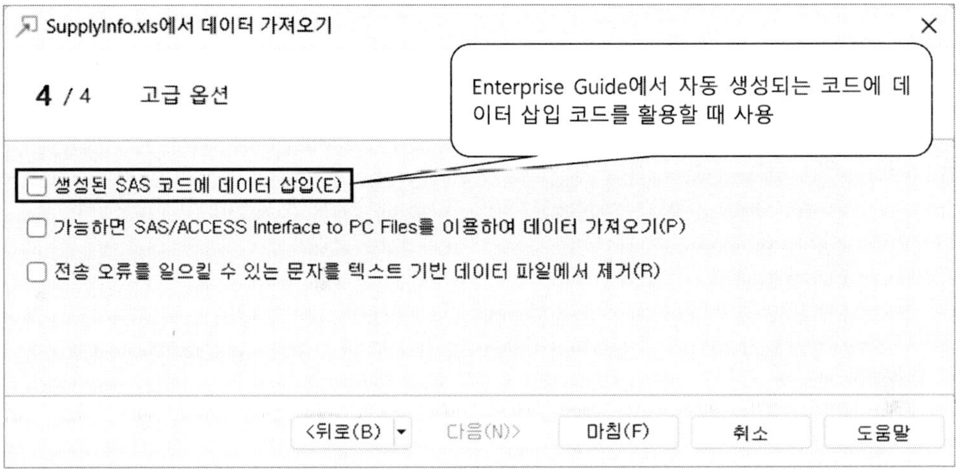

[그림 2. 15] 엑셀 데이터 가져오기 – 옵션

6. 가져온 데이터를 확인하고, 라이브러리에 저장되었는지 **[새로 고침]**하여 확인한다.

[그림 2. 16] 엑셀 데이터 가져오기 – 데이터 확인

1.4 Text 데이터 가져오기

PC에 보관 중인 Text 데이터를 가져오기 위해서는 **Excel 데이터 가져오기**와 동일한 세 가지 방법으로 활용할 수 있다.

[실습 2-4] Text 데이터 가져오기

> C:\Program Files\SASHome\SASEnterpriseGuide\8\Sample\Data 폴더의 CommaSep.txt 파일과 FixWidth.txt 파일을 불러온다.

1. 'CommaSep.txt' 파일이 저장된 폴더에서 프로세스 플로우 창에 마우스를 이용하여 끌어온다.

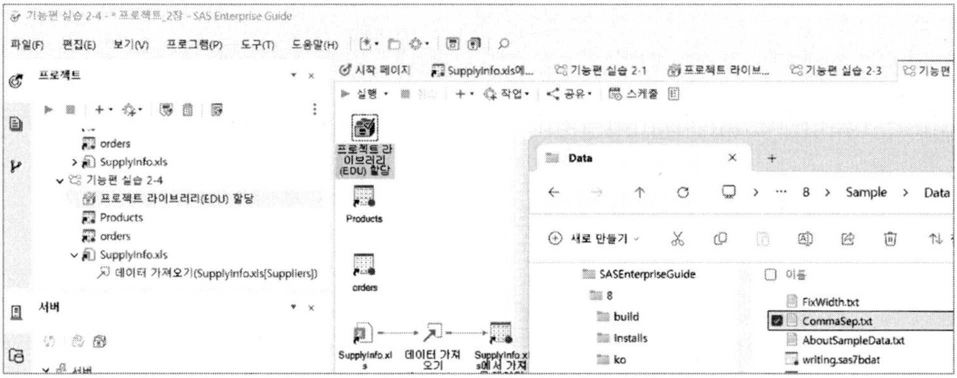

[그림 2. 17] 텍스트 데이터 가져오기 – 탐색기

2. 불러온 데이터의 구조를 확인한다.

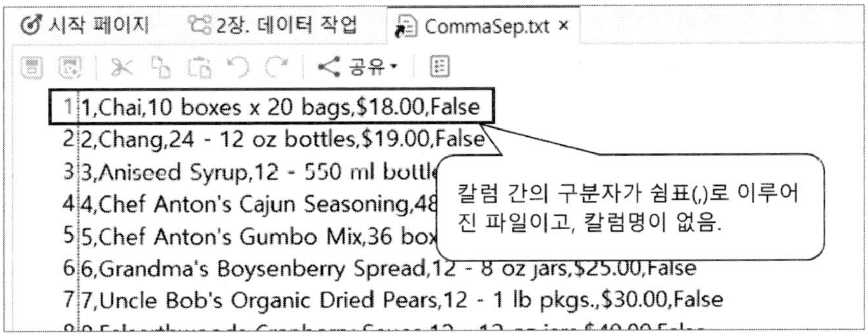

[그림 2. 18] 텍스트 데이터 가져오기 - 데이터 구조 확인

3. 프로세스 플로우로 돌아와 창에 있는 CommaSep.txt를 선택하고, 마우스 오른쪽 클릭 후에 **[데이터 가져오기]**를 선택한다. (메뉴바에서 **[파일] > [데이터 가져오기]**와 같은 메뉴)

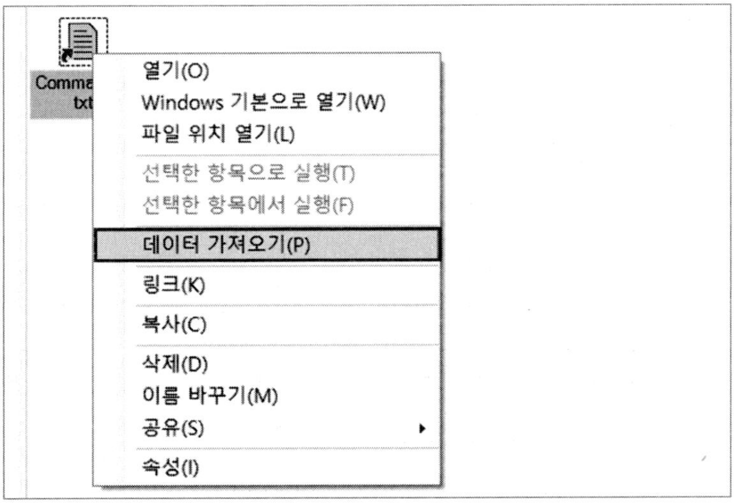

[그림 2. 19] 텍스트 데이터 가져오기 - 데이터 가져오기

4. 불러온 Excel 파일을 저장할 라이브러리와 데이터셋 명칭을 설정한다.

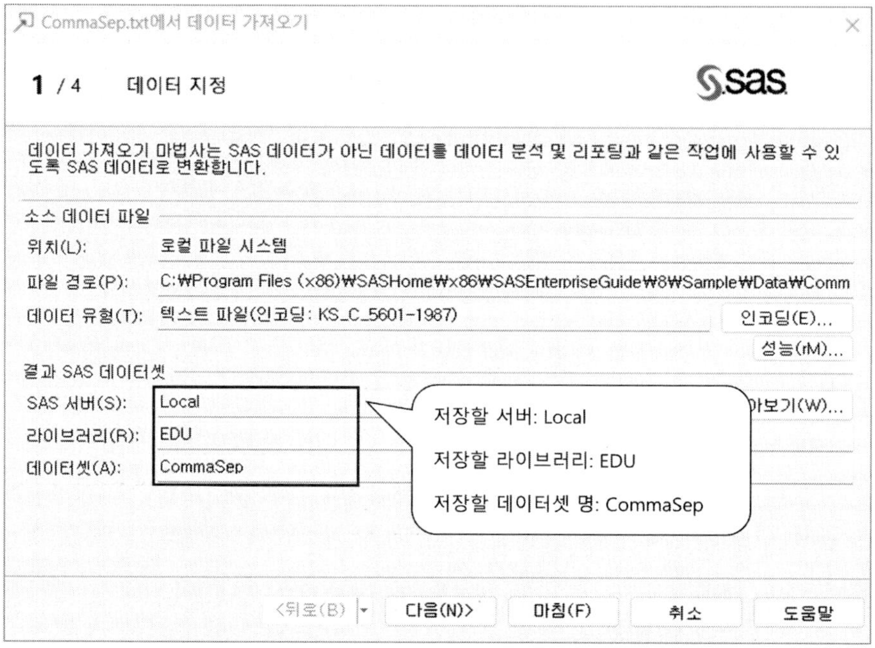

[그림 2. 20] 텍스트 데이터 가져오기 – 라이브러리, 데이터셋 설정

5. 구분자 필드를 **[쉼표]**로 선택하고 다음 단계로 이동한다.

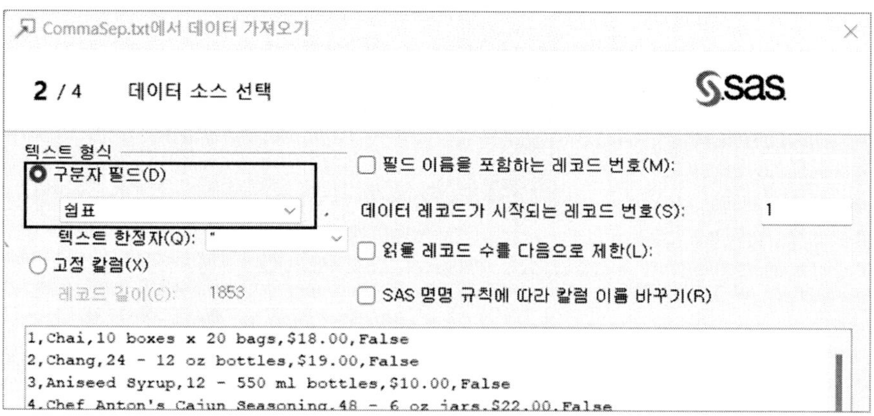

[그림 2. 21] 텍스트 데이터 가져오기 – 구분자 필드

6. 각 칼럼 속성을 아래와 같이 정의한 뒤 **[마침]**을 클릭한다.

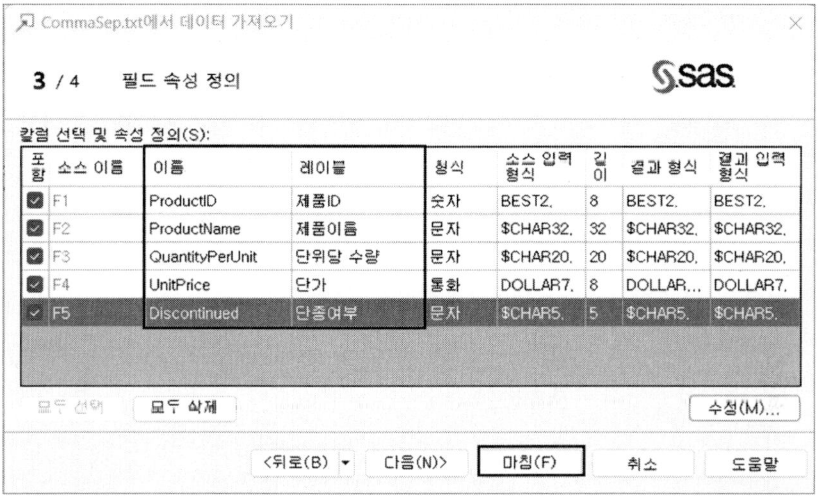

[그림 2. 22] 텍스트 데이터 가져오기 – 마침

7. 가져온 데이터를 확인하고, 라이브러리에 저장되었는지 **[새로 고침]**하여 확인한다.

[그림 2. 23] 텍스트 데이터 가져오기 – 확인

1.5 새로운 출력형식 생성

SAS 데이터는 표현 형식을 변경하거나 임시 변수(일시적인 연산을 위한)를 대체하기 위해 출력형식(format)을 생성할 수 있다. 출력형식을 활용하면 새로운 데이터를 만들지 않고도 마치 새로운 데이터를 생성한 것처럼 사용할 수 있다. 또한 동일한 데이터를 다양한 형태로 출력할 수 있어 리포팅에 유용하다. EG에서 사용할 수 있는 다양한 출력형식에 대한 정보는 Appendix A. SAS 포맷과 함수를 참고하면 된다.

[실습 2-5] CommaSep 데이터에 출력형식 적용하기

[실습 2-4]에서 가져온 CommaSep 데이터에 출력형식을 적용한다.

[표 2. 1] 출력형식표

UnitPrice	적용 출력형식	Discontinued	적용 출력형식
≤ $30	저가형	False	생산
$30 <	고가형	True	단종

1. 메뉴바의 **[파일]** > **[작업 열기]** > **[찾아보기]**에서 **[출력형식 생성]**을 선택한다.

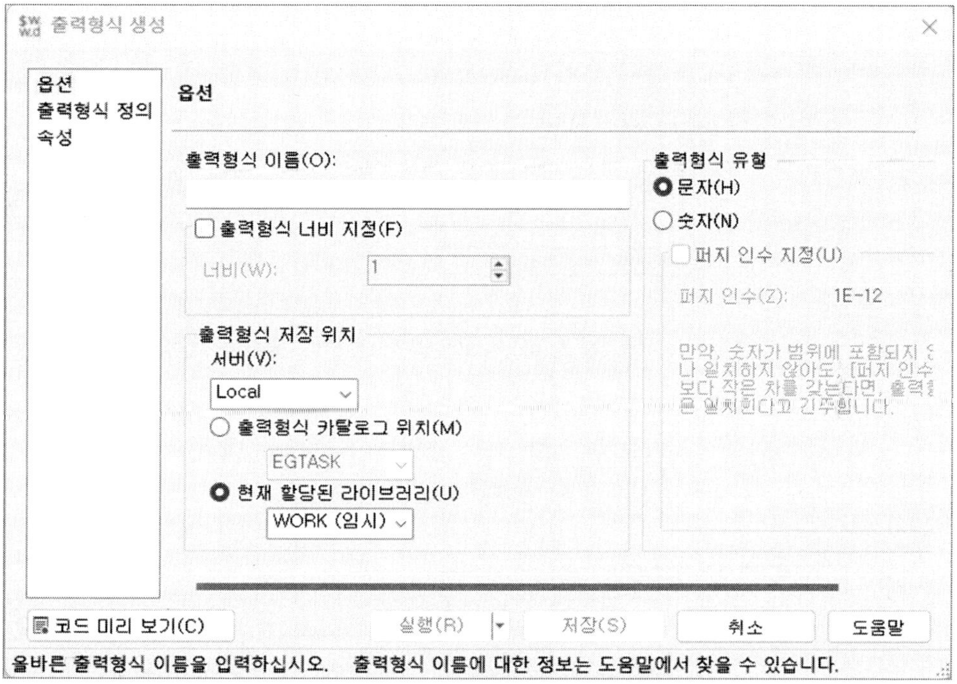

[그림 2. 24] 새로운 출력형식 생성 – 옵션

2. [옵션]의 **출력형식 이름**을 'UnitPrice_format'으로 설정하고, UnitPrice가 통화 데이터로 수치형 데이터이므로, 출력형식 유형을 숫자로 지정하고 좌측 패널에서 **[출력형식 정의]**를 클릭한다.

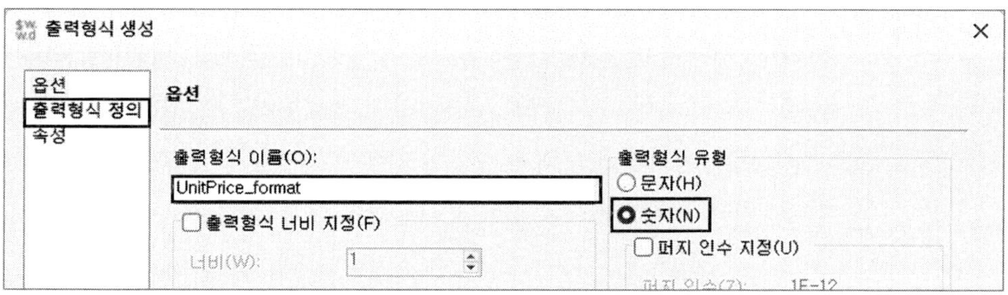

[그림 2. 25] 새로운 출력형식 생성 – 출력형식 생성 1

3. [**출력형식 정의**]의 [**새로 만들기**] 버튼을 클릭한 후 [**출력형식 정의**] 섹션의 레이블에 '**저가형**'을 입력한다.

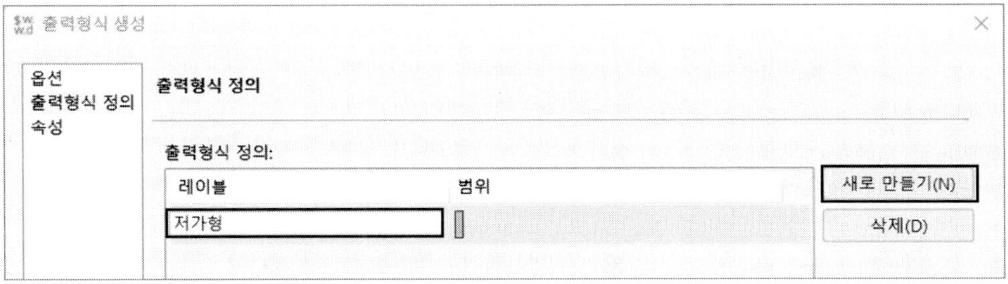

[그림 2. 26] 새로운 출력형식 생성-출력형식 생성 2

4. 창 하단의 [**"저가형"에 대한 범위 정의**]의 [**유형**]을 [**범위**]로 변경하고, 값을 **시작**에 [**낮음**] 끝에 '30' 입력하고 [**경계값 포함**]을 선택한다.

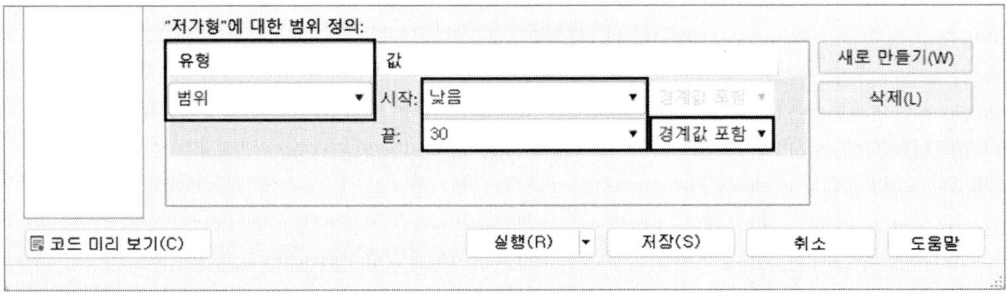

[그림 2. 27] 새로운 출력형식 생성-출력형식 생성 3

5. 출력형식 정의에서 [**새로 만들기**]를 클릭한 후, 레이블에 '**고가형**'을 입력한다. 유형에서 [**범위**]를 선택하고, **시작** 값을 '30'으로 설정한 뒤 [**경계값 제외**]를 선택한다. **끝** 값은 [**높음**]으로 지정한 후, [**실행**]을 클릭하여 출력형식을 생성한다. 고가형의 범위에 30이 포함되면 저가형과 겹쳐 부정확한 포맷이 생성될 수 있다. 이를 방지하려고 EG는 범위가 겹치면 해당 범위를 붉게 표시해 검증할 수 있도록 한다.

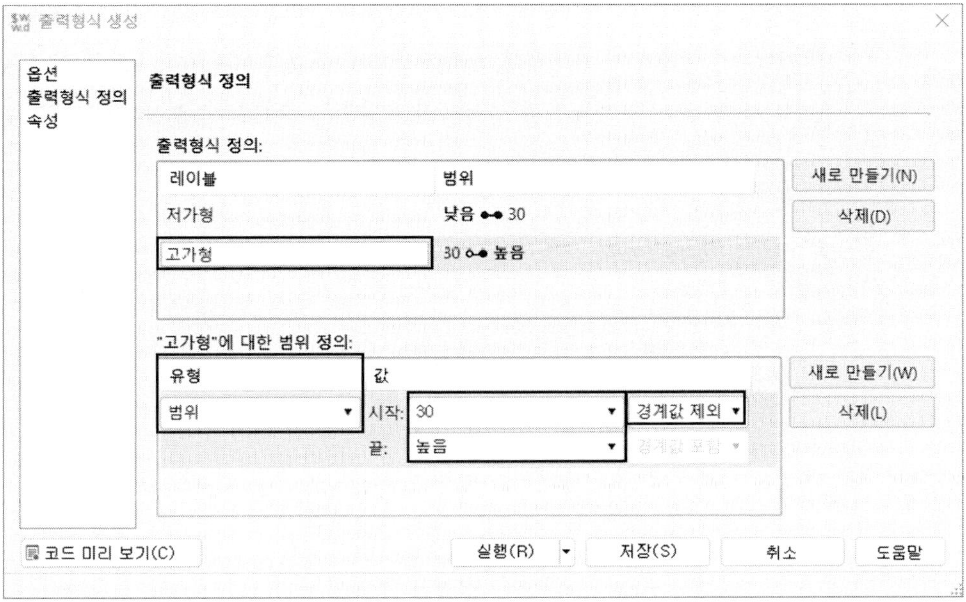

[그림 2. 28] 새로운 출력형식 생성 – 출력형식 생성 4

6. Discontinued에 적용할 출력형식을 만들기 위해 **[파일] > [작업 열기] > [찾아보기]**에서 **[출력형식 생성]** 메뉴를 선택한 뒤, 출력형식 이름에는 [Discontinued_format], 출력형식 유형은 Discontinued가 문자형 데이터이므로 **[문자]**를 선택한 후 **[출력형식 정의]**를 클릭한다.

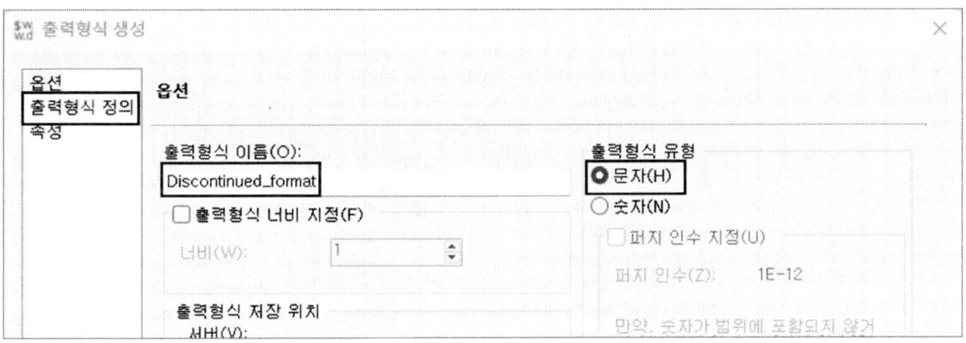

[그림 2. 29] 새로운 출력형식 생성 – 출력형식 생성 5

7. 출력형식 정의에서 **[새로 만들기]**를 클릭한 후, 레이블을 **[생산]**으로 입력하고 유형을 **[이산]**으로 선택한 뒤, 값을 [False]로 입력한다. 같은 방법으로 레이블을 **[단종]**, 범위를 [Ture]로 하여 출력형식을 정의한다. **[실행]**을 클릭하여 출력형식을 생성한다.

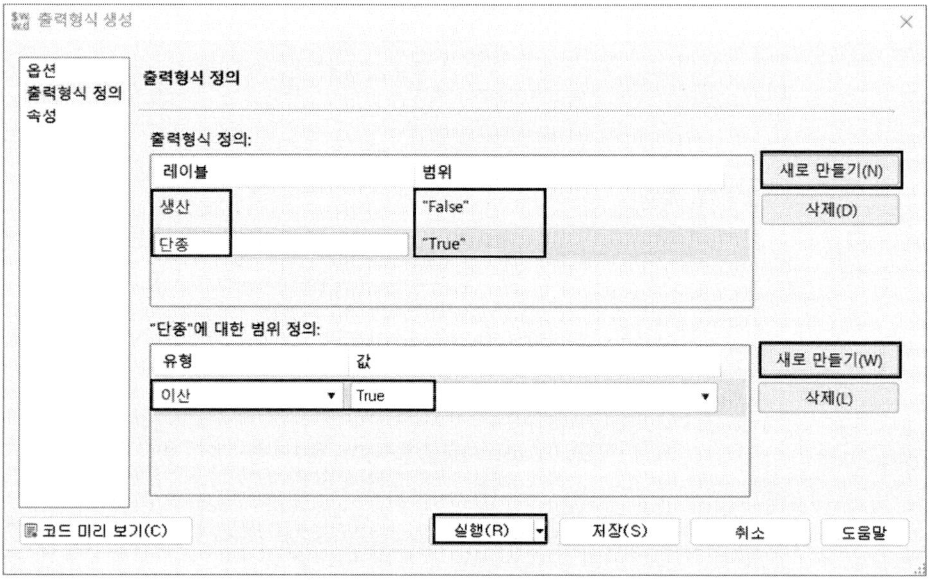

[그림 2. 30] 새로운 출력형식 생성 – 출력형식 생성 6

8. 프로세스 플로우 창에 [실습 2-4]에서 생성된 데이터 가져오기(CommaSep.txt)아이콘을 선택하고, 마우스 오른쪽 클릭하여 **[수정]**을 선택한다.

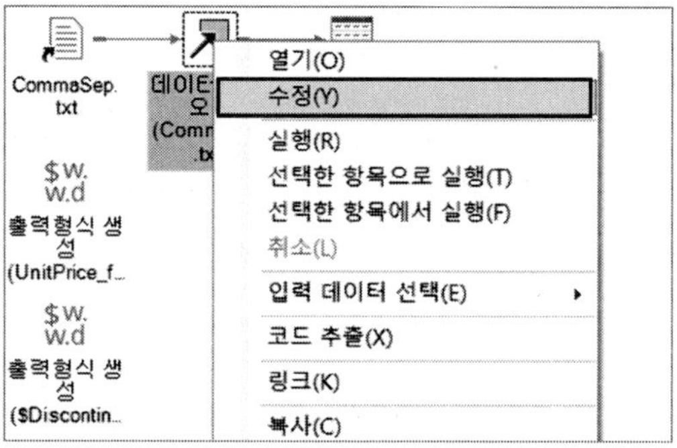

[그림 2. 31] 새로운 출력형식 생성 – 수정

9. CommaSep.txt에서 **[데이터 가져오기]** 창이 뜨면, **[다음]** 버튼을 두 번 클릭하여 **[3/4 필드 속성 정의]** 창으로 이동한다.

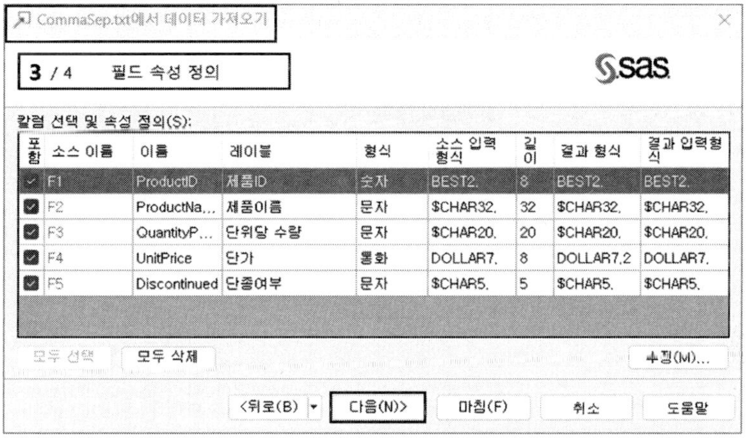

[그림 2. 32] 새로운 출력형식 생성 – 필드 속성 정의

10. 출력형식을 변경할 UnitPrice의 DOLLAR7.이라고 표시되어 있는 **[결과 형식]** 셀을 클릭하고, 잠시 기다렸다 다시 클릭하면, 표시되는 (...) 버튼을 클릭한다.

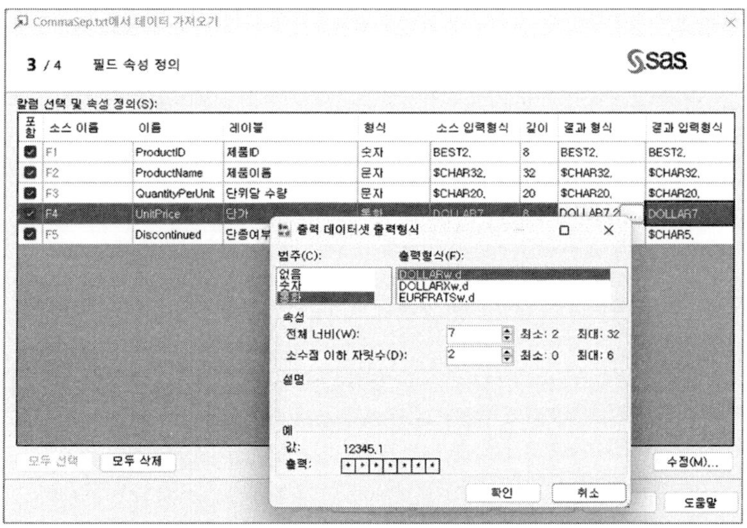

[그림 2. 33] 새로운 출력형식 생성 – 결과 형식

11. **[출력 데이터셋 출력형식]** 창에서 **[사용자 정의]** 범주를 선택한 후 출력형식에 포함되어 있는 [UNITPRICE_FORMAT.]을 선택하고, **[확인]** 버튼을 클릭한다.

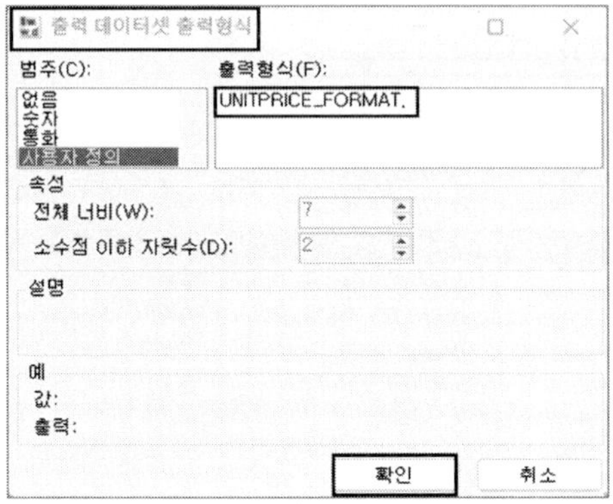

[그림 2. 34] 새로운 출력형식 생성 - 출력형식 선택

12. 출력형식을 변경할 Discontinued의 $CHAR5. 이라고 표시되어 있는 **[결과 출력형식]** 셀을 클릭하고, 잠시 기다렸다 다시 클릭하면, 표시되는 (...) 버튼을 클릭한 후 표시되는 **[결과 데이터셋 출력형식]** 창에서 **[사용자 정의]** 범주를 선택한 후 출력형식에 포함되어 있는 [$DISCONTINUED_FORMAT.]을 선택하고, **[확인]** 버튼을 클릭한다.

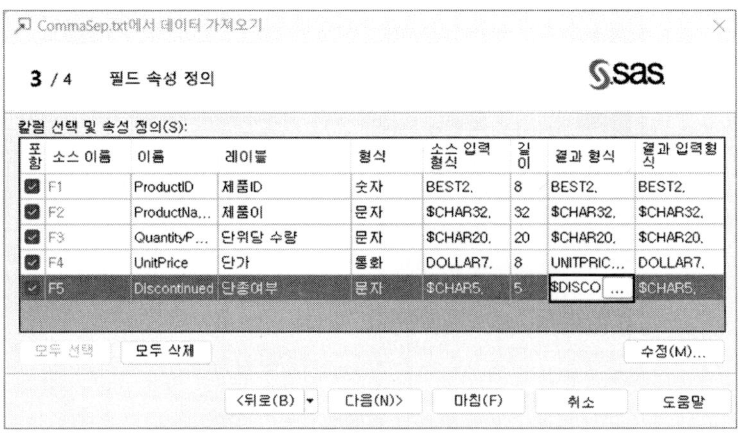

[그림 2. 35] 새로운 출력형식 생성 - 확인

13. **[마침]** 버튼을 클릭하여 출력되는 데이터가 UnitPrice는 **[저가형/고가형]**으로, Discontinued는 **[생산/단종]**으로 표시되는 것을 확인한다(여기서 유의할 점은 실제 데이터는 UnitPrice의 경우 각 상품의 단가로, Discontinued는 True/False로 저장되어 있으나 출력형식만 변경되어 표시된다는 점이다).

	ProductID	ProductName	QuantityPerUnit	UnitPrice	Discontinued
1	1	Chai	10 boxes x 20 bags	저가형	생산
2	2	Chang	24 - 12 oz bottles	저가형	생산
3	3	Aniseed Syrup	12 - 550 ml bottles	저가형	생산
4	4	Chef Anton's Cajun Seasoning	48 - 6 oz jars	저가형	생산
5	5	Chef Anton's Gumbo Mix	36 boxes	저가형	단종
6	6	Grandma's Boysenberry Spread	12 - 8 oz jars	저가형	생산
7	7	Uncle Bob's Organic Dried Pears	12 - 1 lb pkgs.	저가형	생산
8	8	Northwoods Cranberry Sauce	12 - 12 oz jars	고가형	생산
9	9	Mishi Kobe Niku	18 - 500 g pkgs.	고가형	단종
10	10	Ikura	12 - 200 ml jars	고가형	생산
11	11	Queso Cabrales	1 kg pkg.	저가형	생산
12	12	Queso Manchego La Pastora	10 - 500 g pkgs.	고가형	생산

[그림 2. 36] 새로운 출력형식 생성 – 결과 확인

14. 메뉴바의 **[도구]** > **[옵션]** 메뉴의 데이터 > 일반 탭의 비보호 모드(읽기/쓰기)로 데이터 테이블 사용을 체크한 후 **[확인]** 버튼을 클릭하여, 데이터 수정 모드로 전환한다.

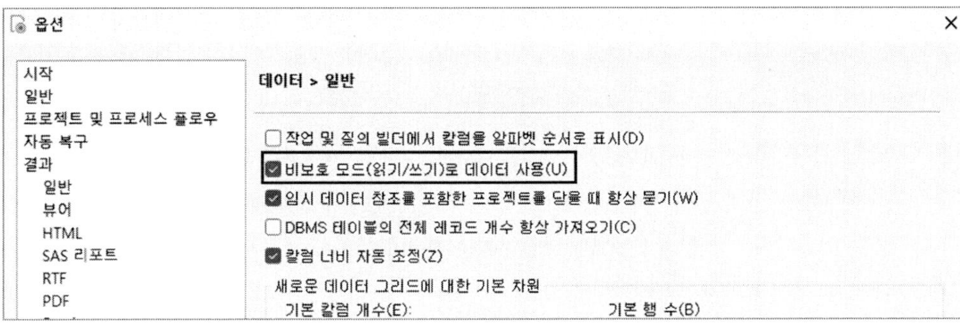

[그림 2. 37] 새로운 출력형식 생성 – 비보호 모드 체크

15. [**프로세스 플로우 창**]의 [**CommaSep.txt에서 가져온 데이터**] 아이콘을 더블 클릭하여 데이터를 연다.

	ProductID	ProductName	QuantityPerUnit	UnitPrice	Discontinued
1	1	Chai	10 boxes x 20 bags	저가형	생산
2	2	Chang	24 - 12 oz bottles	저가형	생산
3	3	Aniseed Syrup	12 - 550 ml bottles	저가형	생산
4	4	Chef Anton's Cajun Seasoning	48 - 6 oz jars	저가형	생산
5	5	Chef Anton's Gumbo Mix	36 boxes	저가형	단종
6	6	Grandma's Boysenberry Spread	12 - 8 oz jars	저가형	생산
7	7	Uncle Bob's Organic Dried Pears	12 - 1 lb pkgs.	저가형	생산
8	8	Falserthwoods Cranberry Sauce	12 - 12 oz jars	고가형	생산

[그림 2. 38] 새로운 출력형식 생성 - 데이터 오픈

16. UnitPrice 칼럼의 저가형이나 고가형 데이터를 더블 클릭하거나, Discontinued 칼럼의 생산/단종 데이터를 더블 클릭하여, 실제 표시는 **[저가형/고가형]**, **[생산/단종]**이지만 실제 저장된 데이터가 표시됨을 확인한다.

편집 모드입니다.

	ProductID	ProductName	QuantityPerUnit	UnitPrice	Discontinued
1	1	Chai	10 boxes x 20 bags	저가형	생산
2	2	Chang	24 - 12 oz bottles	저가형	생산
3	3	Aniseed Syrup	12 - 550 ml bottles	저가형	생산
4	4	Chef Anton's Cajun Seasoning	48 - 6 oz jars	저가형	생산
5	5	Chef Anton's Gumbo Mix	36 boxes	21.35	단종
6	6	Grandma's Boysenberry Spread	12 - 8 oz jars	저가형	생산
7	7	Uncle Bob's Organic Dried Pears	12 - 1 lb pkgs.	저가형	생산
8	8	Falserthwoods Cranberry Sauce	12 - 12 oz jars	고가형	생산

[그림 2. 39] 새로운 출력형식 생성 - 실제 데이터 확인

17. 메뉴바의 **[도구] > [옵션]** 메뉴의 **[데이터] > [일반]** 탭의 **[비보호 모드(읽기/쓰기)로 데이터 테이블 사용]**을 체크 해제한 후 **[확인]** 버튼을 클릭하여, 데이터 읽기 모드로 복원한다.

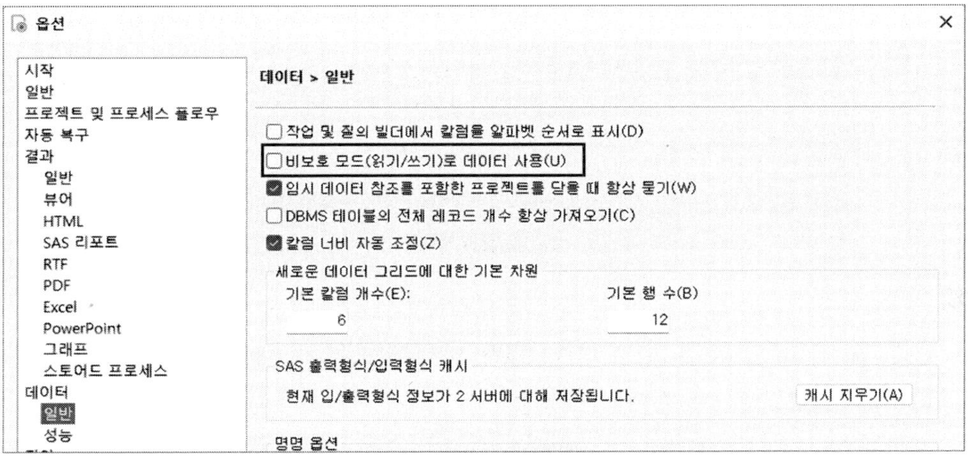

[그림 2. 40] 새로운 출력형식 생성 – 비보호 모드 체크 해제

NOTE

출력형식의 네이밍 룰

위 실습에서는 UNITPRICE_FORMAT과 DISCONTINUED_FORMAT 두 가지 출력형식을 만들었다. 단, 출력형식(포맷) 이름은 아래 규칙에 따라 출력형식 이름을 정해야 한다.

1) 출력형식의 이름은 32자를 넘을 수 없다.
2) 출력형식의 이름은 반드시 문자나 **언더스코어(_)**로 시작해야 한다.
3) 출력형식은 문자, 숫자 혹은 **언더스코어(_) 만 포함**할 수 있다.
4) 출력형식의 이름은 **숫자로 끝날 수 없다.**
5) 출력형식의 이름은 **SAS에서 지정된 함수의 명을 사용할 수 없다.**

1.6 데이터 업로드/다운로드

사용 중인 서버와 다른 SAS 시스템, 서버, 또는 로컬에서 생성된 데이터를 사용하려면 해당 데이터를 사용 중인 서버로 업로드해야 한다. 반대로, 로컬에서 서버 데이터를 사용하려면 서버에 저장된 데이터를 로컬로 다운로드해야 한다. 단, 이 작업을 사용하려면 서버와 로컬 환경 모두에 SAS가 설치되어 있어야 한다.

[실습 2-6] 데이터를 서버에 업로드 하기

> C:\Program Files\SASHome\SASEnterpriseGuide\8\Sample\Data 폴더의 Products.sas7bdat 파일을 서버에 업로드 한다.

1. 메뉴바에서 [파일] > [작업 열기] > [찾아보기] > [데이터] > [데이터 파일을 서버에 업로드]를 선택한다.

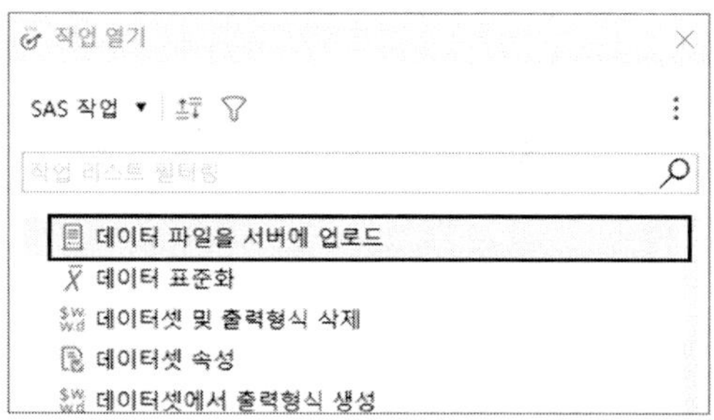

[그림 2. 41] 데이터를 서버에 업로드 - 작업창에서 선택

2. [추가] 버튼을 클릭하여 Products.sas7bdat를 선택한다.

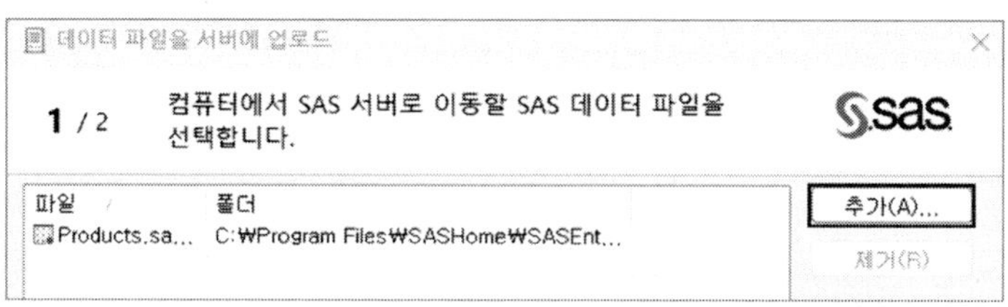

[그림 2. 42] 데이터를 서버에 업로드 - 추가 버튼

3. 저장하고자 하는 서버와 라이브러리를 선택한다.

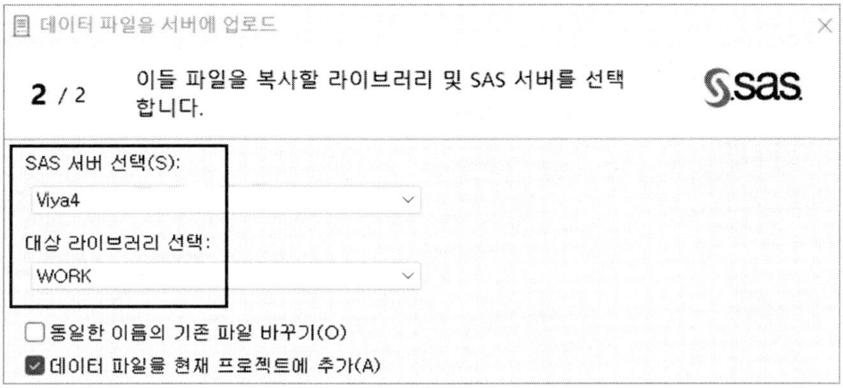

[그림 2. 43] 데이터를 서버에 업로드 서버, 라이브러리 선택

4. 서버로 업로드한 데이터를 확인하고, 라이브러리에 저장되었는지 **[새로 고침]**하여 확인한다.

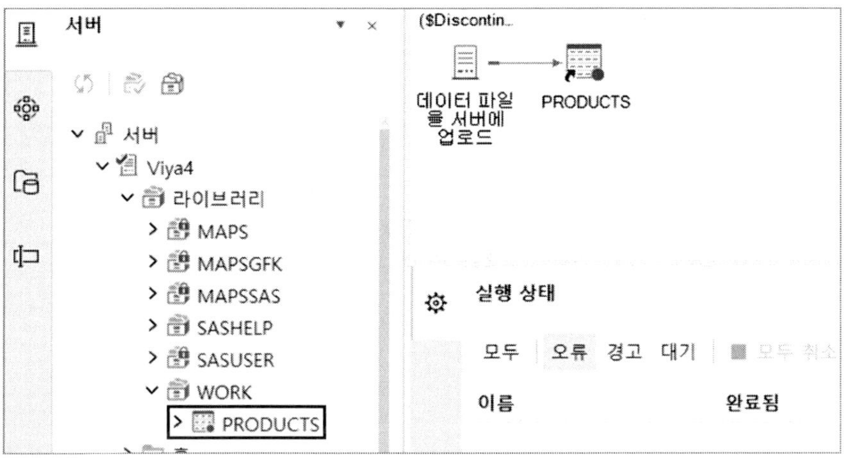

[그림 2. 44] 데이터를 서버에 업로드 – 확인

[실습 2-7] 데이터를 로컬 컴퓨터에 다운로드하기

서버 SASHELP 라이브러리에 저장되어 있는 AIR 데이터를 로컬 컴퓨터로 다운로드한다.

1. 메뉴바에서 **[파일] > [작업 열기] > [찾아보기] > [데이터] > [데이터 파일을 PC로 다운로드]**를 선택한다.

[그림 2. 45] 데이터를 서버에서 다운로드 – 작업창에서 선택

2. 로컬 컴퓨터로 저장할 서버의 [SASHELP] 라이브러리에 저장되어 있는 [AIR] 데이터를 추가한다.

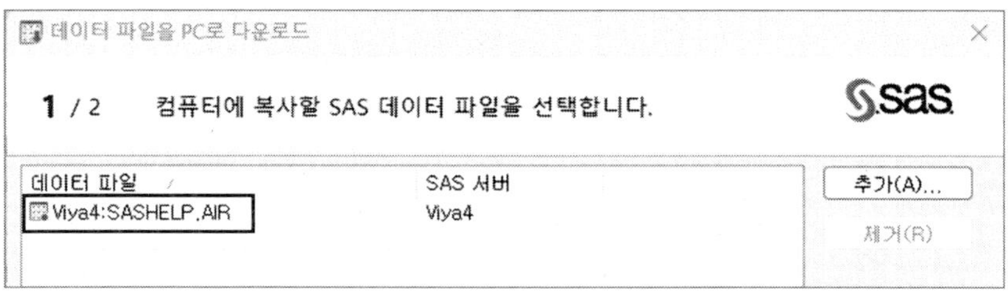

[그림 2. 46] 데이터를 서버에 업로드 – 데이터 선택

3. [AIR] 데이터를 저장할 PC의 폴더를 지정한다.

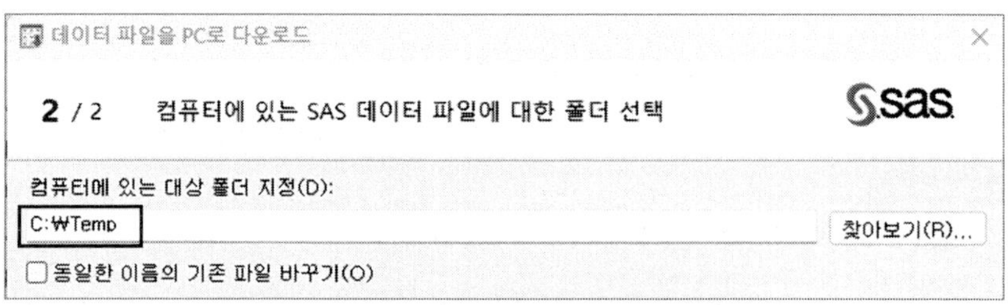

[그림 2. 46] 데이터를 서버에 업로드 – 경로 지정

4. 로그를 확인하고, 지정한 폴더에 정상적으로 저장되었는지 확인한다.

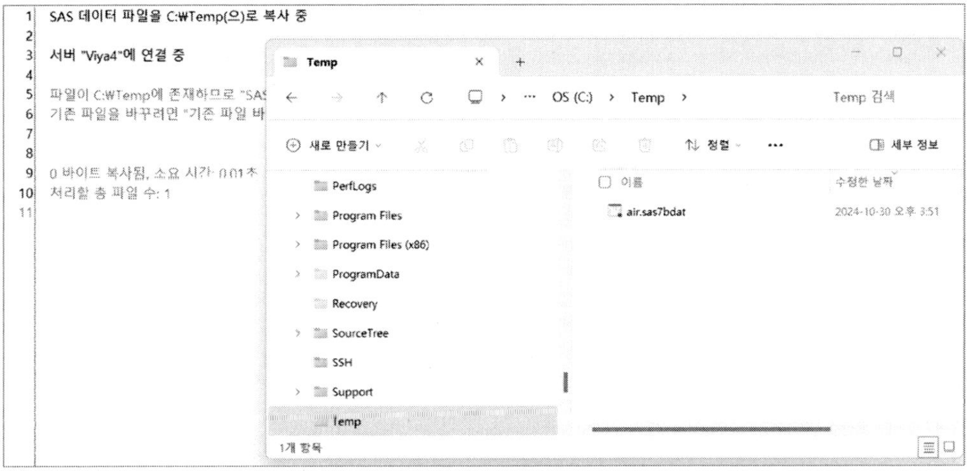

[그림 2. 48] 데이터를 서버에서 다운로드 – 확인

02 | 데이터 처리

2.1 데이터 추출 및 칼럼 연산

EG의 [질의 빌더]는 데이터 필터링, 요약, 병합 등의 작업을 수행한다. 이 작업은 SQL 쿼리를 자동으로 생성하며, 실행하면 SAS에서 [PROC SQL] 프로시저를 수행한다.

[실습 2-8] [질의 빌더]로 데이터 추출하기

① [실습 2-2]에서 불러온 Products 데이터를 [질의 빌더]로 가공
② 가공 방법은 제품번호(ProductID)와 제품이름(ProductName)을 사용하여 '번호 이름' 형태로 데이터를 생성하여 제품명이라는 칼럼으로 생성
③ 제품단가(UnitPrice)와 재고량(UnitsInStock)을 사용하여 재고금액을 계산
④ UnitPrice가 14 이하인 제품은 저가형, 15 이상인 제품은 고가형이라는 값을 가진 제품 '금액대' 칼럼을 생성
⑤ '제품명, 제품 금액대, 재고 금액'의 연산한 세 칼럼과 UnitPrice를 제품단가 칼럼으로 추가하여 총 칼럼 4개를 가진 'Product_stock' 데이터를 EDU에 생성

1. [프로세스 플로우]에서 [Products] 데이터를 선택하고 마우스 오른쪽 클릭 후 [질의 빌더]를 선택하거나, [파일] > [작업 열기] > [질의 빌더]를 선택한다.

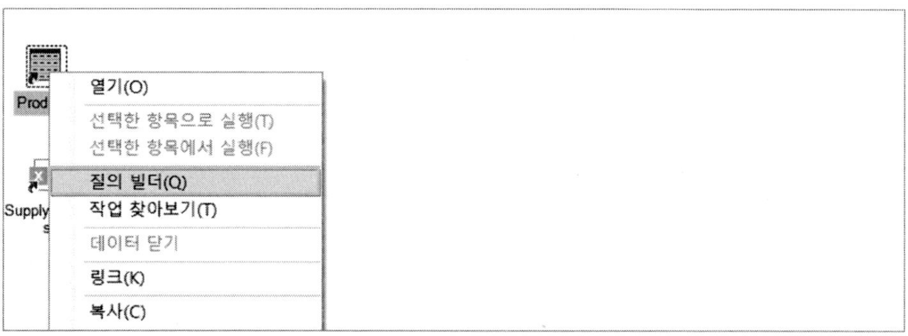

[그림 2. 49] 질의 빌더로 데이터 가공 – 작업에서 선택

2. [**질의 빌더**] 창에서 [**계산된 칼럼**]을 클릭한다.

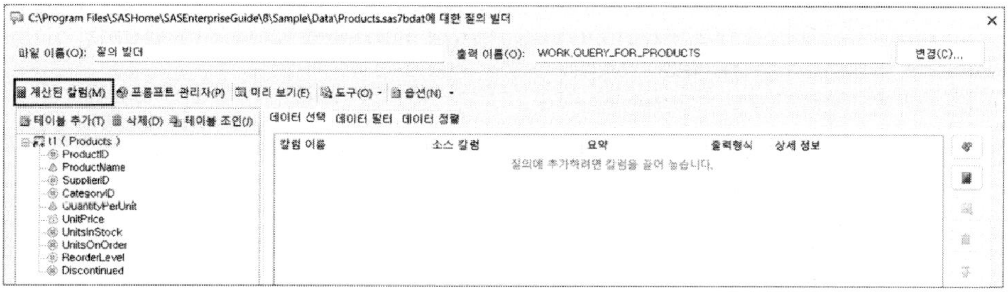

[그림 2. 50] 질의 빌더로 데이터 가공 - 계산된 칼럼

3. [**계산된 칼럼**] 창에서 [**새로 만들기**]를 클릭한다.

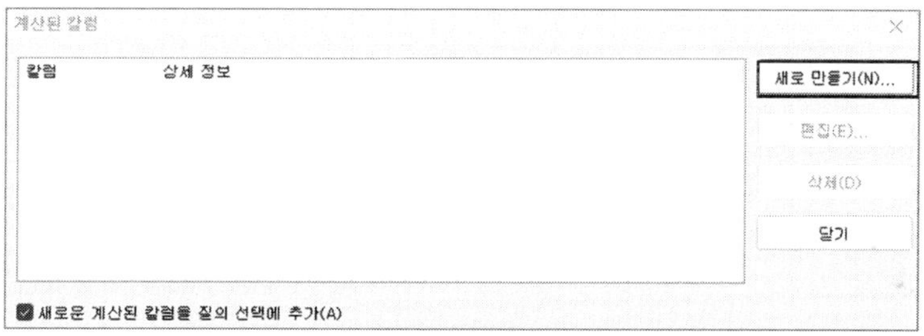

[그림 2. 51] 질의 빌더로 데이터 가공 - 새로 만들기

4. [**새로운 계산된 칼럼**] 창에서 [**고급 표현식**]을 선택한 다음, [**다음**]을 클릭한다.

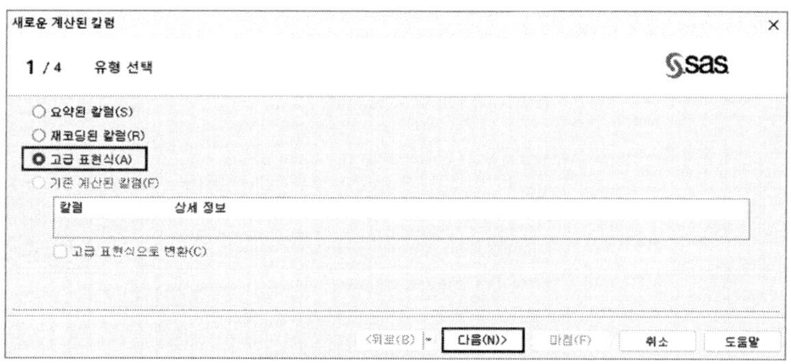

[그림 2. 52] 질의 빌더로 데이터 가공 - 고급 표현식

5. 제품명을 생성하기 위해서 put함수를 활용하여 숫자형 변수인 ProductID를 문자형 변수로 바꾸고, 문자형 변수인 ProductName을 strip 함수를 활용하여 앞뒤 공백을 제거한다. 그다음 ProductID와 ProductName을 합치기 위해 cat 함수를 활용한다. ProductID와 ProductName 사이에 공백을 한 칸 주며 제품명을 생성한다. 먼저 함수 폴더를 펼친 후 CAT 함수를 찾아 더블 클릭하여 **[표현식 입력 창]**에 [CAT]이 표시되는 것을 확인한다.

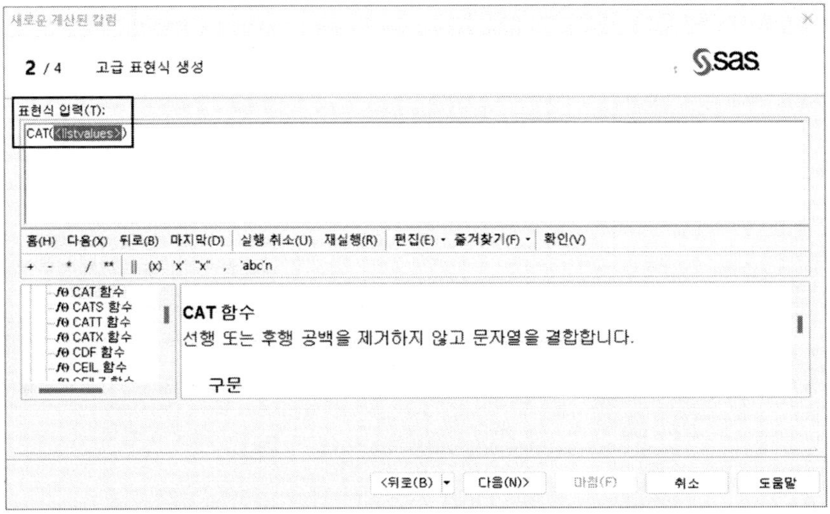

[그림 2. 53] 질의 빌더로 데이터 가공 – 표현식 입력 1

6. CAT 함수 내에 <listvalues>를 선택하고, 숫자를 문자로 변환하기 위해 함수 폴더의 PUT 함수를 찾아 더블 클릭한다.

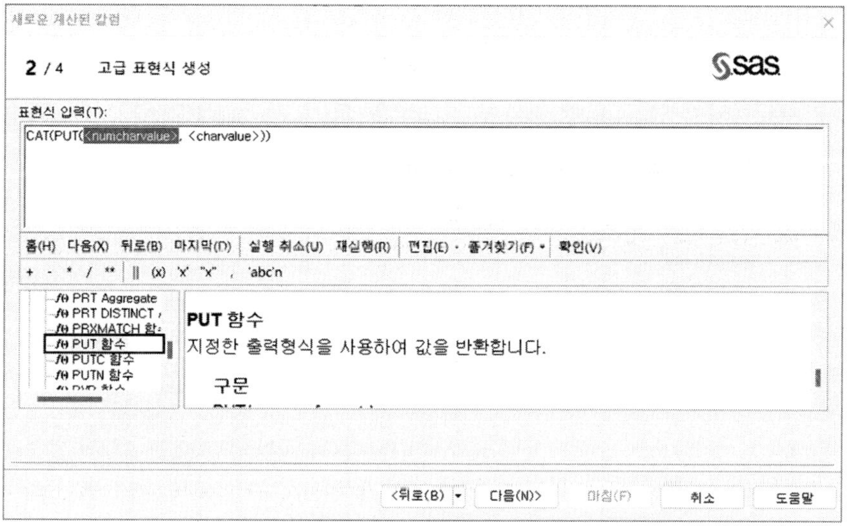

[그림 2. 54] 질의 빌더로 데이터 가공 - 표현식 입력 2

7. <numcharvalue>를 선택하고, 숫자형 변수인 ProductID를 테이블 폴더를 펼쳐 더블 클릭하여 PUT 구문 내에 위치시키고, <charvalue>는 구문 상 포맷이 위치하므로 전체 두 자리이며 빈 값에 0을 채우는 형태의 포맷인 Z2.을 입력한다.

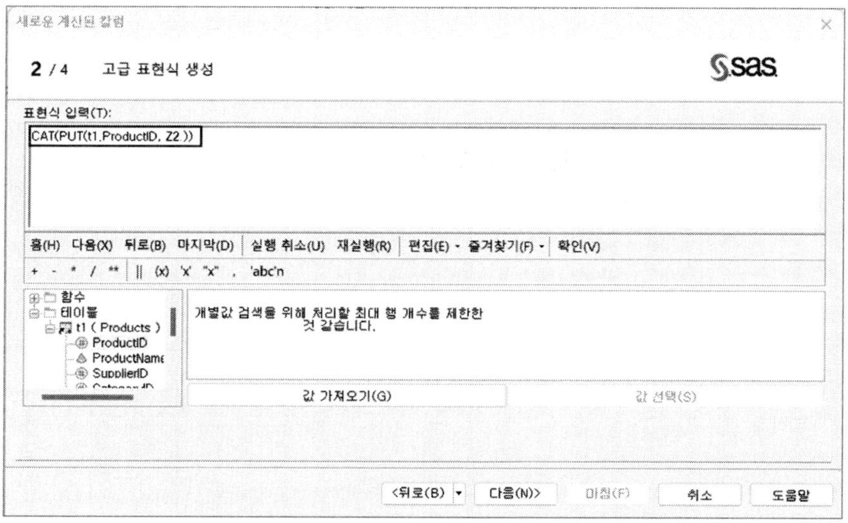

[그림 2. 55] 질의 빌더로 데이터 가공 - 표현식 입력 3

8. PUT 구문 뒤에, ProductID 뒤에 공백을 한 칸 추가하기 위하여 **콤마**를 찍은 후 ' '를 추가하고, **콤마**를 다시 찍은 후 ProductName을 strip 함수를 사용하여 앞뒤 공백을 제거하기 위하여, 전체 구문을 CAT(PUT(t1.ProductID,z2.), ' ', STRIP(t1.Product-Name)) 형태로 완성한다. **[다음]** 버튼을 클릭한다.

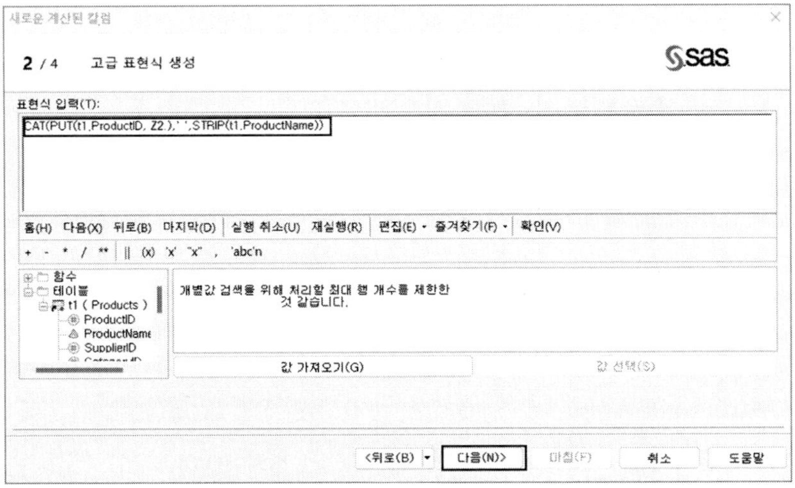

[그림 2. 56] 질의 빌더로 데이터 가공 - 표현식 입력 4

9. 칼럼 이름 및 레이블에 **[제품명]**이라고 입력하고, **[다음]**을 클릭한 후 **[마침]** 버튼을 클릭한다.

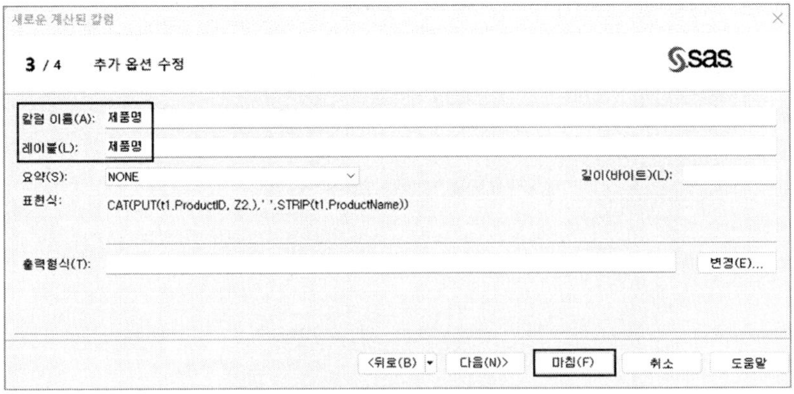

[그림 2. 57] 질의 빌더로 데이터 가공 - 칼럼, 레이블 입력

10. UnitPrice와 UnitsInStock을 곱하여 **재고금액**을 계산하기 위하여 **[계산된 칼럼]** 창에서 **[새로 만들기] > [고급 표현식]**을 선택한다.

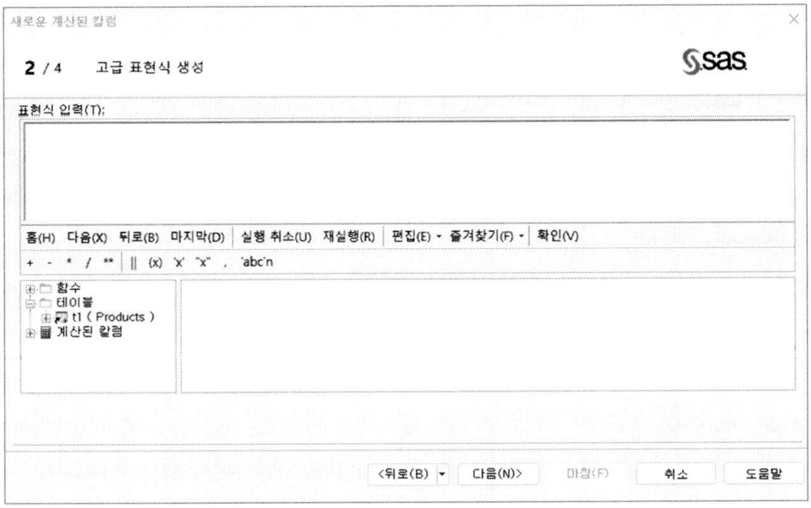

[그림 2. 58] 질의 빌더로 데이터 가공 - 표현식 입력 5

11. 재고 금액을 계산하기 위하여 테이블의 [t1] 폴더를 펼쳐 [UnitPrice]를 더블 클릭한다.

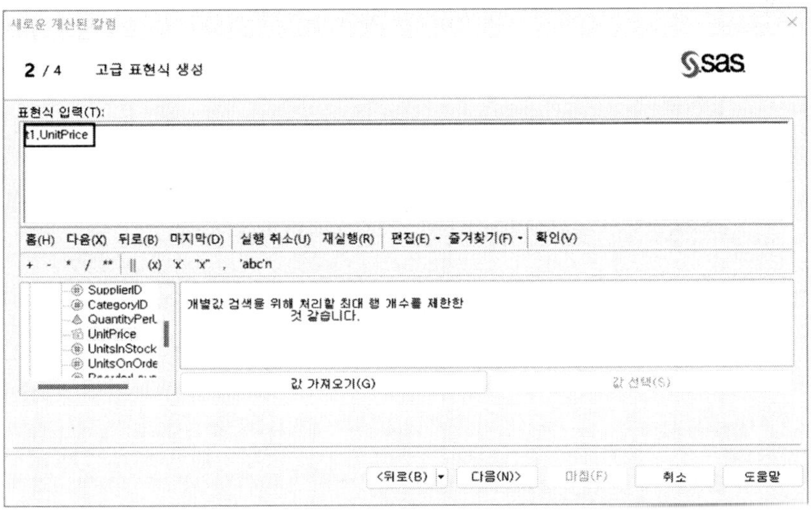

[그림 2. 59] 질의 빌더로 데이터 가공 - 표현식 입력 6

12. 곱하기를 의미하는 *을 입력하고, UnitsInStock을 더블 클릭하여 표현식을 완성한 후 **[다음]** 버튼을 클릭하여 식별자와 칼럼 이름을 **[재고 금액]**으로 입력한 후 **[마침]** 버튼을 클릭한다.

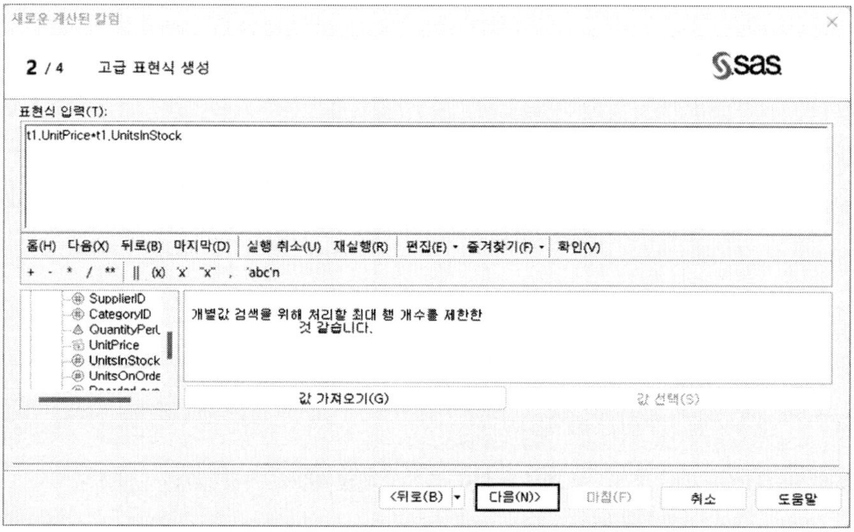

[그림 2. 60] 질의 빌더로 데이터 가공 – 표현식 입력 7

13. **[계산된 칼럼]** 창에 재고 금액과 제품명 칼럼이 생성된 것을 확인 후 **[닫기]** 버튼을 클릭한다.

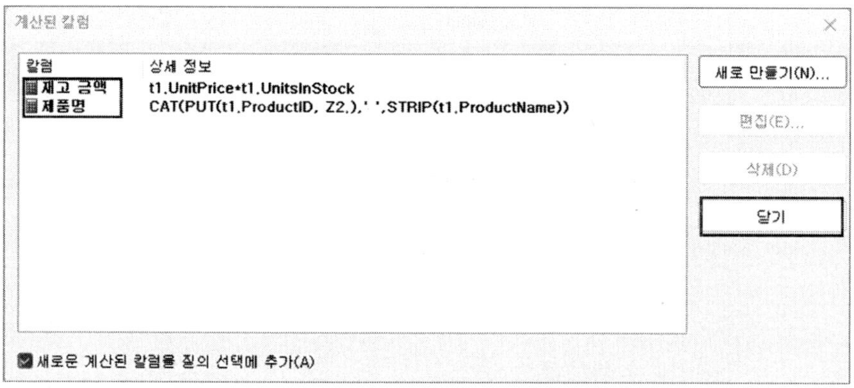

[그림 2. 61] 질의 빌더로 데이터 가공 – 계산된 칼럼 확인

14. UnitPrice가 14 이하인 제품은 **[저가형]**, 15 이상인 제품은 **[고가형]**이라는 값을 가진 **[제품 금액대]** 칼럼을 생성하기 위하여 계산된 칼럼 창에서 **[새로 만들기] > [재코딩된 칼럼]**을 선택한 후 UnitPrice를 선택하고 **[다음]**을 클릭한다.

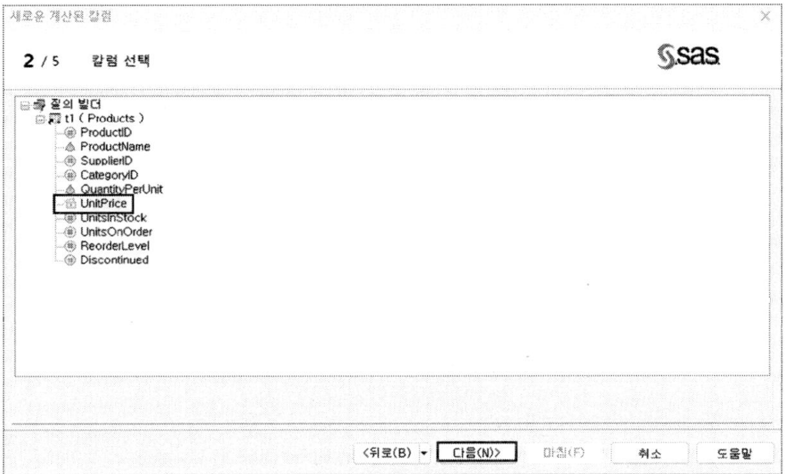

[그림 2. 62] 질의 빌더로 데이터 가공-재코딩된 칼럼 선택

15. 값을 선택하기 위하여 **[추가]** 버튼을 클릭한다.

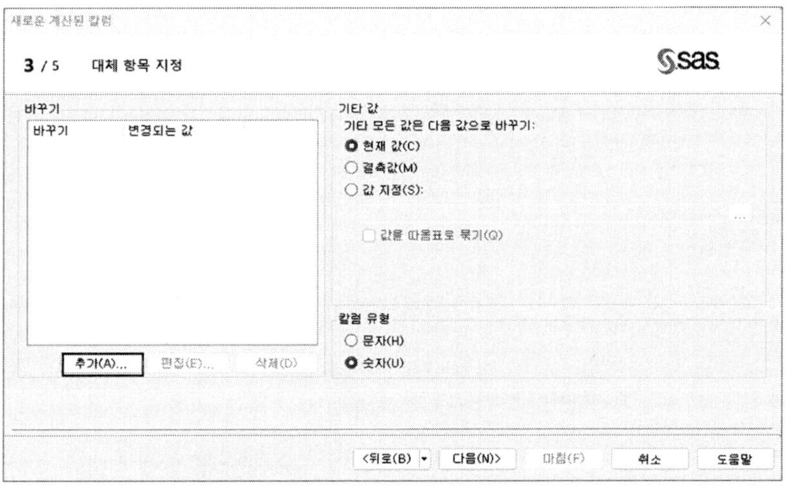

[그림 2. 63] 질의 빌더로 데이터 가공-추가

16. 값을 0부터 14인 범위로 지정하기 위하여 **[범위 바꾸기]** 탭을 선택한다. 14 이하의 값을 **[저가형]**으로 변환하기 위해 하한을 0, 상한을 14로 저장한 뒤, **[다음 값으로 변경]**에 '저가형'을 입력하고 **[값을 따옴표로 묶기]**를 체크한 뒤 **[확인]**을 클릭한다.

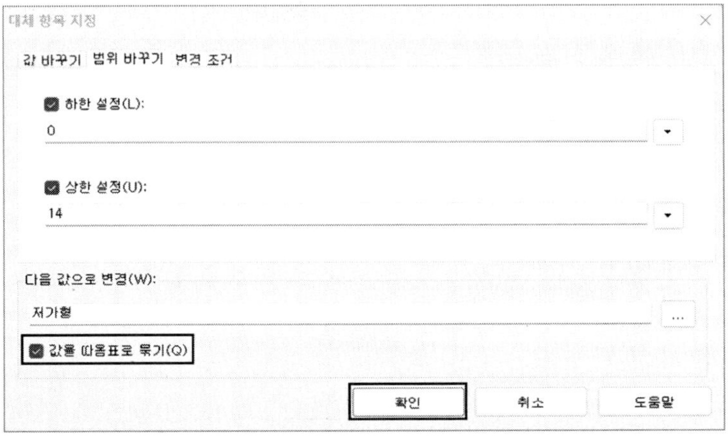

[그림 2. 64] 질의 빌더로 데이터 가공 – 범위 바꾸기 1

17. 또 다른 대체 항목을 지정하기 위하여 **[추가]** 버튼을 클릭한 후 **[범위 바꾸기]** 탭에서 하한에만 15를 입력하고 **[고가형]**이라는 값으로 변경 후 **[값을 따옴표로 묶기]**를 체크한 후 **[확인]** 버튼을 클릭한다.

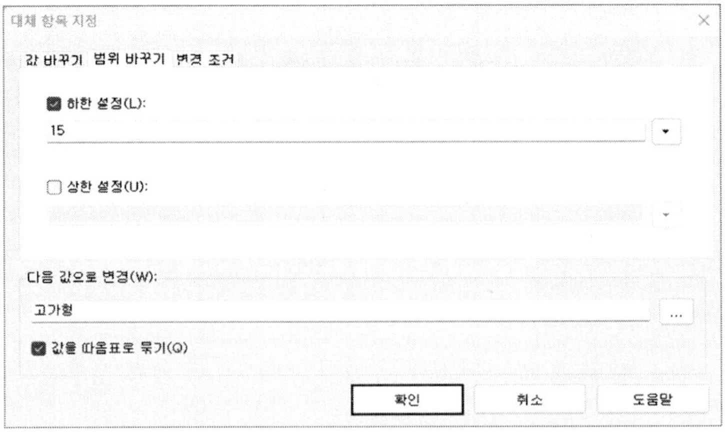

[그림 2. 65] 질의 빌더로 데이터 가공 – 범위 바꾸기 2

18. 새로 생성될 **[제품 금액대]** 칼럼은 **[고가형/저가형]**이라는 **[문자]**가 들어가므로 칼럼 유형을 **[문자]**로 변경 후 **[다음]** 버튼 클릭한다.

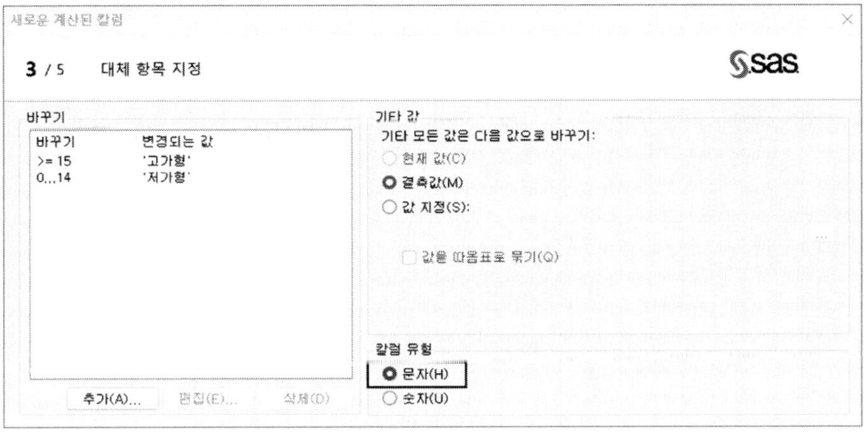

[그림 2. 66] 질의 빌더로 데이터 가공 – 칼럼 유형 선택

19. 식별자와 칼럼 이름을 **[제품 금액대]**로 입력하고, 출력형식을 제거한 후 **[마침]** 선택 후 **[계산된 칼럼]** 창에서 **[닫기]**를 클릭한다.

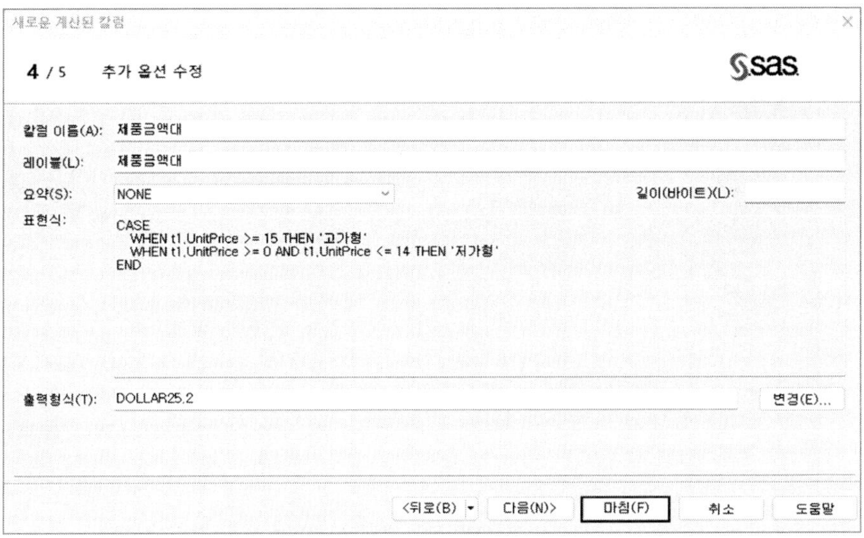

[그림 2. 67] 질의 빌더로 데이터 가공 – 추가 옵션 수정

20. [데이터 선택] 창에 **제품명, 재고 금액, 제품 금액대**가 포함되어 있는 것을 확인한다.

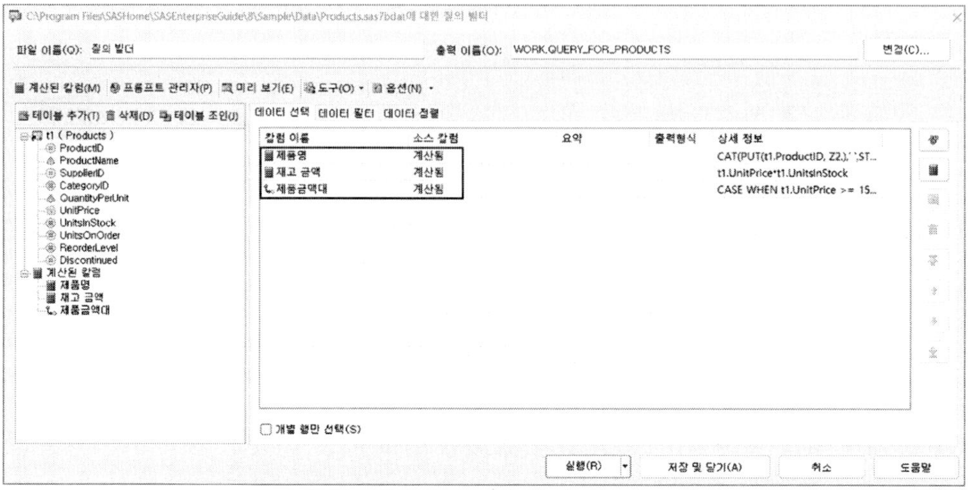

[그림 2. 68] 질의 빌더로 데이터 가공-데이터 선택 창 확인

21. 좌측의 칼럼 중 UnitPrice를 **[데이터 선택]** 창에 끌어다 놓아 **[데이터 선택]** 창에 추가한다.

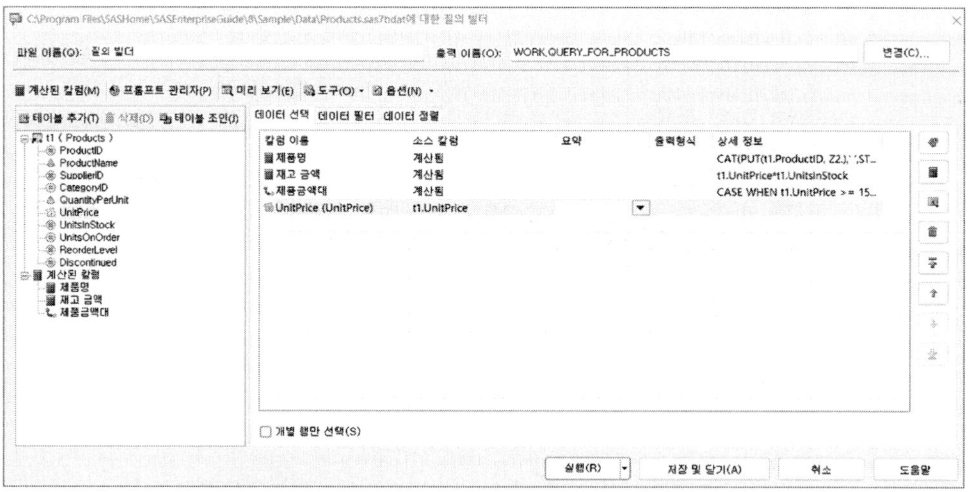

[그림 2. 69] 질의 빌더로 데이터 가공-데이터 추가

22. [데이터 선택] 창의 [UnitPrice]를 선택한 다음 [F2] 키를 누르고, **[제품단가]**로 칼럼 이름을 변경한 후, 출력 위치를 변경하기 위해 출력 이름 우측의 **[변경]** 버튼을 클릭한다.

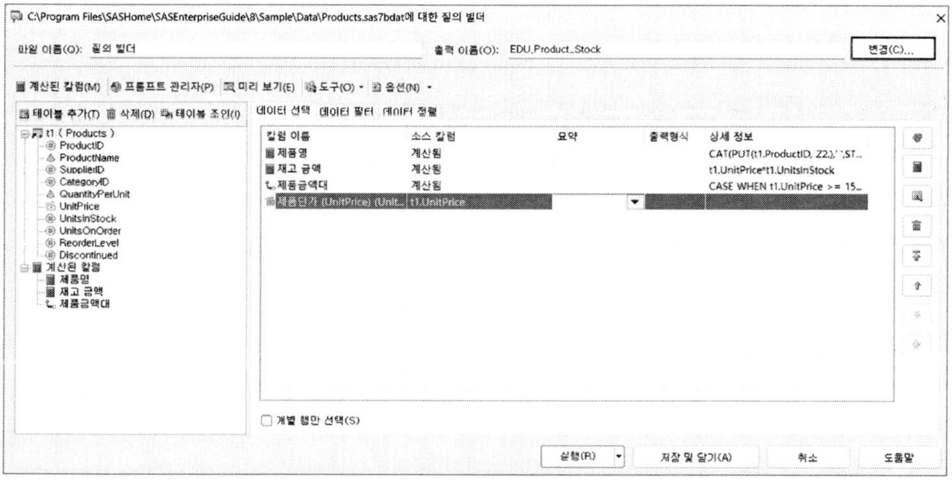

[그림 2. 70] 질의 빌더로 데이터 가공-칼럼 이름 변경

23. [파일 저장] 창에서 기본 저장되는 WORK 라이브러리가 아닌 [EDU] 라이브러리를 선택하기 위해, 저장 위치의 리스트박스를 선택하여 **[라이브러리]**를 선택한다.

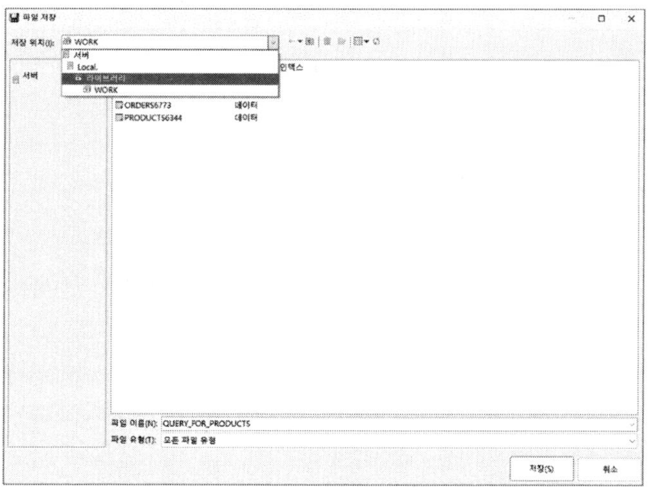

[그림 2. 71] 질의 빌더로 데이터 가공-라이브러리 선택

24. [EDU] 라이브러리에 파일 이름을 [Product_Stock]으로 변경하여 **[저장]**한다.

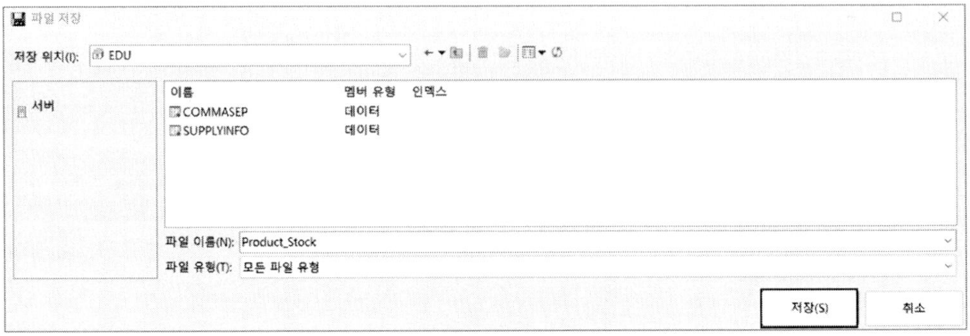

[그림 2. 72] 질의 빌더로 데이터 가공 - 저장

25. 출력 이름과 칼럼 명을 확인 후 **[실행]** 버튼을 클릭하여 데이터를 생성한다.

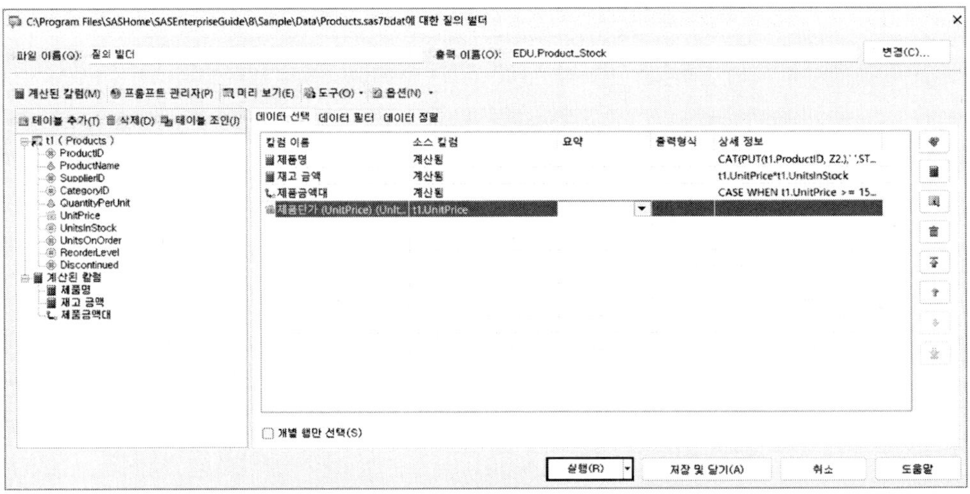

[그림 2. 73] 질의 빌더로 데이터 가공 - 데이터 생성

26. 데이터를 확인한다.

[그림 2. 74] 질의 빌더로 데이터 가공 – 데이터 확인

2.2 데이터 세로 결합(조인)

EG에서 데이터를 병합하거나 조인하기 위해서는 **[질의 빌더]**를 통해 수행한다. **[질의 빌더]** 내에서 데이터(테이블) 간의 연결 관계를 정의하거나 정의된 연결 관계를 수정하여 병합/조인된 데이터로 생성할 수 있다.

[실습 2-9] [질의 빌더]로 두 테이블 조인하기

- [실습 2-2]에서 불러온 Products, Orders 데이터를 질의 빌더로 조인
- **조인 칼럼(Join Key)**: Products.ProductID, Orders.PRODI
- **선택 칼럼**: OrderID, ProductName, Quantity, UnitsInStock
- **조건문**: Quantity(주문 수량) < UnitsInStock(재고 수량)
- **정렬**: ProductName(상품명)을 기준으로 정렬
- **결과 데이터**: EDU.Order_Product로 저장

1. **[프로세스 플로우]** 창에서 Products 데이터를 선택하고 마우스 오른쪽 클릭 후 **[질의 빌더]**를 선택하고, **[테이블 추가]** 버튼을 클릭한다.

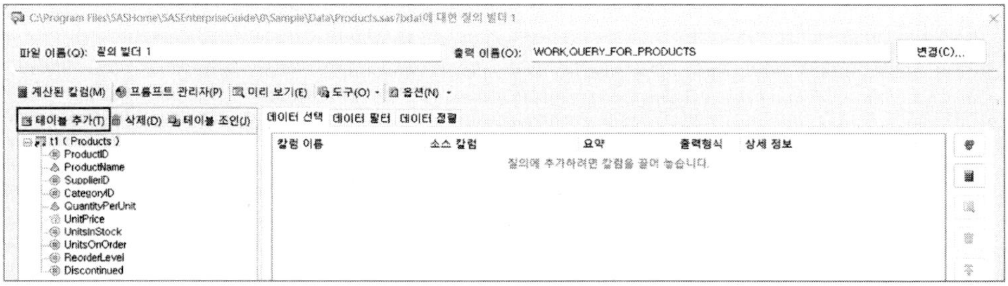

[그림 2. 75] 조인으로 데이터 합치기 - 테이블 추가

2. [데이터 열기] 창에서 찾는 위치를 프로젝트에 두고 'Orders' 데이터를 선택한다.

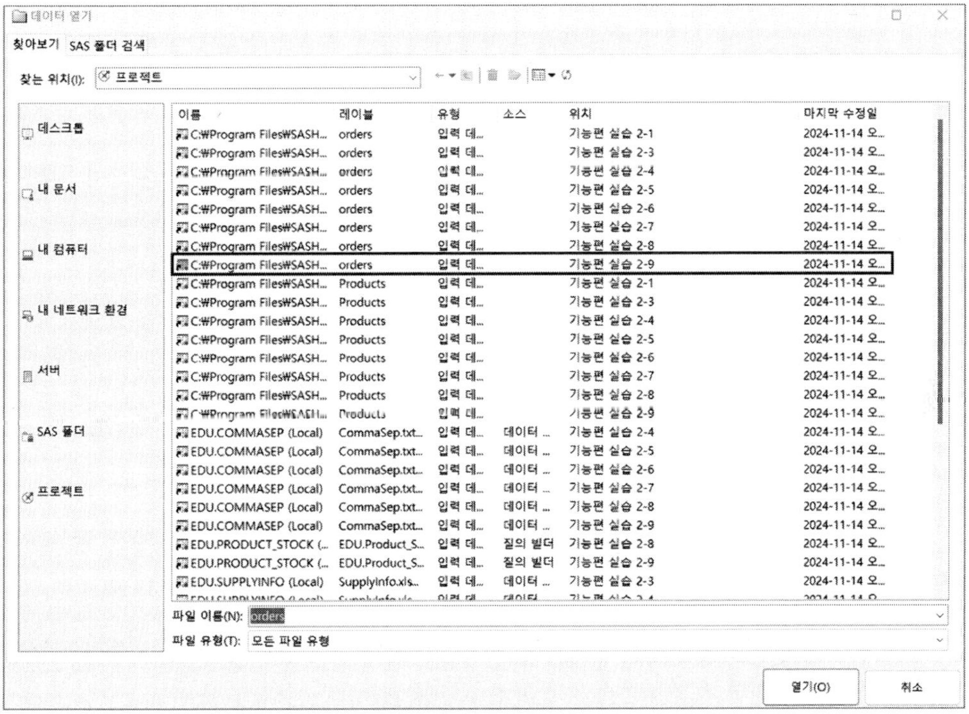

[그림 2. 76] 조인으로 데이터 합치기 – 데이터 선택

3. 테이블이 추가되지만, 테이블 간에 동일한 칼럼명이 없어 자동으로 조인되지 않는다는 메시지가 표시된다. **[확인]** 버튼을 클릭한다.

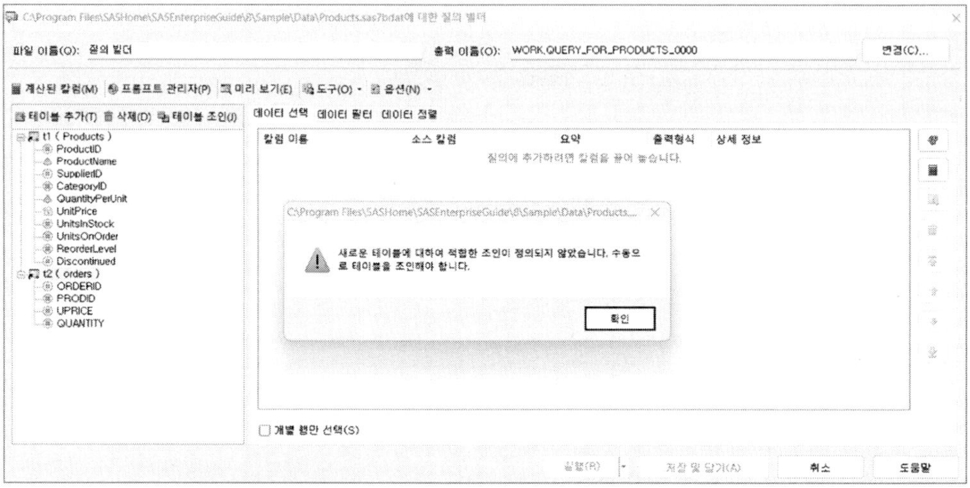

[그림 2. 77] 조인으로 데이터 합치기 - 자동 조인 불가능 경고

4. **[테이블 및 조인]** 창이 열리면, Products.ProductID와 Orders.PRODID를 조인하기 위해 Products 테이블의 [ProductID]를 선택한 상태에서 Orders 테이블의 [PRODID]로 드래그한다.

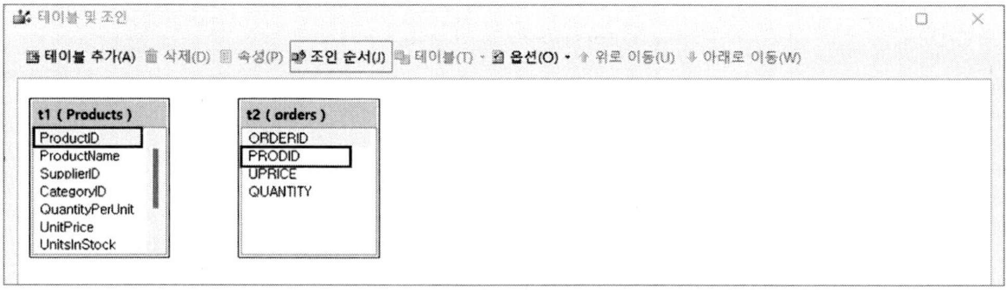

[그림 2. 78] 조인으로 데이터 합치기 - 테이블 및 조인 창

5. [조인 속성]에서 적절한 조인 방법을 선택한다. Products 테이블과 Orders 테이블은 Inner Join 관계를 갖는다. **내부 조인**을 선택하고 **[확인]** 버튼을 클릭한다.

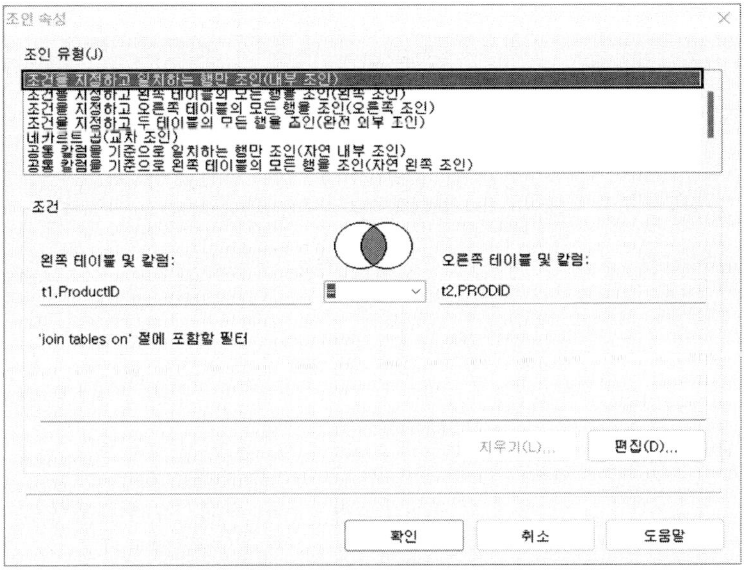

[그림 2. 79] 조인으로 데이터 합치기 - 조인 속성

6. 다이어그램을 확인하고, **[닫기]** 버튼을 클릭하여 조인을 확정한다.

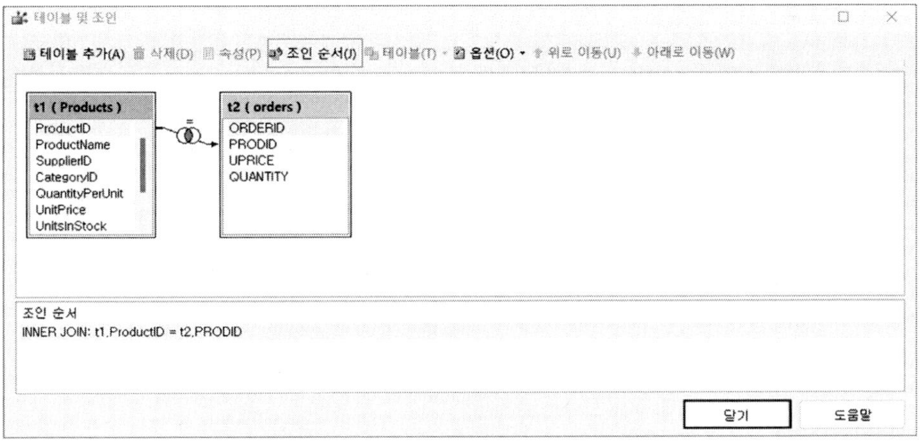

[그림 2. 80] 조인으로 데이터 합치기 - 다이어그램 확인

7. 출력 데이터에 저장할 칼럼을 끌어다 놓기 방식으로 **[데이터 선택]** 창에 끌어 놓거나, 칼럼을 **더블 클릭**하여 추가한다. (OrderID, ProductName, Quantity, UnitsInStock)

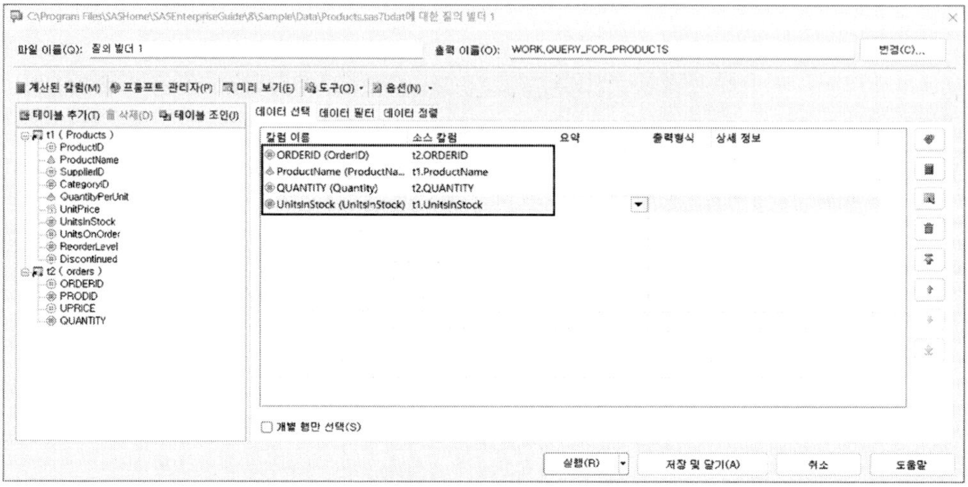

[그림 2. 81] 조인으로 데이터 합치기-칼럼 선택

8. **[데이터 필터]** 탭을 선택한다. 그리고 ② Quantity보다 UnitsInStock이 적은 행만 출력하기 위하여 필터 버튼인 [ ]를 클릭하여 지정한다.

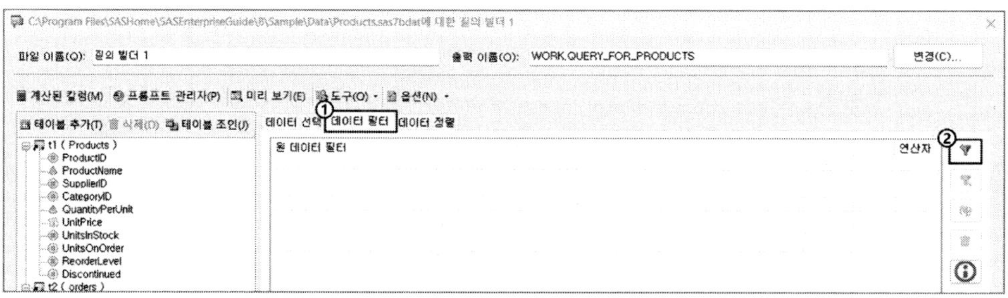

[그림 2. 82] 조인으로 데이터 합치기-필터 버튼 클릭

9. **[새로운 필터]** 창에서 **[고급 필터]**를 선택하고, **[다음]**을 클릭한다.

[그림 2. 83] 조인으로 데이터 합치기 - 고급 필터

10. 필터 조건에 활용되는 두 칼럼 Quantity, UnitsInStock 은 이미 출력에 포함되어 있다. 따라서 **선택한 칼럼** 폴더를 확장하여, Quantity와 UnitsInStock을 선택하고, 필터 조건에 Quantity > UnitsInStock를 입력한다. 그리고 **[마침]** 버튼을 클릭하여 필터 입력을 종료한다.

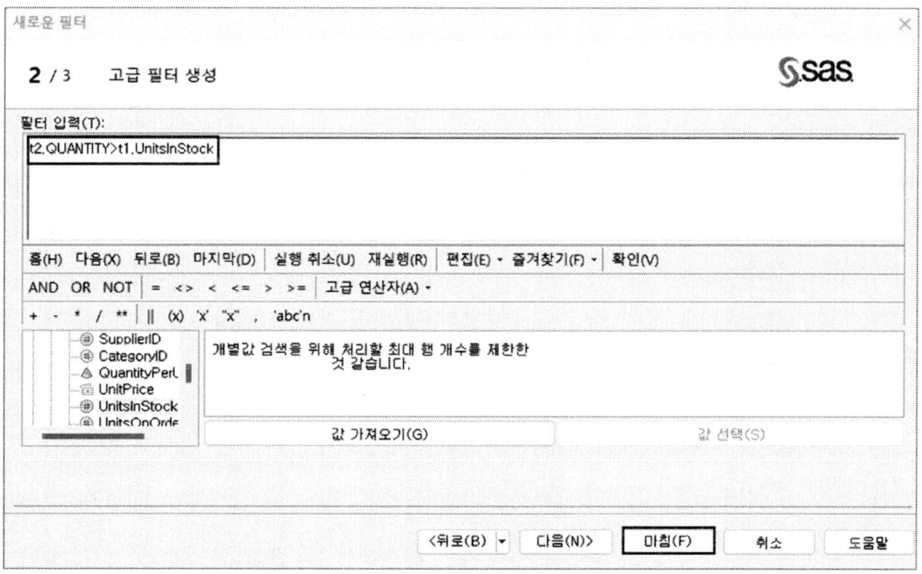

[그림 2. 84] 조인으로 데이터 합치기 - 필터 입력

11. ProductName으로 정렬하기 위하여, **[데이터 정렬]** 탭을 클릭한다.

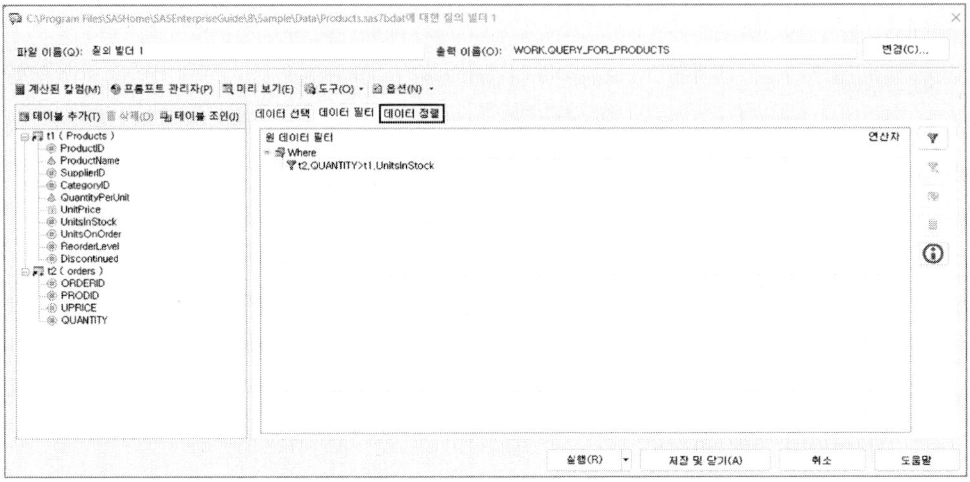

[그림 2. 85] 조인으로 데이터 합치기 - 데이터 정렬

12. 정렬 칼럼인 ProductName은 이미 데이터 선택이 되어 있으므로, **[기존 칼럼 추가]** 버튼인 [ ] 버튼을 클릭한다(데이터 선택이 되어 있지 않을 경우 좌측의 칼럼을 끌어다 놓는다).

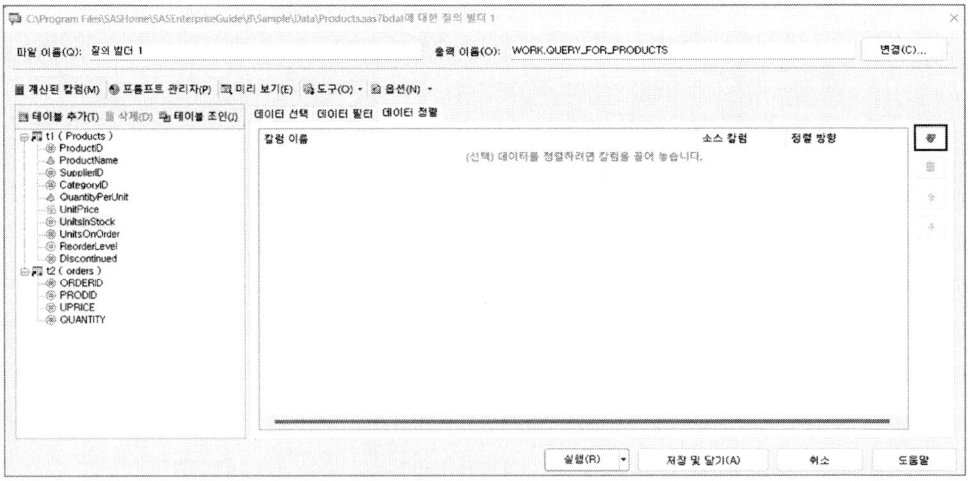

[그림 2. 86] 조인으로 데이터 합치기 - 기존 칼럼 추가 버튼 클릭

13. **[칼럼 추가]** 창에서 ProductName을 선택한다.

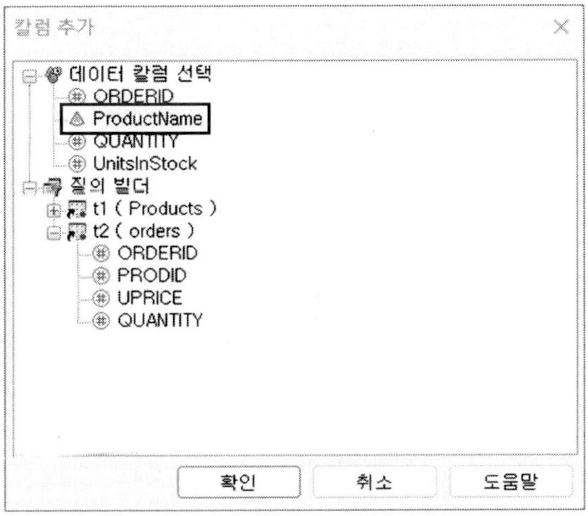

[그림 2. 87] 조인으로 데이터 합치기 - 칼럼 선택

14. 원하는 정렬 방향인 **[오름차순]**을 선택한다.

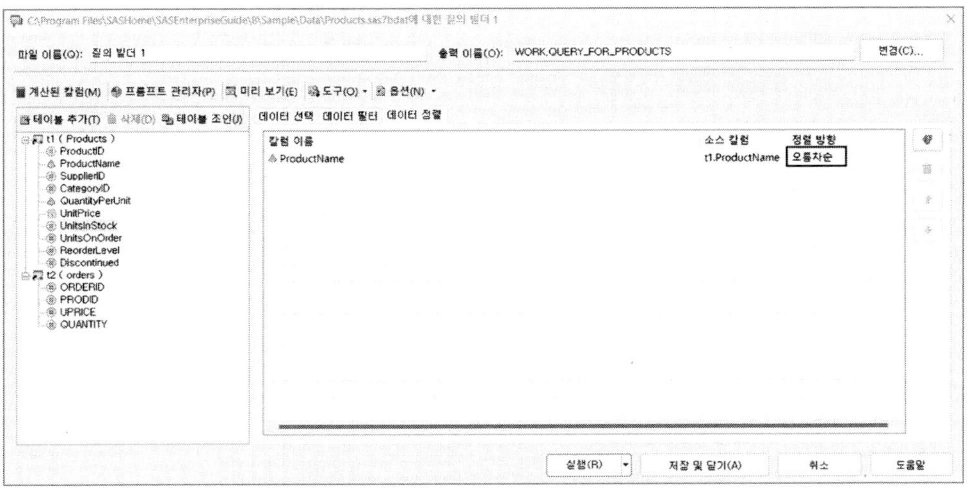

[그림 2. 88] 조인으로 데이터 합치기 - 오름차순 선택

15. 출력 이름을 변경하여, [EDU]라이브러리의 Orders_Product로 지정한 후 **[실행]** 버튼을 클릭한다.

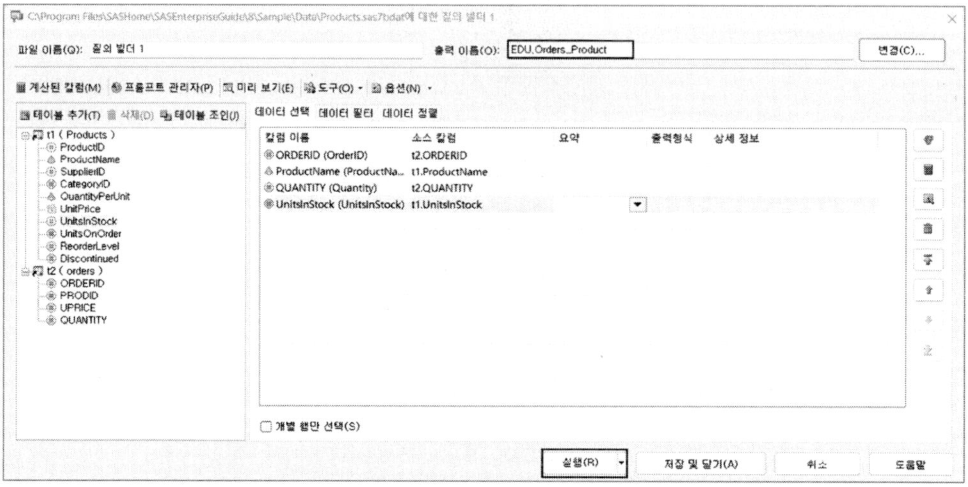

[그림 2. 89] 조인으로 데이터 합치기 – 출력 이름 지정

16. 데이터를 확인한다.

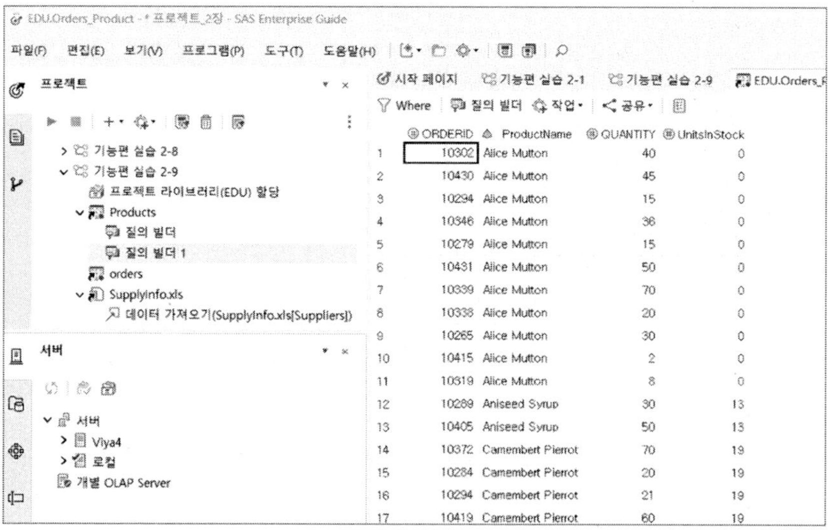

[그림 2. 90] 조인으로 데이터 합치기 – 데이터 확인

NOTE

조인의 종류

[표 2. 2] 조인의 종류

Join 방법	설명	다이어그램
Inner Join	A, B 테이블에 대해 조인 칼럼의 값을 '='(equal) 비교를 통해 같은 값을 가지는 행을 연결하여 결과를 생성하는 조인방법으로 Equal Join 이라고도 함.	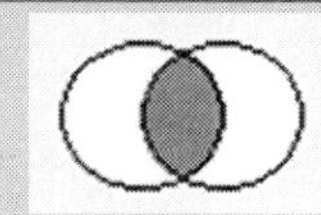
Left Join	A, B 테이블에 대해 조인 칼럼의 값을 '='(equal) 비교를 통해 같은 값을 가지는 행을 연결하되, 좌측에 있는 A 테이블은 B 테이블에 동일한 값이 없더라도 모두 출력. B 테이블에만 존재하는 칼럼의 값은 NULL로 채움.	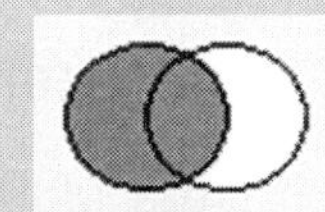
Right Join	A, B 테이블에 대해 조인 칼럼의 값을 '='(equal) 비교를 통해 같은 값을 가지는 행을 연결하되, 우측에 있는 B 테이블은 A 테이블에 동일한 값이 없더라도 모두 출력. A 테이블에만 존재하는 칼럼의 값은 NULL로 채움.	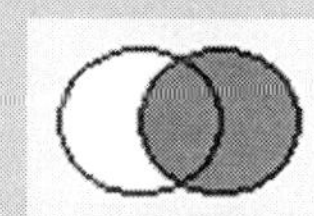
Full Outer Join	A, B 테이블에 대해 조인 칼럼의 값을 '='(equal) 비교를 통해 같은 값을 가지는 행을 연결하되, 각각의 테이블은 조인되는 상대 테이블에 동일한 값이 없더라도 모두 출력. 값을 가지지 않는 칼럼의 값은 NULL로 채움.	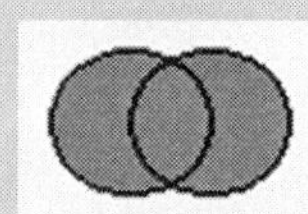
Cross Join	A, B 테이블에 대해 연결 가능한 행을 모두 결합하는 조인방법으로 Cartesian Products 이라고도 함. 전체 N * M 개의 행이 출력됨.	-
Natural Join	A, B 테이블에 같은 이름의 칼럼이 둘 이상 나타나지 않도록 하는 조인	-

- A 테이블: 행 수가 N개이고 왼쪽(Left)에 위치하는 테이블
- B 테이블: 행 수가 M개이고 오른쪽(Right)에 위치하는 테이블

TIP

자동 조인 삭제

테이블 추가 시 테이블 간에 동일한 칼럼명이 존재할 경우 자동으로 조인이 맺어진다. 동일한 칼럼명이 있지만, 실제 조인키가 동일한 칼럼명이 아닐 경우, **테이블 및 조인** 창에서 조인 연결선을 클릭 후 **삭제** 버튼을 클릭하여 조인을 **삭제**하고 새로 조인을 맺어야 한다.

다중 조인 칼럼

테이블 간 조인칼럼이 여러 개일 경우, 끌어다 놓기 방식으로 여러 개의 칼럼 간 조인 연결선을 생성하여 조인 칼럼을 여러 개 생성할 수 있다.

2.3 데이터 집계

[질의 빌더]는 데이터 집계(aggregation) 또는 요약(summary)에도 유용하다. 데이터 요약은 데이터 분석과 조작(manipulation)에 있어 매우 중요한 기본 작업이다. 이 작업은 전체 평균, 합계 등을 구하는 데에도 사용한다. 하지만 데이터 분석에서는 주로 '고객별 합계 구매 금액'과 같이 특정 칼럼을 기준으로 집계한다.

[실습 2-10] 데이터 요약하기

아래 내용과 같이 데이터를 요약하여 결과 테이블에 저장한다.

- **대상 데이터:** [실습 2-9]에서 생성한 EDU.Order_Product 데이터를 활용
- **요약 기준 칼럼:** 제품 이름(ProductName)
- **요약 칼럼:** Quantity, UnitsInStock 각각의 합계
- **조건:** 주문수량(Quantity) > 재고수량(UnitsInStock)
- **결과 데이터:** EDU.Order_Stock로 저장

1. 프로세스 플로우 창에 [실습 2-9]에서 생성한 질의 빌더인 **[질의 빌더 1]**을 마우스 오른쪽 클릭하여, **[수정]**을 선택한다.

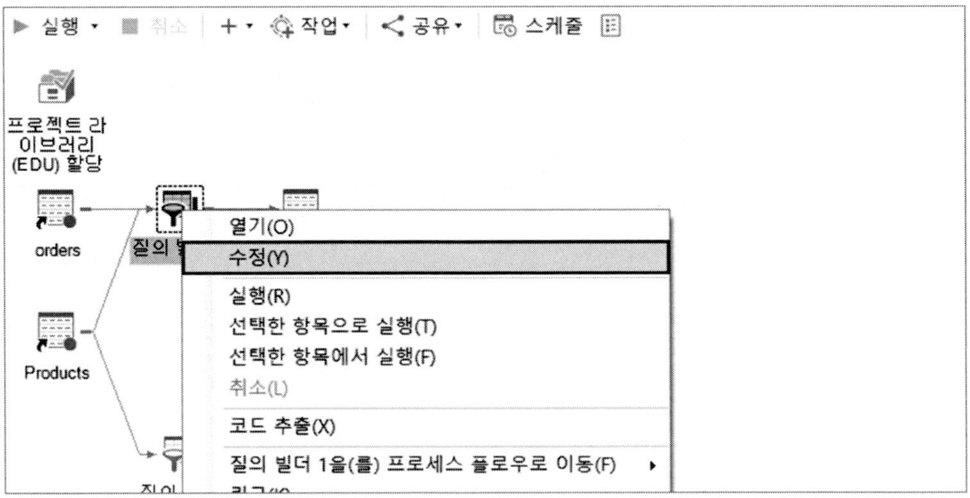

[그림 2. 91] 데이터 요약하기 - 수정

2. OrderID 칼럼을 [삭제 아이콘] 아이콘을 클릭하여 [삭제]한다.

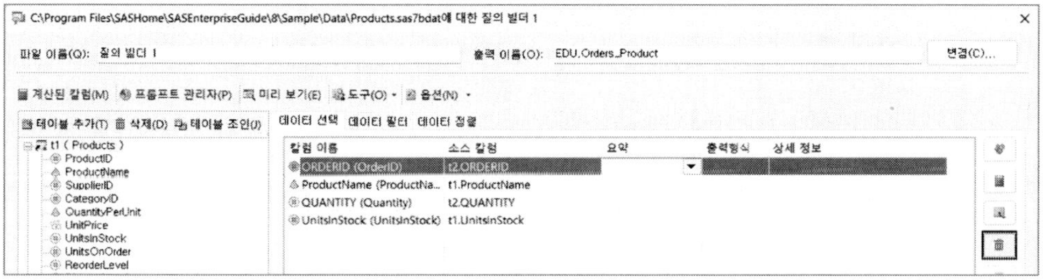

[그림 2. 92] 데이터 요약하기 - 칼럼 삭제

3. Quantity와 UnitsInStock의 요약을 [SUM]으로 변경한다.

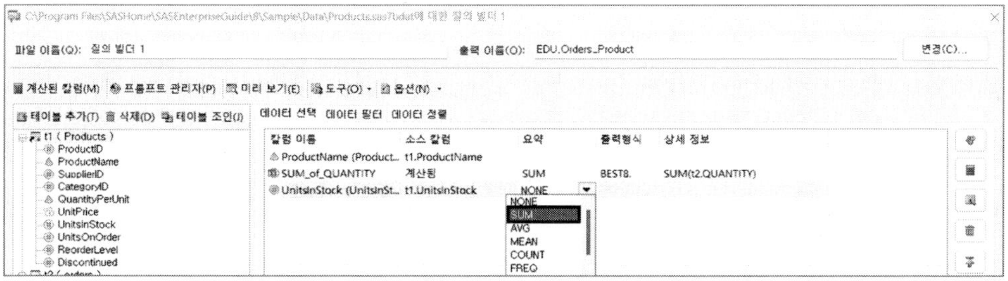

[그림 2. 93] 데이터 요약하기 - 요약(SUM)

4. **[데이터 선택]** 창 아래의 **[그룹 요약]** 섹션에서 **[자동으로 그룹 선택]** 옵션을 체크 해제한 후, **[그룹 편집]** 버튼을 클릭한다. Quantity와 UnitsInStock을 OrderID와 무관하게 제품 이름별로 요약해야 하므로, 그룹화 항목으로 [ProductName]만 선택한 후 **[확인]** 버튼을 클릭한다. (※ 그룹 편집: 요약된 값을 생성할 기준을 설정)

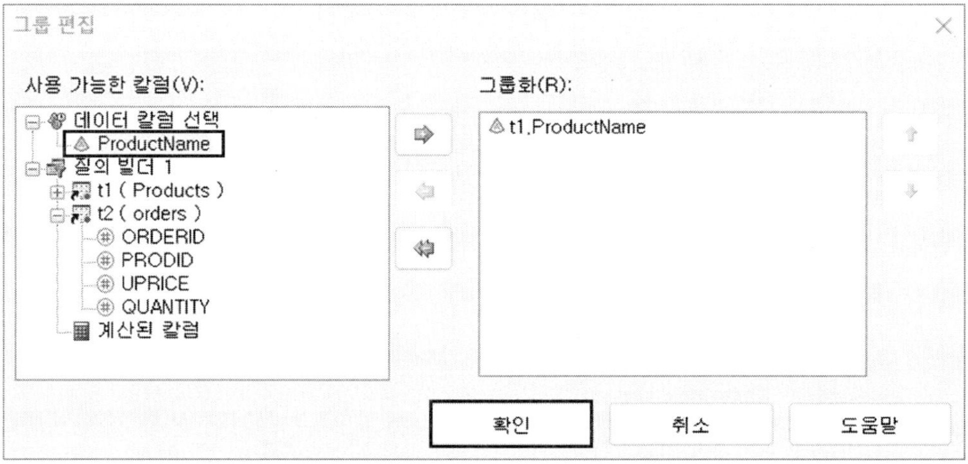

[그림 2. 94] 데이터 요약하기 – 그룹화 칼럼 선택

5. **[그룹 요약]** 섹션 아래의 **[개별 행만 선택]**을 체크한다. (개별 행만 선택: 두 테이블이 조인됨으로써 발생하는 ProductName의 중복과 무관하게 ProductName별로 Unique한 Distinct Row를 생성)

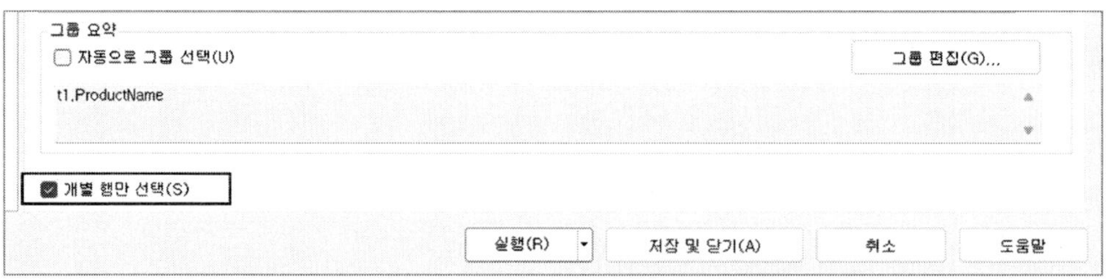

[그림 2. 95] 데이터 요약하기 – 개별 행만 선택

6. 데이터 출력명을 EDU.Orders_Stock로 변경한 후 **[실행]** 버튼을 클릭하여 결과 데이터를 확인한다.

정상 결과

ProductName	SUM_of_QUANTITY	SUM_of_UnitsInStock
Alice Mutton	331	0
Aniseed Syrup	80	26
Camembert Pierrot	401	171
Chai	45	39
Chang	279	136
Chef Anton's Gumbo Mix	129	0
Chocolade	70	15

[자동으로 그룹선택] 해제 결과

ProductName	SUM_of_QUANTITY	SUM_of_UnitsInStock
Alice Mutton	6966	2695
Aniseed Syrup	6966	2695
Camembert Pierrot	6966	2695
Chai	6966	2695
Chang	6966	2695
Chef Anton's Gumbo Mix	6966	2695
Chocolade	6966	2695

[자동으로 그룹선택], [개별 행만 선택] 모두 해제 결과

ProductName	SUM_of_QUANTITY	SUM_of_UnitsInStock
Alice Mutton	6966	2695
Alice Mutton	6966	2695
Alice Mutton	6966	2695
Alice Mutton	6966	2695
Alice Mutton	6966	2695
Alice Mutton	6966	2695
Alice Mutton	6966	2695

[그림 2. 96] 데이터 요약하기 – 설정에 따른 데이터 요약 결과 비교

2.4 프롬프트

EG에서는 자주 사용되나 변경이 빈번하게 일어나는 조건(필터)을 사전 정의하여 실행 시에 값을 입력 받도록 만들 수 있는데, 이를 프롬프트라고 부른다. 프롬프트를 사용하면 SAS를 통해 생성된 모형이나 프로그램에 대해 조건 값을 변경하면서 시뮬레이션을 수행하거나 다양한 조건에 의한 결과를 비교하여 분석할 수 있다.

[실습 2-11] 수치형 데이터에 대한 입력 프롬프트 생성하기

> [실습 2-10]에서 생성한 Order_Stock 데이터의 SUM_of_UnitsInStock이 입력 프롬프트보다 작은 조건인 데이터를 생성한다.

1. [Order_Stock] 데이터를 선택하고 **[질의 빌더]**를 선택한다.

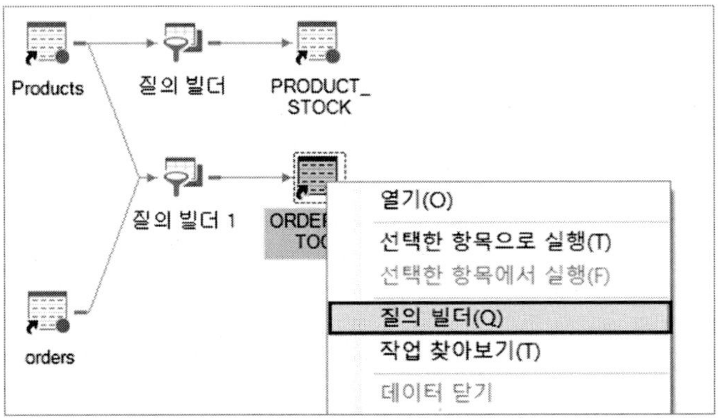

[그림 2. 97] 질의 빌더 선택

2. Order_Stock의 모든 칼럼을 **[데이터 선택]** 창에 추가하고, **[데이터 필터]** 탭을 클릭한다.

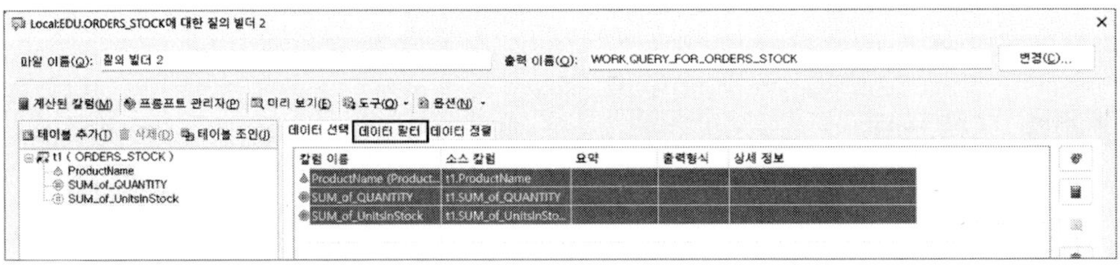

[그림 2. 98] 데이터 선택 창에 모든 칼럼 추가 후 데이터 필터 탭 클릭

3. [질의 빌더] 창의 [프롬프트 관리자]를 클릭하고, 프롬프트 관리자 창에서 [추가] 버튼을 클릭한다.

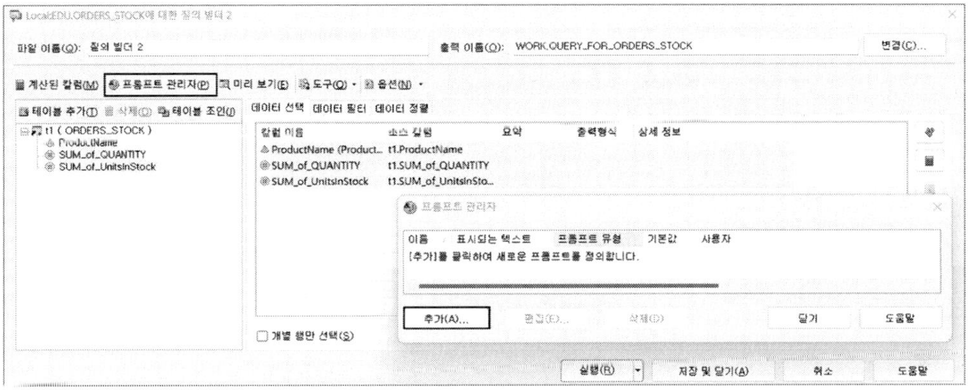

[그림 2. 99] 프롬프트 관리자에서 추가 클릭

4. 이름은 'pstock'으로, 표시되는 텍스트는 '**재고 최소 개수**'로 입력하고, [**값 선택 필수**]를 선택한 후 [**프롬프트 유형 및 값**] 탭을 선택한다.

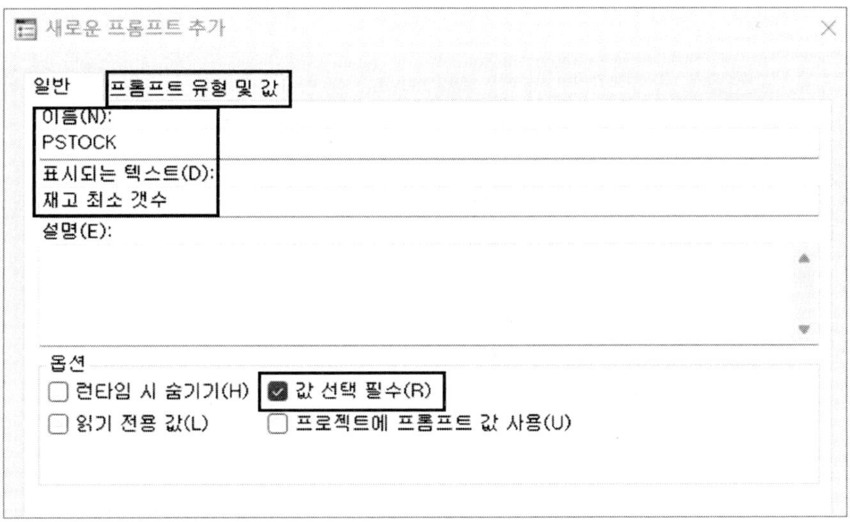

[그림 2. 100] 새로운 프롬프트 추가 일반 설정

5. 프롬프트 유형은 **[숫자]**, 프롬프트 생성 방법은 **[값 입력]**, 값 개수는 **[단일 값]**을 선택하고, **[정수 값만 허용]**을 체크한 후 기본값을 '200'으로 지정한 후 **[확인]**을 클릭한다.

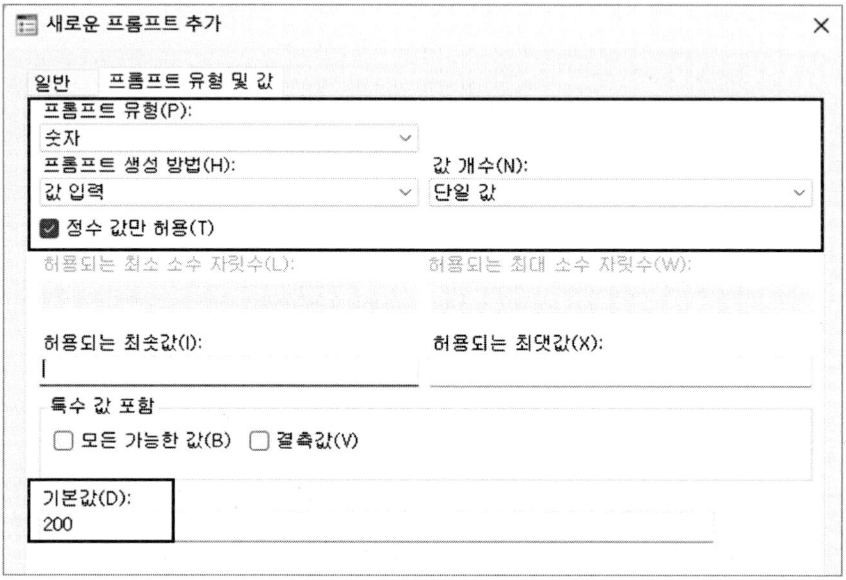

[그림 2. 101] 프롬프트 유형 및 값 설정

6. 프롬프트 관리자에 생성된 프롬프트를 확인한 후 **[닫기]** 버튼을 클릭한다.

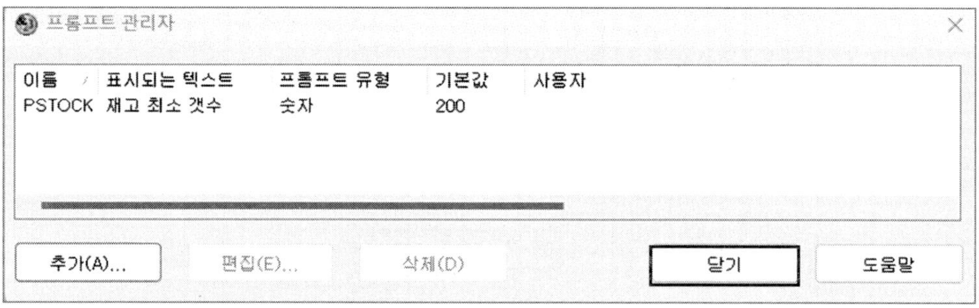

[그림 2. 102] 추가된 프롬프트 확인

7. 질의 빌더의 **[데이터 필터]** 탭 내에서 **[새로운 필터]** 아이콘을 클릭하여, 새로운 필터를 작성한 후 **[기본 필터]**를 선택한다.

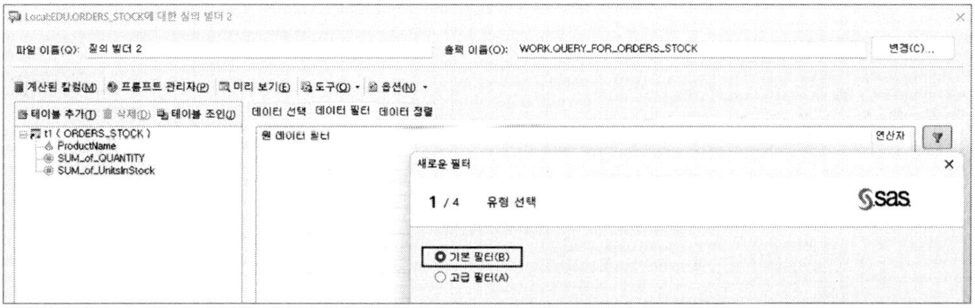

[그림 2. 103] 기본 필터 선택

8. 데이터 칼럼에서 SUM_of_UnitsInStock을 선택한 후 **[다음]** 버튼을 클릭한다.

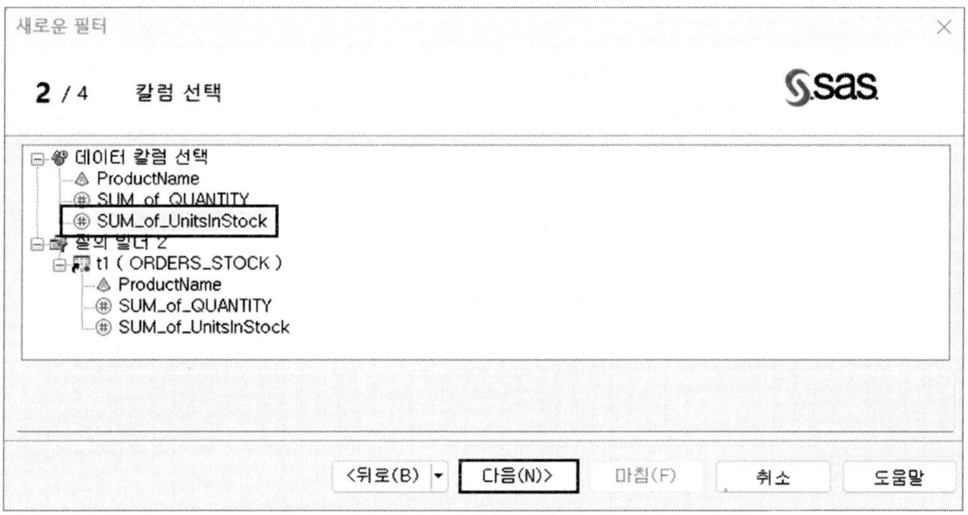

[그림 2. 104] SUM_of_UnitsInStock 칼럼 선택

9. 연산자에서 [Less than or equal to]를 선택하고, **[프롬프트 값에 대한 필터 생성]**을 선택한 후 값의 오른쪽 끝에 있는 아이콘을 선택한다.

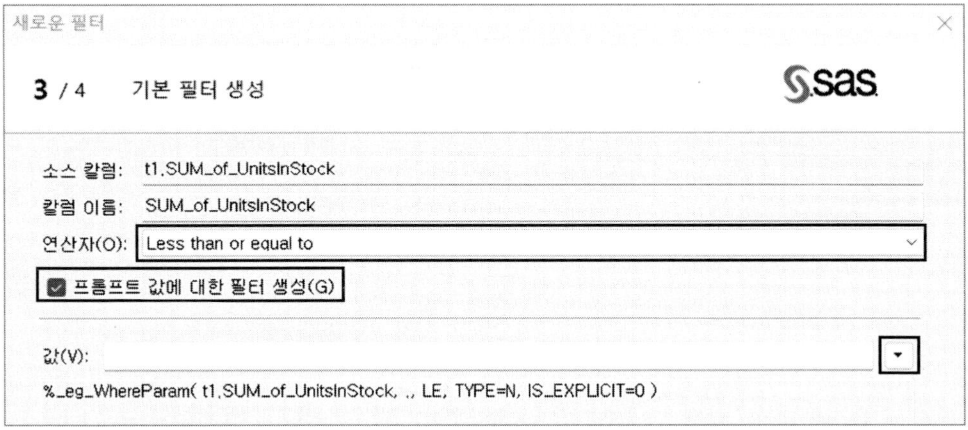

[그림 2. 105] 프롬프트 값에 대한 필터 생성 체크 및 화살표 클릭

10. [프롬프트]를 선택하고, 프롬프트 리스트 중 앞서 생성한 '&pstock' 프롬프트를 선택한다(SAS 내부적으로 프롬프트는 매크로 변수를 사용하기 때문에 & 기호가 붙는다).

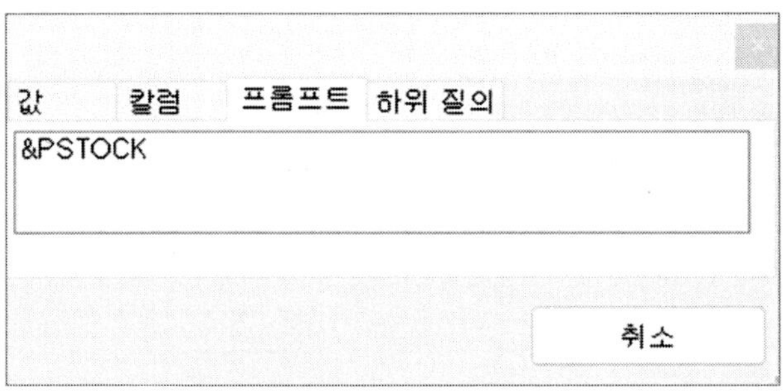

[그림 2. 106] 프롬프트 선택

11. [다음] 버튼을 클릭하여 조건을 확인한 후 **[마침]** 버튼을 클릭한다.

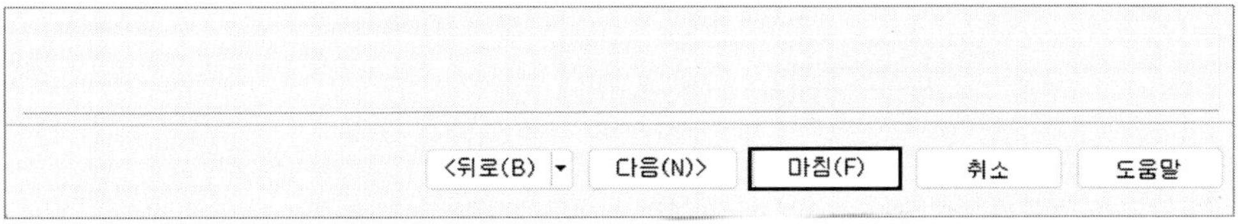

[그림 2. 107] 조건 확인 후 마침

12. 재고 최소 개수에 '50'을 입력하고, **[실행]** 버튼을 클릭한다.

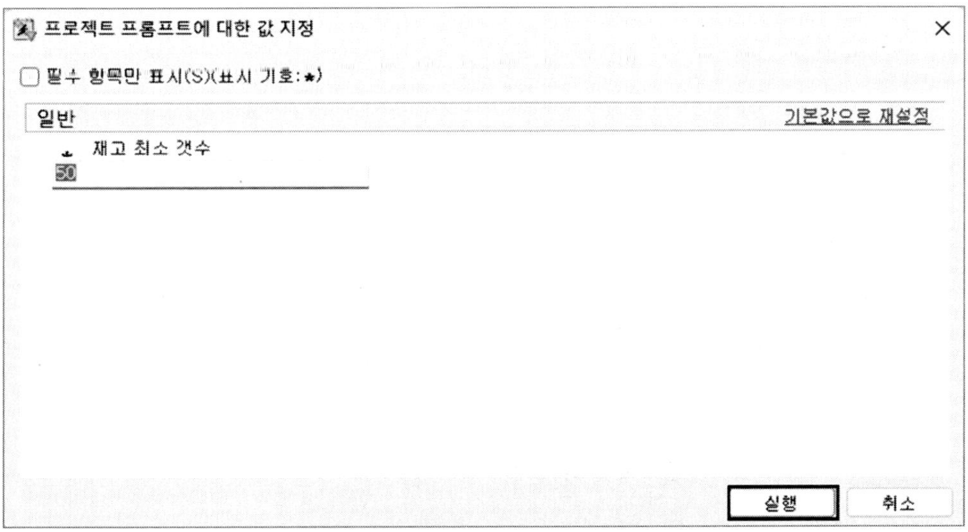

[그림 2. 108] 재고 최소 개수 입력 후 실행

13. 결과를 확인한다.

	ProductName	SUM_of_QUANTITY	SUM_of_UnitsInStock
1	Alice Mutton	331	0
2	Aniseed Syrup	80	26
3	Chai	45	39
4	Chef Anton's Gumbo Mix	129	0
5	Chocolade	70	15
6	Gorgonzola Telino	458	0
7	Gravad lax	28	11
8	Guarana Fantastica	53	40
9	Longlife Tofu	156	24
10	Louisiana Hot Spiced Okra	30	4
11	Mascarpone Fabioli	40	9
12	Nord-Ost Matjeshering	146	50
13	Northwoods Cranberry Sauce	140	12

[그림 2. 109] 결과 확인

14. 프로세스 플로우 창에서 방금 생성한 **[질의 빌더2]** 를 마우스 오른쪽 클릭하여 복사 후 붙여넣기를 한다.

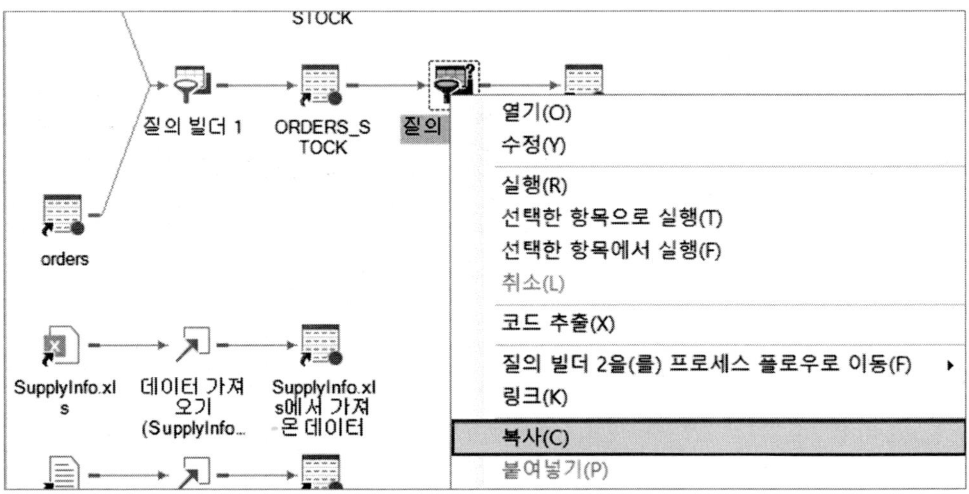

[그림 2. 110] 질의 빌더2 복사 후 붙여넣기

15. 복사 후 마우스 오른쪽 클릭하여 **[이름 바꾸기]**로 **[질의 빌더 21]**을 저장한다. 그리고 재고 최소 개수 '25'를 입력한 후 그 결과를 확인한다.

	ProductName	SUM_of_QUANTITY	SUM_of_UnitsInStock
1	Alice Mutton	331	0
2	Chef Anton's Gumbo Mix	129	0
3	Chocolade	70	15
4	Gorgonzola Telino	458	0
5	Gravad lax	28	11
6	Longlife Tofu	156	24
7	Louisiana Hot Spiced Okra	30	4
8	Mascarpone Fabioli	40	9
9	Northwoods Cranberry Sauce	140	12
10	Perth Pasties	236	0
11	Rogede sild	15	5
12	Sir Rodney's Scones	147	24
13	Teatime Chocolate Biscuits	80	25

[그림 2. 111] 재고 최소 개수 25 입력 후 실행 결과

16. 위와 같은 방법으로 **[질의 빌더2]**를 복사 후 붙여넣기 한 후 **[질의 빌더 22]**를 생성한다. 그리고 나서 재고 최소 개수를 '100'을 입력한 후 그 결과를 확인한다.

	ProductName	SUM_of_QUANTITY	SUM_of_UnitsInStock
1	Alice Mutton	331	0
2	Aniseed Syrup	80	26
3	Chai	45	39
4	Chef Anton's Gumbo Mix	129	0
5	Chocolade	70	15
6	Escargots de Bourgogne	80	62
7	Gnocchi di nonna Alice	168	84
8	Gorgonzola Telino	458	0
9	Gravad lax	28	11
10	Guarana Fantastica	53	40
11	Gudbrandsdalsost	80	52
12	Gula Malacca	117	54
13	Gumbar Gummibarchen	220	90

[그림 2. 112] 재고 최소 개수 100 입력 후 실행 결과

[실습 2-12] 테이블 및 데이터셋 가져오기

> [실습 2-11]에서 만든 질의 빌더2에 ProductName을 선택하는 프롬프트를 생성하여 원하는 제품의 재고 최소 개수 이하인 목록을 출력하는 데이터를 생성한다.

1. **[질의 빌더2]**를 마우스 오른쪽 클릭한 후 **[수정]**을 선택한다.

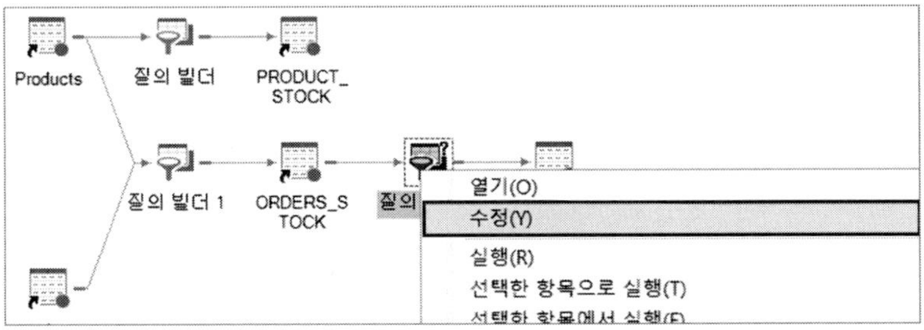

[그림 2. 113] 질의 빌더2 수정 클릭

2. **[프롬프트 관리자]** 버튼을 클릭한 후 **[추가]** 버튼을 클릭하여 새로운 프롬프트 추가 창을 띄운다. 이름은 'pname' 표시되는 텍스트는 '**제품이름을 선택하십시오. (Ctrl 클릭 후 다중 선택 가능)**'라고 입력한다. 그리고 **[값 선택 필수]**를 선택한 후 **[프롬프트 유형 및 값]** 탭을 선택한다.

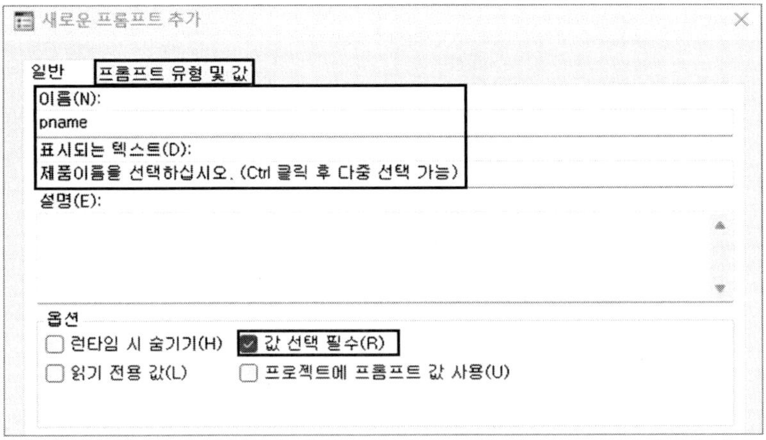

[그림 2. 114] 일반 탭 수정

3. 프롬프트 유형은 **[텍스트]**이고, 프롬프트 생성 방법은 **[정적(static) 리스트에서 값 선택]**, 값 개수는 **[여러 정렬된 값]**을 선택한 후 특수 값 포함 섹션의 **[모든 가능한 값]**, **[결측값]**을 선택하고, **[값 가져오기]** 버튼을 클릭한다.

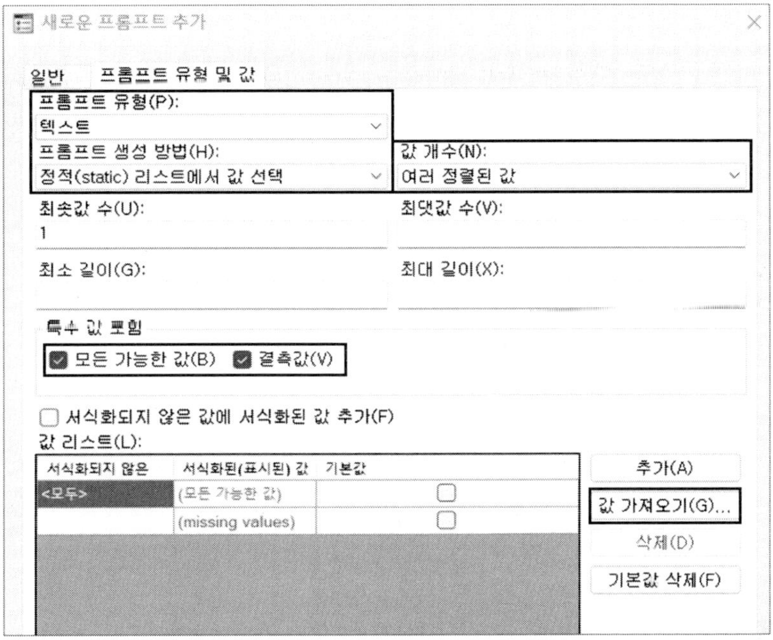

[그림 2. 115] 프롬프트 유형 및 값 탭 수정

4. [값 가져오기 창]에서 [찾아보기] 버튼을 클릭한 후 좌측 패널에서 [프로젝트]를 선택한다.

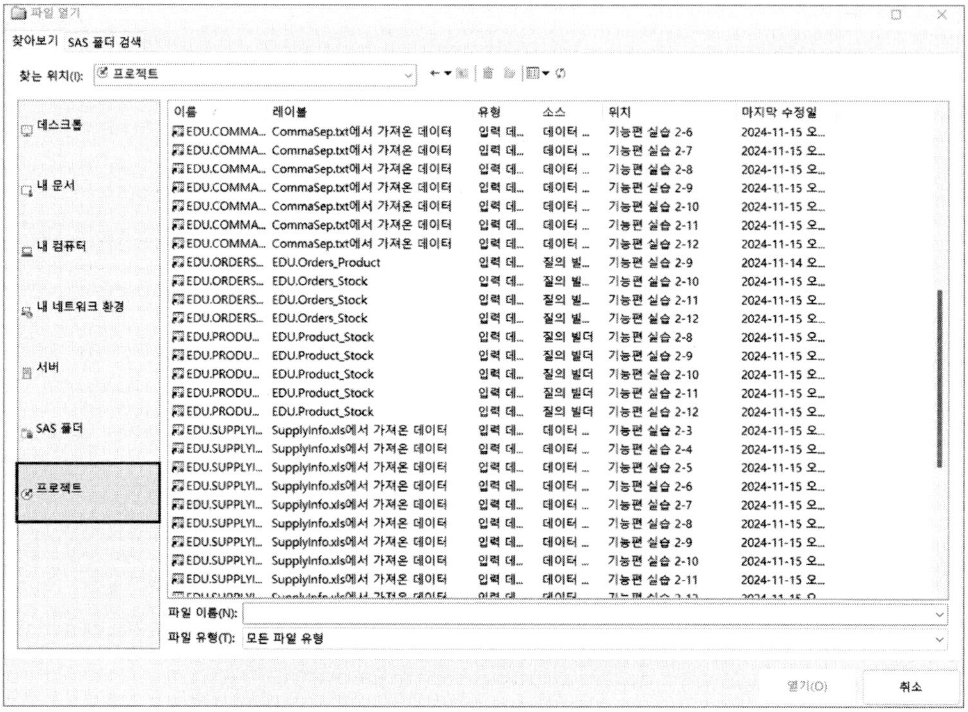

[그림 2. 116] 레이블이 Order_Stock인 데이터셋 열기

5. 레이블이 [Order_Stock]인 데이터를 선택하고, **[열기]** 버튼을 클릭한 후 **[값 가져오기]** 버튼을 클릭하여 데이터를 확인한다.

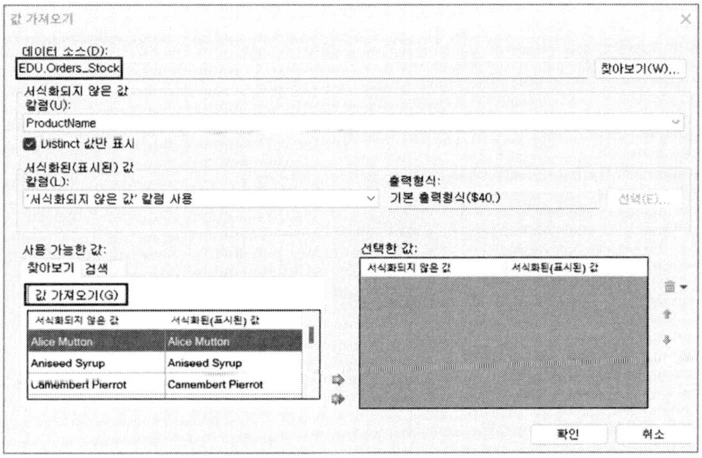

[그림 2. 117] 값 가져오기 클릭 및 확인

6. 값 표시되는 창 오른쪽에 [⇛] 버튼을 클릭하여 전체 데이터를 선택한 값으로 보낸 후 **[확인]** 버튼을 클릭한다(전체 값이 아닌 원하는 값만 보낼 때에는 값을 선택한 후 [⇨] 버튼을 클릭하여 추가한다). **[확인]** 버튼을 클릭하여 **[프롬프트 편집 창]**을 닫는다.

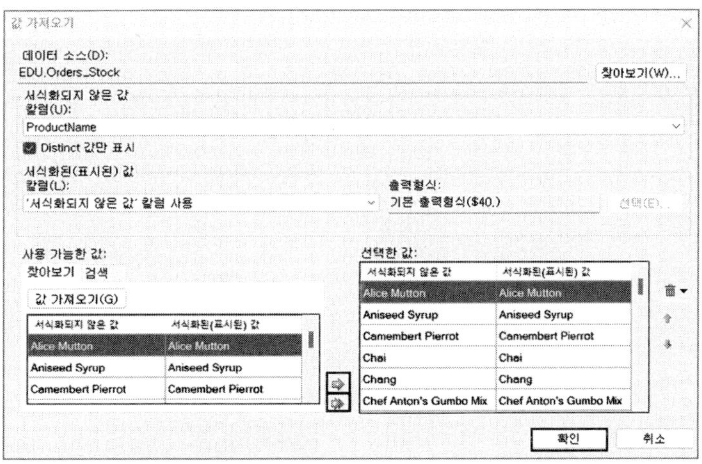

[그림 2. 118] 오른쪽으로 전체 데이터를 넘긴 후 확인

7. [프롬프트 관리자] 창에서 생성한 **[pname]**을 확인한 후 **[닫기]** 버튼을 클릭한다.

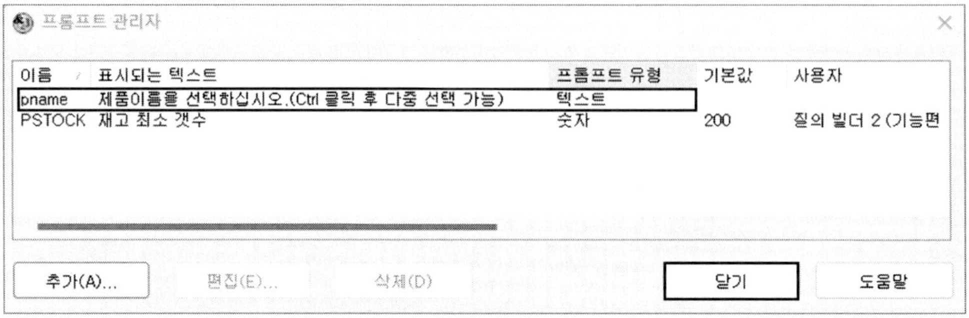

[그림 2. 119] 생성한 pname 확인 후 닫기

8. [질의 빌더]창의 **[데이터 필터]** 탭에 있는 **[새로운 필터** ▼**]**버튼을 클릭한 후 **[기본 필터]**를 선택한다.

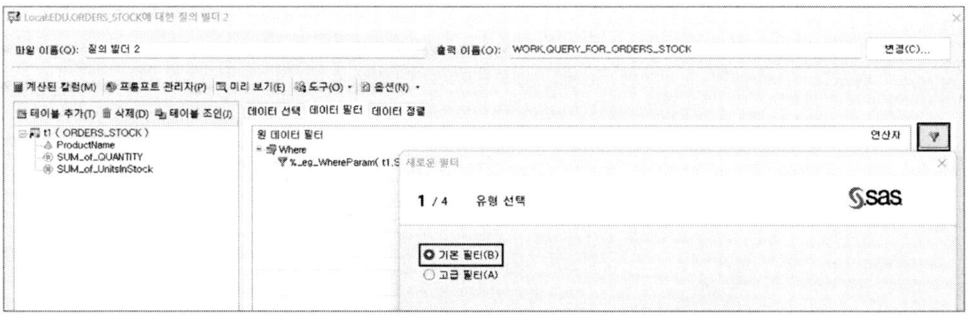

[그림 2. 120] 기본 필터 선택

9. [**기본 필터**]를 선택한 후 데이터 칼럼 중 [ProductName]을 선택하고 [**다음**] 버튼을 클릭한다.

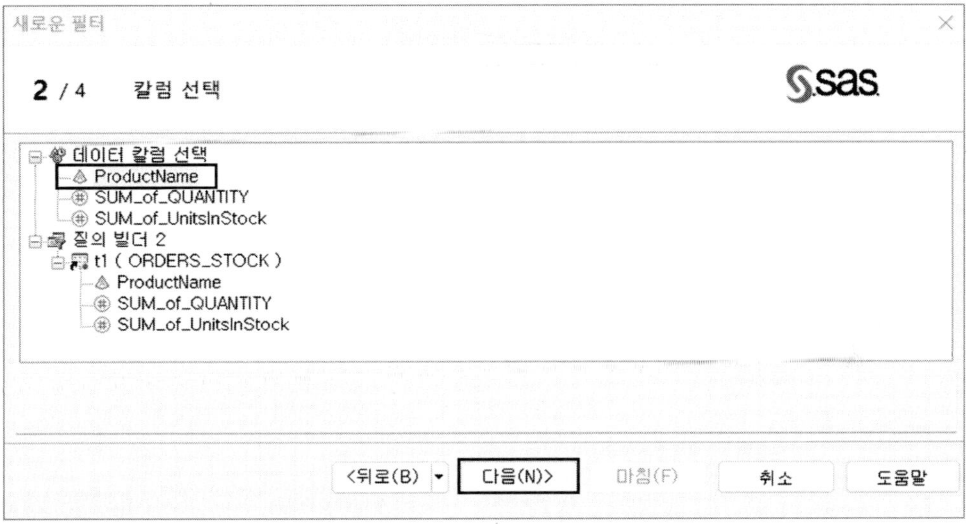

[그림 2. 121] ProductName 데이터 칼럼 선택

10. 연산자를 [In a list]로 선택하고, [**프롬프트 값에 대한 필터 생성**]을 선택한 후 값 추가의 우측에 있는 [▾] 버튼을 클릭한다.

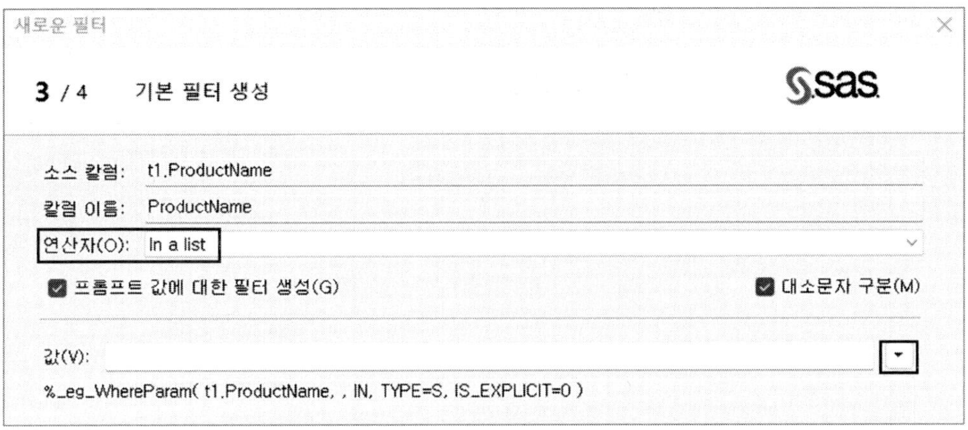

[그림 2. 122] 프롬프트 값에 대한 필터 생성 체크 및 화살표 클릭

11. [프롬프트] 탭을 선택한 후 프롬프트 관리자에서 생성한 [&pname]을 선택한다.

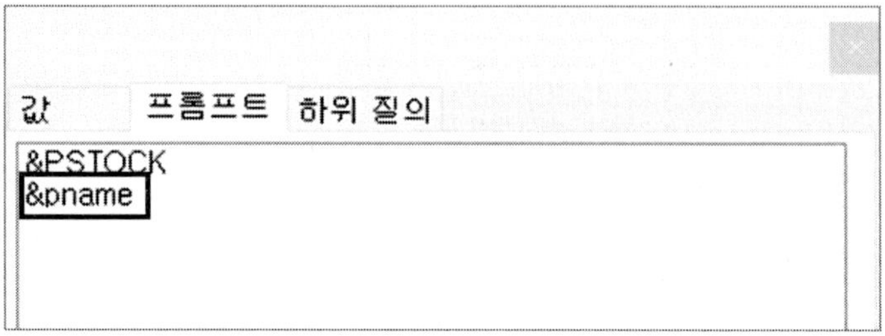

[그림 2. 123] 생성된 & pname 선택

12. 프롬프트가 선택된 것을 확인한 후 [다음] 버튼을 클릭하여 조건을 확인하고 [마침]을 클릭한다.

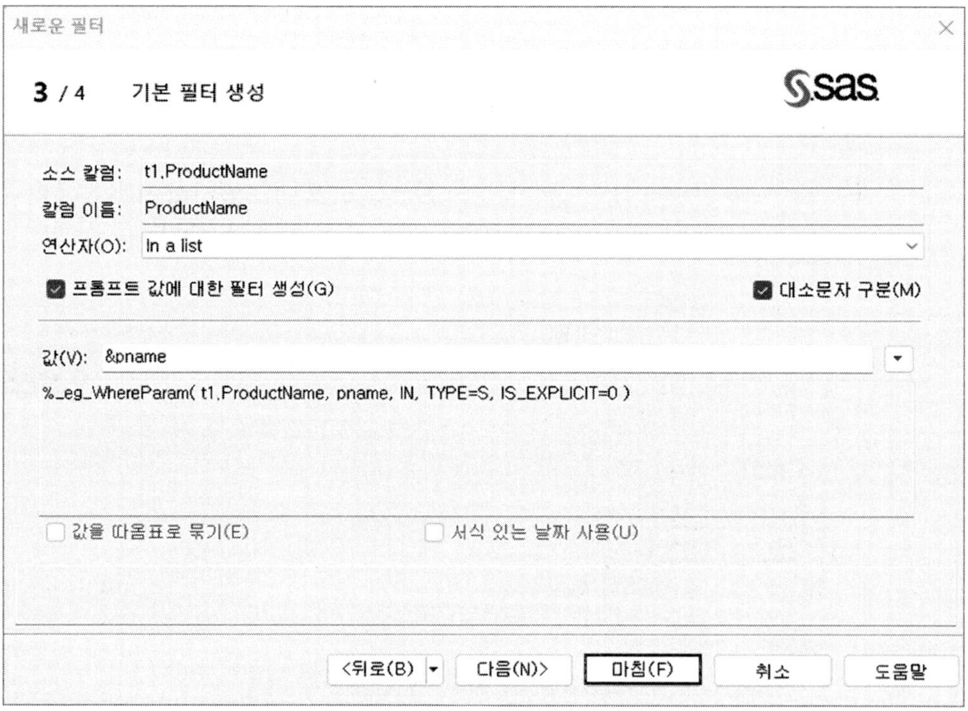

[그림 2. 124] 조건 확인 후 마침

13. [**질의 빌더**] 창에 데이터 필터가 추가됨을 확인하고 [**실행**] 버튼을 클릭한 후 이전 결과를 대체한다.

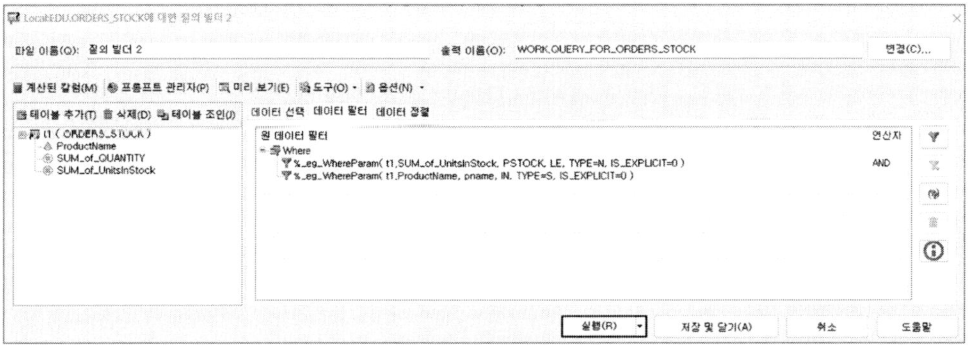

[그림 2. 125] 추가된 데이터 필터 확인 후 실행

14. [**프롬프트**] 창을 확인하고 재고 최소 개수는 '100'으로, 제품이름은 [Chai], [Tofu] 두 개를 선택하여 추가한 후 [**실행**] 버튼을 클릭한다.

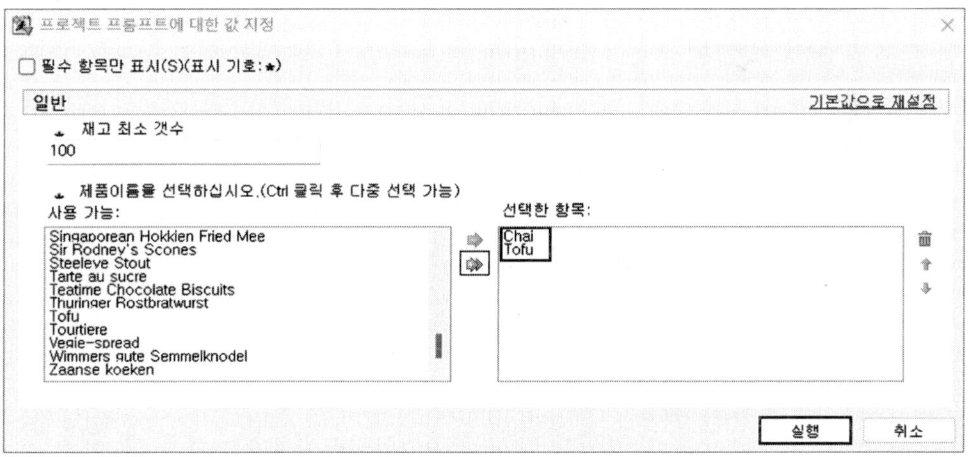

[그림 2. 126] 재고 최고 개수 100 입력 및 항목 선택

15. 결과를 확인하고 다른 조건을 입력하여 다시 실행한다.

	ProductName	SUM_of_QUANTITY	SUM_of_UnitsInStock
1	Chai	45	39
2	Tofu	42	35

[그림 2. 127] 결과 확인

2.5 필터 및 정렬

[질의 빌더]는 데이터 요약, 변환, 조인 등의 다양한 기능을 활용할 수 있다. 그러나 단순히 데이터에 칼럼을 추가, 제거, 필터링 또는 정렬하는 경우, **[필터 및 정렬]** 작업이 보다 효율적이다.

[필터 및 정렬] 메뉴를 실행하는 두 가지 방법:

- 메뉴바에서 **[파일]** > **[작업 열기]** > **[찾아보기]**로 이동 후, '필터 및 정렬' 검색 후 실행
- 데이터 선택 후 마우스 오른쪽 버튼을 클릭하고 **[작업 찾아보기]**에서 '필터 및 정렬'을 검색하여 실행

[실습 2-13] 데이터에 대한 필터 및 정렬하기

아래 내용과 같이 데이터를 정렬하여 결과 테이블에 저장한다.
- **대상 데이터:** [실습 2-8]에서 생성한 'Product_Stock' 데이터
- **조건:** 제품 금액대가 '고가형'이면서, 재고금액이 '500' 이상인 상품
- **정렬 기준:** '재고 금액' 순으로 내림차순 정렬
- **선택 칼럼:** 제품명, 재고금액, 제품단가
- **결과 데이터:** 'Product_Stock_Expensive_Sort'로 생성

1. [Product_Stock] 데이터를 마우스 오른쪽 클릭한 후 **[작업 찾아보기]**를 선택한 후, **[필터 및 정렬]**을 검색하여 실행한다.

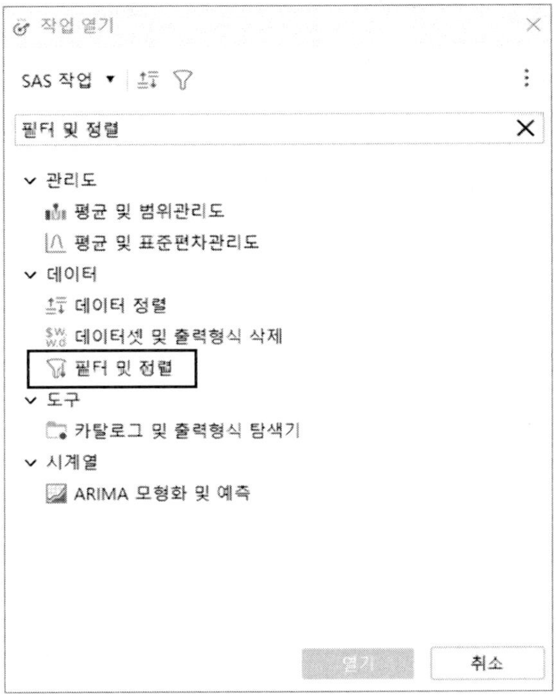

[그림 2. 128] 필터 및 정렬 열기

2. 제품명, 재고 금액, 제품단가를 **[선택된 항목]**으로 추가한 후, **[필터]** 탭을 클릭한다.

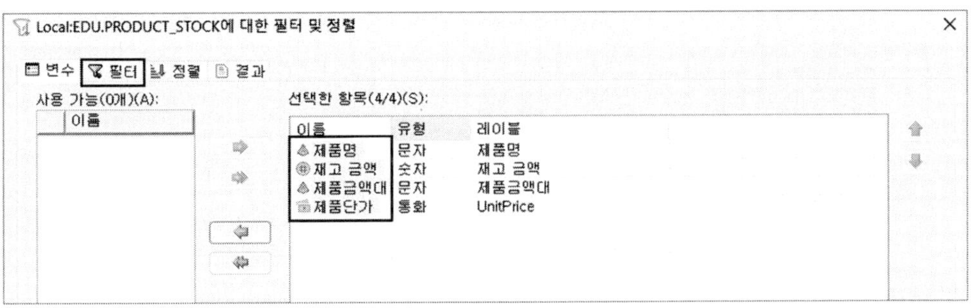

[그림 2. 129] 변수 탭에서 항목 추가

3. 필터에 **[제품금액대]**, [Equal to **고가형**], [AND]로 선택한다.

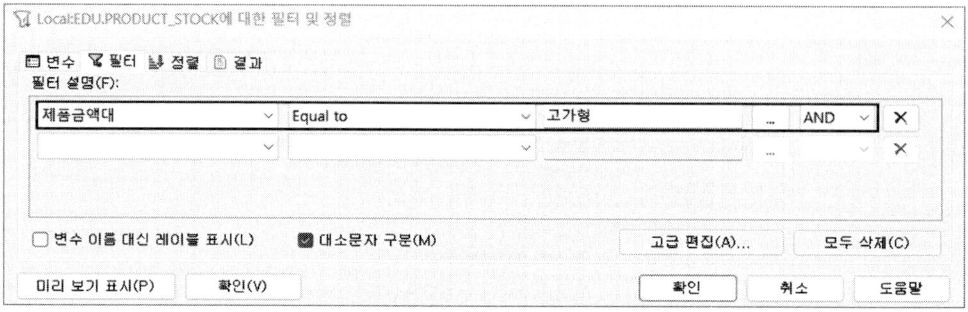

[그림 2. 130] 필터 탭에서 제품금액대 항목 조건 추가

4. 추가된 AND 절 이후에 **[재고 금액]**, [Greater than or equal to], [500]을 선택/입력한 후 **[정렬]** 탭을 선택한다.

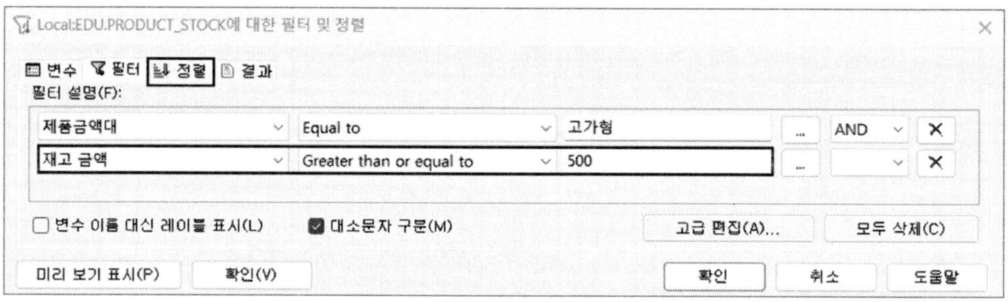

[그림 2. 131] 필터 탭에서 재고 금액 항목 조건 추가

5. 정렬 기준을 **[재고 금액]**, **[내림차순]**으로 선택한 후 **[결과]** 탭을 선택한다.

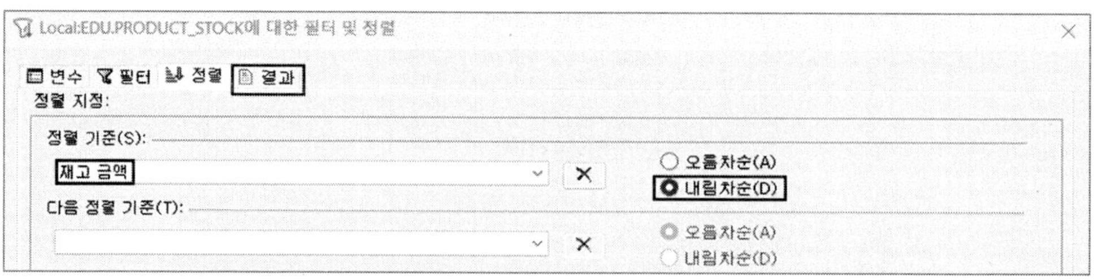

[그림 2. 132] 정렬 탭에서 정렬 기준을 재고 금액으로 내림차순 선택

6. 출력 이름을 [EDU.Product_Stock_Expensive_Sort]로 변경하고, **[확인]**을 클릭한다.

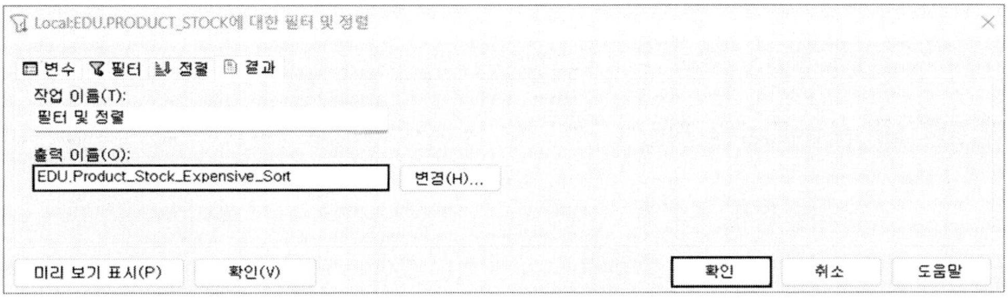

[그림 2. 133] 출력 이름 변경 후 확인

7. 결과를 확인한다.

	제품명	재고 금액	제품금액대	제품단가
1	38 Cote de Blaye	4479.5	고가형	$263.50
2	59 Raclette Courdavault	4345	고가형	$55.00
3	12 Queso Manchego La Pastora	3268	고가형	$38.00
4	20 Sir Rodney's Marmalade	3240	고가형	$81.00
5	61 Sirop d'erable	3220.5	고가형	$28.50
6	06 Grandma's Boysenberry Spread	3000	고가형	$25.00
7	09 Mishi Kobe Niku	2813	고가형	$97.00
8	55 Pate chinois	2760	고가형	$24.00
9	18 Carnarvon Tigers	2625	고가형	$62.50
10	40 Boston Crab Meat	2263.2	고가형	$18.40

…

[그림 2. 134] 필터 및 정렬 결과

03 | 데이터 추가

3.1 데이터셋 세로 결합

[테이블 추가] 작업은 기간별로 분리되어 있거나, 같은 레이아웃을 갖는 데이터셋을 결합할 때 사용하는 작업이다. 이 작업은 조인과 달리 여러 데이터셋을 위아래로 붙여 하나로 결합한다. **[테이블 추가]** 작업은 **[파일] > [작업 열기] > [찾아보기]**에서 **'테이블 추가'**를 검색하면 찾을 수 있다.

[실습 2-14] 테이블 합치기

> [실습 2-11]에서 생성된 세 개의 데이터(Query_for_Orders_Stock, Quey_for_Orders_Stock_0000, Query_for_Orders_Stock_0000_0000)을 하나의 데이터인 EDU.APPEND로 생성한다.

1. [QUERY_FOR_ORDERS_STOCK] 데이터를 선택하고, 우측 클릭한 후 **[작업 찾아보기]**에서 **[테이블 추가]** 메뉴를 검색 후 선택한다.

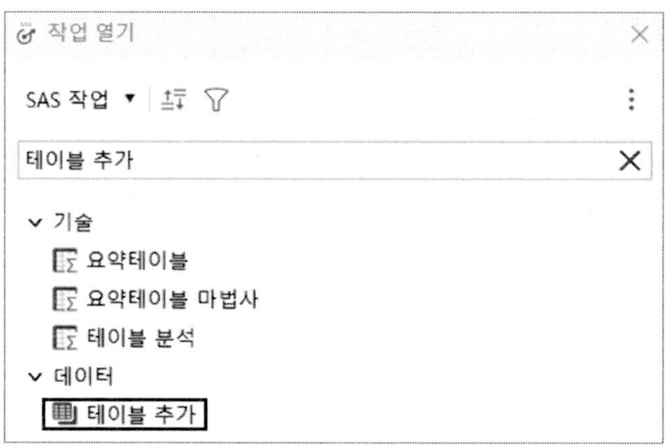

[그림 2. 135] 테이블 추가 열기

2. 테이블 추가 창에서 **[테이블 추가]** 버튼을 클릭하여 이미 추가되어 있는 QUERY_FOR_ORDERS_STOCK 이외의 두 개의 데이터를 추가한다.

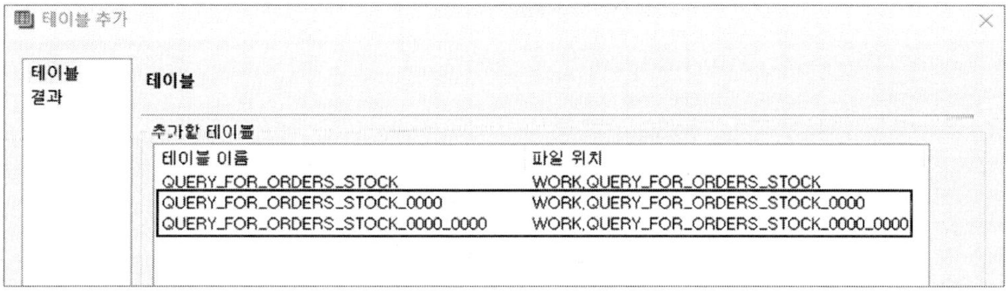

[그림 2. 136] 테이블 추가

3. 좌측 패널에서 **[결과]**를 선택하여 결과 데이터 저장 위치를 'EDU.APPEND'로 지정하고 **[실행]** 버튼을 클릭한다.

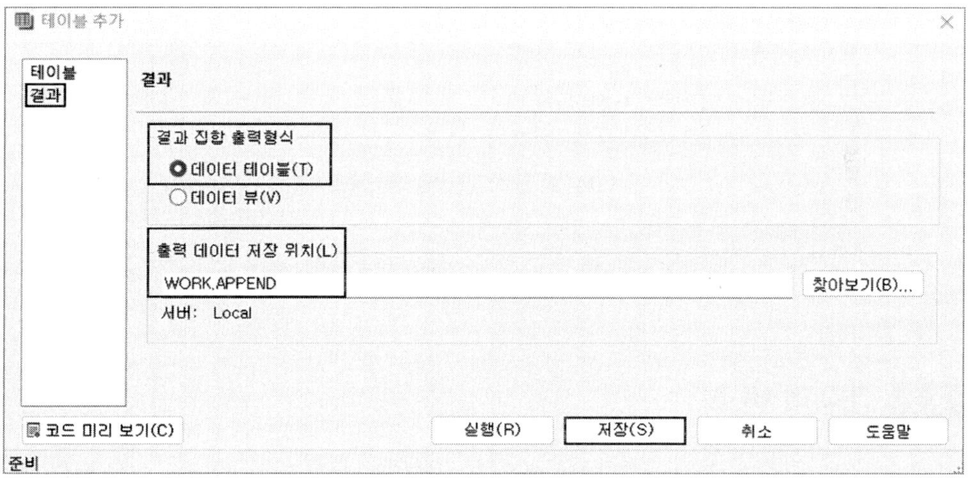

[그림 2. 137] 결과 집합 출력형식 및 출력 데이터 저장 위치 지정

4. 결과를 확인한다. (기존 데이터의 각 건수: 2, 14, 38, 신규 APPEND 데이터 건수: 54)

	ProductName	SUM_of_QUANTITY	SUM_of_UnitsInStock
1	Chai	45	39
2	Tofu	42	35
3	Alice Mutton	331	0
4	Chef Anton's Gumbo Mix	129	0
5	Chocolade	70	15
6	Gorgonzola Telino	458	0
7	Gravad lax	28	11

[그림 2. 138] 테이블 추가 결과 확인

NOTE

결과 집합 출력형식이란?

결과 데이터는 테이블 혹은 뷰의 형태로 생성할 수 있는데, 두 개념의 차이는 다음과 같다.

[그림 2. 139] 데이터 테이블과 데이터 뷰의 차이

- **데이터 테이블**: 물리적인 결과 데이터를 생성한다.
- **데이터 뷰**: 물리적인 데이터를 가지고 있지 않으며, 데이터를 여는 순간, 결과 데이터가 연산되어 나타난다.

3.2 데이터 비교

분석의 과정에서 데이터의 내용을 서로 비교해야 하는 경우가 있다. EG에서 두 개의 데이터를 상호 비교하고자 한다면 **[작업] > [데이터] > [데이터 비교]** 메뉴를 실행한다.

[실습 2-15] 데이터 비교하기

[실습 2-11]에서 생성된 두 개의 데이터(Quey_for_Orders_Stock_0000, Query_for_Orders_Stock_0000_0000)를 서로 비교한다.

1. [QUERY_FOR_ORDERS_STOCK_0000] 데이터를 선택하고, 오른쪽 버튼을 클릭하여 **[작업 찾아보기]**에서 **[데이터 비교]**를 검색 후 선택한다.

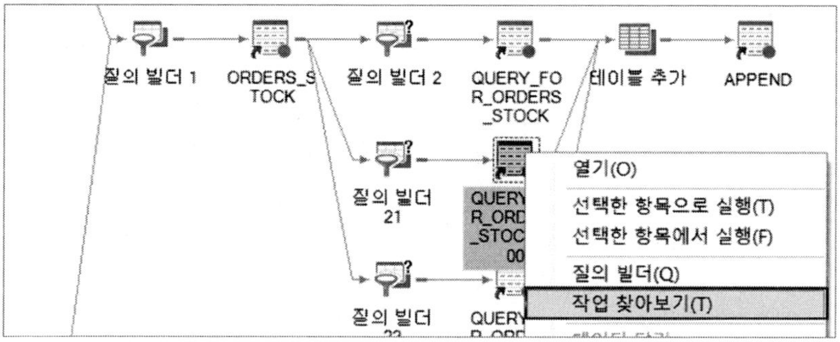

[그림 2. 140] 작업 찾아보기 – 데이터 비교

2. 선택한 데이터가 **[기본 데이터]**에 있는 것을 확인하고, 비교 데이터에 [QUERY_FOR_ORDERS_STOCK_0000_0000]을 선택한 후 **[다음]** 버튼을 클릭한다.

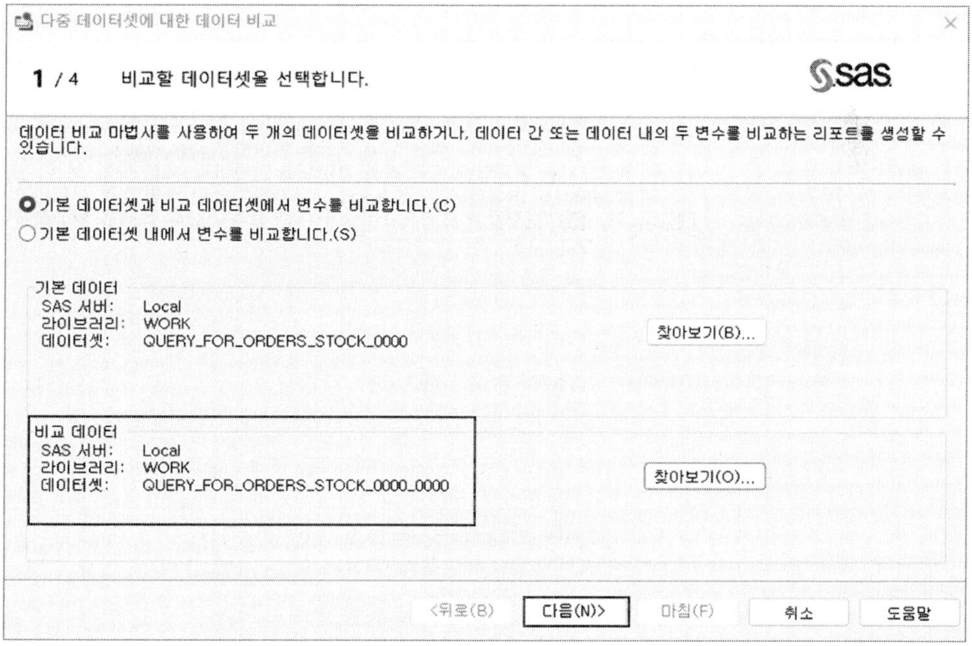

[그림 2. 141] 작업 찾아보기 – 비교할 데이터셋 지정

3. 제품이름을 기준으로 비교하고자 할 경우에는 **[ID 변수]**를 선택하고, **[새로 만들기]**를 클릭하여 기준이 되는 [ProductName]만을 선택한다.

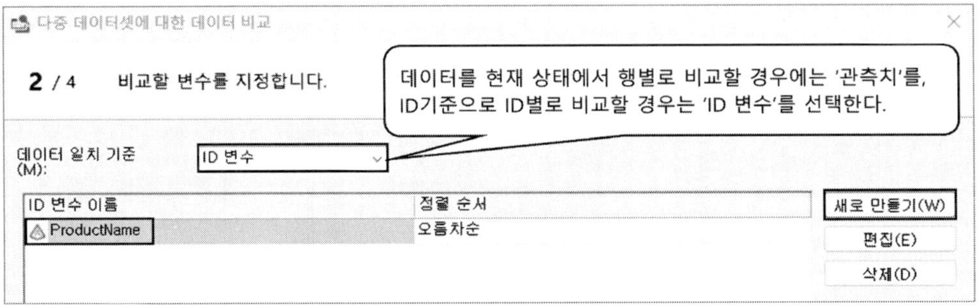

[그림 2. 142] 데이터 비교 - 비교할 변수 지정

4. 문자열을 비교하는 것이므로 동등 판단법을 [Exact]로 선택하고, **[결측치 판단을 체크 해제]**한 후 **[다음]**을 클릭한다.

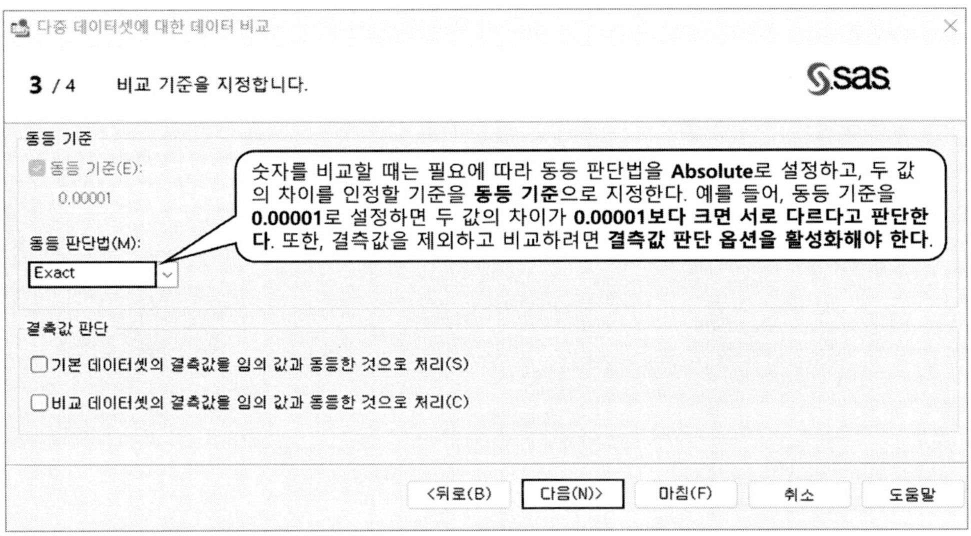

[그림 2. 143] 데이터 비교 - 비교 기준 지정

5. 출력 값에 필요한 옵션을 선택한다. 필요치 않으면 출력 데이터셋과 **[요약통계량에 대한 출력 데이터셋]**을 체크 해제한다. **[마침]** 버튼을 클릭한다.

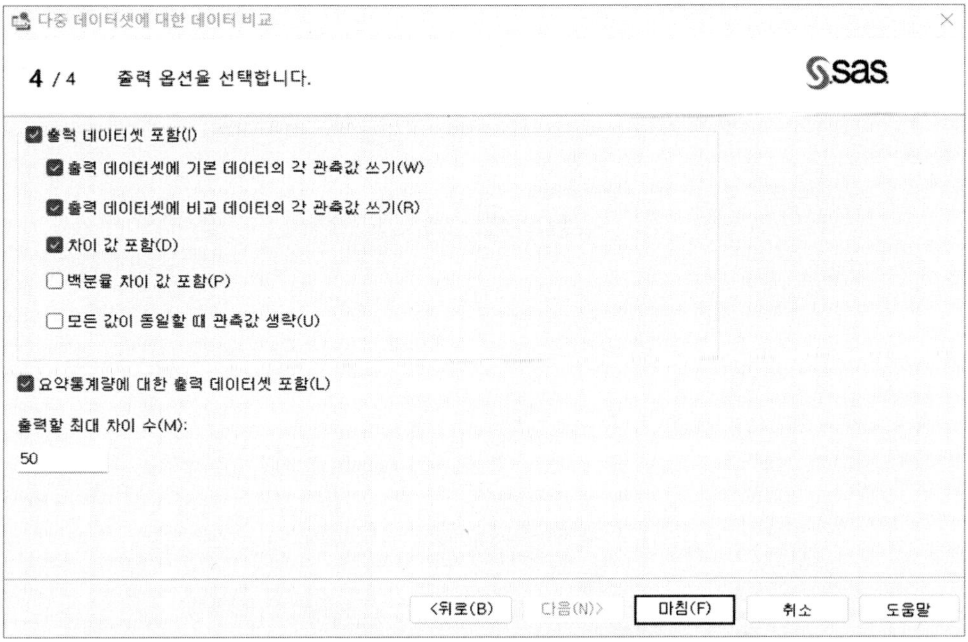

[그림 2. 144] 데이터 비교-출력 옵션 선택

6. 결과를 검토한다. 결과를 해석하면 두 데이터는 각각 3개의 변수와 24개, 38개의 행을 가지고 있다. 동일한 행은 24개가 있고 비교 데이터에는 있지만 기본 데이터에는 없는 행이 14개가 있으며, 동일한 24개의 행은 모든 값이 정확하게 일치한다.

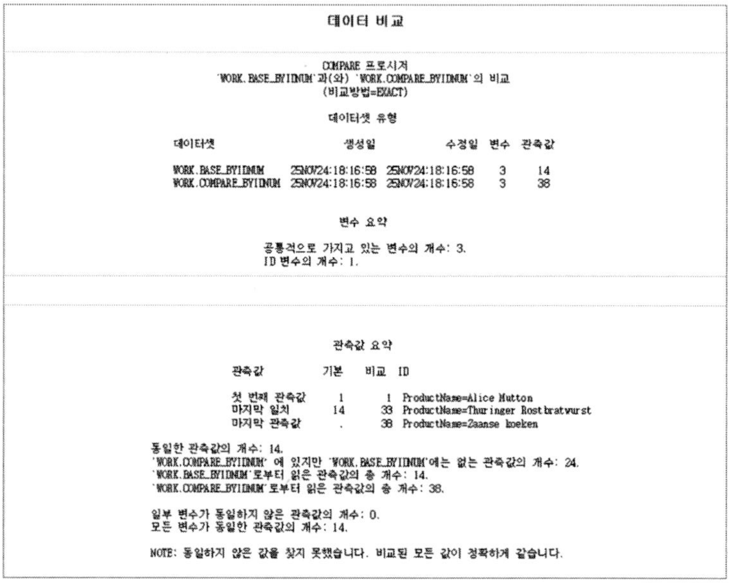

```
데이터 비교

COMPARE 프로시저
'WORK.BASE_BYIDNUM'과(와) 'WORK.COMPARE_BYIDNUM'의 비교
(비교방법=EXACT)

데이터셋 유형

데이터셋                 생성일           수정일           변수  관측값

WORK.BASE_BYIDNUM     25NOV24:18:16:58 25NOV24:18:16:58   3     14
WORK.COMPARE_BYIDNUM  25NOV24:18:16:58 25NOV24:18:16:58   3     38

변수 요약

공통적으로 가지고 있는 변수의 개수: 3.
ID 변수의 개수: 1.

관측값 요약

관측값          기본   비교  ID

첫 번째 관측값     1      1  ProductName=Alice Mutton
마지막 일치       14     33  ProductName=Thuringer Rostbratwurst
마지막 관측값      .     38  ProductName=Zaanse koeken

동일한 관측값의 개수: 14.
'WORK.COMPARE_BYIDNUM' 에 있지만 'WORK.BASE_BYIDNUM'에는 없는 관측값의 개수: 24.
'WORK.BASE_BYIDNUM'로부터 읽은 관측값의 총 개수: 14.
'WORK.COMPARE_BYIDNUM'로부터 읽은 관측값의 총 개수: 38.

일부 변수가 동일하지 않은 관측값의 개수: 0.
모든 변수가 동일한 관측값의 개수: 14.

NOTE: 동일하지 않은 값을 찾지 못했습니다. 비교된 모든 값이 정확하게 같습니다.
```

[그림 2. 145] 데이터 비교하기 결과 확인

NOTE

동등 판단법 종류

[표 2. 3] 동등 판단법 종류 및 판단 기준

판단법 종류	판단 기준
Absolute	두 값의 차이가 동등 기준에 입력한 값보다 크면 다르다고 판단한다.
Exact	X와 Y의 값이 정확히 일치해야만 동일하다고 판단한다.
Percent	$100 \times \left({ABS(y-x)}/{ABS(x)}\right) > \gamma$, for $x \neq 0$ or $y \neq 0$, for $x = 0$ 이면 다르다라고 판단한다. 즉, 두 수의 차이를 한 값으로 나눈 값에 100을 곱한 결과가 동등 기준보다 크면 다르다라고 판단한다.
Relative	두 수의 차이를 두 수의 평균으로 나눈 결과가 동등기준보다 크면 다르다라고 판단한다.

3.3 데이터 전치

전치(Transpose)란 분석 과정에서 특정 행과 열을 변경하는 작업을 의미한다. 예를 들어, 현재 Orders 데이터가 주문번호별 제품 ID별 단가와 수량으로 되어 있다면, 전치 작업을 통해 주문번호를 행으로 그룹화하고, 제품번호를 칼럼으로 바꿔 각 셀에 수량을 넣는 형태로 변경할 수 있다.

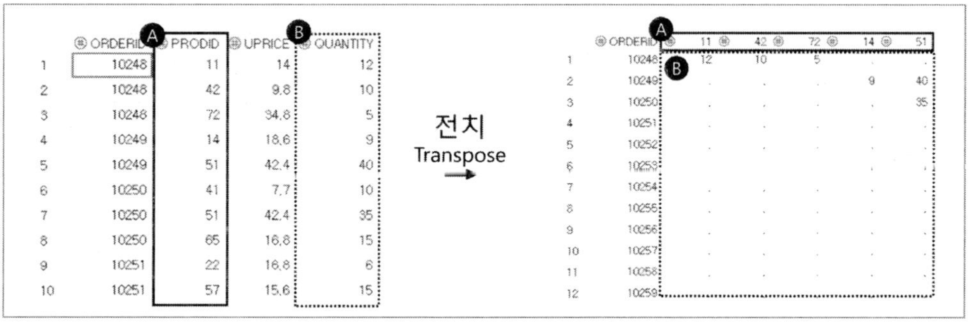

[그림 2. 146] 데이터 전치 결과

[실습 2-16] 데이터 전치하기

> 위 그림과 같이 Orders 데이터를 Orders_Trans로 전치한다.

1. Orders 데이터를 선택하고 오른쪽 버튼을 클릭하여 **[작업 찾아보기]**에서 **[데이터 비교]**를 검색 후 선택한다.

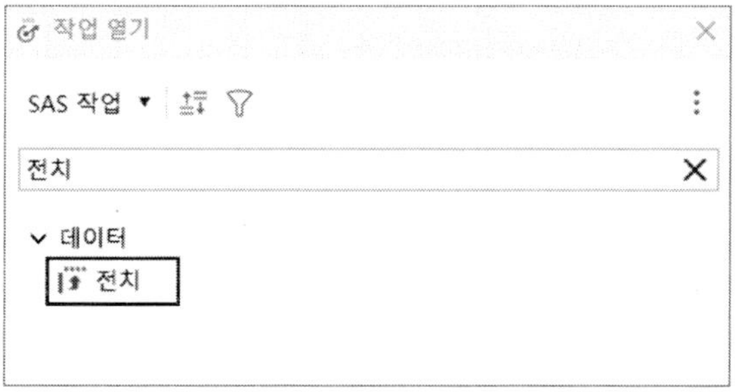

[그림 2. 147] 전치 열기

2. 행에 위치할 칼럼인 [ORDERID]를 그룹 분석변수로, 칼럼으로 위치할 [PRODID]를 새로운 칼럼 이름으로, ORDERID와 PRODID별로 셀에 위치할 [QUANTITY]를 전치 변수로 설정하고, 좌측의 각 항목에서 **[옵션]**을 선택한다.

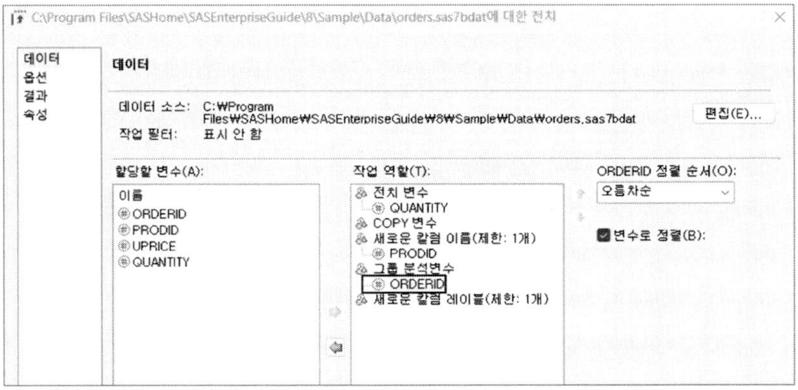

[그림 2. 148] 작업 역할에 변수 할당

3. PRODID의 값을 그대로 칼럼명으로 사용하고자 하기 때문에 옵션의 **[칼럼 이름 접두어]**의 **[접두어 사용]**을 체크 **해제**한 후 **[실행] 버튼을 클릭한다.**

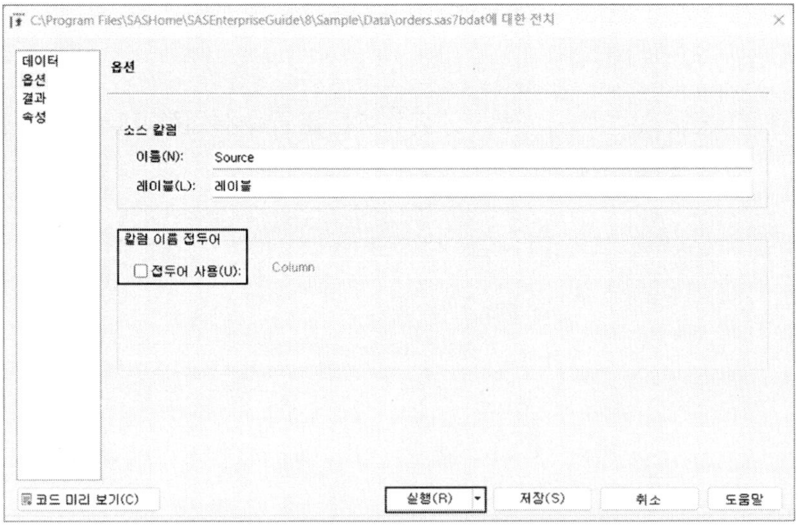

[그림 2. 149] 접두어 사용 해제 후 실행

4. 실행 결과를 확인한다. 실행 결과를 보면 필요 없는 Source, **레이블**이라는 칼럼이 포함되어 있다. 이러한 필요 없는 칼럼을 제거하고자 한다면 **[전치된 TMP00001.orders]** 데이터를 선택한 후 **[질의 빌더]**를 실행한다.

	ORDERID	Source	레이블	11	42	72	14	51
1	10248	QUANTITY	Quantity	12	10	5	.	.
2	10249	QUANTITY	Quantity	.	.	.	9	40
3	10250	QUANTITY	Quantity	.	.	.	.	35
4	10251	QUANTITY	Quantity	.	.	.	.	.
5	10252	QUANTITY	Quantity	.	.	.	.	.
6	10253	QUANTITY	Quantity	.	.	.	.	.
7	10254	QUANTITY	Quantity	.	.	.	.	.
8	10255	QUANTITY	Quantity	.	.	.	.	.
9	10256	QUANTITY	Quantity	.	.	.	.	.
10	10257	QUANTITY	Quantity	.	.	.	.	.
11	10258	QUANTITY	Quantity	.	.	.	.	.
12	10259	QUANTITY	Quantity	.	.	.	.	.

[그림 2. 150] 데이터 전치 결과 확인

5. **[질의 빌더]**에서 Source와 Label 칼럼을 제외한 **전체 칼럼**을 **[데이터 선택]** 창으로 추가하고, 출력 이름을 'EDU.ORDERS_TRANS'로 변경하고 **[실행]**을 클릭한다.

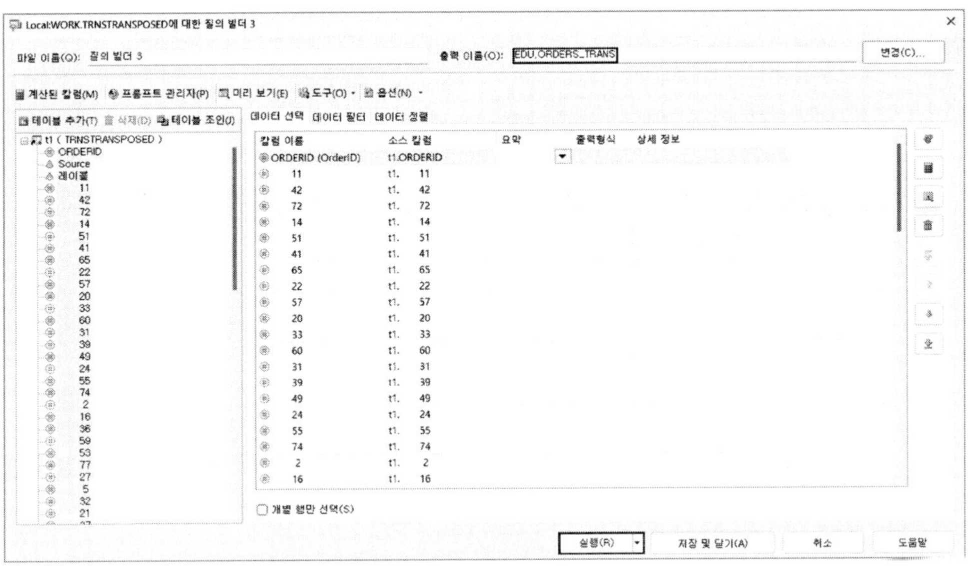

[그림 2. 151] 전치된 데이터 질의 빌더 실행

6. 결과를 확인한다.

	ORDERID	11	42	72	14	51
1	10248	12	10	5	.	.
2	10249	.	.	.	9	40
3	10250	.	.	.	.	35
4	10251	.	.	.	.	.
5	10252	.	.	.	.	.
6	10253	.	.	.	.	.
7	10254	.	.	.	.	.
8	10255	.	.	.	.	.
9	10256	.	.	.	.	.
10	10257	.	.	.	.	.
11	10258	.	.	.	.	.
12	10259	.	.	.	.	.

[그림 2. 152] 전치된 데이터 질의 빌더 결과

3장

리포팅 및 그래프

데이터를 생성하고 분석한 결과는 리포팅 및 그래프 작업을 통해 최종 산출물의 형태로 만들어진다. 사용자는 EG를 통해 기초 통계량을 비롯한 다양한 형태의 리포트와 함께 많은 시각화의 방법을 활용할 수 있다. 뿐만 아니라, 분석의 초반 과정에서 다양한 데이터의 전반적인 내용을 쉽고 빠르게 이해하기 위한 용도로 EG의 리포팅 및 그래프 기능이 활용될 수도 있다.

01 | 리포트 생성하기

1.1 데이터 특성화

데이터 특성화 작업은 선택한 데이터의 주요 특성을 기술하는 요약 리포트와 그래프를 생성한다. 범주형 데이터는 빈도분석을 하고 수치형 데이터는 일변량 요약통계량을 생성하여 데이터의 특성을 좀 더 쉽게 알 수 있다.

예를 들어, 아래와 같은 SASHELP.PRDSALE의 데이터에 데이터 특성화 기능을 실행하면 범주형인 국가와 부서, 제품유형, 제품, 지역에 대한 빈도가 표시되며, 분기, 년, 실제값, 예측값과 같은 수치 데이터들에 대해서는 전체 개수, 결측값의 수, 전체합, 최솟값, 평균값, 중위수, 최댓값, 그리고 표준오차 등의 요약통계량이 출력되는 리포트가 생성된다. 옵션에 따라 해당 값에 대한 그래프가 제공되며, 국가와 같은 범주형 데이터에 대한 빈도분석 결과와 예측값과 같은 수치 데이터에 대한 일변량 요약통계량 결과를 데이터셋으로 생성할 수 있다.

	ACTUAL	PREDICT	COUNTRY	REGION	DIVISION	PRODTYPE	PRODUCT	QUARTER	YEAR	MONTH
1	$925.00	$850.00	캐나다	동부	교육부	가정용	소파	1	1993	Jan
2	$999.00	$297.00	캐나다	동부	교육부	가정용	소파	1	1993	Feb
3	$608.00	$846.00	캐나다	동부	교육부	가정용	소파	1	1993	Mar
4	$642.00	$533.00	캐나다	동부	교육부	가정용	소파	2	1993	Apr
5	$656.00	$646.00	캐나다	동부	교육부	가정용	소파	2	1993	May
6	$948.00	$486.00	캐나다	동부	교육부	가정용	소파	2	1993	Jun
7	$612.00	$717.00	캐나다	동부	교육부	가정용	소파	3	1993	Jul
8	$114.00	$564.00	캐나다	동부	교육부	가정용	소파	3	1993	Aug
9	$685.00	$230.00	캐나다	동부	교육부	가정용	소파	3	1993	Sep
10	$657.00	$494.00	캐나다	동부	교육부	가정용	소파	4	1993	Oct
11	$608.00	$903.00	캐나다	동부	교육부	가정용	소파	4	1993	Nov
12	$353.00	$266.00	캐나다	동부	교육부	가정용	소파	4	1993	Dec
13	$107.00	$190.00	캐나다	동부	교육부	가정용	소파	1	1994	Jan
14	$354.00	$139.00	캐나다	동부	교육부	가정용	소파	1	1994	Feb

[그림 3. 1] SASHELP.PRDSALE 데이터셋

[표 3. 1] 조인의 종류

Variable	Label	Value	Frequency Count	Percent of Total Frequency
COUNTRY	국가	독일	480	33.3333
		미국	480	33.3333
		캐나다	480	33.3333
DIVISION	부서	고객상담실	720	50.0000
		교육부	720	50.0000
PRODTYPE	제품 유형	사무용	864	60.0000
		가정용	576	40.0000
PRODUCT	제품	소파	288	20.0000
		의자	288	20.0000
		책상	288	20.0000
		침대	288	20.0000
		테이블	288	20.0000
REGION	지역	동부	720	50.0000
		서부	720	50.0000

EG 최초 설치 시 기본값으로 결과 형식이 HTML로 지정되어 있기 때문에 데이터 특성화 작업을 수행하기전 메뉴바의 **[도구] > [옵션] > [결과]**에서 결과 형식을 SAS **리포트**로 변경 후 확인을 클릭한다.

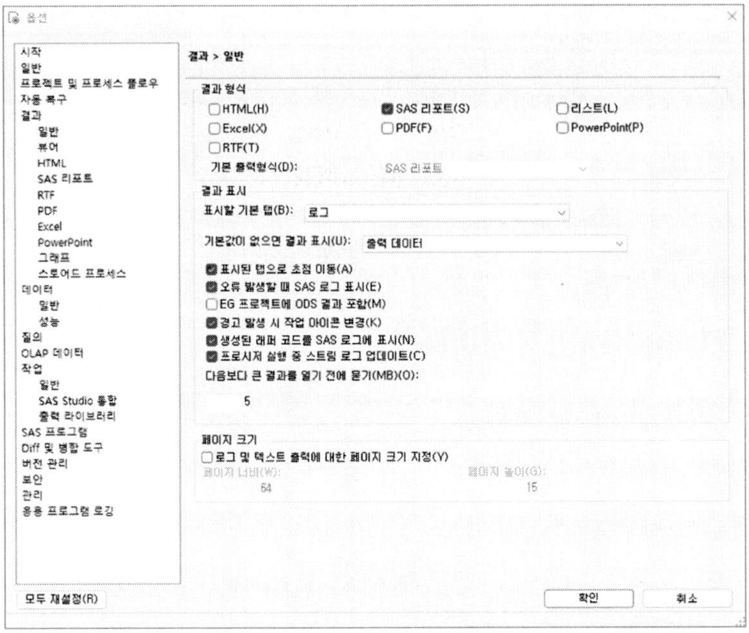

[그림 3. 2] SAS 리포트 옵션 설정

데이터 특성화 작업을 수행하기 위해서는 탐색 영역의 **[작업] > [기술] > [데이터 특성화]** 열기를 클릭한다.

[그림 3. 3] 데이터 특성화 열기

[실습 3-1] 데이터 특성화 사용하기(데이터: SASHELP.PRDSALE)

1. 데이터 특성화를 사용하기 위해 SASHELP 라이브러리에 있는 PRDSALE 데이터 셋을 열고, 데이터 특성화 열기를 클릭한다. 첫 번째 단계에서 데이터 특성화에 사용될 데이터를 선택하는데, 이미 추가된 PRDSALE 외에도 **추가** 버튼을 이용하여 데이터 셋을 추가할 수 있다.

2. 리포트 옵션에서는 체크박스를 이용하여 출력 유형을 선택할 수 있으며, 출력 데이터 셋은 **찾아보기** 버튼을 클릭하여 변경할 수 있다.

[그림 3. 4] 데이터 특성화

3. 최대 범주형 값을 지정함으로써 효과적인 그래프를 구성할 수 있다. 기본값으로 30개의 범주가 리포트에 포함된다.

4. **마침**을 클릭하면 데이터 특성화 작업이 수행되며, 다음과 같이 빈도, 일변량 데이터셋 그리고 리포트가 생성된다.

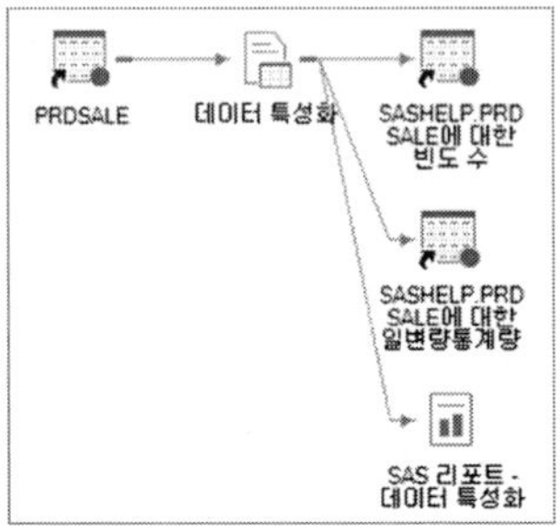

[그림 3. 5] 데이터 특성화 프로세스 플로우

1.2 데이터 리스트

데이터 리스트 작업은 결과 데이터를 출력하는 리포트를 생성하는 가장 기본적인 작업이므로 특정 테이블의 각 행의 내용을 그대로 출력하는 리포트를 생성할 때 유용하다. 여기에 특정 변수를 기준으로 데이터를 그룹핑하거나 중간 합 및 전체 합을 결과에 포함시킬 수도 있다. 데이터 리스트를 이용하여 작성되는 리포트는 PROC PRINT를 이용한다. 예를 들어, 데이터 리스트 작업을 통해 아래의 테이블로부터 다음과 같은 리스트 리포트를 생성할 수 있다.

	ACTUAL	PREDICT	COUNTRY	REGION	DIVISION	PRODTYPE	PRODUCT	QUARTER	YEAR	MONTH
1	$925.00	$850.00	캐나다	동부	교육부	가정용	소파	1	1993	Jan
2	$999.00	$297.00	캐나다	동부	교육부	가정용	소파	1	1993	Feb
3	$608.00	$846.00	캐나다	동부	교육부	가정용	소파	1	1993	Mar
4	$642.00	$533.00	캐나다	동부	교육부	가정용	소파	2	1993	Apr
5	$656.00	$646.00	캐나다	동부	교육부	가정용	소파	2	1993	May
6	$948.00	$486.00	캐나다	동부	교육부	가정용	소파	2	1993	Jun
7	$612.00	$717.00	캐나다	동부	교육부	가정용	소파	3	1993	Jul
8	$114.00	$564.00	캐나다	동부	교육부	가정용	소파	3	1993	Aug
9	$685.00	$230.00	캐나다	동부	교육부	가정용	소파	3	1993	Sep
10	$657.00	$494.00	캐나다	동부	교육부	가정용	소파	4	1993	Oct
11	$608.00	$903.00	캐나다	동부	교육부	가정용	소파	4	1993	Nov
12	$353.00	$266.00	캐나다	동부	교육부	가정용	소파	4	1993	Dec
13	$107.00	$190.00	캐나다	동부	교육부	가정용	소파	1	1994	Jan
14	$354.00	$139.00	캐나다	동부	교육부	가정용	소파	1	1994	Feb

[그림 3. 6] SASHELP.PRDSALE 데이터셋

[표 3. 2] 리포트 리스팅

행 번호	국가	지역	부서	제품 유형	제품	분기	년	월	실제값	예측값
1	캐나다	동부	교육부	가정용	소파	1	1993	Jan	$925.00	$925.00
2	캐나다	동부	교육부	가정용	소파	1	1993	Feb	$999.00	$999.00
3	캐나다	동부	교육부	가정용	소파	1	1993	Mar	$608.00	$608.00
4	캐나다	동부	교육부	가정용	소파	2	1993	Apr	$642.00	$642.00
5	캐나다	동부	교육부	가정용	소파	2	1993	May	$656.00	$656.00
6	캐나다	동부	교육부	가정용	소파	2	1993	Jun	$948.00	$948.00
7	캐나다	동부	교육부	가정용	소파	3	1993	Jul	$612.00	$612.00
8	캐나다	동부	교육부	가정용	소파	3	1993	Aug	$114.00	$114.00
9	캐나다	동부	교육부	가정용	소파	3	1993	Sep	$685.00	$685.00
10	캐나다	동부	교육부	가정용	소파	4	1993	Oct	$657.00	$657.00

데이터 리스트 작업을 수행하기 위해서는 탐색 영역의 **[작업] > [기술] > [데이터 리스트]** 열기를 클릭한다.

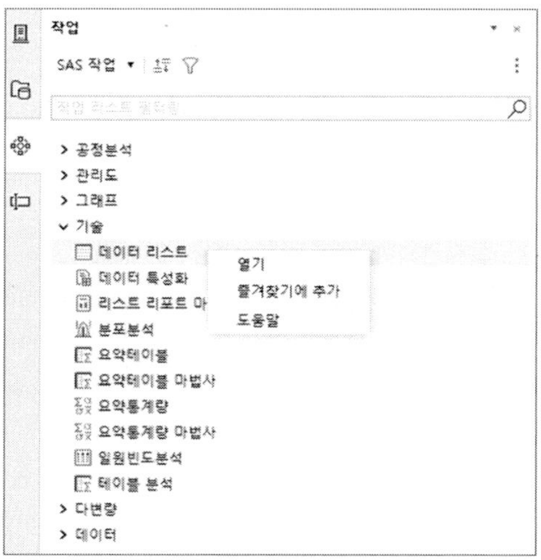

[그림 3. 7] 데이터 리스트 열기

[실습 3-2] 데이터 리스트 생성하기(데이터: SASHELP.PRDSALE)

1. 리포트를 생성하기 위해 SASHELP 라이브러리에 있는 PRDSALE 데이터를 선택

한다. **[데이터 리스트] > [데이터]**에서 리포트에 포함할 변수의 목록을 선택한다. 이때 데이터를 그룹핑할 기준 변수 혹은 합을 계산할 변수 등을 지정할 수 있다.

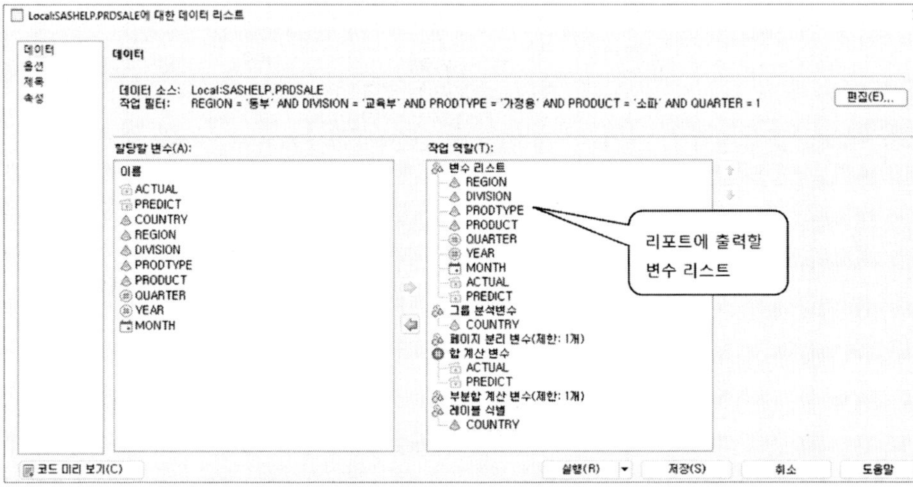

[그림 3. 8] 데이터 리스트 – 데이터

특정 변수를 기준으로 값을 그룹핑한 후, 각 그룹당 그룹핑의 기준이 되는 변수를 한 번만 출력하고자 할 경우 ID레벨에 그룹핑 변수를 선택한다.

NOTE

설정 가능한 주요 기능에 대한 설명은 다음과 같다.

- **편집:** 데이터 소스 우측에 편집 버튼을 이용하면 데이터에 필터를 생성할 수 있다. 조건을 주어 리스트 리포트를 생성하고 싶은 경우, 추가적인 질의 작업 없이 편집 기능을 사용할 수 있다. 본 예제에서는 1쿼터에 동부지역, 교육부서에서 판매된 가정용 소파를 필터로 지정하였다.
- **그룹 분석변수:** 행을 그룹핑할 기준 변수를 의미한다.
- **페이지 분리변수:** 페이지 분리변수로 지정한 변수 또는 그룹 분석변수의 값이 바뀌면 새로운 페이지로 리포트를 시작한다. 이 기능에 지정한 변수는 그룹 분석변수에도 설정된다. 한 개의 변수만 이 기능에 설정할 수 있다.
- **합 계산 변수:** 합을 산출할 칼럼을 할당한다. 숫자형의 변수만 할당할 수 있다.
- **부분합 계산 변수:** 선정된 변수의 값이 바뀔 때 부분합을 출력한다. 이 기능에 지정한 변수는 그룹 분석변수에도 설정된다. 한 개의 변수만이 이 기능에 설정할 수 있다.
- **ID 레이블: 그룹분석 변수를** 그룹당 한 번만 표기할 수 있다.

2. **[데이터 리스트] > [옵션]**에서 나열할 행으로 모든 행을 선택하자.

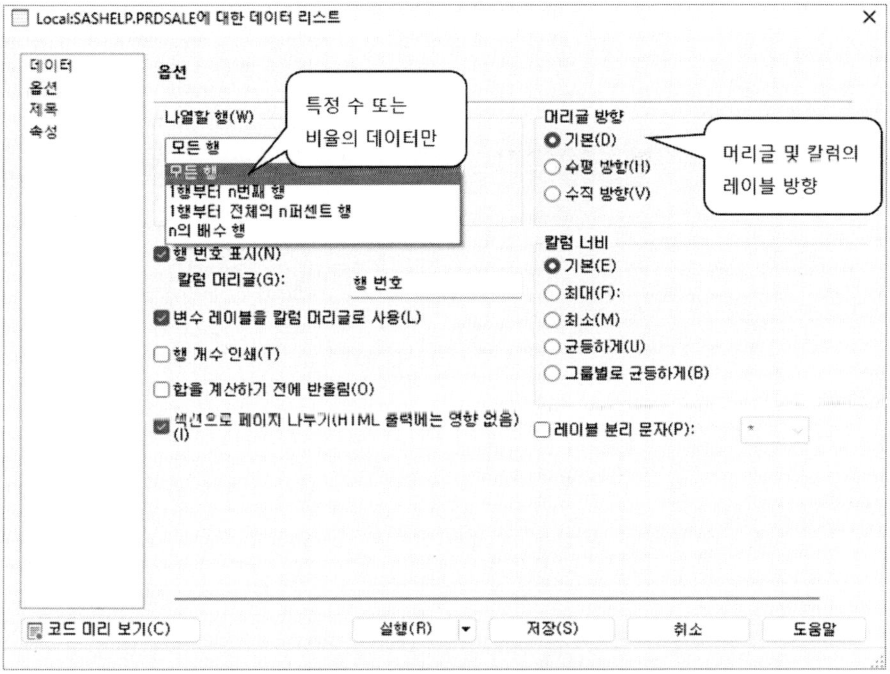

[그림 3. 9] 데이터 리스트 – 옵션

> **NOTE**
>
> 옵션 메뉴에서 설정할 수 있는 주요 기능은 아래와 같다.
>
> - **변수 레이블을 칼럼 머리글로 사용:** 칼럼의 머리글로 변수명 대신 변수의 라벨을 이용
> - **행 개수 인쇄:** 리포트 테이블의 아래 또는 그룹 분석변수 별 관측치의 개수 표시
> - **합을 계산하기 전에 반올림:** 설정되어 있는 포맷의 소수점 자리수에서 미리 반올림하거나, 포맷이 설정되어 있지 않은 변수는 소수점 둘째 자리에서 반올림한다.
> - **머리글 방향:** 칼럼 머리글의 출력 방향을 결정한다. 방향은 가로, 세로가 가능하나 각 칼럼 별 최적의 방향을 시스템이 설정하도록 할 수 있다.

3. [데이터 리스트] > [옵션]에서 실행 버튼을 누르면, 다음과 같은 리포트가 생성된다. 옵션에서 지정한대로, 국가별로 그룹핑이 되었으며, 실제값과 예측값에 대한 부분합과 전체 통합이 나타난 것을 볼 수 있다.

[표 3. 3] 리포트 리스팅

국가	지역	부서	제품 유형	제품	분기	년	월	실제값	예측값
독일	동부	교육부	가정용	소파	1	1993	Jan	$996.00	$977.00
	동부	교육부	가정용	소파	1	1993	Feb	$554.00	$549.00
	동부	교육부	가정용	소파	1	1993	Mar	$540.00	$951.00
	동부	교육부	가정용	소파	1	1993	Jan	$688.00	$767.00
	동부	교육부	가정용	소파	1	1993	Feb	$883.00	$709.00
	동부	교육부	가정용	소파	1	1993	Mar	$109.00	$417.00
독일								**$3,770.00**	**$4,370.00**
미국	동부	교육부	가정용	소파	1	1993	Jan	$4.00	$975.00
	동부	교육부	가정용	소파	1	1993	Feb	$813.00	$455.00
	동부	교육부	가정용	소파	1	1993	Mar	$773.00	$260.00
	동부	교육부	가정용	소파	1	1993	Jan	$269.00	$382.00
	동부	교육부	가정용	소파	1	1993	Feb	$764.00	$707.00
	동부	교육부	가정용	소파	1	1993	Mar	$662.00	$566.00
미국								**$3,285.00**	**$3,345.00**
캐나다	동부	교육부	가정용	소파	1	1993	Jan	$925.00	$850.00
	동부	교육부	가정용	소파	1	1993	Feb	$999.00	$297.00
	동부	교육부	가정용	소파	1	1993	Mar	$608.00	$846.00
	동부	교육부	가정용	소파	1	1993	Jan	$107.00	$190.00
	동부	교육부	가정용	소파	1	1993	Feb	$354.00	$139.00
	동부	교육부	가정용	소파	1	1993	Mar	$101.00	$217.00
캐나다								**$3,094.00**	**$2,539.00**
								$10,149.00	**$10,254.00**

TIP

생성될 리포트의 파일 유형 설정하기

생성될 리포트의 파일 유형은 메뉴바의 [도구] > [옵션]의 결과 > 일반 화면에서 설정할 수 있다. 리포트의 유형은 SAS 리포트, HTML, PDF, PTF 그리고 텍스트 출력이 있다.

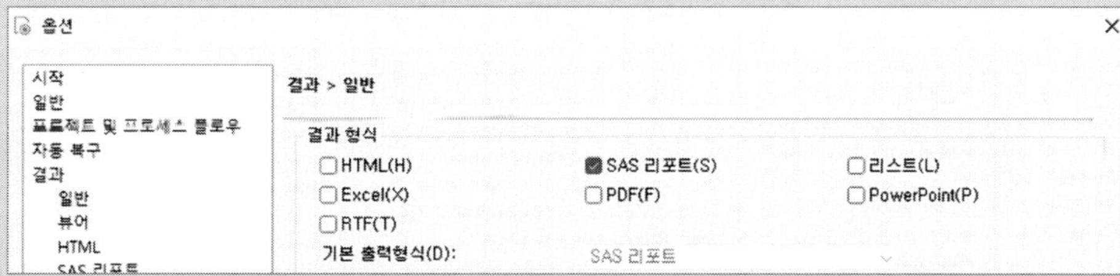

[그림 3. 10] 리포트 파일 유형 설정

1.3 리스트 리포트 마법사

리스트 리포트 마법사는 데이터 리스트와 같이 데이터를 출력할 수 있으며, 요약테이블 리포트와 같이 요약 리포트를 생성할 수 있는 기능을 제공한다. 리스트 리포트 마법사는 PROC REPORT를 사용하여 리포트를 작성한다. 즉, 리스트 리포트 마법사를 이용하면 데이터 리스트에 요약기능을 추가할 수 있게 하여, 효과적인 리포트를 만들 수 있도록 한다. 예를 들면, SASHELP.PRDSALE의 데이터에서 국가별 소파의 매년 분기별 판매액의 실제값과 예측값의 합계를 출력하고, 국가별 부분합과 총합을 출력하는 리포트를 아래와 같이 생성할 수 있다.

[표 3. 4] 국가별 소파의 연도별, 분기별 매출 실제값과 예측값

				실제값	예측값
국가	제품	년	분기	SUM	SUM
독일	소파	1993	1	$8,915.00	$9,275.00
		1993	2	$7,272.00	$5,033.00
		1993	3	$8,267.00	$5,429.00
		1993	4	$6,274.00	$7,303.00
독일	**소파**	**1993**		**$30,728.00**	**$27,040.00**
		1994	1	$6,215.00	$6,759.00
		1994	2	$6,720.00	$6,110.00
		1994	3	$4,600.00	$4,771.00
		1994	4	$6,797.00	$4,837.00
독일	**소파**	**1994**		**$24,332.00**	**$22,477.00**
부분합				**$55,060.00**	**$49,517.00**
미국	소파	1993	1	$5,563.00	$6,331.00
		1993	2	$4,160.00	$5,575.00
		1993	3	$5,732.00	$6,758.00
		1993	4	$6,529.00	$6,259.00
미국	**소파**	**1993**		**$21,984.00**	**$24,923.00**
		1994	1	$5,071.00	$6,418.00
		1994	2	$6,138.00	$5,841.00
		1994	3	$6,363.00	$4,775.00
		1994	4	$3,837.00	$3,251.00
미국	**소파**	**1994**		**$21,409.00**	**$20,285.00**
부분합				**$43,393.00**	**$45,208.00**
캐나다	소파	1993	1	$6,931.00	$6,949.00
		1993	2	$7,505.00	$6,284.00
		1993	3	$6,628.00	$6,597.00
		1993	4	$5,656.00	$4,685.00
캐나다	**소파**	**1993**		**$26,720.00**	**$24,515.00**
		1994	1	$5,532.00	$4,802.00
		1994	2	$6,514.00	$5,163.00
		1994	3	$5,544.00	$5,745.00
		1994	4	$5,825.00	$5,501.00
캐나다	**소파**	**1994**		**$23,415.00**	**$21,211.00**
부분합				**$50,135.00**	**$45,726.00**
총합				**$148,588.00**	**$140,451.00**

리스트 리포트 마법사 작업을 수행하기 위해서는 탐색 영역의 **[작업] > [기술] > [리스트 리포트 마법사]** 열기를 클릭한다.

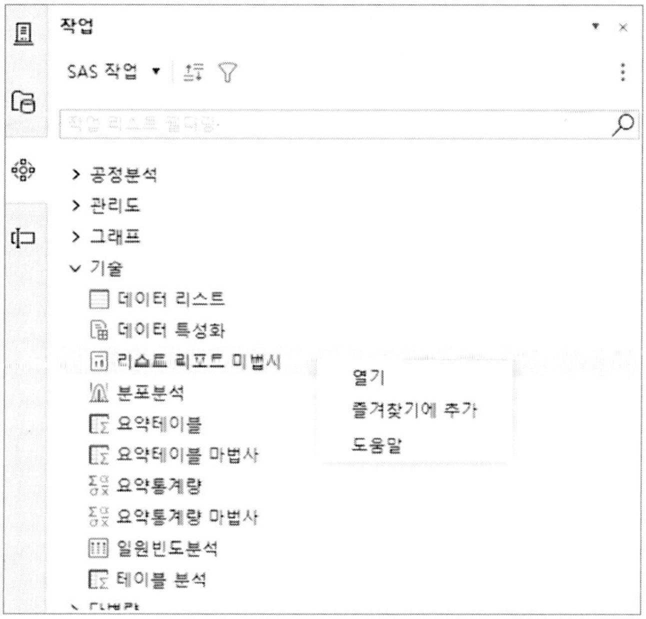

[그림 3. 11] 리스트 리포트 마법사 열기

[실습 3-3] 리스트 리포트 생성하기 (데이터: SASHELP.PRDSALE)

국가별 소파의 연도별, 분기별 매출 실제값과 예측값 리포트

1. 리포트를 생성하기 위해 SASHELP 라이브러리에 있는 PRDSALE 데이터를 선택하여, **[기술] > [리스트 리포트 마법사]**를 실행한다. **[데이터 확인]** 화면에는 리포트에 사용될 데이터의 SAS 서버와 라이브러리, 데이터셋이 표시된다. 데이터에 작업 필터를 생성할 때에는 **편집** 버튼을 눌러 추가할 수 있다. 이 예제에서는 편집 버튼을 눌러 제품을 소파로 한정하도록 한다. 편집 설정이 끝나면 다음으로 넘어 간다.

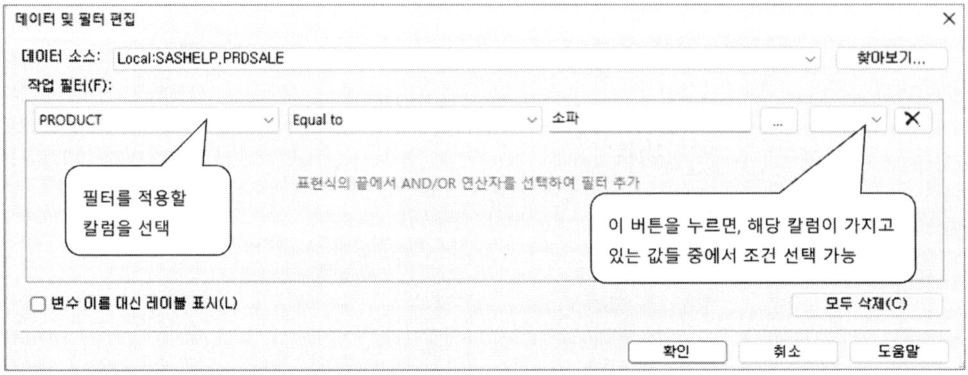

[그림 3. 12] 리스트 리포트 마법사 – 데이터 확인, 편집

2. 리스트 정의 화면에서는 데이터의 칼럼이 20개 이하일 경우, 디폴트로 데이터의 칼럼들이 보이며, 이중 숫자는 합을 출력하도록 미리보기 화면에 보인다. 20개 이상이면 미리보기 창이 비어 있게 된다. 이 실습에서 사용할 칼럼은 COUNTRY(국가), PRODOCT(제품), YEAR(년), QUARTER(분기), ACTUAL(실제값), PREDICT(예측값)이다. 사용되지 않는 칼럼은 선택한 후, 오른쪽의 삭제 버튼을 눌러서 혹은 선택 후 마우스의 오른쪽 버튼을 눌러 삭제를 선택하여 삭제한다.

3. 칼럼의 순서를 COUNTRY, PRODOCT, YEAR, QUARTER, ACTUAL, PREDICT 순으로 맞춘다. 방법은 칼럼을 선택하고 오른쪽의 화살표를 이용할 수 있고, 오른쪽의 이동 버튼을 하거나, 오른쪽 버튼을 눌러 **[이동] > [위치]**를 선택할 수도 있다.

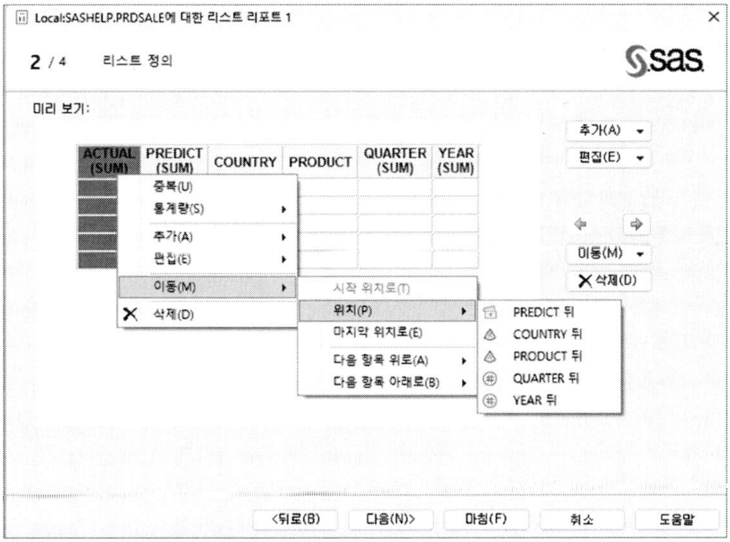

[그림 3. 13] 리스트 리포트 마법사 - 리스트 정의

순서를 맞추고 나면, 칼럼의 머리말을 바꿔보도록 하자. 미리보기 테이블에서 오른쪽 버튼을 눌러 **[편집] > [칼럼 머리글]**을 선택하고, **칼럼 레이블 지정**에서 **데이터셋에서 변수 레이블 사용**을 선택하여 칼럼에 대한 레이블을 칼럼 레이블로 사용하도록 한다.

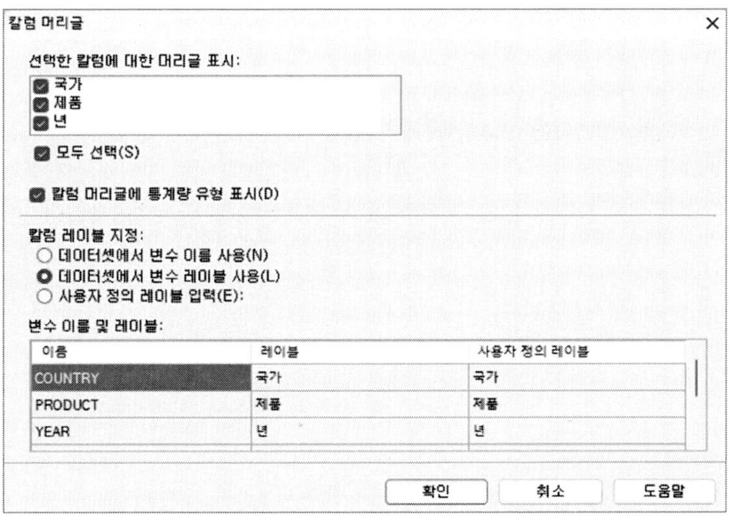

[그림 3. 14] 리스트 리포트 마법사 - 칼럼 머리글 옵션

NOTE

칼럼 머리글 옵션을 좀 더 살펴보자.

- **선택한 칼럼에 대한 머리글 표시**
  칼럼 레이블의 표시 여부를 결정한다.
- **칼럼 머리글에 통계량 유형 표시**
  칼럼 머리글에 사용된 통계량이 표현된다.
- **칼럼 레이블 지정: 사용자 정의 레이블 입력**
  원하는 레이블을 지정할 수 있다.

4. 이 예제에서는 국가와 제품의 경우 반복되는 값이 한 번만 표시되도록 하며, 년과 분기는 모든 값이 표시되도록 하고, 해당 년도의 분기별 매출 실제값과 예측값의 합이 표시되도록 할 것이다. 먼저 반복되는 값을 한 번만 표시하기 위해 국가에서 오른쪽 버튼을 눌러 **[유형표시] > [반복되는 값 숨기기]**를 선택한다. 제품에 대해서도 같은 과정을 수행한다.

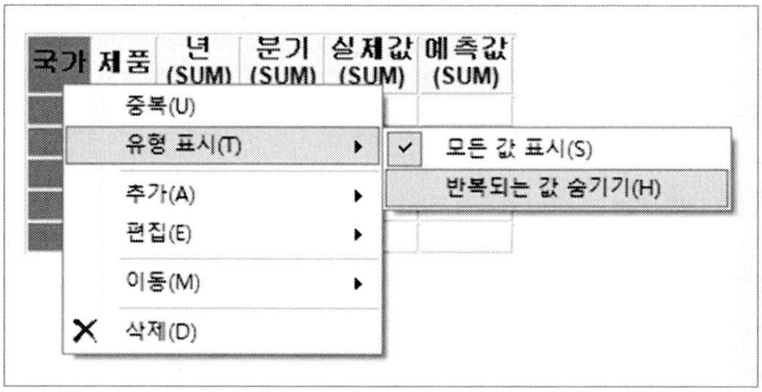

[그림 3. 15] 리스트 리포트 마법사 – 유형표시 설정

년과 분기에 대해서는 기본으로 설정된 합 표시에서, 오른쪽 버튼을 눌러 **[통계량] > [모든 값 표시]**로 변경한다.

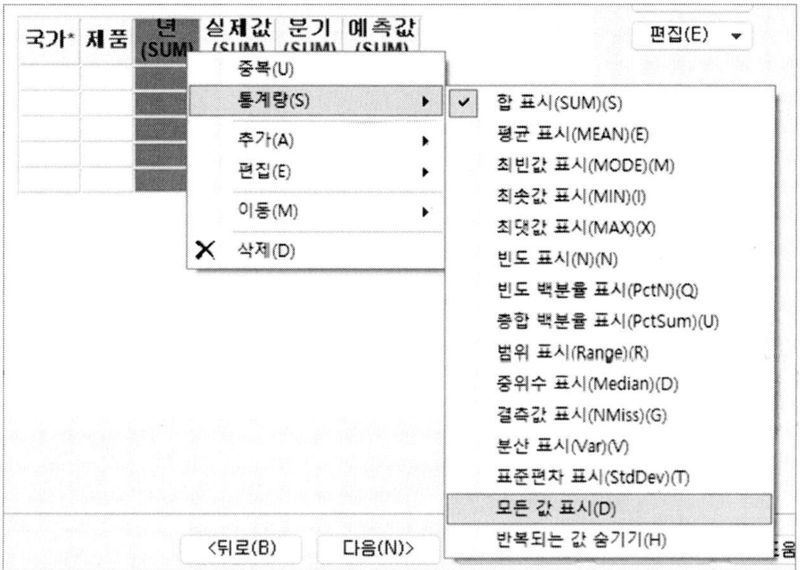

[그림 3. 16] 리스트 리포트 마법사 - 통계량 설정

NOTE

숫자 변수는 디폴트로 합이 표시된다. 오른쪽 버튼을 눌러 [통계량]을 선택하면, 평균, 빈도, 백분율 등의 통계량으로 변경할 수 있다.

5. 다음 버튼을 누르면 **[합계 지정]** 화면이 나오고, 총합 선택한에서 실제값과 예측값을 선택하고 편집 버튼을 누른다. 이 예제에서는 전체 총합과 함께 국가별/년도별 부분합을 출력하기 위해 총합 유형 중 '**총합 기준: 국가**' 와 '**총합 기준: 년**'을 선택한다. 원한다면 총합 레이블을 수정할 수도 있다. 이제 **확인**을 누른 후, **다음** 버튼을 클릭한다.

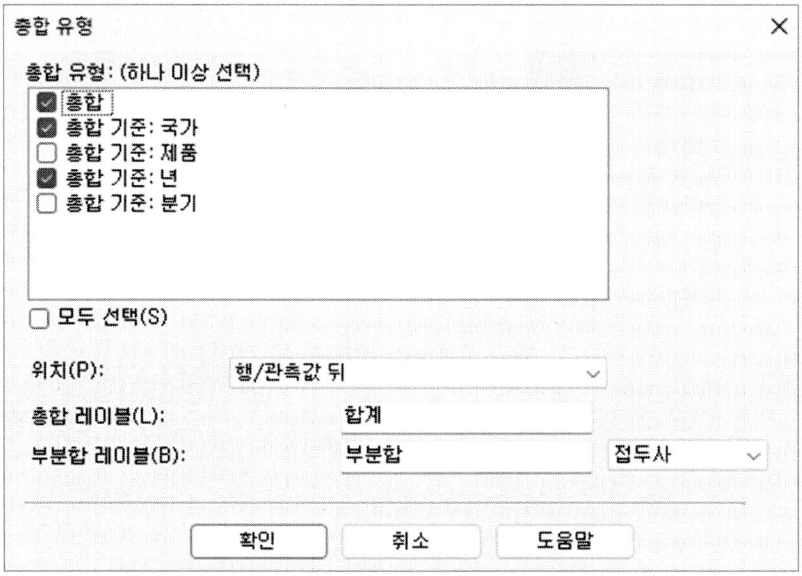

[그림 3. 17] 리스트 리포트 마법사 - 총합 유형 설정

6. **[제목 및 주석 지정]** 화면에서는 리포트의 제목을 수정할 수 있다. 이 예제에서는 '국가별 소파의 년도별, 분기별 매출 실제값과 예측값 리포트'라 지정한 후 **마침** 버튼을 클릭한다. [표 3. 4]와 같이 리포트가 작성된 것을 확인할 수 있다.

TIP

리스트 리포트 마법사에서 칼럼 누적 기능

리스트 리포트 마법사에서 리스트를 정의할 때, 칼럼을 누적된 형태로 표현할 수도 있다.
칼럼 선택 후, **[이동] > [다음항목 위로]** 혹은 **[다음항목 아래로]**를 선택하면 된다.
만약 이렇게 누적된 칼럼을 가로로 펼쳐야 할 경우에는 칼럼을 선택한 후, 오른쪽 버튼의 **[편집] > [누적된 칼럼 펼치기]**를 선택하면 된다.

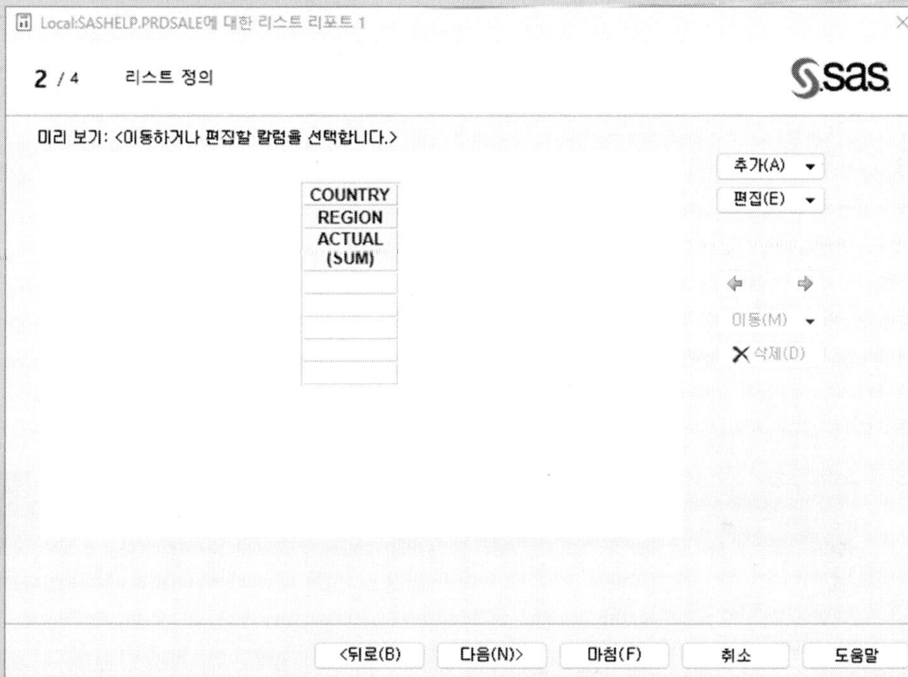

[그림 3. 18] 리스트 리포트 마법사 - 누적된 칼럼 펼치기

[표 3. 5] 리스트 리포트 결과 - 칼럼 누적

COUNTRY					
독일		미국		캐나다	
REGION		REGION		REGION	
동부	서부	동부	서부	동부	서부
ACTUAL	ACTUAL	ACTUAL	ACTUAL	ACTUAL	ACTUAL
SUM	SUM	SUM	SUM	SUM	SUM
$124,547.00	$121,451.00	$118,229.00	$119,120.00	$127,485.00	$119,505.00

1.4 요약테이블 마법사

요약테이블은 데이터로부터 변수들의 기술통계량을 리포트로 생성하며, 그 결과를 데이터셋으로도 생성할 수 있도록 한다. 이는 리스트 리포트처럼 데이터만 출력하는데 그치지 않고, 데이터의 요약과 배열, 스타일까지도 변경할 수 있으므로, 가장 유연한 리포팅 작업이라 할 수 있다.

요약테이블과 요약테이블 마법사는 모두 요약테이블 작성 용도로 사용되므로 개인의 선호도에 따라 메뉴를 선택하면 된다. 이 예제에서는 요약테이블 마법사를 사용하였다. 요약테이블과 요약테이블 마법사는 PROC TABULATE을 사용하여 리포트를 생성한다.

요약테이블 마법사를 사용하는 예제를 위해 SASHELP.PRDSALE의 데이터에서 제품 유형에 따른 제품들의 매출 실제값과 예측값의 합을 국가별로 출력하는 리포트를 생성하고, 그 결과를 데이터셋으로 생성하도록 한다.

[표 3. 6] 국가별 제품 매출 실제값과 예측값 요약 리포트

				국가			합계
제품 유형	제품			독일	미국	캐나다	
가정용	소파	예측값	합	$49,517.00	$45,208.00	$45,726.00	$140,451.00
		실제값	합	$55,060.00	$43,393.00	$50,135.00	$148,588.00
	침대	예측값	합	$43,796.00	$49,856.00	$44,215.00	$137,867.00
		실제값	합	$46,134.00	$48,174.00	$47,729.00	$142,037.00
사무용	의자	예측값	합	$44,069.00	$45,245.00	$46,796.00	$136,110.00
		실제값	합	$47,105.00	$50,936.00	$50,239.00	$148,280.00
	책상	예측값	합	$44,639.00	$52,163.00	$49,393.00	$146,195.00
		실제값	합	$48,502.00	$48,543.00	$52,187.00	$149,232.00
	테이블	예측값	합	$49,533.00	$49,250.00	$46,889.00	$145,672.00
		실제값	합	$49,197.00	$46,303.00	$46,700.00	$142,200.00
합계		예측값	합	$231,554.00	$241,722.00	$233,019.00	$706,295.00
		실제값	합	$245,998.00	$237,349.00	$246,990.00	$730,337.00

[실습 3-4] 요약테이블 생성하기(데이터: SASHELP.PRDSALE)

국가별 제품 매출 실제값과 예측값 요약 리포트

1. 요약테이블 리포트를 생성하기 위해 탐색 영역의 **[작업] > [기술] > [요약테이블 마법사]** 열기를 클릭한다. 이 예제에서는 **SASHELP** 라이브러리와 **RPDSALE** 데이터셋이 표기가 될 것이다. 다른 데이터셋을 작업하고자 할 경우, 편집 버튼을 눌러 변경할 수 있다.

[그림 3. 19] 요약테이블 마법사 열기

2. **분석변수 및 통계량 선택** 화면에서는 통계량을 산출할 분석변수를 선택하고, 원하는 통계량을 지정할 수 있도록 한다. 상단의 추가 버튼을 누르면, 숫자형 변수들의 리스트가 출력된다. 이중 ACTUAL(**실제값**)과 PREDICT(**예측값**)를 선택하고 통계량은 **합**을 유지한다. 만약 통계량을 변경하고 싶을 경우, 변경하고 싶은 변수의 통계량을 클릭하여 드롭다운 리스트에서 통계량을 선택할 수 있다. 설정이 완료되면 다음으로 넘어간다.

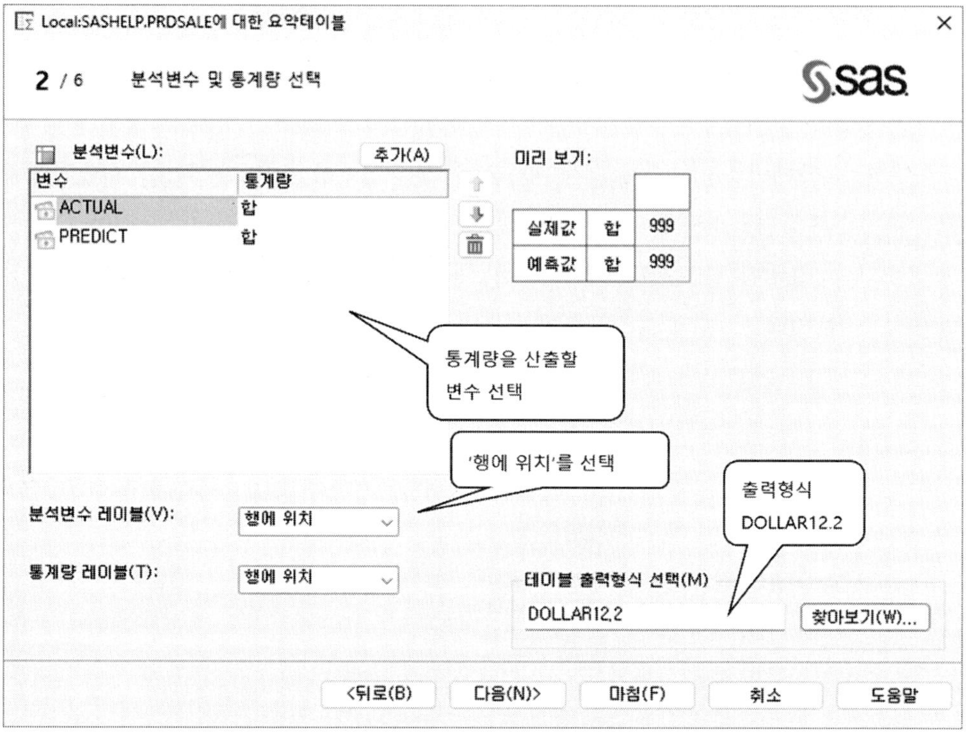

[그림 3. 20] 요약테이블 마법사 – 분석변수 및 통계량 선택

NOTE

분석변수 및 통계량 선택 페이지의 기타 옵션들

- **분석변수 레이블, 통계량 레이블**

  분석변수 레이블의 위치를 변경할 수 있다. 디폴트는 칼럼에 위치하는 것이며, 행으로 변경할 수도 있고, 매번 페이지가 생성되도록 할 수도 있으며, 레이블을 숨길 수도 있다.

  통계량 레이블도 분석변수 레이블의 위치 설정과 동일한 방법으로 위치시킬 수 있으며, 변경과 함께 미리보기 화면에서 출력 요약 테이블의 형태를 미리 확인할 수 있다.

- **테이블 출력형식 선택**

  분석 변수가 출력되는 형식을 선택할 수 있다. 디폴트로는 출력형식이 없으며, 직접 작성해 넣을 수도 있으며, 찾아보기 버튼을 눌러 예시를 보며 변경할 수도 있다. 출력 형식에 대한 자세한 설명은 Appendix의 SAS 포맷을 참고하도록 한다.

3. **분류변수 선택** 화면에서는 칼럼과 행, 페이지에 해당하는 분류변수를 할당할 수 있다. **추가** 버튼을 이용하여 칼럼에는 COUNTRY를, 행에는 PRODTYPE, PRODUCT를 선택한다. 만일 잘못된 값이 추가되면 제거할 칼럼을 선택 후 버튼을 눌러 리스트에서 제거할 수 있다.

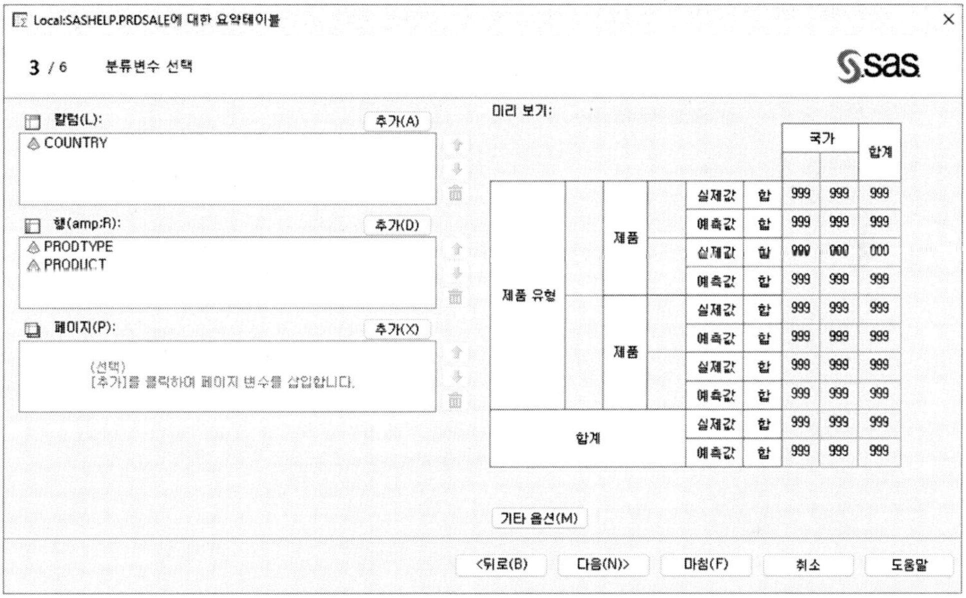

[그림 3. 21] 요약테이블 마법사 – 분류변수 선택

NOTE

기타 옵션

기타 옵션 버튼을 선택하면, 칼럼과, 행의 머리글을 숨길 수 있는 옵션이 존재하며, 할당된 변수들을 한 행의 하위레벨로 유지할지, 별도의 행으로 구성할지를 선택할 수 있다.

4. 합계 지정 화면에서는 합계를 칼럼, 행 단위로 표시할지 여부와 표시할 경우 표시 레벨을 어떻게 할 것 인지 선택할 수 있다. 표시 레벨을 바꾸면 미리보기에 바로 반영되므로, 작업 수행 전에 결과 테이블을 예상할 수 있다. 이 예제에서는 칼럼과 행의 전체 합계를 표시하도록 하며, 합계에 대한 레이블은 **합계**로 수정한다.

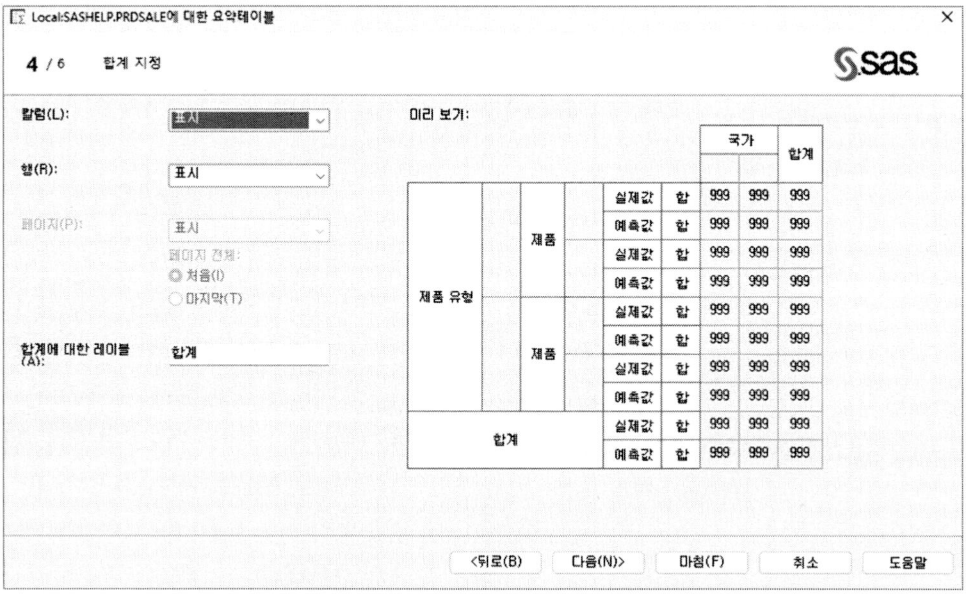

[그림 3. 22] 요약테이블 마법사 – 합계 지정

5. 요약테이블의 결과를 데이터 셋으로 저장하고자 한다면 **추가 출력 선택** 화면에서 **데이터셋에 결과 저장**을 선택하도록 한다. 디폴트로 WORK 라이브러리에 저장되며, **찾아보기** 버튼을 눌러 다른 라이브러리에 저장할 수도 있다.

6. 제목 및 주석 지정 화면에서는 테이블의 제목을 변경하도록 한다. 테이블 제목을 **국가별 제품 매출 실제값과 예측값 요약 리포트**로 변경하고 **마침** 버튼을 누른다. 국가별로 제품의 매출액을 한눈에 볼 수 있는 요약 리포트가 작성되었으며, 아래와 같은 요약 데이터셋이 생성되었다. 여기서 _TYPE_은 변수들의 조합관계를 보여주는데, 111은 COUNTRY, PRDTYPE, PRODUCT 변수 모두가 사용되었음을 의미한다.

	COUNTRY	PRODTYPE	PRODUCT	_TYPE_	_PAGE_	_TABLE_	ACTUAL_Sum	PREDICT_Sum
1	독일	가정용	소파	111	1	1	55060	.
2	미국	가정용	소파	111	1	1	43393	.
3	캐나다	가정용	소파	111	1	1	50135	.
4	독일	가정용	침대	111	1	1	46134	.
5	미국	가정용	침대	111	1	1	48174	.
6	캐나다	가정용	침대	111	1	1	47729	.

[그림 3. 23] 요약테이블 마법사 – 결과

TIP

요약통계량 작업에서 테이블 속성 변경하기

요약통계량 작업을 이용하면, 요약테이블의 속성을 변경할 수 있다. 예를 들어, 아래와 같이 머리말의 캡션을 바꿀 수도 있고, 값의 포맷, 셀의 색상, 글꼴 등을 변경할 수도 있다.

[표 3. 7] 요약테이블 테이블 속성 변경 결과

		영업실적	재고량
		합계	합계
Region	Product		
Asia	Boot	$62,708	$170,165
	Men's Casual	$11,754	$2,176
	Men's Dress	$119,366	$272,634
	Sandal	$8,208	$36,570
	Slipper	$152,032	$485,082
	Sport Shoe	$2,092	$16,057
	Women's Casual	$25,837	$52,827
	Women's Dress	$78,234	$140,628
Pacific	Boot	$123,575	$590,617
	Men's Casual	$662,368	$1,849,092
	Men's Dress	$426,191	$1,636,293
	Sandal	$426,191	$263,221
	Slipper	$390,740	$1,605,661
	Sport Shoe	$426,191	$165,854
	Women's Casual	$219,886	$442,054
	Women's Dress	$399,441	$1,418,499

TIP

방법은 요약 테이블의 좌측 메뉴 중 요약테이블 메뉴에서 마우스 오른쪽 버튼을 눌러 다음 속성들을 사용한다.

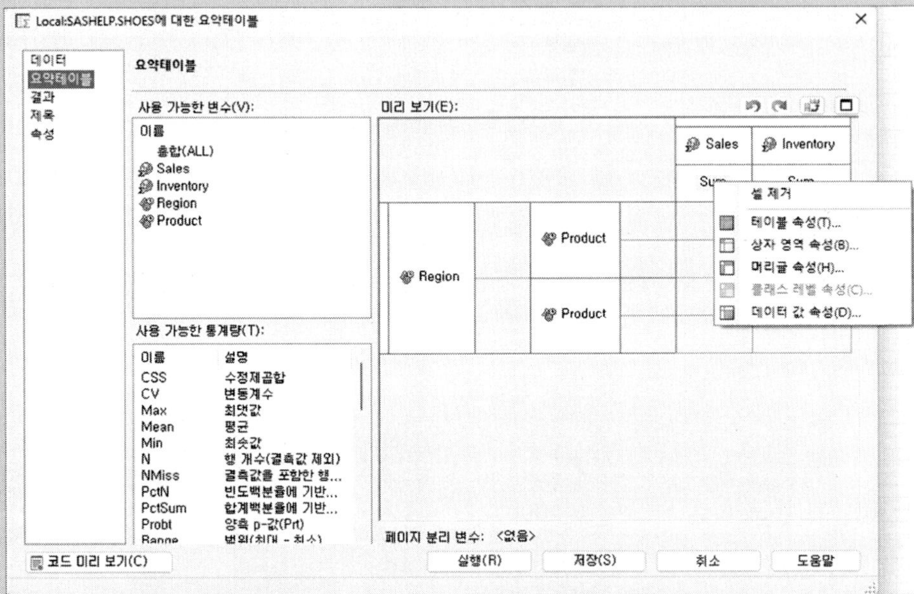

[그림 3. 24] 요약테이블 마법사 – 속성 선택

- **테이블 속성**

  전체 요약 테이블에 적용되는 속성이다. 값의 출력형식, 글꼴 등을 수정할 수 있다.

- **상자 영역 속성**

  테이블 왼쪽 상단의 속성을 변경할 수 있으며, 테이블 속성보다 우선한다.

- **머리글 속성**

  Sales, Inventory와 같은 머리글의 레이블 및 속성을 변경할 수 있다.

- **데이터 값 속성**

  선택한 행 또는 칼럼의 데이터 값에 대한 속성을 변경할 수 있다.

1.5 요약통계량

요약통계량은 숫자형 변수에 대한 기술통계량을 도출할 수 있도록 하며, 데이터의 분포를 볼 수 있는 히스토그램과 데이터 비교를 용이하게 하는 상자수염도를 쉽게 작성할 수 있도록 한다.

평균, 분산, 최소, 최댓값과 같은 기초 통계량과 백분위수 그리고 신뢰한계, 모집단 평균의 t 검정과 같은 추가적인 통계량도 구할 수 있으므로 방대한 데이터에 대한 기본 골격을 파악하는 데 유용하며, 이를 통해 데이터의 이상치를 미리 발견할 수도 있다. 요약 통계량 작업은 PROC MEANS와 PROC UNIVARIATE를 사용한다.

요약통계량과 요약통계량 마법사는 그 사용 방법이 유사하지만 요약통계량이 조금 더 많은 사용자 설정 옵션을 제공하므로, 본 교재에서는 요약통계량을 사용하도록 한다.

아래와 같이 신발 회사의 제품에 따른 총 매출액의 기술통계량을 구하여, 전 판매 지역을 통틀어 어떤 신발이 가장 판매 실적이 좋으며, 그 평균과 최소, 최댓값은 어떻게 되는지 살펴보고, 제품별 비교를 위해 상자수염도를 사용해 보도록 하자.

[표 3. 8] 신발 종류별 매출액 요약통계량

분석 변수 : Sales Total Sales									
Product	관측치 수	평균값	표준편차	최솟값	최댓값	N	중위수	평균에 대한 95% 신뢰하한	평균에 대한 95% 신뢰상한
Boot	52	45202.75	45705.28	1179.00	286497.00	52	33091.50	32478.32	57927.18
Slipper	52	118766.04	127423.85	3019.00	700513.00	52	87093.50	83291.01	154241.07
Sport Shoe	51	12773.86	17910.54	449.0000000	101922.00	51	5172.00	7736.44	17811.28
Women's Dress	51	122087.75	138840.16	4659.00	756347.00	51	72671.00	83038.32	161137.17
Men's Dress	50	110144.86	126085.43	3033.00	757798.00	50	72637.50	74311.78	145977.94
Sandal	49	17723.18	31555.64	325.0000000	200156.00	49	5217.00	8659.35	26787.02
Men's Casual	45	176304.60	224859.90	9244.00	1298717.00	45	71618.00	108749.21	243859.99
Women's Casual	45	91952.47	105862.92	5389.00	502636.00	45	48567.00	60147.73	123757.21

[실습 3-5] 요약통계량 구하기 (데이터: SASHELP.SHOES)

신발 종류별 매출액 요약통계량

1. 요약통계량을 구하기 위해 탐색 영역의 **[작업 영역] > [기술] > [요약통계량]** 열기를 클릭한다. 데이터 화면은 데이터의 변수를 작업 역할에 할당하는 과정이다. 할당은 드래그 앤 드랍 방식으로 변수를 해당 역할에 끌어다 놓을 수도 있으며, 화살표 버튼 을 이용하여 이동시킬 수도 있다.

   이 예제에서는 분석변수에는 Sales (매출액)를, 분류변수에는 Product (제품)를 할당하여 제품별 매출의 요약 테이블을 작성하도록 하겠다.

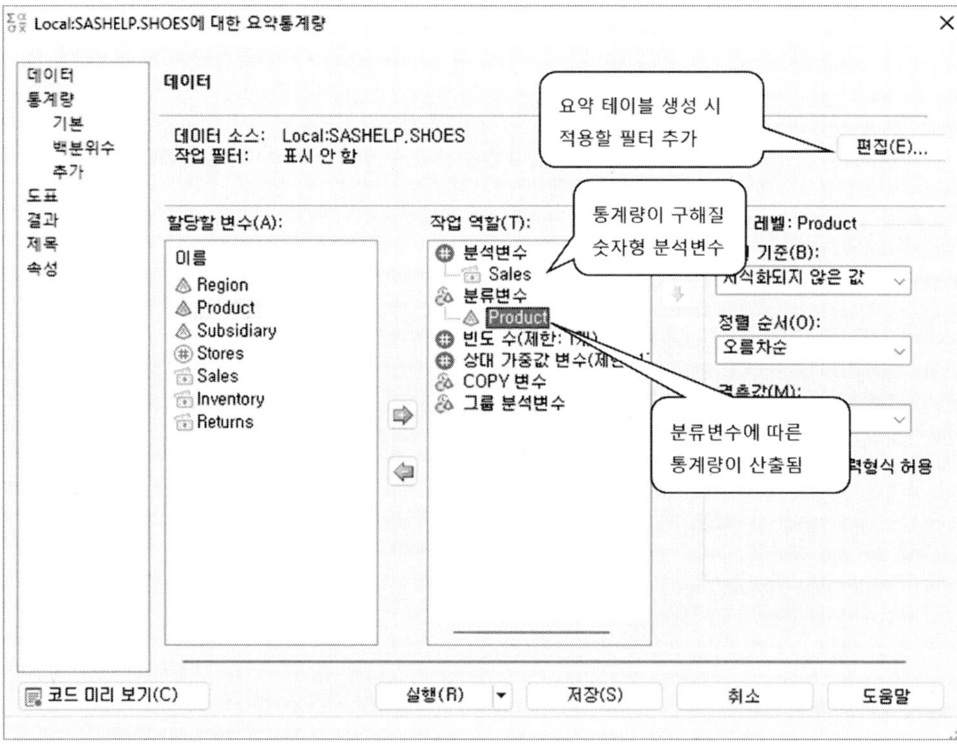

[그림 3. 25] 요약통계량 – 작업 역할 변수 할당

데이터의 변수 할당이 끝나면, 왼쪽 메뉴의 통계량을 선택한다.

NOTE

그 외에 요약통계량에서 추가적으로 설정 가능한 주요 기능은 다음과 같다.

- **빈도변수**: 빈도변수로 할당된 변수는 각 행의 빈도로 간주된다. 숫자 변수여야만 하며, 1개만 할당할 수 있다.
- **상대 가중값 변수**: 분석변수의 가중치를 할당할 때 사용된다. 숫자 변수여야만 하며, 1개만 할당할 수 있다.
- **COPY 변수**: 출력 데이터셋에 변수를 추가하고 싶을 경우 지정한다. 기본값은 해당 칼럼의 maximum 값이 들어 가며, minimum 값을 추가하고 싶을 경우에는 좌측의 결과 화면의 **COPY 변수 역할에 대하여 가져올 값**을 최솟값으로 변경한다.
- **그룹 분석변수**: 그룹변수를 지정하게 되면, 이를 그룹으로 하여 별도의 통계량을 계산하게 된다.
- **코드 미리 보기**: 코드 미리 보기 버튼을 누르면, 현 단계까지 진행된 상태의 SAS CODE를 볼 수 있다. 필요하다면 코드 **삽입** 버튼을 눌러 사용자 코드를 추가할 수도 있다.

2. 통계량 > 기본 화면에서는 기초 통계량 중 원하는 통계량을 선택할 수 있다. 이 예제에서는 **평균, 표준편차, 최솟값, 최대, 관측치 개수**를 선택한다.

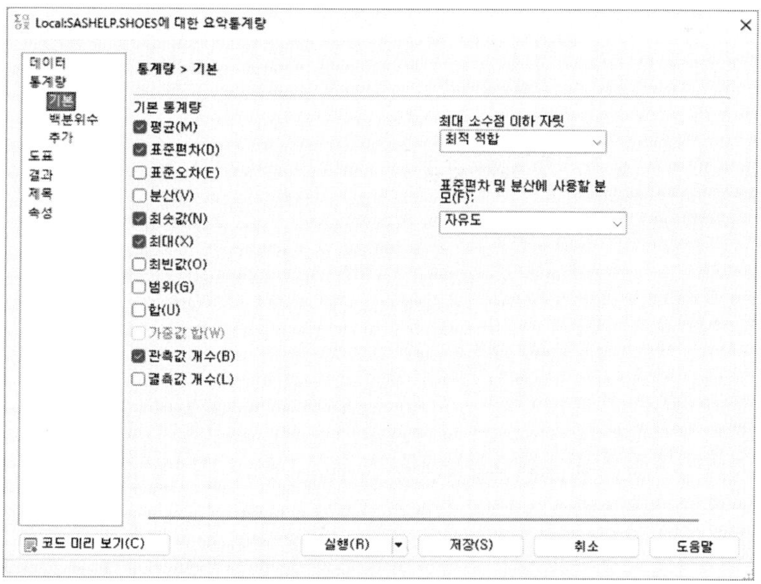

[그림 3. 26] 요약통계량 - 기본 통계량 선택

> **NOTE**
>
> • **최대 소수점 이하 자릿수**
> 통계량의 최대 소수점 자릿수를 의미하는데, 기본값 최적 적합은 소수점 이하 7자리이다.
>
> • **표준편차 및 분산에 사용할 분모**
> 표준편차 및 분산의 계산에 사용되는 분모를 선택할 수 있으며 기본값은 자유도이다.
>
> [표 3. 9] 분모 선택
>
> | 분모 | 식 |
> |---|---|
> | 자유도 | $n-1$ |
> | 관측치 수 | n |
> | 가중값의 합 - 1 | $\sum_i W_i - 1$ |
> | 가중값의 합 | $\sum_i W_i$ |

3. **통계량 > 백분위수** 화면에서는 백분위수 통계량을 선택할 수 있다. 이 예제에서는 중위수만 선택하고 분위수 계산 방법은 **순서통계량**으로 유지한다. 순서통계량은 모든 데이터를 읽어서 정렬하는 방법이며, 불연속 포물선 알고리즘은 분위수의 근사값을 구하는 방식으로, 메모리 점유율이 상대적으로 낮다.

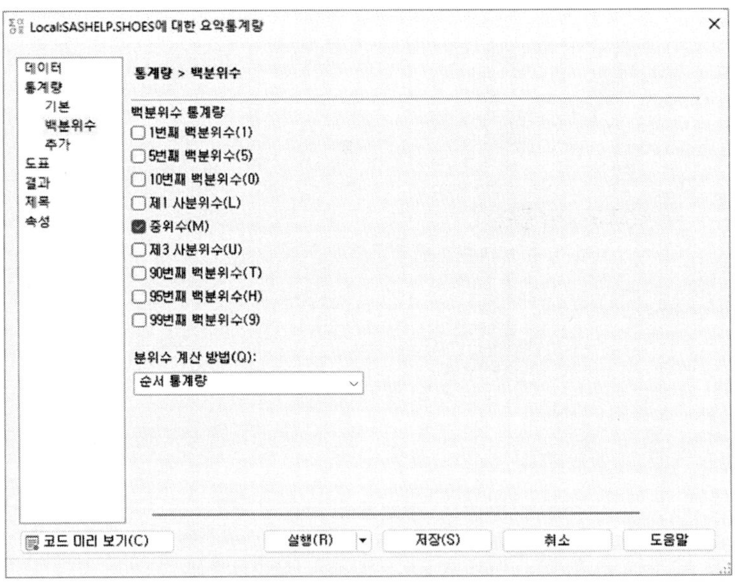

[그림 3. 27] 요약통계량 - 백분위수 통계량

4. 통계량 > 추가 화면에서는 추가적인 통계량을 선택할 수 있다. 이 예제에서는 평균의 신뢰한계를 선택하고 신뢰수준은 95%로 유지한다. 이 결과가 의미하는 바는 동일한 방법으로 신뢰구간을 여러 번 구할 경우, 그 중 약 95%의 신뢰구간이 모집단의 참된 평균을 포함한다는 의미이다. 기타 통계량에 대해서는 분석편의 1.1절 요약통계량을 참조한다.

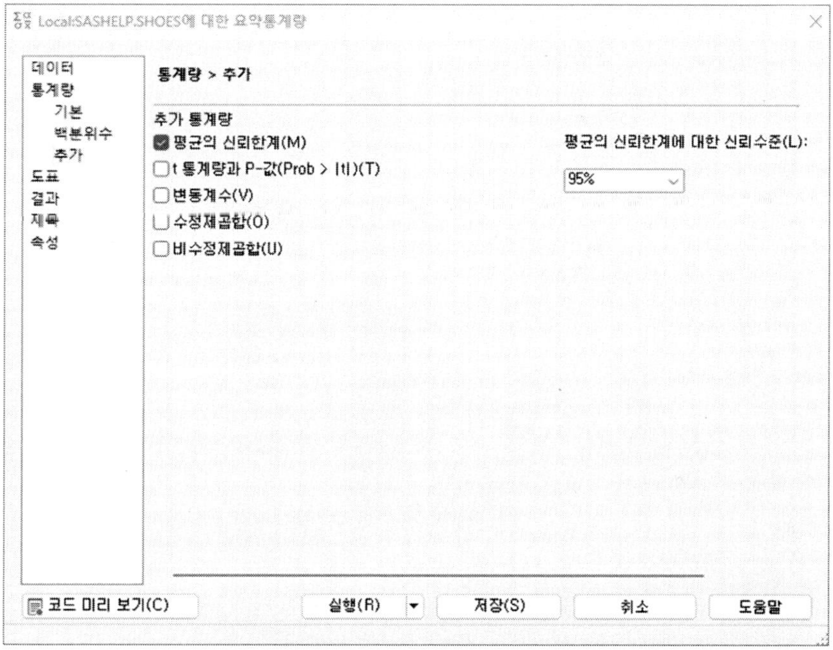

[그림 3. 28] 요약통계량 – 추가 통계량

5. 도표 화면에서는 히스토그램과 상자수염도의 생성 여부를 선택할 수 있다. 히스토그램은 데이터셋의 분포를 그래프로 보여주고, 상자수염도는 관측치의 평균, 사분위수, 중위값들을 보여주므로, 상자수염도를 보면 분류변수들 간의 비교가 용이하다. 이 예제에서는 상자수염도를 선택하도록 한다.

6. 결과 화면에서는 요약통계량 결과를 화면에 저장할 지의 여부를 선택할 수 있다. **찾아보기** 버튼을 눌러 라이브러리를 변경할 수 있다.

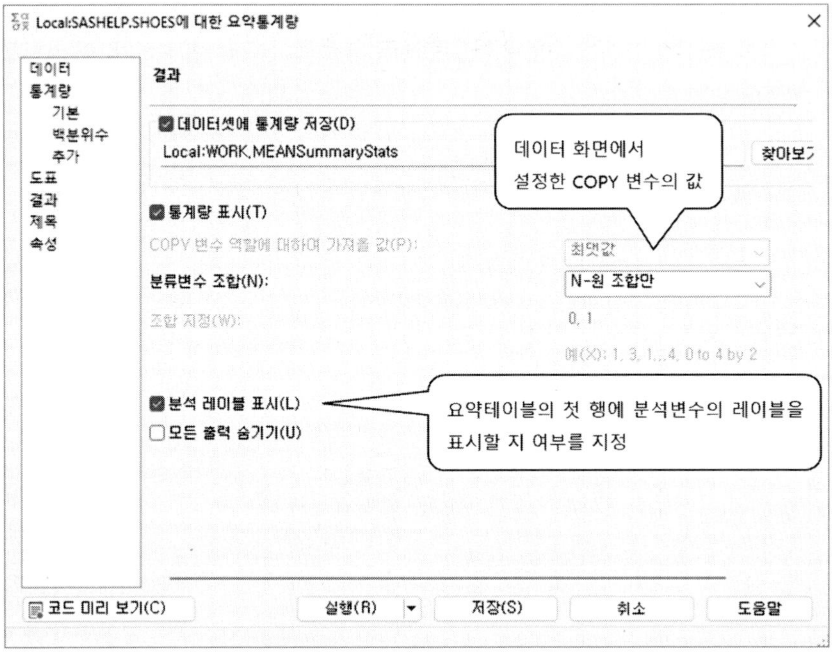

[그림 3. 29] 요약통계량 – 결과 설정

NOTE

분류변수 조합

'N-원 조합만'은 분류변수의 조합을 단일 테이블로 생성한다.

'모든 가능한 조합'은 분류변수의 조합을 각각의 테이블로 생성한다. 예를 들어, 분류변수에 REGION과 PRODUCT 가 지정되었다면, 아무 변수도 사용하지 않은 요약테이블 하나와 REGION의 요약테이블, PRODUCT의 요약테이블 그리고 REGION과 PRODUCT 가 조합된 요약테이블 이렇게 4개가 생성된다. 이 요약테이블들 중 사용된 변수에 수(n)에 따라 n조합이라 부른다. '조합지정'을 선택하면 조합 지정이 활성화되는데, 쉼표를 기준으로 선택할 수 있다.

7. 제목 화면에서는 분석 섹션에 대한 **기본 텍스트 사용**의 체크를 해제하고 **신발 종류별 매출액 요약 통계량**이라 편집한다. **실행**을 눌러 요약통계량을 산출한다.

아래와 같은 요약통계량 테이블이 생성된다. _WAY_는 분류변수조합을 나타내며 _TYPE_은 _WAY_ 와 동일하나, 문자형이다. _FREQ_는 빈도를 나타낸다.

	Product	_WAY_	_TYPE_	_FREQ_	Sales_Mean	Sales_StdDev	Sales_Min	Sales_Max	Sales_N	Sales_Median	Sales_LCLM	Sales_UCLM
1	Boot	1	1	52	$45,203	$45,705	$1,179	$286,497	52	$33,092	$32,478	$57,927
2	Men's Casual	1	1	45	$176,305	$224,860	$9,244	$1,298,717	45	$71,618	$108,749	$243,860
3	Men's Dress	1	1	50	$110,145	$126,085	$3,033	$757,798	50	$72,638	$74,312	$145,978
4	Sandal	1	1	49	$17,723	$31,556	$325	$200,156	49	$5,217	$8,659	$26,787
5	Slipper	1	1	52	$118,766	$127,424	$3,019	$700,513	52	$87,094	$83,291	$154,241
6	Sport Shoe	1	1	51	$12,774	$17,911	$449	$101,922	51	$5,172	$7,736	$17,811
7	Women's Casual	1	1	45	$91,952	$105,863	$5,389	$502,636	45	$48,567	$60,148	$123,757
8	Women's Dress	1	1	51	$122,088	$138,840	$4,659	$756,347	51	$72,671	$83,038	$161,137

[그림 3. 30] 요약통계량 결과 테이블

그리고 아래와 같은 상자수염도가 그려진다. 아래 도표에서는 남자 신사화가 가장 높은 매출을 기록하고 있는 것을 한눈에 볼 수 있으며 4분위수를 넘어서는 뛰어난 실적을 기록한 값들도 존재함을 볼 수 있다.

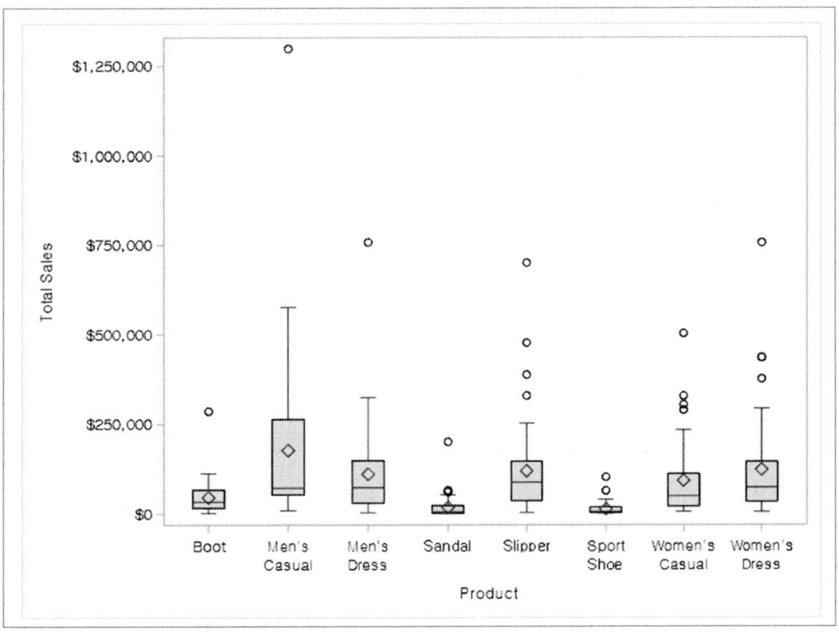

[그림 3. 31] 상자수염도(box plot)

TIP

상자수염도(box plot)

상자수염도는 데이터를 사분위간 범위에 따라 나누어 상자를 그려주므로, 데이터의 산포 범위를 알 수 있다.

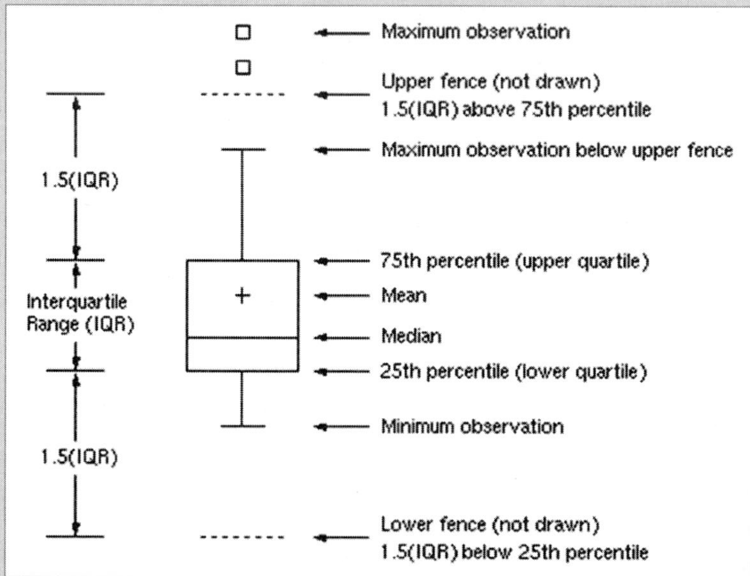

[그림 3. 32] 데이터의 산포 범위를 알 수 있는 상자수염도

가운데 선은 중위값을, 십자가는 평균을, 상자의 양 끝은 데이터의 25%와 75%를 표시하며, 수염의 각 끝은 Q1-1.5 IQR, Q3+1.5 IQR 까지를 표현해준다. 이를 넘어가는 자료가 조그만 점으로 표시되며, 만약 outlier이면 분석 시 제외시켜 줘야 한다.

1.6 일원빈도분석

일원빈도분석은 데이터 내 변수의 빈도를 구해낸다. 또한 분할표에 대한 카이제곱 검정을 할 수도 있다. 일원빈도분석은 말 그대로 변수 하나씩에 대한 빈도를 산출하므로, 매우 간단한 빈도 테이블 구성에 사용된다. 이 작업은 PROC FREQ를 사용한다. 일원빈도분석에서는 빈도의 결과를 SAS Graph로 표현할 수 있는 기능도 제공하므로, 필요에 의해 취사선택할 수 있다.

아래는 신발 회사의 매출 기록 테이블에서 지역별 빈도를 산출한 것이다. 이를 통해 Western Europe의 매출 기록이 가장 많이 등록된 것을 알 수 있으며, 해당 지역이 전체의 15.7%를 차지하고 있으며, 전체 매출 기록은 395건이 등재되었음을 알 수 있다.

[표 3. 10] 신발 판매 지역별 매출기록 빈도

Region	빈도	백분율	누적 빈도	누직 백분율
Africa	56	14.18	56	14.18
Asia	14	3.54	70	17.72
Canada	37	9.37	107	27.09
Central America/Caribbean	32	8.10	139	35.19
Eastern Europe	31	7.85	170	43.04
Middle East	24	6.08	194	49.11
Pacific	45	11.39	239	60.51
South America	54	13.67	293	74.18
United States	40	10.13	333	84.30
Western Europe	62	15.70	395	100.00

[실습 3-6] 일원빈도분석 테이블 작성하기 (데이터: SASHELP.SHOES)

신발 판매 지역별 매출기록 빈도

1. 일원빈도분석 테이블을 작성하기 위해 탐색 영역의 **[작업 영역]** > **[기술]** > **[일원빈도분석]** 열기를 클릭한다. 데이터 화면에서 **Region(지역)**을 분석 변수에 할당한다.

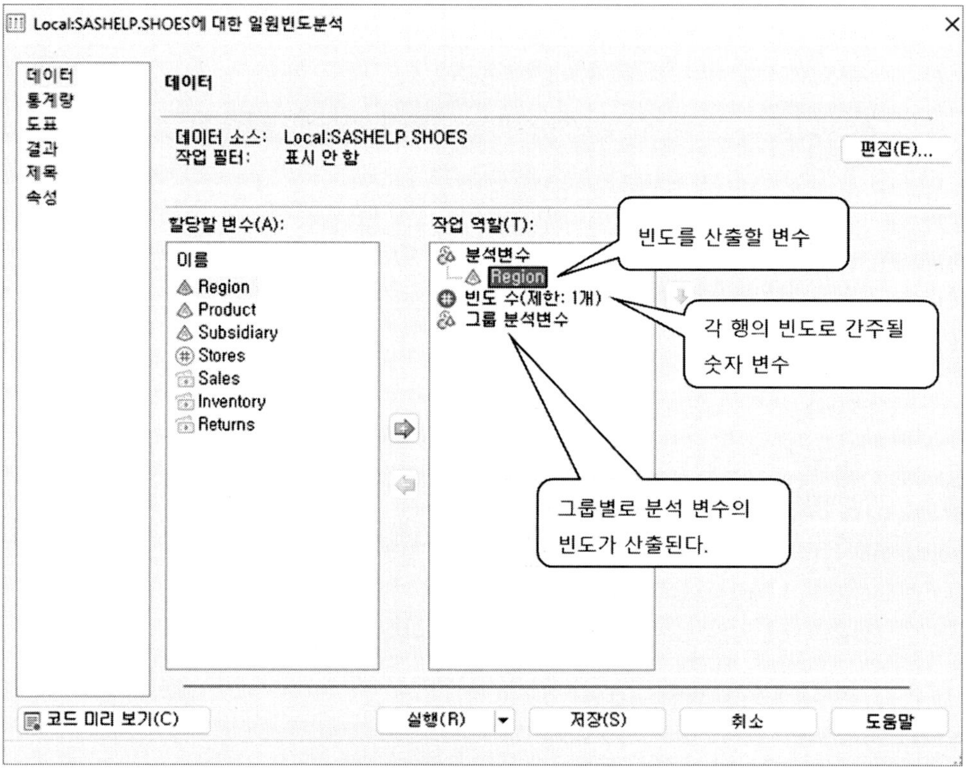

[그림 3. 33] 일원빈도분석 – 데이터

2. 통계량 화면에서는 빈도 테이블의 옵션과 검정 방법을 선택할 수 있다. 누적빈도와 누적 백분율을 출력하는 것이 디폴트로 설정되어 있다.

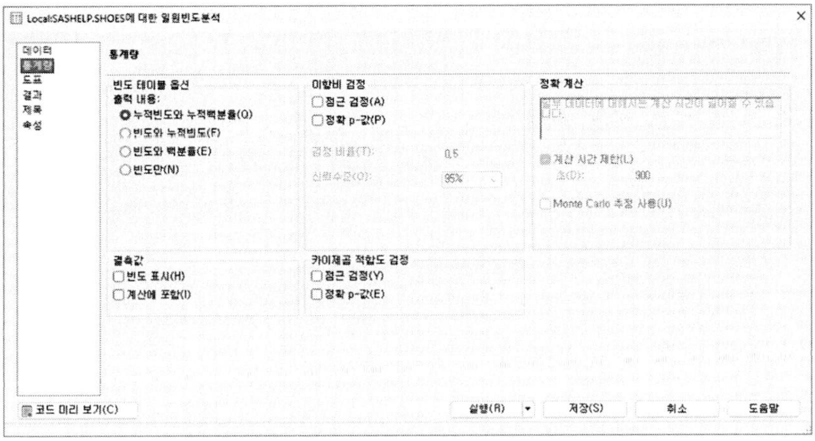

[그림 3. 34] 일원빈도분석 - 통계량 설정

3. 도표에서는 빈도결과 테이블을 이용하여 도표를 그릴 것인지에 대한 선택을 할 수 있다. 세로 방향을 선택하자.

4. 결과 화면에서는 빈도의 결과를 데이터셋으로 저장할 수 있다.

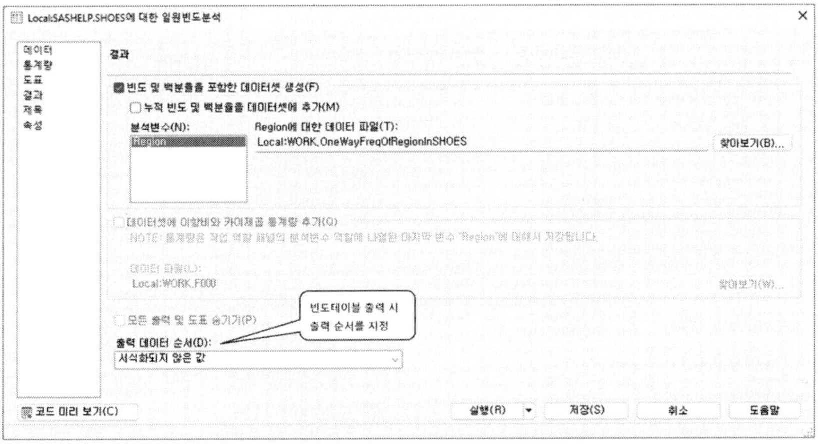

[그림 3. 35] 일원빈도분석 - 결과 설정

> **NOTE**
>
> **모든 출력 및 도표 숨기기**
>
> 만약 도표에서 어떤 그래프도 선택하지 않았다면 위 메뉴가 활성화된다. PROC FREQ 구문이 실행되기 위해서는 표로 출력되거나 결과가 데이터셋으로 저장되어야 하므로, 이 옵션을 선택하고, 빈도 및 백분율을 포함한 데이터셋 생성을 선택하면, 리포트 출력 없이 결과 테이블만 얻을 수 있다.

5. 제목과 속성이 원하는 형태로 지정되었다면 **실행**을 눌러 일원빈도분석을 수행한다. 도표를 선택했다면 아래와 같은 빈도 그래프가 그려지는 것을 확인할 수 있다.

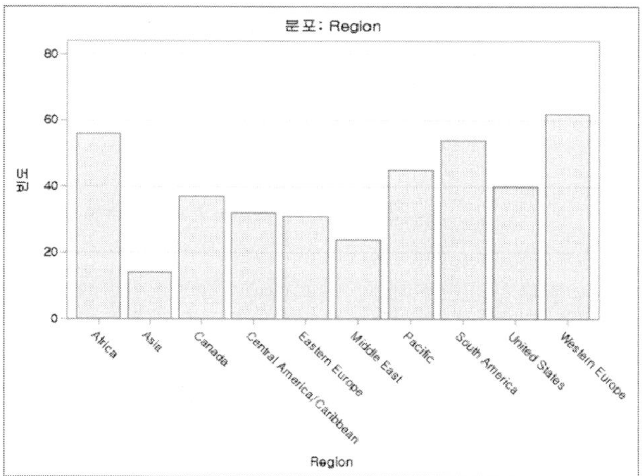

[그림 3. 36] 일원빈도분석 결과 그래프

결과 테이블에는 빈도분석 결과가 데이터셋으로 저장되었다.

	Region	COUNT	PERCENT	CUM_FREQ	CUM_PCT
1	Africa	56	14.17721519	56	14.17721519
2	Asia	14	3.5443037975	70	17.721518987
3	Canada	37	9.3670886076	107	27.088607595
4	Central America/Caribbean	32	8.1012658228	139	35.189873418
5	Eastern Europe	31	7.8481012658	170	43.037974684
6	Middle East	24	6.0759493671	194	49.113924051
7	Pacific	45	11.392405063	239	60.506329114
8	South America	54	13.670886076	293	74.17721519
9	United States	40	10.126582278	333	84.303797468
10	Western Europe	62	15.696202532	395	100

[그림 3. 37] 일원빈도분석 결과 테이블

TIP

일원빈도분석에 출력형식(포맷) 사용하기

SASHELP.SHOES 데이터 내의 Sales는 매출액이 기록되어 있다. 이를 이용하여 일원빈도분석을 하면, 빈도는 1 또는 2로 표기되는 의미를 줄 수 없는 데이터 리스트가 나타나게 된다. Sales와 같은 연속형 변수는 Range에 따라 매출액을 나눌 수 있다면, 효과적인 빈도분석을 할 수 있을 것이다. 이때 데이터를 Range에 따라 새로운 칼럼을 만들지 않고 빈도분석을 수행하는 방법은 SAS의 출력형식(포맷)을 이용하는 것이다.

출력형식(format)을 생성하는 방법은 **2.1.5 절**의 새로운 출력형식 생성하기를 참조한다. 예를 들어, 다음과 같은 사용자 출력형식을 만들었다고 가정하자.

[표 3. 11] SALES_FORMAT

$0 ≦ x < $1,000	Poor
$1,000≦ x < $10,000	Average
$10,000≦ x < $100,000	Good
$100,000≦ x < $1,000,000	Very Good
$1,000,000≦ x	Excellent

이제 이 출력형식을 적용해 보자.

1) 우선 일원빈도분석 작업의 데이터 항목에서 분석변수에 **Sales**를 할당한다.

2) **Sales**에서 오른쪽 버튼을 눌러 **속성**을 선택한다.

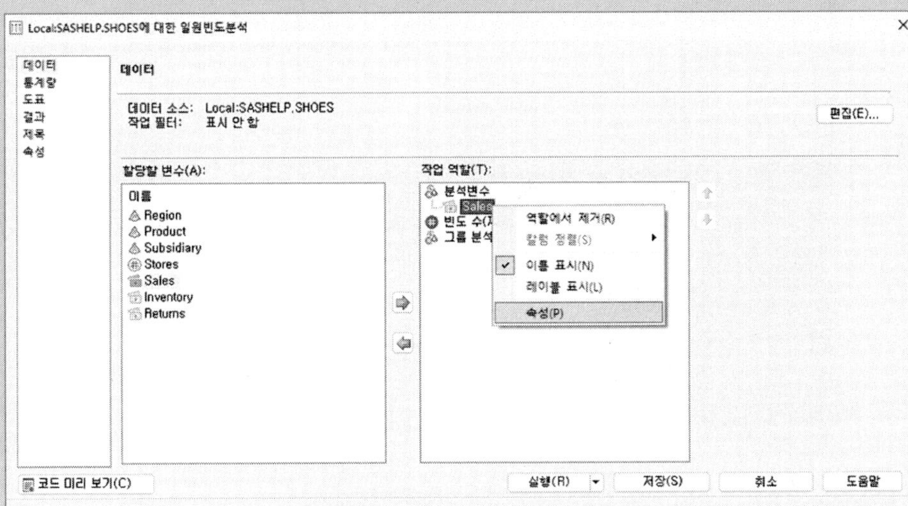

[그림 3. 36] 일원빈도분석 - 속성

3) 속성창에서 출력형식 옆의 **변경** 버튼을 누른다.

4) 범주를 **사용자 정의를** 선택하면, 기존에 만들어 놓았던 출력형식 SALES_FORAMT. 이 보이게 된다. 이를 선택하고 **확인**을 누른다.

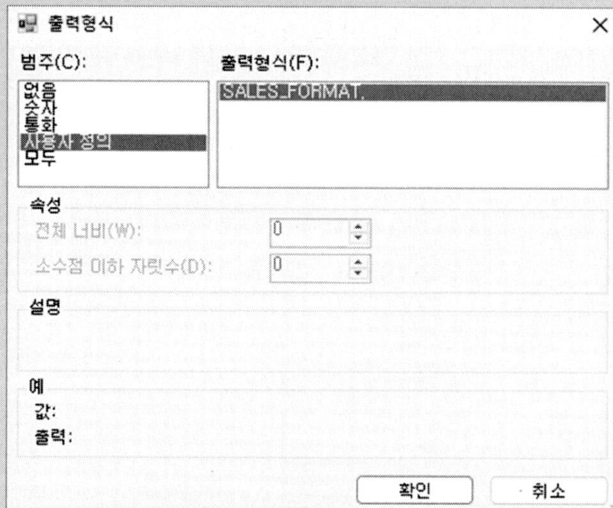

[그림 3. 39] 일원빈도분석 - 출력형식

5) Sales의 출력형식이 변경되었다면 확인을 누르고 일원빈도분석의 **실행** 버튼을 누른다.

6) 결과 리포트는 아래와 같이 Sales의 구분에 따라 퍼포먼스를 표기하는 출력 형태로 변경되어 빈도가 출력 된다.

[표 3. 12] 출력형식 변경

Total Sales				
Sales	빈도	백분율	누적 빈도	누적 백분율
Poor	12	3.04	12	3.04
Average	67	16.96	79	20.00
Good	209	52.91	288	72.91
Very Good	106	26.84	394	99.75
Excellent	1	0.25	395	100.00

1.7 테이블 분석

일원빈도분석이 변수별 빈도를 산출하는 반면 테이블분석은 **이원빈도분석**이라고도 불리며 교차표테이블을 생성할 수 있도록 한다. 테이블 분석은 PROC FREQ를 사용한다. 예를 들면, 아래와 같이 지역과 제품의 교차 테이블을 완성할 수 있다.

[표 3. 13] 신발 판매 지역과 제품의 테이블 분석

테이블 : Region * Product										
		Product								총합
		Boot	Men's Casual	Men's Dress	Sandal	Slipper	Sport Shoe	Women's Casual	Women's Dress	
Region										
Africa	빈도	8	5	7	8	8	8	4	8	56
	칼럼 백분율	15.38	11.11	14.00	16.33	15.38	15.69	8.89	15.69	
Asia	빈도	2	1	2	2	2	2	2	1	14
	칼럼 백분율	3.85	2.22	4.00	4.08	3.85	3.92	4.44	1.96	
Canada	빈도	5	4	4	5	5	5	4	5	37
	칼럼 백분율	9.62	8.89	8.00	10.20	9.62	9.80	8.89	9.80	
Central America/ Caribbean	빈도	4	4	4	4	4	4	4	4	32
	칼럼 백분율	7.69	8.89	8.00	8.16	7.69	7.84	8.89	7.84	
Eastern Europe	빈도	4	4	4	3	4	4	4	4	31
	칼럼 백분율	7.69	8.89	8.00	6.12	7.69	7.84	8.89	7.84	
Middle East	빈도	3	3	3	3	3	3	3	3	24
	칼럼 백분율	5.77	6.67	6.00	6.12	5.77	5.88	6.67	5.88	
Pacific	빈도	6	5	6	6	6	5	5	6	45
	칼럼 백분율	11.54	11.11	12.00	12.24	11.54	9.80	11.11	11.76	
South America	빈도	7	6	7	7	7	7	6	7	54
	칼럼 백분율	13.46	13.33	14.00	14.29	13.46	13.73	13.33	13.73	
United States	빈도	5	5	5	5	5	5	5	5	40
	칼럼 백분율	9.62	11.11	10.00	10.20	9.62	9.80	11.11	9.80	
Western Europe	빈도	8	8	8	6	8	8	8	8	62
	칼럼 백분율	15.38	17.78	16.00	12.24	15.38	15.69	17.78	15.69	
총합	빈도	52	45	50	49	52	51	45	51	395

[실습 3-7] 테이블 분석 작성하기 (데이터: SASHELP.SHOES)

신발 판매 지역과 제품의 테이블 분석

1. 테이블분석 테이블을 작성하기 위해 SASHELP 라이브러리에 있는 SHOES 데이터를 열고 탐색 영역의 **[작업 영역] > [기술] > [테이블 분석]**을 실행한다.

데이터 화면에서 테이블 변수에 Product와 Region을 할당한다. 테이블 변수는 테이블 분석을 수행할 변수들의 리스트를 의미한다.

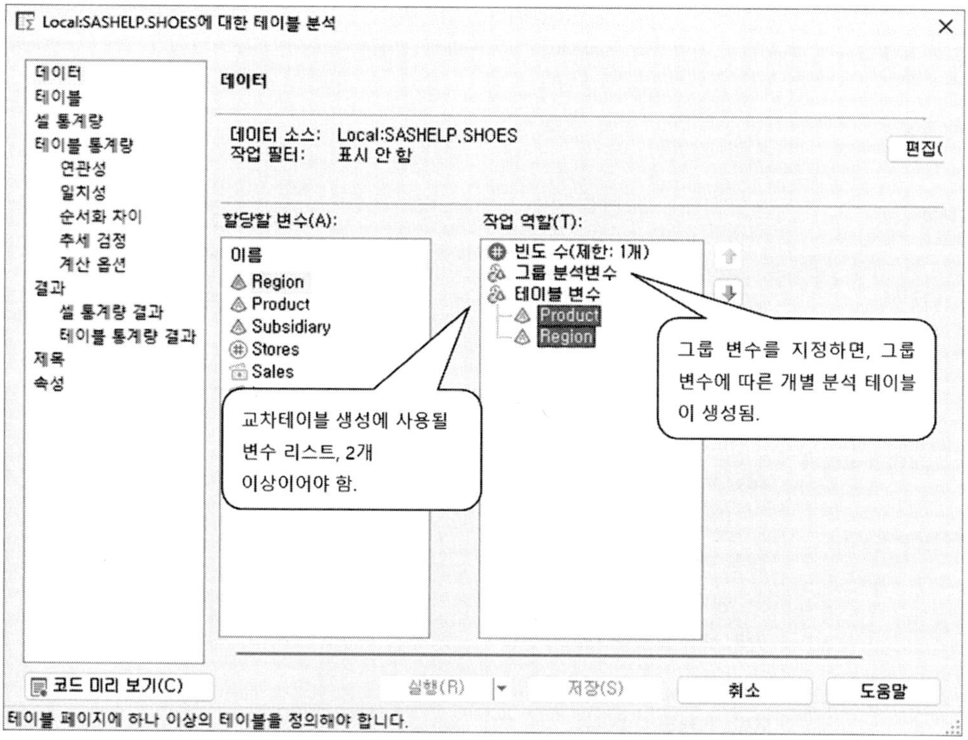

[그림 3. 40] 테이블 분석 – 작업 역할 변수 할당

2. 좌측 메뉴의 테이블을 클릭하면 테이블에 사용 가능한 변수 리스트가 보이며, 이는 테이블 변수에 할당한 변수들이다. 오른쪽의 미리보기 화면으로 테이블을 작성할 변수를 끌어다 놓는다. 행에는 Product를, 열에는 Region을 할당한다.

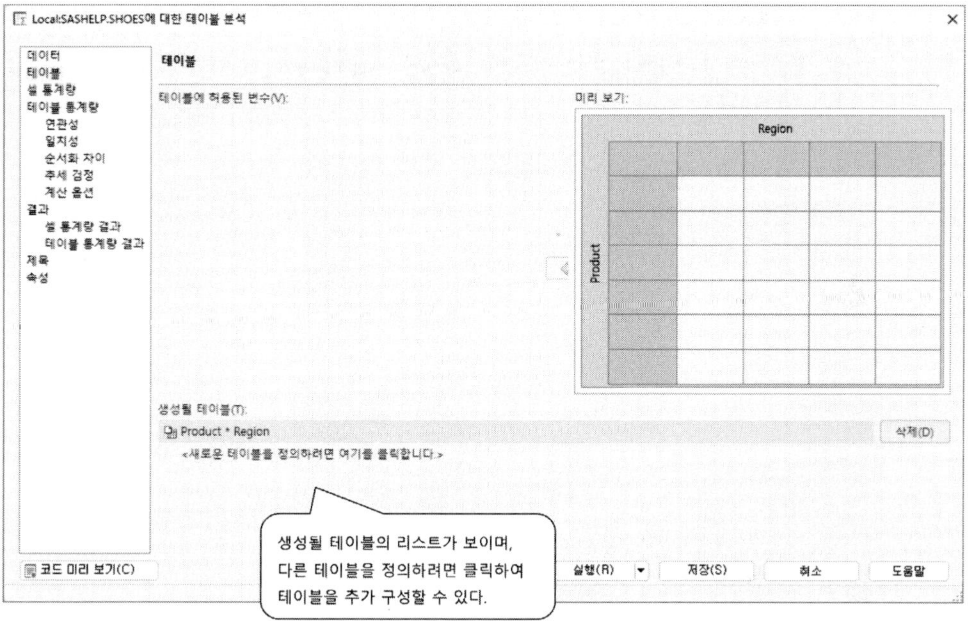

[그림 3. 41] 테이블 분석 - 테이블

3. 셀 통계량에서는 사용 가능한 통계량들을 보여주며, 선택할 수 있도록 한다. 이 예제에서는 **칼럼 백분율**과 **셀 빈도**를 선택한다.

4. 테이블의 데이터에 대해 연관성, 일치성과 같은 검증을 위해서는 좌측의 테이블 통계량의 하위 메뉴를 이용한다.

5. 테이블 분석의 결과를 데이터셋으로 저장하기 위해서는 좌측의 결과 메뉴를 선택하여 저장할 테이블을 선택한다. 세팅이 완료되면 **실행**한다.

1.8 리포트 스타일 변경

위의 예제들을 이용하여 리포트를 작성하면 디폴트로 SAS Report 형식의 결과가 출력된다. EG 에서는 이 외에도 HTML, PDF, RTF와 같이 다른 출력형식도 지원하므로 원하는 형태로 변경 및 중복 사용도 가능하다.

변경을 위해서는 EG 상단 메뉴의 **[도구] > [옵션]**을 선택한다. 왼쪽 메뉴 중 결과를 선택하여, 결과 출력형식에서 원하는 출력 형태를 선택하고 **확인**을 누른 후, 프로젝트 플로우를 실행 혹은 작업을 재실행 하면, 변경된 속성이 적용된 결과 리포트가 생성된다.

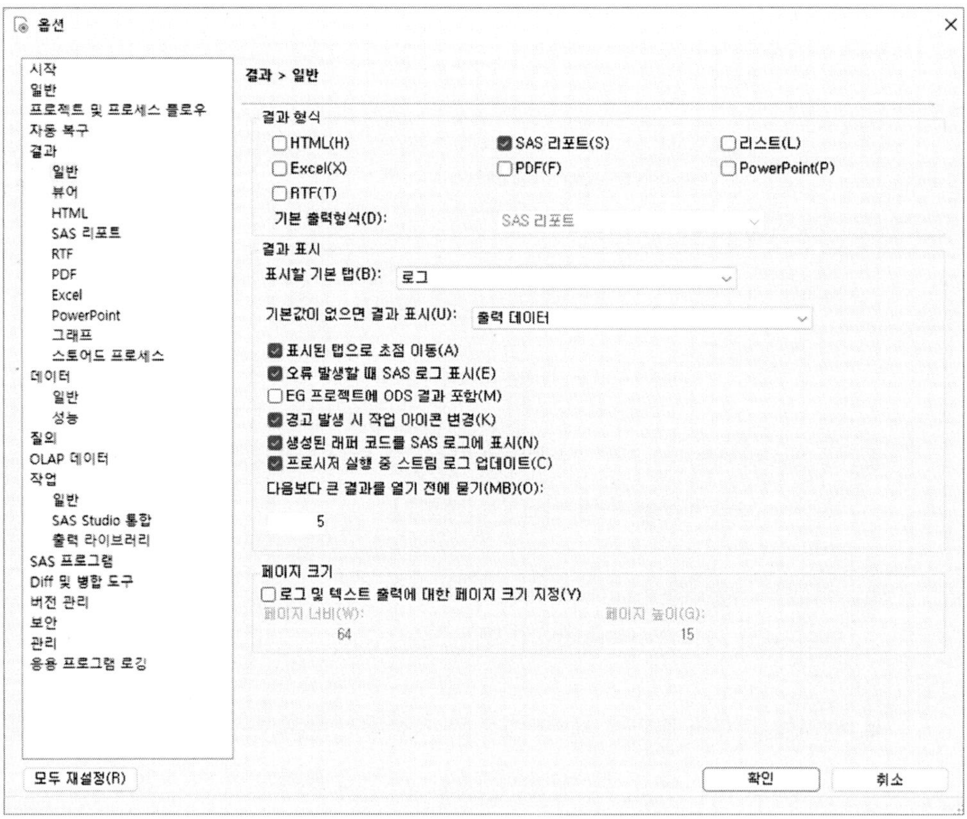

[그림 3. 42] 옵션-결과 형식 설정

NOTE

만약 특정 작업에 대한 결과만을 변경하고 싶을 경우에는 해당 작업에서 오른쪽 버튼을 눌러, 속성을 선택하여, 결과 속성을 변경하면 된다.

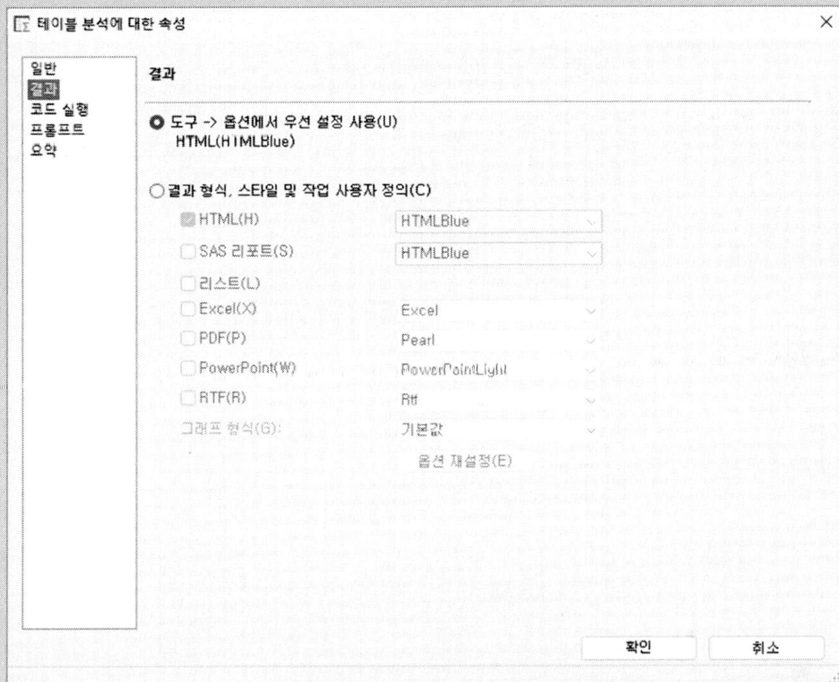

[그림 3. 43] 테이블 분석 - 속성

속성 변경이 완료되면 확인 버튼을 누르고 해당 작업을 재실행하면 변경된 리포트를 볼 수 있다.

TIP

리포트 스타일관리자

리포트의 텍스트 폰트, 테두리, 이미지 등을 변경하고 싶을 경우, 스타일 관리자를 이용할 수 있다. EG 상단의 메뉴 중, **[도구] > [스타일 관리자]**를 선택 하면 스타일 관리자 대화창이 표시된다. SAS Report의 기본 스타일은 **HTMLBlue**인데, 사본으로 만들어 원하는 스타일로 변경 가능하다. 예를 들어, **HTMLBlue**를 선택한 후, 사본생성 버튼을 눌러 사본을 저장하고, 생성된 사본을 클릭 후 하단의 편집 버튼을 누르면, 텍스트, 테두리, 이미지, 사용자 정의 탭이 보인다. 만약 리포트의 배너를 변경하고 싶을 경우, 이미지 탭의 배너이미지 사용에 URL 혹은 이미지 파일 위치를 입력해 주면, 리포트의 상단에 배너가 생성된 것을 볼 수 있다.

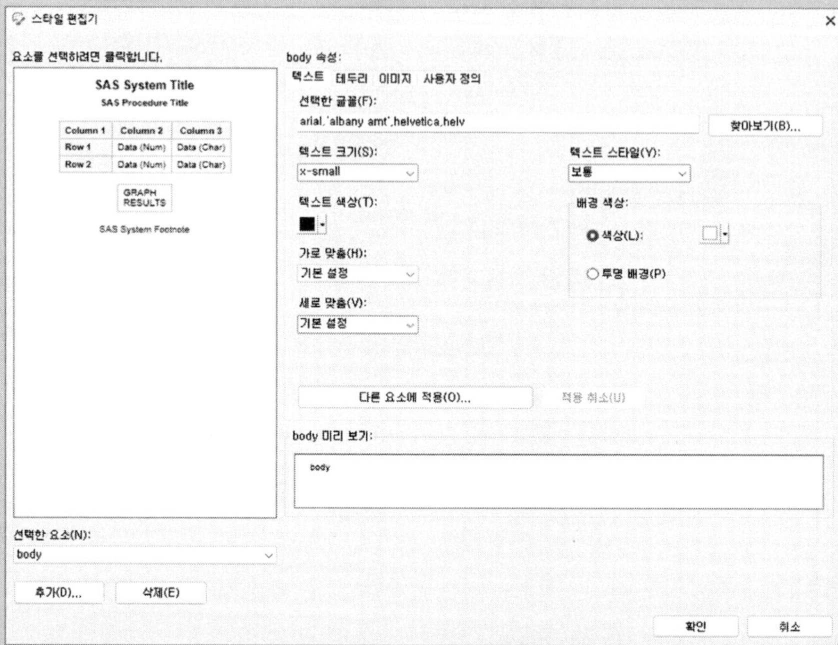

[그림 3. 44] 스타일 관리자 - 스타일 편집

이렇게 생성된 HTMLBlue 사본을 리포트 속성에서 선택해 주면, 자신만의 리포트 양식을 완성할 수 있다.

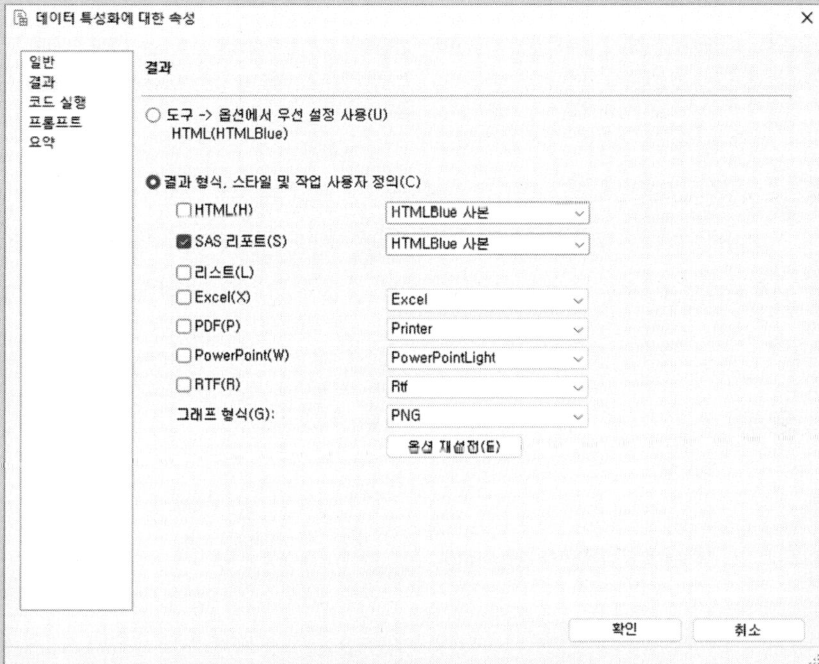

[그림 3. 45] 결과 형식, 스타일 정의

이 외에도 리포트를 변경할 수 있는 옵션이 다양하게 존재하므로, 테스트해 보기 바란다.

1.9 리포트 배열하기

위 예제들에서, 데이터 특성화, 데이터 리스트, 요약 테이블, 일원빈도분석 등을 통해 리포트를 생성하였다. 때론 이 리포트들이 하나의 리포트로 배열 혹은 조합이 되어야 하는 경우들이 있는데, 이때 리포트 배열하기를 사용할 수 있다.

또한, 이렇게 생성된 리포트를 srx, html, pdf 중 한가지 형태로 내보내기를 할 수 있으며, 이를 프로젝트화 시켜, 프로젝트 실행 시에 자동으로 리포트가 내보내어 지도록 할 수도 있다.

단, 이때 배열 가능한 리포트는 SAS Report 형태의 리포트만 해당된다.

[실습 3-8] 리포트 생성하기

1. EG 메뉴바에서, **[파일] > [새로 만들기] > [리포트]**를 선택한다. 좌측에 프로젝트에 존재하는 리포트들의 목록이 표시되며, **미리 보기 표시** 버튼을 누르면 리포트의 레이아웃을 미리 확인할 수 있다.

왼쪽의 SAS 항목 선택 리스트에서는 프로젝트에 존재하는 리포트들 중 SAS Report 형식의 리포트들이 표시된다. 이중 재배열을 원하는 항목을 선택하여, 오른쪽의 리포트 레이아웃에 배치한다. 텍스트 삽입 버튼을 누르면 텍스트를 삽입할 수 있다.

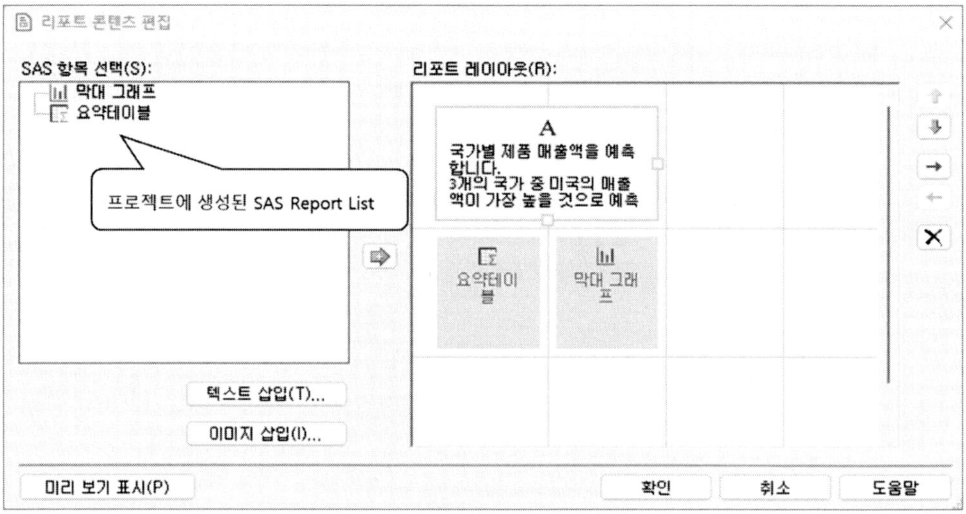

[그림 3. 46] 리포트 내용 편집

2. 확인을 누르면, 아래와 같은 리포트가 생성된 것을 확인할 수 있다.

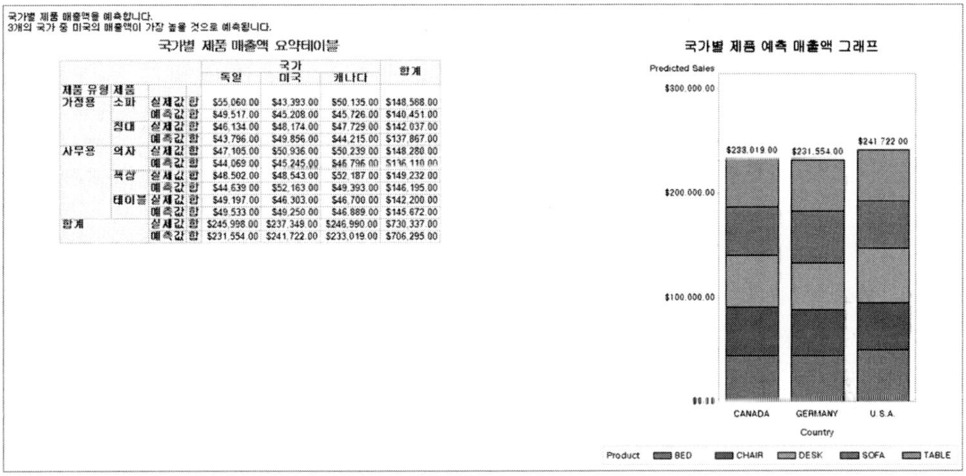
국가별 제품 매출액을 예측합니다.
3개의 국가 중 미국의 매출액이 가장 높을 것으로 예측됩니다.

국가별 제품 매출액 요약테이블

			국가			합계
			독일	미국	캐나다	
제품 유형	제품					
가정용	소파	실제값 합	$55,060.00	$43,393.00	$50,135.00	$148,588.00
		예측값 합	$49,517.00	$45,208.00	$45,726.00	$140,451.00
	침대	실제값 합	$46,134.00	$48,174.00	$47,729.00	$142,037.00
		예측값 합	$43,796.00	$49,856.00	$44,215.00	$137,867.00
사무용	의자	실제값 합	$47,105.00	$50,936.00	$50,239.00	$148,280.00
		예측값 합	$44,069.00	$45,245.00	$46,796.00	$136,110.00
	책상	실제값 합	$48,502.00	$48,543.00	$52,187.00	$149,232.00
		예측값 합	$44,639.00	$52,163.00	$49,393.00	$146,195.00
	테이블	실제값 합	$49,197.00	$46,303.00	$46,700.00	$142,200.00
		예측값 합	$49,533.00	$49,250.00	$46,889.00	$145,672.00
합계		실제값 합	$245,998.00	$237,349.00	$246,990.00	$730,337.00
		예측값 합	$231,554.00	$241,722.00	$233,019.00	$706,295.00

[그림 3. 47] 리포트 결과

3. 상단의 도구바에서 디자인을 눌러 **머리글 & 바닥글**을 선택하고 머리글과 이미지를 삽입해 보자.

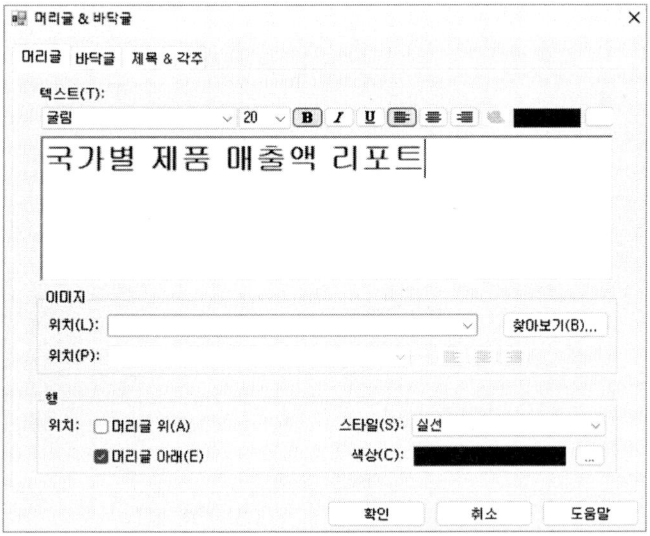

[그림 3. 48] 머리글 & 바닥글

4. 디자인 > 페이지 설정을 누르면 리포트의 크기 및 너비 등 좀 더 상세한 설정을 할 수 있다.

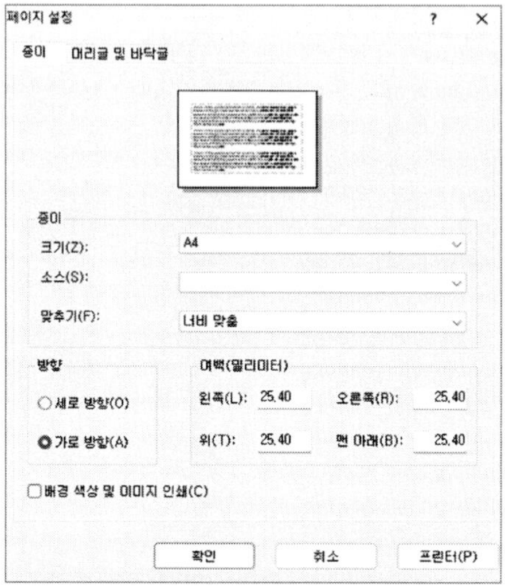

[그림 3. 49] 페이지 설정

5. 작업이 완료되면, 완성된 리포트를 볼 수 있다. 상단의 **페이지** 버튼을 누르면, 다른 형태의 리포트로 내보내기 후의 모습을 미리 볼 수 있다.

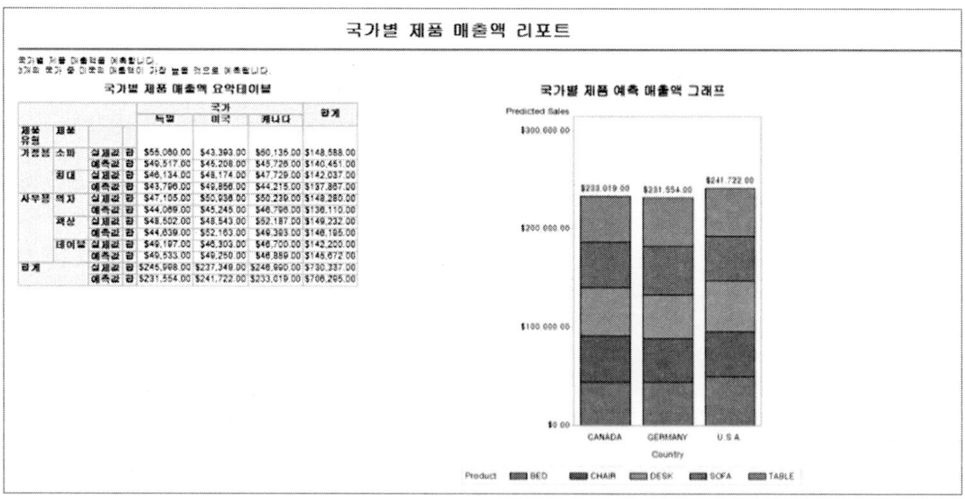

[그림 3. 50] 리포트 페이지 보기

이 리포트 배열과 연결된 원본 프로젝트에는 아래와 같이 노란 사슬이 그려진 리포트가 보이게 되는데, 원본 리포트가 변경되면, 링크된 리포트에도 변경이 반영된다.

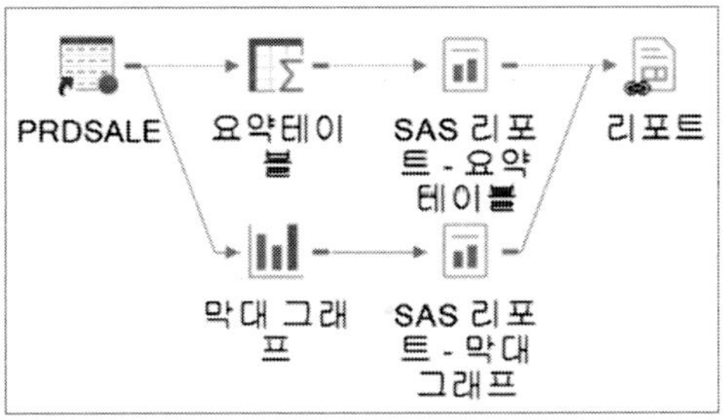

[그림 3. 51] 리포트 플로우

6. 이제 이 리포트를 PDF로 내보내는 작업을 작성하기로 하겠다. 생성된 리포트에서 오른쪽 버튼을 눌러 **[공유] > [프로젝트 단계로 내보내기]**를 선택 한다. 내보내기는 내보내기와 프로젝트 단계로 내보내기 두 방법이 존재하는데, 내보내기는 일회적인 내보내기 시 사용하며, 프로젝트 단계로 내보내게 되면, 리포트 내보내기가 필요할 때 프로젝트를 실행하면 되므로, 반복되는 리포트 생성이 필요할 때 유용하다.

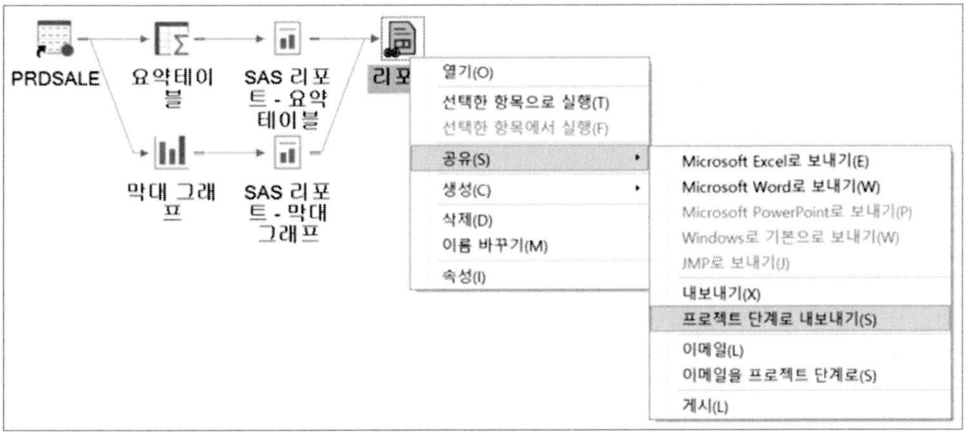

[그림 3. 52] 프로젝트 단계로 내보내기

내보내기 대화창이 뜨면, 내보낼 리포트를 선택하고 **다음**을 클릭한다. 출력 파일의 유형을 PDF로 선택하고 다음을 클릭하여, 출력 파일 위치 및 이름을 지정한다. **기존 출력 바꾸기** 옵션을 선택하면, 동일한 이름의 리포트가 업데이트 되며, 선택하지 않으면, 동일한 이름 존재 시 날짜가 추가된 새로운 파일이 생성된다.

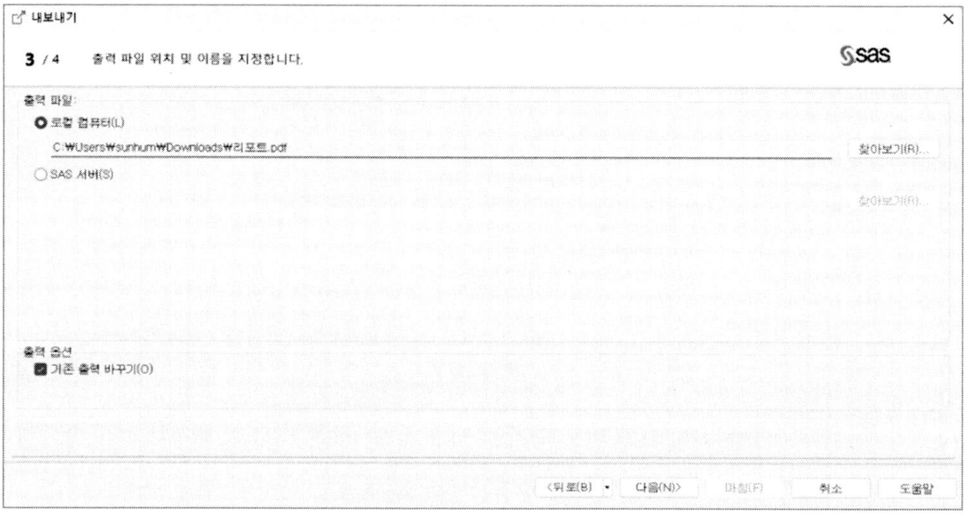

[그림 3. 53] 내보내기 설정

7. 프로젝트로 내보내기를 구성하였으므로, **실행** 버튼을 누르면 신규의 리포트가 PDF 파일로 내보내진다.

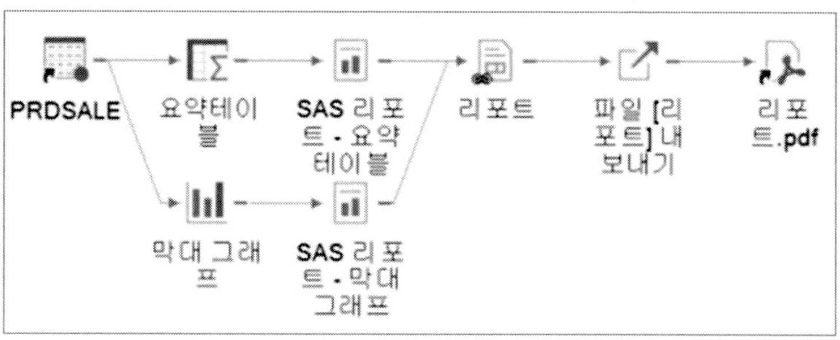

[그림 3. 54] PDF로 내보내기

TIP

Historical version별 리포트 생성

위 예제에서 서유럽 매출액 리포트는 workflow 가 실행될 때마다 기존의 파일을 변경하며 생성된다. 하지만, 때론 기존 출력을 변경하지 않고 리포트를 추가로 생성해야 할 경우가 있다. 이때는 내보내기의 3번째 단계인 출력파일 위치 및 이름을 지정하는 화면에서 출력 옵션의 기존 출력 바꾸기의 체크박스를 해제하면 된다.

[그림 3. 55] 출력 옵션 설정

이렇게 설정된 내보내기 작업을 수행하면, 리포트 이름의 마지막에 veryyyymmddhhmmss 형태로 버저닝된 리포트가 생성된다.

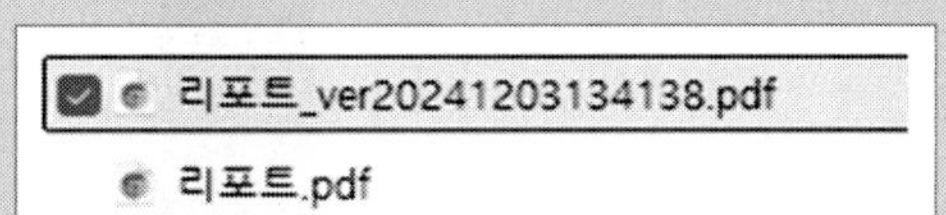

[그림 3. 56] 리포트 생성 결과

02 | 그래프 생성하기

2.1 막대 그래프 마법사

막대 그래프는 데이터의 빈도, 퍼센트, 합계 혹은 평균 등을 효과적으로 표현할 수 있는 수단으로, EG를 통해 분석한 최종 데이터셋을 그래프를 이용하여 리포트를 완성한다면 더욱 알찬 리포트가 될 것이다. 이 막대 그래프 작업은 막대 그래프 혹은 막대 그래프 마법사를 이용할 수 있으며, 이 실습에서는 막대 그래프 마법사를 이용하도록 하겠다.

그래프 작업을 사용하기 위해서는 **SAS/GRAPH 라이선스**가 있어야 한다.

이 실습에서는 아래와 같이 제품별 매출액의 합계를 지역별 매출 막대를 누적한 그래프로 작성해 보자.

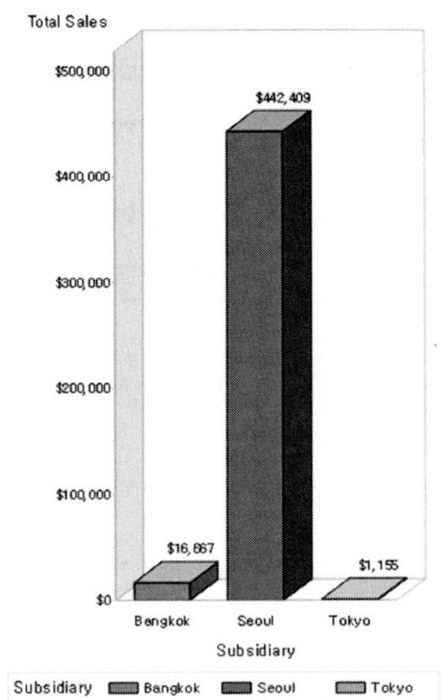

[그림 3. 57] 아시아 지역의 지점별 매출액 그래프

[실습 3-9] 막대 그래프 생성하기(데이터: SASHELP.SHOES)

아시아 지역의 지점별 매출액 그래프

1. 탐색 영역의 **[작업 영역] > [그래프] > [막대 그래프 마법사]**를 선택한다. SASHELP. SHOES 데이터셋이 데이터로 선택이 되었으면, 편집을 선택한다.

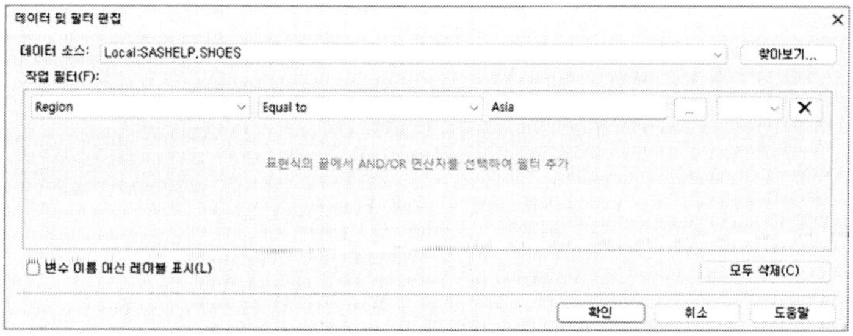

[그림 3. 58] 막대 그래프 마법사 - 데이터 및 필터 편집

2. 아시아 지역의 지점별 매출액을 확인하는 것이 목적이므로, [그림 3. 58]과 같이 Region과 Equal to를 선택하고 Asia를 입력하고 **확인**을 누른다.

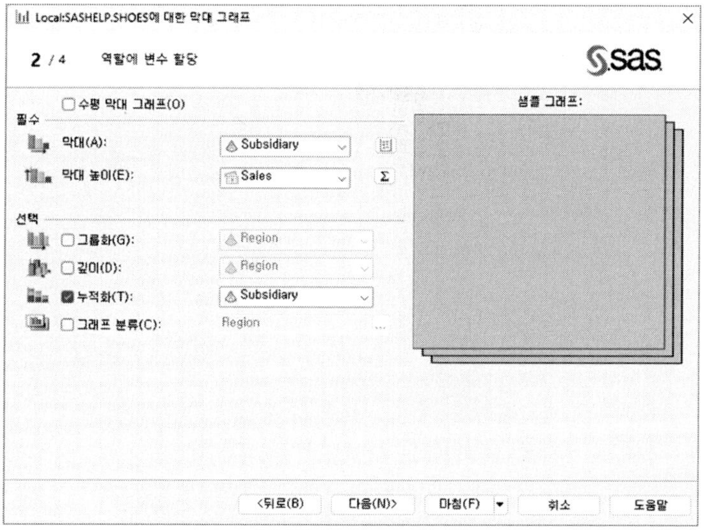

[그림 3. 59] 막대 그래프 마법사 - 역할에 변수 할당

3. 그래프의 각 역할에 변수를 할당해야 하는데, 막대에는 Subsidiary(지점 이름)를, 막대 높이에는 Sales(매출액)를 선택한다. 디폴트로는 Sales의 합계가 막대 높이가 되며 이를 변경하고 싶을 경우에는 우측의 합계기호를 눌러 평균으로 변경할 수도 있다. 선택 항목 중 누적화를 선택하고 Subsidiary을 선택한다. 이렇게 세팅하면 제품에 따른 매출합계액이 지점을 다른 색으로 구분하며 누적되는 형태의 막대로 구성되게 된다.

NOTE

- **수평 막대 그래프**: 이를 선택하면 막대 그래프가 수평으로 표시된다.
- **막대 정렬**: 막대 선택 드롭리스트의 우측에 있는 속성 버튼을 누르게 되면, 막대의 정렬 방법을 정할 수 있다. 디폴트는 자동이며, 오름차순 혹은 내림차순으로 정할 수 있다. 만약 막대가 숫자형 변수라면 변수 유형을 이산과 연속 중에 선택할 수 있다.
- **막대 높이**: 막대 높이는 실습과 같이 변수를 할당할 수도 있으며, 드롭다운 버튼을 이용하여, 빈도, 누적빈도, 백분율, 누적백분율 등을 선택할 수 있다. 변수를 할당한 경우에는 Σ 버튼을 눌러 합을 사용할지 평균을 사용할지 결정할 수 있다.
- **그룹화**: 막대를 그룹에 따라 나누고 싶을 때 지정한다
- **깊이**: Z 축으로 추가하고자 하는 변수를 지정한다.
- **그래프 분류 기준**: 분류 기준으로 지정된 변수에 따라 별도의 그래프가 그려진다.

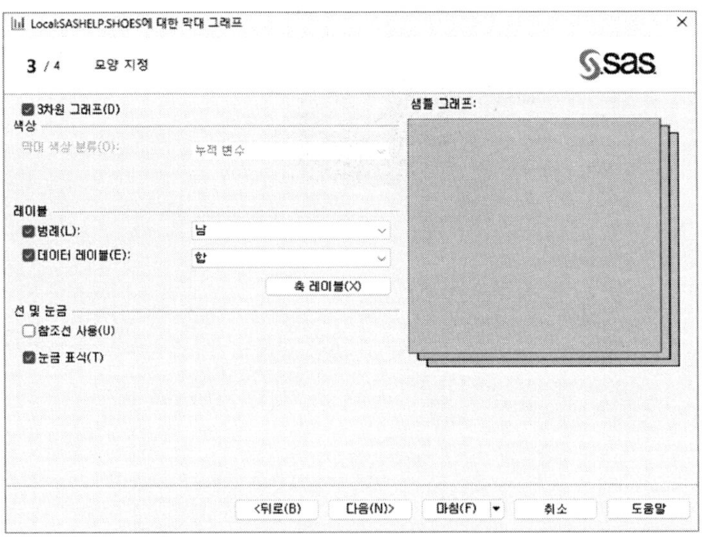

[그림 3. 60] 막대 그래프 마법사 – 모양 지정

4. 변수 할당이 완료되면 모양을 지정한다. 디폴트로 3차원 그래프가 표시되며, 이는 누적 변수가 할당되었으므로 색상은 자동 선택된다.

범례의 드롭다운 리스트를 통해 범례의 위치를 지정할 수 있으며, 데이터에 레이블을 선택하여, 매출의 합계가 그래프에 표시되도록 한다.

5. 제목을 **아시아 지역의 지점별 매출액 그래프**로 수정하고 **마심**을 선택한다.

2.2 원 그래프 마법사

원 그래프는 막대 그래프와 유사하게 빈도, 퍼센트, 합계 혹은 평균을 원 형태로 표현할 수 있도록 한다. 원 그래프 역시 원 그래프 혹은 원 그래프 마법사를 이용할 수 있으며, 실습에서는 원 그래프 마법사를 이용하도록 하겠다.

실습을 통하여, 아래와 같이 지역별 매출 데이터의 백분율을 원 그래프로 표현해 보자.

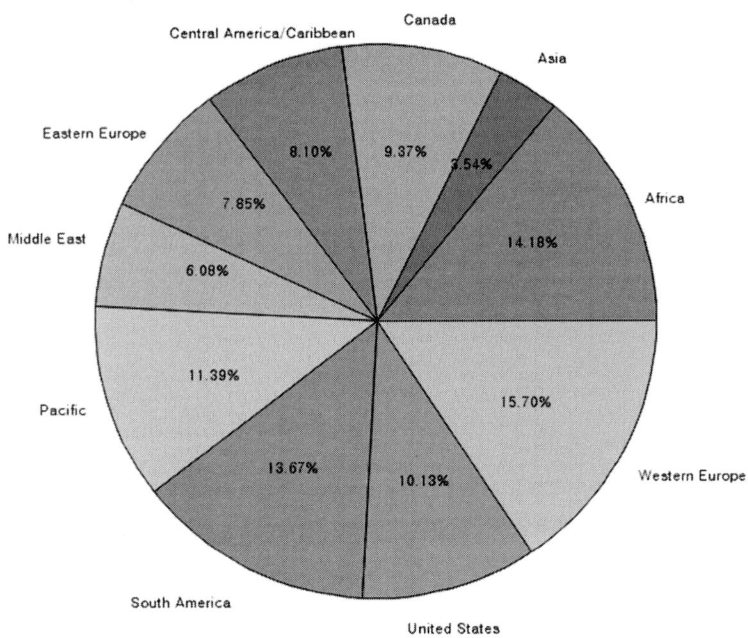

[그림 3. 61] 누비라 제화의 지역별 데이터 빈도

[실습 3-10] 원 그래프 생성하기(데이터: SASHELP.SHOES)

누비라 제화의 지역별 데이터 빈도

1. 탐색 영역의 **[작업 영역] > [그래프] > [원 그래프 마법사]**를 선택한다. SASHELP.SHOES 데이터셋이 데이터로 세팅 되었으면, 다음을 선택한다.

2. 그래프의 각 역할에 변수를 할당해야 하는데, 조각에는 Region을 조각 크기는 **백분율**로 선택한 후 다음을 선택한다. 이는 누비라 제화의 매출데이터 중 지역별 구성을 백분율로 알아볼 수 있도록 한다.

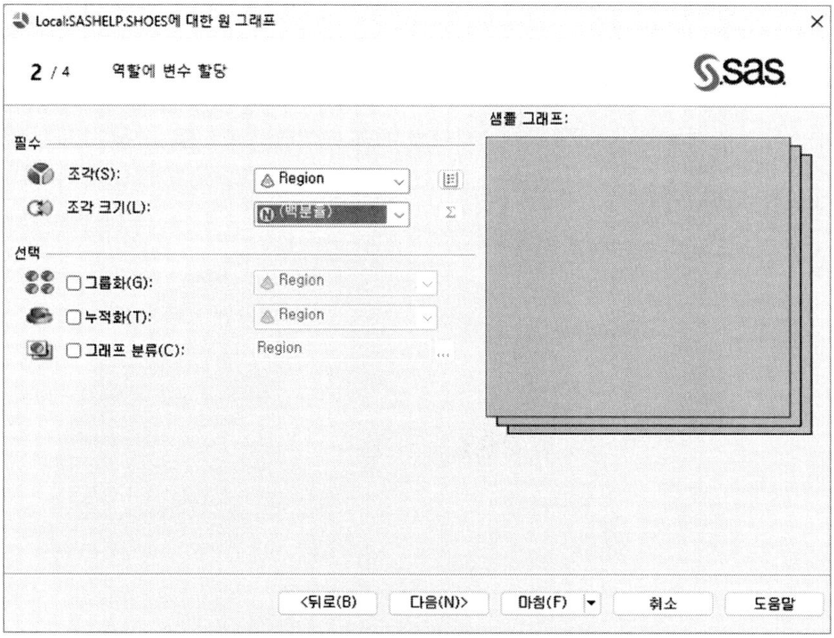

[그림 3. 62] 원 그래프 마법사 – 역할에 변수 할당

3. 변수 할당이 완료되면, 원 그래프의 모양을 지정한다. 레이블 메뉴에서 조각 이름, 즉 Region은 외부에 표시하고, 백분율은 그래프 내부에 표시하도록 한다. 위치를 변경하고 싶을 때에는 드롭다운 리스트를 클릭하여, 변경할 수 있다.

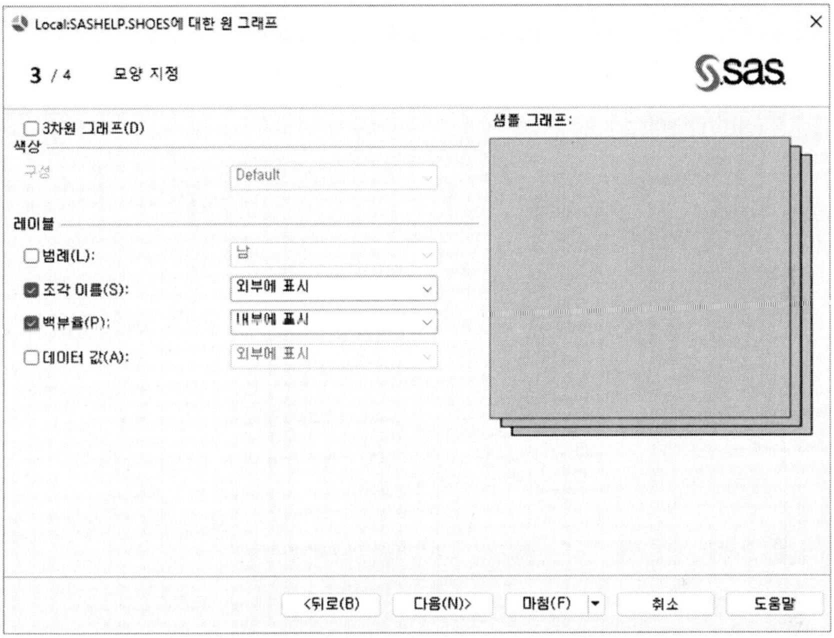

[그림 3. 63] 원 그래프 마법사 – 모양 지정

4. 모양 지정이 완료되면 제목 및 주석을 지정하고 **마침**을 클릭한다.

2.3 선 도표 그리기

선 도표를 이용하면, 데이터의 추세 혹은 패턴을 알아보는데 유용하다. 선 도표 작업을 실행하면 PROC GPLOT를 사용하므로 SAS/GRAPH 라이선스가 필요하다.

선 도표는 선 도표 작업을 이용하여 혹은 선 도표 마법사를 활용하여 그릴 수 있으며, 이 예제에서는 선 도표 작업을 이용하여 가구 영업 실제실적과 예측실적을 월별로 살펴보도록 한다.

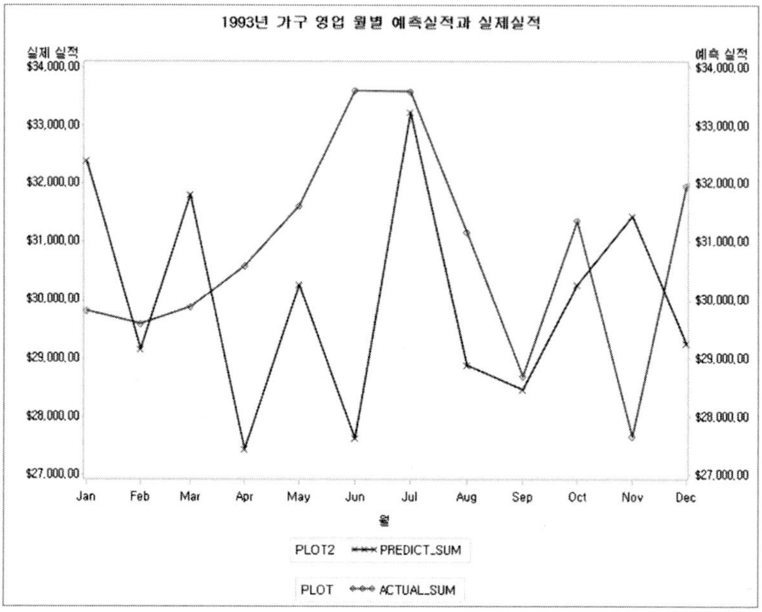

[그림 3. 64] 1993년 가구 영업 월별 예측실적과 실제실적

[실습 3-11] 선 도표 그리기(데이터: SASHELP.PRDSALE)

1993년 가구 영업 월별 예측실적과 실제설적

1. 탐색 영역의 **[작업 영역]** > **[그래프]** > **[선 도표]**를 선택한다. 선 도표 대화창에서 선 도표의 종류를 선택할 수 있는 첫 화면이 나오는데, **선 도표**를 선택한다.

2. 좌측의 **데이터** 메뉴를 선택한다. 이 예제에서는 1993년의 데이터를 사용할 것이므로, 데이터 메뉴의 우측 상단의 **편집** 버튼을 이용하여, YEAR=1993으로 필터링 한다.

   가로축은 Month(**월**)가 될 것이며, 세로축은 Actual(**실제 실적**)을, 오른쪽 세로에는 Predict(**예측 실적**)을 할당한다. 이렇게 설정하면, 실제 실적과 예측 실적을 한 그래프에서 비교해 볼 수 있어 유용하다. Actual과 Predict는 월별 실적의 합계를 데이터 포인트로 사용하기 위해서 우측의 **가로축 개별 값에 대하여 요약**을 선택하고, 함수는 **합**을 선택한다.

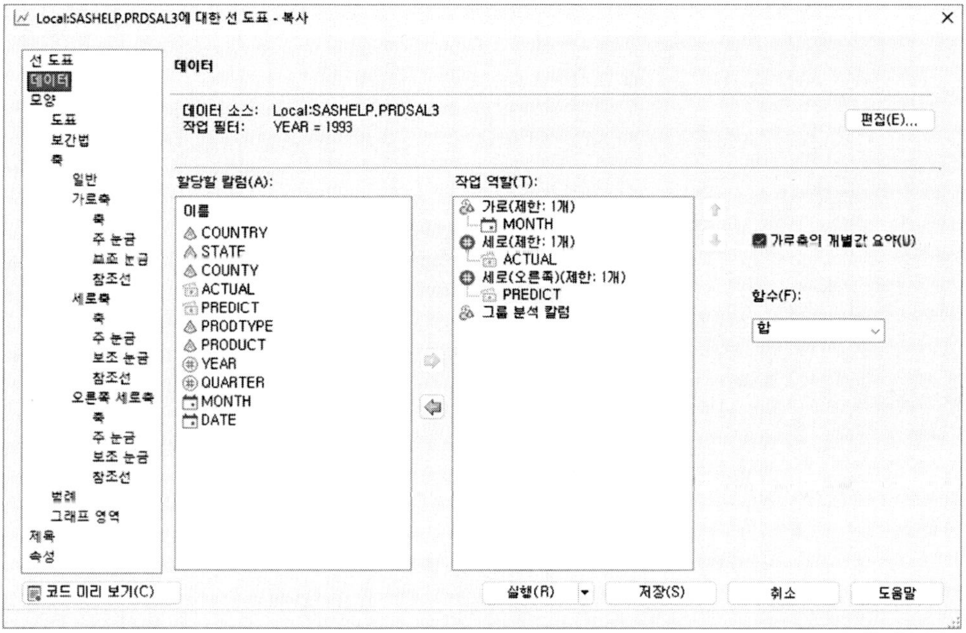

[그림 3. 65] 선 도표 – 작업 역할 변수 할당

3. 모양의 도표 메뉴를 선택하면, 선의 유형과 데이터 포인트의 표식을 정할 수 있다. ACTUAl은 기호를 diamond로 PREDICT는 기호를 X로 하도록 한다.

4. 보간법 메뉴를 선택하면, 보간 방법을 정할 수 있는데, 선, 바늘, 회귀분석, 산점도, 평활, 스플라인 등으로 선택할 수 있다. 이 예제에서는 **행**을 유지한다.

5. 가로축과 세로축 그리고 오른쪽 세로축에 대한 레이블을 변경할 수도 있고, 값의 글꼴을 변경할 수도 있다. 디폴트를 유지하고 그래프 영역을 선택한다.

6. 그래프의 크기를 사용자 지정할 수도 있으며, 그래프의 배경 색상을 변경할 수도 있다.

7. **제목** 메뉴를 선택하여, 기본 텍스트 사용을 해제하고 제목을 입력한 후 실행 버튼을 클릭한다.

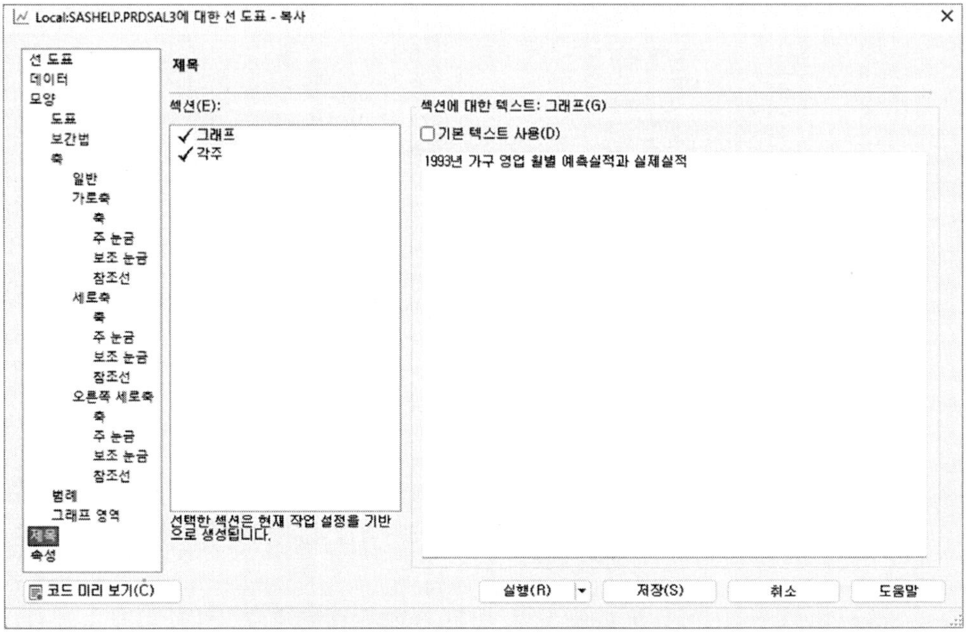

[그림 3. 66] 선 도표 – 제목 설정

2.4 산점도 그리기

산점도 작업은 선도표와 비슷하지만, 포인트들 간의 선을 연결하진 않는다. 산점도 작업을 통해 포인트들의 분포 패턴을 알아볼 수 있으며, 회귀선을 적용시켜 추세를 알아볼 수도 있다. 산점도 작업을 이용하여, 누비라 제화의 점포수와 매출의 산점도 그래프를 그려보자.

아래 산점도를 통해서 보면, 점포수가 많아 짐에 따라 매출이 늘어 나는 것을 볼 수 있으며, 점포수가 많아 짐에도 매출의 편차가 크다는 것도 한눈에 볼 수 있다.

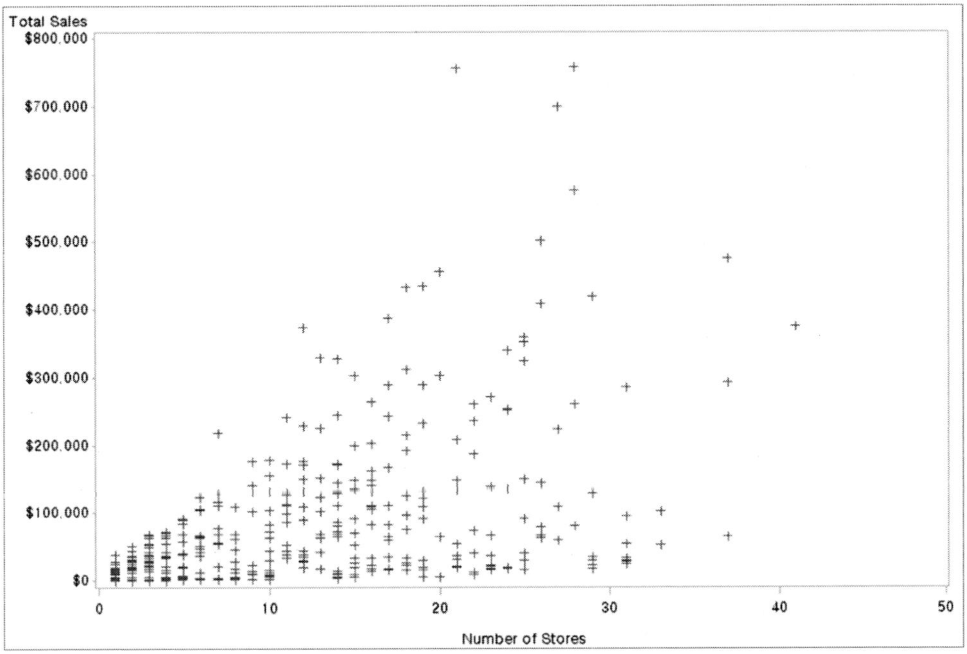

[그림 3. 67] 누비라 제화의 점포수와 매출의 산점도

[실습 3-12] 산점도 그리기(데이터: SASHELP.SHOES)

누비라 제화의 점포수와 매출의 산점도

1. 탐색 영역의 **[작업 영역]** > **[그래프]** > **[산점도]**를 실행한다. 산점도의 형태를 2D 산점도를 선택하고, 3개의 변수 간의 관계를 보고 싶을 경우에는 3D를 선택한다.

2. 좌측의 데이터 메뉴의 데이터 소스는 SASHELP.SHOES 로 선택되어 있다. 우측 상단의 **편집** 버튼을 클릭하여, Sales < 1000000을 선택하여, 극한값을 제외한다. 작업 역할에는 가로 변수로, 점포수를 나타내는 Stores를 할당하고, 세로에는 Sales를 할당한다.

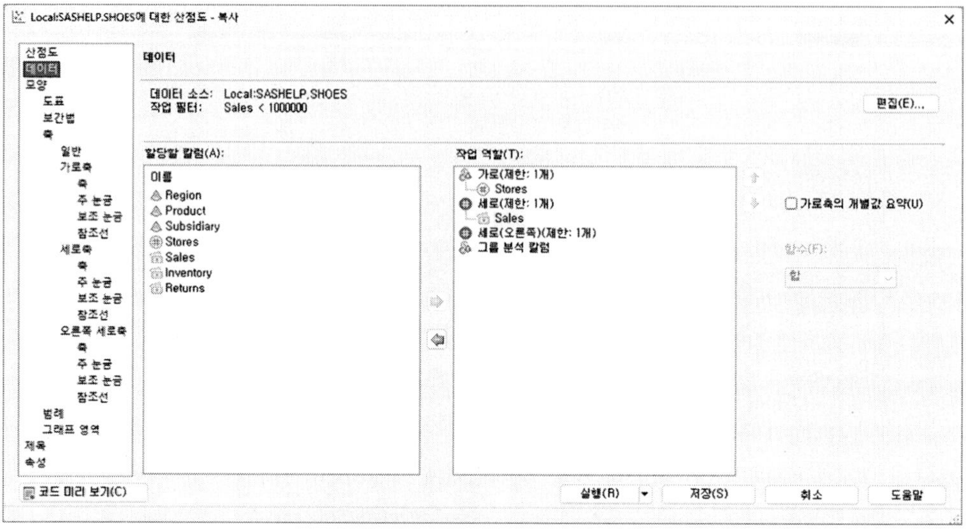

[그림 3. 68] 산점도 - 작업 역할 변수 할당

3. 모양의 도표 메뉴에서는 Sales에 대한 포인트 표식을 Plus로 변경한다. 선도표와 마찬가지로 가로축과 세로축, 오른쪽 세로축에 대한 속성을 변경할 수 있다.

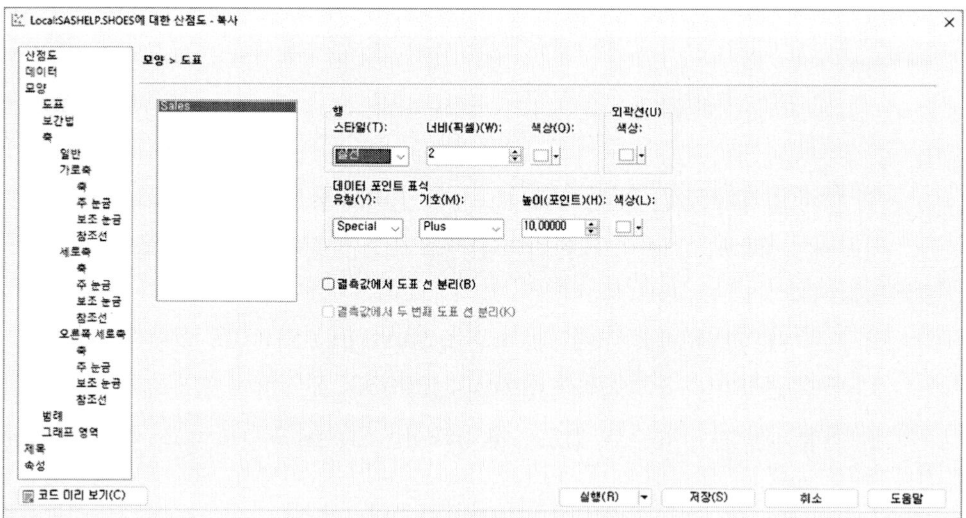

[그림 3. 69] 산점도 - 도표 설정

4. 제목 메뉴를 클릭하여, 그래프의 제목을 변경한 후, **실행** 버튼을 누른다.

2.5 레이더 그래프

레이더 그래프는 별 그래프라고도 불리는데 중앙을 중심으로 하여, 각 변수의 빈도를 축의 길이로 표현하는 그래프이다. 따라서 그래프의 칼럼별 빈도를 쉽게 비교할 수 있다. 이 작업에는 PROC GRADAR가 사용된다.

아래는 가구 영업 실적을 가구별 빈도를 표현하며, 이를 국가별로 중첩하여 표현하도록 구성하였다. 이 그래프를 통해 독일, 소파의 영업실적이 우수함을 알 수 있다.

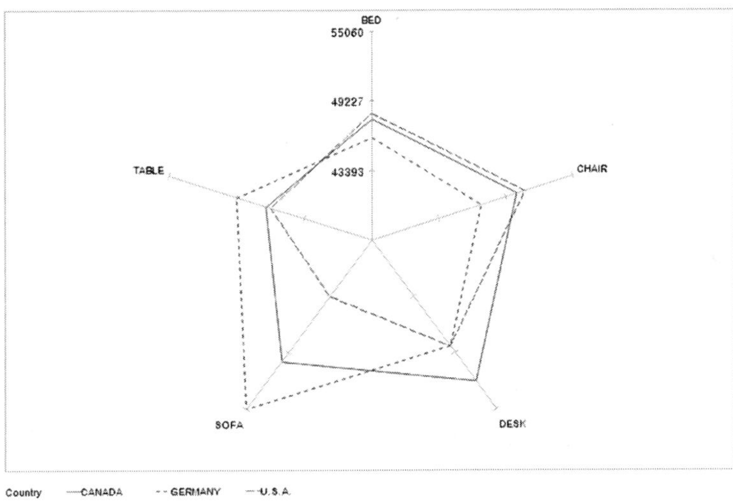

[그림 3. 70] 가구의 국가별 제품 영업실적의 레이더 그래프

[실습 3-13] 레이더 그래프 그리기(데이터: SASHELP.PRDSALE)

가구의 국가별 제품 영업실적의 레이더 그래프

1. 레이더 그래프를 생성하기 위해, 탐색 영역의 **[작업 영역] > [그래프] > [레이더 그래프]**를 실행한다. 데이터 화면의 소스는 SASHELP.PRDALE 이 지정되어 있다.

그래프 칼럼에는 PRODUCT(**제품**)를 빈도변수에는 ACTUAL(**실제값**)을 할당하여, 제품에 대한 실제실적을 빈도로써 간주하여, 표현한다. 중첩칼럼에는 COUNTRY(**국가**)를 할당하여, 국가별로 축이 표시되도록 한다.

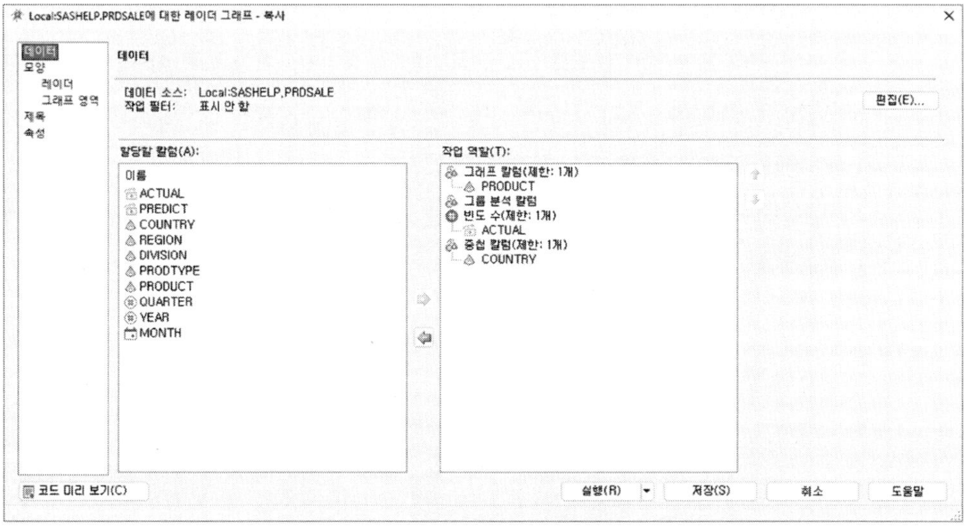

[그림 3. 71] 레이더 그래프 – 작업 역할 변수 할당

2. 좌측의 모양의 레이더 메뉴를 선택하여 레이더의 유형을 선택한다. Wedge가 가장 기본적으로 사용되는 레이더 그래프 형태이다. 모양의 그래프 영역 메뉴에서는 다른 그래프들과 마찬가지로 그래프의 사이즈 및 배경 색상을 변경할 수 있다.

3. 제목 메뉴에서 그래프의 제목을 수정한 후, **실행**을 클릭한다.

2.6 타일 그래프

타일 그래프는 데이터를 계층화하여 타일 형태로 나타낸 것이며, 결과 출력 형식을 HTML로 설정할 경우 드릴다운 기능을 제공하므로, 분류변수 조합에 따른 데이터의 통계량을 하나의 그래프로 볼 수 있다. 아래 타일 그래프는 가구의 영업 실적을 **국가 >**

지역 > 제품별로 실제 영업실적의 값을 타일의 사이즈와 색으로 표현하였다. 각 타일은 국가/지역/제품의 각기 다른 조합을 나타낸다.

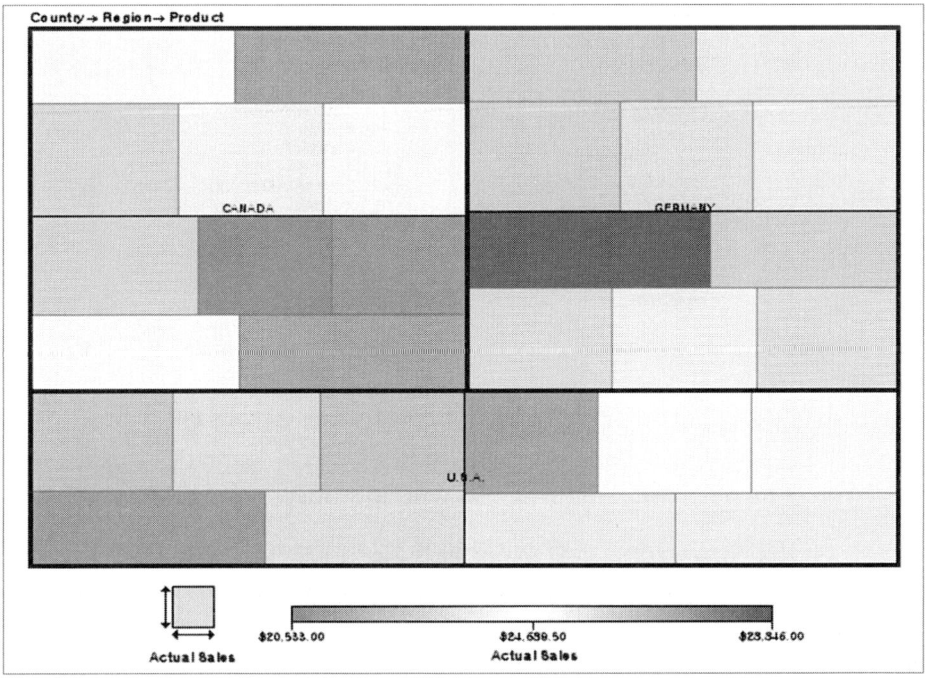

[그림 3. 72] 가구 영업실적의 타일 그래프

[실습 3-14] 타일 그래프 그리기(데이터: SASHELP.PRDSALE)

가구 영업실적의 타일 그래프

1. 타일 그래프를 생성하기 위해, 탐색 영역의 **[작업 영역] > [그래프] > [타일 그래프]**를 실행 한다. 데이터 화면에서는 칼럼을 할당할 수 있다. 분류변수에는 COUNTRY(**국가**), REGION(**지역**), PRODUCT(**제품**)를 할당하며, 이는 최대 6개까지 허용된다. 이 각각이 계층이 되어 초기에 보여지는 타일에는 이들의 전체 가능 조합이 보이게 된다.

크기 분석 변수에는 ACTUAL(실제값)을 할당하여, 실제 영업실적이 타일의 크기와 비례하도록 한다. 색상분석변수를 설정하지 않으면 크기 분석 변수가 사용된다.

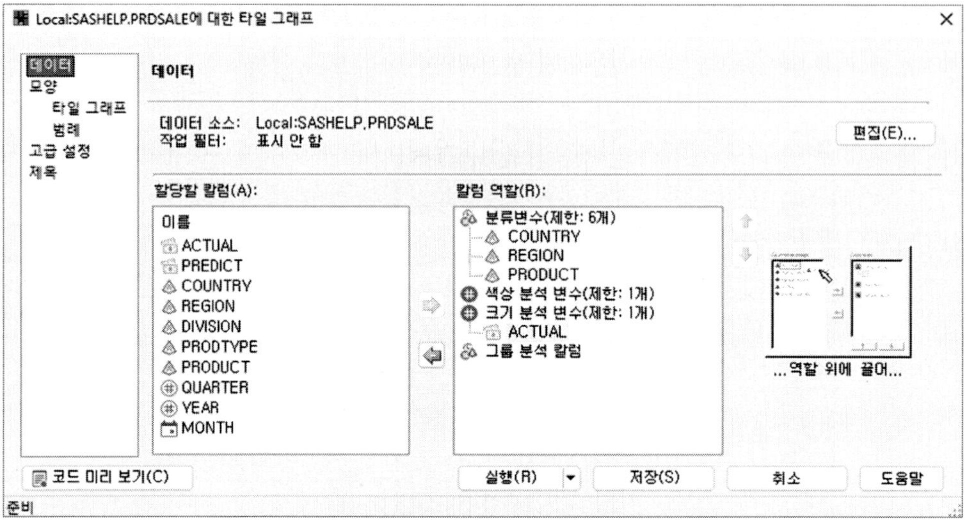

[그림 3. 73] 타일 그래프 – 작업 역할 변수 할당

2. 좌측의 모양의 타일그래프 메뉴를 보면, 타일의 레이아웃을 변경할 수 있으며, 색상을 지정할 수 있다. 분류 레벨을 지정하면, 초기에 보여지는 계층의 레벨을 바꿀 수 있다. 디폴트는 모든 계층을 한꺼번에 보여주는 조합이다.

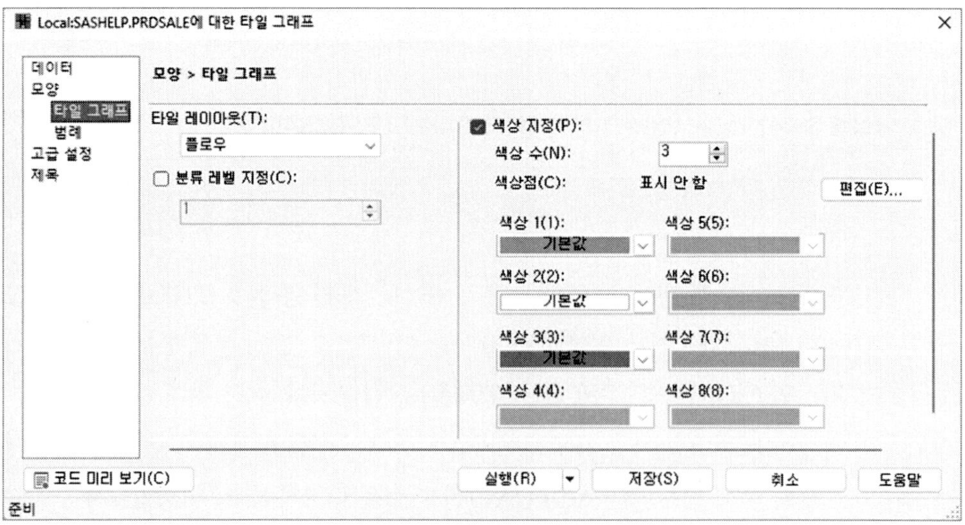

[그림 3. 74] 타일 그래프 – 모양 설정

3. 제목 메뉴에서 그래프의 제목을 수정한 후 **실행**을 클릭한다.

4. 출력의 형태를 HTML로 설정하여, 드릴다운 기능을 보도록 한다. 프로세스 플로우에 그려진, 타일 작업에서 오른쪽 버튼을 눌러 **속성**을 선택한다. 결과 메뉴에서 결과 출력형식 사용자 정의를 선택하고, HTML을 추가로 선택한 후, **확인**을 클릭한다.

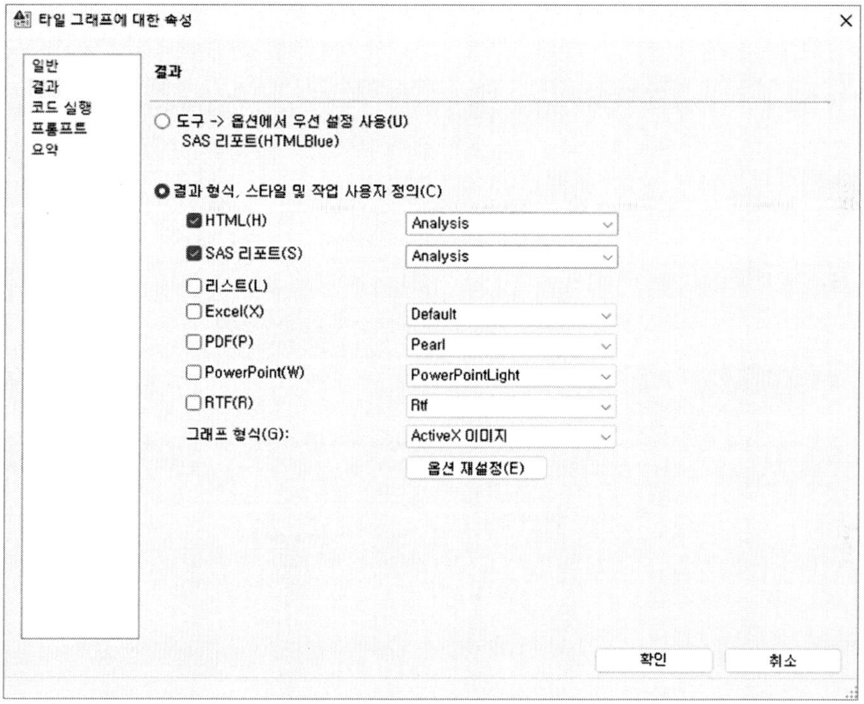

[그림 3. 75] 타일 그래프 – 모양 설정

5. 프로세스 플로우의 타일 그래프 작업의 오른쪽 버튼을 눌러 실행한 후, HTML 결과 화면을 확인한다.

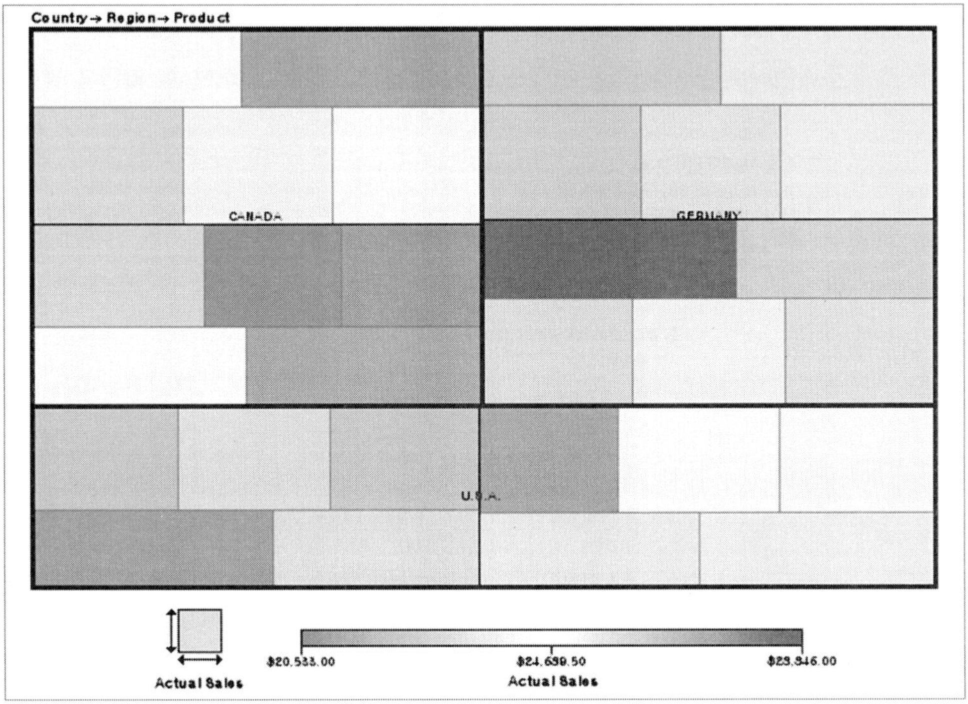

[그림 3. 76] 가구 영업실적의 타일 그래프

4장

결과물 및 프로젝트 관리

마지막 4장에서는 Enterprise Guide(이하 EG)가 제공하는 다양한 부가 기능을 다룬다. 사용자는 템플릿 기반으로 분석 작업을 수행하거나 결과물을 생성할 수 있고, EG 프로젝트를 스케줄링 할 수 있다. 또한, SAS 코드 기반 사용자는 더욱 향상된 코딩 환경을 이용할 수도 있다. EG의 부가 기능은 분석 환경을 보다 편리하고 효율적으로 변화시켜 줄 것이다.

01 | Enterprise Guide 프로세스 추가 기능

1.1 작업 결과 내보내기

EG 분석 결과는 데이터나 리포트로 출력된다. 이때 결과 데이터는 사용자가 지정한 라이브러리에 저장된다. 반면, 리포트는 EGP 파일에 함께 저장된다. 만약 분석 결과를 PC 혹은 서버 저장하고 싶다면, **[내보내기]**를 이용해 원하는 출력 형태를 설정한 뒤 원하는 위치에 저장할 수 있다.

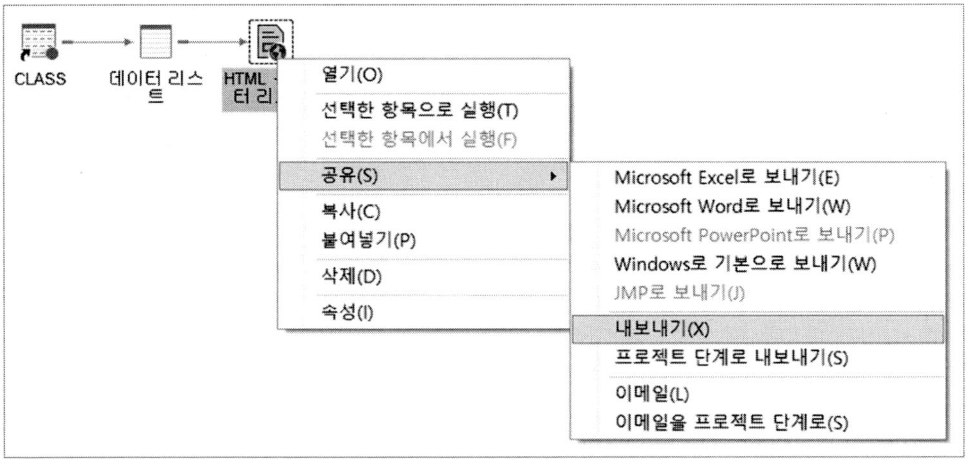

[그림 4. 1] 내보내기 기능 선택

[내보내기]는 단순 **내보내기**와 **프로젝트 단계로 내보내기** 기능이 제공된다. 단순 **내보내기**는 결과물을 일회성으로 내보내는 기능이고, **프로젝트 단계로 내보내기 기능**은 결과물을 내보내는 작업 자체를 분석 프로세스의 일부로 포함한다.

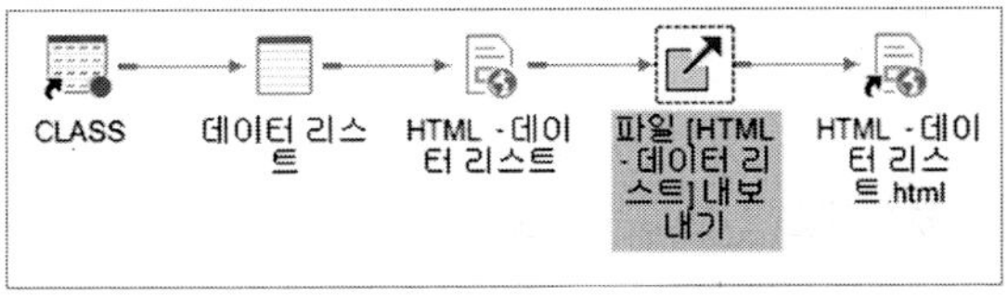

[그림 4. 2] 내보내기 노드 생성

위의 그림과 같이 프로젝트 단계에서 내보내기 기능을 적용하면, 분석 프로세스를 스케줄링하여 자동화하거나 사용자가 실행할 때마다 결과물을 항상 최신 상태로 Enterprise Guide 외부에 저장할 수 있다.

[실습 4-1] 데이터 내보내기(데이터: SASHELP.CLASS)

1. SASHELP 라이브러리에 있는 CLASS 데이터를 가져온다. 가져온 데이터를 선택하고 마우스 오른쪽 버튼 메뉴를 띄운 후, **[공유] > [프로젝트 단계로 내보내기]**를 선택한다.

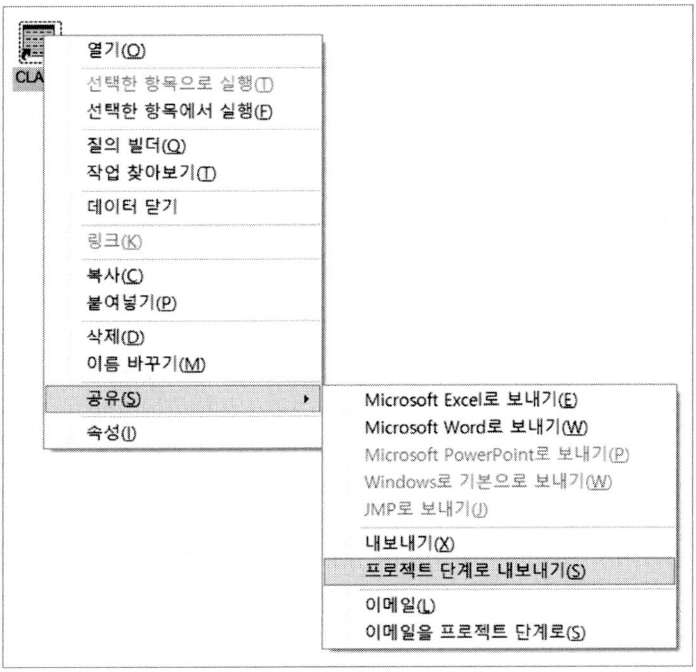

[그림 4. 3] 프로젝트 단계로 내보내기 기능 선택

2. 내보낼 파일로 CLASS를 선택하고 다음을 누른다.

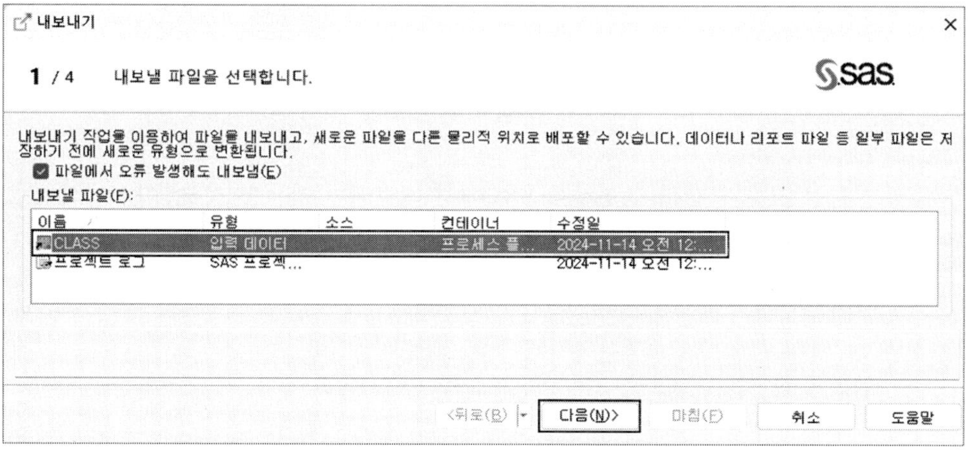

[그림 4. 4] 프로젝트 단계로 내보내기 – 내보낼 파일 선택

3. 출력 파일의 유형으로 **SAS 데이터 파일**을 선택한다.

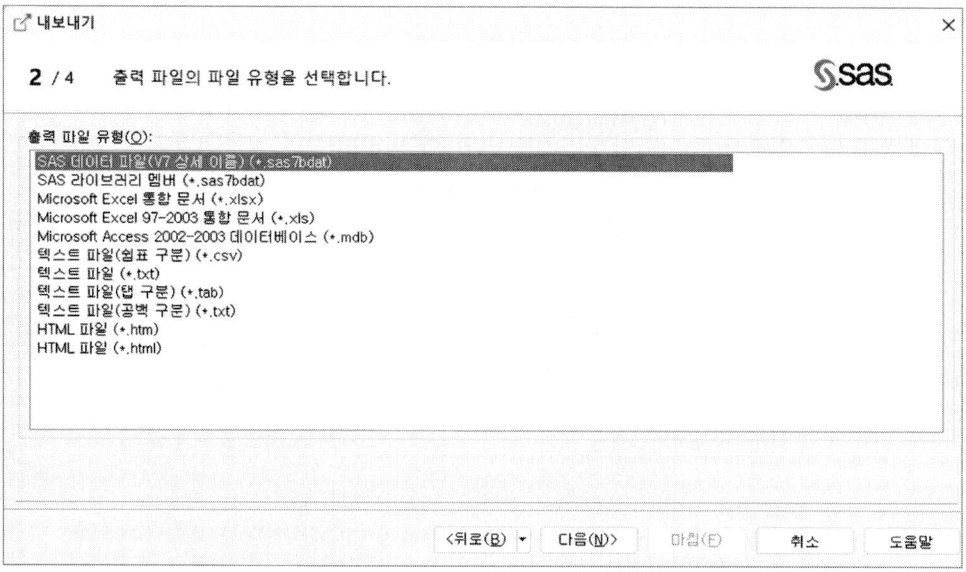

[그림 4. 5] 프로젝트 단계로 내보내기 – 출력 파일 유형 선택

4. 출력 파일의 위치는 로컬 컴퓨터 혹은 SAS 서버 중에서 선택할 수 있다. 여기서는 **로컬 컴퓨터**를 선택하고, 저장될 파일 이름을 확인한 후 **저장** 버튼을 누른다.

[그림 4. 6] 프로젝트 단계로 내보내기 – 출력 파일 위치 및 이름 지정

TIP

SAS 데이터를 로컬PC로 내보내기

결과데이터를 로컬 컴퓨터로 직접 내보내기 위해서는 EG가 설치되어 있는 로컬 PC에 SAS가 함께 설치되어 있어야 한다. 그렇지 않으면 다음과 같은 에러가 발생한다.

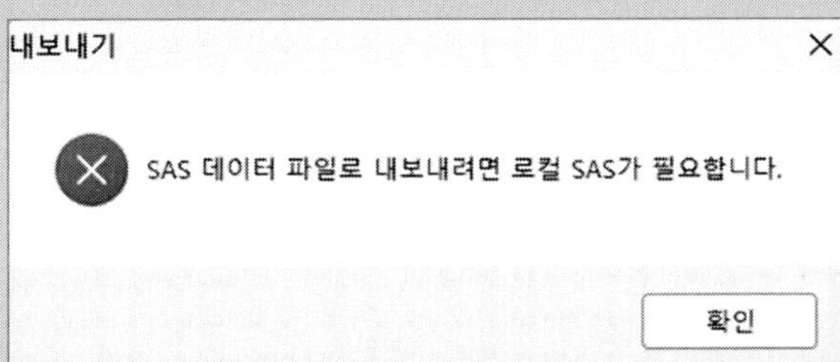

[그림 4. 7] 프로젝트 단계로 내보내기 – 로컬 PC 내 SAS 미설치 에러 메시지

5. 선택한 사항을 확인한 후, 마침을 누르면 데이터가 서버의 파일 공간으로 내보내진다.

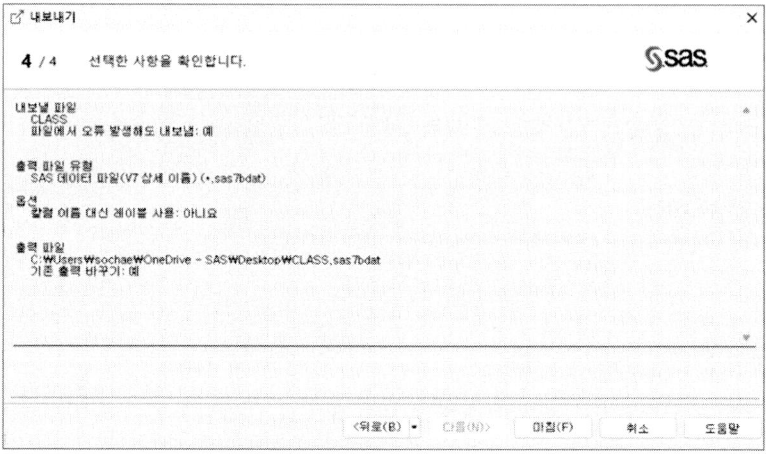

[그림 4. 8] 프로젝트 단계로 내보내기 – 선택한 사항 확인

6. EG의 서버 리스트창의 파일 항목을 보면 CLASS 파일이 저장되어 있음을 확인할 수 있다.

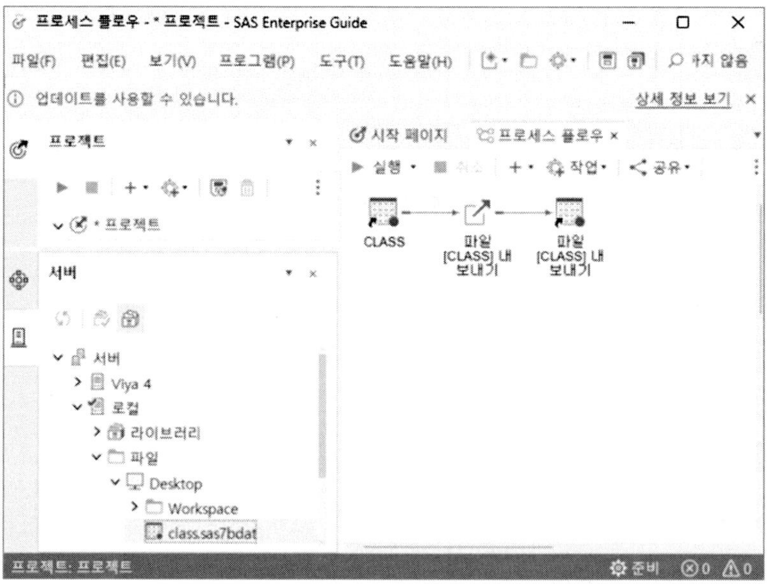

[그림 4. 9] 프로젝트 단계로 내보내기 결과 확인

1.2 순서 리스트

EG의 프로세스 플로우에 존재하는 많은 분석 Task는 연속된 하나의 플로우로 연계될 수도 있지만, 경우에 따라 여러 개의 플로우로 분리될 수도 있다. **순서 리스트 기능**은 EG 내에 존재하는 모든 분석 Task를 선택하여 원하는 순서대로 실행할 수 있도록 해 준다. 하나의 '. cgp' **파일**에는 여러 개의 독립적인 프로세스 플로우가 포함될 수 있으며, **순서 리스트 기능**을 사용하면 서로 다른 프로세스 플로우에 존재하는 모든 Task에 대해 실행 순서를 새롭게 정의할 수 있다.

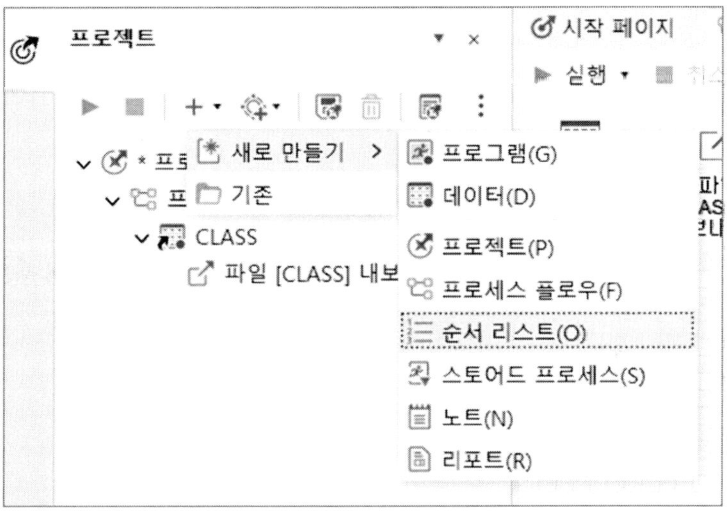

[그림 4. 10] 순서 리스트 기능 선택

순서 리스트 창을 띄운 후, **추가** 버튼을 누르면 EG 내에 생성된 모든 작업 목록이 나타난다. 수행할 Task를 선택한 후, 실행하고자 하는 순서대로 Task를 나열하면 된다.

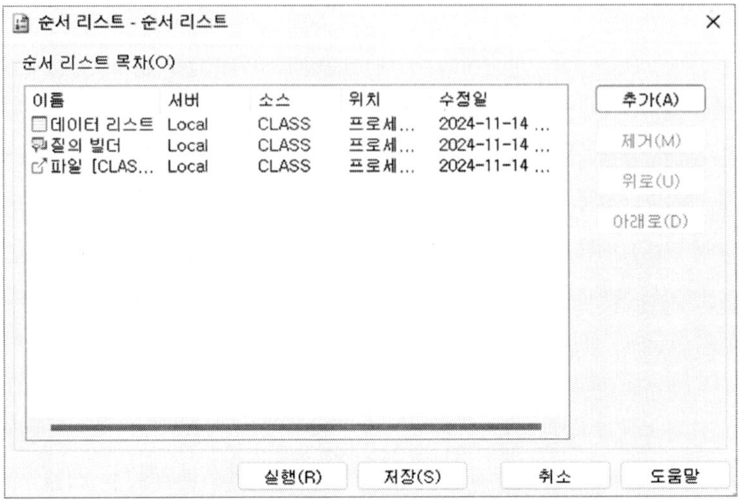

[그림 4. 11] 순서 리스트 – 순서 리스트 목차

저장된 **순서 리스트**는 독립적으로 관리되며, 추후 **순서 리스트** 폴더를 열어 언제든지 다시 실행할 수 있다.

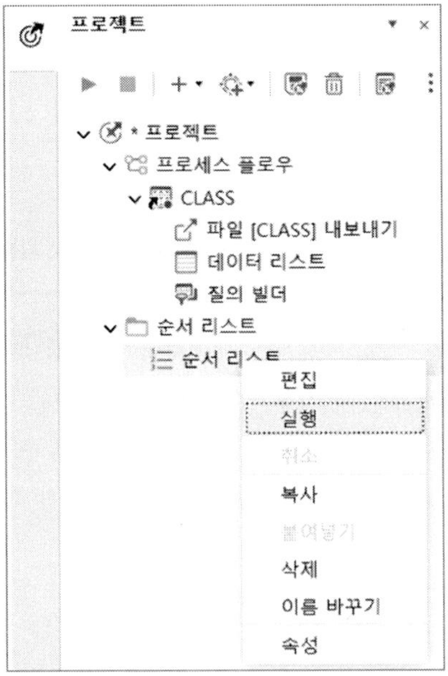

[그림 4. 12] 순서 리스트 실행

TIP

순서 리스트와 기존 프로세스 플로우

순서 리스트에서 선택된 Task는 개별적으로 하나의 Task로만 수행된다. 즉, 기존 프로세스 플로우로 설정된 Task들 간의 실행 관계는 순서 리스트를 통한 실행에는 아무런 영향을 미치지 않는다.

1.3 조건부 프로세싱

복잡한 분석 프로세스를 생성했을 때, 여러 갈래로 분기되는 플로우 중에서 사용자가 원하는 플로우만 조건에 따라 선택적으로 실행하도록 할 수 있다. EG는 특정 분석 작업을 대상으로, 그 작업이 실행되기 위한 조건을 부여함으로써 분석 프로세스의 흐름을 제어할 수 있는 조건부 프로세싱 기능을 제공한다. 데이터의 변수 값, 시간, 날짜, 프롬프트 등을 기반으로 실행을 위한 조건을 줄 수 있으며, 여러 조건의 조합이나 복잡한 IF-THEN/ELSE 형태의 로직으로도 조건을 부여할 수 있다. 특정 작업에 조건이 생성되면 아이콘에 작은 깃발이 나타나서 조건이 설정된 것을 보여주며, 몇 번째 조건인지도 작은 숫자로 보여준다.

[실습 4-2] 조건부 프로세싱(데이터: SASHELP.CLASS)

1. SASHELP 라이브러리에 있는 CLASS데이터를 가져와서 다음 그림과 같이 여러 경로로 분산되는 임의의 프로세스 플로우를 생성한다.

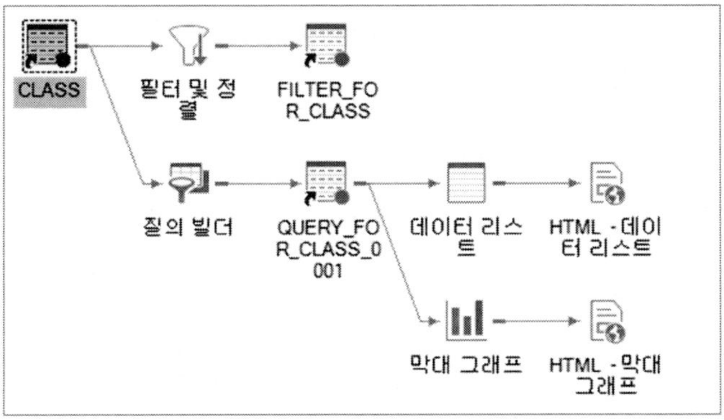

[그림 4. 13] 프로세스 플로우 생성 예시

2. CLASS 테이블 뒤에 있는 필터 및 정렬 작업에 조건을 걸기 위해서 해당 노드를 클릭한 다음, 마우스 오른쪽 버튼 클릭 후 **[조건] > [추가]**를 선택한다.

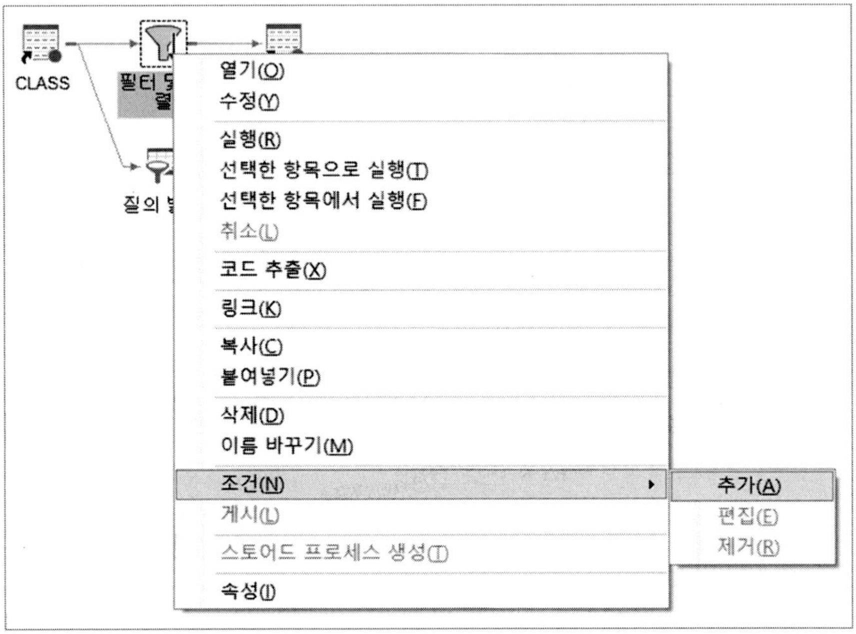

[그림 4. 14] 조건 추가 선택

3. 조건부 프로세싱 창이 뜨면, 조건을 입력하려면 추가 버튼을 누르면 조건의 기준을 설정할 수 있다. 제공되는 조건 기준은 이전 데이터, 프롬프트, 현재 시간 또는 날짜 등인데, 여기서는 조건의 기준을 CLASS 데이터로 설정한다.

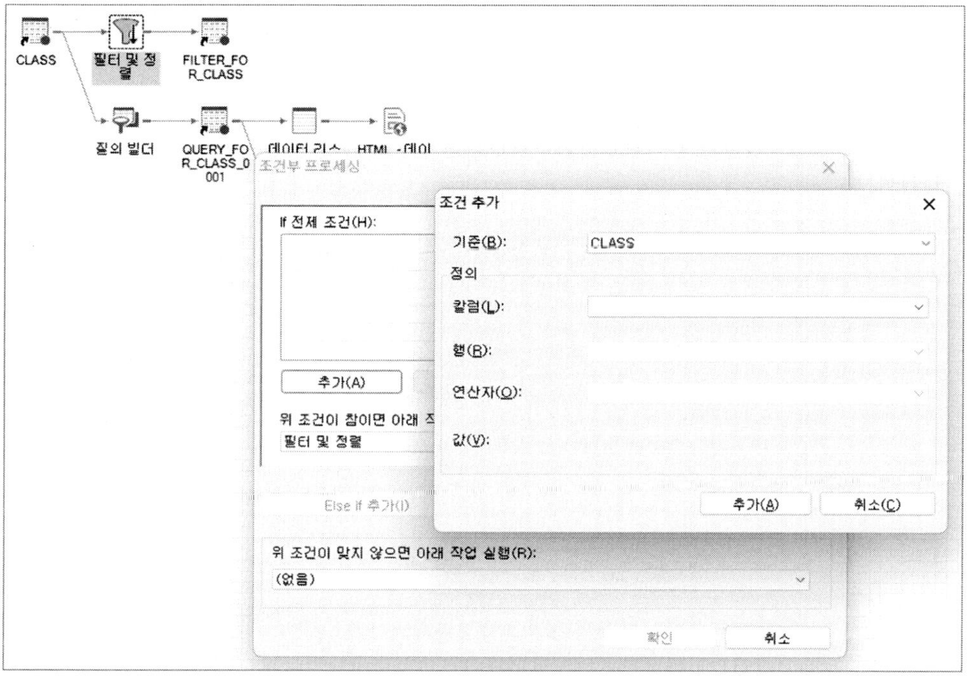

[그림 4. 15] 조건부 프로세싱 창 – 조건 추가

4. 조건 기준을 선택한 후, 입력된 Age 칼럼 값의 **마지막 값**이 100이면 작업이 수행되도록 다음 그림과 같이 조건을 설정한다.

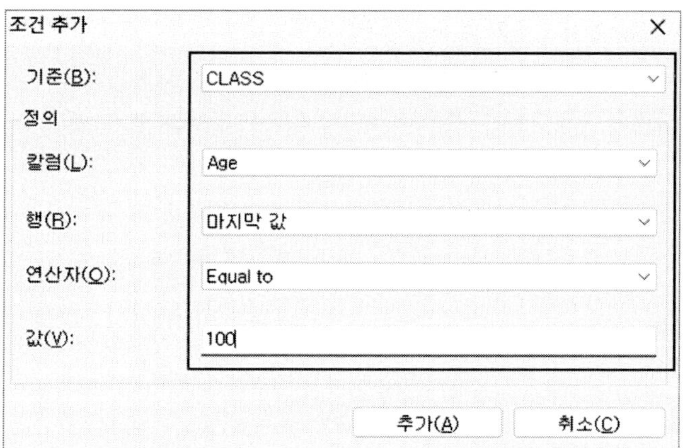

[그림 4. 16] 조건부 프로세싱 창 – 조건 추가 예시

5. 입력한 조건 값을 확인하고 **확인** 버튼을 누른다.

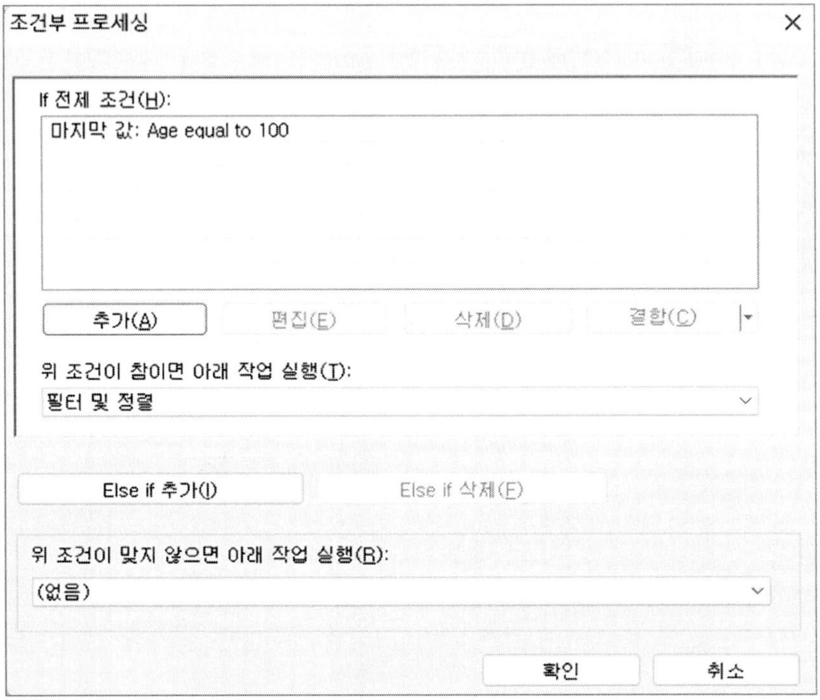

[그림 4. 17] 조건부 프로세싱 창 – 조건 추가 확인

TIP

분기 가능한 작업이 여러 개인 경우

특정 데이터에서 선택적으로 분기 가능한 작업이 3개 이상일 때에는 [ELSE IF 문 추가] 버튼이 활성화되며, 각각의 작업이 실행되기 위한 조건을 추가로 입력할 수 있다.

6. 조건이 설정된 작업에는 작은 깃발 표시가 나타나게 된다. 마우스를 가져가면 작업 수행을 위한 조건 값이 설정된 것을 확인할 수 있다.

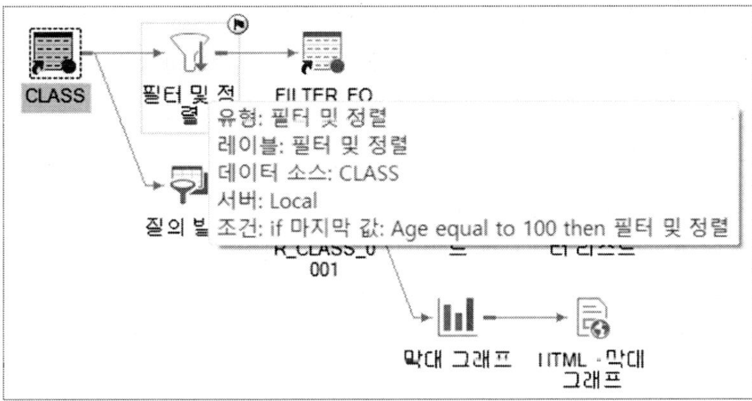

[그림 4. 18] 조건 설정된 작업 확인

1.4 Enterprise Guide의 분석 결과를 Email로 전송하기

EG는 분석 결과를 전자 우편으로 전송해주는 기능을 제공하고 있다. 이 기능을 잘 활용한다면, 자동화된 분석 프로세스에 이메일을 통한 알림 기능을 추가할 수 있게 된다. 예컨대, DB의 갱신된 데이터 또는 EG의 분석 결과가 미리 지정한 조건을 만족할 경우, 담당자에게 이메일을 통해 결과를 전송해주는 자동화된 EG 프로세스를 구성할 수 있다.

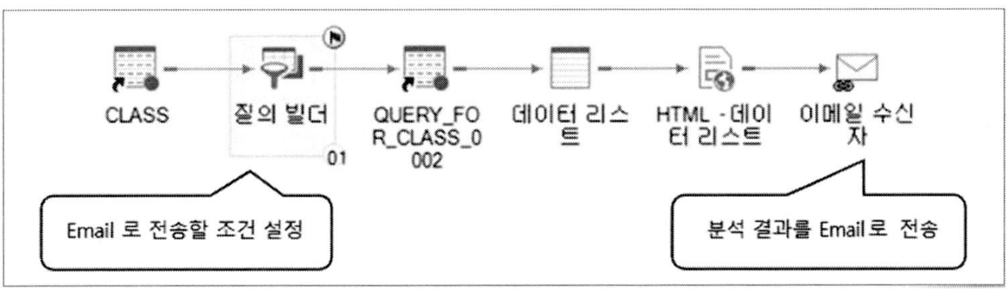

[그림 4. 19] 이메일 전송 프로세스 예시

[실습 4-6] 분석 결과를 Email로 전송하기

1. EG에서 이메일을 전송하기 위해서는 EG의 옵션 창에서 전자 우편 설정을 해야 한다. 만약 회사 내에 사용 가능한 별도의 메일 서버가 있으면 서버를 이용해도 되는데, 여기서는 인터넷만 연결되어 있으면 누구나 사용할 수 있는 Google 메일 서버를 활용해 보기로 한다.

Gmail을 사용하지 않고 있다면, 웹 브라우저에서 http://www.gmail.com에 접속하여 무료 이메일 계정을 생성한다.

2. EG의 메뉴바에서 **[도구] > [옵션]** 창을 띄운 다음, 관리 영역에서 아래 그림과 같이 전자 우편 관련 항목을 설정한다.

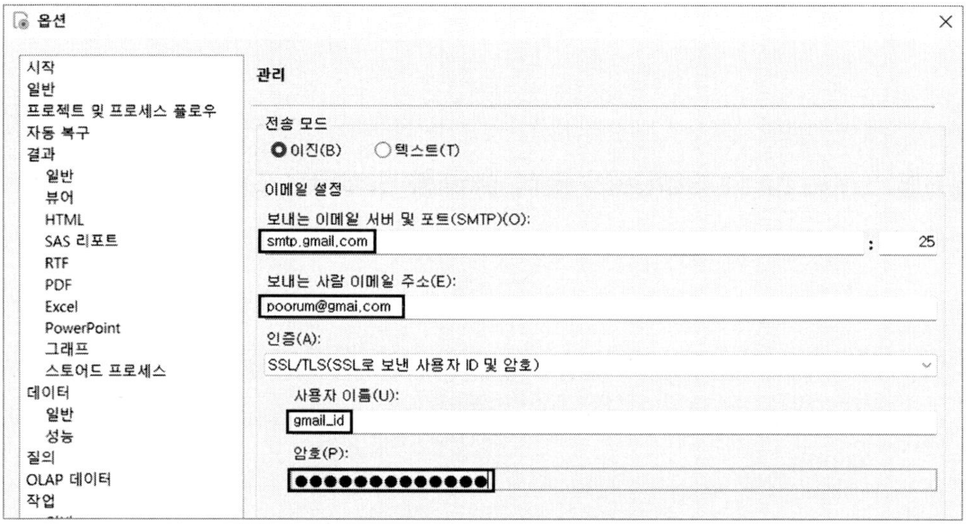

[그림 4. 20] 옵션 창 - 관리 - 이메일 설정

3. SASHELP 라이브러리의 CLASS 데이터로 데이터 리스트 리포트를 생성한 후, 마우스 오른쪽 버튼을 클릭하여 팝업 메뉴를 띄운 다음, **[공유] > [이메일을 프로젝트 단계로]** 항목을 선택한다.

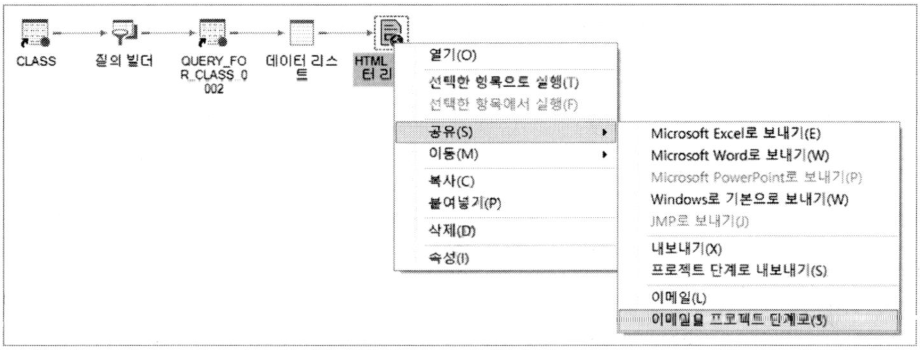

[그림 4. 21] 이메일을 프로젝트 단계로 공유 설정

4. 분석 결과를 전자우편으로 보내기 위한 창이 뜨면, 첨부 파일에 포함할 항목들을 선택한다. 기본적으로는 파일이 하나의 zip 파일로 압축되어 첨부 파일로 전송되는데, 파일을 압축하지 않으려면 하단에 있는 **모든 파일 압축** 체크박스를 해제한다.

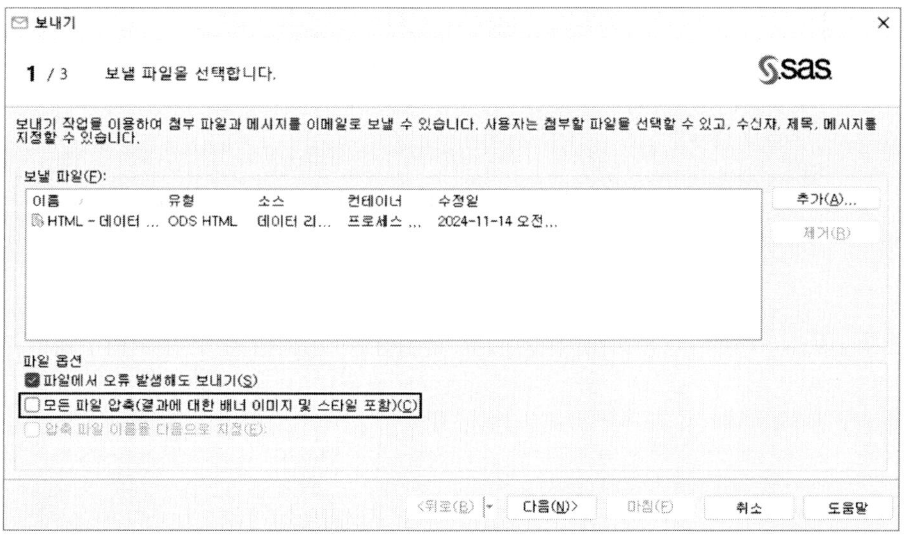

[그림 4. 22] 보내기 창 – 보낼 파일 선택

5. 다음 단계에서는 전자 우편을 받아볼 수신자와 제목, 본문 내용 등을 입력한다.

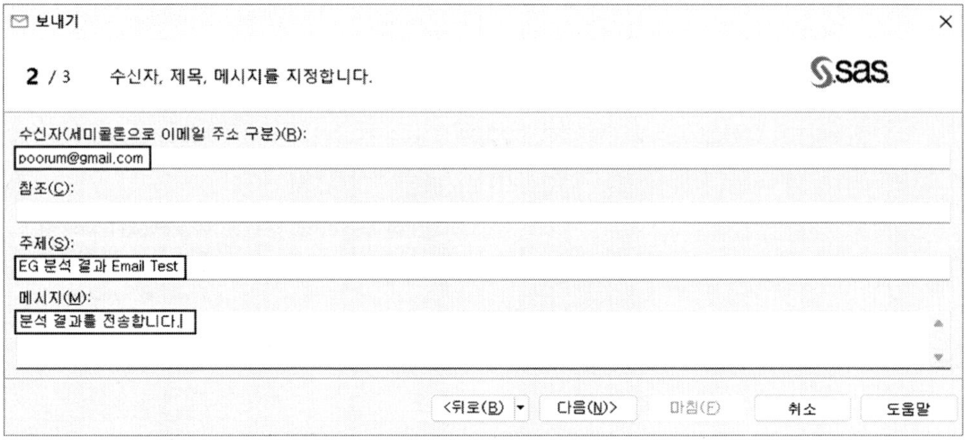

[그림 4. 23] 보내기 창 – 수신자, 제목, 메시지 지정

6. 최종적으로 입력한 내용을 확인하고, **마침** 버튼을 누른다.

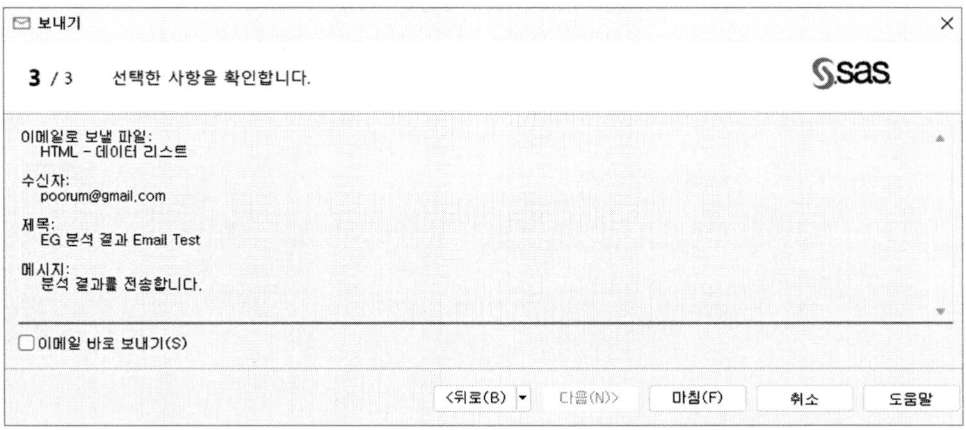

[그림 4. 24] 보내기 창 – 선택한 사항 확인

7. 완성된 프로세스 플로우는 다음과 같다. 프로세스 플로우 화면을 열어서 전체 플로우를 실행해 본다.

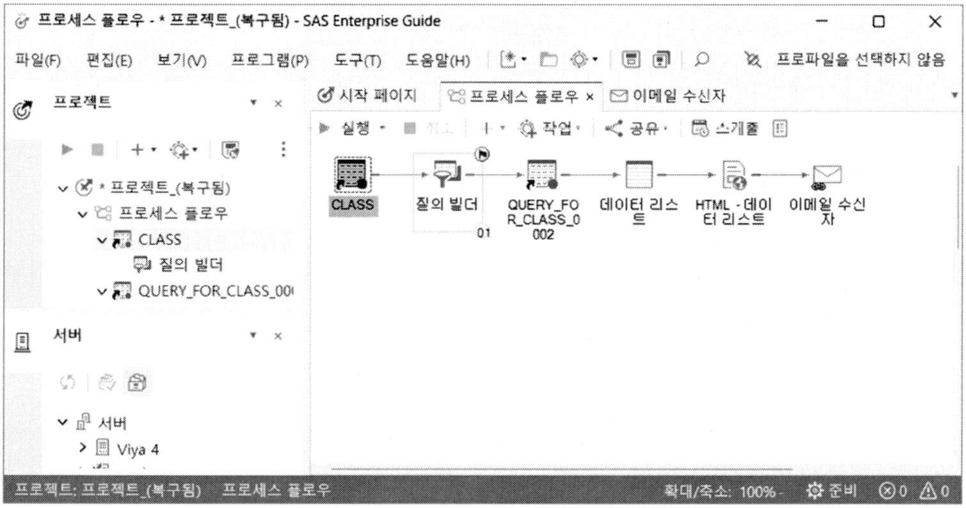

[그림 4. 25] 이메일 전송 프로세스

8. 수신자로 지정한 Email을 열어보면 EG의 분석 결과가 전송된 것을 확인할 수 있다.

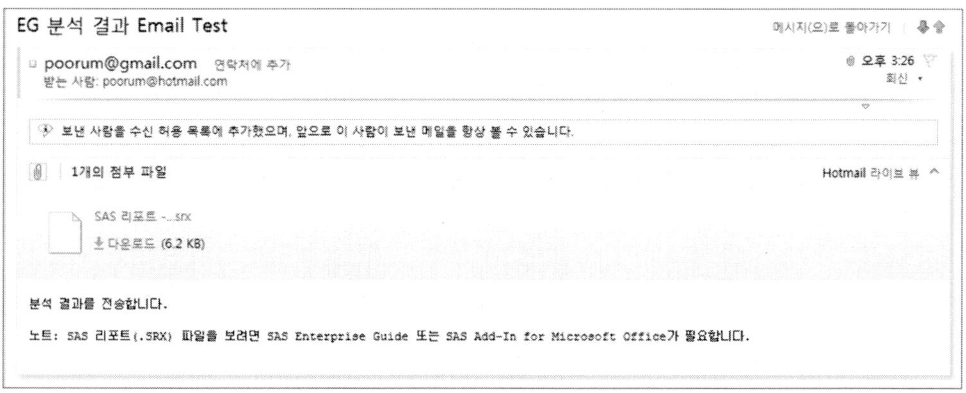

[그림 4. 26] 분석 결과 전송 확인

1.5 스토어드 프로세스로 분석 결과 연동

EG의 활용도를 높일 수 있는 좋은 방법 중 하나는, EG에서만 분석 결과를 보는 것이 아니라, 웹(Web), Excel, Outlook 등과 같은 다양한 업무 환경에서 공유하는 것이다. 물론 EG가 생성한 HTML 형태의 결과물이나 이미지를 사용자가 직접 다른 업무 환경으로 복사해서 활용할 수도 있지만, EG에는 스토어드 프로세스라고 하는 매우 강력하고 편리한, 분석 결과를 공유하기 위한 기능이 존재한다.

> NOTE
>
> **스토어드 프로세스의 특징**
>
> - SAS BI 서버의 다양한 클라이언트 환경(웹 리포트, 포탈, 엑셀, 워드, 파워포인트, 아웃룩)에서 EG의 분석 프로세스를 직접 호출하여 실행할 수 있다.
> - EG의 분석 프로세스에 존재하는 프롬프트가 존재할 경우, 프롬프트를 입력받기 위한 입력창을 동일하게 보여준다.
> - 통계분석을 잘 모르는 일반 사용자도 다양한 통계분석 프로세스를 Web이나 MS Office에서 실시간으로 실행할 수 있으므로, 분석 측면에서 전사적인 통합 뷰를 가져갈 수 있다.

단, 스토어드 프로세스는 SAS 메타데이터의 기능을 활용하므로 SAS BI 서버 등이 설치된 환경에서만 적용이 가능하며, 하나의 PC에서 EG와 로컬 SAS를 사용하는 환경에서는 적용할 수 없다.

[실습 4-7] 스토어드 프로세스 생성하기(SAS 메타데이터 서버 환경에서만 실습 가능)

1. 리포트와 그래프를 포함하는 임의의 분석 프로세스를 생성한다. 가능하면 질의 빌더에 프롬프트를 생성하여 분석 프로세스 실행 시 입력 창이 나타나도록 한다.

2. 분석 프로세스 생성 후, 프로세스 플로우 창의 빈 공간에 마우스 커서를 위치시키고 마우스 팝업창을 띄운 다음, 스토어드 프로세스 생성 항목을 선택한다.

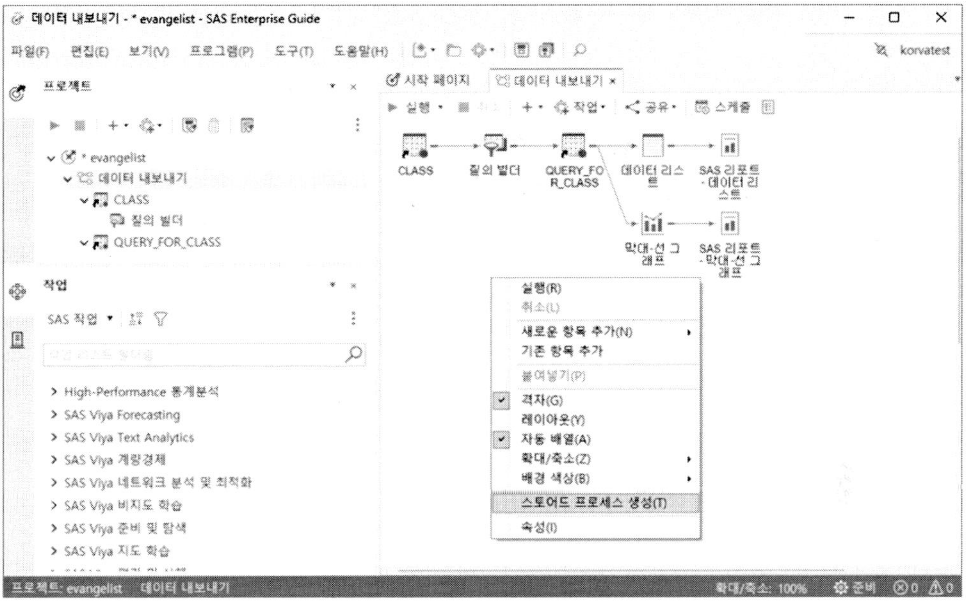

[그림 4. 27] 스토어드 프로세스 생성 선택

3. 스토어드 프로세스 생성 마법사의 첫 번째 단계에서는 스토어드 프로세스의 **이름**과 **위치**를 입력한다. 위치의 경우, 메타데이터 서버 내에 존재하는 디렉토리의 개념인 폴더의 위치를 정해주게 되는데, 폴더 추후 외부 실행 환경에서 스토어드 프로세스를 찾아가는 경로가 된다.

[그림 4. 28] 스토어드 프로세스 생성 – 이름 및 설명

4. 다음 단계에서는 분석 프로세스 전체에 해당하는 SAS 코드가 나타난다. 이 단계에서 사용자는 생성된 코드에서 추가, 삭제, 변경 작업을 할 수 있지만, 여기서는 별도의 수정 없이 다음 버튼을 누른다.

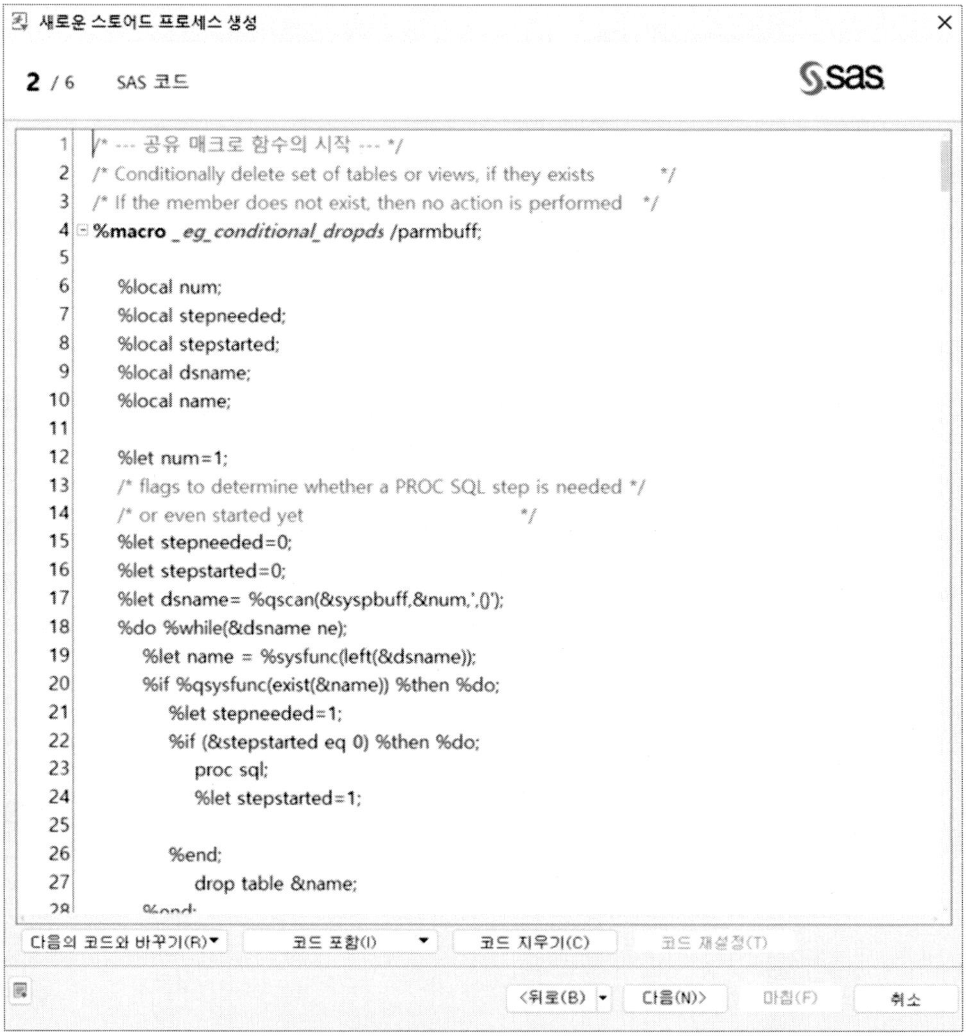

[그림 4. 29] 스토어 프로세스 생성 - SAS 코드

5. 다음 단계에서는 SAS 서버 영역에 생성될 **스토어드 프로세스의 이름과 위치, 코드를 실행 서버** 등을 설정한다. 소스 파일 이름은 기본적으로 스토어드 프로세스의 이름과 동일한 SAS 파일명으로 설정된다.

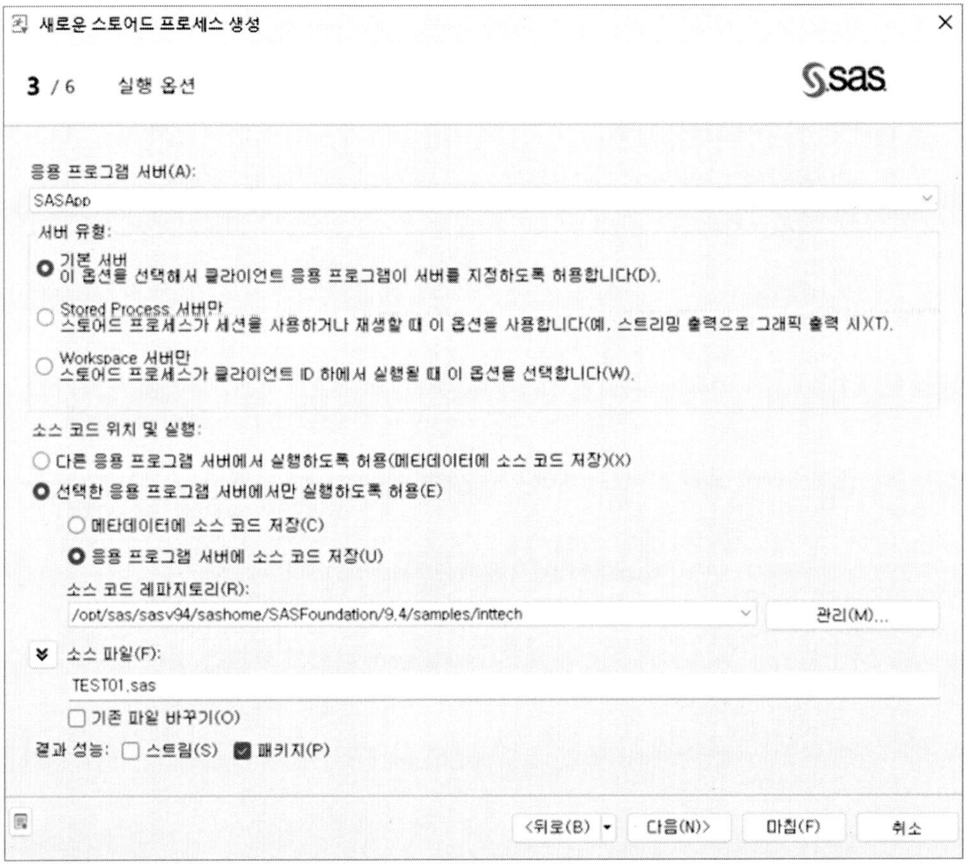

[그림 4. 30] 스토어 프로세스 생성 – 실행 옵션

6. 다음 단계에서는 분석 프로세스에서 참조하고 있는 **라이브러리** 목록이 정리되어 표시된다. 필요한 경우 사용자 정의 라이브러리 문장을 입력하여 추가 라이브러리를 생성할 수도 있다.

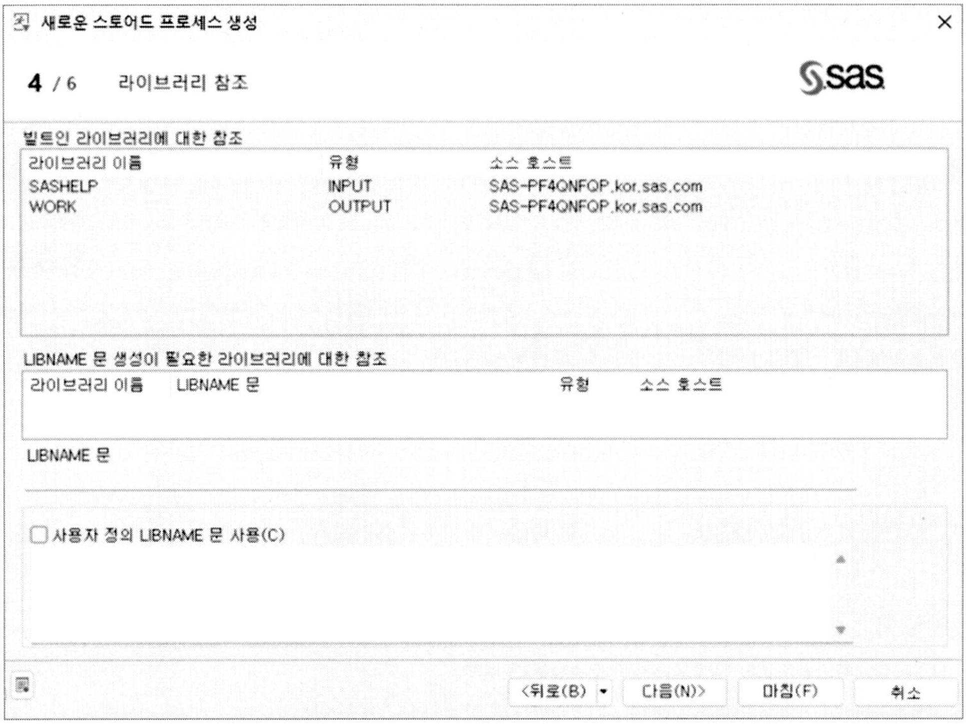

[그림 4. 31] 스토어 프로세스 생성 – 라이브러리 참조

7. 다음에는 분석 프로세스 내에 존재하는 **프롬프트**의 목록을 확인하거나 관리할 수 있는 창이 나타난다.

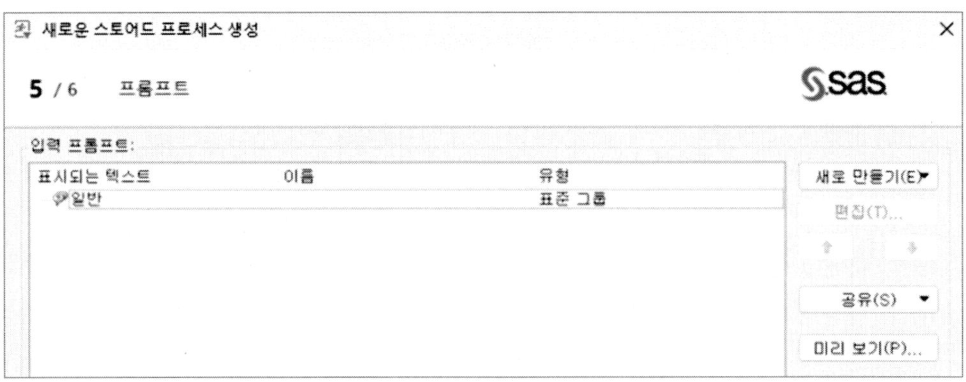

[그림 4. 33] 스토어드 프로세스 생성 – 프롬프트

8. 마지막 최종 단계에서 마침 버튼을 누르면 스토어드 프로세스의 생성이 완료된다.

[그림 4. 34] 스토어 프로세스 생성 – 요약

9. 생성된 스토어드 프로세스는 EG의 프로세스 플로우 창에 나타나며, 자동으로 실행되어 전체 코드의 실행 결과를 보여준다.

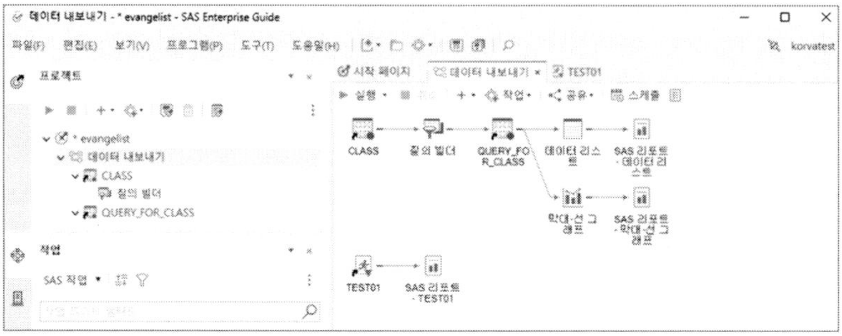

[그림 4. 35] 스토어 프로세스 생성 예시

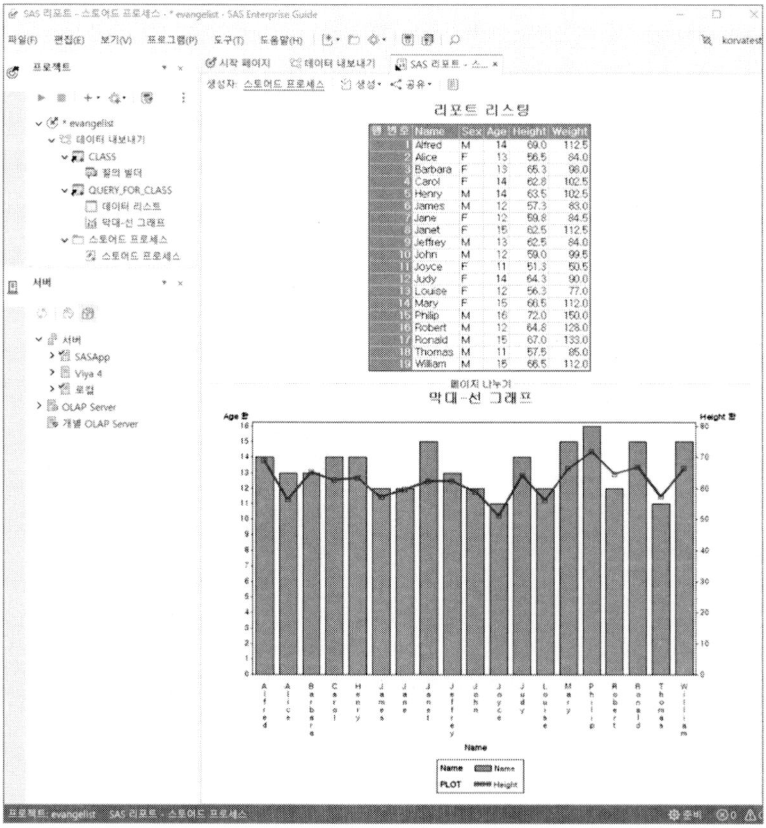

[그림 4. 36] 스토어 프로세스 생성 대상

일단 생성된 스토어드 프로세스는 EG뿐만 아니라 엑셀, 워드, 파워포인트, 웹 리포트, 포털 등 다양한 SAS 클라이언트 환경에서 호출할 수 있으며, 필요할 경우 다른 SAS 클라이언트에서도 EG의 프로세스 플로우를 직접 실행하여 결과를 갱신할 수 있다.

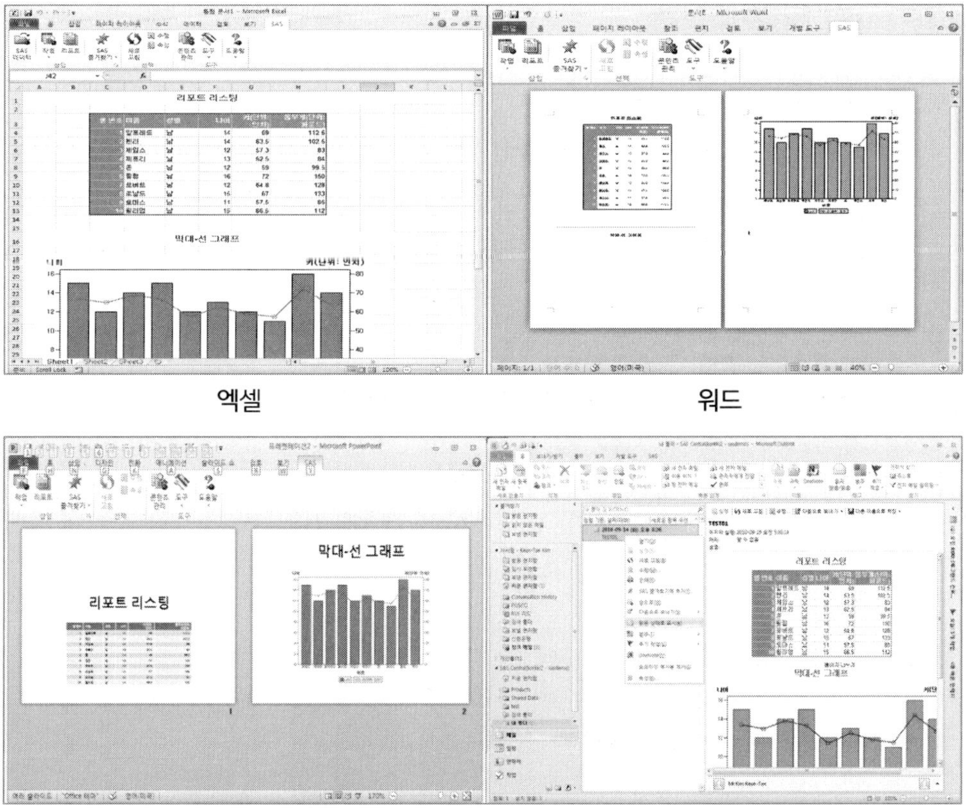

엑셀 워드

파워포인트 아웃룩

[그림 4. 37] 스토어 프로세스 호출 예시

02 | Enterprise Guide 프로그래밍 추가 기능

2.1 작업 템플릿 생성

분석을 수행하다 보면 반복적으로 수행해야 하는 작업이 종종 발생한다. EG는 그래프, 데이터 생성 등의 작업에 대한 옵션 설정을 저장하고 나중에 재사용할 수 있도록 하는 작업 템플릿 기능을 제공한다. 작업 템플릿을 활용하면 반복적인 분석 작업을 수행할 때, 매번 옵션을 새로 설정할 필요 없이 동일한 작업을 실행할 수 있고, 다른 사용자들과 일반적인 작업 설정 내용을 공유할 수 있다는 장점이 있다.

[실습 4-3] 작업 템플릿 생성하기(데이터: SASHELP.CLASS)

1. SASHELP 라이브러리에 있는 CLASS 데이터를 가져온 다음, 막대 그래프를 생성하기 위해 메뉴바에서 **[작업] > [그래프] > [막대 그래프]**를 선택한다. 막대 그래프 유형으로 단순 수직막대를 선택한다.

2. 데이터 메뉴에서 그래프 칼럼과 합계 칼럼을 각각 Name, Age로 설정한다.

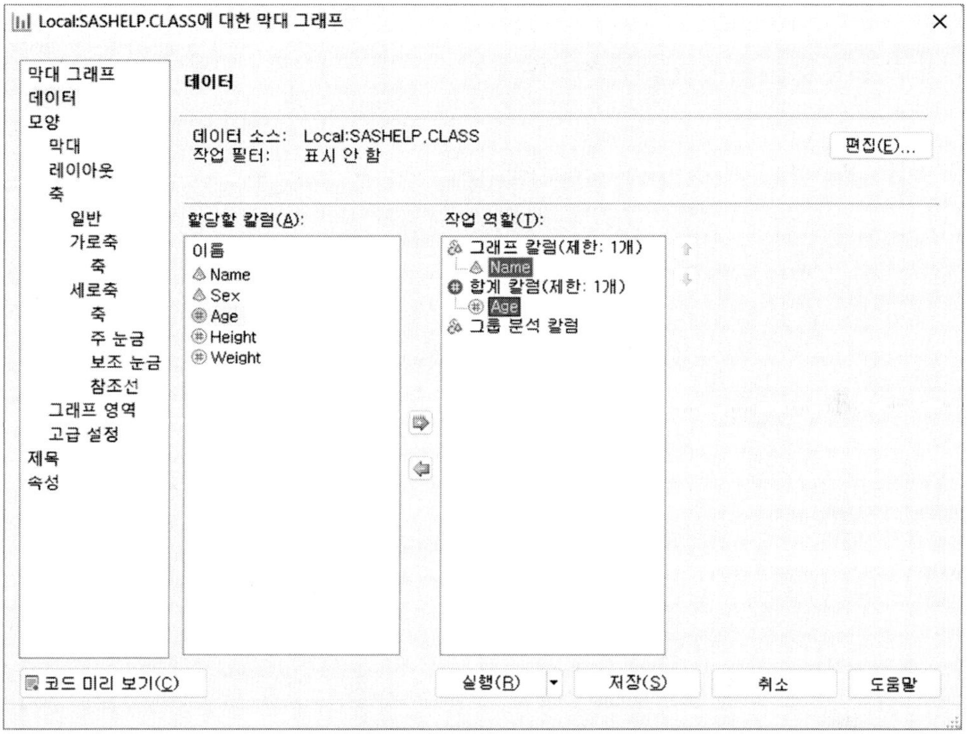

[그림 4. 38] 막대 그래프 – 작업 역할 선택

3. 레이아웃 메뉴에서 2D 체크박스를 해제한 후, 모양을 원기둥으로 변경하고 실행을 클릭한다(이 변경된 레이아웃 형태를 템플릿으로 활용할 예정이다).

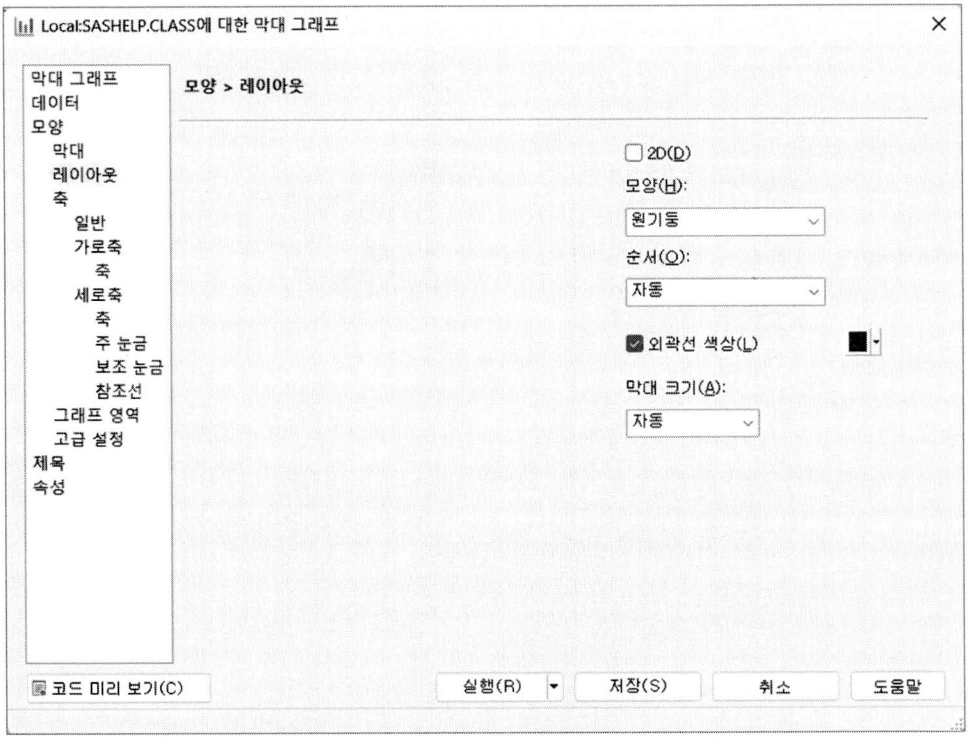

[그림 4. 39] 막대 그래프 – 모양 레이아웃

4. 프로세스 플로우 창을 열고 막대 그래프 작업을 선택한 후, 마우스 오른쪽 버튼 클릭 후 **작업 템플릿 생성 메뉴를** 선택한다.

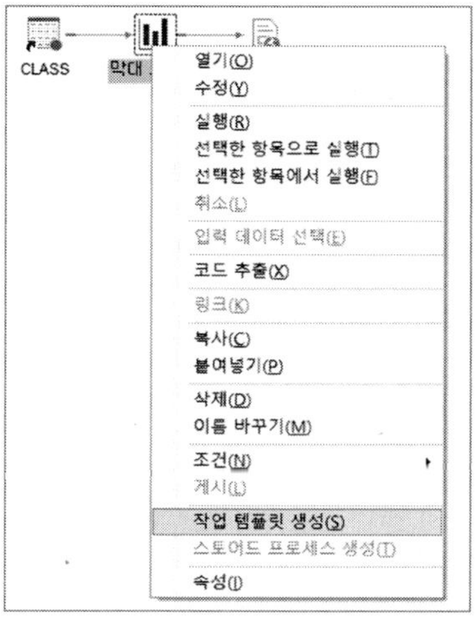

[그림 4. 40] 작업 템플릿 생성 선택

5. 작업 템플릿 생성 창이 열리면 템플릿 이름을 '막대 그래프 템플릿'으로 입력하고 생성 버튼을 누른다.

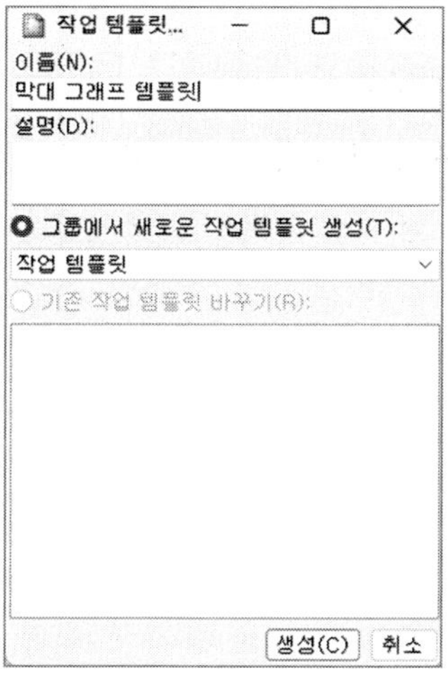

[그림 4. 41] 작업 템플릿 생성

6. 동일한 막대 그래프 작업에 작업 템플릿을 적용하기 위해 CLASS 데이터를 다시 선택하고, 메뉴바에서 **[작업] > [찾아보기] > [작업 템플릿]**을 열어 방금 생성한 '막대 그래프 템플릿'을 선택한다.

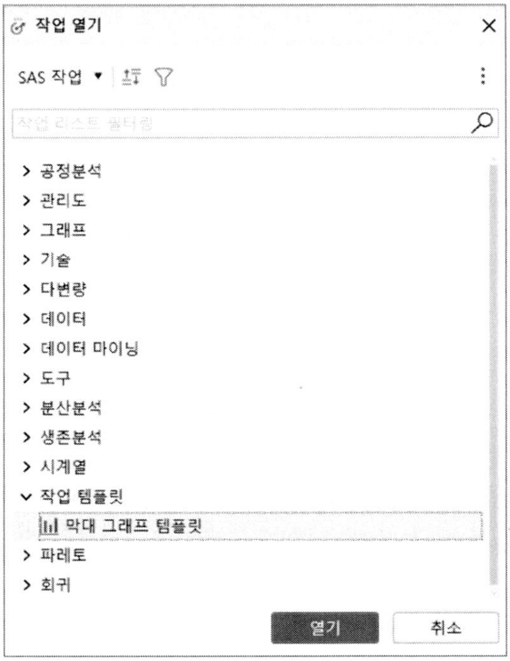

[그림 4. 42] 작업 템플릿 생성 확인

7. 새로 열린 그래프 작업에서 레이아웃 메뉴를 열면 이전에 설정한 레이아웃 설정 내용이 그대로 적용되어 있는 것을 확인할 수 있다.

NOTE

템플릿 효율적으로 관리하기

템플릿을 효율적으로 관리하기 위해서는 좌측 메뉴바의 [작업] > ⋮ > [작업 템플릿 관리...]에서 작업 템플릿 관리자를 띄워서 템플릿 그룹을 만든 후, 그룹별로 작업 템플릿을 관리할 수 있다.
또한 메뉴의 [가져오기] 및 [내보내기] 기능을 이용하면 템플릿을 파일로 저장하여 다른 사용자와 공유할 수 있다.

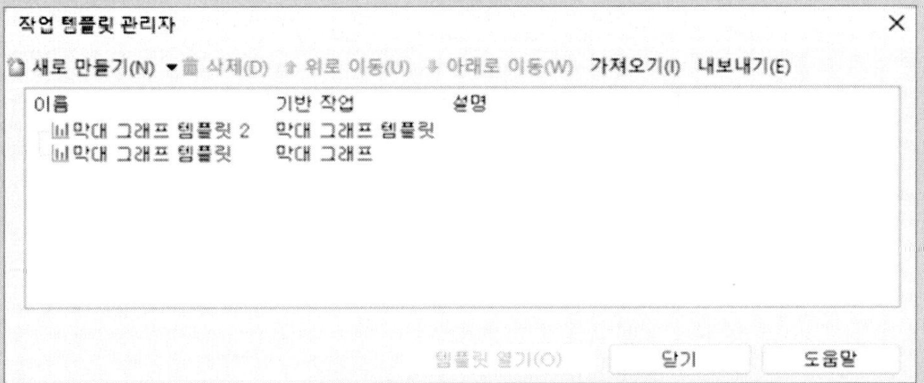

[그림 4. 43] 작업 템플릿 관리자

2.2 사용자 SAS 프로그램 작성하고 실행하기

EG는 [작업]으로 코딩 없이 대부분의 데이터 처리 및 분석을 수행할 수 있다. 하지만 작업으로 제공되지 않는 기능을 코딩으로 수행하고 싶거나, 이미 작성한 SAS 코드를 실행하고 싶은 경우에도 EG는 BASE SAS보다 여러 편리한 기능을 제공한다.

2.2.1. 새로운 SAS 프로그램 작성

새로운 SAS 프로그램을 만들기 위해 메뉴바의 **[파일] > [새로 만들기] > [프로그램]**을 선택하면, 빈 프로그램 창이 작업 공간에 열리게 된다. **[프로그램 편집기]**는 SAS 프로그램의 키워드는 파란색, 코멘트는 초록색, 큰따옴표 안의 문자열은 자홍색으로 표시한다.

2.2.2. 자동화된 키워드 제시 및 도움말

[키워드 자동 제시] 기능은 사용자가 SAS 코드 중 일부를 입력하면, 후보 키워드 리스트를 자동을 보여주는 기능이다. 이 기능은 SAS 코드를 어렴풋 알고 있는 사용자도 쉽게 코딩을 할 수 있도록 도와주기 때문에 유용하다. 또한 관련 도움말도 바로 확인할 수 있어, 기능에 대한 자세한 설명을 쉽게 찾아볼 수 있다는 점도 유용하다. 예를 들어, 아래 그림처럼 사용자가 'pr'을 입력하면, 'pr'로 시작하는 다양한 후보 키워드가 자동으로 제시되는 것을 볼 수 있다. 또한, 나열된 키워드에 마우스를 가져가면 자동으로 도움말이 나타나므로, 일일이 도움말을 찾아보는 번거로움을 줄여준다.

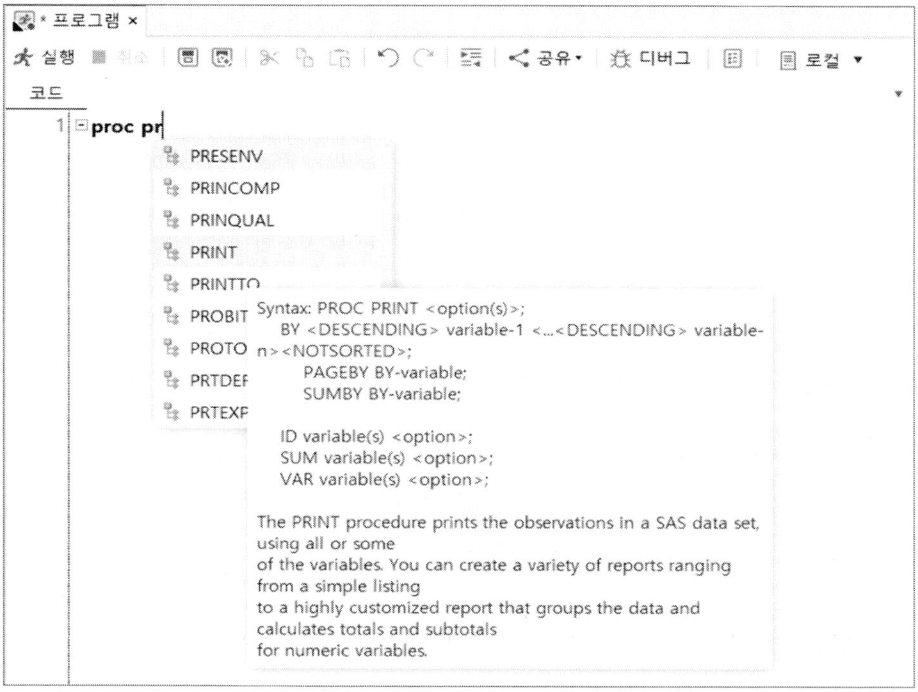

[그림 4. 44] 자동화된 키워드 제시 예시 1

자동으로 제시되는 키워드는 프로그래밍 구문뿐만 아니라 대상 라이브러리 및 라이브러리 내의 테이블 목록도 포함되므로, 원하는 데이터를 빠르고 손쉽게 찾아볼 수 있다.

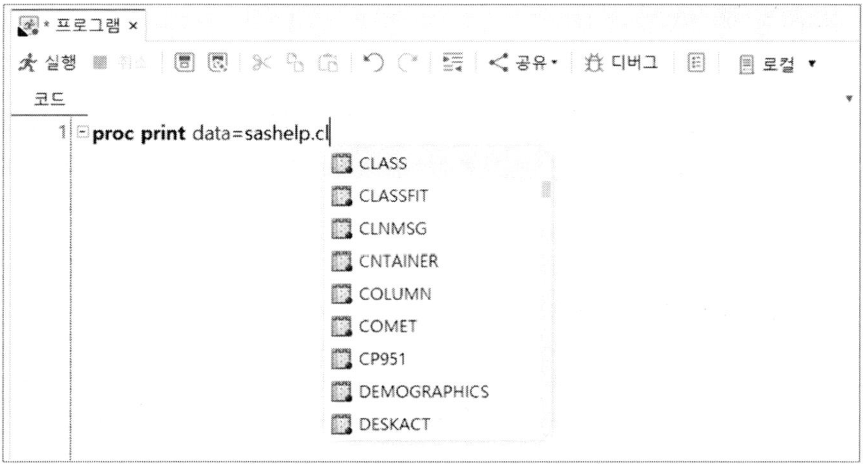

[그림 4. 15] 자동화된 키워드 제시 예시 2

NOTE

프로그램 편집 창에서 사용 가능한 키워드 자동 제시 관련 단축키

아래의 단축키를 사용하면 사용자가 원하는 키워드 자동 제시 창을 나타낼 수 있다.

[표 4. 1] 동작별 단축키

동작	단축키
현재 위치에서 키워드 자동 제시 창이 나타남	CTRL + Space Bar
SAS 함수목록이 나타남	CTRL + Shift + F1
매크로 함수목록이 나타남	CTRL + Shift + F2
현재 사용 가능한 라이브러리 목록이 나타남	CTRL + L
SAS 인포맷 목록이 나타남	CTRL + Shift + I
SAS 포맷 목록이 나타남	CTRL + Shift + F
칼라 선택을 위한 목록이 나타남	CTRL + Shift + C
통계적 키워드 목록이 나타남	CTRL + Shift + K
스타일 요소 목록이 나타남	CTRL + Shift + F3
스타일 속성 목록이 나타남	CTRL + Shift + F4
DATA 스텝 문장을 통해 생성되는 데이터셋의 이름이 나타남	CTRL + D

2.2.3. 매크로 편집기

EG의 **[매크로 편집기]**는 프로그램 창 내에서 반복적으로 입력되는 키보드 입력 내용을 저장해 두었다가 필요할 때 반복 실행할 수 있는 기능이다. 메뉴바에서 **[프로그램] > [매크로 및 Snippet 관리]**를 선택하면, 매크로를 기록하고 관리하며 실행하는 기능을 제공한다.

2.2.4. 약어 매크로 추가

[약어 매크로] 기능은 프로그램 창 내에서 반복적으로 사용되는 문장을 짧은 약어로 기록해두고 사용할 수 있는 기능이다. 이 기능은 메뉴바의 **[프로그램] > [새로운 Snippet]**을 통해 사용할 수 있다. 예를 들어, proc sql이라는 키워드를 pr이라는 문자열을 약어 매크로로 등록하면, 프로그램 창에서 pr을 입력한 후 Enter 키를 누르면 proc sql로 자동 변환된다.

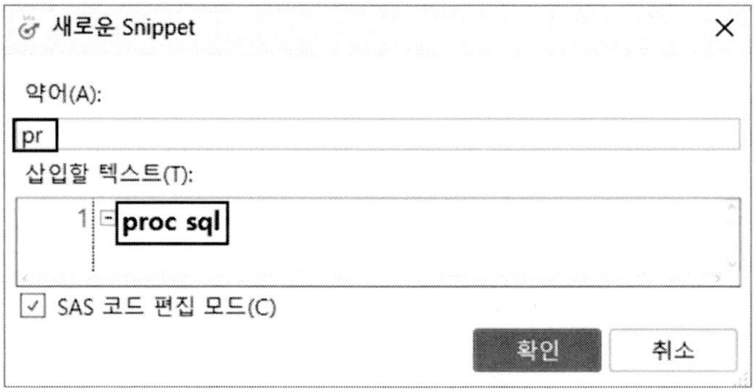

[그림 4. 46] 새로운 Snippet 화면 예시

2.2.5. 확장 편집기 키

메뉴바의 **[프로그램] > [확장 편집기 키]**를 선택하면, 프로그램 창에서 사용 가능한 기능에 대한 단축키 목록이 나타나는데, **키 할당** 버튼을 통해 각 기능에 정의되어 있는 단축키를 변경할 수 있다.

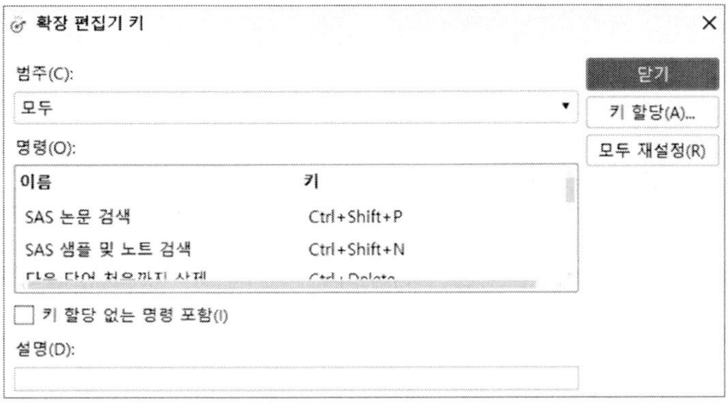

[그림 4. 47] 확장 편집기 키 창

2.2.6. 확장 편집기 옵션

메뉴바의 **[프로그램] > [편집기 옵션]**를 선택하면, 프로그램 창을 대상으로 다양한 옵션을 설정할 수 있다. 에디터의 모양, 자동 완성, 들어 쓰기 등 다양한 세부 옵션들을 설정할 수 있다.

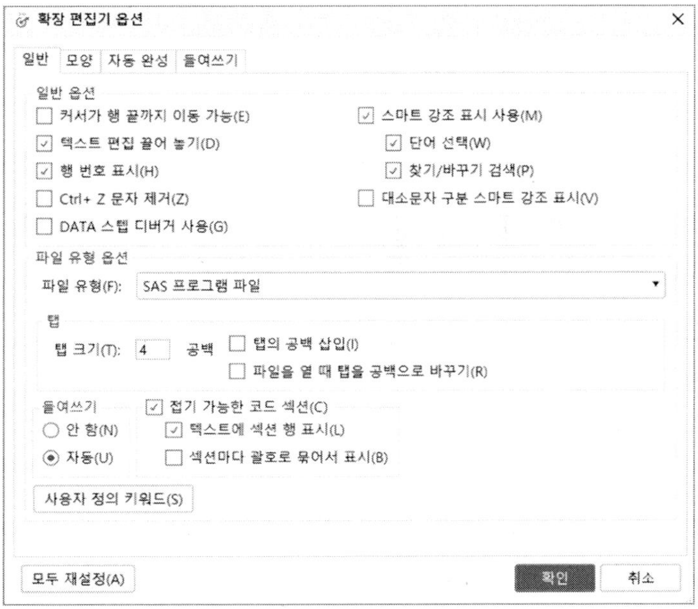

[그림 4. 48] 확장 편집기 옵션 창

2.2.7. 이미 존재하는 SAS 프로그램 열기

이미 만들어진 SAS 프로그램을 프로젝트에 포함하려면 메뉴바의 **[파일] > [열기]**를 선택하면 된다. 열고 싶은 SAS 프로그램을 검색한 후 "열기"를 클릭하면 작업 공간에 프로그램 창이 열리며, 해당 프로그램을 편집할 수도 있다.

2.2.8. 프로그램을 파일로 저장하기

EG에서 새로 만든 SAS 프로그램은 자동으로 EG 프로젝트에 삽입된다. 이는 프로그램 코드가 프로젝트 외부에 별도로 저장되지 않음을 의미한다.

SAS 프로그램을 프로젝트 외부에 저장하려면 작업 공간의 프로그램 창 도구 모음에서 **"저장"** 버튼을 클릭하거나, 프로세스 플로우에서 프로그램 아이콘을 우클릭한 후 **"프로그램을 다른 이름으로 저장"**을 선택하면 된다.

만약 프로그램을 파일로 따로 저장하면 프로젝트에 삽입되지 않을뿐더러, SAS EG는 프로그램을 변경하는 작업을 프로젝트 일부로 저장하지 않고, 생성된 프로그램 파일 안에 저장한다. 프로젝트 안의 프로그램 파일 아이콘을 보면 작은 화살표가 표시되어 있는데, 이는 실제 프로그램이 아니라 바로 가기()만 저장되어 있음을 뜻한다.

2.2.9. 프로젝트 안에 프로그램 삽입하기

파일로 존재하는 SAS 프로그램을 열면 EG는 기본적으로 이 코드 파일을 그대로 열어 프로그램 편집기를 통해 보여준다. 만약 프로그램 편집기에서 코드를 수정하고 저장하면, 변경 사항이 외부의 .SAS 프로그램에 반영된다.

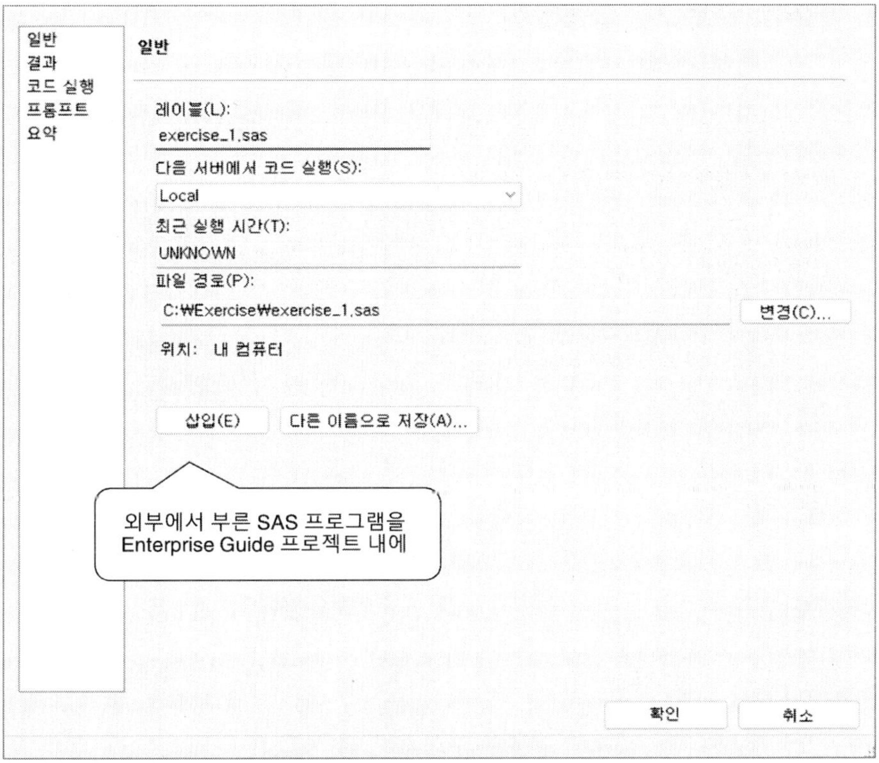

[그림 4. 49] SAS 프로그램 속성 창 예시

SAS 프로그램을 외부 파일로 유지하지 않고 **EG 프로젝트 내부에 포함**시키려면, 프로그램 속성 창을 열고 **삽입** 버튼을 클릭하면 된다. 프로그램을 삽입한 후에는 프로그램의 변경 내용이 외부 파일에 반영되지 않으며, 프로젝트의 일부분으로 저장된다. 또한 삽입된 코드의 아이콘 역시 코드 바로가기 아이콘 ()가 대신 코드 아이콘()으로 변경된다.

2.2.10. 프로그램 실행하기

프로그램 실행 준비가 완료되면, 작업 공간의 프로그램 창 도구 모음에서 **실행** 버튼을 클릭하면 된다. 기본적으로 설정된 서버에서 프로그램이 실행되며, 다른 서버에서 실행하려면 **서버 선택** 버튼을 클릭하여 변경할 수 있다.

프로그램 실행을 중지하려면 **중지** 버튼을 클릭하면 되며, 메뉴의 **프로그램** 탭에서도 프로그램 실행을 제어할 수 있다.

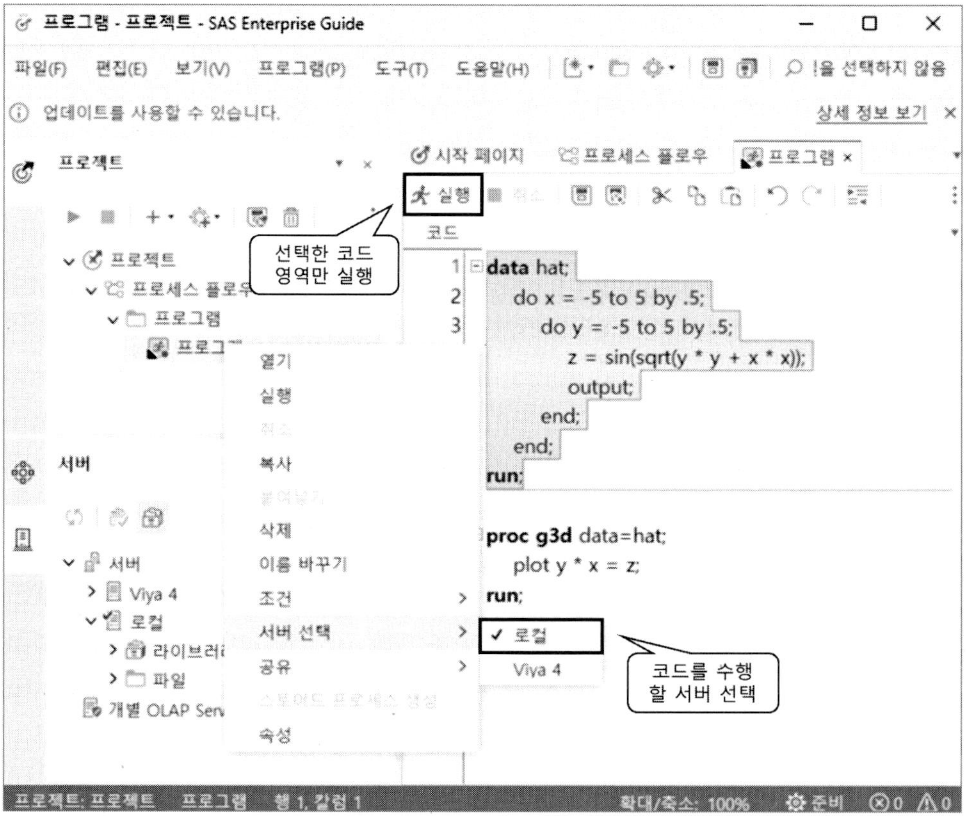

[그림 4. 50] 프로그램 실행 방법

2.2.11. 프로세스 플로우 생성 기능

EG에서 직접 생성한 분석 작업은 시각적인 프로세스 플로우로 표현되는 반면, 프로그램 창에서 입력한 SAS 코드는 하나의 긴 프로그램으로 저장된다. EG에서 제공하는 **프로세스 플로우 생성 기능**을 이용하면, 길고 복잡한 프로그램을 시각적인 프로세스 플로우로 변환할 수 있다.

[실습 4-5] 코드에서 프로세스 플로우 생성하기

1. EG에서. **[파일] > [열기] > [내 컴퓨터]**를 선택한 후, 로컬 PC의 C:\Program Files (x86)\SASHome\x86\SASEnterpriseGuide\8\Sample\Code 디렉토리에 있는 TopNCategories.sas 파일을 연다.

2. 프로그램 코드 창 상단의 도구 모음에서 **[프로그램 분석] > [프로그램 플로우 분석]**을 선택하면 SAS 프로그램 분석 창이 나타난다. 여기서 분석 시작 버튼을 누르면 코드가 나누어질 수 있는 세부 단위로 분석된다.

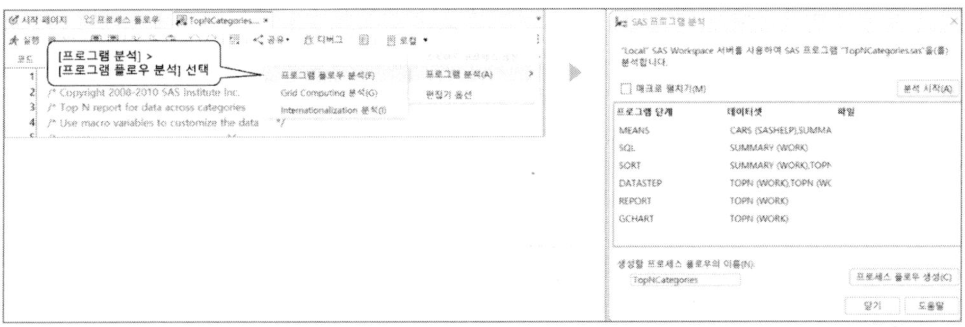

[그림 4. 51] 프로그램 플로우 분석 선택

3. 프로그램 분석이 끝나고 **프로세스 플로우 생성** 버튼을 누르면, 전체 **코드가 프로세스 플로우로 생성**된 것을 볼 수 있다.

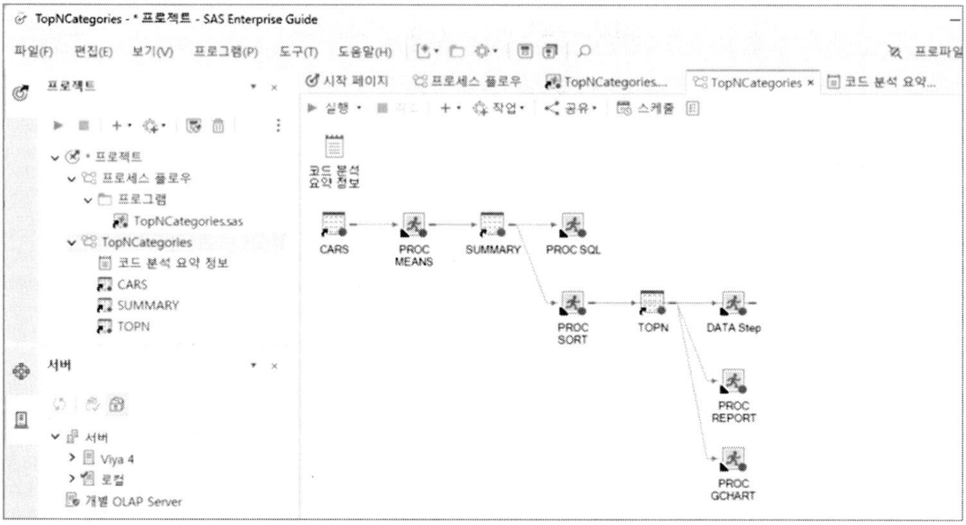

[그림 4. 52] 프로그램 플로우 생성 예시

> **TIP**
>
> **프로세스 플로우 생성 기능을 통해 만들어진 플로우 구성 단위**
>
> 프로세스 플로우 생성 기능을 사용하여 SAS 코드를 프로세스 플로우 형태로 변환하면, 플로우를 구성하는 각 노드는 EG의 작업(Task) 단위가 아니라 프로그램의 프로시저 단위로 생성된다.

2.3 프로젝트 스케줄링

EG는 생성한 프로젝트 혹은 프로세스 플로우를 대상으로 스케줄링 기능을 제공한다. 스케줄링 기능은 EG 프로젝트를 모두 완성했지만, 실행은 나중에 하고 싶을 때 활용할 수 있다. 예를 들어 정기적으로 업데이트되는 데이터 파일이 있을 때 새로 업데이트되는 데이터로 매주 한 번씩 프로젝트를 실행시키고자 할 때, 또는 분석하고자 하는 데이터 파일의 크기가 매우 클 때 프로젝트를 야간에 실행시켜서 SAS EG가 업무 시간에 서버 리소스를 차지하지 않도록 하고자 할 때 스케줄링 기능을 활용할 수 있다.

2.3.1. 스케줄 창 열기

완성된 EG 프로젝트 혹은 프로세스 플로우를 스케줄링하기 위해서는 먼저 프로젝트를 저장하여 '. egp' 파일을 생성해야 한다. 프로세스 플로우를 스케줄링 할 때는 메뉴바에서 **[스케줄]**을 선택하면 되고, 프로젝트를 스케줄링 할 때는 프로젝트 트리에서 프로젝트의 이름을 우 클릭한 후에 **[스케줄]**을 선택해주면 된다.

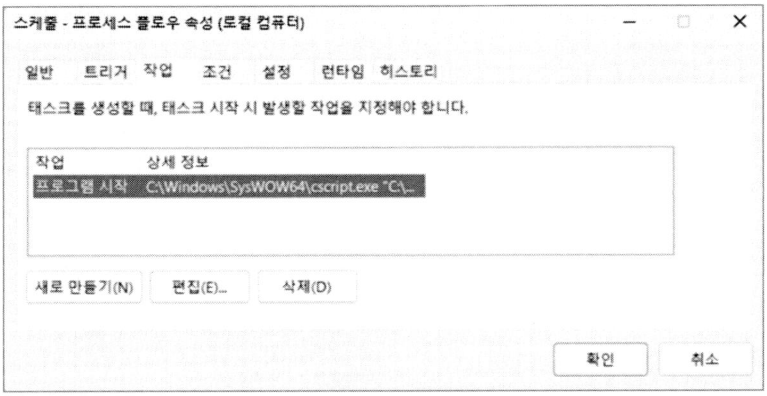

[그림 4. 53] 스케줄 창

프로젝트를 스케줄링 할 때, EG는 사용자 컴퓨터에 저장할 스크립트를 생성하는데, 스크립트의 이름과 저장 경로는 작업 항목에 표시된다.

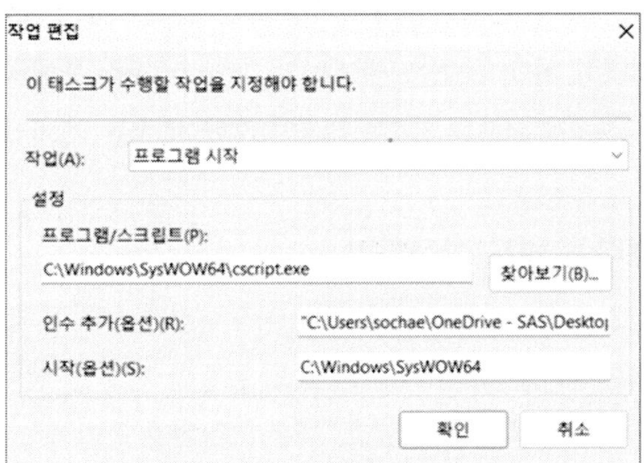

[그림 4. 54] 스케줄 창 – 편집

[편집] > [시작] 항목은 스크립트가 실행될 폴더를 보여주며, 컴퓨터의 이름과 사용자의 이름은 아래 그림의 **보안 옵션** 항목에 나타나게 된다.

[그림 4. 55] 스케줄 창 – 보안 옵션 설정

만약 사용자가 프로젝트를 실행할 때 로그온 되어 있지 않다면, 사용자의 로그인 여부와 관계없이 실행 옵션을 선택하고 확인 버튼을 통해 비밀번호를 설정해야 한다. (사용자 이름과 비밀번호는 컴퓨터에 로그온할 때 쓰는 것과 동일하게 지정한다.)

2.3.2. 실행하는 빈도 설정하기

EG가 언제 프로젝트를 실행할지를 지정하려면 **트리거** 탭을 클릭한다. **새로 만들기** 버튼을 클릭한 후 **설정**에서 프로젝트를 실행할 빈도를 선택한다. 특정 시간에 단 한 번만 실행하도록 설정할 수도 있고, 다음 그림처럼 정기적으로 계속 실행되도록 설정할 수도 있다.

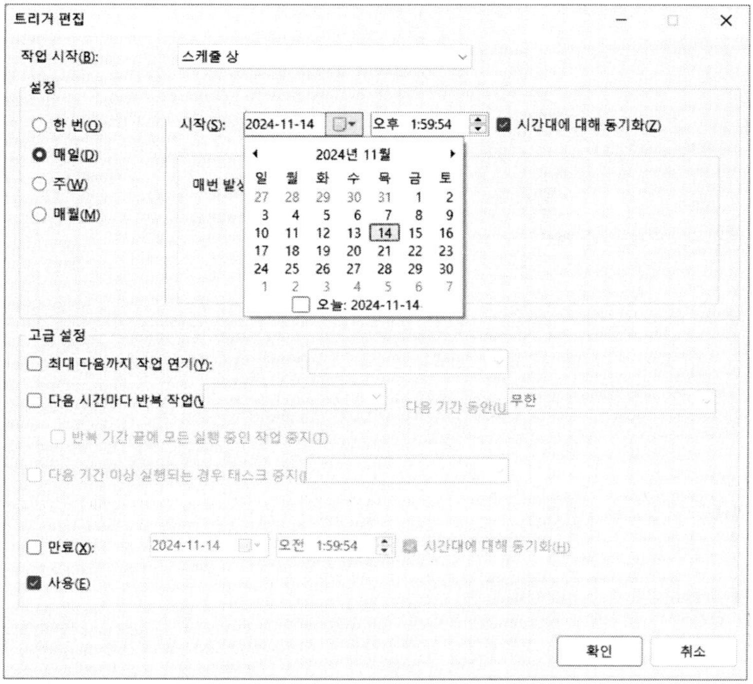

[그림 4. 56] 스케줄 창 - 트리거 편집

설정 칸을 통해 프로젝트가 실행될 시간을 설정할 수 있다. 오늘 이외의 날짜를 고르고 싶을 때는 시작 항목에 표시되는 달력을 통해 날짜를 지정하면 된다.

2.3.3. 기타 설정들

고급 설정 칸에서는 작업을 얼마나 연기할지, 언제 작업을 만료할지와 같은 추가적인 옵션들을 지정할 수 있다.

TIP

서버에서 EG프로젝트 실행하기

.egp 파일을 로컬 PC에 저장하고 스케줄을 설정했어도 지정한 프로젝트가 EG에서 열려 있거나 스케줄 된 시간에 PC의 전원이 꺼져 있으면 그 프로젝트는 실행되지 않는다. 만약 Windows 서버를 사용하는 환경에서는 PC에서 만든 egp파일을 Windows 서버로 옮겨 놓고 스케줄링을 설정하는 방법도 고려할 수 있다.

2.3.4. 스케줄링 실행 결과 보기

스케줄 기능을 통해 자동으로 실행된 결과를 보려면 실행이 완료된 이후에 프로젝트를 열어서 로그 등을 확인해 보면 된다.

2.4 스타일 관리자

결과 리포트의 색상이나 폰트, 정렬 방식, 이미지 등을 미리 정의한 것을 스타일이라고 한다. EG에서 사용자가 원하는 스타일을 생성하고 설정하여 문서의 전체적인 느낌을 변경할 수 있다. EG의 스타일 관리자는 사용자가 스타일을 생성하거나 수정할 수 있는 기능을 제공하는데, 기본 스타일로 설정된 내용은 SAS 리포트와 HTML 결과물 생성에 영향을 미친다. 다만, RTF나 PDF 결과 리포트는 스타일의 영향을 받지 않는다.

[실습 4-2] 나만의 스타일 생성하기

1. 메뉴바의 **[도구] > [스타일 관리자]**를 선택하여 스타일 관리자를 열 수 있다. 스타일 관리자에서는 왼쪽 칸에 사용 가능한 스타일 목록이 표시된다. 스타일 중 하나를 클릭하면, 오른쪽 칸에서 선택한 스타일이 적용된 화면을 미리 볼 수 있다.

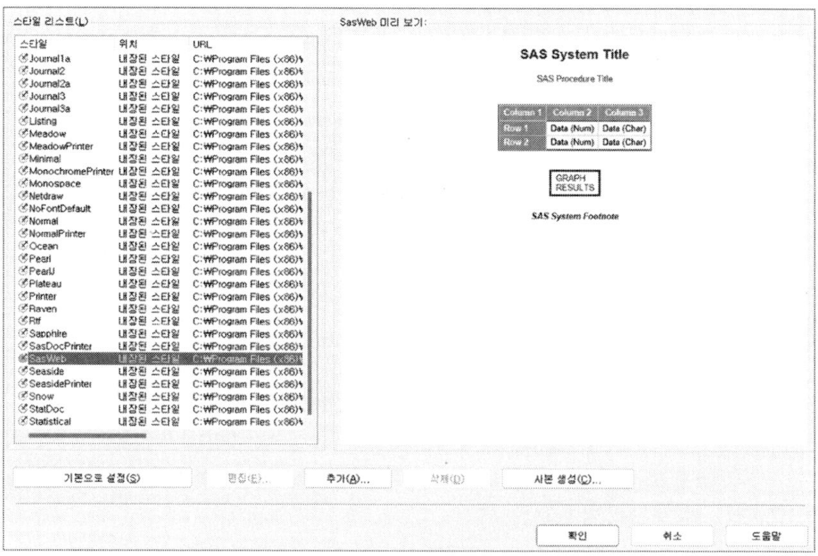

[그림 4. 57] 스타일 관리자 화면 예시

2. 이미 존재하는 스타일을 수정하기 위해서는 먼저 해당 스타일의 복사본을 만들어야 한다. 스타일 관리자 창에서 수정하려는 SasWeb 스타일을 선택하고, 사본 생성 버튼을 클릭한다.

3. 사본 생성 버튼을 누르면 스타일 복사본의 이름과 저장 위치를 지정할 수 있도록 '다른 이름으로 스타일 저장' 창이 뜬다. 파일명을 'SasWeb 사본.css'로 지정하여 저장한 후, 새로 생성한 'SasWeb 사본' 스타일을 선택하고 편집 버튼을 클릭한다.

4. 편집 버튼을 누르면 스타일 편집기가 열린다. 좌측의 미리 보기 영역에는 타이틀, 첫머리(headers), 데이터 셀 등의 현재 스타일이 표시된다. 이 영역에서 변경할 부분을 클릭하거나, 하단의 선택한 요소 리스트에서 편집할 스타일 요소를 선택할 수 있다. 오른쪽 영역에서는 선택한 요소의 글꼴, 색상, 정렬 방식 등의 속성을 설정할 수 있다.

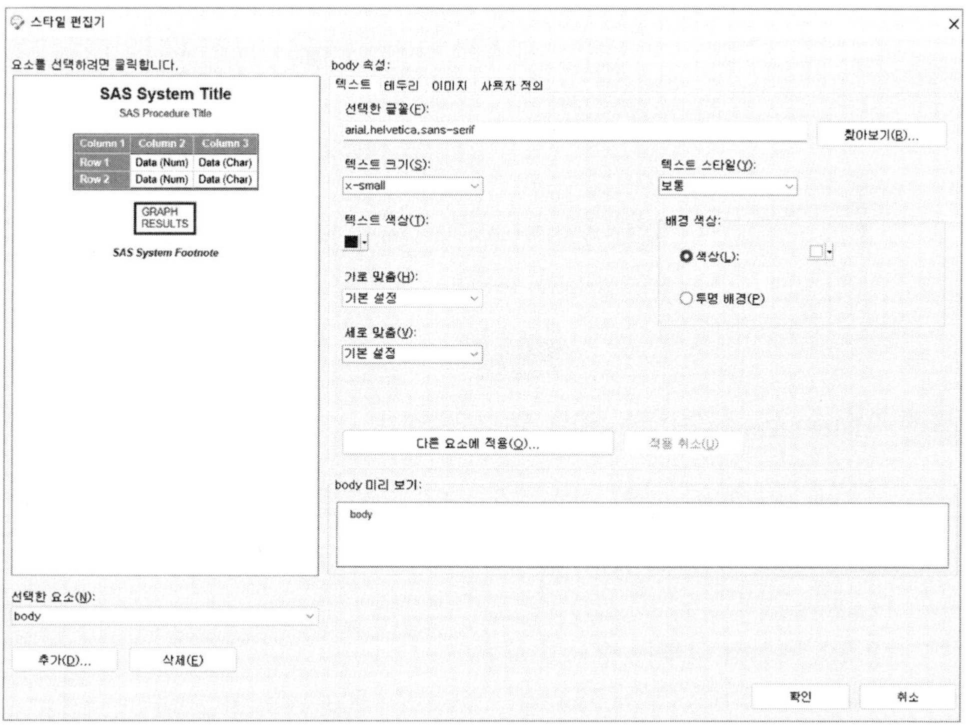

[그림 4. 58] 스타일 편집기 화면 예시

5. 왼쪽에서 SAS System Title을 선택한 후, 텍스트 스타일을 굵은 기울임꼴로 설정하고, 텍스트 크기를 14pt로 변경한다. 텍스트 스타일 변경뿐만 아니라 **테두리** 탭을 이용해 테두리를 제어할 수 있으며, **이미지** 탭을 통해 스타일에 이미지를 추가할 수도 있다.

6. 스타일 변경이 끝났다면 **확인** 버튼을 클릭한다. 새로 생성한 스타일이 적용되도록 하기 위해 'SasWeb 사본' 스타일을 선택하고, 스타일이 결과 리포트에 기본적으로 적용되도록 **기본으로 설정** 버튼을 클릭한 후, 확인 창에서 **확인**을 눌러 스타일 편집을 종료한다.

7. 임의의 데이터 리스트 리포트를 생성하여 새로 만든 스타일이 적용되었는지 확인한다.

리포트 리스팅

행 번호	이름	성별	나이	키(단위: 인치)	몸무게(단위: 파운드)
1	앨리스	여	13	56.5	84.0
2	바바라	여	13	65.3	98.0
3	캐롤	여	14	62.8	102.5
4	제인	여	12	59.8	84.5
5	자넷	여	15	62.5	112.5
6	조이스	여	11	51.3	50.5
7	주디	여	14	64.3	90.0
8	루이스	여	12	56.3	77.0
9	메리	여	15	66.5	112.0

[그림 4. 59] 데이터 리스트 리포트 스타일 적용 예시

2.5 Enterprise Guide 옵션 창 설정하기

옵션 창을 통해 EG의 다양한 기본 설정을 변경할 수 있다. 옵션 창을 열려면 메뉴바에서 [도구] > [옵션]을 선택한다.

2.5.1. 데이터 다루는 방식 바꾸기

데이터 관련 옵션을 보려면 옵션 창의 왼쪽에서 **[데이터] > [일반]** 섹션을 클릭한다. 칼럼이 많은 데이터 테이블을 다룰 때, 알파벳 순으로 정렬하면 원하는 칼럼을 쉽게

찾을 수 있다. 작업 창에서 칼럼을 알파벳 순으로 정렬하려면 **[작업 창 및 질의 빌더에서 칼럼을 알파벳 순서로 표시]** 옵션을 선택한다. 기본적으로 데이터 그리드에서는 칼럼명을 레이블이 아닌 칼럼 이름으로 표시한다. 이 설정을 변경하려면 **[칼럼 이름 대신 레이블 사용]** 옵션을 선택하면 된다. 원격 서버에서 대용량 데이터를 처리할 때는 **[프로젝트에 데이터 추가할 때 자동으로 데이터 열기]** 옵션의 체크를 해제하면 실행 속도를 높일 수 있다.

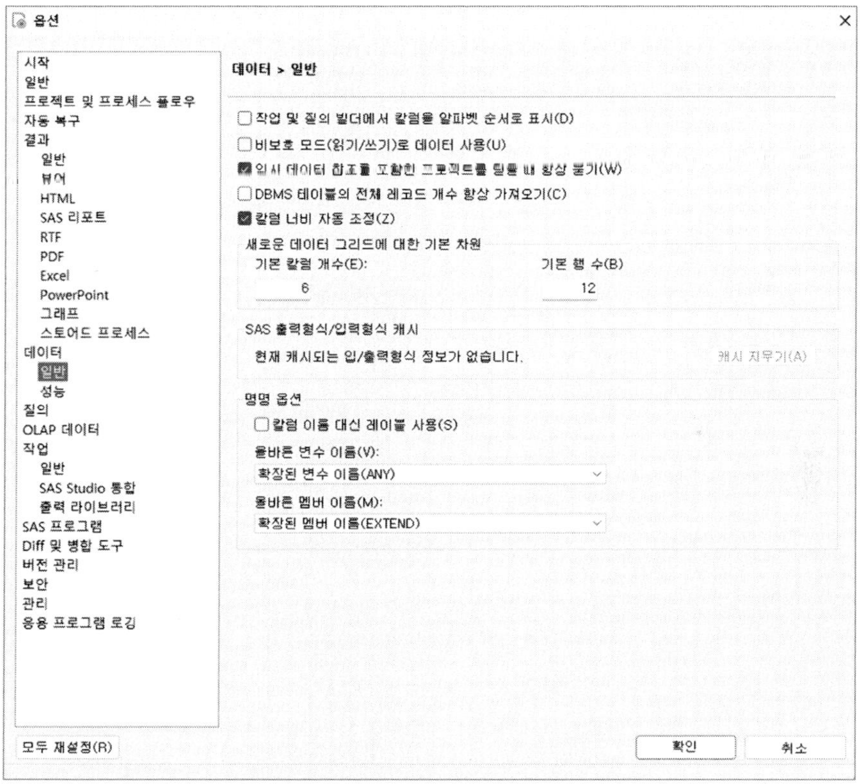

[그림 4. 60] 옵션-칼럼 이름 대신 레이블 사용

2.5.2. 기본 설정의 제목(title) 및 주석(footnote) 바꾸기

기본 제목과 주석을 변경하려면 옵션 창의 왼쪽에서 **[작업] > [일반]** 섹션을 클릭한다. 이 섹션에서 제목과 주석을 새롭게 설정하거나 공백으로 지정할 수 있다. 일부

작업에서는 사용된 SAS 프로시저 이름이 결과물에 포함될 수도 있다. 이 경우, 결과물에 *The FREQ Procedure* 또는 *The ANOVA Procedure*와 같은 제목이 표시될 수 있다. 이러한 제목을 제거하려면 **[결과에 SAS 프로시저 제목 포함]** 옵션의 체크를 해제하면 된다.

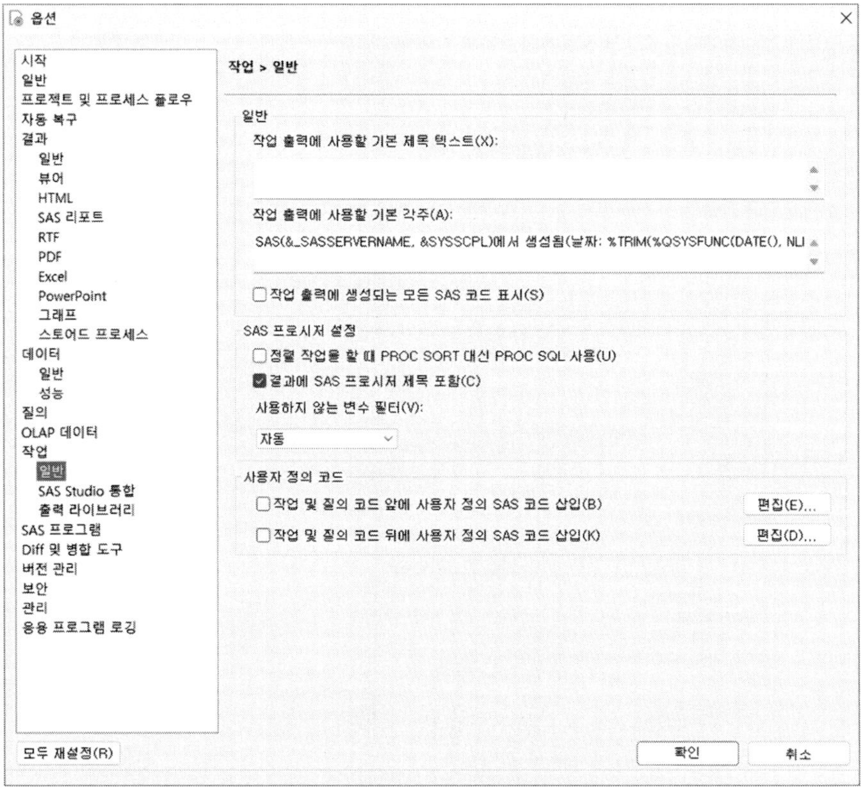

[그림 4. 61] 옵션 – 결과에 SAS 프로시저 제목 포함 옵션

2.5.3. 기본 설정의 결과 포맷과 스타일 바꾸기

기본적으로 설정된 결과 포맷을 변경하려면 옵션 창의 왼쪽에서 **[결과] > [일반]** 섹션을 선택해 열어야 한다. 이곳에서 사용자가 원하는 모든 결과 포맷을 선택할 수 있다. 선택 가능한 포맷으로는 *SAS Report*, *HTML*, *PDF*, *RTF*, *Text Output* 등이 있다. 또한, 기본적으로 설정된 결과 스타일을 변경하려면 옵션 창의 왼쪽에서 *PDF*와

같이 포맷의 이름으로 된 섹션을 클릭한 후, 원하는 스타일을 선택하면 된다.

2.5.4. 사용자 정의 코드

EG에서는 작업을 통해 자동으로 생성되는 코드의 앞이나 뒤에 사용자가 정의한 코드를 삽입할 수 있다. 예를 들어, **[옵션] > [작업] > [사용자 정의 코드]**에서 **"작업 및 질의 코드 앞에 사용자 정의 SAS 코드 삽입"** 항목의 **[편집]** 버튼을 누르고, options compress=yes;를 입력하면 EG에서 생성되는 모든 SAS 데이터셋이 자동으로 압축되도록 설정할 수 있다.

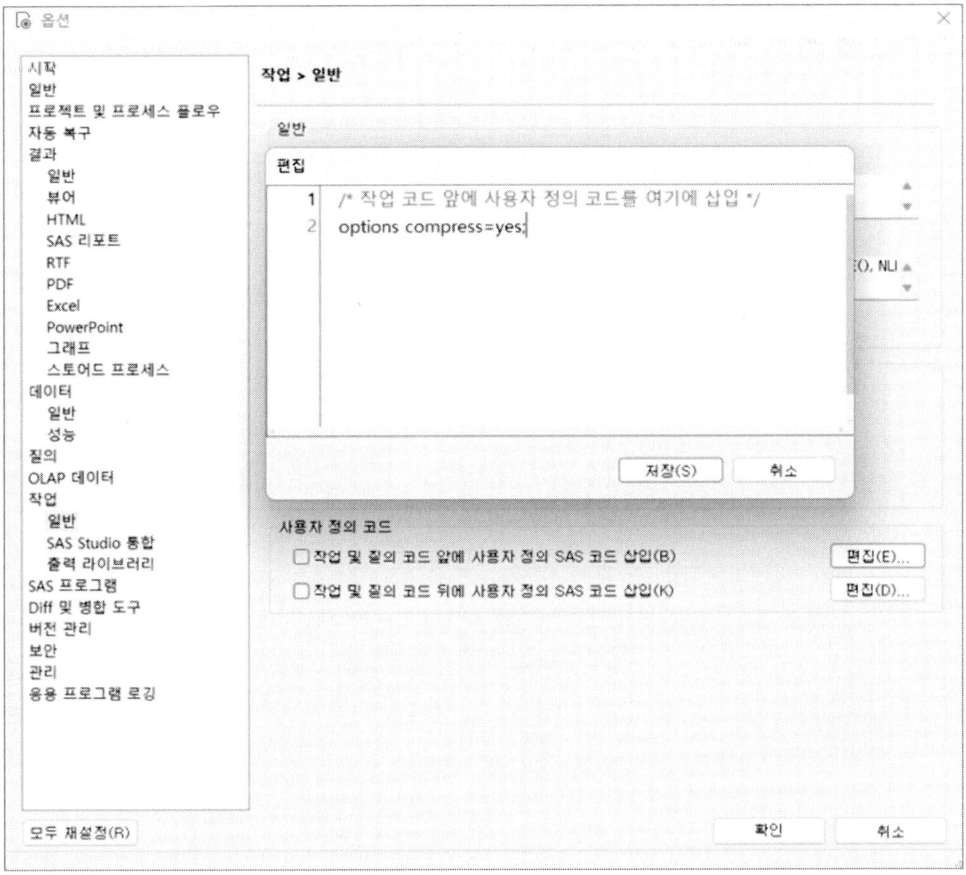

[그림 4. 62] 옵션 – 사용자 정의 코드

2.5.5. 코드를 자동으로 실행하기

자동으로 실행하고 싶은 SAS 코드가 있다면, 왼쪽의 [SAS 프로그램] 섹션을 클릭한다. **[SAS 코드 추가]**에서 원하는 옵션을 선택한 후 **[편집]** 버튼을 클릭하면 코드 입력 창이 나타난다. 여기에 원하는 코드를 입력한 후 **[저장]**을 클릭하면 해당 코드가 자동으로 실행된다.

특히, **[서버가 연결될 때 SAS 코드 실행]** 옵션은 LIBNAME 구문을 자동 실행하는 데 매우 유용하다. 또한, 왼쪽의 **[사용자 정의 코드]** 섹션을 통해 작업 전후에 실행할 코드를 지정할 수도 있다.

03 | 알아두면 유용한 팁

3.1 EG를 서버에 연결하기

EG를 서버에 연결하기 위해서는 hosts 파일 등록 및 port 확인이 필요하다.

8561, 8591 port 가 정상적으로 open 되어 있는지 확인한 후 아래 가이드에 따라 hosts 파일에 등록해야 한다.

1. 관리자 권한으로 메모장 실행 > 파일 > 열기 > C:\Windows\System32\drivers\etc 경로로 이동 > 모든 파일

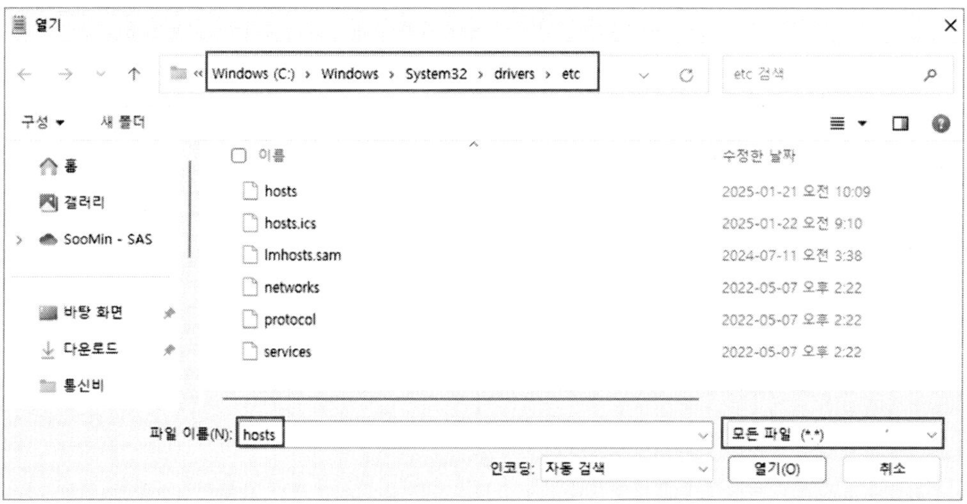

[그림 4. 63] hosts 파일 위치

2. hosts 파일 열기

3. 연결할 SAS 서버 IP 와 호스트명 등록 > 저장

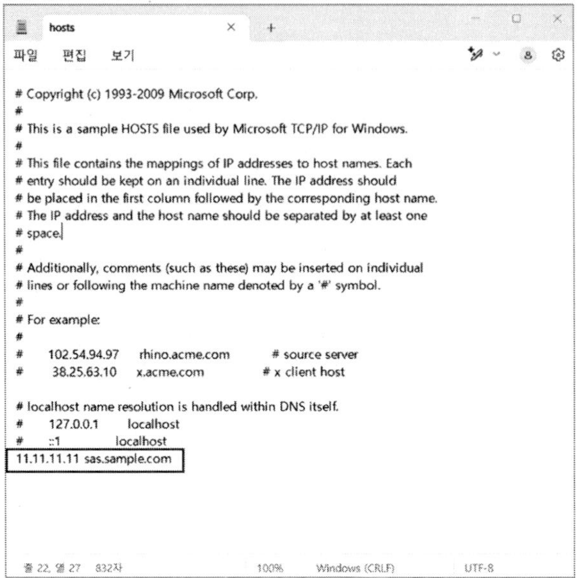

[그림 4. 64] hosts 파일 예시

4 SAS Enterprise Guide > 메뉴바 > 도구> 연결

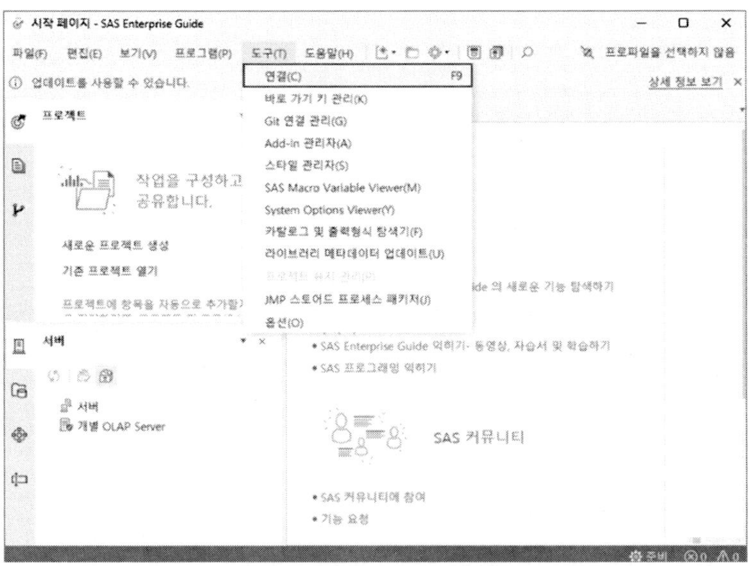

[그림 4. 65] 도구 – 연결 선택

5. 추가 클릭

6. 프로파일

이름: 프로파일 이름

컴퓨터: 연결할 컴퓨터 호스트명

입력 포트: 8561(설치 시 Metadata 서버 포트)

사용자: 서버 연결에 사용할 계정 ID

암호: 서버 연결에 사용할 계정 PW 입력

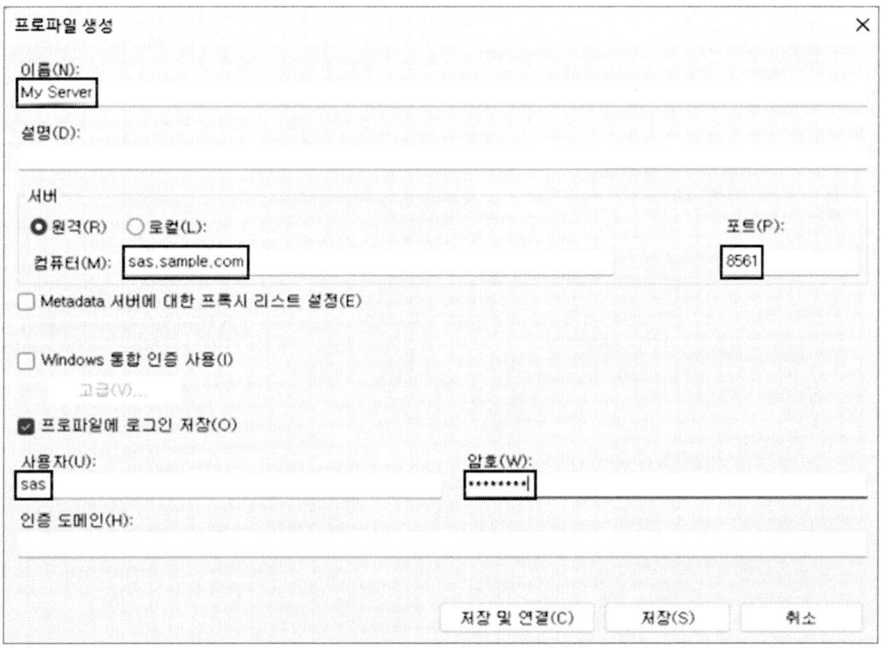

[그림 4. 66] 연결-프로파일 생성

7. 활성화 설정 클릭

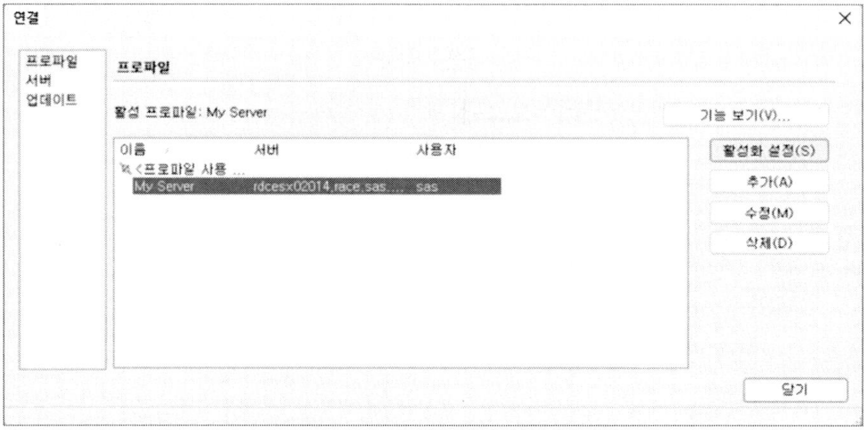

[그림 4. 67] 연결 – 활성화 설정

8. 연결 상태 확인

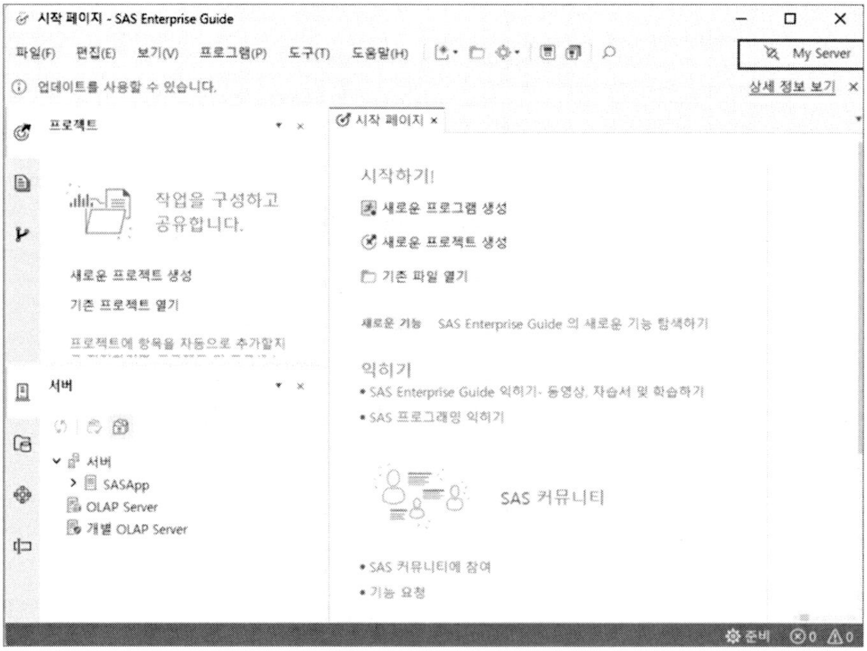

[그림 4. 68] 연결 상태 확인

3.2 텍스트 파일의 숫자 데이터에서 따옴표(" ")를 제거하는 방법

SAS 데이터셋을 텍스트 파일로 내보낼 때, 숫자 데이터에서 따옴표(" ") 가 포함된 경우가 있다. 이를 제거하기 위해 EG 에서 **도구 > 옵션 > 데이터 > 성능 > 텍스트 형식으로 데이터 저장할 때 스키마 정보 포함**을 체크한다. 다만, 문자와 숫자 모두 따옴표를 제거하는 기능은 존재하지 않으므로 텍스트 파일로 내보낸 후, 직접 제거해야 한다.

3.3 SAS 라이브러리 경로 확인 방법

서버 리스트에서 SAS 테이블이 있는 라이브러리를 오른쪽 마우스로 클릭한 뒤 속성을 확인하거나 새로운 프로그램에 아래의 코드를 실행한 후 로그를 확인하여 찾을 수 있다.

코드	libname <라이브러리명> list;
결과	실행 문장 : libname work list; 실행 결과 : NOTE: 라이브러리 참조= WORK 범위= Kernel 엔진= V9 액세스= TEMP 물리적 경로= C:\Users\koronk\AppData\Local\Temp\SAS Temporary Files_TD17984_KORONK_ 파일 이름= C:\Users\koronk\AppData\Local\Temp\SAS Temporary Files_TD17984_KORONK_

3.4 EG 인터페이스에서 한글이 깨져서 보이는 현상

Windows의 한글 설정이나 폰트파일에 문제가 생겼을 가능성이 높다. Windows의 한글 설정을 확인하고, 정상적으로 보이는 다른 사용자의 PC에서 아래 폴더의 폰트들을 복사해서 추가한 뒤 메뉴를 재확인한다.

```
C:\Windows\Fonts
```

3.5 알아두면 유용한 옵션들

상황	방법
EG 메뉴 영문 변경	[도구] > [옵션] > [일반] > 영어 변경 후 EG 재시작
자동 실행 코드 (Autoexec.sas) 편집	[도구] > [옵션] > [SAS 프로그램] > [서버가 연결될 때 SAS 코드 실행 체크] > [편집] > 자동 실행 코드 편집한 뒤 EG 재시작
Typing이 느린 경우	[도구] > [옵션]의 "하드웨어 랜더링 실행" 해재 후 재시작

04 | 자주 발생하는 오류 현상

4.1 권한 오류

원인	EG에 연결한 계정에 권한이 없는 경우
메시지	…PUBLIC user is lacking basic authorization to continue…
조치	개별 계정을 OS에 생성한 뒤, SAS Management Console 에도 해당 계정을 등록

4.2 IP 주소/호스트명 오류

원인	SAS 서버의 IP 주소 또는 호스트명이 잘못 설정되어 있는 경우
메시지	…The machine name could not be resolved to an IP address… Metadata 서버에 연결할 수 없습니다
조치	그림 4.64를 참조하여 아래 경로의 파일에 정확한 IP 주소 / 호스트명 작성
경로	C:\Windows\System32\drivers\etc\hosts

4.3 라이선스 만료 오류

원인	EG 프로파일 설정 없이 로컬로 사용할 때 SAS 제품의 라이선스가 만료된 경우
메시지	…System.Runtime.InteropServices.COMException (0x80080005): 서버 실행이 실패했습니다…
조치	SAS 9.4 (한국어) 가 정상적으로 실행되는지 확인하고 라이선스 갱신

4.4 시스템 요구사항 오류

원인	시스템 요구사항에 관련된 파일이 정상적으로 설치되지 않은 경우
메시지	…응용 프로그램을 제대로 초기화하지 못했습니다(0xc0000135). 응용 프로그램을 마치려면 [확인]을 클릭하십시오
조치	C:\SAS Software Depot 아래 1. \products\dotnet로 시작하는 Microsoft .NET 프레임워크 관련 파일 설치 2. \products\vcredist 로 시작하는 Microsoft Visual C++ 관련 파일 설치 3. \products\vsto로 시작하는 Microsoft Visual Studio 관련 파일 설치
예시	1. \products\dotnet48__99130__prt__xx__sp0__1\w32\native\ndp48-x86-x64-allos-enu.exe 2. \products\vcredist2019__99130__prt__xx__sp0__1\w32\native\VC_redist.x86.exe\ 3. \products\vsto10__93202__prt__xx__sp0__1\w32\native\setup.exe

4.5 라이브러리 오류

원인	Metadata 서버에 라이브러리가 등록 되어있지만 EG에는 할당되지 않은 경우
메시지	ERROR: 라이브러리 '<라이브러리명>'이(가) 할당되지 않았습니다.
조치	라이브러리 선택 > 마우스 우클릭 > 할당 클릭(더블 클릭하면 자동 할당)

4.6 구성정보 파일 오류

원인	EG의 구성정보가 있는 파일이 손상된 경우
메시지	The repository identifier is invalid. A Reposit parameter must be of the form A0000001.XX
조치	SAS 관련 프로그램을 모두 종료하고 아래 경로를 삭제한 뒤 EG 재시작
경로	C:\Users\<user id>\AppData\Roaming\SAS\Enterprise Guide\x.x
참고	AppData 폴더가 보이지 않을 경우 윈도우 탐색기에서 폴더에 대해 숨김 파일, 폴더 및 드라이브 표시를 선택

4.7 사용자 프로파일 오류

원인	EG 사용자 프로파일에 문제가 있는 경우
메시지	Metadata 서버에 연결할 수 없습니다.
	SAS Enterprise Guide을(를) 닫아야 합니다. … '.', 16진수 값 0x00은(는) 잘못된 문자입니다. 줄 1, 위치 1…
	ERROR: 루트 요소가 없습니다.
조치	SAS 종료 후 아래 경로 삭제 후 EG 재실행
경로	C:\Users\<user id>\AppData\Roaming\SAS

4.8 Excel registry key 오류

원인	마이크로소프트 오피스의 Excel registry key에 오류가 있는 경우
메시지	Microsoft.Office.Interop.Excel.ApplicationClass 형식의 COM 개체를 인터페이스 형식 'Microsoft.Office.Interop.Excel.Application'(으)로 캐스팅할 수 없습니다. 라이브러리가 등록되지 않았습니다.
조치	마이크로소프트 오피스 삭제 후 재설치

4.9 Excel 파일 오류

원인	한글 SAS에서 UTF-8 인코딩 된 Excel 파일을 읽을 때 인식할 수 없는 문자가 포함되어 있는 경우
메시지	ERROR: Failed to transcode data from U_UTF8_CE to U_EUC_KR_CE encoding because it contained characters which are not supported by your SAS session encoding
조치	EG > 도구 > 옵션 > SAS 프로그램 > "서버가 연결될 때 SAS코드 실행" > "편집" > options NORSASIOTRANSERROR; 코드 추가

4.10 사용자 폴더 오류

원인	C:\사용자 폴더의 사용자 속성의 '숨김' 활성화된 경우
메시지	…\TaskBrowserOptions.xml 경로에 대한 엑세스가 거부되었습니다.
조치	윈도우 탐색기 > C:\사용자 폴더 오른쪽 마우스클릭 > 속성 > 숨김 비활성화

4.11 SAS Metadata 서버 오류

원인	SAS Metadata 서버의 포트가 열려 있지 않은 경우
메시지	Metadata 서버에 연결할 수 없습니다
조치	포트 번호8561(Metadata 서버), 8591(Workspace 서버)를 각각 방화벽에서 양방향으로 개방

부록

SAS 포맷과 함수

부록에서는 Enterprise Guide를 사용하는 데 필요한 포맷과 함수를 다룬다. 인포맷은 데이터를 입력받을 때 소스 데이터의 형태를, 포맷은 보여지는 데이터의 형태를 정의하는 방법이다. 또한 분석 과정에서 자주 사용될 수 있는 SAS의 주요 함수 및 Enterprise Guide의 각 작업에 해당하는 SAS 프로시지를 정리하였다.

01 | SAS 인포맷(Informat)

SAS 인포맷(informat 혹은 input format이라고도 한다)은 텍스트나 엑셀 등의 외부 데이터를 SAS Enterprise Guide가 어떻게 해석할지를 설정하는 개념이다. 사용자는 데이터를 SAS 프로그램이나 데이터 그리드에 가져올 때, 각 칼럼(변수)별로 인포맷을 명시할 수 있다.

아래는 SAS Enterprise Guide에서 사용 가능한 주요 인포맷들이다.

Informat	정의	너비의 범위	기본 너비
문자			
$w.	앞 공백 잘라내고 문자형 데이터 읽기	1-32,767	None
$UPCASEw.	문자형 데이터 대문자로 바꾸기	1-32,767	8
날짜, 시간, Datetime			
ANYDTDTEw.	어떤 형태이든지 날짜 읽기 - 날짜가 애매모호할 때는 DATESTYLE 시스템 옵션 사용하여 결정	5-32	9
DATEw.	ddmonyy 나 ddmonyyyy 형태의 날짜 읽기	7-32	7
DATETIMEw.	ddmonyy hh:mm:ss.ss 형태의 datetime 읽기	13-40	18
DDMMYYw.	ddmmyy 나 ddmmyyyy 형태의 날짜 읽기	6-32	6
JULIANw.	yyddd 나 yyyyddd 형태의 줄리안력 읽기	5-32	5
MMDDYYw.	mmddyy 나 mmddyyyy 형태의 날짜 읽기	6-32	6
TIMEw.	hh:mm:ss.ss 형태의 시간 읽기(24시간 시계)	5-32	8
숫자			
w.d	표준 수치형 데이터 읽기	1-32	None
COMMAw.d	중간의 , 와 $ 제거하고 접두어는 마이너스 부호로 바꿔 읽기	1-32	1
PERCENTw.	%를 비율로 바꿔서 읽기	1-32	6

아래의 예들은 입력 데이터가 인포맷에 따라 어떻게 나오는지를 보여준다. 나오는 결과물들은 별도의 출력 형태가 지정되지 않은 상태의 값들이다.

Informat	Input 데이터	결과	Input 데이터	결과
문자				
$10.	Lassen	Lassen	St. Helens	St. Helens
$UPCASE10.	Lassen	LASSEN	St. Helens	ST. HELENS
날짜, 시간, Datetime				
ANYDTDTE10.	01jan1961	366	31.01.1961	396
	1961001	366	01/31/61	396
DATE9.	1jan1961	366	31 jan 61	396
DATETIME14.	1jan1960 10:30	37800	1jan1961 10:30	31660200
DDMMYY10.	01.01.1961	366	31/01/61	396
JULIAN7.	1961001	366	61031	396
MMDDYY10.	01-01-1961	366	01/31/61	396
TIME8.	10:30	37800	10:30:15	37815
숫자				
5.1	1234	123.4	-12.3	-12.3
COMMA10.0	$1,000,001	1000001	(1,234)	-1234
PERCENT5.	5%	0.05	(20%)	-0.2

02 | SAS 포맷

SAS 포맷(혹은 display format)은 어떤 형태로 데이터를 보여줄지를 설정하는 개념이다. 사용자는 데이터 그리드의 열 속성, 작업, 질의에서 포맷을 적용할 수 있다. 아래는 Enterprise Guide에서 사용 가능한 주요 포맷이다.

Format	정의	너비의 범위	기본 너비
문자			
$UPCASEw.	문자형 데이터 대문자로 바꾸기	1-32,767	변수의 길이 혹은 8
$w.	표준 문자형 데이터 쓰기 - 문자형 데이터의 기본	1-32,767	변수의 길이 혹은 1
날짜, 시간, Datetime			
DATEw.	ddmonyy 나 ddmonyyyy 형태의 날짜 쓰기	5-9	7
DATETIMEw.d	ddmmmyy:hh:mm:ss.ss 형태의 datetime 쓰기	7-40	16
DTDATEw.	ddmonyy 나 ddmonyyyy 형태의 datetime 쓰기	5-9	7
EURDFDDw.	dd.mm.yy 나 dd.mm.yyyy 형태의 날짜 쓰기	2-10	8
JULIANw.	Yyddd 나 yyyyddd 형태의 율리안역 날짜 쓰기	5-7	5
MMDDYYw.	Mm/dd/yy 나 mm/dd/yyyy 형태의 날짜 쓰기 - 날짜의 기본 포맷	2-10	8
TIMEw.d	Hh:mm:ss.ss 형태의 시간 쓰기 - 시간의 기본 포맷	2-20	8
WEEKDATEw.	Day-of-week, month-name dd, yy 나 yyyy 형태의 날짜 쓰기	3-37	29
WORDDATEw.	Month-name dd,yyyy 형태의 날짜 쓰기	3-32	18
숫자			
BESTw.	SAS 시스템이 가장 알맞은 포맷을 고름 - 숫자형에 대한 기본 설정	1-32	12
COMMAw.d	숫자들을 comma와 함께 입력	2-32	6
DOLLARw.d	앞에 $를 붙이고 세 자리마다 comma로 구분 - 통화에 대한 기본 설정	2-32	6
Ew.	과학적 기수법에서의 숫자를 쓰기	7-32	12
EUROXw.d	앞에 €를 붙이고 세 자리마다 점(.)으로 구분	2-32	6
PERCENTw.d	숫자형 데이터를 퍼센트로 쓰기	4-32	6
w.d	표준 수치형 데이터 쓰기	1-32	none

아래의 예들은 포맷 형식에 의해 포맷을 지정하지 않은 데이터들이 어떻게 바뀌는지를 보여준다.

Format	데이터의 값	결과	데이터의 값	결과
문자				
$UPCASE10.	Lassen	LASSEN	St. Helens	ST. HELENS
$6.	Lassen	Lassen	St. Helens	St. He
날짜, 시간, Datetime				
DATE9.	366	01JAN1961	396	31JAN1961
DATETIME16.	37800	01JAN60:10:30	2629800	31JAN60:10:30
DTDATE9.	37800	01JAN1960	2629800	31JAN1960
EURDFDD10.	366	01.01.1961	396	31.01.1961
JULIAN7.	366	1961001	396	1961031
MMDDYY10.	366	01/01/1961	396	01/31/1961
TIME8.	37800	10:30:00	37815	10:30:15
WEEKDATE15.	366	Sun, Jan 1, 61	396	Tue, Jan 31, 61
WORDDATE12.	366	Jan 1, 1961	396	Jan 31, 1961
숫자				
BEST10. BEST6.	1000001 1000001	1000001 1E6	-12.34 100001	-12.34 100001
COMMA12.2	1000001	1,000,001.00	-12.34	-12.34
DOLLAR13.2	1000001	$1,000,001.00	-12.34	$-12.34
E10.	1000001	1.000E+06	-12.34	-1.234E+01
EUROX13.2	1000001	€1.000.001,00	-12.34	€-12.34
PERCENT9.2	0.05	5.00%	-1.20	(120.00%)
10.2	1000001	1000001.00	-12.34	-12.34

03 | SAS 함수 모음

다음의 표는 자주 사용되는 SAS 함수의 형태와 그에 대한 정의다. 각 함수에 대한 보다 자세한 사용 방법 및 추가적인 함수에 대한 설명은 SAS의 도움말을 참조한다.

함수 이름	함수의 형태	정의
	수리적인 함수	
LOG	LOG(수치값)	자연 로그
LOG10	LOG10(수치값)	상용로그(밑이 10인 로그)
	기술 통계량	
MAX	MAX(수치값, 수치값, …)	결측 아닌 가장 큰 값
MEAN	MEAN(수치값, 수치값, …)	결측 아닌 값들의 산술평균
MIN	MIN(수치값, 수치값, …)	결측 아닌 가장 작은 값
SUM	SUM(수치값, 수치값, …)	결측 아닌 값들의 합
	문자	
LENGTH	LENGTH(문자값)	공백이 아닌 마지막 글자의 위치를 알려준다(결측값의 길이는 1).
SUBSTR추출	SUBSTR(문자값, 위치, n)	'문자값'의 '위치'에서 'n'개 글자만큼의 문자를 추출한다. 'n'이 생략되면 끝까지 추출한다.
TRANSLATE	TRANSLATE(문자값,to-1,from-1,…,to-n, from-n)	문자값의 from-1에 해당하는 부분을 to-1의 해당하는 부분으로 바꾼다. 1대1 대체만 가능하다.
UPCASE	UPCASE(문자값)	문자값을 모두 대문자로 바꿔준다.
	날짜와 날짜 시간	
DATEPART	DATEPART(SAS datetime 값)	날짜시간 값을 날짜 값으로 변환
DAY	DAY(SAS 날짜값)	SAS 날짜 값이 가지는 일자를 반환
MDY	MDY(월, 일, 년)	월, 일, 년 값을 입력하여 SAS 날짜 값을 반환
MONTH	MONTH(SAS 날짜값)	SAS 날짜 값이 가지는 월(1-12)을 반환
QTR	QTR(SAS 날짜값)	SAS 날짜 값이 가지는 분기(1-4)을 반환
TODAY	TODAY()	SAS 날짜 값으로 오늘의 날짜를 반환
DATDIF	DATDIF(시작일, 종료일, 'act/act')	두 날짜간의 일자 수의 차
WEEKDAY	WEEKDAY(SAS 날짜값)	일-토가 1-7의 값으로 나타남
INTNX	INTNX('날짜인터벌',SAS 날짜값, n>	SAS 날짜값으로부터 n에 해당하는 날짜 인터벌(YEAR, MONTH, WEEK..) 이후의 시작일 값을 반환
	데이터 형 변환	
PUT	PUT(숫치값, 포맷)	숫자를 문자 데이터로 변환
INPUT	INPUT(문자값, 포맷)	문자를 숫자 데이터로 변환

아래는 위 함수들을 적용한 예이다.

함수 이름	예	결과	예	결과
수리적인 함수				
LOG	LOG(1)	0.0	LOG(10)	2.30259
LOG(10)	LOG10(1)	0.0	LOG10(10)	1.0
기술 통계량				
MAX	MAX(9.3,8,7.5)	9.3	MAX(−3,.,5)	5
MEAN	MEAN(1,4,7,2)	3.5	MEAN(2,.,3)	2.5
MIN	MIN(9.3,8,7.5)	7.5	MIN(−3,.,5)	−3
SUM	SUM(3,5,1)	9.0	SUM(4,7,.)	11
문자				
LENGTH	LENGTH('hot lava')	8	LENGTH('eruption')	8
SUBSTR추출	SUBSTR('(916)734−6281',2,3)	'916'	SUBSTR('TOUR12',5)	'12'
TRANSLATE	TRANSLATE('6/16/2004','−','/')	'6−16−2004'	TRANSLATE('hot lava','j','l')	'hot java'
UPCASE	UPCASE('St. Helens')	'ST. HELENS'	UPCASE('Fuji')	'FUJI'
날짜와 날짜시간				
DATEPART	DATEPART(86400)	1	DATEPART(31536000)	365
DAY	DAY(0)	1	DAY(290)	17
MDY	MDY(1,1,1960)	0	MDY(10,17,1960)	290
MONTH	MONTH(0)	1	MONTH(290)	10
QTR	QTR(0)	1	QTR(290)	4
TODAY	TODAY()	오늘 날짜	TODAY()−1	어제 날짜
DATDIF	DATDIF(TODAY(),TODAY()+1,'act/act')	1	DATDIF(INPUT('20111220',ANYDTDTE8.),INPUT('20111225',ANYDTDTE8.),'act/act')	5
WEEKDAY	WEEKDAY(TODAY())	5	WEEKDAY(TODAY()+1)	6
INTNX	INTNX('week',TODAY(),0)	이번주의 시작일 (일요일)	(INTNX('month',TODAY(),1))−1	이번달의 월말일
데이터 형 변환				
PUT	PUT(123, 3.)	'123'	PUT(TODAY(), YYMMN6.)	'201101'
INPUT	INPUT('123', 3.)	123	INPUT('20111225',ANYDTDTE8.)	18986

04 | Enterprise Guide의 작업 vs. SAS 프로시저

Enterprise Guide의 각 작업을 통해 수행되는 SAS 프로시저는 다음과 같다.

작업 중분류	작업 소분류	SAS 프로시저
데이터	필터 및 정렬	SQL
데이터	질의 빌더	SQL
데이터	데이블 추가	SQL
데이터	데이터 정렬	SORT
데이터	출력형식 생성	FORMAT
데이터	데이터셋에서 출력형식 생성	FORMAT
데이터	전치	TRANSPOSE
데이터	칼럼 분할	TRANSPOSE
데이터	칼럼 세로 배열	TRANSPOSE
데이터	확률표본	SURVEYSELECT
데이터	순위 계산	RANK
데이터	데이터 표준화	STANDARD
데이터	데이터셋 속성	DATASETS
데이터	데이터 비교	COMPARE
데이터	데이터셋 및 출력형식 삭제	DELETE
데이터	데이터 파일을 서버에 업로드	DATA STEP
데이터	데이터 파일을 컴퓨터에 다운로드	DATA STEP
데이터	JMP 파일 가져오기	IMPORT
데이터	SPSS 파일 가져오기	IMPORT
데이터	STATA 파일 가져오기	IMPORT
기술	데이터 리스트	PRINT
기술	요약통계량 마법사	MEANS
기술	요약통계량	MEANS
기술	요약테이블 마법사	TABULATE
기술	요약테이블	TABULATE
기술	리스트 리포트 마법사	REPORT

작업 중분류	작업 소분류	SAS 프로시저
기술	데이터 특성화	CONTENTS, UNIVARIATE, FREQ
기술	분포분석	UNIVARIATE
기술	일원빈도분석	FREQ
기술	테이블 분석	FREQ
그래프	막대그래프 마법사	GCHART
그래프	막대그래프	GCHART
그래프	원그래프 마법사	GCHART
그래프	원그래프	GCHART
그래프	선도표 마법사	GPLOT
그래프	선도표	GPLOT
그래프	산점도	GPLOT, G3D
그래프	산점도 행렬	SGSCATTER
그래프	영역도표	GPLOT
그래프	막대-선 그래프	GBARLINE
그래프	버블도표	GPLOT
그래프	도넛 그래프	GCHART
그래프	등고선도표	GCONTOUR
그래프	상자도표	GPLOT
그래프	레이더 그래프	GRADAR
그래프	표면도	G3D
그래프	타일 그래프	GTILE
그래프	지도 그래프	GMAP
그래프	지도용 데이블 생성	GPROJECT
분산분석	t-검정	TTEST
분산분석	일원분산분석	ANOVA, GPLOT
분산분석	비모수적 일원분산분석	NPAR1WAY
분산분석	선형모형	GLM
분산분석	혼합모형	MIXED
회귀	선형회귀	REG
회귀	비선형회귀	NLIN
회귀	로지스틱회귀	LOGISTIC
회귀	일반화선형모형	GENMOD

작업 중분류	작업 소분류	SAS 프로시저
다변량분석	상관분석	CORR
다변량분석	정준상관분석	CANCORR
다변량분석	주성분분석	PRINCOMP
다변량분석	요인분석	FACTOR
다변량분석	군집분석	CLUSTER, TREE, FASTCLUS
다변량분석	판별분석	DISCRIM
생존분석	생명표 분석	LIFETEST
생존분석	비례위험분석	PHREG
공정능력분석	히스토그램	CAPABILITY
공정능력분석	확률도표	CAPABILITY
공정능력분석	P-P 도표	CAPABILITY
공정능력분석	Q-Q 도표	CAPABILITY
공정능력분석	CDF 도표	CAPABILITY
관리도	평균 및 범위관리도	SHEWHART
관리도	평균 및 표준편차관리도	SHEWHART
관리도	개별 측정값관리도	SHEWHART
관리도	상자관리도	SHEWHART
관리도	불량율관리도	SHEWHART
관리도	불량개수관리도	SHEWHART
관리도	단위당 결점수관리도	SHEWHART
관리도	결점수관리도	SHEWHART
파레토 그래프	파레토 그래프	PARETO
시계열	시계열 데이터 생성	EXPAND
시계열	기본 예측 모형	FORECAST
시계열	ARIMA 모형개발 및 예측	ARIMA
시계열	자기회귀 오차가 있는 회귀분석	AUTOREG
시계열	패널 데이터의 회귀분석	TSCSREG
시계열	시계열 데이터 생성 마법사	TIMESERIES
데이터 마이닝	모델 스코어링	DATA STEP
데이터 마이닝	Rapid Predictive Model	여러 가지 Data Mining 프로시저
기타	프로젝트 라이브러리 할당	LIBNAME
기타	라이브러리 메타데이터 업데이트	METALIB

찾아보기

영문

한글

제2판

SAS Enterprise Guide

기능편

손쉽게 따라 하는 SAS 가이드

이 책은 SAS Enterprise Guide를 처음 접하는 입문자와 기존 사용자 모두를 위한 실습 중심 입문서입니다. 이번 개정판에서는 최신 SAS EG에 맞춰 전면적으로 내용을 보완하였고, 실제 산업 현장에서 활용할 수 있는 분석 사례와 '응용' 파트를 새롭게 추가했습니다. 1권 기능편에서는 SAS EG의 주요 기능을 중심으로 데이터 불러오기, 가공, 시각화, 리포트 생성까지 실무에 필요한 내용을 단계별로 설명하였고, 2권 분석편에서는 기초 통계부터 다변량 분석까지 다양한 분석 기법을 예제와 함께 쉽게 따라 할 수 있도록 구성하였습니다. SAS 에반젤리스트의 노하우를 담아 누구나 데이터 분석의 첫걸음을 자신 있게 내딛을 수 있도록 도운 이 책이, 여러분의 여정에 든든한 동반자가 되기를 바랍니다.

ISBN 979-11-5808-716-6 값 40,000원(통권)

SAS Enterprise Guide

손쉽게
따라 하는
SAS 가이드

SAS 에반젤리스트 저
김소연 · 류연서 · 엄선현
이재일 · 정재민 · 정준혁
채수민 · 최정윤 · 한노아

분석편

제2판

자유아카데미

SAS Enterprise Guide

손쉽게 따라 하는 SAS 가이드

SAS 에반젤리스트 지음
김소연·류연서·엄선현
이재일·정재민·정준혁
채수민·최정윤·한노아

분석편

제2판

자유아카데미

SAS 에반젤리스트

김소연 | 류연서 | 엄선현 | 이재일 | 정재민
정준혁 | 채수민 | 최정윤 | 한노아

SAS 에반젤리스트는 Big Data 기반의 CRM, 데이터마이닝, Fraud 방지, 비즈니스 최적화, 비즈니스 인텔리전스, 데이터 통합, SAS 문제 해결 등을 담당하고 있는, 한국싸스소프트웨어의 SAS 전문가로 구성된 팀입니다.

SAS Enterprise Guide 제2판

손쉽게 따라 하는 SAS 가이드

저 자 SAS 에반젤리스트
발 행 인 김지영
발 행 처 자유아카데미
주 소 경기도 파주시 회동길 37-42 파주출판도시
전 화 031-955-1321
팩 스 031-955-1322
홈페이지 www.freeaca.com
전자우편 main@freeaca.com (대표)
editor@freeaca.com (편집)
crm@freeaca.com (영업)
등 록 제406-2003-017호, 1980. 7. 12
제2판1쇄 2025년 6월 5일 발행

저자와의 협의하에 인지생략

ISBN 979-11-5808-716-6 93310

추천사

존경하는 독자 여러분, 그리고 SAS를 사랑해주시는 모든 분들께

세계적인 데이터 및 AI 선도 기업인 SAS(www.sas.com)의 한국 법인, SAS코리아가 올해 창립 35주년을 맞이했습니다. 오랜 역사와 전통 속에서 SAS코리아는 배움에 대한 뜨거운 열정을 기업 문화의 중요한 가치로 삼아왔습니다. 제가 2002년 6월, 대한민국이 한일 월드컵에서 4강 신화를 이룬 시기에 SAS코리아에 입사하여 마케팅 업무와 금융 영업대표로서 데이터 및 통계 분석 솔루션 시장에 첫발을 내디뎠을 때, 동료들과 밤낮없이 SAS 비즈니스 솔루션을 연구하며 열띤 토론을 나누던 기억이 아직도 생생합니다. 이러한 끊임없는 학습 문화는 SAS코리아가 눈부신 성장을 이루는 든든한 토대가 되었다고 믿습니다. 그리고 오늘, 대표이사로서 다시 이 자리에서 SAS의 빛나는 인재들과 함께 배우고 토론할 수 있게 된 것을 진심으로 기쁘게 생각합니다.

오늘, SAS의 대표적인 제품인 SAS Enterprise Guide에 대한 훌륭한 안내서, 『손쉽게 따라 하는 SAS Enterprise Guide 제2판』이 출간된 것을 진심으로 축하드립니다. 이 책은 SAS 제품에 대한 깊은 애정을 바탕으로 자발적으로 모인 사내 동호회 'SAS 에반젤리스트' 여러분의 열정과 노력의 결실입니다. 귀한 시간과 정성을 쏟아 이 책을 집필해 주신 모든 에반젤리스트 여러분께 깊이 감사드립니다.

SAS Enterprise Guide는 오랜 시간 동안 고객 여러분의 꾸준한 사랑을 받아온 SAS의 대표 제품이자, SAS의 핵심 가치를 가장 잘 담고 있는 솔루션입니다. 복잡한 데이터 분석의 장벽을 낮추어 누구나 쉽고 빠르게 데이터로부터 의미 있는 통찰을 얻고 가치를 창출할 수 있도록 돕는 SAS Enterprise Guide는 오늘날에도 여전히 강력한 경쟁력을 자랑합니다. 이미 많은 고객들이 SAS Enterprise Guide를 통해 업무 프로세스를 혁신하고, 협업을 증진하며, 새로운 비즈니스 가치를 창출하고 있습니다.

이번에 출간된 『손쉽게 따라 하는 SAS Enterprise Guide 제2판』은 바로 이 SAS Enterprise Guide를 더욱 깊이 이해하고, 실무에 효과적으로 적용할 수 있도록 친절히 안내하는 최고의 길잡이가 될 것입니다. 아울러 이 책은 SAS의 빛나는 과거를 이어받아

미래로 나아가는 SAS 인재들의 열정과 노력이 고스란히 담긴 값진 결과물이기도 합니다. 이 책을 통해 더 많은 분들이 데이터라는 광활한 세계로 나아가는 여정에서 원하는 목적지를 향해 힘차게 나아가시기를 진심으로 응원합니다.

감사합니다.

한국쌔스소프트웨어(유) 대표이사 이중혁

추천사

데이터 과학과 통계 분석의 중요성이 그 어느 때보다 부각되는 시대에 출간된 『손쉽게 따라 하는 SAS Enterprise Guide 제2판』은 초보자부터 실무자까지 폭넓은 독자층을 위한 탁월한 실습 안내서입니다. 핵심 기능을 체계적으로 소개한 기능편, 다양한 통계 기법을 실무 중심으로 설명한 분석편, 금융·공공·제조 등 산업별 사례를 담은 응용 파트까지, 실제 업무에 바로 적용 가능한 구성은 이 책의 가장 큰 강점입니다. SAS Korea 에반젤리스트의 열정이 깃든 이 책이 통계와 데이터 과학의 대중화에 소중한 디딤돌이 되기를 기대합니다.

강기훈 교수, 한국외국어대학교 통계학과, 한국통계학회 회장

SAS Enterprise Guide의 핵심 기능을 체계적으로 정리하고, 다양한 산업 분야의 실전 분석 사례까지 폭넓게 다룬 이번 개정판은 데이터 분석을 처음 접하는 입문자부터 현업에서 분석을 수행하는 실무자까지 모두에게 유익한 안내서입니다. GUI 기반 환경에서 데이터 불러오기, 전처리, 시각화, 리포팅을 손쉽게 수행할 수 있도록 구성되어 있으며, 금융, 보험, 공공, 제조, 유통 등 다양한 산업군의 실제 분석 시나리오를 통해 실무 적용력을 높였습니다. 특히, 분석 기법에 대한 이론적 설명과 예제 중심의 실습 구성이 탁월하여, 독자 스스로 분석 역량을 체계적으로 쌓아갈 수 있습니다. 실질적인 인사이트를 도출하고, 데이터를 기반으로 가치 창출을 고민하는 모든 분석 실무자에게 꼭 권하고 싶은 책입니다.

고영현 데이터사이언스 실장/상무, 롯데카드

『SAS Enterprise Guide 제2판』의 출판을 진심으로 축하드립니다. 메리츠화재의 경우 본사 내근직이 SAS EG를 통하여 비정형 자료 및 실적 데이터를 자유롭게 추출하여 활용하고 있습니다. 이번 개정판에는 제품 설명 및 사용 방법이 매우 상세히 설명되어 있어 처음 사용하는 유저라고 해도 누구라도 SAS EG를 이해할 수 있고, 핵심 기능부터

심층 분석 기법까지 체계적으로 안내되어 도움이 됩니다. 특히, 새롭게 추가된 분석 응용 파트에서는 금융, 공공, 보험, 제조, 유통 다양한 산업 분야의 실제 분석 사례를 제시하여 실무 역량을 강화하는 데 큰 도움이 될 것이라 기대됩니다. SAS 사용자라면 읽어보실 만한 유용한 지침서라고 확신합니다.

김재희 차장, 메리츠화재 IT 개발파트, SAS Enterprise Guide 사용자

데이터는 해석될 때 비로소 가치를 지닙니다. SAS Enterprise Guide는 요즘 Low Code 트렌드에 맞게 복잡한 코드 없이도 강력한 분석의 세계로 사용자를 이끄는 SAS의 대표적인 도구입니다. GUI 기반의 직관적인 환경은 초보자에게는 친절함을, 숙련자에게는 효율성을 제공합니다. 이 책은 SAS Enterprise Guide를 알기 쉽게 풀어낸 안내서로, 데이터 기반 의사결정을 고민하는 모든 이들에게 든든한 길잡이가 되어줄 것입니다. 데이터 분석의 장벽을 낮추고 통찰의 문을 열어주는 이 도구와 책이 만나, 더욱 많은 이들이 데이터의 힘을 경험하게 되기를 기대합니다.

최병정 전무, 에이아이웍스 AIX 사업개발본부,
전 하나카드 AI/데이터 총괄 임원, SAS 에반젤리스트 창립 리더

대학에 입학해 처음으로 SAS를 접한 이후, 어느덧 30년 가까운 시간을 함께해 왔습니다. 데이터 분석가라 하면 곧 SAS 사용자라는 등식이 성립하던 시절을 살면서 저 역시 당연하게 SAS를 사용했고, 자부심도 가졌던 것 같습니다. SAS는 직관적이고 간결한 문법으로 다양한 통계 기법을 활용할 수 있도록 설계된 사용자 친화적인 철학이 고스란히 담긴 도구인 것 같습니다. 이처럼 실용적인 관점에서 사용자들에게 도움이 될 만한 책이 출간되어, 기쁜 마음으로 진심 어린 축하와 응원의 인사를 전합니다.

홍내리 파트장, CPC 전략실, 삼성생명

들어가며

SAS Enterprise Guide(이하 EG)는 'Low-code/No-code'라는 용어가 회자되기 훨씬 이전부터 LCNC의 가치를 묵묵히 추구해 온 분석 도구입니다. 비즈니스에 대한 깊이 있는 이해가 데이터와 만났을 때 얼마나 놀라운 통찰과 가치를 창출할 수 있는지, SAS EG는 오랜 시간 현장에서 증명해 왔습니다. 많은 실무 분석가들이 '코딩'이라는 장벽을 넘어 데이터 분석의 세계로 나아가는 데 있어, SAS EG는 든든한 발판이 되어주었습니다. 이러한 이유로 지금도 많은 고객께서 SAS EG 학습 방법과 참고할 만한 교재에 대해 꾸준히 문의를 주고 계십니다.

SAS EG는 일단 익숙해지면 매우 직관적이고 강력한 도구입니다. 어떤 분석 툴이든 사용법을 익히면 더 능숙하게 다룰 수 있는 것처럼, SAS EG 역시 좋은 안내서를 만난다면 그 잠재력을 훨씬 효과적으로 발휘할 수 있습니다. 그러나 아쉽게도 SAS EG를 전문적으로 다룬 서적은 시중에서 좀처럼 찾아보기 어려웠습니다. 이러한 갈증을 해소하고자, 과거 SAS 에반젤리스트 여러분께서 뜻을 모아 『손쉽게 따라하는 Enterprise Guide』를 출간한 바 있습니다. 이후에도 SAS EG는 꾸준히 발전하여 새로운 기능들이 추가되었고, 최신 버전의 기능을 반영한 새로운 지침서의 필요성이 커졌습니다. 이에 최신 SAS EG 8.0 버전에 맞춰 내용을 전면 개정하여 독자 여러분을 다시 만나 뵙게 되었습니다.

이번 개정판은 초판의 구성을 계승하여 '기능편'과 '분석편'으로 나뉘어져 있습니다. '기능편'에서는 SAS EG의 핵심 기능을 상세히 소개하고, 데이터를 효과적으로 불러오고 가공하며 시각화하는 방법을 체계적으로 안내합니다. '분석편'에서는 기초 통계부터 심화된 다변량 분석 기법까지 다양한 분석 방법론을 실제 예제 실습을 중심으로 설명하여 독자 여러분의 이해를 도왔습니다. 특히, 이번 개정판에는 '응용' 파트를 새롭게 추가하여 금융(로지스틱 회귀), 공공(범주형 자료 분석), 보험(상관분석 및 회귀분석), 제조(분산분석), 유통(군집분석) 등 다양한 산업 분야에서의 분석 사례를 제시하였고, 이를 통해 실제 현장에서 활용할 수 있는 분석 노하우를 전하고자 심혈을 기울였습니다.

각 실습에서 사용된 예제 데이터 파일은 My SAS 홈페이지(www.mysas.co.kr) 또는 자유아카데미 홈페이지(www.freeaca.com) 자료실을 통해 제공할 예정이니 참고하기를 바랍니다.

이 책이 세상에 나올 수 있도록 전폭적인 지지와 격려를 보내주신 SAS 코리아 이중혁 사장님께 진심으로 감사드립니다. 잊혀져가던 에반젤리스트 활동을 다시 일으켜 주시고, 집필에 전념할 수 있도록 아낌없이 지원해 주신 사장님께 깊은 존경과 감사의 말씀을 전합니다.

SAS 에반젤리스트는 R&D, 컨설팅, 기술지원 등 다양한 부서의 구성원들이 자발적으로 참여하는 사내 비공식 동호회입니다. 저희는 '동호회'라는 이름에 걸맞게, 업무 외 소중한 개인 시간을 들여 이 책을 집필했습니다. 마감 전에는 본업을 마친 늦은 밤까지도 머리를 맞대고 원고를 다듬는 날들이 이어졌습니다. 힘든 순간도 있었지만 지금은 모두 소중한 추억으로 남았습니다. 함께 땀 흘린 모든 SAS 에반젤리스트 구성원들에게 진심으로 고마움을 전합니다.

끝으로, 이 책을 선택해 주신 모든 SAS EG 사용자와 독자 여러분께 깊이 감사드립니다. 이 책이 여러분의 데이터 분석 여정에 든든한 동반자가 되어, 더 깊고 넓은 통찰의 세계로 나아가는 데 작은 보탬이 되기를 바랍니다.

2025년 6월
저자 일동

차 례

7장 산업별 시나리오 분석

1장

데이터 탐색

데이터 탐색은 데이터 분석의 토대가 되는 단계이다. 이 과정에서 각 변수를 요약하고 시각화하여 데이터에 대한 이해도를 높인다. 또한 이상점이나 영향점을 발견함으로써 다중공선성 문제나 분석의 오류를 줄일 수 있다. 더 나아가, 변수 간 중요도를 비교하여 분석 모델을 설계할 때 유용한 통찰을 얻을 수 있다.

01 기술통계량

데이터 특성 파악은 데이터 분석의 첫 단계이다. 데이터 특성은 통계량(statistic)을 통해 쉽게 파악할 수 있다. 통계량은 데이터를 기반으로 계산한 수치값으로, 대표적인 통계량에는 평균(mean), 분산(variance) 등이 있다.

[표 1.1] 기술통계량 종류

종류	항목
중심 위치 측도	평균, 중앙값, 최빈값
변이 측도(산포도)	분산, 표준편차, 범위, 사분위수, 변동계수
상대적 위치 측도	사분위수, 백분위수, -점수
비대칭도, 첨예도	왜도, 첨도

위 표에서 열거한 중심 위치, 변이, 상대적 위치, 비대칭도 등의 통계량을 통칭하여 **기술통계량**이라고 한다. 중심 위치 측도는 자료 전체를 대표하는 값으로 자료 분포 집중화의 경향을 나타내고 변이측도는 자료가 대표값으로부터 얼마나 흩어져 있는가를 의미한다. 비대칭도는 자료 분포가 좌우로 얼마나 대칭인지 나타내는 통계량으로 비대칭의 방향과 그 정도를 나타내며, 첨예도는 자료 분포 첨예의 정도를 나타내는 척도로 0에 가까울수록 정규분포와 비슷하고 양수일수록 뾰족하고 음수일수록 편평하다는 의미이다.

이러한 통계량들은 어느 것이 더 좋고 나쁘다고 할 수 없으며, 분석 목적과 종합적인 판단을 통해 가장 적합한 통계량을 이용하는 것이 최선이다.

Enterprise Guide는 연속형 변수에 대한 기술통계량과 범주형 변수에 대한 분포를 얻기 위한 요약통계량(PROC MEANS), 일원빈도분석(PROC FREQ), 분포분석(PROC UNIVARIATE) 등의 기능을 제공한다.

1.1 요약통계량

요약통계량은 숫자 변수의 관측치 개수, 최댓값, 최솟값, 평균, 표준편차 등의 일변량 기초통계량을 산출하거나 모집단 평균의 t-검정 등을 수행할 수 있다.

[실습 1-1] FITNESS 데이터를 이용하여 성별(Gender)에 따라 연령(Age)와 몸무게(Weight)에 대한 요약통계량을 산출해 보자.

1. [SASUSER] 라이브러리에 있는 [FITNESS] 데이터를 불러온다.

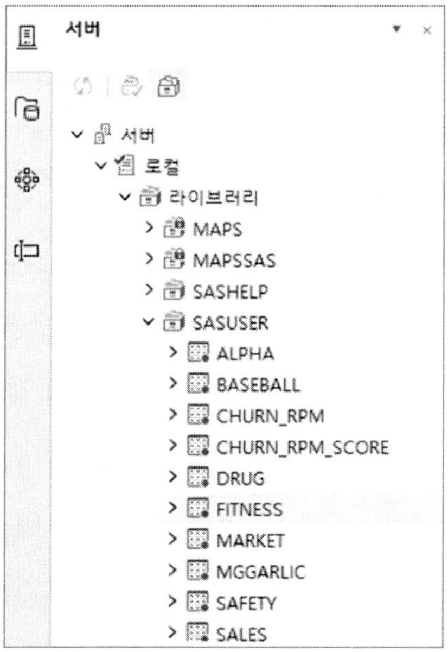

[그림 1. 1] 라이브러리 내 'FITNESS' 데이터

2. [작업] > [기술] > [**요약통계량**]을 실행한다.

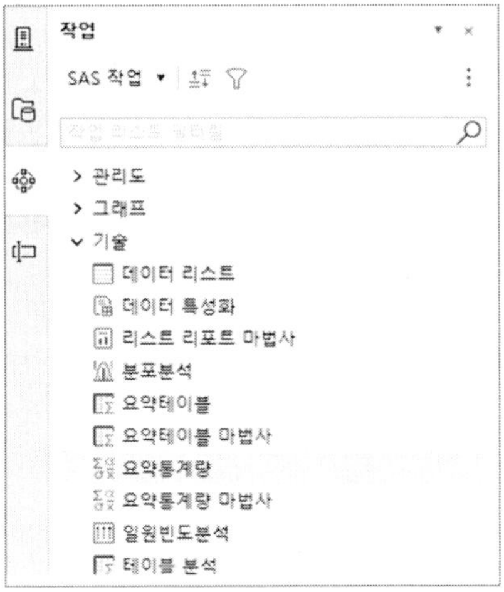

[그림 1. 2] 요약통계량

3. [**요약통계량**]의 각 항목에서 분석에 필요한 옵션을 선택한다.

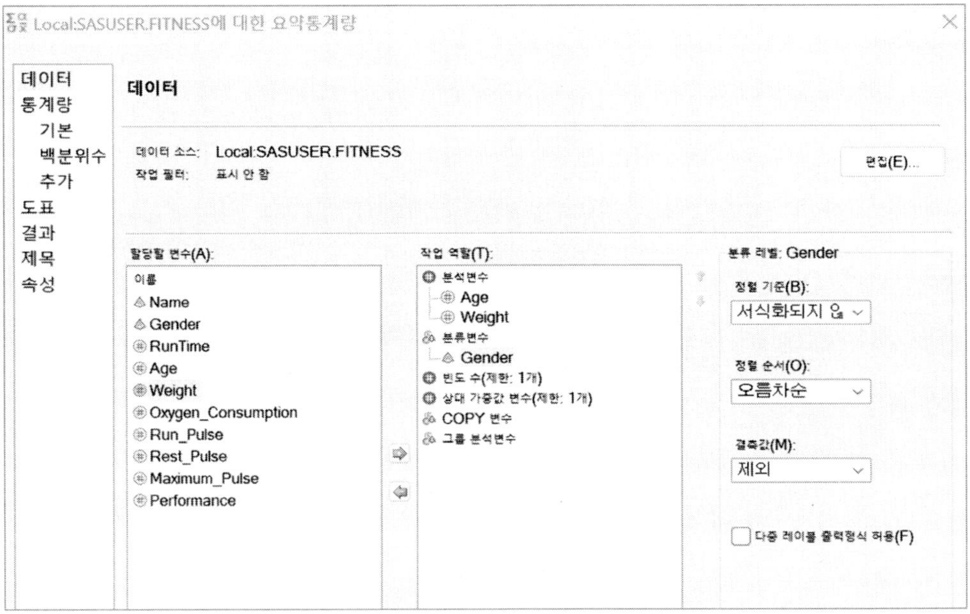

[그림 1. 3] 요약통계량 – 데이터(작업 역할 할당)

[데이터] 항목에서는 성별로 분석하기 위해 분류변수로 [Gender]를 할당하고, 연령과 몸무게의 기술통계량과 t-검정을 수행하기 위해 분석변수에 [Age]와 [Weight] 두 변수를 할당한다. 변수를 할당하는 방법은 앞의 기능 편에서 보았듯이 할당하고자 하는 변수를 선택한 후 원하는 곳으로 끌어다 놓기(Drag & Drop)하여 할당한다.

NOTE

요약통계량에서 [작업 역할]의 각 변수의 의미

- **분석변수(Analysis variables)**
  이 역할에 지정하는 각 변수의 통계량이 생성된다. 이 역할에는 변수를 하나 이상 할당해야 한다.
- **분류변수(Classification variables)**
  이 역할에 할당된 변수는 데이터를 범주 또는 하위 그룹으로 분류하는데 사용될 문자 또는 이산형 수자 변수이다.
- **빈도변수(Frequency count)**
  이 역할에 변수를 할당하면 테이블의 각 관측치들이 n개의 관측치를 나타내게 되며, 여기서 n은 해당 관측치의 빈도가 된다.
- **상대 가중값 변수(Relative weight)**
  이 역할에 변수를 지정하면 각 관측치의 변수값은 가중 평균, 가중 분산 및 가중합을 계산하는 데 사용된다.
- **COPY 변수(Copy variables)**
  이 역할에 지정한 변수는 출력 데이터셋에 추가 변수로 포함된다.
- **그룹 분석변수(Group analysis by)**
  이 역할에 지정된 변수는 그룹 분석변수의 값 조합에 대해 별도의 통계량을 계산하는 데 사용된다.

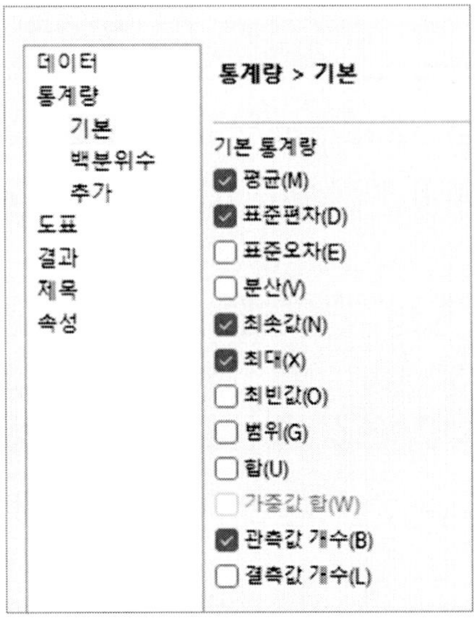

[그림 1. 4] 요약통계량 – 기본통계량

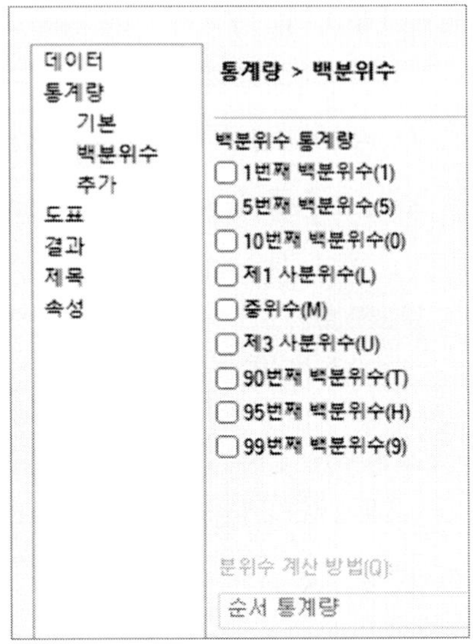

[그림 1. 5] 요약통계량 – 백분위수 통계량

[통계량]의 **[기본]** 옵션에서는 분석변수에 대해 산출하고자 하는 기본통계량을 선택할 수 있으며, **[백분위수]** 옵션에서는 다양한 백분위수 통계량을 선택할 수 있다.

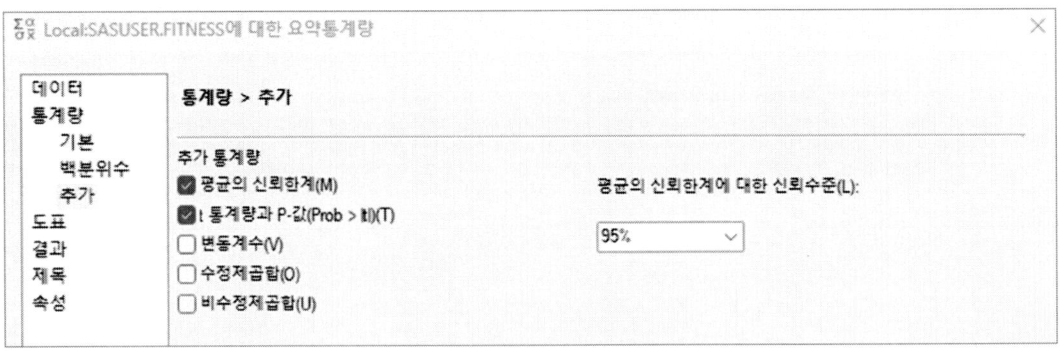

[그림 1. 6] 요약통계량 – 추가 통계량

[통계량]의 **[추가]** 항목에서는 다음과 같은 통계량을 선택할 수 있다.

[표 1. 2] 추가 통계량

추가 통계량	항목
평균의 신뢰한계	평균에 대한 양측 신뢰한계
t 통계량과 P-값(Prob>|t|)	모집단 평균이 0이라는 귀무가설을 검정하는 스튜던트 t통계량과 유의확률(p-value)
변동계수	표준편차를 산술평균으로 나누어 상대 변동성을 절대 변동성으로 변환하며, 단위가 다른 두 집단의 변동성을 비교할 때 유용한 측도

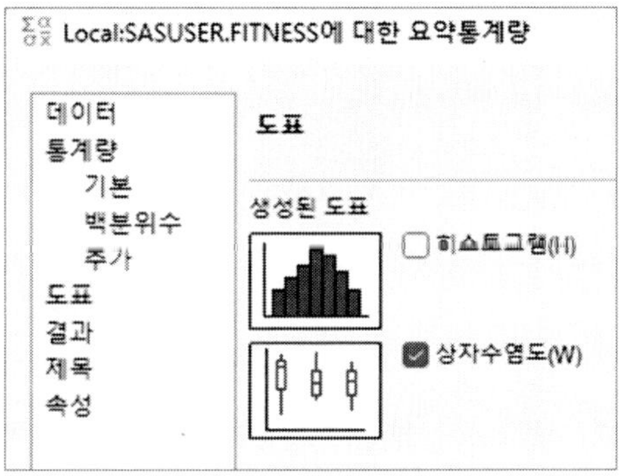

[그림 1. 7] 요약통계량 - 도표

[도표] 항목에서는 **[히스토그램]**과 **[상자수염도]**를 선택할 수 있는데, 이번 실습에서는 상자수염도를 통해 성별에 따라 분석변수들이 어떻게 다르게 분포되어 있는지를 살펴보자.

4. 선택을 모두 마치고 **실행** 버튼을 눌러 분석을 실행하면 다음과 같은 결과를 얻는다.

[표 1. 3] 요약통계량 결과 - MEANS 프로시저

Gender	관측치 수	변수	평균값	표준편차	최솟값	최댓값	N	평균에 한95% 신뢰하한	평균에 한95% 신뢰상한	t 값	Pr > |t|
F	16	Age	47.3750000	5.0447993	38.0000000	57.0000000	16	44.6868162	50.0631838	37.56	<.0001
		Weight	72.9087500	7.1786506	59.0800000	85.8400000	16	69.0835171	76.7339829	40.63	<.0001
M	15	Age	48.0000000	5.6442132	38.0000000	57.0000000	15	44.8743389	51.1256611	32.94	<.0001
		Weight	82.2826667	6.6957849	69.6300000	91.6300000	15	78.5746646	85.9906687	47.59	<.0001

Gender에 따라 Age와 Weight에 대한 기초통계량을 확인할 수 있다. 그리고 마지막의 유의확률을 보면 0.0001보다 작은 값을 가지므로 모집단의 평균이 0이라는 귀무가설을 기각할 수 있다. 따라서 Gender에 따른 Age와 Weight의 모평균은 0이라고 할 수 없다.

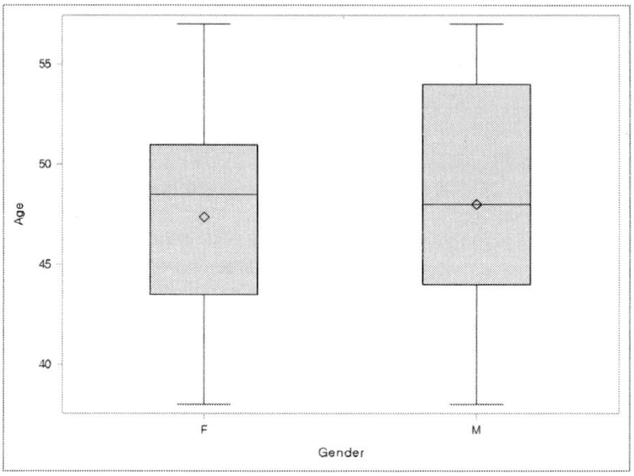

[그림 1. 8] 상자수염도 – Gender * Age

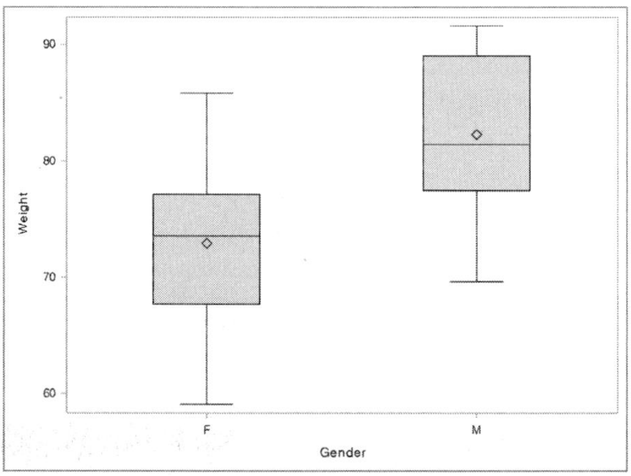

[그림 1. 9] 상자수염도 – Gender * Weight

[그림 1. 9] 상자수염도 Gender * Weight **도표** 항목에서 **상자수염도**를 선택했기 때문에 각 성별에 대한 연령 분포와 몸무게 분포를 시각적으로 확인할 수 있다. Age는 Gender에 따라 차이가 없지만, Weight는 남성이 여성보다 위쪽에 분포되어 있음을 알 수 있다.

1.2 일원빈도분석

일원빈도분석은 범주형 변수의 빈도를 측정하여 빈도분석을 할 수 있을 뿐만 아니라 분할표(Contingency Table, Cross-tabulation)에 대한 카이제곱 검정을 할 수 있다.

[실습 1-2] FITNESS 데이터에서 Gender(성별)에 대한 일원빈도분석을 실시해 보자.

1. [SASUSER] 라이브러리에 있는 [FITNESS] 데이터를 불러온다.

2. [작업] > [기술] > [일원빈도분석]을 실행한다.

3. 일원빈도분석의 각 항목에서 분석에 필요한 옵션을 선택한다. **데이터** 항목에서는 빈도분석에 사용될 Gender를 분석변수에 할당한다.

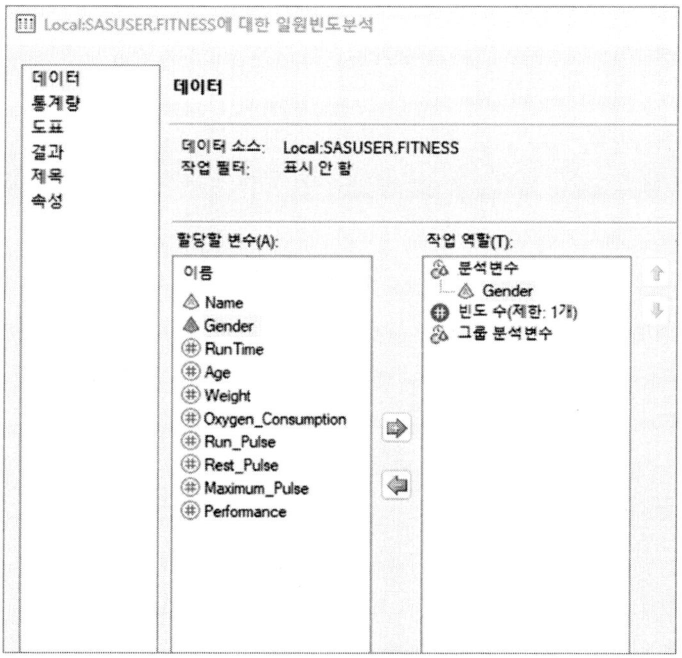

[그림 1. 10] 일원빈도분석 - 데이터(작업 역할 할당)

통계량 항목에서는 Gender에 대한 빈도와 백분율을 선택한다.

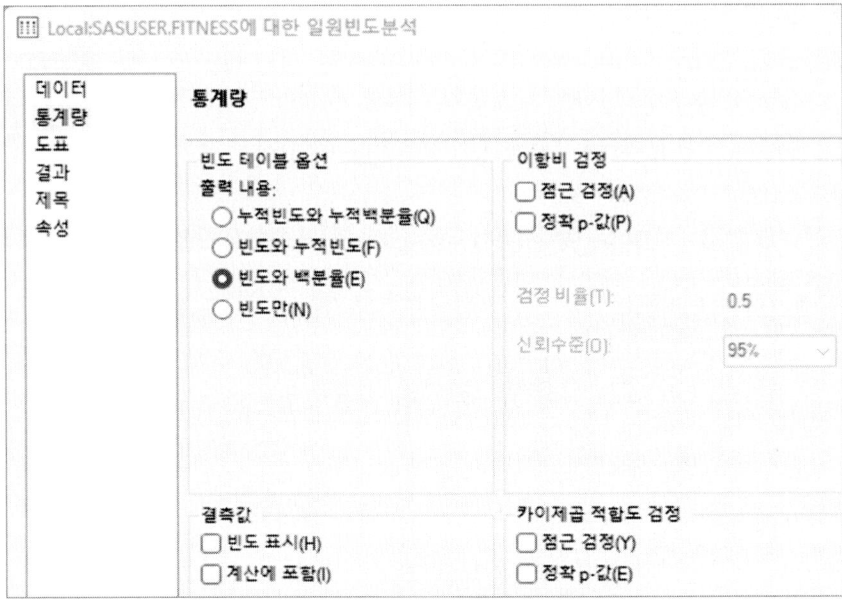

[그림 1. 11] 일원빈도분석 – 통계량

[표 1. 4] 일원빈도분석 – 통계량 선택 항목

항목	항목
빈도 테이블 옵션	일원빈도 테이블에 포함할 통계량을 선택한다.
결측값	결측값을 빈도 테이블에 포함시킨다. 그리고 결측값 빈도를 이항 또는 카이제곱 검정에 포함하려면 **계산에 포함** 체크박스를 선택한다.
카이제곱 적합도 검정	점근 검정, 정확 p-값 계산 또는 두 가지를 모두 선택한다.
정확검정	정확 P-값을 계산하며 정확 P-값 계산에는 시간과 메모리가 많이 소요될 수 있다.

도표 항목에서 출력값에 대한 막대그래프의 모양을 선택한다.

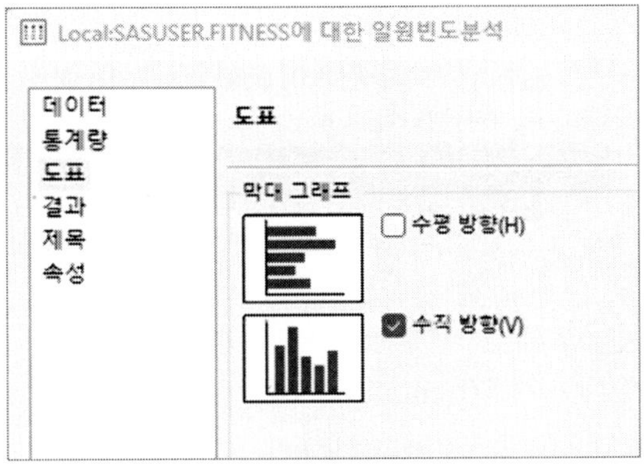

[그림 1. 12] 일원빈도분석 – 도표

결과 항목에서는 결과값에 대해 새로운 데이터셋을 생성하거나 출력데이터의 순서를 정할 수 있다. 선택을 모두 마치고 **실행** 버튼을 눌러 분석을 실행하면

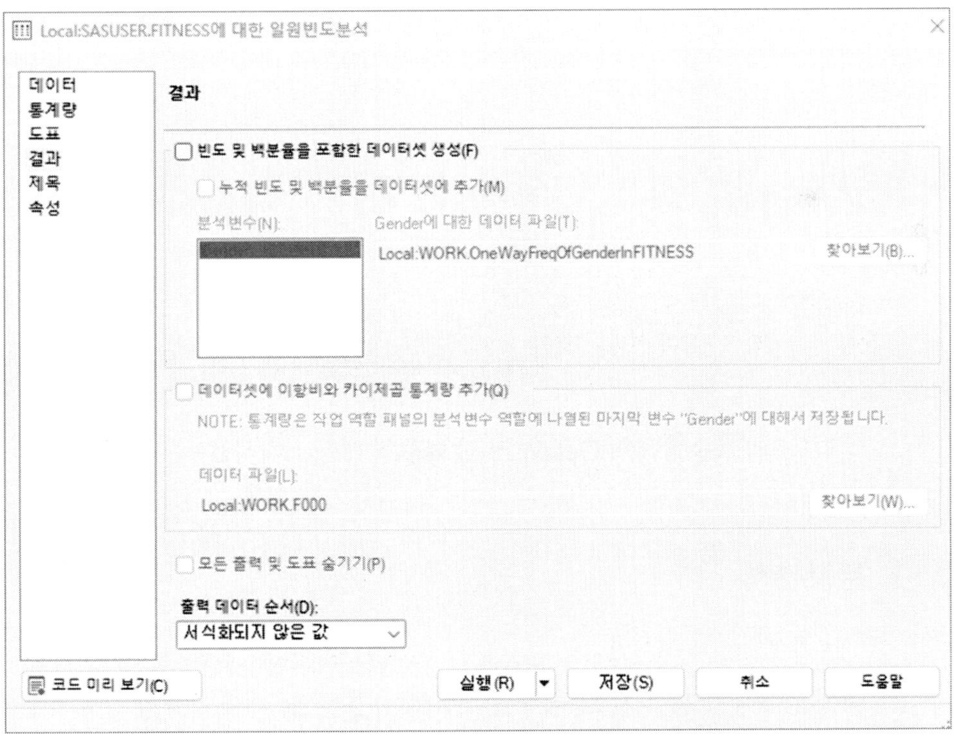

[그림 1. 13] 일원빈도분석 – 결과

4. 다음과 같은 결과를 얻는다.

[표 1. 5] 일원빈도분석 결과

Gender	빈도	백분율
F	16	51.61
M	15	48.39

Gender에 대하여 F(Female)은 16명으로 전체의 51.61%를 차지하고 M(Male)은 15명으로 전체의 48.39%를 차지한다.

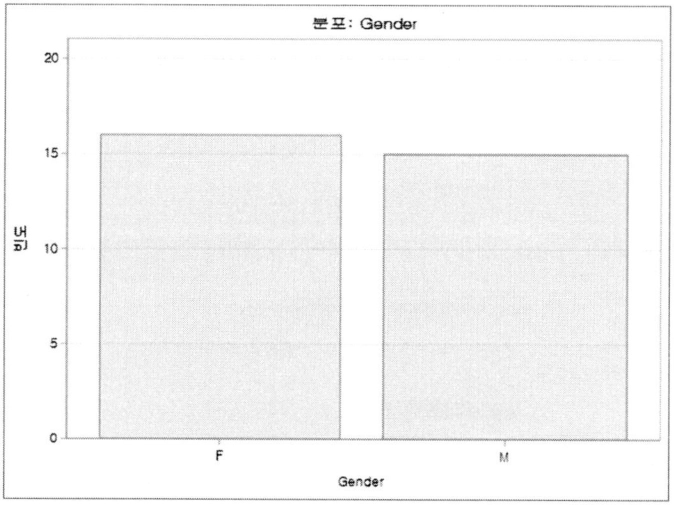

[그림 1. 14] 막대그래프 – Gender

막대그래프를 통하여 Gender의 각 범주에 대한 시각적인 비교가 가능하다.

1.3 분포분석

요약통계량과 마찬가지로 분포분석 메뉴도 데이터의 평균, 분산, 중앙값, 사분위수, 최솟값, 최댓값 등의 기초통계량을 계산하며, 분석데이터의 정규성 검정과 줄기 잎 그림, 상자그림, 정규확률그림 등을 그릴 수 있다.

[실습 1-3] FITNESS 데이터의 Weight(몸무게)가 정규성을 만족하는지 확인하기 위해 분포분석을 이용해 보자.

1. [작업] > [기술] > [분포분석]을 실행한다.

2. 분포분석의 각 항목에서 분석에 필요한 옵션을 선택한다.

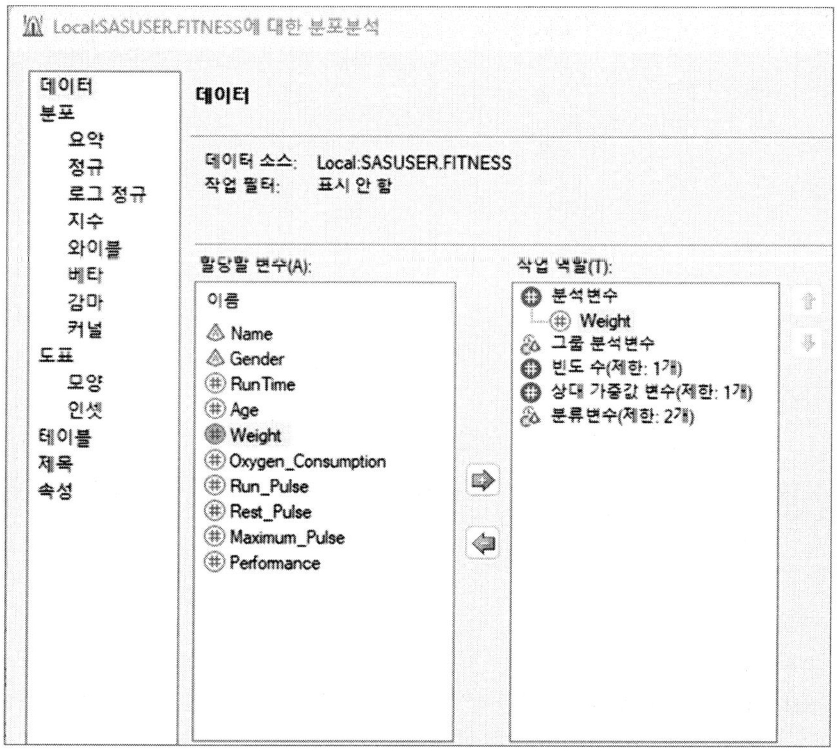

[그림 1. 15] 분포분석 - 데이터 (작업 역할 할당)

데이터 항목에서는 Weight를 **분석변수**에 할당한다.

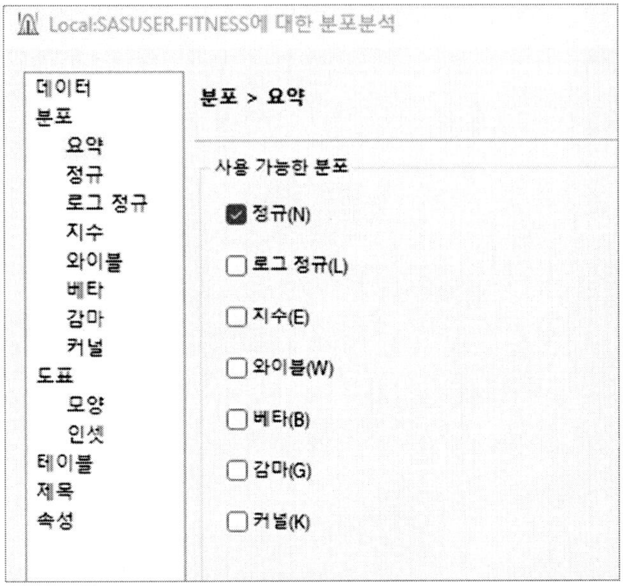

[그림 1. 16] 분포분석 - 분포 > 요약

분포의 **요약** 옵션에서는 검정하고자 하는 분포를 다중으로 선택할 수 있다. 여기서는 정규분포를 따르는지 확인하기 위해 사용 가능한 분포에서 **정규**를 선택한다.

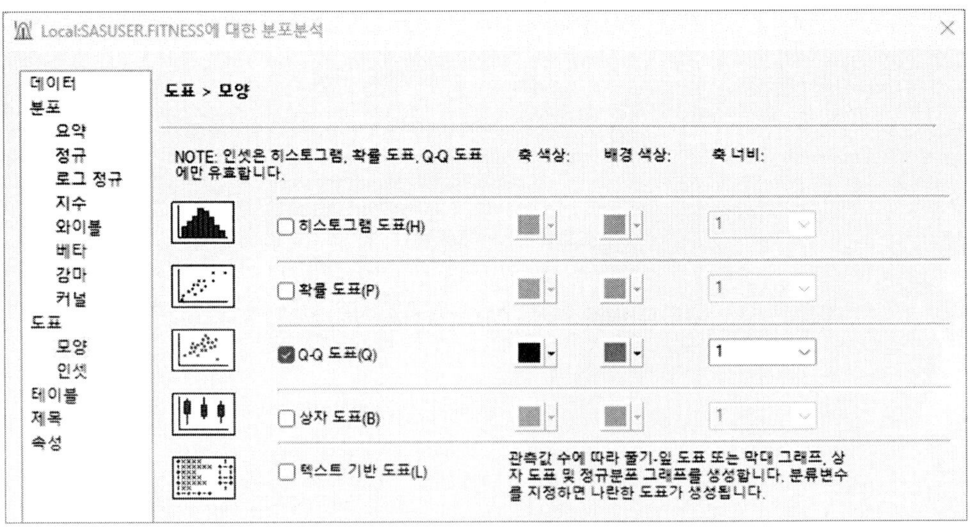

[그림 1. 17] 분포분석 - 도표

도표의 **모양** 옵션에서는 데이터의 분포를 시각적으로 확인하기 위해 다양한 도표를 제공한다. 여기서는 데이터의 정규성을 확인하기 위해 **Q-Q도표**를 체크한다.

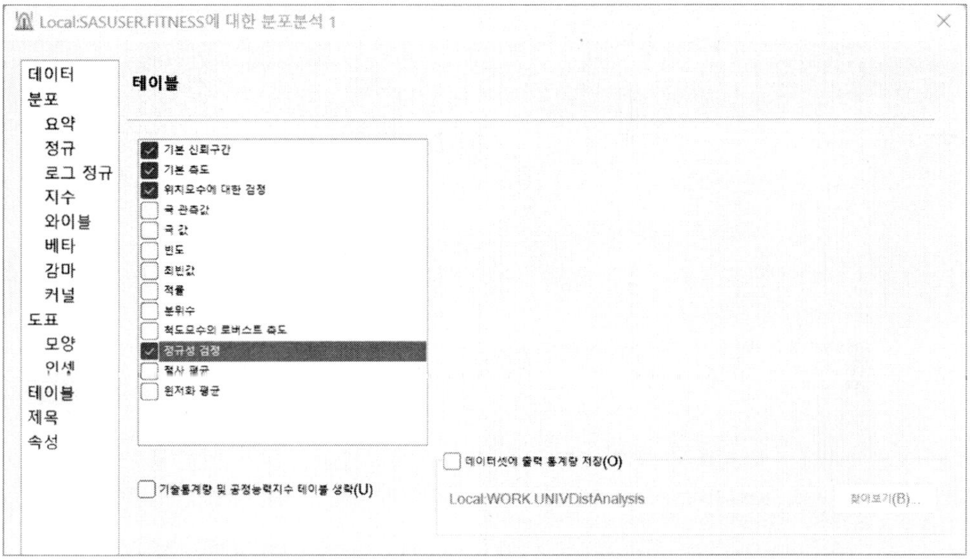

[그림 1. 18] 분포분석 - 테이블

테이블 항목에서는 다양한 통계량을 얻을 수 있는데, 요약통계량에서 계산할 수 있는 기초 통계량뿐만 아니라 위치모수에 대한 검정이나 정규성 검정도 가능하다. 여기서는 목적에 따라 **정규성 검정**을 추가로 선택한다.

3. 선택을 모두 마치고 **실행** 버튼을 눌러 분석을 실행하면 다음과 같은 결과를 얻는다.

[표 1. 6] 기본 통계 측도

기본 통계 측도			
위치측도		변이측도	
평균	77.44452	표준편차	8.32857
중위수	77.45000	분산	69.36504
최빈값	77.45000	범위	32.55000
		사분위 범위	9.75000

[표 1. 7] 위치모수 검정: Mu0=0

위치모수 검정: Mu0=0				
위치측도			p-값	
스튜던트의 t	**t**	51.77275	Pr > |t|	<.0001
부호	**M**	15.5	Pr >= |M|	<.0001
부호 순위	**S**	248	Pr >= |S|	<.0001

요약통계량과 마찬가지로 위치측도와 변이측도에 대한 기초통계량을 제시하고 모집단의 평균에 대한 검정통계량과 유의확률을 제시한다.

[표 1. 8] 정규성 검정

정규성 검정				
검정	통계량		p-값	
Shapiro-Wilk	**W**	0.979926	Pr < W	0.8106
Kolmogorov-Smirnov	**D**	0.072234	Pr > D	>0.1500
Cramer-von Mises	**W-Sq**	0.018724	Pr > W-Sq	>0.2500
Anderson-Darling	**A-Sq**	0.158197	Pr > A-Sq	>0.2500

분석변수의 정규성 검정은 여러 가지 통계량을 제시하는데 여기서 귀무가설은 "Weight의 분포는 정규분포를 따른다"이다. 제시된 유의확률이 모두 0.05보다 크므로 유의수준 0.05 하에서 귀무가설을 기각할 수 없다. 따라서 Weight는 정규성을 따른다고 말할 수 있다.

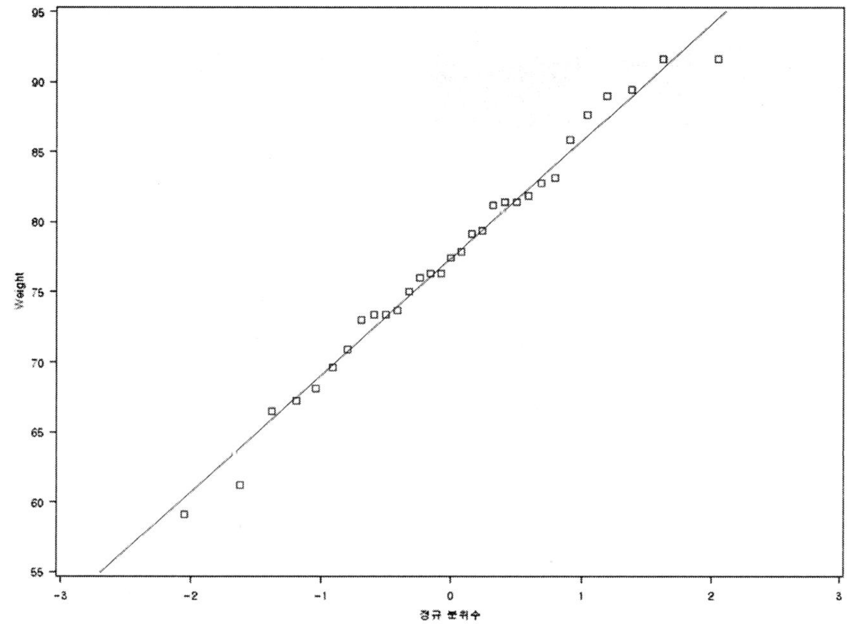

[그림 1. 19] Q-Q 도표

또한 **Q-Q** 도표를 통해 시각적으로 정규성을 만족하는지 확인할 수 있는데, 대부분의 점들이 대각선의 정규분포 참조선에 근접하므로 데이터가 정규분포를 따른다는 것을 알 수 있다.

TIP

t-검정 작업에서만 t-검정을 할 수 있는 것은 아니다.

이전 실습과 같이 2.1절의 t-검정 작업뿐만 아니라 1.1절의 **요약 통계량**과 **분포분석**에서도 간단한 옵션 체크를 통해 모집단 평균의 t-검정을 수행할 수 있다.

02 데이터 표준화

Enterprise Guide에서 데이터의 표준화는 변수의 평균을 0으로 만들고 표준편차가 1이 되도록 데이터를 변환시키는 것이다. 이것은 상대적 위치 측도 중 z-점수에 해당하는 값으로 해당 관측치가 평균으로부터 표준편차의 몇 배정도 떨어져 있는가를 측정한다. 평균이 0이고 표준편차가 1인 분포로 표준화시키기 위해 해당 데이터 값(x)에서 평균($\overline{x}$)을 빼고 표준편차(s_x)로 나누어주어야 한다.

$$z = \frac{(x - \overline{x})}{s_x}$$

[수식 1. 2] 표준화 식

여기서 z는 표준화된 값을 의미하며, 자료가 모집단인 경우는 μ와 σ를 사용한다. Enterprise Guide의 데이터 표준화 작업은 입력한 평균과 표준편차를 가지도록 변수를 표준화한 후 원 변수와 표준화된 변수를 포함하는 새로운 SAS 데이터셋을 생성한다.

[실습 1-4] MARKET 데이터의 캠페인이전 판매실적(Pre)과 이후 판매실적(Post) 변수를 이용하여 데이터를 표준화시켜 보자.

데이터를 표준화시키기 전에 MARKET 데이터의 캠페인 이전(Pre)과 캠페인 이후(Post)의 판매실적에 대한 평균과 분산을 먼저 구해보자.

1. [SASUSER] 라이브러리에 있는 [MARKET] 데이터를 불러온다.

2. **[작업] > [기술] > [요약통계량]**을 실행한다.

3. 요약통계량의 각 항목에서 분석에 필요한 옵션을 선택한다.

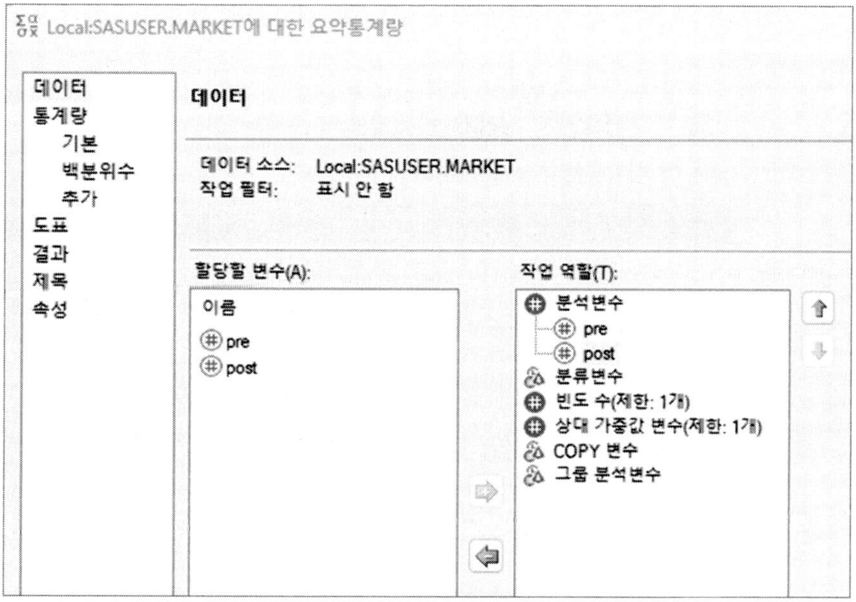

[그림 1. 20] 요약통계량 – 데이터(작업 역할 할당)

데이터 항목에서는 Pre와 Post를 분석변수로 할당한다.

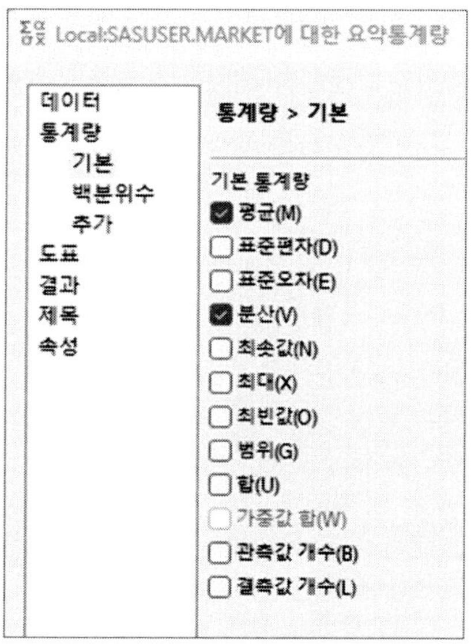

[그림 1. 21] 요약통계량 – 통계량 선택

통계량의 기본 옵션에서는 기본통계량으로 평균과 분산을 체크한다.

4. 선택을 모두 마치고 **실행** 버튼을 눌러 분석을 실행하면 다음과 같은 결과를 얻는다.

[표 1. 9] 요약통계량 결과 - MEANS 프로시저

변수	평균값	분산
pre	9.9450000	1.6638466
post	10.8913333	2.2465568

캠페인 이전의 판매실적의 평균은 약 9.94, 캠페인 이후의 판매실적은 약 10.89이다. 평균만 가지고는 첫 번째 지역의 판매실적인 9.52, 10.28이 모두 평균보다 작다는 것만 알뿐 어느 것이 더 낮은 쪽에 분포되어 있는지는 알 수 없다. 이것은 캠페인 이전과 이후의 분산이 서로 다르기 때문이다. 따라서 캠페인 이전과 이후의 판매실적이 전체 판매실적에 비해 어느 것이 상대적으로 작은지 비교하기 위해 데이터 표준화가 필요하다.

TIP

프로세스 플로우에 2개 이상의 데이터가 있는 경우 [데이터 표준화] 작업 실행하기

1. 분석할 데이터를 선택한 후 메뉴바에서 **[작업] > [데이터] > [데이터 표준화]**를 실행한다.
2. 분석할 데이터를 더블 클릭한 후 도구바에서 **[데이터] > [데이터 표준화]**를 실행한다.

이 방법은 **[데이터 표준화]**뿐만 아니라 모든 메뉴에 공통으로 사용 가능하다.

1. [작업] > [데이터] > [데이터 표준화]를 실행한다.

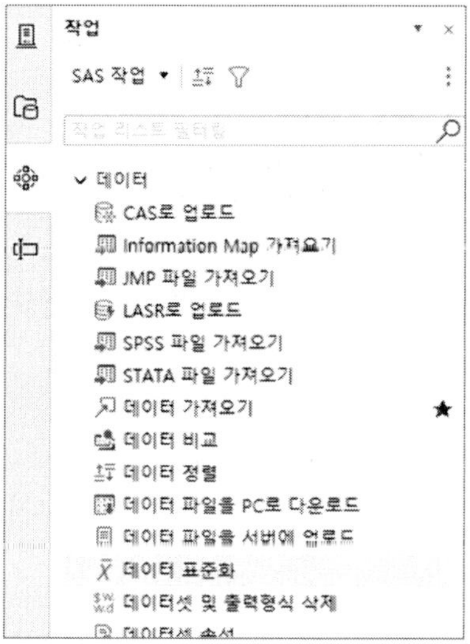

[그림 1. 22] 작업 – 데이터 표준화

2. 데이터 표준화의 각 항목에서 분석에 필요한 옵션을 선택한다.

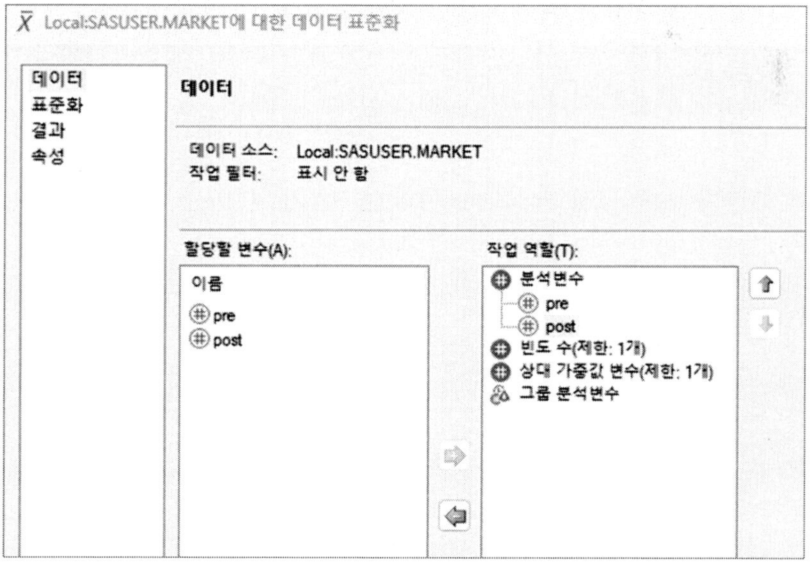

[그림 1. 23] 데이터 표준화 – 데이터(작업 역할 할당)

데이터 항목에서는 Pre와 Post를 분석변수에 할당한다.

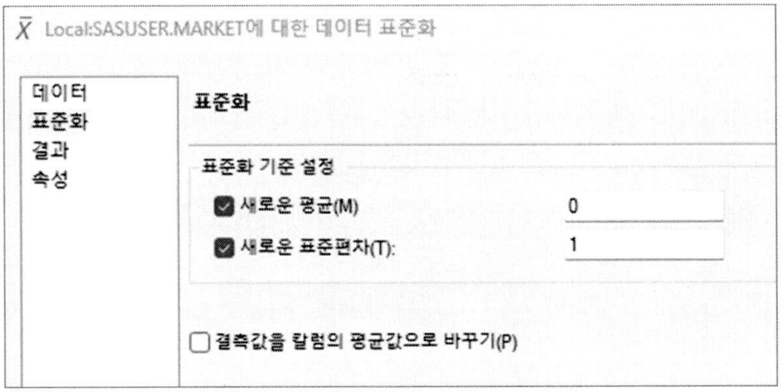

[그림 1. 24] 데이터 표준화 - 표준화

표준화 항목에서는 표준화하고자 하는 새로운 평균과 새로운 표준편차를 0과 1로 지정한다.

TIP

결측값을 평균으로 처리하기

[데이터 표준화] 작업의 표준화 옵션에서 결측값을 평균으로 대체한 후 분석에 사용하기 위해 **결측값을 칼럼의 평균값으로 바꾸기** 옵션을 체크한다. 만약 체크하지 않으면 그대로 결측값으로 유지된다.

	pre	post	stnd_pre	stnd_post
1	9.52	10.28	-0.329482456	-0.407867759
2	9.63	10.45	-0.244204644	-0.294447608
3	7.71	8.51	-1.732690092	-1.588771685
4	7.83	8.62	-1.639659751	-1.515382175
5	8.97	10.03	-0.755871517	-0.574662099
6	8.62	9.45	-1.02721001	-0.961624967
7	10.11	9.68	0.1279167182	-0.808174175
8	9.96	9.62	0.0116287926	-0.848204816
9	8.5	11.84	-1.12024035	0.6329289215
10	9.62	11.95	-0.251957172	0.7063184311
11	10.29	10.52	0.267462229	-0.247745193
12	10.13	10.67	0.1434217749	-0.147668589
13	9.11	11.03	-0.647336119	0.0925152605
14	8.95	10.53	-0.771376573	-0.241073419
15	10.86	10.7	0.7093563464	-0.127653268
16	9.31	10.24	-0.492285552	-0.434554853
17	9.59	10.82	-0.275214757	-0.047591985

[그림 1. 25] 데이터 데이터 표준화 결과 데이터 셋

캠페인 이전의 판매실적(pre)과 이후의 판매실적(post)에 표준화된 이전 판매실적(stnd_pre)과 이후 판매실적(stnd_post)이 추가되어 새로운 데이터 셋이 생성된다.

03 데이터 필터링(정제) 및 변환

분석 결과를 얻기 위해 각 변수들을 요약, 시각화하여 데이터를 필터링하는 과정이 필요하다. 데이터 필터링이란 데이터를 분석 목적에 맞게 추출하거나 일관성이 없고 오류가 있는 데이터를 처리하는 과정이다. 따라서 데이터 필터링을 통해 데이터의 무결성과 품질을 보장할 수 있다.

[실습 1-5] [실습 1-1]에서 사용된 FITNESS 데이터를 이용하여 성별이 여성(F)인 데이터만을 필터링하여 새로운 데이터를 생성해 보자.

데이터를 필터링하기 위해 **[질의 빌더]** 기능을 이용하는 방법에 대하여 실습하도록 하자.

1. [SASUSER] 라이브러리에 있는 [FITNESS] 데이터를 불러온다.
2. [작업] > [데이터] > [질의 빌더]를 선택한다.

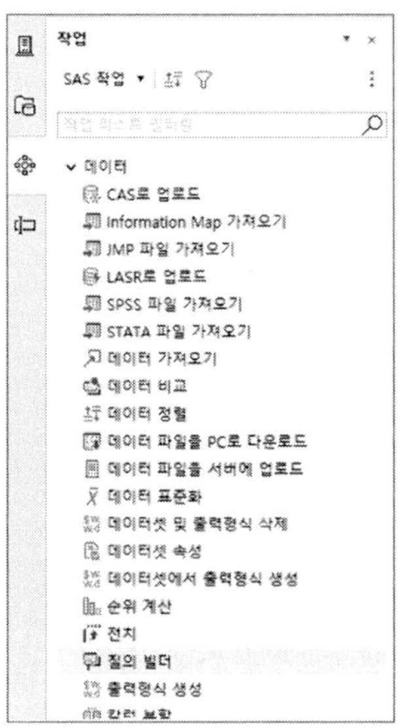

[그림 1. 26] 작업 - 질의 빌더

3. 데이터 선택 항목에 모든 칼럼을 끌어다 놓는다. (원하는 칼럼만 선택할 수도 있다.) 필요한 경우 출력 이름에서 원하는 이름을 입력한다. 여기서는 여성 데이터를 의미하는 SASUSER.FITNESS_FEMALE로 입력한다.

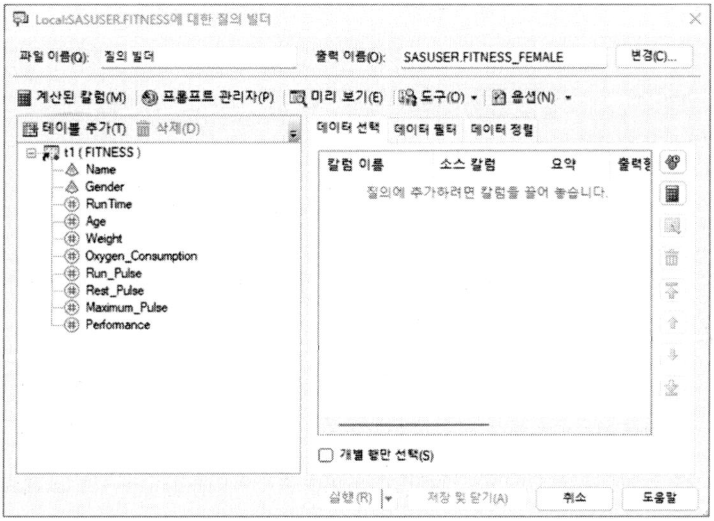

[그림 1. 27] 질의 빌더 - 데이터 선택

4. 여성 데이터를 필터링하기 위해 **데이터 필터**의 고급필터를 이용하자. **데이터 필터** 항목을 선택하고 **새로운 필터** 아이콘( ) 클릭한다.

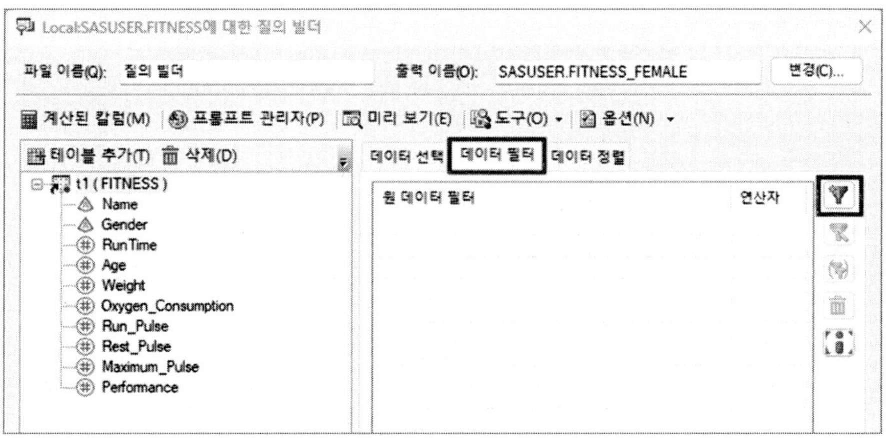

[그림 1. 28] 실의 빌더 - 데이터 필터

5. 새로운 필터창의 유형 선택 단계에서 **[고급 필터]**를 선택하고 다음을 클릭한다. (**기본 필터**를 이용하는 방법은 기능편 2장 [실습 2-11]의 7~9 단계를 참조하라.)

[그림 1. 29] 필터 유형 선택

6. 새로운 필터창의 고급 필터 생성 단계에서 다음과 같이 Gender='F' 라고 입력하거나 다음 방법을 따라 클릭한다.

(a) FITNESS 테이블 창에서 Gender를 선택하고 더블 클릭하면 필터 입력에 변수가 입력된다. 그리고 나서 연산자 부분에서 '=' 버튼을 클릭한다.

(b) 값 가져오기를 클릭하면 Gender가 가지는 값들이 화면에 나타난다. 그리고 나서 필터링하고자 하는 값을 더블 클릭하면 필터 입력에 값이 입력된다.

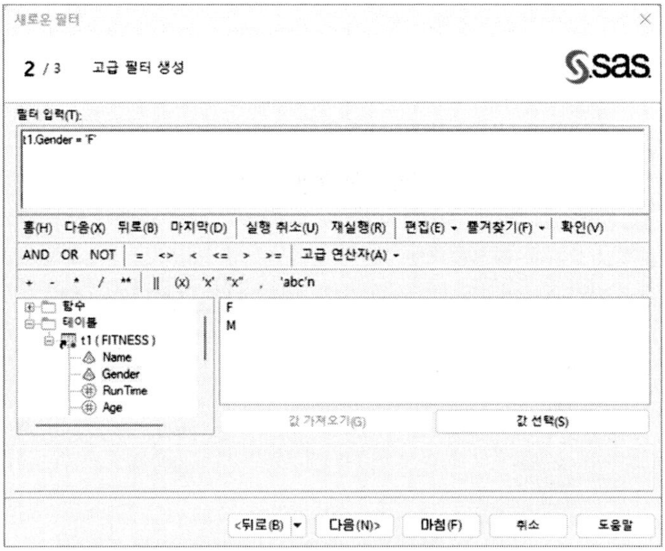

[그림 1. 30] 고급 필터 생성

7. 설정을 모두 마치고 **질의 빌더**를 실행하면 다음과 같이 **성별**(Gender)이 **여성**(F)으로 필터링 된 새로운 SASUSER.FITNESS_FEMALE 데이터가 생성된다.

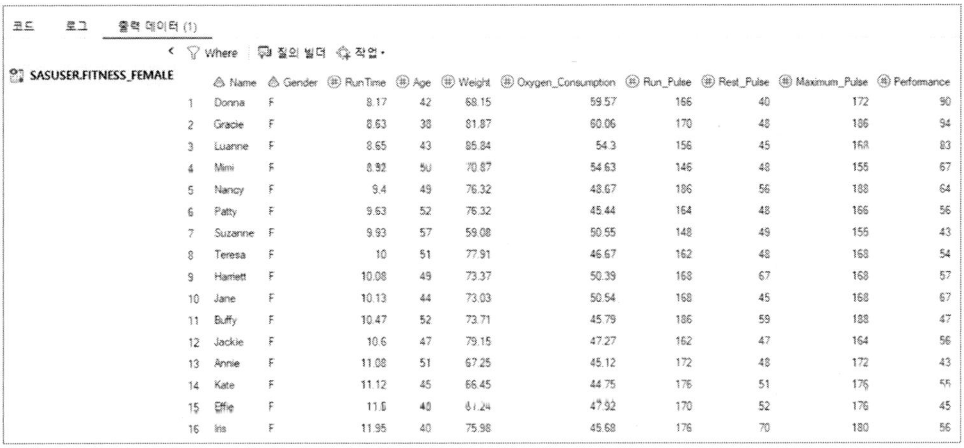

	Name	Gender	RunTime	Age	Weight	Oxygen_Consumption	Run_Pulse	Rest_Pulse	Maximum_Pulse	Performance
1	Donna	F	8.17	42	68.15	59.57	166	40	172	90
2	Gracie	F	8.63	38	81.87	60.06	170	48	186	94
3	Luanne	F	8.65	43	85.84	54.3	156	45	168	83
4	Mimi	F	8.92	50	70.87	54.63	146	48	155	67
5	Nancy	F	9.4	49	76.32	48.67	186	56	188	64
6	Patty	F	9.63	52	76.32	45.44	164	48	166	56
7	Suzanne	F	9.93	57	59.08	50.55	148	49	155	43
8	Teresa	F	10	51	77.91	46.67	162	48	168	54
9	Harriett	F	10.08	49	73.37	50.39	168	67	168	57
10	Jane	F	10.13	44	73.03	50.54	168	45	168	67
11	Buffy	F	10.47	52	73.71	45.79	186	59	188	47
12	Jackie	F	10.6	47	79.15	47.27	162	47	164	56
13	Annie	F	11.08	51	67.25	45.12	172	48	172	43
14	Kate	F	11.12	45	66.45	44.75	176	51	176	55
15	Effie	F	11.6	40	67.24	47.92	170	52	176	45
16	Iris	F	11.95	40	75.98	45.68	176	70	180	56

[그림 1. 31] 질의 빌더 결과 데이터 셋

3.1 데이터 변환

앞에서는 여성 데이터를 필터링하는 실습을 해보았다. 이제부터는 데이터를 변환하는 방법에 대하여 생각해 보자.

통계분석을 할 때, 적절한 형태로 자료를 변환해야 하는 경우가 있다. 그리고 회귀분석과 같이 잔차분석을 해보면 종속변수를 *log*(), *root*(), 제곱(Square) 등의 변환을 해야 하는 경우도 있다.

예를 들어, 단위가 센티미터(*Cm*)인 변수를 미터(*m*)로 변환한 변수를 생성하고 싶다고 가정하자. 생성하고자 하는 변수를 식으로 표현하면

$$\text{거리}(m) = \text{거리}(Cm)/100$$

[수식 1. 1] 식 예시

와 같으며, 이 수식을 입력하여 변수를 변환한다. 수식으로 표현 가능한 변환은 모두 동일한 방식으로 변환이 가능하다.

[실습 1-4]에서 배운 데이터 표준화는 데이터 표준화 작업 또는 자료를 직접 변환시켜서 구할 수 있다.

[실습 1-6] [실습 1-4]에서 배운 데이터 표준화 작업을 직접 해보고 두 결과를 비교해 보자.

[실습 1-6]에서와 같이 수식을 통해 변수를 직접 변환하고자 할 때는 질의 빌더를 사용한다.

여기서는 [실습 1-4]의 Pre(캠페인 이전 실적)를 자료 변환 방법을 이용하여 표준화하고 앞의 표준화 작업의 결과인 Stnd_pre와 비교해 보자.

1. [실습 1-4]의 출력 데이터를 클릭하고 메뉴바에서 **[작업] > [데이터] > [질의 빌더]**를 실행하거나 데이터를 열어놓고 도구바에서 **[질의 빌더]**를 실행한다.

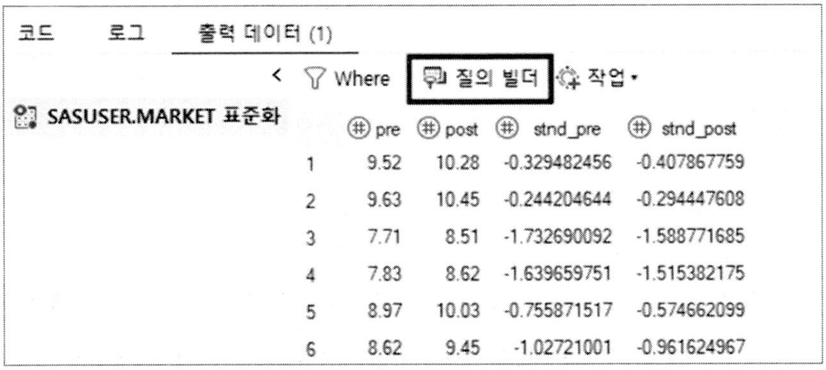

[그림 1. 32] 출력 데이터 화면 내 질의 빌더 작업

2. 아래와 같이 **계산된 칼럼**을 클릭한 후 계산된 칼럼에서 **새로 만들기**를 클릭한다.

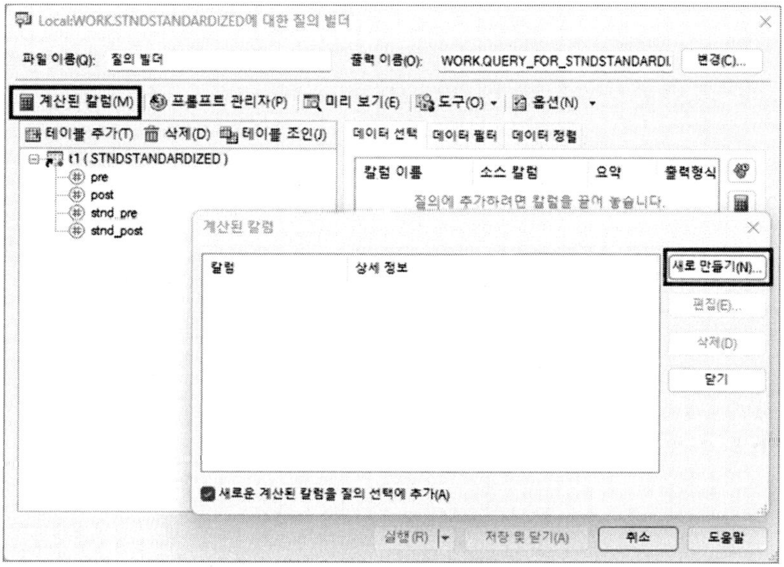

[그림 1. 33] 질의 빌더 - 계산된 칼럼

3. 유형 선택 단계에서 **고급 표현식**을 선택하고 다음을 클릭한다.

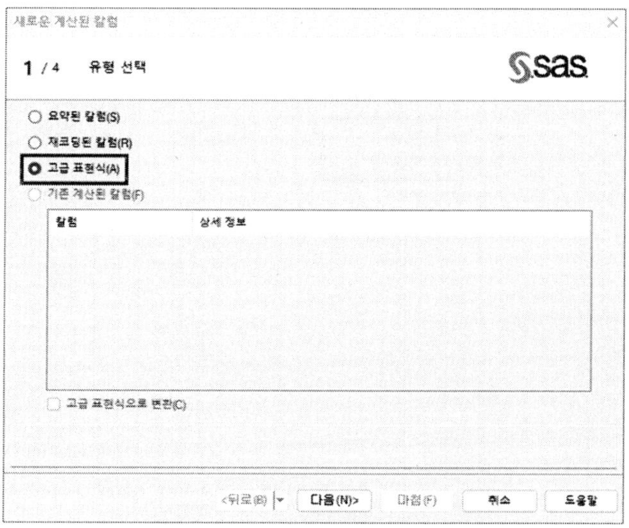

[그림 1. 34] 새로운 계산된 칼럼 - 유형 선택

4. 평균이 0이고 표준편차가 1인 분포로 변환하기 위해 요약통계량을 통해 계산된 평균과 표준편차를 아래와 같이 **표현식 입력창**에 입력한 후 다음을 클릭한다.

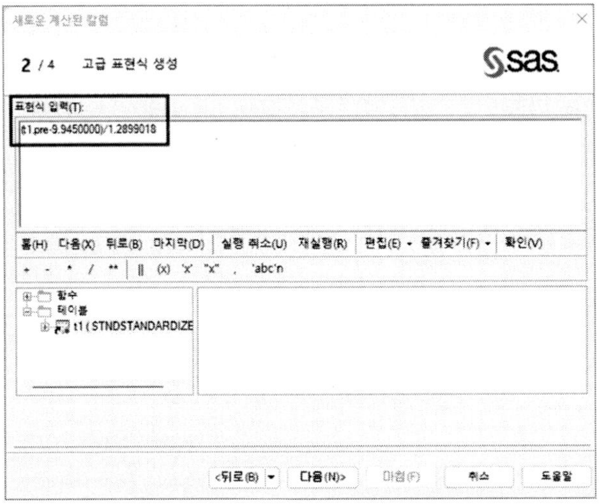

[그림 1. 35] 새로운 계산된 칼럼 - 표현식 생성

5. 추가 옵션 수정 창이 나타나면 **칼럼 이름**과 **레이블**에 STD_pre를 입력하고 마침을 클릭한다.

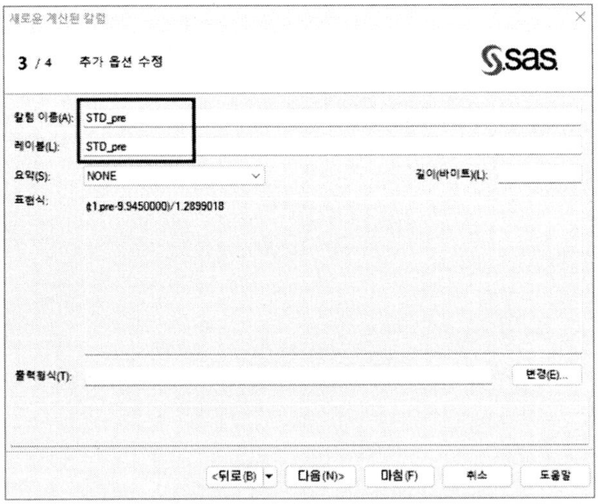

[그림 1. 36] 새로운 계산된 칼럼 - 추가 옵션 수정

6. 데이터 선택에서 Pre 와 [실습 1-4]에서 표준화 작업으로 구한 stnd_pre를 끌어다 놓는다.

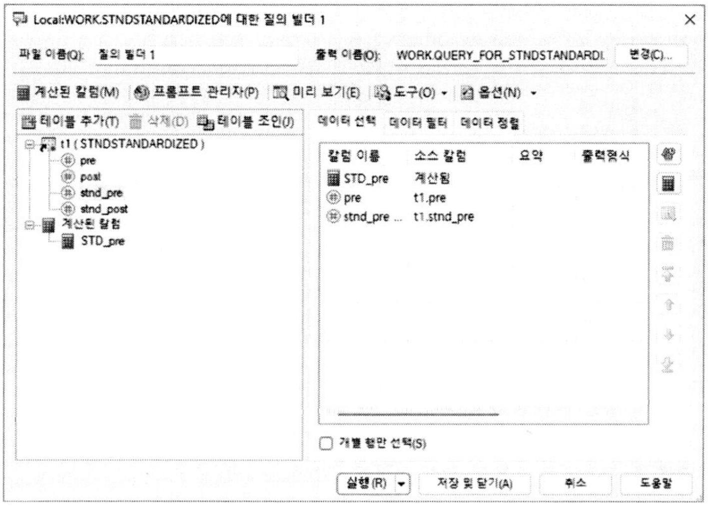

[그림 1. 37] 질의 빌더 – 변수 선택

7. 계산된 칼럼에서 **[닫기]**를 클릭하고 **[질의 빌더]**를 실행하면 다음과 같은 데이터를 얻는다.

	STD_pre	pre	stnd_pre
1	-0.329482446	9.52	-0.329482456
2	-0.244204636	9.63	-0.244204644
3	-1.732690039	7.71	-1.732690092
4	-1.639659701	7.83	-1.639659751
5	-0.755871493	8.97	-0.755871517
6	-1.027209978	8.62	-1.02721001
7	0.1279167143	10.11	0.1279167182
8	0.0116287922	9.96	0.0116287926
9	-1.120240316	8.5	-1.12024035
10	-0.251957164	9.62	-0.251957172
11	0.2674622208	10.29	0.267462229
12	0.1434217706	10.13	0.1434217749
13	-0.6473361	9.11	-0.647336119
14	-0.77137655	8.95	-0.771376573
15	0.7093563246	10.86	0.7093563464
16	-0.492285537	9.31	-0.492285552
17	-0.275214749	9.59	-0.275214757
18	-0.523295649	9.27	-0.523295665
19	1.4846091385	11.86	1.4846091839
20	0.1589268268	10.15	0.1589268317
21	2.2366043679	12.83	2.2366044364
22	1.1279928441	11.4	1.1279928787

[그림 1. 38] 질의 빌더 결과 데이터 셋

[질의 빌더]로 표준화한 변수 STD_pre와 [데이터 표준화]로 표준한 변수 stnd_pre의 결과가 같음을 알 수 있다. 앞에서도 말했듯이 이 값은 z-점수이다.

TIP

SAS 함수를 이용한 다양한 변환

[그림 1. 39] 고급 칼럼식 예시

[질의 빌더] > [계산된 칼럼] > [고급 칼럼식]에서 표현식 입력창 좌측 하단에 왼쪽 그림과 같이 SAS에서 제공하는 다양한 함수를 이용하여 문자, 숫자, 날짜에 대한 변환이 가능하다. 이러한 기능을 통해 하나의 칼럼을 이용한 단순한 변환에서부터 여러 가지 칼럼을 이용한 복잡한 변환까지 SAS 프로그램이나 SQL을 잘 모르는 사용자도 쉽게 분석하고자 하는 변수를 생성할 수 있다.

[질의 빌더]를 통한 데이터 변환은 앞으로 나올 여러 가지 분석을 통해 좀 더 자세히 설명할 것이며, 기능편의 데이터 조작에서도 확인할 수 있다.

2장

분산분석

일반적으로 어떤 속성이 서로 다른 조건을 가지고 있는 경우, 비즈니스 유저들은 이들 간에 어떤 차이가 있는지에 대해 궁금해 한다. 예를 들어, 마케팅 캠페인을 수행하는 경우, 각 채널별로 그리고 고객에게 제공된 오퍼별로 마케팅의 성과에 어떤 차이가 있는지 궁금해 한다. 이 장에서는 이러한 궁금증을 해결하기 위해 R. A. Fisher가 제안한 분산분석을 Enterprise Guide를 이용하여 어떻게 수행할 수 있는지 알아보기로 한다. 또한 t-검정은 위에서 설명한 속성의 종류가 두 가지인 경우이므로 분산분석의 특수한 경우라 할 수 있다.

01 t-검정

t-검정(t-Test)은 모평균 또는 모비율을 검정하거나 두 모평균의 차이를 검정하고자 할 때 사용하는 통계적 검정 방법이다. 검정 방법으로는 Z-검정(Z-Test)과 t-검정이 있는데, Z-검정은 모집단의 분산(모분산)을 알고 있는 경우에 사용하고 모집단의 분산을 모르는 경우에는 t-검정을 사용한다. 그러나 현실에서는 모집단의 분산을 모르는 경우가 대부분이므로 표본의 크기에 상관없이 t-검정을 사용한다. 아래 [그림 2. 1]은 검정 방법을 쉽게 확인할 수 있도록 도식화한 플로우 차트이다.

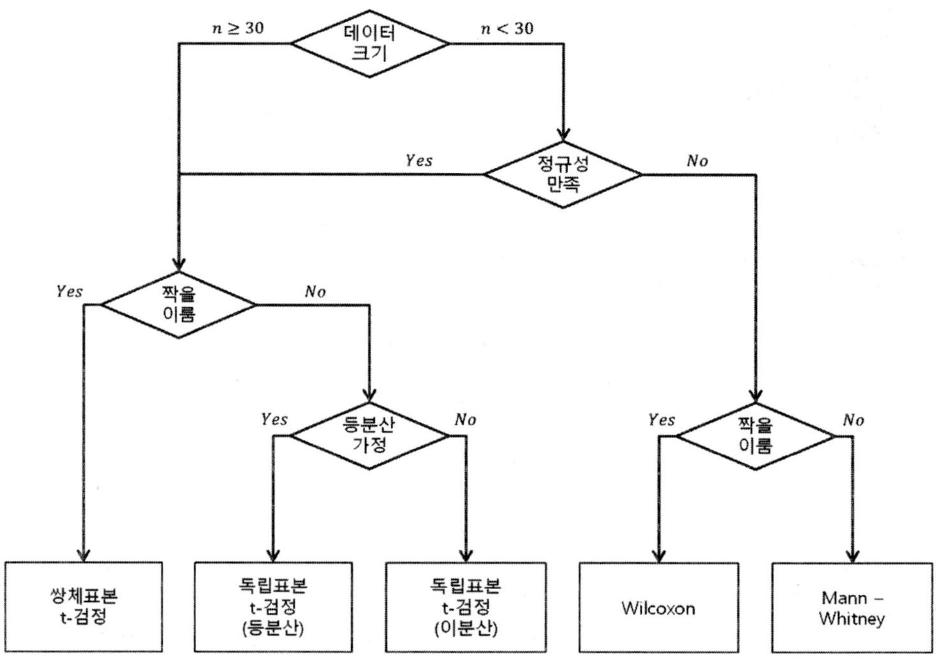

[그림 2. 1] 조건에 따른 t-검정 방법

1.1 단일표본 t-검정

단일표본 t-검정(One Sample t-Test)은 단일 표본에 대한 모집단의 평균이 임의의 설정된 값과 동일한지 비교할 때 사용한다.

[SASUSER] 라이브러리의 [TESTSCORE] 데이터에는 학생들의 ID와 각 학생들의 SAT(대학입학자격시험) 점수가 저장되어 있다.

[실습 2-1] 모든 학생들의 SAT 점수 평균이 1,200점이라고 할 수 있는지 95% 신뢰수준(유의수준 5%)에서 통계적으로 검정해 보자.

1. [SASUSER] 라이브러리에 있는 [TESTSCORES] 데이터를 불러온다.

[그림 2. 2] 라이브러리

메뉴바의 **[파일] > [작업 열기] > [찾아보기] > [분산분석]**에서 **[t-검정]**을 선택한다.

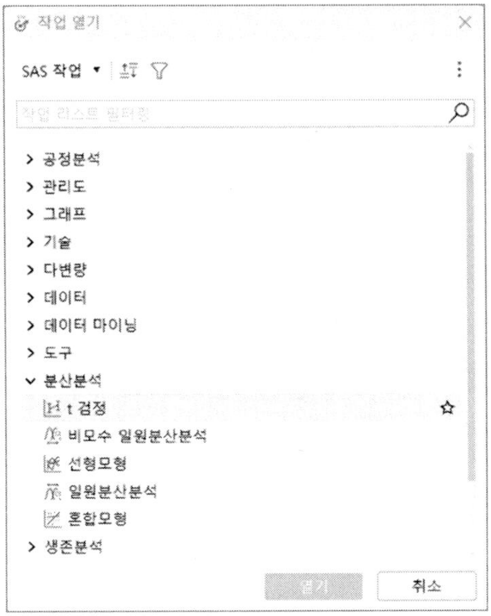

[그림 2. 3] t-검정 선택

[t-검정]의 각 항목에서 분석에 필요한 **[옵션]**을 선택한다. **[t-검정 유형]** 항목에서는 **[일표본]**을 선택한다.

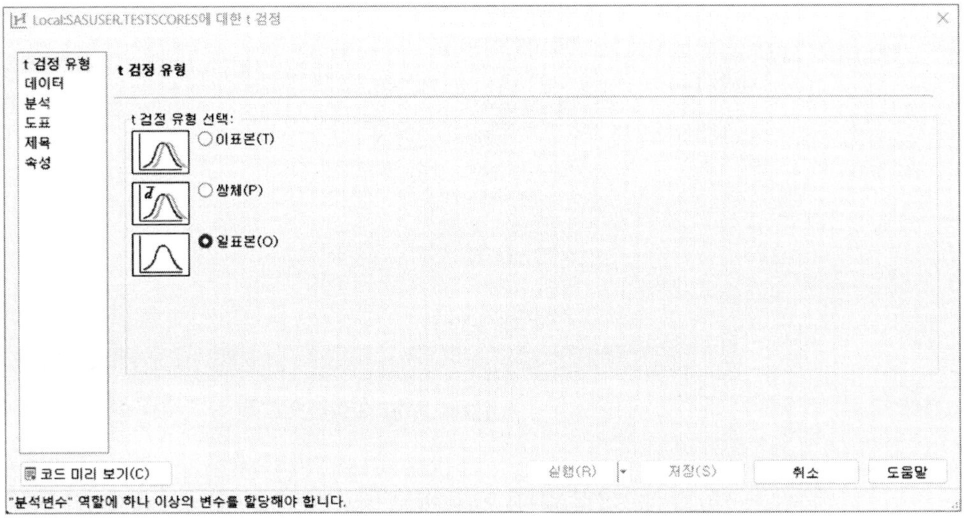

[그림 2. 4] t-검정 유형 선택

[데이터] 항목에서는 [분석변수]로 [SATScore](SAT점수)를 할당한다.

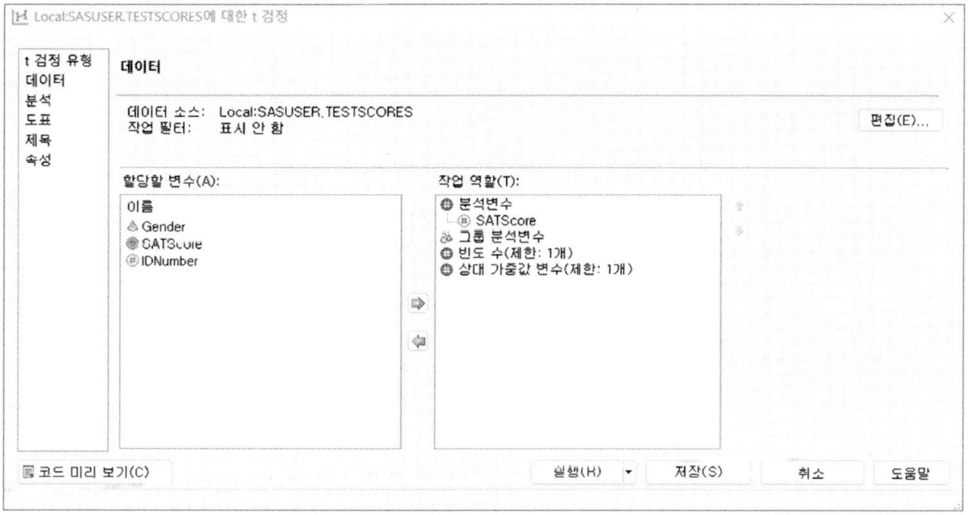

[그림 2. 5] 작업 역할 할당

NOTE

작업역할에서 각 변수의 의미

- **분석변수(Analysis variables)**
  이 역할에 할당된 변수는 단일표본 t-검정을 통해 분석되는 변수이다.
- **그룹 분석변수(Group analysis by)**
  이 역할에 할당된 변수를 기준으로 테이블이 정렬되고 각 그룹별 t-검정이 수행된다. 하나 이상의 변수를 할당할 수 있으며 분석변수나 쌍체 변수로 선택된 변수는 그룹 분석변수로 할당할 수 없다.
- **빈도변수(Frequency count)**
  이 역할에 변수를 할당하면 테이블의 각 관측치들이 n개의 관측치를 나타내게 되며, 여기서 n은 해당 관측치에 대한 빈도가 된다. t-검정은 이 빈도에 따라 계산되며, 한 개의 변수만 할당할 수 있다.
- **상대 가중값 변수(Relative weight)**
  이 역할에 지정된 변수는 각 행의 값을 가중하여 통계량을 계산하며 한 개의 변수만 할당할 수 있다. 입력 데이터셋에 요약통계량이 포함되어 있는 경우 가중값 옵션은 적용되지 않는다.

[분석] 항목에서는 모든 학생들의 SATScore 평균이 1,200점인지를 검정하기 위해 귀무가설의 검정값으로 1,200을 입력하고 신뢰수준을 95%로 설정한다.

[그림 2. 6] 신뢰구간 선택

2. 선택을 모두 마치고 **[실행]** 버튼을 눌러 분석을 실행하면 다음과 같은 결과를 얻는다.

[표 2. 1] t-검정 분석 결과

N	Mean	Std Dev	Std Err	Minimum	Maximum
80	1190.6	147.1	16.4416	890.0	1600.0

Mean	95% CL Mean		Std Dev	95% CL Std Dev	
1190.6	1157.9	1223.4	147.1	127.3	174.2

DF	t Value	Pr > |t|
79	-0.57	0.5702

이 검정의 귀무가설은

$$H_0 : \text{모집단의 평균} = 1{,}200$$

이고, 위의 결과에서 확인할 수 있듯이 표본평균은 1,190.6, 분산은 147.1이다.

이때 유의확률(P-value)이 0.5702로 유의수준 0.05보다 매우 크므로 귀무가설을 기각할 수 없다. 따라서 신뢰수준 95% 하에서 모든 학생들의 SAT 점수 평균이 통계적으로 1,200점이라고 할 수 있다.

2.2 독립표본 t-검정

독립된 두 집단의 평균의 차이를 검정할 때 독립표본 t-검정(Two Sample t-Test)을 사용한다. t-검정은 다음과 같은 가정을 만족해야 하며, 만족하지 않는 경우에는 다른 분석 방법을 선택하여야 한다. 따라서 t-검정을 수행하기 전에 반드시 이에 대한 가정을 먼저 확인하도록 한다.

t-검정에 대한 가정
1. 관측치가 독립적이어야 한다.
2. 각 집단이 정규분포를 따라야 한다.
3. 각 집단이 등분산성 가정을 만족해야 한다.

표본의 데이터 크기가 충분하거나($n \geq 30$) 적더라도($n < 30$) 근사적으로 정규성을 따르는 경우에는 정규성 가정이 만족되며, 도표를 통해서도 확인이 가능하다. 등분산 가정에 대해서는 여러 가지 검정 방법이 있으며, 등분산 가정이 만족되지 않더라도 근사적인 방법으로 검정할 수 있다(그림 2. 1 참조).

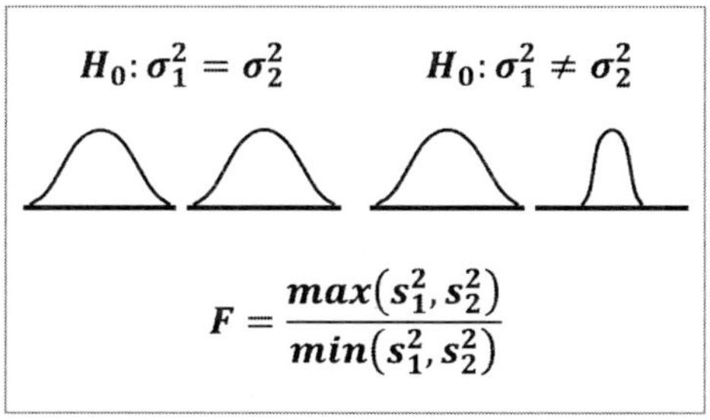

[그림 2. 7] 등분산 검정을 위한 F-검정

각 그룹의 등분산 가정을 검정하기 위해 도표를 확인하거나 등분산에 대한 Folded

F-검정을 이용한다. 이때 귀무가설은 독립된 두 집단의 분산이 동일하다는 것이다. F-값은 왼쪽의 그림과 같이 두 집단의 분산 중 큰 쪽을 작은 쪽으로 나눈 비율이다. 따라서 분산이 같을수록 1에 가까워진다. 이 검정은 관측치가 독립적이면서 정규분포를 따르는 경우에만 성립하며, 표본의 크기가 크면 정규성을 만족하게 된다.

> **NOTE**
>
> **t-검정의 활용성**
>
> t-검정은 히스토그램과 Q-Q plot, 그리고 등분산성 검정을 위한 Folded F-검정을 제공하기 때문에 오차의 정규성 및 등분산성을 검정하기 위해서도 사용된다.

[실습 2-2] **남학생과 여학생의 SAT 점수 평균을 비교하기 위해 독립표본 t-검정(two Sample t-Test)를 수행해 보자.**

우선 t-검정을 하기 전에 각 집단의 분포가 정규성 가정을 만족하는지 살펴보아야 한다. 이 가정은 요약통계량과 Q-Q Plot을 이용하여 쉽게 확인할 수 있다.

1. [SASUSER] 라이브러리에 있는 [TESTSCORES] 데이터를 불러온다.

2. [분석] > [분산분석] > [t-검정]을 실행한다.

3. t-검정의 각 항목에서 분석에 필요한 옵션을 선택한다.

[t-검정 유형] 항목에서는 남학생과 여학생 두 집단의 모평균에 대한 비교이므로 [이표본]을 선택하고, [데이터] 옵션의 [분류변수]에는 [Gender]을 할당하고 [분석변수]에는 [SATScore]를 할당한다.

[그림 2. 8] t-검정 유형 선택

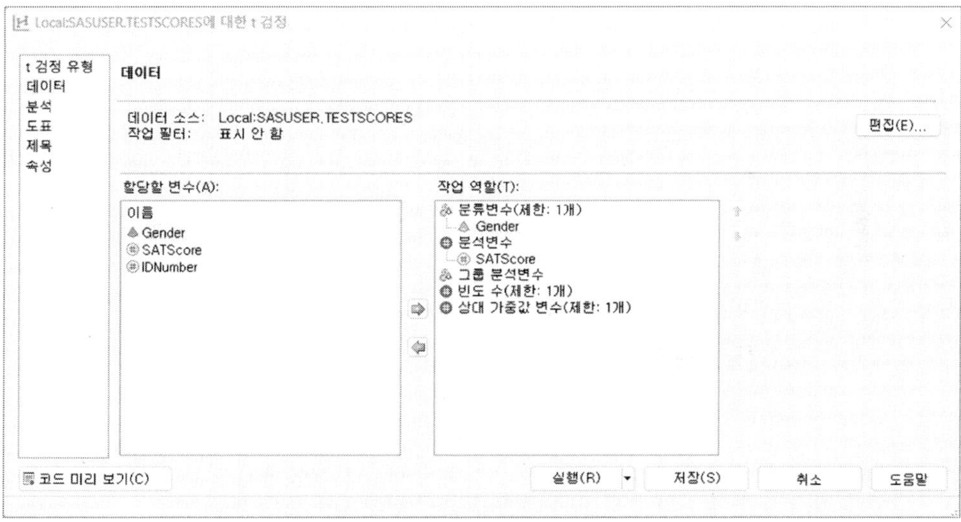

[그림 2. 9] 작업 역할 할당

[도표] 항목에서는 t-검정에 대한 가정을 만족하는지 체크하기 위해 그림과 같이 **[요약도표]**와 **[신뢰구간 도표]**, 그리고 **[정규 분위수-분위수 (Q-Q) 그림]**을 체크한다.

[그림 2. 10] 도표 종류 선택

4. 선택을 모두 마치고 **[실행]** 버튼을 눌러 분석을 실행하면 다음과 같은 결과를 얻는다.

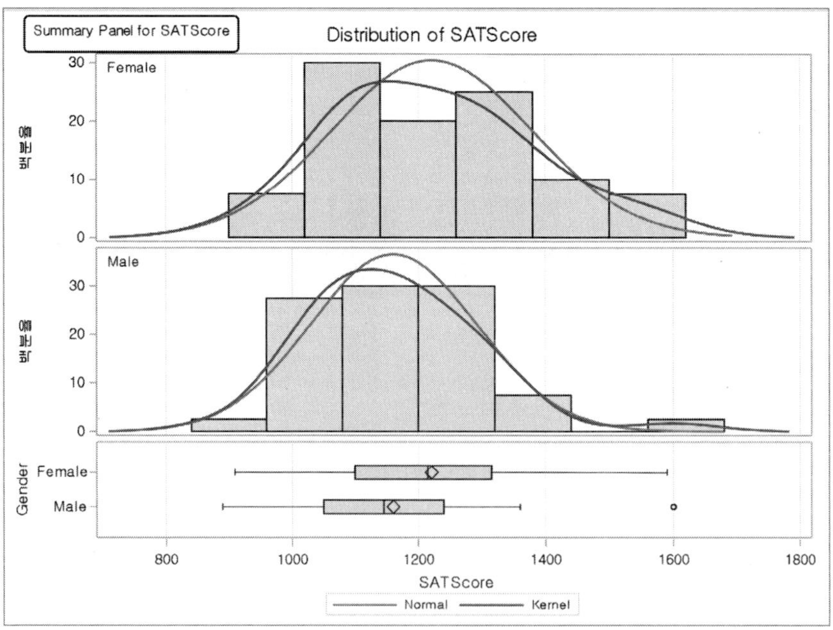

[그림 2. 11] SAS 점수 분포도

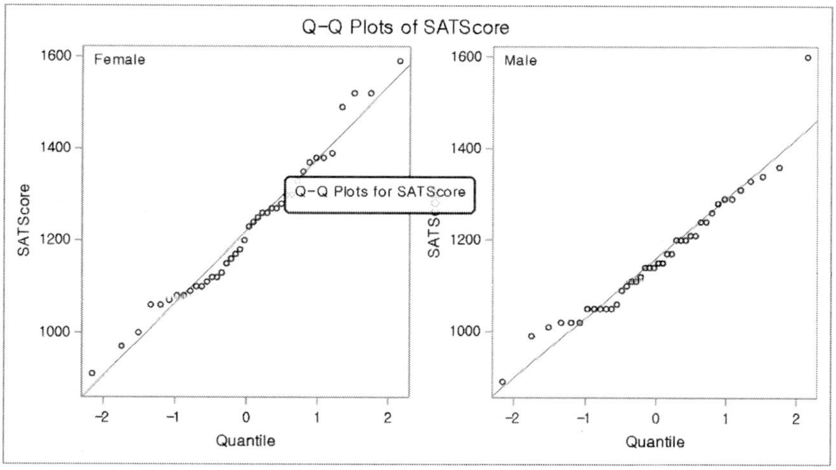

[그림 2. 12] SAS 점수 Q-Q Plot

Q-Q Plot(Quantile-Quantile Plot)은 관측치들이 정규분포를 따르는지 시각적으로 확인할 수 있는 그림이다. 도표의 X축은 확률 대신 분위수의 크기를 나타내고 점들이 대각선 참조선에 근접하면 정규성을 만족한다고 판단한다. 위의 그림에서는 남학생의 Q-Q plot의 한 점(1600점)을 제외한 나머지 점들은 대각선 참조선에 근접하므로 정규성을 따른다고 할 수 있다. 남성의 1600점의 SAT 점수는 이상점(Outlier)이라고 생각된다.

NOTE

정규성 가정을 만족하지 않는 경우에는 어떻게 할까?

만약 정규성 가정을 만족하지 않는다면 분포가정을 필요로 하지 않는 비모수적 방법으로 검정해야 한다. **[작업] > [분산분석] > [비모수적 일원분산분석]**은 비모수적 방법을 제공한다(그림 2. 1 참조).

[표 2. 2] 양측 검정 요약 통계량

Gender	N	Mean	Std Dev	Std Err	Minimum	Maximum
Female	40	1221.0	157.4	24.8864	910.0	1590.0
Male	40	1160.3	130.9	20.7008	890.0	1600.0
Diff (1-2)		60.7500	144.8	32.3706		

여학생의 SAT 평균점수는 1,221.0이고 남학생은 1,160.3이므로 그 차이는 60.75이다. 이 차이가 통계적으로 유의한지에 대해 알아보자.

[표 2. 3] 등분산 검정

Equality of Variances				
Method	Num DF	Den DF	F Value	Pr > F
Folded F	39	39	1.45	0.2545

등분산성 가정에 대한 F-검정의 유의확률은 0.2545로 0.05보다 크다. 따라서 귀무가설을 기각할 수 없으며 등분산성 가정이 만족한다고 결론 지을 수 있다.

[표 2. 4] 분산분석

Gender	Method	Mean	95% CL Mean		Std Dev	95% CL Std Dev	
Female		1221.0	1170.7	1271.3	157.4	128.9	202.1
Male		1160.3	1118.4	1202.1	130.9	107.2	168.1
Diff (1-2)	Pooled	60.7500	-3.6950	125.2	144.8	125.2	171.7
Diff (1-2)	Satterthwaite	60.7500	-3.7286	125.2			

[표 2. 5] 등분산 여부에 따른 유의 수준

Method	Variances	DF	t Value	Pr > |t|	
Pooled	Equal	78	1.88	0.0643	← 등분산인 경우
Satterthwaite	Unequal	75.497	1.88	0.0644	← 이분산인 경우

TIP

등분산성 가정에 대한 F-검정 결과는 어떻게 어떻게 활용하는가?

등분산성 가정에 대한 F-검정 결과 만약 **등분산이면 Pooled 방법**으로, **등분산이 아니면 Satterthwaite 방법**으로 평균이 동일한지에 대한 t-검정을 수행한다.

위의 결과는 등분산성 가정을 만족하므로 t-검정을 수행할 때 **Pooled 방법**을 사용하여야 한다. Pooled 방법의 유의확률은 0.0643이므로 평균에 대한 집단간의 차이가 없다는 귀무가설을 기각할 수 없다. 따라서 유의수준 0.05하에서 **"여학생과 남학생 간의 SAT 평균점수는 유의한 차이가 없다"**고 할 수 있다.

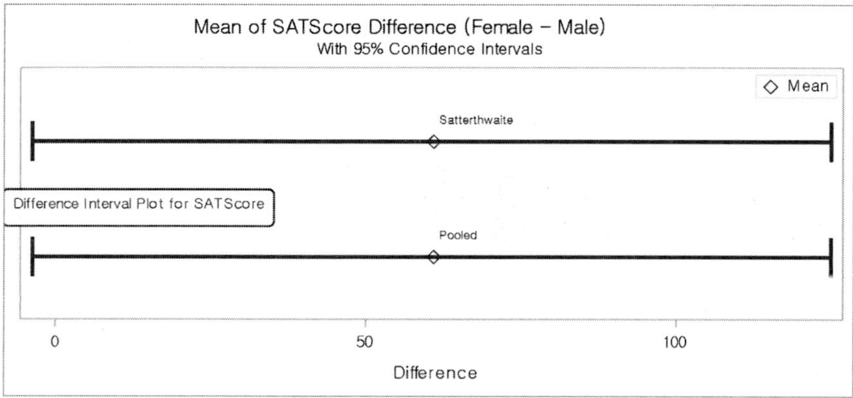

[그림 2. 13] 양측 검정 평균 차이

신뢰구간 도표를 보면 남학생과 여학생의 평균 점수에 대한 신뢰구간이 모두 0을 포함하고 있는데, 이것은 두 집단의 평균의 차이가 0이라는 귀무가설을 기각할 수 없다는 의미를 가지고 있다. 따라서 신뢰구간 도표는 두 집단의 평균의 차이가 있는지 여부를 시각적으로 쉽게 확인할 수 있는 좋은 도구라고 할 수 있다.

지금까지 양측 검정에 대해 알아보았고 이제부터는 단측 검정에 대해 생각해 보자.

TIP

양측 검정과 단측 검정의 차이

양측 검정은 **"차이가 있다"**라는 가설에 대한 검정으로 두 집단간 차이를 비교할 때 사용한다.

$$H_0 : \mu_A = \mu_B (or\ \mu_A - \mu_B = 0),\ H_1 : \mu_A \neq \mu_B$$

반면에 단측 검정은 **"어느 한쪽이 크다"**라는 가설에 대한 검정 방법으로 우열을 가려 어떤 한 집단이 나머지 한 집단보다 크거나 작다는 식으로 두 집단을 비교할 때 사용한다.

$$H_0 : \mu_A = \mu_B (or\ \mu_A - \mu_B = 0),\ H_1 : \mu_A < \mu_B\ \ or\ \ \mu_A < \mu_B$$

위의 양측 검정에서 요약통계량을 다시 보면

[표 2. 6] 양측 검정 요약통계량

Gender	N	Mean	Std Dev	Std Err	Minimum	Maximum
Female	40	1221.0	157.4	24.8864	910.0	1590.0
Male	40	1160.3	130.9	20.7008	890.0	1600.0
Diff (1-2)		60.7500	144.8	32.3706		

여학생의 평균이 남학생보다 높은 것을 알 수 있다. 그러면 여학생의 SAT점수 모평균이 남학생보다 높다고 할 수 있는지에 대해 귀무가설과 대립가설을 정의하면 다음과 같다.

$$H_0 : \mu_F = \mu_M$$

$$H_1 : \mu_F > \mu_M (or \ \mu_F - \mu_M > 0)$$

여기서 F는 여학생을 M은 남학생을 의미한다.

TIP

명목형 변수들의 화면 표시 순서

명목형 변수들이 분류변수로 지정되면 알파벳 순으로 지정된다. 위의 예제에서는 Female과 Male 중 Female이 알파벳 순서가 빠르기 때문에 위에 나타난다.

[실습 2-3] 여학생이 남학생보다 SAT 점수가 우수하다고 할 수 있는지를 알아보기 위해 오른쪽 꼬리 단측 검정(right one-sided test)을 해보자.

1. [실습 2-2]에서 양측 검정했던 것을 수정하여 다시 사용하기 위해 **[작업 수정]**을 클릭한다.

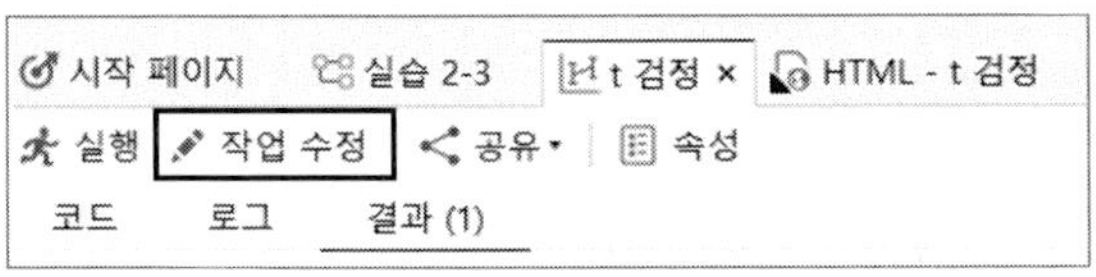

[그림 2. 14] 작업 수정

2. 좌측 하단의 **[코드 미리 보기]**를 클릭한다.

[그림 2. 15] 코드 미리 보기

[사용자 정의 삽입점 표시]를 클릭한 후 PROC TTEST구문 안에 아래와 같이 **<여기에 사용자 정의 코드 삽입>**을 클릭한다.

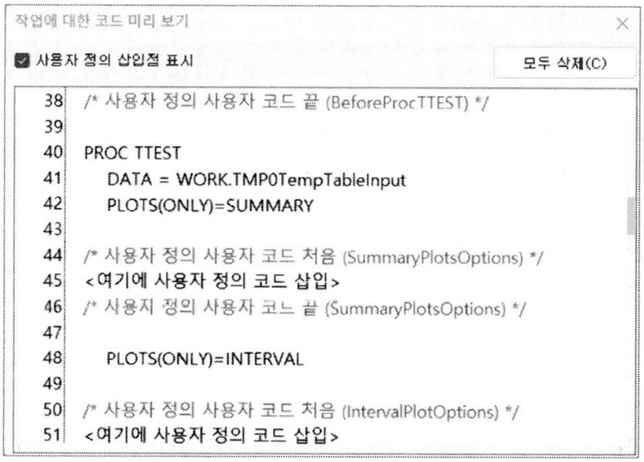

[그림 2. 16] 코드 정의 삽입점

3. [사용자 코드 입력]란에 아래와 같은 SAS 코드를 입력한다.

여기서는 단측 검정 중에서도 오른쪽 꼬리 단측 검정을 하기 위해 "Sides=U"라고 입력한다.

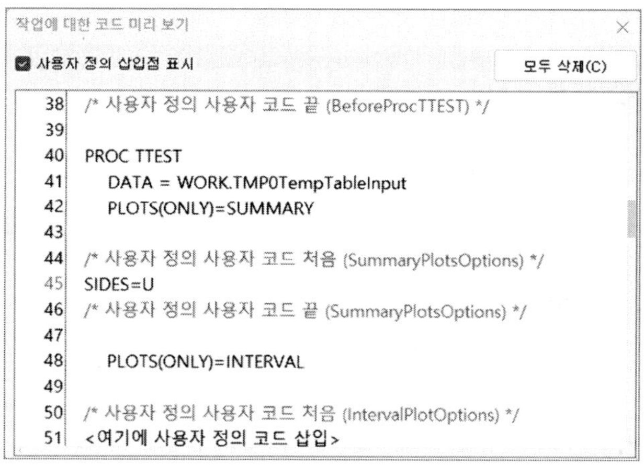

[그림 2. 17] 단측 검정 코드 입력

NOTE

오른쪽 꼬리와 왼쪽 꼬리 단측 검정에 대한 설정 방법

오른쪽 꼬리 단측 검정인 경우는 U(Upper tail)를, 왼쪽 꼬리인 경우는 L(Lower tail)을 사용한다.

4. 코드를 입력한 후 실행하면 다음과 같은 결과를 얻을 수 있다.

[표 2. 7] 단측 검정 요약 통계량

Gender	N	Mean	Std Dev	Std Err	Minimum	Maximum
Female	40	1221.0	157.4	24.8864	910.0	1590.0
Male	40	1160.3	130.9	20.7008	890.0	1600.0
Diff (1-2)		60.7500	144.8	32.3706		

[표 2. 8] 분산분석

Gender	Method	Mean	95% CL Mean		Std Dev	95% CL Std Dev	
Female		1221.0	1170.7	1271.3	157.4	128.9	202.1
Male		1160.3	1118.4	1202.1	130.9	107.2	168.1
Diff (1-2)	Pooled	60.7500	-3.6950	125.2	144.8	125.2	171.7
Diff (1-2)	Satterthwaite	60.7500	-3.7286	125.2			

[표 2. 9] 등분산 검정

Equality of Variances				
Method	Num DF	Den DF	F Value	Pr > F
Folded F	39	39	1.45	0.2545

[표 2. 10] 등분산 여부에 따른 유의 수준

Method	Variances	DF	t Value	Pr > |t|
Pooled	Equal	78	1.88	**0.0321**
Satterthwaite	Unequal	75.497	1.88	0.0322

단측 검정의 해석도 [실습 2-2]에서 했던 양측 검정과 동일한 방법으로 할 수 있는데, 등분산성에 대한 F-검정의 유의확률이 0.2545로 귀무가설을 기각하지 못하므로 등분산성 가정을 만족한다. 따라서 Pooled 방법의 유의확률을 보면, 0.0321로 유의수준 0.05 하에서 귀무가설을 기각하기 때문에 **"여학생의 SAT 평균점수가 남자보다 크다"**고 말할 수 있다.

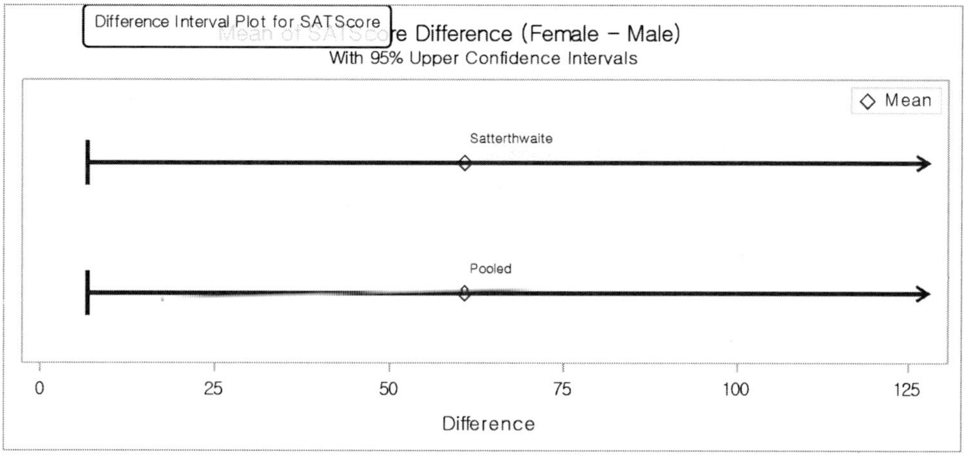

[그림 2. 18] 단측 검정 평균 차이

95% 신뢰구간이 0을 포함하지 않고 있으므로 여학생의 SAT 평균 점수가 남학생보다 크다는 것이 통계적으로 유의하다고 할 수 있다.

TIP

분석보다 우선되어야 할 것은 문제에 대한 정의

분석을 하기 전에 반드시 먼저 해야 할 것은 "내가 알고자 하는 것이 무엇인가?" 하는 문제에 대한 정의이다. 이것을 정의하지 않고 분석부터 하면 분석 방법은 물론이고 결과 해석까지도 틀리게 된다.

[실습 2-2]와 [실습 2-3]을 비교해 보면 유의수준은 동일한데 양측검정을 하느냐 또는 단측 검정을 하느냐에 따라 다른 결과가 나온다. 따라서 문제에 대한 정의에 따라 분석을 하기 전에 단측 검정을 할 것인지 양측 검정을 할 것인지 정해야 하는 것을 명심하자.

2.3 쌍체표본 t-검정

쌍체표본 t-검정(Paired t-Test)은 대응표본 또는 사전사후검정이라고도 불린다. 동일한 데이터에 어떤 처리를 하기 전과 후에 반복하여 관측한 값이 차이가 있는지 확인하는 경우에 사용된다. 예를 들어 지지율의 변화 또는 약의 복용 결과와 같이 동일한 사람에게 어떤 처리 또는 시간의 변화가 어떤 영향을 미치는지 확인하는 것 등을 들 수 있다.

이때 필요한 가정은 각 쌍의 표본이 랜덤하게 선정되어야 하고 표본 평균의 차이가 정규분포를 따라야 한다는 것이다. 데이터가 쌍을 이루고 있으므로 표본의 개수는 반드시 동일하다.

NOTE

쌍체표본과 독립표본 t-검정의 차이

① 독립표본에 대한 비교는 조사대상 개체가 다르고 두 집단의 개수가 달라도 상관없으며, 서로 다른 집단을 비교하는 경우에 사용되는 검정 방법이다. 따라서 집단간의 독립성 가정이 필요하다.
② 쌍체표본에 대한 비교는 반드시 짝이 있어야 하기 때문에 조사대상 개체가 동일해야 하고 전후 개념이 있는 경우가 많다. 따라서 집단간의 독립성 가정이 필요하지 않다.

[실습 2-4] 어떤 광고 캠페인 이전(PRE)과 이후(POST)의 데이터를 이용하여 캠페인의 효과를 검정하기 위해 쌍체표본 t-검정을 수행해 보자.

실습에 사용할 데이터는 광고 캠페인의 수행 전과 후의 판매실적을 조사한 것이다. 임의의 서로 다른 30 곳의 지역에서 자료를 수집하였고, 광고 캠페인 이전(PRE)과 이후(POST)의 판매실적을 MARKET 데이터로 저장하였다.

쌍체표본 t-검정의 귀무가설과 대립가설

$$H_0 : \mu_{pre} = \mu_{post}$$
$$H_1 : \mu_{pre} < \mu_{post}$$

1. [SASUSER] 라이브러리에 [MARKET] 데이터를 불러온다.

2. 메뉴바의 **[파일] > [작업 열기] > [찾아보기] > [분산분석]**에서 **[t-검정]**을 선택한다.

3. **[t-검정]**의 각 항목에서 분석에 필요한 **[옵션]**을 선택한다.

[t 검정 유형] 옵션에서 **[쌍체]**를 선택한다.

[그림 2. 19] t-검정 유형 선택

[데이터] 항목에서는 쌍체 변수에 광고캠페인 이전(PRE)과 이후(POST)의 판매실적을 할당한다. [POST]를 첫 번째 변수값으로 [PRE]를 두 번째 변수값으로 지정하여 광고캠페인 이후 실적이 이전 실적보다 더 좋은지를 판단하게 된다.

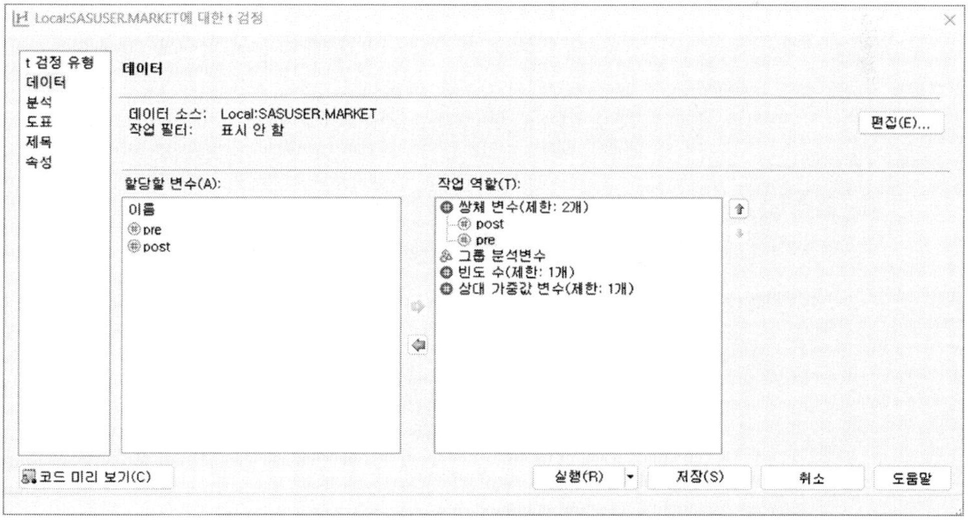

[그림 2. 20] 작업 역할 할당

> **NOTE**
>
> **작업 역할에서 각 변수의 의미**
>
> - **쌍체 변수**
>   이 역할에 분석할 두 개의 변수를 지정한다. 쌍체표본 t-검정은 첫 번째 변수 값에서 두 번째 변수 값을 빼는 방식으로 계산되기 때문에 차이를 계산하는 변수를 생성할 필요 없이 알고자 하는 것에 따라 변수의 순서를 변경하기만 하면 된다.

[도표] 항목에서는 **[신뢰구간 도표]**와 **[정규 분위수-분위수(Q-Q) 그림]**을 체크한다.

[그림 2. 21] 도표 종류 선택

4. 단측 검정을 위해 코드를 수정한다. [실습 4-2]처럼 좌측 하단의 **[코드 미리 보기]**를 클릭한다. **[사용자 정의 삽입점 표시]**를 클릭 후 PROC TTEST구문 안에 아래와 같이 **<여기에 사용자 정의 코드 삽입>**을 클릭한다.

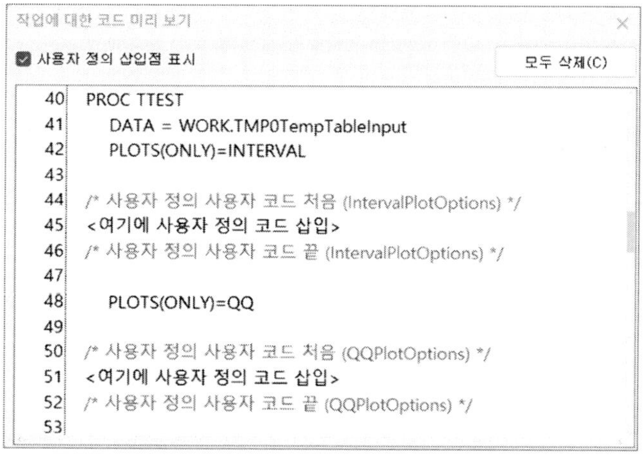

[그림 2. 22] 사용자 정의 코드 삽입 선택

그리고 나서 아래와 같이 SIDES=U 코드를 입력한다.

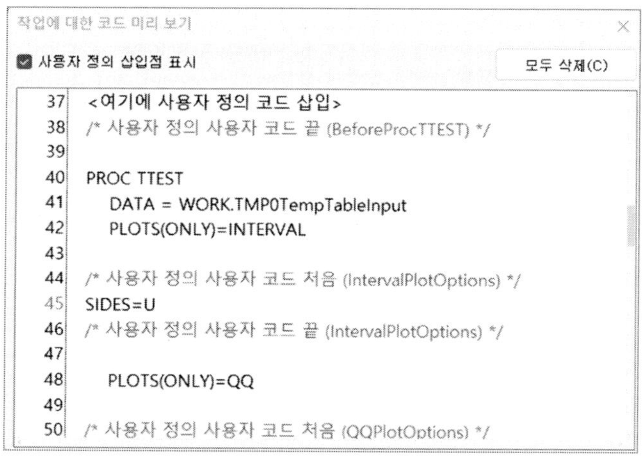

[그림 2. 23] 단측 검정 코드 입력

5. 선택을 모두 마치고 **[실행]** 버튼을 눌러 분석을 실행하면 다음과 같은 결과를 얻는다.

[표 2. 11] 요약 통계량

N	Mean	Std Dev	Std Err	Minimum	Maximum
30	0.9463	0.9271	0.1693	-0.4800	3.3400

Mean	95% CL Mean		Std Err	95% CL Std Dev	
0.9463	0.6587	Infty	0.9271	0.7384	1.2464

DF	t Value	Pr > t
29	5.59	<.0001

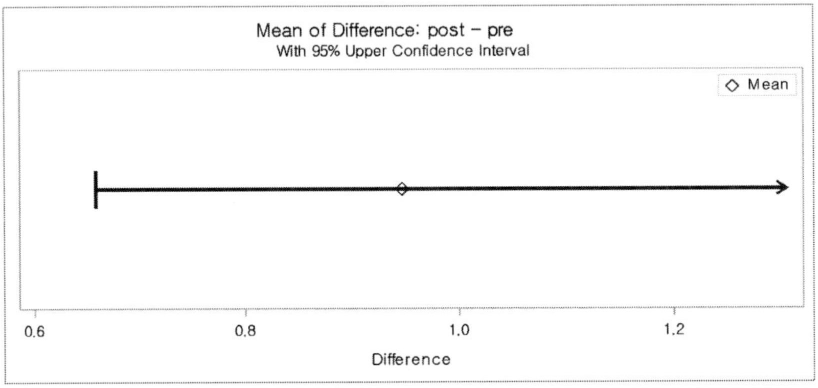

[그림 2. 24] 평균 차이

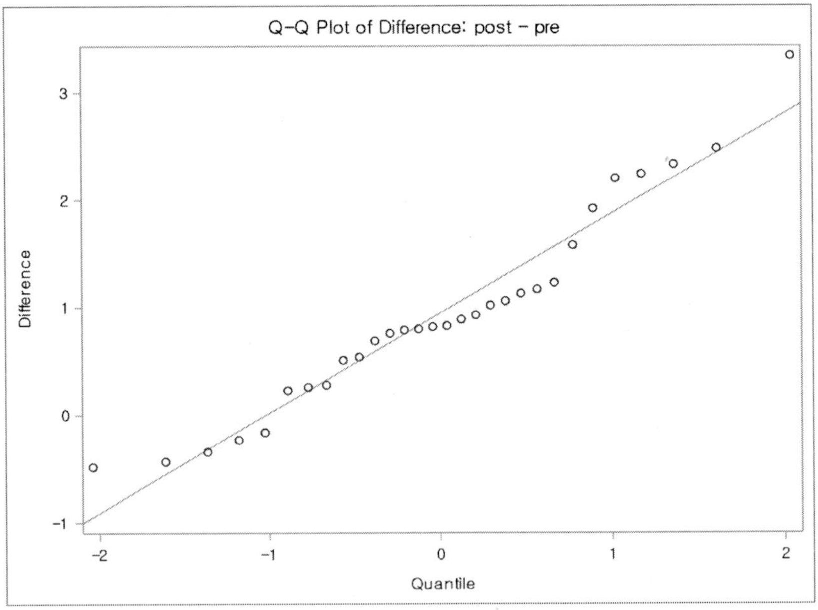

[그림 2. 25] Q–Q 도표

먼저 쌍체표본 t-검정에서의 가정을 만족하는지 살펴보자. Q-Q 도표를 보면 표본 평균의 차이가 대각선 참조선에 가깝게 분포되어 있으므로 정규성 가정을 만족한다고 할 수 있다.

그리고 유의확률이 0.0001보다 작은 값으로 유의수준 0.05 하에서 POST와 PRE의 차이가 없다는 귀무가설을 기각한다. 따라서 캠페인 이전과 이후의 매출액은 유의한 차이가 있다고 할 수 있다. 또한 캠페인 이후와 이전의 평균의 차이가 0.9436이므로 캠페인 이후 매출이 이전보다 매우 증가했음을 알 수 있다. 결론적으로 **"유의수준 0.05 하에서 광고 캠페인의 효과가 있다"**고 말할 수 있다.

02 | 일원분산분석

분산분석(ANalysis Of VAriance: ANOVA)이란 범주형(Categorical) 변수로 측정된 독립변수와 연속형(Continuous) 변수로 측정된 종속변수 사이의 관계를 분석하는 통계적 방법이다. 두 가지 이상의 데이터에서 특정 변수의 평균이 차이가 있는지 검정한다. 한 개 이상의 범주형 독립변수와 종속변수간의 관계를 분석하는 일원분산분석(One-Way ANOVA)과 두 개 이상의 독립변수들을 함께 고려했을 때 이들이 종속변수에 미치는 효과를 분석하는 이원분산분석(Two-Way ANOVA)으로 분류할 수 있다.

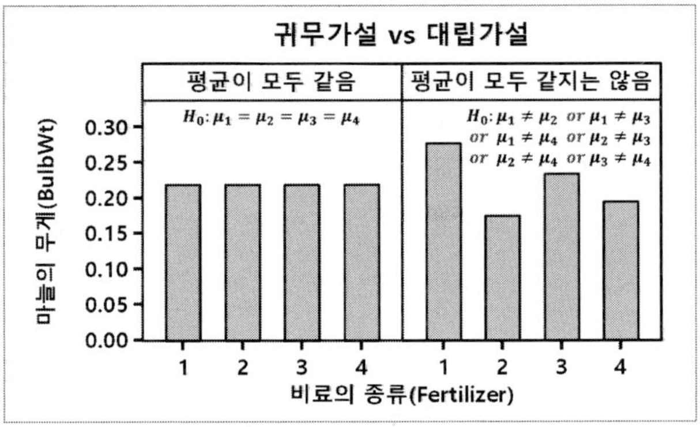

[그림 2. 26] 귀무가설 및 대립가설

분산분석의 검정 통계량은 F-값(F-비율)이며, 이때 귀무가설은 "각 집단별 평균이 모두 같다"이다. 단 한 개의 집단이라도 나머지 집단과 다르면 귀무가설은 기각된다. 일반적으로 우리가 표본평균을 구하면 어느 정도는 차이가 나게 마련인데, 분산분석의 목표는 **그 차이가 유의한지를 검정하는 것**이다.

분산분석도 t-검정과 마찬가지로 분석을 수행하기 전에 각 집단의 특성에 관련된 다음과 같은 가정들을 만족하는지 검토해야 한다. 이러한 가정이 만족될 때 의미가 있기 때문이다.

ANOVA의 가정

- 관측치들은 독립적이어야 한다.
- 집단별 오차는 정규분포를 따라야 한다.
- 집단별 오차는 등분산 가정을 만족해야 한다.

TIP

t-검정과 분산분석과의 관계

두 집단의 평균 차이를 검정하는 t-검정은 분산분석(ANOVA)의 특별한 경우다. 따라서 분산분석을 이용하여 두 집단의 평균 차이를 검정한다면 t-검정과 동일한 결과가 된다. 일반적으로 2개 집단에 대한 검정은 t-검정을, 3개 이상 집단에 대한 검정은 F-검정을 이용한다.

다음은 [실습 2-5]에서 사용할 [SASUSER.MGGarlic] 데이터에 대한 설명이다. Christin과 Nicole은 유기농 마늘을 재배하는 회사인 Montana Gourmet Garlic의 경영주이다. 이들은 Spanish Roja 라고 불리는 Rocambole 품종을 대상으로 비료의 종류가 마늘의 성장에 미치는 영향을 알아보기 위한 실험을 진행하였다. 실험 대상으로는 세 가지의 서로 다른 유기농 비료와 컨트롤 군으로 사용할 하나의 화학비료를 이용하였다. 어느 비료가 어떤 컨테이너에서 실험하는지 알 수 없도록 1부터 4까지 숫자를 컨테이너에 표시하였다. 1 에이커(약 4,050평방미터)의 땅을 32개 구역으로 나누고 각 구역마다 비료들을 랜덤하게 할당하였다. 일정 시간이 지난 후에 마늘을 수확한 후 마늘의 구근(球根) 무게와 마늘 쪽의 개수를 각 구역별로 측정하였다.

[표 2. 12] 변수 설명

변수	설명	비고
Fertilizer	사용된 비료의 종류	1, 2, 3, 4
BulbWt	구역별 마늘의 평균 무게	단위: 파운드
Cloves	구역별 마늘의 평균 쪽 개수	단위: 개
BedID	랜덤으로 할당된 구역 식별 번호	

[실습 2-5] [MGGarlic] 데이터의 변수들의 특성을 알아보기 위해 요약통계량과 상자수염도를 살펴보자.

1. [SASUSER] 라이브러리에 [MGGarlic] 데이터를 불러온다.

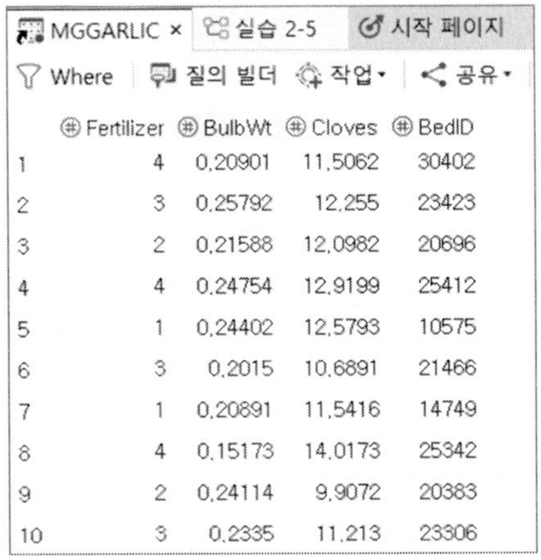

MGGARLIC × 실습 2-5 시작 페이지

Where 질의 빌더 작업 공유

	Fertilizer	BulbWt	Cloves	BedID
1	4	0.20901	11.5062	30402
2	3	0.25792	12.255	23423
3	2	0.21588	12.0982	20696
4	4	0.24754	12.9199	25412
5	1	0.24402	12.5793	10575
6	3	0.2015	10.6891	21466
7	1	0.20891	11.5416	14749
8	4	0.15173	14.0173	25342
9	2	0.24114	9.9072	20383
10	3	0.2335	11.213	23306

[그림 2. 27] MGGarlic 데이터 테이블

2. 메뉴바의 **[파일]** > **[작업 열기]** > **[찾아보기]** > **[기술]**에서 **[요약통계량]**을 선택한다.

3. **[요약통계량]**의 각 항목에서 분석에 필요한 **[옵션]**을 선택한다.

[데이터] 항목에서는 작업의 역할별로 변수를 할당해야 하는데, **[분석변수]**로는 [BulbWt](마늘의 무게)를 할당하고 **[분류변수]**로는 [Fertilizer](비료의 종류)를 할당한다.

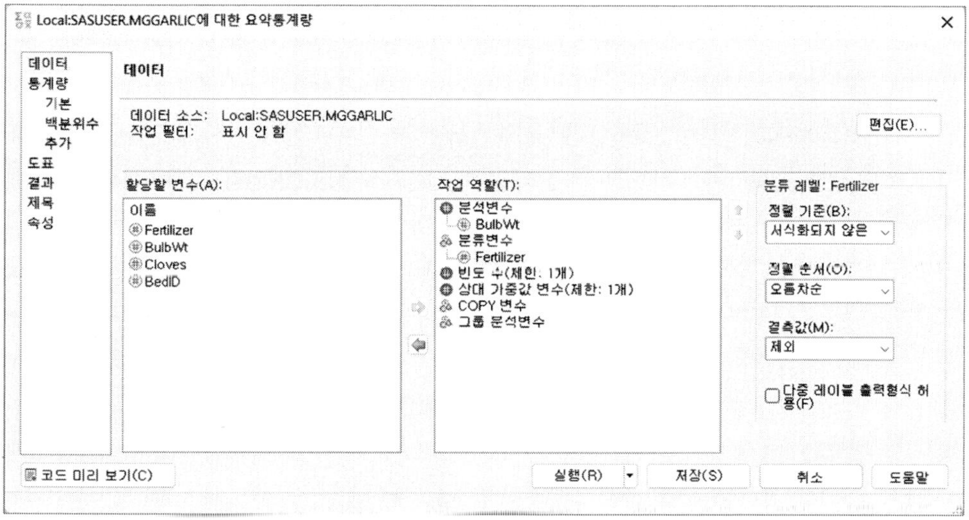

[그림 2. 28] 작업 역할 할당

[도표] 항목에서는 비료 종류에 따른 마늘 무게를 시각적으로 비교하기 위해 **[도표]** 옵션에서는 **[상자수염도]**를 선택한다.

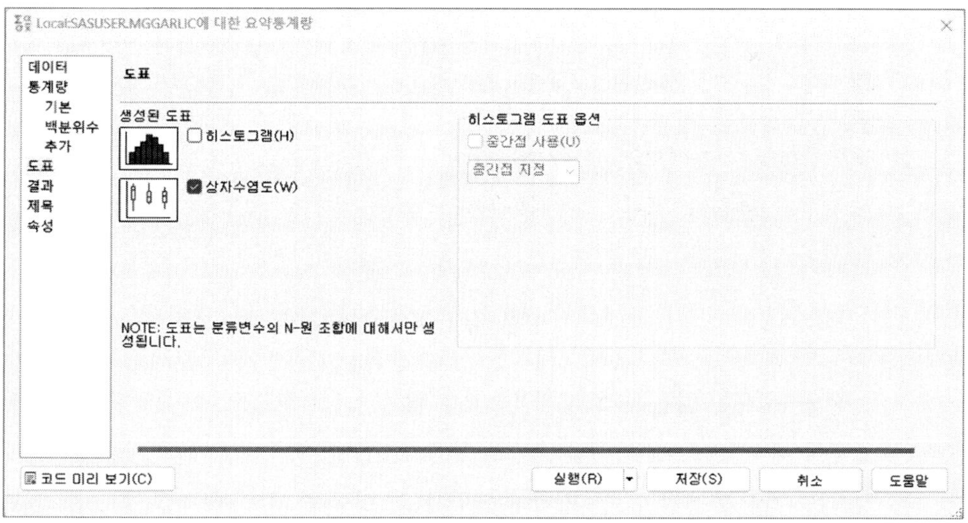

[그림 2. 29] 도표 선택

4. 선택을 모두 마치고 **[실행]** 버튼을 눌러 분석을 실행하면 다음과 같은 결과를 얻는다.

[표 2. 13] 기술통계량

분석변수 : BulbWt						
Fertilizer	관측치 수	평균값	표준편차	최솟값	최댓값	N
1	9	0.2254067	0.0245224	0.1884000	0.2536200	9
2	8	0.2085650	0.0264198	0.1585100	0.2411400	8
3	11	0.2298209	0.0264436	0.1891400	0.2782800	11
4	4	0.1963525	0.0413966	0.1517300	0.2475400	4

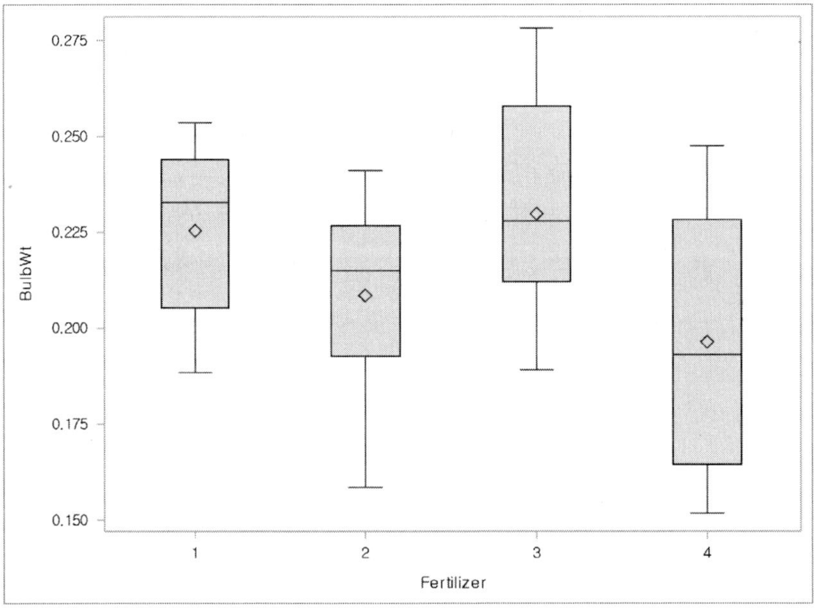

[그림 2. 30] 상자수염도

상자수염도는 많은 정보를 제공하지는 않지만 시각적으로 차이를 확인하는 데는 많은 도움이 된다. 위의 상자수염도을 통해 Fertilizer에 따라 마늘의 평균 무게가 차이가 있다는 것을 확인할 수 있다. 각 집단별 표본 평균을 구해보면 일반적으로 어느 정도의 차이를 보이게 되는데, 여기서 우리가 검정하고자 하는 것은 그 차이가 통계적으로 유의한지를 확인하는 것이다.

[실습 2-6] 일원분산분석(One Way ANOVA)을 이용하여 Fertilizer(비료의 종류)별 BulbWt(마늘의 무게)에 대한 평균이 통계적으로 유의한 차이를 보이는지 알아보자.

1. [SASUSER] 라이브러리에 있는 [MGGarlic] 데이터를 불러온다.

2. 메뉴바의 **[파일] > [작업 열기] > [찾아보기] > [분산분석]**에서 **[일원분산분석]**을 선택한다.

3. **[일원분산분석]**의 각 항목에서 분석에 필요한 **[옵션]**을 선택한다.

[데이터] 항목에서는 비료의 종류별로 마늘의 무게 차이가 있는지 검정하기 위해 **[종속변수]**에는 [BulbWt]를 할당하고, **[독립변수]**에는 [Fertilizer]를 할당한다.

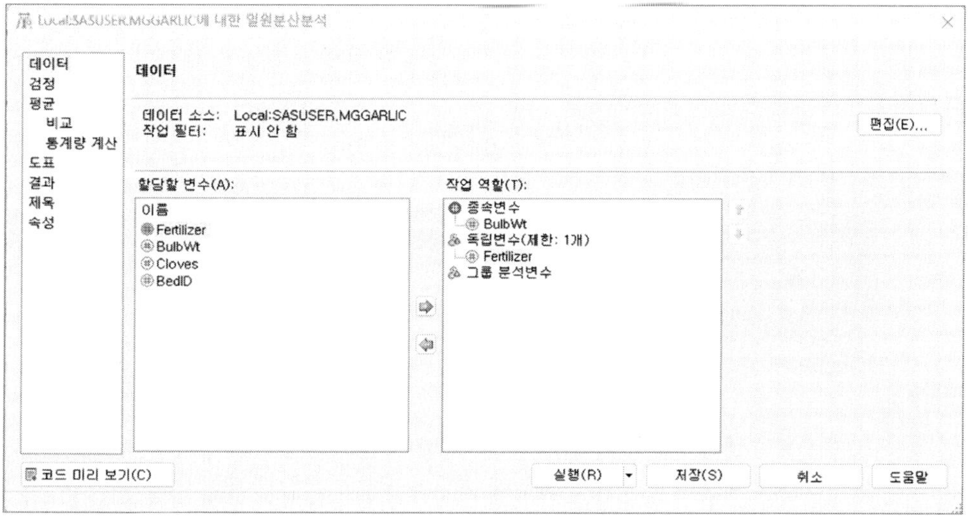

[그림 2. 31] 작업 역할 할당

[검정] 항목에서는 분산이 동일한지 확인하기 위해 등분산성 검정 중 **[Levene의 검정]**을 체크한다.

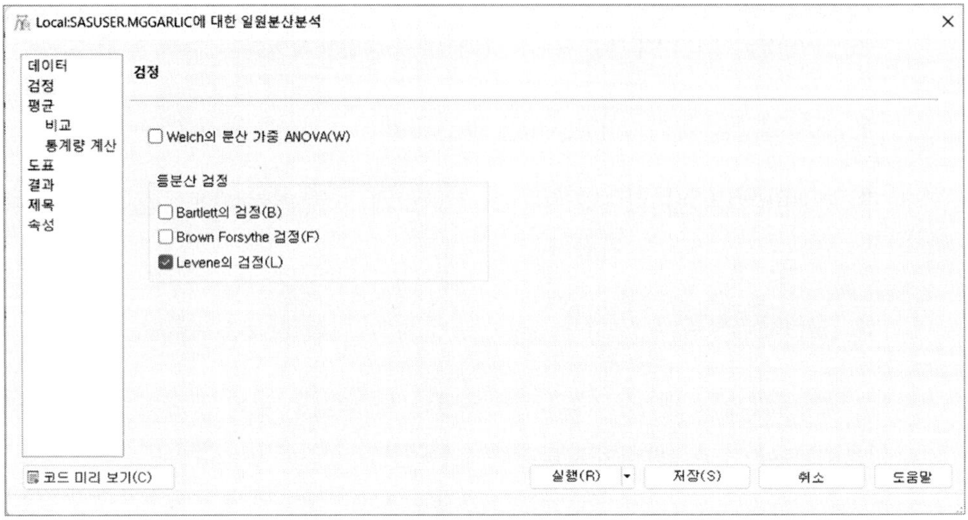

[그림 2. 32] 등분산 검정

4. 선택을 모두 마치고 **[실행]** 버튼을 눌러 분석을 실행하면 다음과 같은 결과를 얻는다.

[표 2. 14] 분산분석표

Source	DF	Sum of Squares	Mean Square	F Value	Pr > F
Model	3	0.00457996	0.00152665	1.96	0.1432
Error	28	0.02183054	0.00077966		
Corrected Total	31	0.02641050			

분산분석표에는 모델과 오차의 제곱합과 F 통계량, 유의확률 등이 있으며, 모델의 유의확률(0.1432)이 0.05보다 크므로 귀무가설을 기각할 수 없다. 따라서 집단별 평균들은 통계적으로 유의한 차이가 없다는 결론을 내린다.

[표 2. 15] 결정계수

R-Square	Coeff Var	Root MSE	BulbWt Mean
0.173414	12.74520	0.027922	0.219082

결정계수(R^2)는 이 테이블에 R-Square로 나타나 있으며 분산분석에서 독립변수들에 의해 설명되는 변동 비율을 측정하는 통계량이다. 따라서 이 모형에서 비료의 종류

(Fertilizer)는 마늘의 평균 무게(BulbWt)에 대한 변동성을 17% 정도 설명한다고 해석한다.

NOTE

결정계수와 수정된 결정계수

R^2는 결정계수라고 부르며 상관계수의 제곱과 같다. 이것은 모형의 설명정도를 나타내는 측도로 0과 1사이의 값을 가진다. 독립변수들이 모형의 변동성을 많이 설명할수록 1에 가까워지며 설명하지 못할수록 0에 가까워진다. 결정계수에 대한 정의는 다음과 같다.

$$R^2 = 1 - \frac{SEE}{SST}$$

[수식 2. 1] 결정계수 산출식

여기서 SEE는 오차의 제곱합이고 SST는 총 제곱합이다. 결정계수의 단점은 독립변수가 늘어날수록 무조건 증가하는 성질을 가지고 있다는 것이다. 따라서 독립변수의 수를 Penalty로 사용한 수정된 결정계수($Adjusted\ R^2$)를 사용하는 경우가 많다. 수정된 결정계수에 대한 정의는 다음과 같다.

$$Adjusted\ R^2 = 1 - \left((1 - R^2) \cdot \frac{n-1}{n-k-1}\right) = 1 - \left(\frac{SEE}{SST} \cdot \frac{n-1}{n-k-1}\right)$$

[수식 2. 2] 수정된 결정계수 산출식

여기서 n은 관측치의 개수이고 k는 독립변수의 개수이다. 이것은 독립변수의 수가 증가하는 것에 비해 변동성에 대한 설명력이 더 높아지면 커지고 그렇지 않으면 작아진다.

[표 2. 16] 등분산 검정

Levene's Test for Homogeneity of BulbWt Variance ANOVA of Squared Deviations from Group Means					
Source	DF	Sum of Squares	Mean Square	F Value	Pr > F
Fertilizer	3	1.716E-6	5.719E-7	0.98	0.4173
Error	28	0.000016	5.849E-7		

이 테이블에서 등분산성 가정에 대한 검정의 귀무가설은 "Fertilizer(비료의 종류)별 분산이 모두 동일하다"이다. Levene 검정의 유의확률(0.4173)은 유의수준0.05 보다 크므로 귀무가설을 기각할 수 없다. 따라서 등분산성 가정을 만족함을 알 수 있다.

NOTE

만약 등분산성 가정을 만족하지 못하는 경우에는 어떻게 해야 하나?

등분산성 검정에서 등분산성 가정을 만족하지 못하는 경우에도 일원분산분석의 **검정(test) 옵션**에서 제공하는 **Welch의 분산 가중 일원분산분석**을 통해 집단 간 평균차이를 검정할 수 있다.

TIP

좀 더 시각적이고 다양한 방법으로 t-검정이나 분산분석을 할 수는 없을까?

일원분산분석을 사용할 경우에는 분산분석의 가정 중 등분산성에 대해서만 확인할 수 있으나 선형모형을 이용하여 t-검정을 할 경우 더 시각적이고 다양한 검정 방법으로 가정들에 대한 검정을 할 수 있다.

03 | 이원분산분석

이원분산분석(Two-Way ANOVA)은 두 개 이상의 독립변수와 종속변수의 관계에 대해 분석하는 방법이다. 이것은 주효과(Main Effect)뿐만 아니라 교호작용(Interaction)에 대한 효과를 검정할 수 있다는 이점이 있다. 주효과는 하나의 독립변수의 변화가 종속변수에 미치는 영향을 의미하며, 교호작용 효과는 또 다른 독립변수의 변화에 따라 이 독립변수가 종속변수에 미치는 영향을 의미한다. 주효과만 보았을 때는 귀무가설을 기각할 수 없지만 교호작용의 효과까지 고려한다면 귀무가설을 기각할 수 있는 경우가 발생하게 된다. 교호작용이 있을 경우에는 반드시 그래프를 통해 확인하는 것이 바람직하다.

NOTE

교호작용효과를 가지는 이원분산분석 모델

교호작용효과를 가지는 이원분산분석의 모델은

$$Y_{ijk} = \mu + \alpha_i + \beta_j + (\alpha\beta)_{ij} + \varepsilon_{ijk}$$

[수식 2. 3] 교호작용효과를 가지는 이원분산분석 모형

와 같으며, 이 모델은 독립변인들의 각 수준간의 평균차이에 관심이 있는 주효과 (α_i, β_j)와 한 독립변인이 다른 독립변인의 각 수준에서 서로 다르게 나타나고 효과가 다른 요인의 수준에 따라 변하는 교호작용효과 ($(\alpha\beta)_{ij}$)로 구성된다.

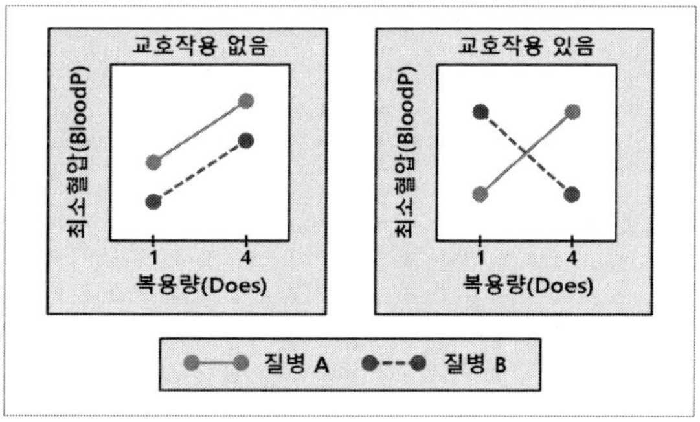

[그림 2. 33] 교호작용에 따른 차이

교호작용은 한 독립변인이 다른 독립변인의 각 수준에서 서로 다르게 나타나고 효과가 다른 요인의 수준에 따라 변하는 경우에 발생하게 된다. 교호작용이 없는 경우(좌측)에는 질병의 종류가 복용량의 변화에 따라 혈압이 동일하게 변화하는 반면 교호작용이 있는 경우(우측)에는 복용량의 변화에 따라 혈압이 반대로(질병A는 증가하고 질병B는 감소) 변화하고 있다. 좌측의 그림처럼 그래프가 교차하는 것이 바로 교호작용이 존재한다는 증거이다.

이후 실습에서 사용할 DRUG데이터는 약의 복용이 혈압에 영향을 미치는지를 알아보기 위해서 심장병의 3가지 종류 중 한가지를 가지고 있는 환자들을 대상으로 약의 복용량의 수준에 따라 심장병의 범주, 약의 복용량 수준, 실험 2주 후의 최소혈압 등을 모은 데이터이다. 이 실험의 목적은 혈압에 관한 약의 효능을 알아보는 것이다.

[표 2.17] 변수 설명

변수	설명
DrugDose	약의 복용량 (Placebo(위약:僞藥), 100mg, 200mg, 500mg)
Disease	심장병 범주 (A, B, C)
BloodP	실험 2주후의 최소혈압

[실습 2-7] 각 변수를 탐색하기 위해 DRUG 데이터에 대한 요약통계량을 살펴보자.

1. [SASUSER] 라이브러리에 있는 [DRUG] 데이터를 불러온다.

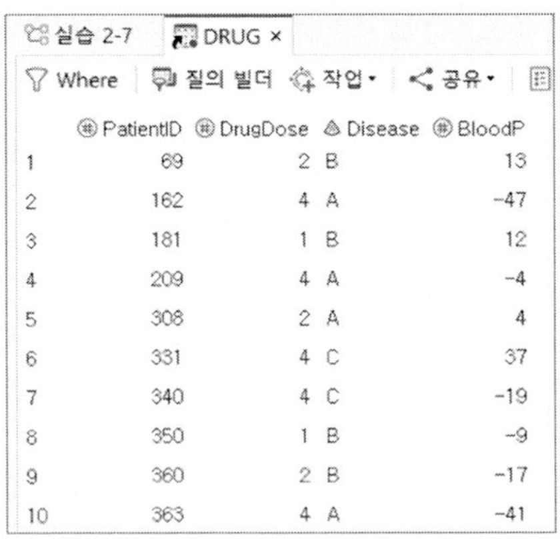

	PatientID	DrugDose	Disease	BloodP
1	69	2	B	13
2	162	4	A	-47
3	181	1	B	12
4	209	4	A	-4
5	308	2	A	4
6	331	4	C	37
7	340	4	C	-19
8	350	1	B	-9
9	360	2	B	-17
10	363	4	A	-41

[그림 2. 34] DRUG 데이터 테이블

실험 2주 후의 최소혈압(BloodP)이 음수인 것은 실험 2주 전에 비해 감소된 것을 의미하며, 양수인 것은 증가한 것을 의미한다.

2. 메뉴바의 **[파일]** > **[작업 열기]** > **[찾아보기]** > **[분산분석]**에서 **[요약통계량]**을 선택한다.

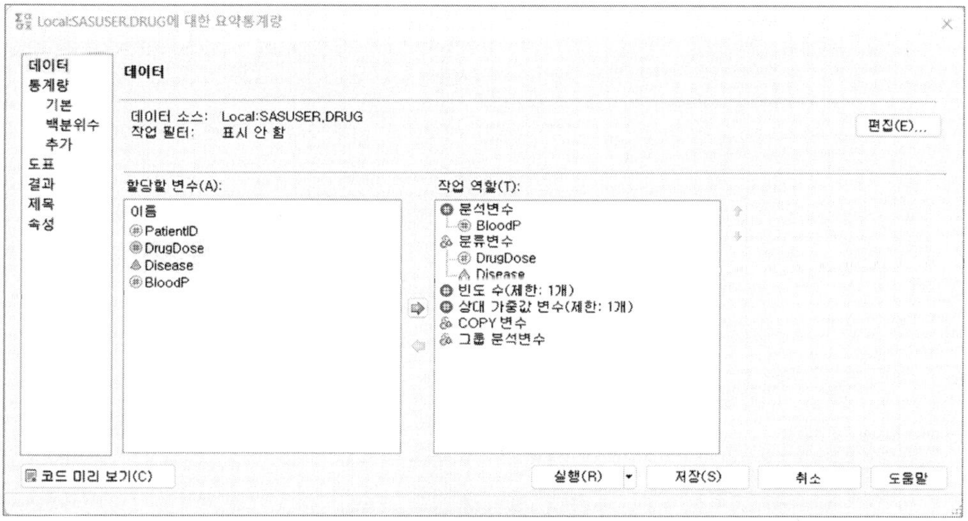

[그림 2. 35] 작업 역할 할당

데이터 항목에서 독립변수는 분류변수에 종속변수는 분석변수에 할당한다. 즉, [DrugDoes](약의 복용량)과 [Disease](심장병의 범주)는 분류변수에 할당하고 [BloodP](실험 2주 후의 최소혈압)은 분석변수에 할당한다.

3. 선택을 모두 마치고 **[실행]** 버튼을 눌러 분석을 실행하면 다음과 같은 결과를 얻는다.

[표 2. 18] **요약 통계량**

분석변수 : BloodP							
DrugDose	Disease	관측치 수	평균값	표준편차	최솟값	최댓값	N
1	A	12	1.3333333	13.5333483	-22.0000000	25.0000000	12
	B	15	-8.1333333	16.9109714	-39.0000000	22.0000000	15
	C	14	0.4285714	20.2929100	-38.0000000	45.0000000	14
2	A	16	-9.6875000	18.8881577	-37.0000000	19.0000000	16
	B	15	5.4000000	21.8886794	-45.0000000	35.0000000	15
	C	13	-4.8461538	24.0341637	-36.0000000	50.0000000	13
3	A	13	-26.2307692	18.1390640	-51.0000000	11.0000000	13
	B	14	24.7857143	23.7427838	-24.0000000	60.0000000	14
	C	14	-5.1428571	13.9827209	-26.0000000	27.0000000	14
4	A	18	-22.5555556	21.0970369	-61.0000000	12.0000000	18
	B	13	23.2307692	23.5872630	-22.0000000	55.0000000	13
	C	13	1.3076923	28.7847894	-57.0000000	42.0000000	13

각 약의 복용량과 심장병의 종류에 따라 평균이 다양하게 나타나는 것처럼 보인다. 그러나 만약 약의 복용량의 수준별 일정한 추세가 있다면 단지 다양하다고 표현할 수는 없다.

[실습 2-8] 심장병의 범주(Diseases)와 약의 복용량(DrugDose)이 혈압을 변화시키는 효과가 있다는 귀무가설을 검정하기 위해 교호작용을 포함한 이원분산분석을 해보자.

1. [SASUSER] 라이브러리에 있는 [DRUG] 데이터를 불러온다.

2. 메뉴바의 **[파일] > [작업 열기] > [찾아보기] > [분산분석]**에서 **[선형모형]**을 선택한다.

3. **[선형모형]**의 각 항목에서 분석에 필요한 **[옵션]**을 선택한다.

[데이터] 항목에서 [DrugDose](약의 복용량)과 [Disease](심장병의 범주)는 **[분류변수]**에 할당하고 [BloodP](실험 2주 후 최소혈압)은 **[종속변수]**에 할당한다.

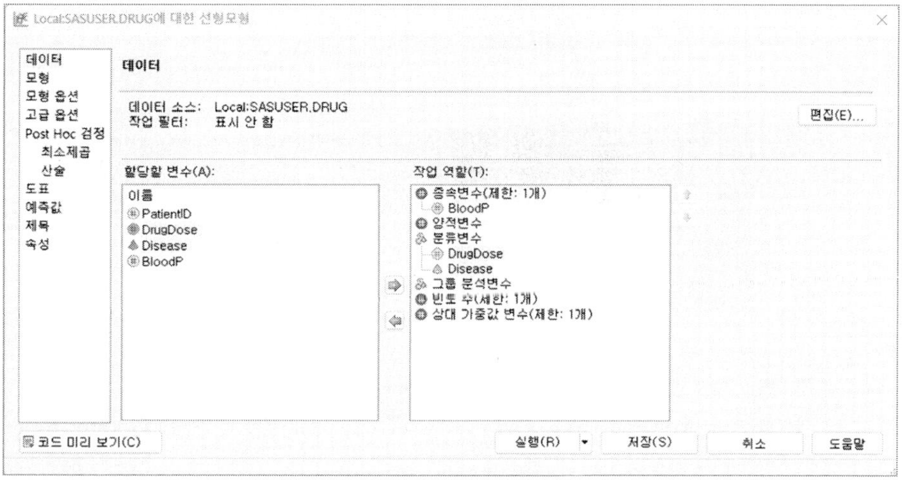

[그림 2. 36] 작업 역할 할당

[모형] 옵션 항목에서는 모형을 설정하기 위해 주효과와 교호작용 효과를 지정해야 한다. 먼저 **[분류변수 및 양적변수]**에 있는 [DrugDose]와 [Disease]를 차례로 **[주효과]** 버튼을 눌러 오른쪽의 효과에 할당한다. 교호작용 효과를 할당하기 위해서는 [DrugDose]과 [Disease]를 **동시에 선택하고 [팩토리얼 버튼]**을 클릭하여 이에 대한 교호작용 효과를 할당한다.

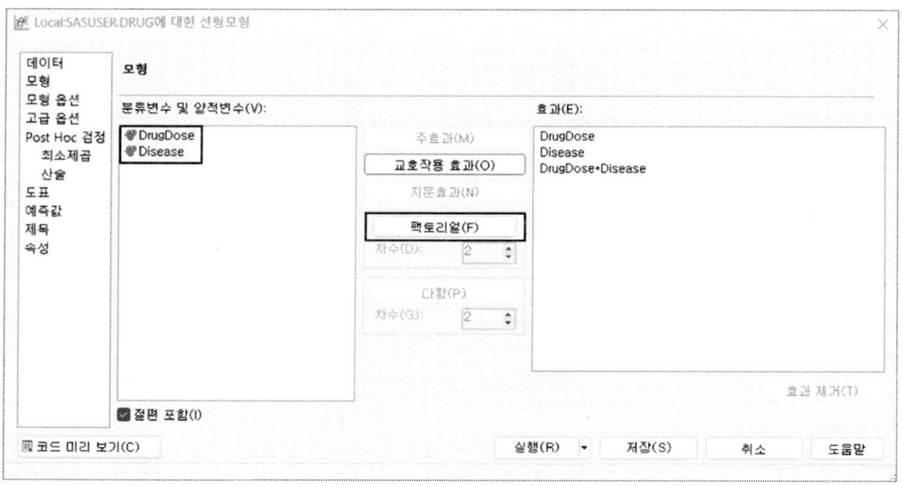

[그림 2. 37] 모형 효과 설정

TIP

주효과, 교호작용 효과, 팩토리얼 설정하기

[표 2. 19] 효과별 설명

효과 버튼	변수의 종류	예시	효과 창
주효과	분류변수, 양적변수	A, B	A, B
교호작용 효과	분류변수, 양적변수	A, B	A*B
팩토리얼	분류변수, 양적변수	A, B	A, B, A*B
다항, 2차	양적변수	C, D	C, D, C*C, D*D

위의 분류변수 및 양적변수에 해당하는 변수를 선택한 후, 효과에 해당하는 버튼을 클릭하면 효과 창에는 위의 결과로 효과들이 포함된다. 특히 팩토리얼의 경우 가능한 조합이 모두 효과 창에 생성되고, 다항은 양적변수만 가능하며 지정한 차수까지 효과 창에 생성된다.

[모형 옵션]에서 위와 같이 표시할 제곱합을 설정한다.

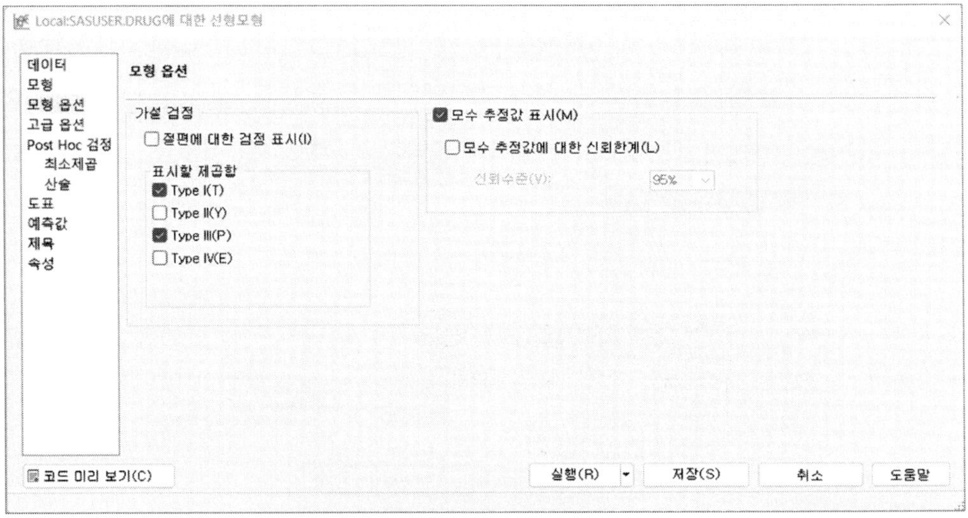

[그림 2. 38] 모형 옵션 선택

4. 교호작용 도표를 출력하기 위해 코드를 수정해 보자.

[코드 미리보기]에서 **[사용자 정의 삽입점 표시]**를 클릭한 후 [PROC GML]의 옵션으로 아래와 같이 [INTPLOT] 옵션을 삽입한다.

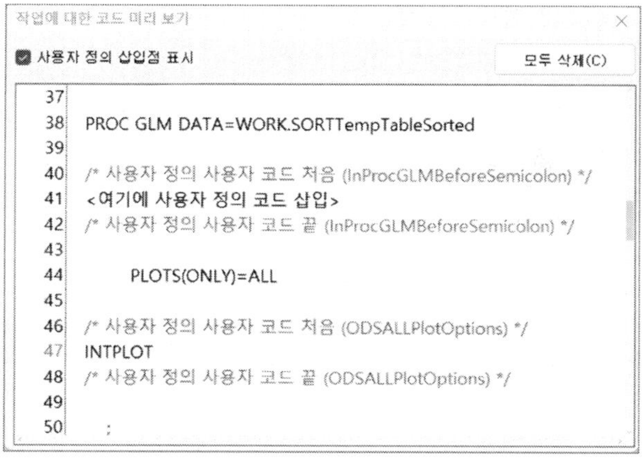

[그림 2. 39] 사용자 정의 삽입점 표시

5. 선택을 모두 마치고 **[실행]** 버튼을 눌러 분석을 실행하면 나음과 같은 결과를 얻는다.

[표 2. 20] 분산분석

Source	DF	Sum of Squares	Mean Square	F Value	Pr > F
Model	11	36476.8353	3316.0759	7.66	<.0001
Error	158	68366.4589	432.6991		
Corrected Total	169	104843.2941			

위 결과는 전체 모형에 대한 분산분석표이다. 여기서 검정하고 있는 귀무가설은 모형이 각 수준별 효과가 없다는 것이다. 다시 말해 약의 복용량(DrugDose, 4수준)과 심장병의 범주(Disease, 3수준)의 조합으로 구성된 12(4 × 3)가지의 집단에 대한 평균 차이는 없다는 것이 귀무가설이다. 분산분석표의 결과를 보면 유의확률(<0.0001)이 유의수준 0.05보다 작으므로 귀무가설이 기각되어 적어도 하나는 평균의 차이가 있다고 할 수 있다.

그렇다면 무엇으로 이러한 차이를 설명할 수 있을까? 다음 두 개의 분산분석표는 주효과와 교호작용에 대한 검정 결과를 나타내고 있는데, 이것을 보면 해결의 실마리가 보인다.

[표 2. 21] Type I 제곱합

Source	DF	Type I SS	Mean Square	F Value	Pr > F
DrugDose	3	54.03137	18.01046	0.04	0.9886
Disease	2	19276.48690	9638.24345	22.27	<.0001
DrugDose*Disease	6	17146.31698	2857.71950	6.60	<.0001

[표 2. 22] Type III 제곱합

Source	DF	Type III SS	Mean Square	F Value	Pr > F
DrugDose	3	335.73526	111.91175	0.26	**0.8551**
Disease	2	18742.62386	9371.31193	21.66	**<.0001**
DrugDose*Disease	6	17146.31698	2857.71950	6.60	**<.0001**

위 표는 Type I 제곱합(SS)을 이용한 분산분석표이고, 아래는 Type III 제곱합(SS)을 이용한 분산분석표이다. 두 가지 제곱합의 차이는 Type I 제곱합은 모델의 순서에 의존하는 **순차적 제곱합**이고 Type III 제곱합은 모델의 순서와는 상관없는 **부분 제곱합**이다.

Type I 제곱합은 특정 순서로 효과들을 투입할 경우 새로 추가된 효과가 궁금할 때 유용하게 사용된다. 그러나 Type III 제곱합은 다른 변수들이 모두 포함된 모형에서 특정 변수를 추가할 때 생기는 모형 제곱합의 증가분이다. 모형이 아래와 같을 경우 두 가지 제곱합을 비교해 보자.

$$Model \sim 1 + A + B + A \times$$

[수식 2. 3] 이원분산분석의 모형

[표 2. 23] Type I 제곱합 및 Type III 제곱합 비교

요인	Type I 제곱합	Type III 제곱합
A	$SS(A\|1)$	$SS(A\|1, B, A \times B)$
B	$SS(B\|1, A)$	$SS(B\|1, A, A \times B)$
$A \times B$	$SS(A \times B\|1, A, B)$	$SS(A \times B\|1, A, B)$

위 두 개의 분산분석표에 대한 결과가 다른 것은 이와 같은 이유에서다. 따라서 Type I

제곱합을 모두 더하면 모델의 제곱합과 일치하고 Type III 제곱합은 그렇지 않다. 이러한 원리를 잘 알고 있다면 SAS의 분석결과를 좀 더 유용하게 사용할 수 있을 것이다.

여기서는 Type III 제곱합을 이용한 검정을 해보자. 교차항이 있다면 교차항에 대한 검정을 먼저 고려해야 한다.

약의 복용량과 심장병의 범주에 대한 교차항(DrugDose×Disease)의 유의확률(<0.0001)은 유의수준 0.05보다 작으므로 귀무가설을 기각할 수 있다. 따라서 두 요인 사이에 교효작용이 존재한다. 좀 더 자세히 살펴보기 위해 아래 교호작용 도표를 보자.

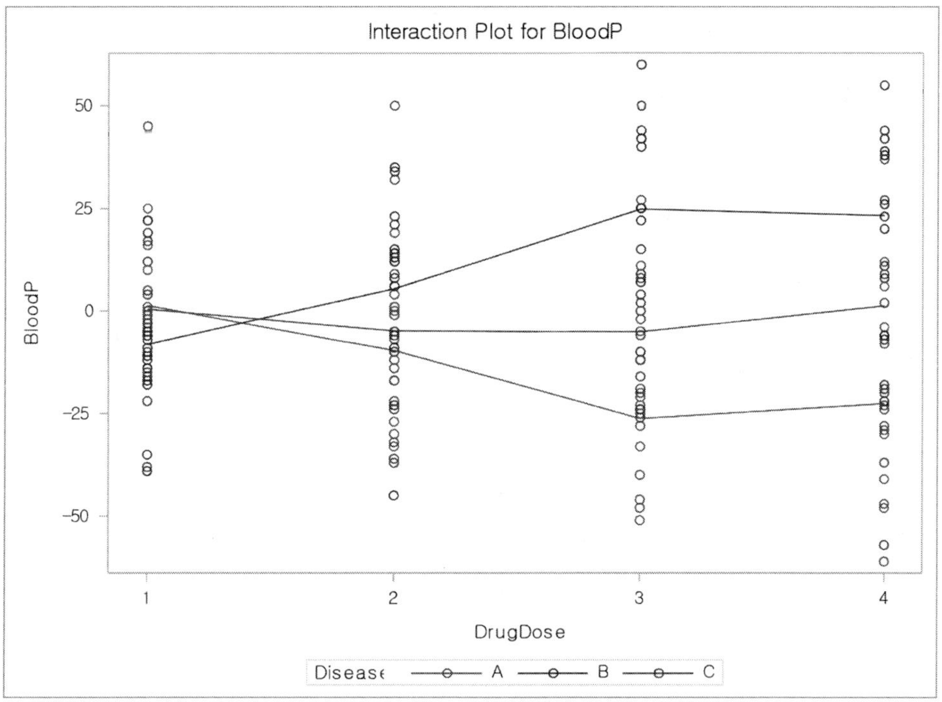

[그림 2. 40] 교호 작용 도표

이 도표(Interaction Plot)는 교호작용에 대한 관계를 나타내고 있는데, 심장병의 범주(Disease) A는 약의 복용량(DrugDose)이 많을 수록 2주후의 최소혈압(Blood pressure)이 낮아지는 경향을 보이는 반면에, 심장병 B는 증가하는 경향을 나타낸다.

그리고 심장병 C는 복용량에 영향을 받지 않는다. 다시 말해 심장병 A를 가지고 있는 환자들에게는 혈압을 줄이기 위해 복용량을 높이는 적극적인 처방이 필요하며, 심장병 B를 가지고 있는 환자들에게는 오히려 혈압을 높이는 결과를 가져오므로 처방해서는 안 될 것이다. 마지막으로 심장병 C를 가지고 있는 환자들에게 이 약물은 혈압을 조절하는데 아무런 효과가 없음을 알 수 있다.

결론적으로 분산분석표에서 약의 복용량(Drugdose)에 대한 유의확률(0.8551)이 0.05보다 크므로 수준에 따른 차이가 없는 것으로 나타났다. 이것은 심장병의 범주에 따라 혈압의 추이가 상반된 경향을 보이기 때문이다. 심장병의 범주를 고려하지 않는다면 혈압의 추이는 약의 복용량에 영향을 받지 않을 것이다. 이러한 경우는 변수를 독립적으로만 생각하지 말고, 즉 주효과만 고려하지 말고 반드시 교호작용 효과를 고려하여 모델을 만드는 것이 바람직하다.

3장

상관분석과 회귀분석

일반적으로 여러 개의 변수가 관측된 경우 비즈니스 분석가들은 이들 변수 사이에 어떤 관계가 있는지 알고 싶어 한다. 여기서 상관분석은 두 변수 사이의 선형관계를 파악하는 통계적 방법이고, 회귀분석은 하나의 종속변수와 여러 개의 독립변수들 간의 관계식을 파악하는 방법이다. 예를 들어, 비즈니스 유저들은 마케팅 활동과 매출액, 고객 서비스 활동과 고객 만족도 사이의 관계 등에 자연스럽게 관심을 가지게 된다.

01 | 상관분석

상관분석은 두 변수 간에 얼마나 밀접한 선형 관계가 존재하는지를 분석하는 통계 기법이다. 일반적으로 선형 관계가 뚜렷할수록 두 변수 간에 상관관계(correlation)가 있다고 하며, 이러한 선형 관계의 정도를 수치로 나타낸 것을 상관계수라 한다.

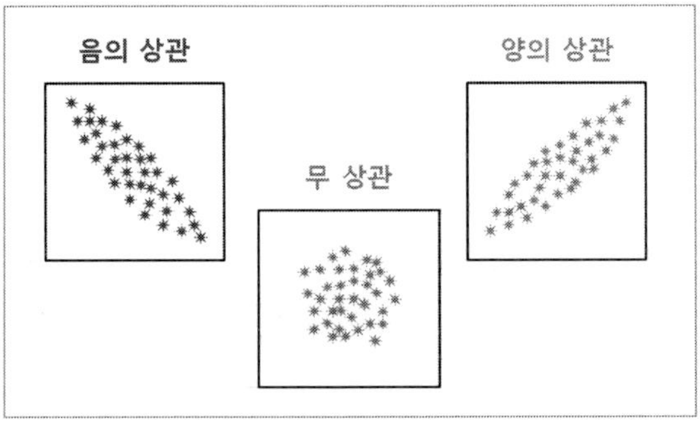

[그림 3. 1] 상관관계

상관분석을 이용하기 전에 산점도를 통하여 대략적으로 두 연속적인 변수들 간의 연관성을 보는 것이 중요하다. 상관분석을 통해 두 연속적인 변수들 사이의 관계를 설명하는 것은 모든 통계분석에서 중요한 첫 번째 과정이며, 산점도는 이러한 관계를 가장 설명할 수 있는 매우 중요한 시각적인 도구라 할 수 있다.

상관계수의 특성

1. $-1 \le$ 상관계수$(\rho) \le 1$
2. 양의 선형 관계가 있으면 0보다 큰 값(양수)을 가진다.
3. 음의 선형 관계가 있으면 0보다 작은 값(음수)을 가진다.
4. 선형적인 관계가 매우 높을 수록 양 극단 값(-1 또는 1)에 가까워진다.
5. 선형적인 관계가 존재하지 않을 수록 0에 가까워진다.

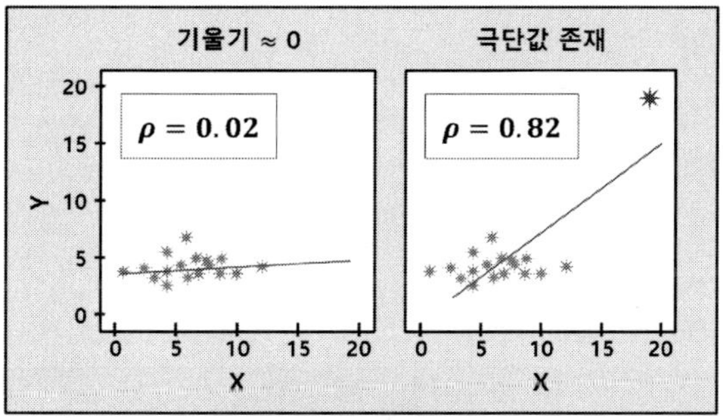

[그림 3. 2] 극단값

상관분석은 극단값에 매우 민감하게 영향을 받기 때문에 상관계수만 보고 선형 관계를 짐작하는 것은 매우 위험하다. 따라서 상관분석을 통해 두 연속형 변수들의 연관성을 조사하기에 앞서 우선 산점도를 이용하여 두 자료의 연관성을 살펴보는 것이 중요하다.

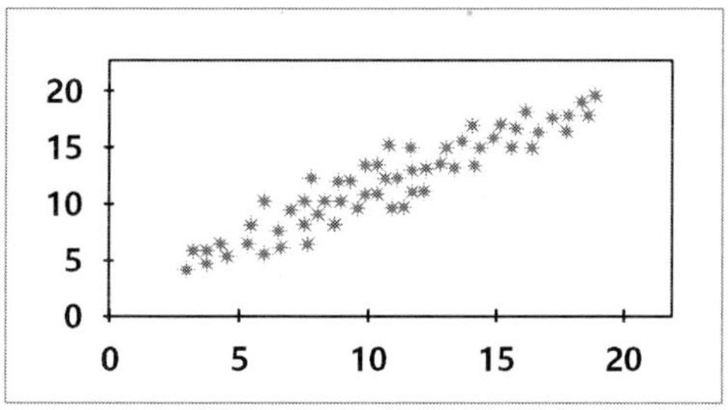

[그림 3. 3] 산점도

산점도는 두 변수들에 대한 연관성을 조사할 수 있으며, 이상값과 특이값의 위치를 확인할 수 있다. 또한 데이터에 대한 추세를 확인할 수 있으며, 각 변수의 범위를 확인할 수 있다.

NOTE

상관분석과 회귀분석의 차이점

상관계수(Correlation Coefficient)는 두 변수 간의 선형적인 연관성과 방향성을 나타낼 뿐, 인과관계를 규명하는 것은 아니다.
두 변수 간의 관계를 예측하거나 설명하기 위해서는 회귀분석을 사용할 수 있지만, 이는 인과관계를 보장하지 않는다.

SASHELP.CARS 데이터셋은 다양한 자동차 모델의 특성을 포함한 표준 데이터셋으로, 자동차의 성능, 가격, 연비, 제조사 등의 정보를 다룬다. 이 데이터셋은 주로 회귀분석, 분류 모델링 및 데이터 시각화 연습에 적합하며, SAS의 기본 라이브러리에 포함되어 있어 쉽게 접근할 수 있다.

[표 3.1] CARS 데이터 설명

변수	설명
Make	자동차 제조사 이름 (예: Toyota, Ford 등)
Model	자동차 모델명 (예: Camry, Mustang 등)
Type	자동차 종류 (예: SUV, Sedan, Sports 등)
Origin	제조국 (예: USA, Asia, Europe)
DriveTrain	구동 방식 (예: All, Front, Rear)
MSRP	권장 소매 가격 (달러 단위)
Invoice	제조사 판매 가격 (달러 단위)
EngineSize	엔진 크기 (리터 단위)
Cylinders	엔진 실린더 수
Horsepower	엔진 마력 (출력)
MPG_City	도심 연비 (갤런당 마일)
MPG_Highway	고속도로 연비 (갤런당 마일)
Weight	차량 무게 (파운드 단위)
Wheelbase	휠베이스, 앞바퀴와 뒷바퀴 사이의 거리 (인치 단위)
Length	차량 길이 (인치 단위)

[실습 3-1] CARS데이터에서 종속변수인 MPG_City(도심 연비)과 그 외 7개의 관련된 잠재적인 설명변수들이 어떠한 연관성을 가지고 있는지를 알아보기 위해 상관분석을 실시해 보자. 그리고 설명변수들이 종속변수에 어떠한 영향을 주는지 산점도를 그려 대략적으로 변수들 간의 연관성을 살펴보자.

1. [SASUSER] 라이브러리에 있는 [CARS] 데이터를 불러온다.

	Make	Model	Type	Origin	DriveTrain	MSRP	Invoice	EngineSize	Cylinders	Horsepower	MPG_City
1	Acura	MDX	SUV	Asia	All	$36,945	$33,337	3.5	6	265	17
2	Acura	RSX Type S 2dr	Sedan	Asia	Front	$23,820	$21,761	2	4	200	24
3	Acura	TSX 4dr	Sedan	Asia	Front	$26,990	$24,647	2.4	4	200	22
4	Acura	TL 4dr	Sedan	Asia	Front	$33,195	$30,299	3.2	6	270	20
5	Acura	3.5 RL 4dr	Sedan	Asia	Front	$43,755	$39,014	3.5	6	225	18
6	Acura	3.5 RL w/Navigation 4dr	Sedan	Asia	Front	$46,100	$41,100	3.5	6	225	18
7	Acura	NSX coupe 2dr manual S	Sports	Asia	Rear	$89,765	$79,978	3.2	6	290	17
8	Audi	A4 1.8T 4dr	Sedan	Europe	Front	$25,940	$23,508	1.8	4	170	22
9	Audi	A41.8T convertible 2dr	Sedan	Europe	Front	$35,940	$32,506	1.8	4	170	23
10	Audi	A4 3.0 4dr	Sedan	Europe	Front	$31,840	$28,846	[illegible]	0	220	20

[그림 3. 4] CARS 데이터

2. [작업] > [다변량] > [상관분석]을 실행한다.

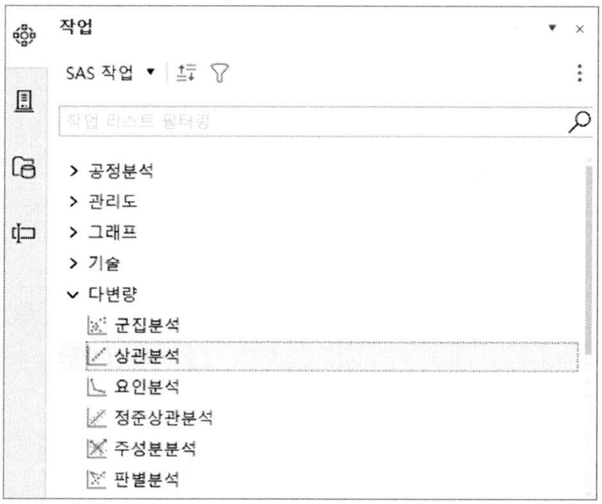

[그림 3. 5] 작업-상관분석

3. 상관분석의 각 항목에서 분석에 필요한 옵션을 선택한다.

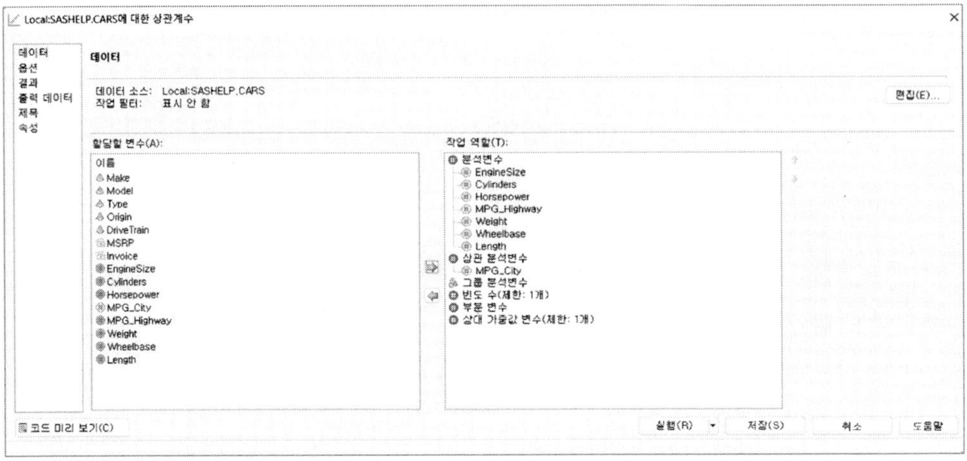

[그림 3. 6] 상관분석 변수 할당

데이터 항목에서는 변수들 간의 연관성을 파악하기 위해 MPG_City를 **상관 분석변수**에 할당하고 나머지 7개 연속형 변수들은 **분석변수**에 할당한다.

NOTE

상관분석의 작업역할에서 각 변수들의 의미

- **분석변수(Analysis variables)**
  이 역할에 지정하는 각 변수에 대해 상관계수가 생성된다. 이 역할에는 변수를 하나 이상 할당해야 한다.
- **상관 분석변수(Correlate with)**
  이 역할의 각 변수는 분석변수와 상관 분석을 하게 된다. 상관분석변수가 지정되지 않으면 분석변수들 간의 상관분석이 된다.
- **그룹 분석변수(Group analysis by)**
  이 역할에 할당된 변수를 기준으로 테이블이 정렬되고 각 그룹에 대한 상관 테이블이 생성된다. 이 역할에는 하나 이상의 변수를 할당할 수 있다.
- **빈도수(Frequency count)**
  이 역할에 변수를 할당하면 관측치 1개가 n개의 관측치를 나타내게 되며, 여기서 n은 해당 관측치의 빈도가 된다. 상관계수는 이 빈도에 따라 계산되며, 이 역할에는 최대 한 개의 변수만 할당할 수 있다.

- **부분 변수(Partial variables)**
  이 역할에 지정된 변수는 사용자가 선택하는 상관분석의 종류에 따라 Pearson의 편상관계수나 Spearman의 편순위 상관계수 또는 Kendall의 부분 Tau-b 계수에서 사용된다.
- **상대 가중값 변수(Relative weight)**
  이 역할에 지정된 변수는 각 행의 값이 곱적률 상관계수(product-moment correlation coefficients)의 계산에 사용된다. 이 역할도 한 개의 변수만 지정할 수 있다.

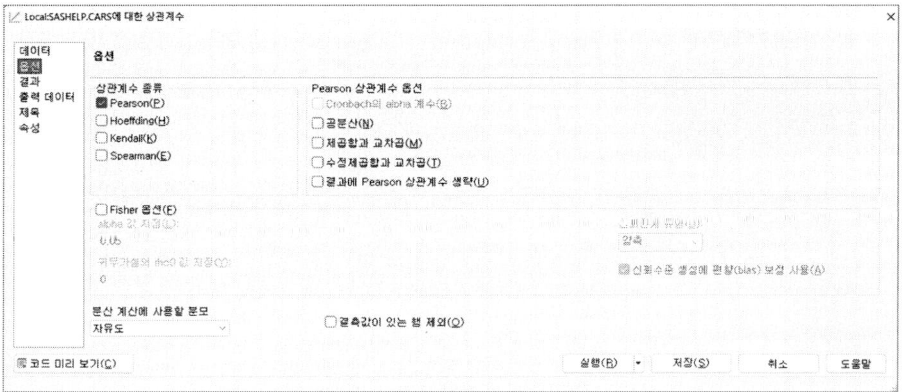

[그림 3. 7] 상관분석 옵션 선택

옵션 항목에서는 상관계수의 종류와 관련 옵션을 설정한다. 여기서는 피어슨(Pearson) 상관계수를 선택한다.

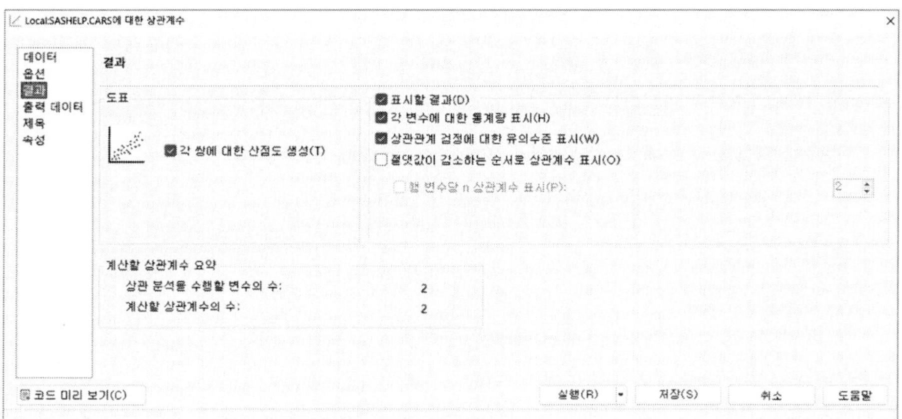

[그림 3. 8] 표시할 결과 선택

결과 항목에서는 각 쌍에 대한 산점도를 생성하고 상관분석을 하기 위해 **상관관계 검정에 대한 유의수준 표시**와 **절대값이 감소하는 순서로 상관계수 표시**에 체크한다. 이것을 체크하면 상관관계가 유의한지를 검정하는 유의확률을 제시하며, 상관관계가 높을수록 왼쪽에 나타난다.

4. 선택을 모두 마치고 **[실행]** 버튼을 눌러 분석을 실행하면 다음과 같은 결과를 얻는다.

[표 3. 2] 상관분석 결과

1 With Variables:	MPG_City
7 Variables:	EngineSize Cylinders Horsepower MPG_Highway Weight Wheelbase Length

피어슨 상관 계수, N = 31 H0: Rho=0 가정하에서 Prob > |r|							
	EngineSize	Cylinders	Horsepower	MPG_Highway	Weight	Wheelbase	Length
MPG_City	**-0.70947**	-0.68440	-0.67670	0.94102	-0.73797	-0.50728	-0.50153
	<.0001	<.0001	<.0001	<.0001	<.0001	<.0001	<.0001

위의 결과를 보면 EngineSize와 MPG_Highway는 MPG_City와의 상관계수가 각각 -0.70947과 0.94102로 매우 높은 상관성을 보이며, EngineSize는 강한 음의 상관관계를, MPG Highway는 강한 양의 상관관계를 가지고 있다. 이러한 변수들은 MPG_City 를 예측하는 데 매우 유의할 것이라고 생각된다.

7개 변수들의 유의확률이 유의수준 0.05보다 작으므로 상관관계 검정의 귀무가설인 **두 변수 간의 연관성이 없다**($H_0 : r = 0$)를 기각한다. 따라서 이 변수들은 상관 분석변수인 MPG_City와 유의수준 0.05 하에서 선형적인 상관관계가 있다고 할 수 있다.

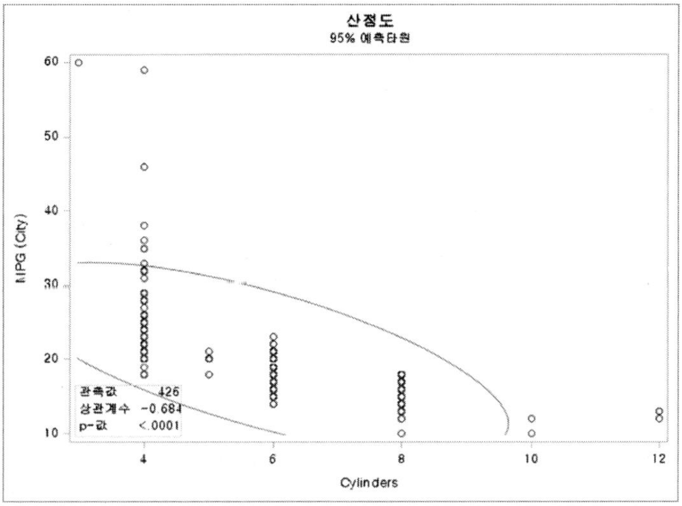

[그림 3. 9] 산점도(MPG-Cylinders)

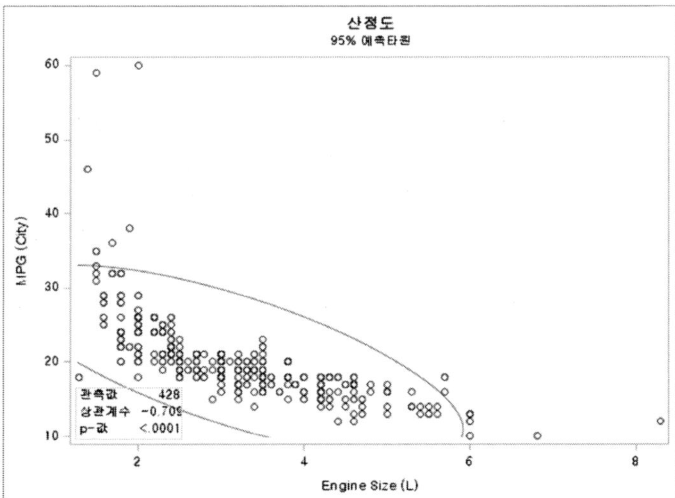

[그림 3. 10] 산점도(MPG-Engine Size)

산점도를 통해서도 시각적으로 상관관계를 짐작할 수 있다. 나머지 설명변수들도 위와 같이 상관 분석변수와의 개별적인 산점도가 출력된다. 하지만 산점도 행렬에 아무런 옵션도 주지 않으면 아래 그림과 같이 분석변수는 7개지만 기본적으로 5개 변수만 나타나게 된다.

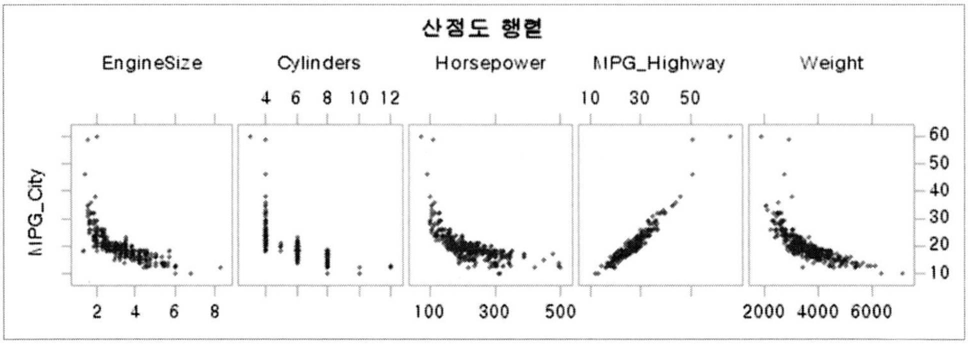

[그림 3. 11] 산점도 행렬

이러한 제한을 없애기 위해서는 다음과 같이 **코드삽입**을 통해 PLOTS=(MATRIX(NVAR=ALL)) 이라는 옵션을 추가해야 한다. 그러면 모든 설명변수가 출력된다.

TIP

산점도 행렬 그리기(옵션 추가)

모든 설명변수에 대한 산점도 행렬을 출력하기 위해서는 **[작업수정] > [코드 미리보기] > [코드삽입] > [여기에 사용자 정의 코드 삽입]** 에서 아래와 같이 코드를 삽입한다. 이 외에도 각 변수별 산점도를 모두 나타내고 싶을 때는 MATRIX대신 SCATTER를 입력한다. 또한 PLOTS=(SCATTER(NVAR=ALL) MATRIX(NVAR=ALL)) 옵션은 어떤 결과가 나올지 상상해 보라.

작업에 대한 코드 미리 보기

사용자 정의 삽입점 표시

모두 삭제(C)

```
/* ----------------------------------------------------------------------
   SAS 작업으로 생성된 코드

   생성일: 2024년 11월 12일 화요일, 생성 시간: 오후 7:37:56
   작업: 상관계수

   입력 데이터: Local:SASHELP.CLASS
   서버: Local
   ---------------------------------------------------------------------- */
ODS GRAPHICS ON;


/* 사용자 정의 사용자 코드 처음 (Framework_BeforeTaskCode) */
<여기에 사용자 정의 코드 삽입>
/* 사용자 정의 사용자 코드 끝 (Framework_BeforeTaskCode) */

%_eg_conditional_dropds(WORK.SORTTempTableSorted);
/* ----------------------------------------------------------------------
   데이터셋 Local:SASHELP.CLASS 정렬
   ---------------------------------------------------------------------- */

PROC SQL;
    CREATE VIEW WORK.SORTTempTableSorted AS
        SELECT T.Age, T.Weight, T.Height
```

[그림 3. 12] 사용자 정의 코드

설명변수들에 대한 상관분석은 회귀분석에서 다중공선성을 방지하고 설명변수들 간의 연관성을 파악하기 위해 사용되기도 한다.

[실습 3-2] CARS데이터에서 MPG_City(도심연비)와 관련된 7개의 설명변수들이 어떤 연관성을 가지고 있는지 알아보기 위해 상관행렬을 산출해보자.

각 설명변수 간의 상관행렬을 계산하기 위해 [실습 3-1]과 동일하게 상관분석을 실행한 후 다음과 같이 상관분석 창에서 각 항목에서 필요한 옵션을 설정한다.

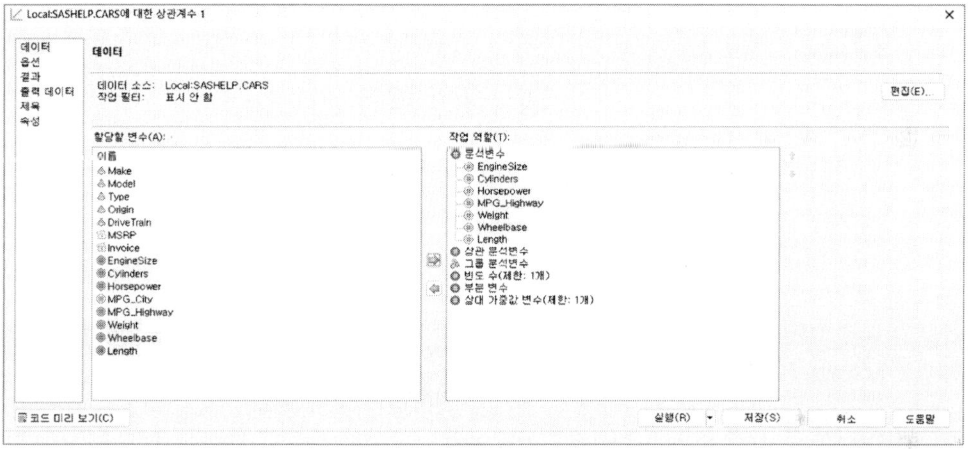

[그림 3. 13] 분석 변수 할당

데이터 항목에서는 MPG_City를 제외한 **모든 설명변수들을 분석변수로 할당**한다. 앞의 분석과 다른 점은 MPG_City를 상관 분석변수로 할당하지 않는다는 것이다.

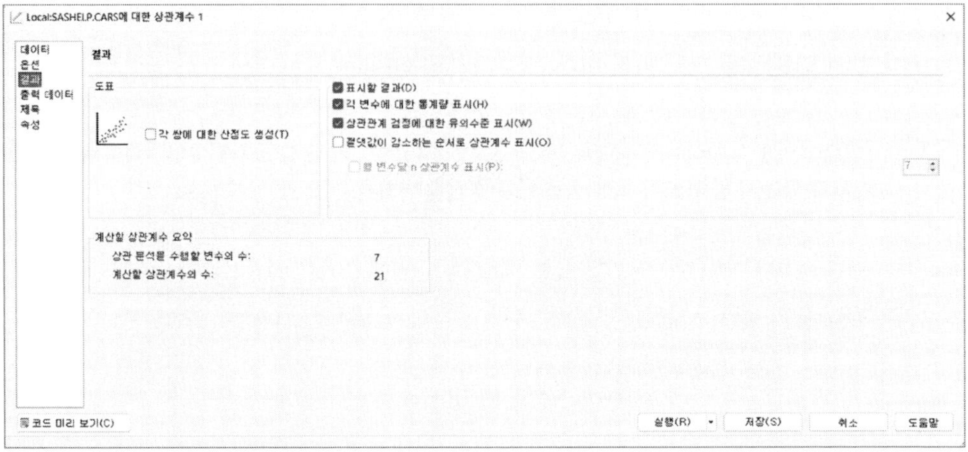

[그림 3. 14] 유의수준 표시 체크하기

결과 항목에서는 설명변수들 간의 상관행렬과 유의확률을 확인하기 위해 **상관관계 검정에 대한 유의수준표시**에 체크한다.

[표 3. 3] 상관분석 결과

피어슨 상관 계수, N = 31 H0: Rho=0 가정하에서 Prob > |r|							
	EngineSize	Cylinders	Horsepower	MPG_Highway	Weight	Wheelbase	Length
EngineSize	1.00000	0.90800	0.78743	−0.71730	0.80787	0.63652	0.63745
		<.0001	<.0001	<.0001	<.0001	<.0001	<.0001
Cylinders	0.90800	1.0000	0.81034	−0.67610	0.74221	0.54673	0.54778
	<.0001	<.0001	<.0001	<.0001	<.0001	<.0001	<.0001
Horsepower	0.78743	0.81034	1.00000	−0.64720	0.63080	0.38740	0.38155
	<.0001	<.0001	<.0001	<.0001	<.0001	<.0001	<.0001
MPG_Highway	−0.71730	−0.67610	−0.64720	1.00000	−0.79099	−0.52466	−0.46609
	<.0001	<.0001	<.0001	<.0001	<.0001	<.0001	<.0001
Weight	0.80787	0.74221	0.63080	−0.79099	1.00000	0.76070	0.69002
	<.0001	<.0001	<.0001	<.0001	<.0001	<.0001	<.0001
Wheelbase	0.63652	0.54673	0.38740	−0.52466	0.76070	1.00000	0.88919
	<.00013	<.0001	<.0001	<.0001	<.0001	<.0001	<.0001
Length	0.63745	0.54778	0.38155	−0.46609	0.69002	0.88919	1.00000
	<.0001	<.0001	<.0001	<.0001	<.0001	<.0001	<.0001

상관행렬을 통해 여러 설명변수들 간에 상관관계를 파악할 수 있으며, 유의확률을 통해 그 상관관계가 통계적으로 유의한지를 검정할 수 있다. 예를 들어 EngineSize와 Length간의 상관계수에 대한 유의확률(<0.0001)이 0.05보다 작으므로 강한 음의 상관성이 있다고 할 수 있다. Weight 은 MPG_Highway과 강한 음의 상관관계(-0.79099)를 가지고, Horsepower는 EngineSize와 강한 양의관계(0.7843)를 가진다는 것을 볼 수 있다. 아는 것에 그치지 않고 설명변수들 간의 상관관계를 파악한다면 좀 더 종합적인 해석과 합리적인 모델링을 할 수 있게 될 것이다.

02 | 신뢰도 분석

신뢰도 분석(Reliability Analysis)은 측정도구의 신뢰도를 확인하기 위한 분석방법이다. 여기서 측정도구란 연구목적으로 작성된 설문지, 즉 설문지의 설문문항을 의미한다. 신뢰도를 분석한다는 것은 동일한 개념에 대하여 다른 방법으로 응답자들에게 측정을 되풀이하였을 때 유사한 결과를 얻을 수 있는지를 알아보는 것이다. 따라서 신뢰도란 측정의 일관성(Consistency)을 말한다. 신뢰도 분석을 통해 문항들이 얼마나 신뢰도가 있는지를 알 수 있을 뿐만 아니라 어떤 변수를 제외하면 신뢰도가 더 높아지는지도 알 수 있다.

신뢰도 분석은 동일하게 척도화된 자료에서 사용이 가능하다. 하나의 개념을 나타내는 변수(문항)는 두 개 이상이어야 하며 이때 변수들은 순서척도(Ordinal Scale)나 구간척도(Interval Scale), 또는 비율척도(Ratio Scale)로 측정되어야 한다.

신뢰도 분석에 가장 많이 사용되는 계수는 크론바흐 알파계수(Cronbach α Coefficient)로 0~1 사이의 값을 가지며, 값이 클수록 바람직한 신뢰성을 가진다고 판단한다. 그러나 설문 목적에 따라 다르기 때문에 이에 대해 정해진 기준은 없다. 일반적으로 0.6~0.8 정도면 신뢰성이 있다고 하고, 0.8 이상이면 매우 신뢰성이 높다 할 수 있으며 0.6 이하이면 응답에 대한 일관성이 결여된 것으로 판단한다. 따라서 크론바흐의 알파계수가 매우 낮을 경우 동일한 개념으로 생각하여 묶은 설문 문항들이 동질적인 개념을 측정한다고 생각하기 어렵다.

TIP

신뢰도가 떨어지는 경우의 해결 방법

- 역(逆)으로 코딩된 값이 있는지 확인한다.
- 신뢰도를 확보하기 위해 문항의 개수를 늘린다.
- 크론바흐 알파계수를 확인하여 신뢰도를 떨어뜨리는 항목을 제거한다.

다음 데이터는 제품에 대한 구매자의 의식을 알아보기 위해 600명을 설문조사한 의식조사 데이터이다. 조사항목은 다음과 같이 7개 문항으로 구성되어 있고 이 문항들이 제품에 대한 고객의 가치부합 정도에 대해 충분한 신뢰도를 가지고 있는지를 알아보고자 한다.

제품의 가치부합 정도에 대하여

- 문항 1. 제품의 사용과 귀하의 업무와의 연관성은 얼마나 됩니까?
- 문항 2. 귀하가 제품을 활용함으로써 투자대비 효과(ROI)가 얼마나 됩니까?
- 문항 3. 향후 귀사에서 이 제품의 업무 기여도는 어떻게 변화될 것이라 판단하십니까?

이 문항들 중 1~3번 문항들은 "제품에 대한 고객사의 가치부합 정도"를 측정하는 것으로 설계되었다. 각 문항은 5점 척도(1=전혀 그렇지 않다, … , 5=매우 그렇다)로 측정되었다.

[실습 3-3] "제품에 대한 고객사의 가치부합 정도"에 대하여 3 개의 문항(Q01-Q03)이 하나의 동질적인 개념을 나타내고 있는지 신뢰도분석을 통해 확인해보자.

1. [SASUSER] 라이브러리에 있는 [ALPHA] 데이터를 불러온다.

2. [작업] > [다변량] > [상관분석]을 실행한다.

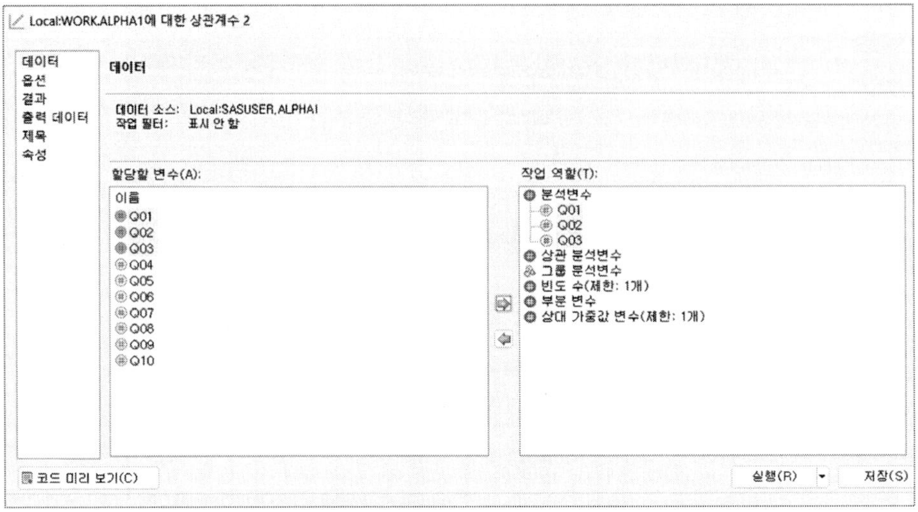

[그림 3. 15] 작업 역할 할당

3. 상관분석의 각 항목에서 분석에 필요한 옵션을 선택한다.

데이터 항목에서는 **제품에 대한 고객사의 가치부합 정도**에 대해 측정하는 1~3번 문항(Q01~Q03)을 분석변수에 할당한다.

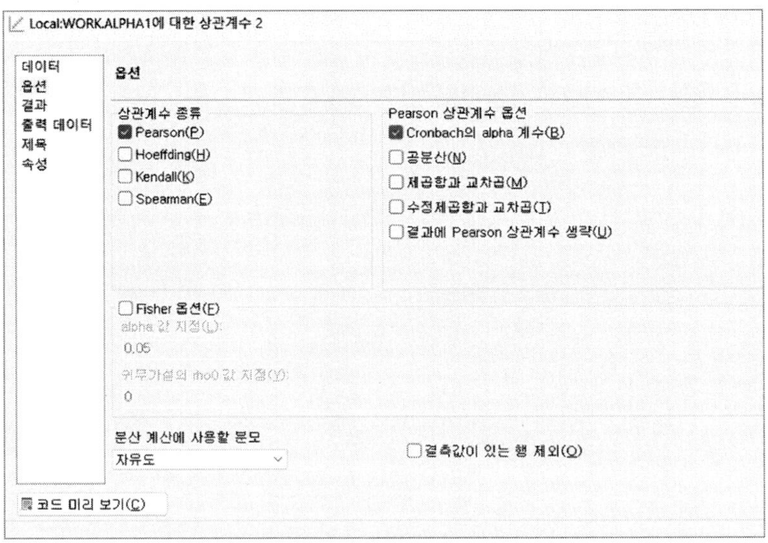

[그림 3. 16] 상관계수 옵션 선택

옵션 항목에서는 신뢰도 분석을 위해 상관계수 종류는 **피어슨(Pearson)**을 선택하고 피어슨 상관계수 옵션에서 **크론바흐(Cronbach)** 알파 계수를 선택한다.

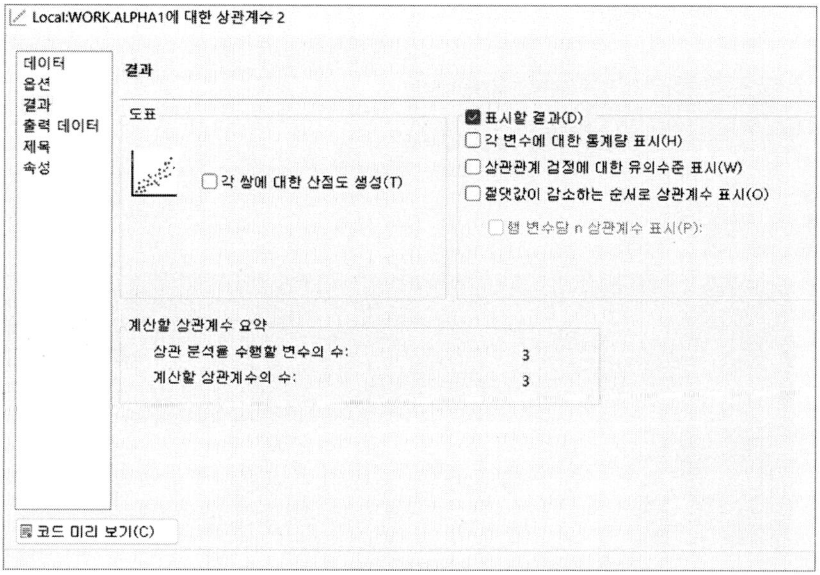

[그림 3. 17] 출력할 결과 선택

결과 항목에서는 옵션 항목에서 선택한 크론바흐의 알파 계수만을 출력하기 위해 표시할 결과만을 선택한다.

4. 선택을 모두 마치고 **[실행]** 버튼을 눌러 분석을 실행하면 다음과 같은 결과를 얻는다.

[표 3. 4] 상관분석 결과

3 Variables:	Q01 Q02 Q03

크론바흐의 α	
변수	α 계수
원데이터	0.734535
표준화	0.733318

삭제된 변수를 포함한 크론바흐의 α				
삭제된 변수	데이터 변수		표준화된 변수	
	합계에 대한 상관계수	α계수	합계에 대한 상관계수	α계수
Q1	0.602341	0.593501	0.600353	0.593734
Q2	0.618712	0.574590	0.615052	0.575555
Q3	0.460482	0.756284	0.460678	0.756577

1~3번 문항(Q01, Q02, Q03)을 이용하여 '제품에 대한 고객사의 가치부합 정도'를 측정한 결과 크론바흐의 알파계수는 0.734535로 신뢰도를 가지고 있다고 판단할 수 있다. 출력결과에서 "합계에 대한 상관계수"는 해당 변수와 가치부합 정도와의 상관계수를 의미하고, "삭제된 변수를 포함한 크론바흐의 α(변수를 제외했을 때의 크론바흐 알파계수)"는 해당변수를 제거한 후 남아있는 나머지 두 변수(문항)으로 계산된 크론바흐 알파계수를 의미한다. 예를 들어 첫 번째 행의 경우1번 문항(Q01)을 제외한 나머지 문항인 2~3번 문항(Q02, Q03)의 합계 점수와의 상관계수가 0.602341이고 1번 문항을 제거하면 크론바흐 알파계수는 0.593501로 거의 차이가 없으므로 적절하다고 할 수 있다. 이 예제에서는 신뢰도 분석의 결과가 전반적으로 만족스러운 수준이라고 할 수 있다.

신뢰도 분석이 신뢰도를 낮추는 변수들을 탐색하는데도 용이하다고 설명했다. 위와 같이 **삭제된 변수를 포함한 크론바흐의 α가 합계에 대한 상관계수**에 비해 커지는 변수는 신뢰도를 낮추는 변수라 생각하여 해당 변수를 제외한 나머지 변수들만의 합계점수를 계산하여 사용하기도 한다.

03 | 선형회귀

회귀분석은 우리가 관심 있는 변수(종속변수)와 이를 설명할 수 있는 변수(설명변수)들 사이의 통계적 관계를 함수로 표현하는 기법이다. 회귀모델은 설명변수의 변화에 따라 종속변수가 어떻게 변하는지를 예측하거나 설명할 수 있다.

선형회귀(Linear Regression)는 설명변수의 개수에 따라 단순 선형회귀와 다중 선형회귀로 구분할 수 있다. 주 관심 영역은 절편과 기울기(β)에 대한 추정과 이에 대한 유의성 검정, 모형의 적합성 그리고 종속변수에 대한 예측 등이다.

3.1 단순 선형회귀

통계적 방법은 여러 가지 사회적인 현상을 설명하는 데 사용된다. 그중에서 회귀분석은 어떤 현상의 원인(설명변수)과 결과(종속변수)의 관계를 규명하기 위해 사용되는 통계적인 도구이다. 그리고 하나의 설명변수와 하나의 종속변수를 사용하여 선형의 함수로 표현한 회귀를 단순 선형회귀(Simple Linear Regression)라고 부른다.

[실습 3-1]에서 MPG_City과 Cylinders가 강한 선형적인 관계가 있는 것을 산점도와 상관분석을 통하여 알아보았다. 다음 실습에서는 Cylinders가 MPG_City에 어떤 영향을 미치는지 단순 선형회귀분석을 통해 알아보자.

[실습 3-4] CARS데이터에서 MPG_City(도심연비)를 종속변수로 하고 Cylinders(실린더 개수)를 설명변수로 하여 두 변수 간에 어떤 연관성이 있는지를 알아보기 위해 단순 선형회귀 분석을 실행하여 보자.

1. [SASUSER] 라이브러리에서 [CARS] 데이터를 불러온다.

2. [작업] > [회귀] > [선형회귀]를 실행한다.

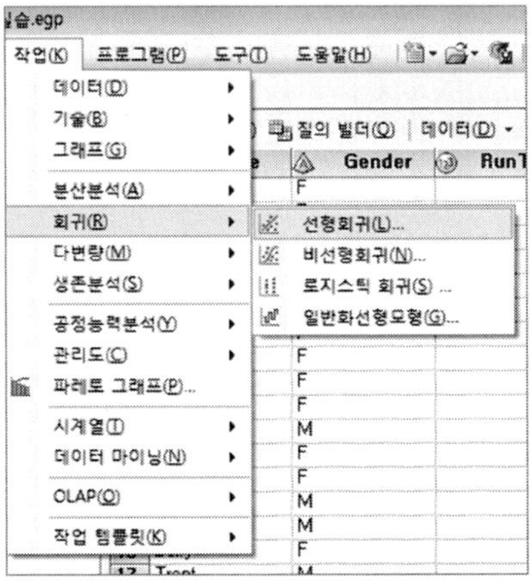

[그림 3. 18] 작업 – 선형회귀

3. 단순 선형회귀분석의 각 항목에서 분석에 필요한 옵션을 선택한다.

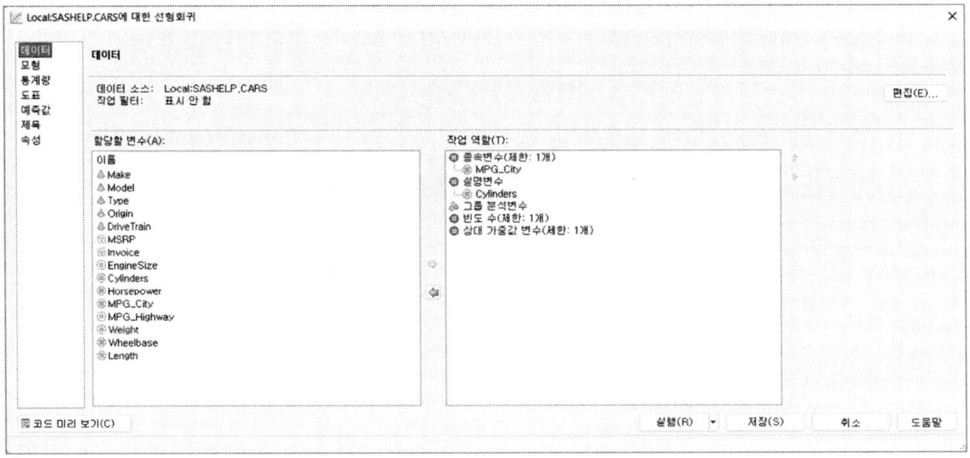

[그림 3. 19] 변수 할당(단순 선형회귀)

데이터 항목에서는 MPG_City를 종속변수로 할당하고 Cylinders를 설명변수로 할당한다.

NOTE

선형회귀분석의 작업 역할에서 각 변수들의 의미

• 설명변수(Explanatory variables)

이 역할은 설명변수로 사용할 변수를 지정한다. 설명변수를 지정하지 않으면 평균만 가진 모형(즉, 상수항만 가진 모형)에 적합된다.

• 그룹 분석변수(Group analysis by)

그룹 분석변수의 각 그룹별 회귀분석을 수행한다.

• 상대 가중값 변수(Relative weight)

가중 최소 제곱합을 위한 상대 가중값으로 사용할 변수를 지정한다. 상대 가중값 변수는 음수가 없어야 하며, 이 역할에 지정할 수 있는 변수는 최대 한 개이다.

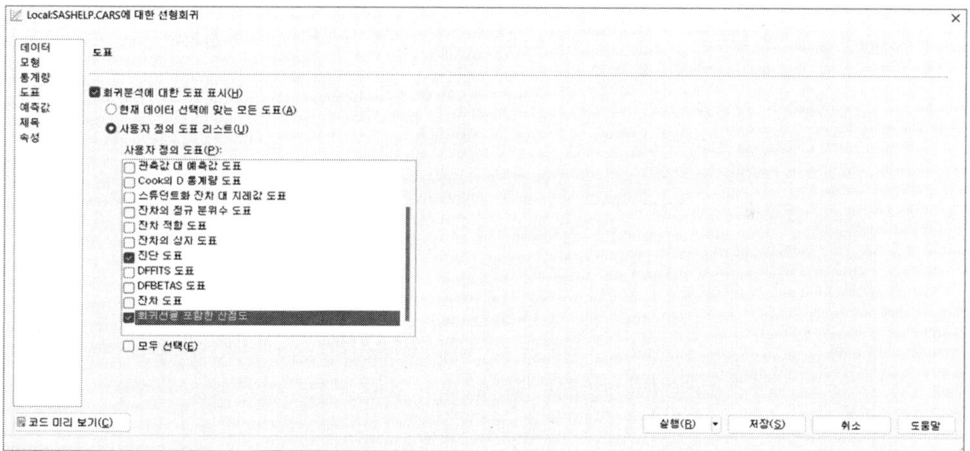

[그림 3. 20] 도표 옵션 선택

도표 항목에서는 회귀선에 대한 산점도를 출력하기 위해서 먼저 **사용자 정의 도표 리스트**를 선택하고 사용자 정의 도표가 나타나면 가장 아래에 있는 **회귀선을 포함한 산점도**를 체크한다.

4. 선택을 모두 마치고 실행 버튼을 눌러 분석을 실행하면 다음과 같은 결과를 얻는다.

NOTE

선형회귀분석의 예측값 항목

- **예측할 데이터**
  예측할 데이터에서 체크 박스를 선택하여 출력 데이터 예측에 사용할 데이터 소스를 지정할 수 있다. **추가 데이터** 체크 박스를 선택하면 추가할 데이터를 지정할 수 있다.
- **추가적인 통계량**
  추가적인 통계량의 체크 박스를 선택하면 통계량을 추가할 수 있다.
  - **잔차(Residuals)**를 선택하면 보통잔차(ordinary residuals), 표준화잔차 및 스튜던트화 잔차가 출력된다. 보통잔차는 관측치와 예측값의 차이이고 표준화잔차는 잔차를 표준오차로 나눈 값이며 스튜던트화 잔차는 현재 관측치를 제외한 잔차를 표준오차로 나눈 값이다.
  - **예측한계(Prediction Limits)**를 선택하면 예측값에 대한 $100(1-\alpha)\%$ 신뢰구간의 상한과 하한, 그리고 종속변수에 대한 예측값의 평균이 출력된다.
- **출력 데이터 저장**
  출력 데이터 저장의 체크 박스를 이용하여 예측값만 또는 예측값과 진단 통계량을 SAS 데이터셋으로 저장할 수 있다. 진단 통계량은 다음과 같은 항목이 포함된다.
  - Cook의 D 영향력 통계량
  - 예측값에 대한 관측치의 표준 영향력(DFFITS 통계량)
  - 지레값 $h_i = X_i(X'X)^{-1}X'_i$
  - 개별 예측값의 표준오차
  - 평균 예측값의 표준오차
  - 잔차의 표준오차
- **출력 및 도표 표시**
  결과를 표시하려면 **출력 및 도표 표시** 체크 박스를 선택하고 결과를 출력하지 않으려면 체크 박스의 선택을 취소한다. 예측값을 결과에 포함하려면 **예측값 표시** 체크 박스를 선택한다. 이 옵션은 **예측할 데이터**의 데이터 소스 및 **출력 및 도표 표시** 체크 박스를 선택한 경우에만 사용할 수 있다.

[표 3. 5] 회귀분석 결과 – 관측치 개수

Number of Observations Read	428
Number of Observations Used	428

읽어 들인 데이터와 분석에 사용한 데이터의 수가 428개로 같다는 것은 분석에 사용하는 두 변수가 모두 결측값(missing)이 존재하지 않는다는 것을 의미한다.

기본적으로 결측값이 있는 경우에는 분석에서 제외된다.

[표 3. 6] 회귀분석 결과 - 분산분석표

Analysis of Variance					
Source	DF	Sum of Squares	Mean Square	F Value	Pr > F
Model	1	5484.03966	5484.03966	373.60	<.0001
Error	424	6223.84766	14.67889		
Corrected Total	425	11708			

분산분석표에서는 관측된 데이터에 대한 총 변동(SST)과 회귀모형에 의해 설명되는 변동(SSR), 그리고 회귀모형에 의해 설명되지 않는 변동(SSE)가 나타나 있다. F-통계량은 모든 회귀계수가 0인지를 검정하며, 유의확률(<0.0001)이 유의수준 0.05보다 작으므로 귀무가설을 기각한다. 따라서 적어도 하나의 회귀계수는 0이 아니라고 할 수 있으며 이 회귀모형은 통계적으로 유의하다. 따라서 설명변수 Cylinders는 MPG_City의 변동성을 통계적으로 유의하게 설명하고 있다.

[표 3. 7] 회귀분석 결과 - 모형적합도

Root MSE	3.83130	R-Square	0.4684
Dependent Mean	20.07042	Adj R-Sq	0.4672
Coeff Var	19.08930		

이 부분은 모형의 적합성에 대한 정보를 제공하고 있으며, 결정계수(R^2)는 설명변수가 종속변수의 변동성을 얼마나 많이 설명하고 있는지를 나타내는 척도이다. 보통 결정계수가 클수록 그 변동성을 잘 설명한다고 판단하며, 결정계수가 0.4684이면 설명변수가 종속변수의 변동성을 46.84% 설명한다는 의미이다. 그러나 결정계수는 설명변수의 수가 많아질수록 커지기 때문에 이러한 단점을 보완한 수정된 R^2(Adj R-Sq)를 사용하는 경우가 많다. 자세한 설명은 2장 2절의 [실습 2-6]의 Note를 참조하면 된다.

[표 3. 8] 회귀분석 결과 - 회귀계수

Parameter Estimates					
Variable	DF	Parameter Estimate	Standard Error	t Value	Pr > |t|
Intercept	1	33.45655	0.71700	46.66	<.0001
Cylinders	1	−2.30497	0.11925	−19.33	<.0001

이번에는 추정된 회귀계수에 대해 **"회귀계수는 0이다"**라는 귀무가설을 검정해 보자. 유의확률(<0.0001)이 0.05보다 작으므로 회귀계수 $\hat{\beta}_0 = 33.45655 \hat{\beta}_1 = -2.30497$인 것은 통계적으로 유의하다. 따라서 단순 선형회귀분석을 통해 추정된 회귀모형은

$$y = (MPG\_City) = 33.45655 - 2.30497 \times x_1(Cylinder)$$

[수식 3. 1] 추정된 회귀모형

이다. 이 회귀모형은 Cylinders가 한 단위(unit) 증가하면 MPG_City은 2.30497만큼 감소하는 것을 의미한다. 이것은 Cylinder가 늘어날수록 MPG_City가 감소한다라는 자연스러운 결과이다.

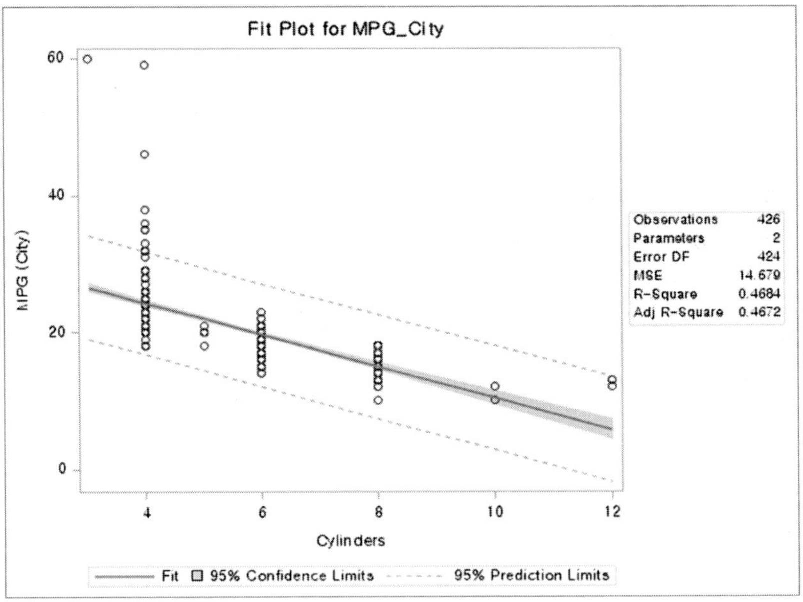

[그림 3. 21] 예측회귀선과 산점도

이 도표는 산점도 위에 예측 회귀선과 95% 신뢰한계, 그리고 95% 예측한계를 표현한 **회귀선을 포함한 산점**도이다. 평균에 대한 95% 신뢰구간은 음영으로 표시된 영역이며 관측치들에 대한 95% 예측구간은 점선으로 표시된 영역이다. 오른쪽에는 결정계수와 수정된 결정계수 등의 모델 통계량이 기본적으로 함께 나타난다.

평균에 대한 95% 신뢰구간의 의미는 X에 대해 Y의 모평균이 그 신뢰구간 안에 있을 확률이 95%라는 것이고, 95% 예측구간의 의미는 하나의 새로운 관측치가 포함될 경우 예측구간 안에 있을 확률이 95%라는 것이다. 하나의 관측치가 표본의 평균보다 변동성이 크기 때문에 예측구간이 신뢰구간보다 더 넓어지게 된다.

3.2 다중 선형회귀

다중 선형회귀(Multiple Linear Regression)는 단순 선형회귀의 확장으로 종속변수의 변동을 설명하기 위해 설명변수가 두 개 이상 사용되는 선형회귀모형을 말한다. 다중 선형회귀는 다른 설명변수 값이 통제된 상태에서 특정 설명변수가 종속변수에 독립적으로 미치는 영향력을 측정할 수 있다. 따라서 각 설명변수가 종속변수와 통계적으로 어떻게 관련되어 있는지를 파악할 수 있다.

[실습 3-4]에서 Cylinders가 MPG_City를 설명하는데 통계적으로 유의하다는 것을 알았다. 이번에는 [실습 3-1]의 상관분석에서 선형관계가 높았던 Enginesize를 이 모형에 추가적으로 포함시켜 두 설명변수가 종속변수에 어떻게 영향을 미치는지 알아보자. 그러나 [실습 3-2]에서 보았듯이 Cylinders와 Enginesize는 강한 양의 상관관계(0.90800)가 있었다는 것을 명심하자.

[실습 3-5] **CARS 데이터를 이용하여 Cylinders(실린더 개수)와 Enginesize(엔진크기)가 MPG_City(도심연비)에 어떤 영향을 미치는지 다중 선형회귀분석을 이용하여 확인해 보자.**

1. [SASUSER] 라이브러리에 있는 [CARS] 데이터를 불러온다.

2. [작업] > [회귀] > [선형회귀]를 실행한다.

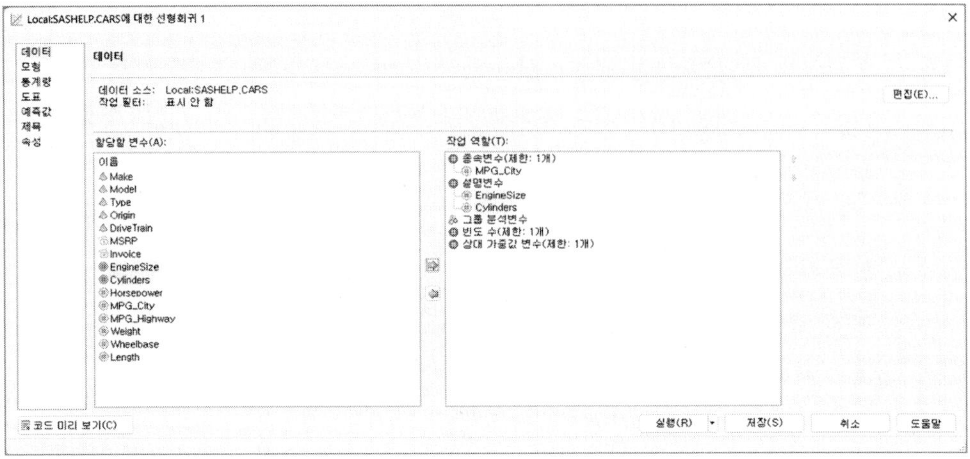

[그림 3. 22] 변수 할당(다중 선형회귀)

데이터 항목에서는 MPG_City를 종속변수에 할당하고 Cylinders와 Enginesize를 설명변수에 할당한다.

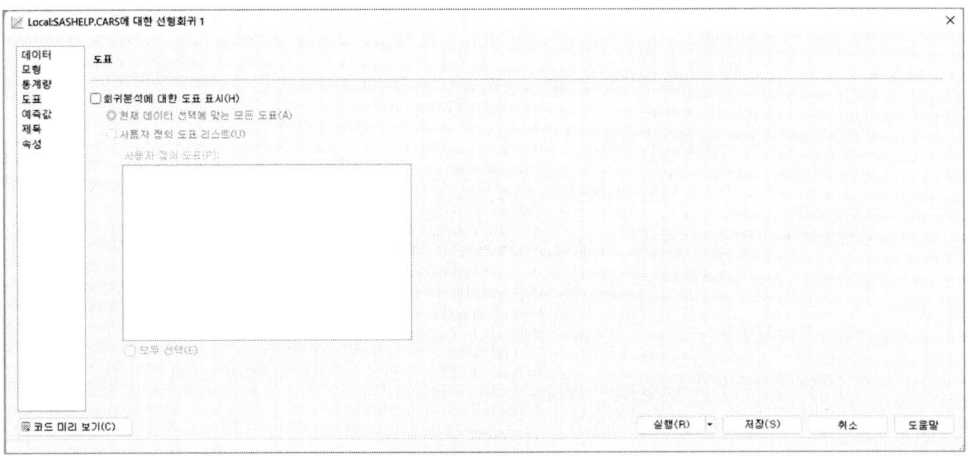

[그림 3. 23] 도표 옵션 선택

[실습 3-4]에서 **도표**에 대한 설명은 하였으므로 이번 실습에서는 분석결과만을 확인해 보자. 이러한 경우 도표 항목에서 **회귀분석에 대한 도표 표시**의 체크를 없앤다. 그러면 도표 선택이 비활성화 된다.

3. 선택을 모두 마치고 **[실행]** 버튼을 눌러 분석을 실행하면 다음과 같은 결과를 얻는다.

[표 3. 9] 회귀분석 결과

Number of Observations Read	428
Number of Observations Used	428

Analysis of Variance					
Source	DF	Sum of Squares	Mean Square	F Value	Pr > F
Model	2	6104.15129	3052.07565	230.39	<.0001
Error	423	5603.73603	13.24760		
Corrected Total	425	11708			

Root MSE	3.63973	R-Square	0.5214
Dependent Mean	20.07042	Adj R-Sq	0.5191
Coeff Var	18.13477		

분산분석표에서 모형의 유의확률(<0.0001)이 0.05보다 작으므로 통계적으로 유의하다.

Cylinders와 Enginesize를 모델에 반영한 결정계수는 0.5214이고 수정된 결정계수는 0.5191으로 통계적으로 유의한 모형이라 할 수 있다. 그러나 [실습 3-4]에서 Cylinders만을 포함한 모형의 결정계수가 0.4684이고 수정된 결정계수가 0.4672임을 감안하면 추가된 변수의 설명력은 크지 않다고 해도 과언이 아니다.

이번에는 모수 추정 테이블을 통해 추가된 변수가 유의하지 않은지를 살펴보자.

[표 3. 10] 회귀분석 결과 - 회귀계수

Parameter Estimates					
Variable	DF	Parameter Estimate	Standard Error	t Value	Pr > |t|
Intercept	1	32.07629	0.71039	45.15	<.0001
Enginesize	1	-2.62163	0.38187	-6.84	<.0001
Cylinders	1	0.06360	0.27040	-2.31	0.0213

생각한 대로 Enginesize은 유의하다. Cylinders도 유의확률이 0.0213으로 유의하긴 하지만 원래의 <.0001보다 증가한 모습을 보여준다.

[실습 3-1]에서 보았듯이 Cylinders는 MPG_City와 강한 양의 상관관계(0.77890)가 있었다. 그러면 왜 이러한 결과가 나왔는지 생각해 보자. 이전 분석에서 Cylinders만을 회귀모형에 포함시켜 수행한 선형회귀 작업에서 얻은 결과는 다음과 같다.

[표 3. 11] 단순 선형회귀분석 결과(회귀계수)

Parameter Estimates					
Variable	DF	Parameter Estimate	Standard Error	t Value	Pr > |t|
Intercept	1	33.45655	0.71700	46.66	<.0001
Cylinders	1	−2.30497	0.11925	−19.33	<.0001

Cylinders 역시 유의확률이 0.05보다 작으므로 통계적으로 유의하다 할 수 있다. 그러면 왜 이러한 결과가 나왔을까?

이미 언급했듯이 [실습 3-2]의 상관분석결과를 보면 Cylinders와 Enginesize는 강한 양의 상관관계(0.90800)가 있었다. 따라서 각 하나의 변수만을 포함한 단순 회귀에서는 각 변수가 모두 매우 유의하게 나오지만 두 변수가 함께 사용되면 어떤 변수를 먼저 선택하느냐에 따라 달라지게 된다. 결국 설명변수 간에 존재하는 상관관계 때문에 영향력이 조금이라도 낮은 Cylinders는 유의하지 않게 되는 것이다. 이것이 회귀분석을 하기 전에 산점도와 상관분석을 통한 데이터 탐색이 필요한 이유이다.

지금까지 실습한 것처럼 분석가가 수동으로 직접 변수를 선택하는 것은 변수의 수가 많아지면 효율성이 매우 떨어진다. 예를 들어 변수의 개수가 k개라면 고려해야 하는 모델 조합의 수는 2^k가지나 되며, 절편만 가지고 있는 모델을 제외하더라도 $2^k - 1$가지의 모델을 고려해야 한다. 따라서 모형선택은 변수의 개수가 많은 경우의 회귀분석에서는 필수적이라 할 수 있다. 모형선택 방법의 종류와 설명은 아래 [실습 3-6]에서 설명된 Note를 참조하면 된다.

[실습 3-6] 회귀분석의 모형선택 방법인 전진 선택법(Forward Selection)을 이용하여 다중 선형회귀모형을 적합해 보자.

1. [SASUSER] 라이브러리에 있는 [CARS] 데이터를 불러온다.

2. [작업] > [회귀] > [선형회귀]을 실행한다.

3. 선형회귀의 각 항목에서 분석에 필요한 옵션을 선택한다.

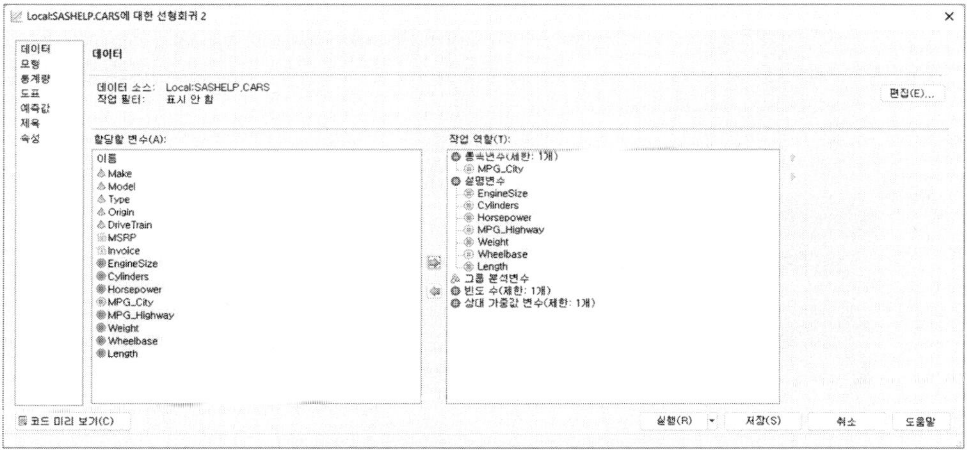

[그림 3. 24] 변수 할당(다중 선형회귀)

데이터 항목에서는 MPG_City를 종속변수에 할당하고 연관있는 7개의 연속형 변수를 모두 설명변수에 할당한다.

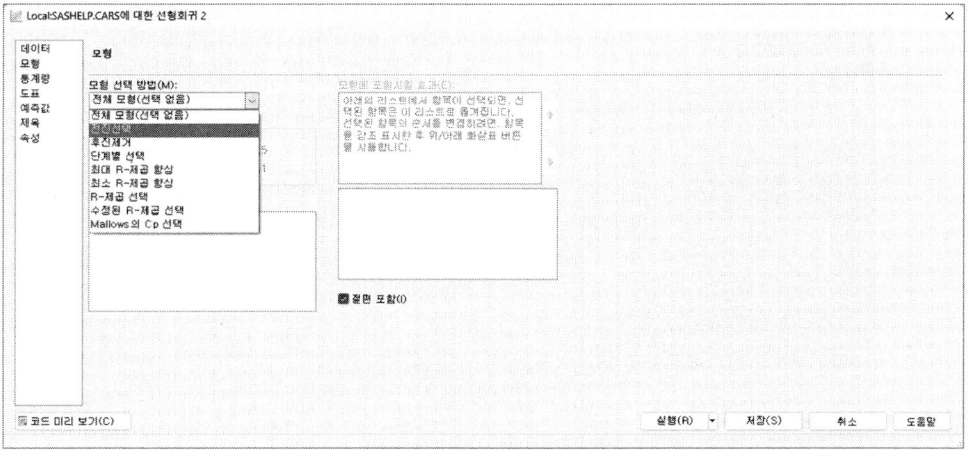

[그림 3. 25] 전진 선택법

모형 항목의 **모형선택 방법** 옵션에서 **전진 선택**을 선택한다. 우측 하단의 **절편 포함**이

선택되어 있기 때문에 절편은 포함한 상태에서 첫 번째 모형선택을 시작한다.

TIP

모형에 꼭 포함하고 싶은 변수 지정하기

중요하다고 생각되어 모형에 반드시 포함하고자 하는 변수가 있는 경우에는 오른쪽의 **모형에 포함시킬 효과** 옵션에서 변수들을 지정할 수 있으며 우측 상단의 화살표를 이용하여 모형에 포함시키는 순서도 지정할 수 있다.

NOTE

모형선택 방법의 종류

1) 전진 선택법(Forward Selection)

전진 선택법은 변수가 없는 모형에서 시작하여, F-통계량의 유의확률을 기준으로 모형에 추가되는 기준에 지정된 유의수준과 비교하여 변수를 추가하거나 유지한다.

다시 말해 이 방법은 모형에 포함되지 않은 각 설명변수들에 대해 F-통계량의 유의확률을 계산한 다음 가장 유의한 변수를 찾는다. 이때 모형에 추가되는 기준(유의수준; 기본값 0.5)보다 작다면 그 설명변수를 모형에 포함시킨다. 그러나 한번 모형에 포함되면 절대로 제거할 수 없다. 그리고 지정한 유의수준 하에서 더 이상 추가할 수 있는 변수가 없을 때까지 반복한다.

2) 후진 제거법(Backward Elimination)

후진 제거법은 모든 변수를 포함한 상태에서 시작하여, F-통계량의 유의확률을 기준으로 모형에 남는 기준에 지정된 유의수준과 비교하여 변수를 남기거나 제거한다.

다시 말해 이 방법은 모형에 포함된 각 설명변수들에 대해 F-통계량의 유의확률을 계산한 다음 가장 유의하지 않은 변수를 찾는다. 이때 모형에 남는 기준(유의수준; 기본값 0.1)보다 크면 그 설명변수를 모형에서 제거한다. 그러나 한번 모형에서 제거되면 절대로 다시 포함시킬 수 없다. 그리고 지정한 유의수준 하에서 더 이상 제거할 수 있는 변수가 없을 때까지 반복한다.

3) 단계별 선택법(Stepwise Selection)

단계별 선택법은 전진 선택법의 변형으로 모형에 이미 포함된 변수가 반드시 유지될 필요가 없다는 점이 다르다. 이러한 측면에서 이 방법은 전진 단계별 선택법(Forward Stepwise Selection)이라 할 수 있다. 전진선택법에서 설명변수는 모형에 하나씩 추가되는데, 이때 추가될 변수는 모형에 추가되는 기준(유의수준; 기본값 0.15)보다 유의해야 한다.

그러나 단계별 선택법은 변수가 추가된 후 이미 모형에 포함된 변수를 모두 확인하여 모형에 남는 기준(유의수준; 기본값 0.15)보다 유의하지 않은 변수를 모두 제거한다. 이러한 확인이 끝나고 해당 변수가 제거된 후에 다른 변수가 다시 모형에 추가될 수 있다.

단계별 선택법은 모형에 추가되는 기준에서 더 이상 추가할 변수가 없고 모형에 포함된 모든 변수가 모형에 남는 기준에서 유의할 때, 또는 모형에 추가된 변수가 이전단계에서 제거된 변수일 때 종료된다.

3. 선택을 모두 마치고 **[실행]** 버튼을 눌러 분석을 실행하면 다음과 같은 결과를 얻는다.

[표 3. 12] 전진 선택법 - 관측치 수

Number of Observations Read	428
Number of Observations Used	428

[표 3. 13] 전진 선택법 - 1단계 결과

Forward Selection: Step 1

Variable RunTime Entered: R-Square = 0.8855 and C(p) = 99.2139

Analysis of Variance					
Source	DF	Sum of Squares	Mean Square	F Value	Pr > F
Model	1	10367	10367	3278.02	<.0001
Error	424	1340.92704	3.16256		
Corrected Total	425	11708			

Variable	Parameter Estimate	Standard Error	Type II SS	F Value	Pr > F
Intercept	-2.98662	0.41183	166.32767	52.59	<.0001
MPG_Highway	0.85859	0.01500	10367	3278.02	<.0001

Bounds on condition number: 1, 1

첫 번째 선택단계에서 MPG_Highway에 대한 유의확률(<0.0001)이 회귀모형에 포함되는 기준인 0.5보다 작으므로 선택되었다. 두 번째 선택단계에서는 절편과 MPG_Highway을 포함한 것을 조건부로 하여 나머지 변수들 중 유의확률이 가장 작은 변수를 선택하고 해당 변수의 유의확률이 모형에 포함되는 기준인 0.15보다 작으면 모형에 포함시키게 될 것이다.

[표 3. 14] 전진 선택법 – 2단계 결과

Forward Selection: Step 2

Variable Age Entered: R-Square = 0.8934 and C(p) = 65.1861

Analysis of Variance					
Source	DF	Sum of Squares	Mean Square	F Value	Pr > F
Model	2	10460	5229.82448	1772.27	<.0001
Error	423	1248.23836	2.95092		
Corrected Total	425	11708			

Variable	Parameter Estimate	Standard Error	Type II SS	F Value	Pr > F
Intercept	0.70290	0.76918	2.46431	0.84	0.3613
Horsepower	-0.00851	0.00152	92.68869	31.41	<.0001
MPG_Highway	0.78963	0.01901	5093.04267	1725.92	<.0001

Bounds on condition number: 1.7216, 6.8866

두 번째 단계에서는 Horsepower(마력)에 대한 유의확률이 <.0001로 모형에 포함되는 기준인 0.5보다 작기 때문에 회귀모형에 포함되었다. 이러한 단계를 반복하여 더 이상 모형에 포함할 변수가 없을 때까지 반복한다.

[표 3. 15] 전진 선택법 – 최종 결과

Variable	Parameter Estimate	Standard Error	Type II SS	F Value	Pr > F
Intercept	2.76000	1.56234	8.05620	3.12	0.0780
Horsepower	-0.00896	0.00149	93.48959	36.22	<.0001
MPG_Highway	0.84579	0.02374	3276.98963	1269.44	<.0001
Weight	0.00090810	0.00023472	38.63872	14.97	0.0001
Wheelbase	0.08306	0.02332	32.76317	12.69	0.0004
Length	-0.08424	0.01196	128.05426	49.61	<.0001

Bounds on condition number: 6.2105, 106.35 No other variable met the 0.1500 significance level for entry into the model.

Summary of Forward Selection							
Step	Variable Entered	Number Vars In	Partial R-Square	ModelR -Square	C(p)	F Value	Pr > F
1	MPG_Highway	1	0.8855	0.8855	99.2139	3278.02	<.0001
2	Horsepower	2	0.0079	0.8934	65.1861	31.41	<.0001
3	Length	3	0.0038	0.8972	50.0209	15.48	<.0001
4	Weight	4	0.0074	0.9046	18.1621	32.83	<.0001
5	Wheelbase	5	0.0028	0.9074	7.4272	12.69	0.0004

모형선택을 위한 반복을 종료하고 나면 전진 선택에 대한 요약표를 통해 최종적으로 선택된 변수들이 포함된 단계로 출력된다.

전진 선택법에 의한 최종 모형에는 **MPG_Highway, Horsepower, Length, Weight, Wheelbase**의 5개의 변수가 선택되었다.

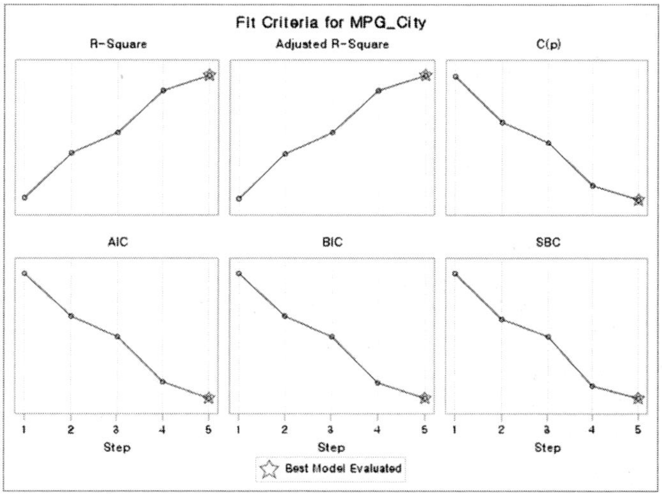

[그림 3. 26] Fit Criteria

위 그림은 각 단계에서 산출된 적합도와 관련된 통계량인 결정계수, 수정된 결정계수,

mallows C(p), AIC, BIC, SBC 등의 변화추이를 나타낸 도표이다. 별 모양은 5단계의 과정 중에서 각 통계량별로 가장 좋은 모델을 의미하며 분석가가 이 결과를 통해 종합적으로 판단해야 한다.

전진 선택법 이외에도 후진 제거법과 단계별 선택법도 실행하여 비교해 보자.

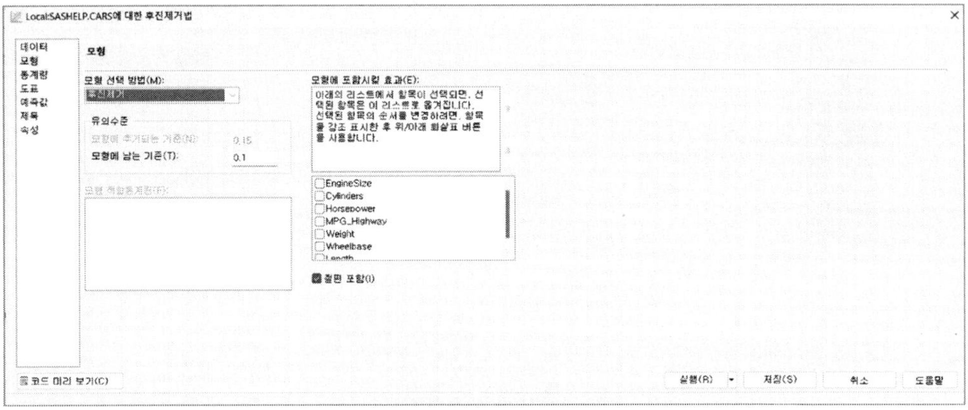

[그림 3. 27] 후진제거법

모형선택 방법만 변경하면 되므로 **작업 수정**을 통해 회귀분석 창을 열고, 위 그림과 같이 모형 항목의 **모형선택 방법** 옵션에서 **후진 제거**나 **단계별 선택**을 이용하여 결과를 비교해 보자.

먼저 **후진 제거법**을 통한 최종결과를 살펴보자.

[표 3. 16] 후진 제거법 - 최종 결과

Variable	Parameter Estimate	Standard Error	Type II SS	F Value	Pr > F
Intercept	2.76000	1.56234	8.05620	3.12	0.0780
Horsepower	-0.00896	0.00149	93.48959	36.22	<.0001
MPG_Highway	0.84579	0.02374	3276.98963	1269.44	<.0001
Weight	0.00090810	0.00023472	38.63872	14.97	0.0001
Wheelbase	0.08306	0.02332	32.76317	12.69	0.0004
Length	-0.08424	0.01196	128.05426	49.61	<.0001

Bounds on condition number: 6.2105, 106.35

All variables left in the model are significant at the 0.1000 level.

Summary of Forward Selection							
Step	Variable Entered	Number Vars In	Partial R-Square	ModelR-Square	C(p)	F Value	Pr > F
1	Cylinders	6	0.0004	0.9078	7.6590	1.66	0.1984
2	EngineSize	5	0.0004	0.9074	7.4272	1.77	0.1847

후진 제거법을 이용한 최종 모형에서는 Horsepower, MPG_Highway, Weight, Wheelbase, Length의 5개 변수가 회귀모형에 최종 포함되었고 Cylinders, EngineSize의 순서로 총 2개의 변수들이 제거되었다.

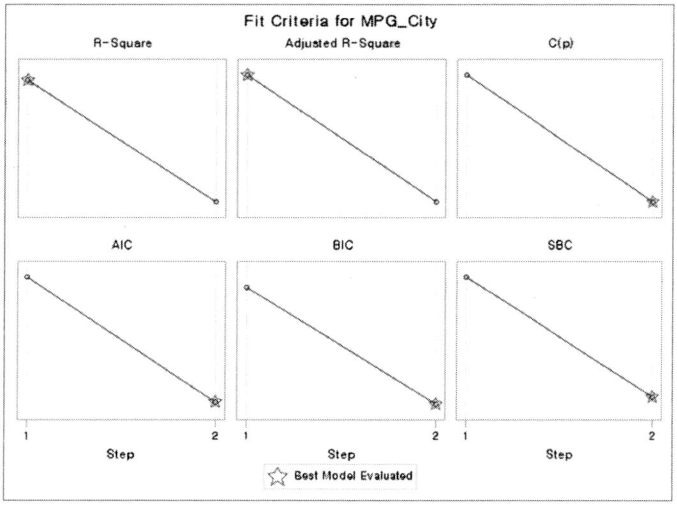

[그림 3. 28] Fit Criteria

전진 선택법과 마찬가지로 각 단계에서 산출된 적합도와 관련 통계량들의 변화추이를 나타낸 도표를 얻을 수 있다. 각 통계량에 따라 가장 좋은 모델로 추천하는 단계가 다양하지만 2단계를 가장 많이 추천한다. 이 또한 분석가가 도표를 통해 종합적으로 판단해야 한다.

마지막으로 **단계별 선택법**을 통한 최종결과를 살펴보자.

[표 3. 17] 단계별 선택법 - 최종 결과

Variable	Parameter Estimate	Standard Error	Type II SS	F Value	Pr > F
Intercept	2.76000	1.56234	8.05620	3.12	0.0780
Horsepower	−0.00896	0.00149	93.48959	36.22	<.0001
MPG_Highway	0.84579	0.02374	3276.98963	1269.44	<.0001
Weight	0.00090810	0.00023472	38.63872	14.97	0.0001
Wheelbase	0.08306	0.02332	32.76317	12.69	0.0004
Length	−0.08424	0.01196	128.05426	49.61	<.0001

Bounds on condition number: 6.2105, 106.35
All variables left in the model are significant at the 0.1500 level.
No other variable met the 0.1500 significance level for entry into the model.

Summary of Forward Selection								
Step	Variable Entered	Variable Removed	Number Vars In	Partial R-Square	ModelR -Square	C(p)	F Value	Pr > F
1	MPG_Highway		1	0.8855	0.8855	99.2139	3278.02	<.0001
2	Horsepower		2	0.0079	0.8934	65.1861	31.41	<.0001
3	Length		3	0.0038	0.8972	50.0209	15.48	<.0001
4	Weight		4	0.0074	0.9046	18.1621	32.83	<.0001
5	Wheelbase		5	0.0028	0.9074	7.4272	12.69	0.0004

단계별 선택법을 이용한 최종 모형도 후진 제거법의 최종 모형과 동일하게 결정되었다. 다만 요약표에 후진 제거법은 제거된 변수와 근거가 나타나고, 단계별 선택법은 선택된 변수와 그 근거가 나타나는 것만 다르다. 이것을 회귀식으로 표현하면 다음과 같다.

$$y = (MPG\_City) = 27.6 - 0.00896 \times x_1(Horsepower) + 0.84579 \times x_2(MPG\_Highway)$$
$$+ 0.00090810 \times x_3(Weight) - 0.08306 \times x_4(Wheelbase) - 0.08424 \times x_5(Length)$$

[수식 3. 2] 추정된 회귀모형(단계별 선택법)

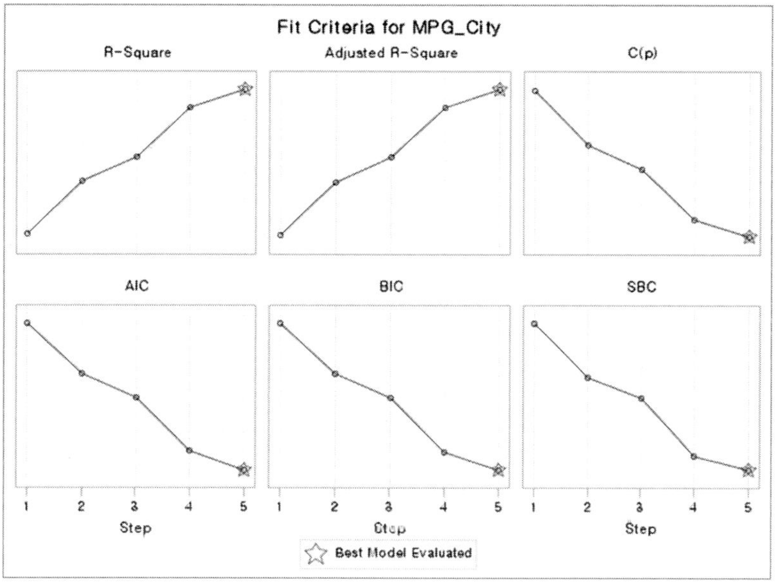

[그림 3. 29] Fit Criteria

단계별 선택법에서도 다른 모형선택 방법들과 동일한 통계량들의 변화추이 도표를 얻었다. 각 통계량에 따라 가장 좋은 모델로 추천하는 단계는 모두 5단계이다. 이러한 경우라면 분석가의 모형선택에 대한 고민은 사라지게 될 것이다.

마지막으로 모형에 추가되는 기준과 모형에 남는 기준을 어떻게 정하느냐에 따라 모형선택 결과가 매우 달라지기 때문에 유의수준을 적절하게 변경하여 분석하는 것도 분석가의 역할이라 할 수 있다.

4장

범주형 자료 분석

범주형 자료 분석은 자연과학이나 사회과학은 물론 의학이나 금융기관에서도 널리 활용되고 있다. 예를 들어, 개인이나 기업의 부실여부를 판단하거나 금융상품에 대한 가입 성향, 채널에 대한 선호, 새로운 의학 치료법에 대한 가치 평가, 사람들의 의견에 영향을 주는 요인들에 대한 평가 등 범주형 자료 분석에 내한 필요성은 점점 더 강조되고 있다.

01 | 범주형 자료

통계분석에 이용되는 자료는 크게 양적(Quantitative) 자료와 질적(Qualitative) 자료로 구분된다. 그 중 질적 자료는 측정 결과를 어떤 범주에 따라 분류시켜 빈도로 요약할 수 있는 자료를 말한다. 질적 자료는 관측치가 주어진 범주 중에 하나에 속하게 되므로 범주형 자료라고 부르고, 이것을 분석하는 통계적 분석방법을 범주형 자료 분석(Categorical Data Analysis)이라고 한다.

범주형 자료 분석은 자연과학이나 사회과학은 물론 의학이나 금융기관에서도 널리 활용되고 있다. 예를 들어 개인이나 기업의 부실여부를 판단하거나 금융상품에 대한 가입 성향, 채널에 대한 선호, 새로운 의학 치료법에 대한 가치 평가, 사람들의 의견에 영향을 주는 요인들에 대한 평가 등 범주형 자료 분석에 대한 필요성은 점점 더 대두되고 있다.

범주형 자료에 대해 통계적인 분석방법을 선택하기 위해서는 아래 표와 같이 먼저 종속변수에 대한 측정척도를 살펴보아야 한다. 이에 따라 적절한 방법으로 분석해야 한다.

[표 4.1] 종속변수와 설명변수의 유형에 따른 분석방법

구분	설명변수의 유형		
종속변수의 유형	범주형	연속형	범주형 & 연속형
범주형	로지스틱 회귀분석 분할표 분석	로지스틱 회귀분석	로지스틱 회귀분석
연속형	분산분석	선형회귀분석	공분산분석 회귀분석(가변수)

범주형 자료는 명목형 변수(Nominal Variable)와 순서형 변수(Ordinal Variable)로 나누어지는데, 명목형 변수는 논리적인 순서가 없는 변수이며 순서형 변수는 논리적 순서가 있는 변수이다. 따라서 적절한 측정척도를 확인한 후 빈도표(Frequency Table) 등을 사용하여 이에 대한 분포를 알아보거나 범주형 변수들 사이의 연관성을 확인할 수 있다.

02 | 교차분석

교차분석(Cross-tabulation)이란 2개 이상의 범주를 가지는 변수(명목형 또는 순서형)에 대한 연관성을 알아보기 위해 결합분포를 나타내는 교차표를 작성하여 변수 상호간의 독립성이나 연관성(Association)에 대해 분석하는 것을 말한다.

2.1 교차표와 연관성

빈도분석을 통해 한 변수의 분포를 살펴보는 것도 중요하지만 서로 다른 변수들 간에 어떤 연관성을 가지고 있는지가 더 중요한 경우가 많다. 이 때 교차표를 사용하여 두 변수가 지니는 값을 교차시켜 두 변수 간의 연관성을 검정할 수 있다. 교차표는 두 변수 간의 결합빈도를 나타내는 표로써 만일 어떤 두 변수가 각각 r개와 c개의 범주를 가지고 있다면 교차표는 $r \times c$개의 셀로 이루어지게 된다. 일반적으로 두 개의 변수를 교차시켜 만들기 때문에 이원 배치표라고 부른다.

아래의 표와 같이 만약 한 변수의 분포가 다른 변수의 모든 수준에서 일정하다면 연관성이 없다고 하고 다른 변수의 교차된 다른 수준들과 차이가 있다면 두 변수 사이의 연관성이 있다고 말한다. 이러한 방법으로 교차표를 이용한 교차분석은 범주형 자료들 사이에 연관성을 찾는 데 유용한 도구라 할 수 있다.

[표 4. 2] 경기 승패와 주야간 경기간의 연관성

연관성이 없는 경우

구분	승리	패배
주간경기	65%	35%
야간경기	65%	35%

주간과 야간에 따라
야구경기의 승패가 동일하다

연관성이 있는 경우

구분	승리	패배
주간경기	80%	20%
야간경기	61%	39%

주간과 야간에 따라
야구경기의 승패가 다르다

예를 들어 왼쪽 두 변수의 교차표를 보면 열에 대한 백분율이 각 행에서 동일하기 때문에 주간 및 야간과 야구경기의 승패에는 연관성이 없다. 그러나 오른쪽의 경우에는 열에 대한 백분율이 각 행에 따라 다르기 때문에 주야간과 야구경기의 승패는 연관성이 있다고 말한다.

[실습 4-1] SALES_INCLEVEL 데이터를 이용하여 Gender(성별)과 Purchase(구매)간에 연관성이 있는지 알아보자.

1. [SASUSER] 라이브러리에 있는 [SALES_INCLEVEL] 데이터를 불러온다.

2. **[작업] > [기술] > [테이블 분석]**을 실행한다.

3. 테이블 분석의 각 항목에서 분석에 필요한 옵션을 선택한다.

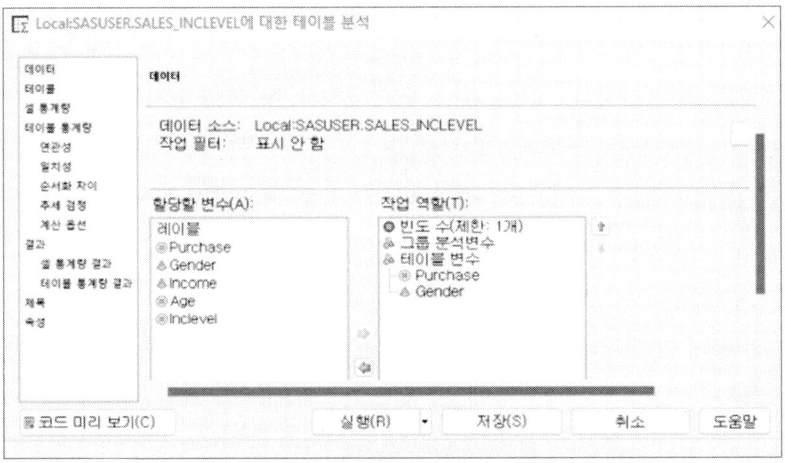

[그림 4. 1] 테이블 분석 - 변수 할당

데이터 항목에서 테이블 변수에 Purchase와 Gender를 할당한다.

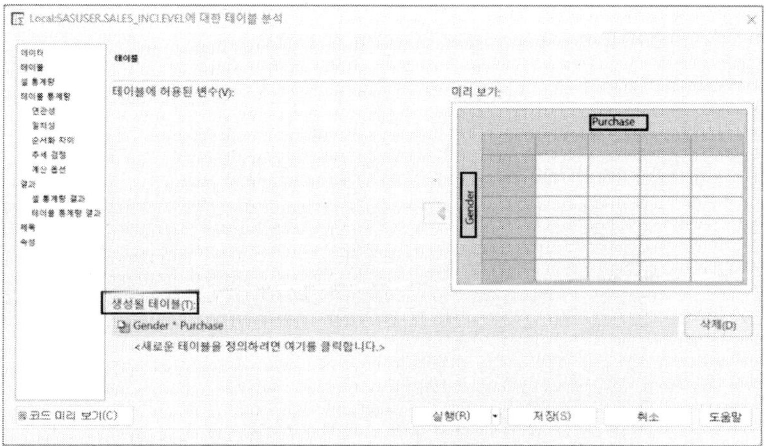

[그림 4. 2] 테이블 분석 - 테이블

테이블 항목에서 테이블에 사용 가능한 변수에 있는 Purchase와 Gender를 **미리보기**의 테이블에 끌어 놓기 하여 위와 같이 설정한다. 여기서 반드시 열에 해당하는 Purchase먼저 끌어 놓고 Gender를 나중에 끌어 놓아야 한다. 그러면 생성 테이블에 Gender * Purchase **테이블**이 생성된다. 추가적인 테이블을 정의하고자 할 때는 <새로운 테이블을 정의하려면 여기를 클릭합니다.>를 클릭하고 위와 동일한 방법으로 테이블을 정의한다.

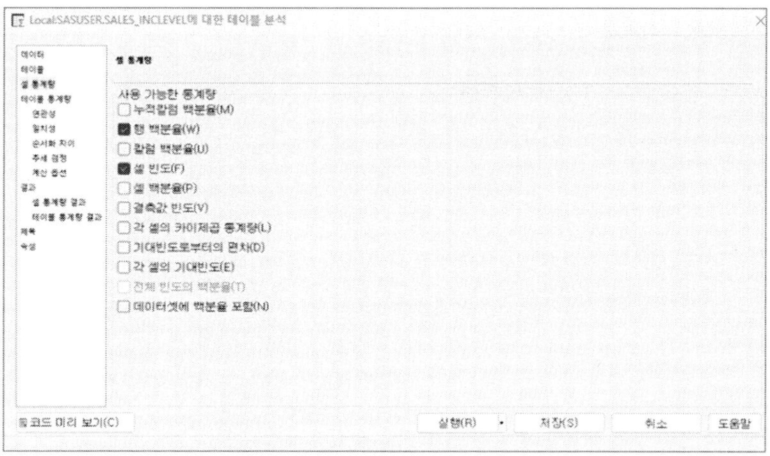

[그림 4. 3] 테이블분석 - 셀 통계량

셀 통계량 항목에서 사용 가능한 통계량에 **행 백분율**과 **셀 빈**도를 선택한다.

4. 선택을 모두 마치고 **실행** 버튼을 눌러 분석을 실행하면 다음과 같은 결과를 얻는다.

[표 4. 3] 테이블 분석 결과 - FREQ 프로시저

테이블 : Gender * Purchase				
		Purchase		총합
		0	1	
Gender				
Female	빈도	139	101	240
	행백분율	57.92	42.08	
Male	빈도	130	61	191
	행백분율	68.06	31.94	
총합	빈도	269	162	431

Purchase가 1인 경우 Female(여성)의 행 백분율은 42.08%이며 Male(남성)은 31.94%로 Female과 Male에 대한 행 백분율이 서로 매우 다른 것처럼 보인다. 즉, Gender와 Purchase간의 연관성이 존재하는 것처럼 보인다. 그러나 이러한 연관성이 통계적으로 유의한지는 알 수 없으므로 다음 절에서 설명하는 카이제곱 검정(Chi-squared Test)을 통해 확인해 보자. 연관성 검정은 여러 가지 검정통계량을 이용하여 연관성이 통계적으로 유의한지, 연관성의 정도가 어느 정도인지를 확인할 수 있다.

03 | 카이제곱 검정

두 개의 범주형 변수들 사이에 연관성이 존재하는지를 검정할 경우 일반적으로 사용되는 검정 방법은 피어슨(Pearson) 카이제곱 검정(Chi-squared Test)이다. 이 검정 방법은 각 셀에 대한 관측(Observed) 빈도와 기대(Expected) 빈도와의 차이를 통해 검정한다. 여기서 기대 빈도는 변수들 간에 연관성이 없는 경우 즉, 독립인 경우의 빈도를 말하며, 만약 그 결과가 유의하다면 변수들 간에 연관성이 있다고 할 수 있다.

카이제곱 검정에 대한 가정

1. 분석하고자 하는 변수가 명목척도이거나 서열척도로 측정되어야 한다.
2. 교차표의 셀 크기(각 범주에 해당되는 빈도)가 5 미만인 셀의 개수가 전체의 20%를 넘지 않아야 한다. (R. A. Fisher)
3. 각 셀들은 서로 독립이어야 한다.

위와 같은 가정을 만족하는 카이제곱 검정은 모집단 비율에 대한 검정, 독립성에 대한 검정, 동질성에 대한 검정에 사용할 수 있으며, 분할표를 통하여 자료의 특성을 파악한다. 이러한 카이제곱 검정을 하는 데 사용하는 검정 통계량을 카이제곱 통계량이라 하며, r개와 c개의 분류를 가지고 있는 경우 다음과 같이 정의된다.

$$T = \sum_i \frac{(O_i - E_i)^2}{E_i} \sim \chi^2(df = (r-1)(c-1))$$

[수식 4.1] 카이제곱 통계량

여기서 O_i는 관측 빈도, E_i는 기대 빈도이며, $E_i = n\pi_i$로 n은 총 관측치 개수, π_i는 귀무가설 하에서의 i 번째 셀의 기대확률, df는 자유도(degree of freedom)를 의미한다.

또 한 가지 알아야 할 것은 카이제곱 통계량은 "변수들 간의 연관성이 없다" 라는 귀무가설에 대한 기각여부만을 판단하는 기준일뿐, 연관성의 정도에 대한 정보는 주지 않는다. 왜냐하면 샘플의 크기를 각 분류에 대해 동일한 비율로 두 배 늘리는 경우 연관성의 강도는 변하지 않지만 카이제곱 통계량의 값은 두 배가 되기 때문이다. 즉 카이제곱 통계량은 귀무가설에 대한 기각여부에 대한 정보는 가지고 있지만 연관성의 정도에 대한 정보는 가지고 있지 않다.

그렇다면 연관성의 정도를 측정하는 통계량은 어떤 것이 있을까? 두 범주형 변수에 대한 연관성의 정도를 측정하는 통계량은 바로 크래머의 V(Cramer's V) 통계량이다. 2 × 2테이블의 경우에는 -1에서 1까지의 값을 갖고 이를 초과하는 테이블에서는 0에서 1까지의 값을 가지며, 0에서 멀리 떨어진 값일수록 강한 연관성을 나타낸다. 이 크래머의 V 통계량은 피어슨 카이제곱 통계량을 기반으로 만들어진다.

[실습 4-1]에서 교차표를 출력하기 위하여 우리는 테이블 분석을 이용하였다. 테이블 분석을 이용하면 각 셀의 기대 빈도와 카이제곱 통계량을 구할 수 있기 때문에 두 변수 간의 연관성에 대해 검정할 수 있다.

[실습 4-2] **SALES_INCLEVEL 데이터를 이용하여 Gender와 Purchase간에 연관성이 있는지, 그리고 이 연관성의 정도가 어느 정도인지 알아보기 위해 카이제곱 검정과 크래머의 V 통계량을 구해 보자.**

1. [실습 4-1]의 테이블 분석에서 **[작업 수정]**을 클릭한다.
2. 카이제곱검정을 하기 위해 **테이블 통계량 > 연관성** 항목에서 연관성 검정 중 **카이제곱 검정**을 체크한다.

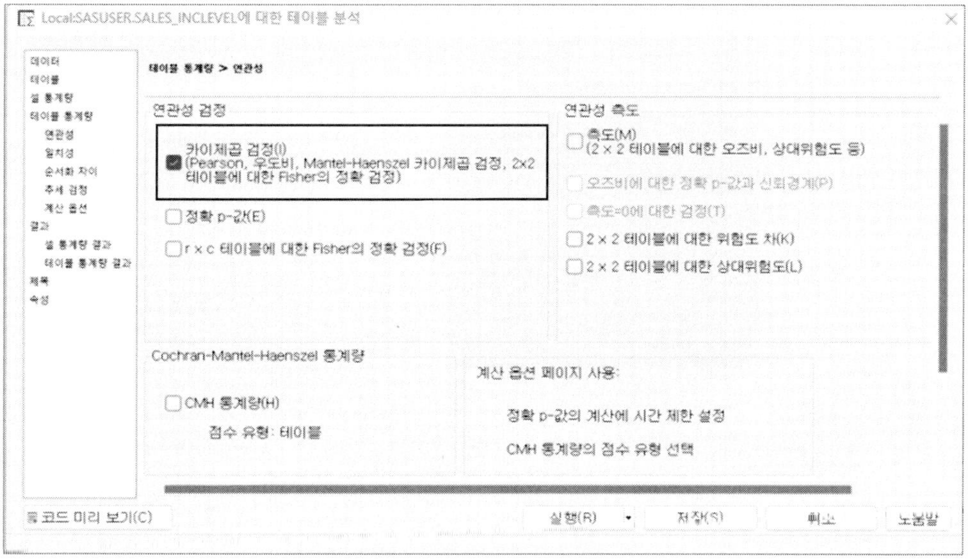

[그림 4. 4] 테이블 분석 – 연관성 검정

3. 선택을 모두 마치고 **실행** 버튼을 눌러 분석을 실행하면 다음과 같은 결과를 얻는다.

[표 4. 4] 테이블 분석 결과 – FREQ 프로시저

테이블 : Gender * Purchase				
		Purchase		총합
		0	1	
Gender				
Female	빈도	139	101	240
	행백분율	57.92	42.08	
Male	빈도	130	61	191
	행백분율	68.06	31.94	
총합	빈도	269	162	431

[표 4. 5] Gender * Purchase 테이블에 대한 통계량

통계량	자유도	값	확률
카이제곱	1	4.6672	**0.0307**
우도비카이제곱	1	4.6978	0.0302
연속성수정카이제곱	1	4.2447	0.0394
Mantel-Haenszel카이제곱	1	4.6564	0.0309
파이계수		-0.1041	
우발성계수		0.1035	
크래머의 V		**-0.1041**	

카이제곱 통계량의 유의확률(0.0307)이 0.05보다 작기 때문에 "두 변수 간의 연관성이 없다." 라는 귀무가설을 기각하므로 Gender와Purchase간에 통계적으로 유의한 연관성이 있다고 할 수 있다. 그러나 연관성의 정도를 나타내는 크래머의 V통계량이 -0.1041로 0에 매우 가깝기 때문에 Gender와 Purchase 간의 연관성은 있지만 비교적 약하다는 것을 알 수 있다. 또한 분할표의 모든 셀이 충분한 표본 크기(>5)를 가지기 때문에 이 결과는 타당하다고 판단된다.

TIP

연관성 검정에 대한 옵션

- **카이제곱 검정**
  동질성 또는 독립성에 대한 카이제곱 검정을 기반으로 한 연관성 측도를 계산한다. 피어슨 카이제곱, 우도비 카이제곱 및 Mantel-Haenszel 카이제곱 검정이 가능하고 2×2 테이블의 경우 Fisher의 정확 검정과 연속성수정 카이제곱 통계량도 포함되며, 일원 테이블의 경우에는 동일비율에 대한 카이제곱 적합도 검정도 가능하다.
- **정확 p-값 (유의확률)**
  일원 테이블의 경우에는 카이제곱 적합도 검정에 대한 정확 유의확률을 계산하고 이원 테이블에서는 피어슨 카이제곱, 우도비 카이제곱, Mantel-Haenszel 카이제곱 검정에 대한 정확 유의확률을 계산한다. 일원 테이블에 대한 카이제곱 적합도 검정과 이원 테이블에 대한 피어슨 카이제곱, 우도비 카이제곱 및 Mantel-Haenszel 카이제곱 검정이 포함된다. 이 옵션은 카이제곱 검정을 선택하는 경우에 활성화되므로 주의해야 한다.
- **$r \times c$ 테이블에 대한 Fisher의 정확 검정**
  2×2를 초과하는 $r \times c$ 테이블에 대해 Fisher의 정확 검정을 수행할 수 있는데, 이 검정은 Freeman-Halton 검정이라고도 한다.

NOTE

소표본을 위한 정확검정(Exact Test)

지금까지는 표본의 크기가 큰 경우(>5)의 연관성 검정에 대한 설명이었다. 표본의 크기가 크면 각 셀의 크기가 크므로 근사적으로 카이제곱 분포를 따르기 때문에 카이제곱 검정을 하는데 별 문제가 없다. 그러나 각 셀의 빈도가 5 이하인 셀이 20% 이상인 소표본의 경우에는 셀의 크기가 5 초과가 되도록 집단화(Grouping)한 후 카이제곱 검정을 이용하거나 피셔의 정확 검정(Fisher's Exact Test)을 사용해야 한다.

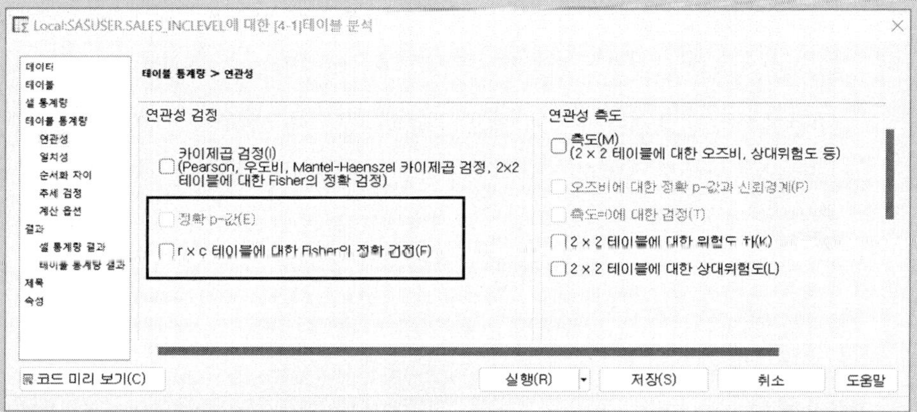

[그림 4. 5] 테이블분석 – 정확검정

이 정확검정은 테이블 분석에서 **테이블 통계량 > 연관성** 항목에서 **정확 p-값**을 체크 하거나 ***r* × *c* 테이블에 대한 Fisher의 정확검정**을 체크하면 이용할 수 있다.

04 | 로지스틱 회귀분석

회귀분석은 하나의 종속변수와 하나 이상의 독립변수 간의 인과관계를 규명하는 분석 방법이다. [표 4. 1]에서 설명한 바와 같이 종속변수가 연속형이면 선형회귀가 되며 종속변수가 범주형이면 로지스틱 회귀분석 방법을 이용해야 한다.

3장에서는 종속변수가 연속형인 선형회귀분석에 대해 알아보았으며, 이번 장에서는 종속변수가 범주형인 경우에 사용하는 로지스틱 회귀분석에 대하여 알아보자. 종속변수의 분류가 2개인 경우 로지스틱 회귀모형은 이항(binary) 로지스틱 회귀모형이라고 하며, 종속변수의 분류가 2개를 초과하는 경우에는 다음과 같이 두 가지 로지스틱 회귀모형을 생각할 수 있다.

1. 종속변수가 명목형인 경우, 명목형(Nominal) 로지스틱 회귀모형을 이용한다.
2. 종속변수가 순서형인 경우, 순서형(Ordinal) 로지스틱 회귀모형을 이용한다.

우선 가장 많이 사용하는 이항 로지스틱 회귀모형에 대해 알아보자.

[실습 4-3] SALE_INCLEVEL 데이터를 이용하여 Gender(성별)가 Purchase(구매가격)에 어떤 영향을 미치는지 알아보자.

실습을 하기 전에 기능편 2장 1절 [실습 2-5] 참조하여 IncLevel과 Purchase에 대한 출력형식을 아래와 같이 생성한다.

[표 4. 6] IncLevel 출력형식 생성

IncLevel(소득수준)에 대한 출력형식(INCFMT.) 생성	
1	Low Income
2	Medium Income
3	High Income

[표 4. 7] Purchase 출력형식 생성

Purchase(구매가격)에 대한 출력형식(PURFMT.) 생성	
0	Small Spender
1	Big Spender

1. [SASUSER] 라이브러리에 있는 [SALES_INCLEVEL] 데이터를 불러온다.

2. **[작업] > [회귀] > [로지스틱 회귀]**를 실행한다.

3. 로지스틱 회귀분석의 각 옵션에서 분석에 필요한 옵션을 선택한다.

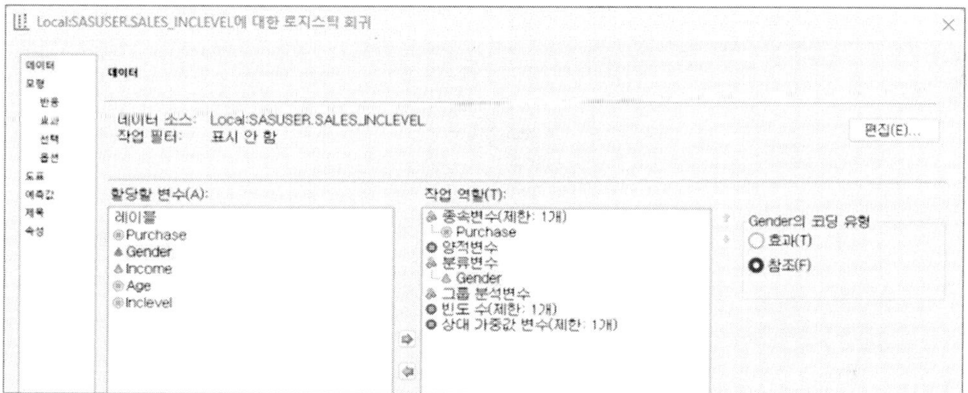

[그림 4. 6] 로지스틱 회귀 - 데이터

데이터 항목에서 Purchase와 Gender를 각각 종속변수와 분류변수에 할당하고 분류변수인 Gender의 코딩유형을 **참조**로 설정한다.

NOTE

로지스틱 회귀분석에서 작업역할의 각 변수들의 의미

- **종속변수(Dependent variable)**

종속(반응)변수로 사용할 변수를 지정한다.

- **양적변수(Quantitative variables)**

독립(설명)변수로 사용할 변수 중 연속형(수치형) 변수를 지정한다.

- **분류변수(Classification variables)**

독립(설명)변수로 사용할 변수 중 범주형 변수를 지정하며, 문자형(Char)과 수치형(Num)을 모두 사용할 수 있으나 수치형인 경우에는 이산형인 경우에만 할당 가능하다.

- **그룹 분석변수(Group analysis by)**

그룹 분석변수에 의해 정의된 그룹별 로지스틱 회귀분석을 수행한다. 이 변수도 분류변수와 마찬가지로 범주형 변수만 할당 가능하다.

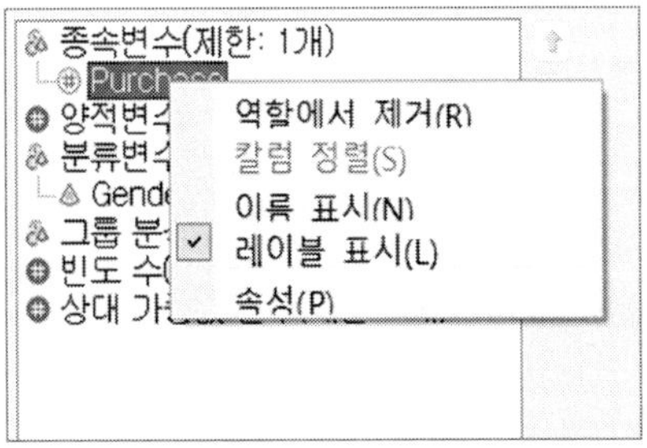

[그림 4. 7] 로지스틱 회귀 – 변수 선택

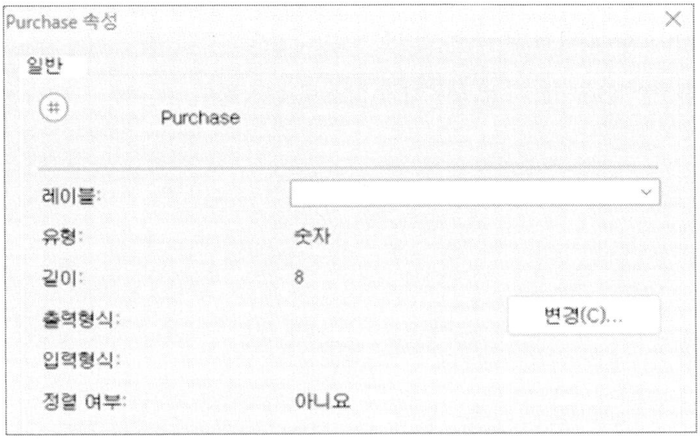

[그림 4. 8] 로지스틱 회귀 – Putchase 변수 속성

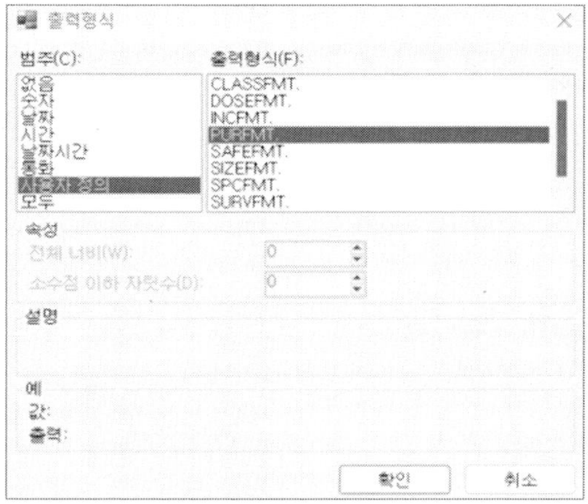

[그림 4. 9] 출력형식 적용

종속변수인 Purchase에서 **오른쪽 클릭하여 속성**을 선택하고 **사용자 정의 포맷**에서 이에 대한 출력형식 PURFMT을 선택한다. 앞에서 PURFMT라는 출력형식을 만들어 두었다면 사용자 정의에 보이고 만들지 않았다면 없을 것이다. 출력형식 없이도 분석은 가능하지만 해석의 용이성을 위해 PURFMT가 없는 사용자들은 다시 처음으로 돌아가서 출력형식을 만들기 바란다.

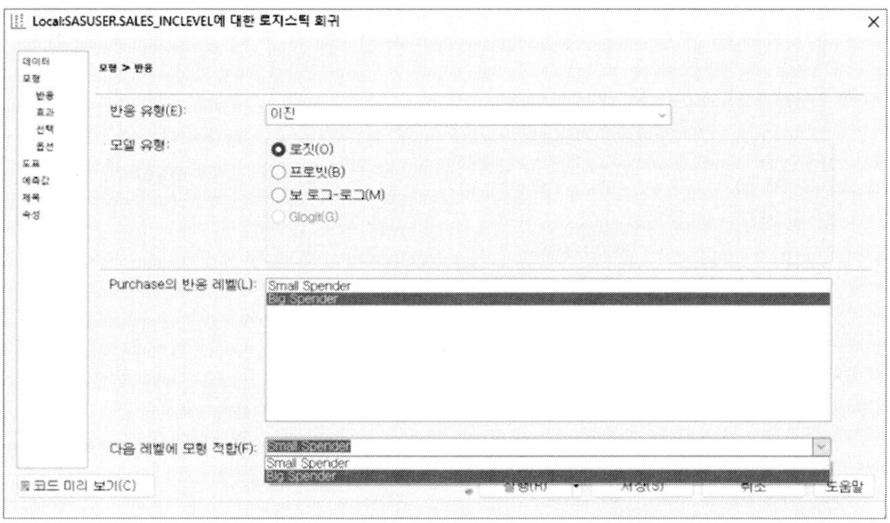

[그림 4. 10] 로지스틱 회귀 - 모델 반응 레벨 적용

모형 > 반응 항목에서 반응 유형을 **이진**, 모형 유형을 **로짓**, 다음 레벨에 모형 적합을 Big spender로 설정한다. 위에서 출력형식을 지정했기 때문에 Big spender가 나타나는 것이고 지정하지 않았다면 0과 1로 나타날 것이다. 출력형식에서 본 것과 같이 Big spender는 1을 의미한다.

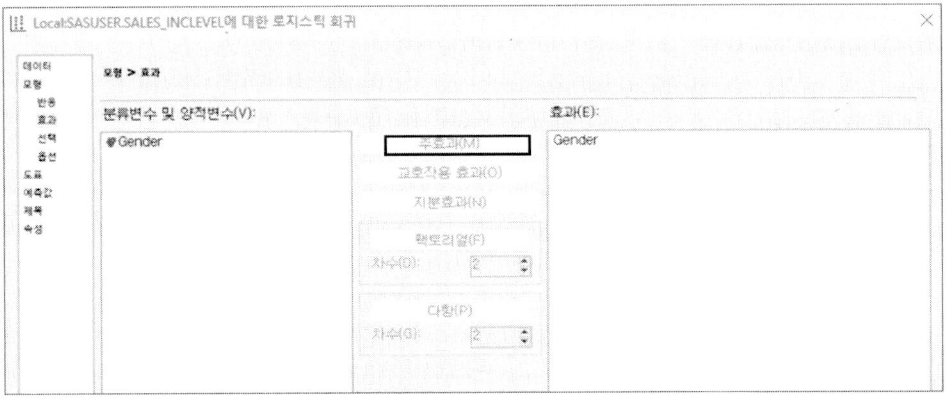

[그림 4. 11] 로지스틱 회귀 - 모델 효과 선택

모형 > 효과 항목에서 왼쪽 Gender를 선택한 후 **주효과**를 클릭하여 효과에 포함시킨다.

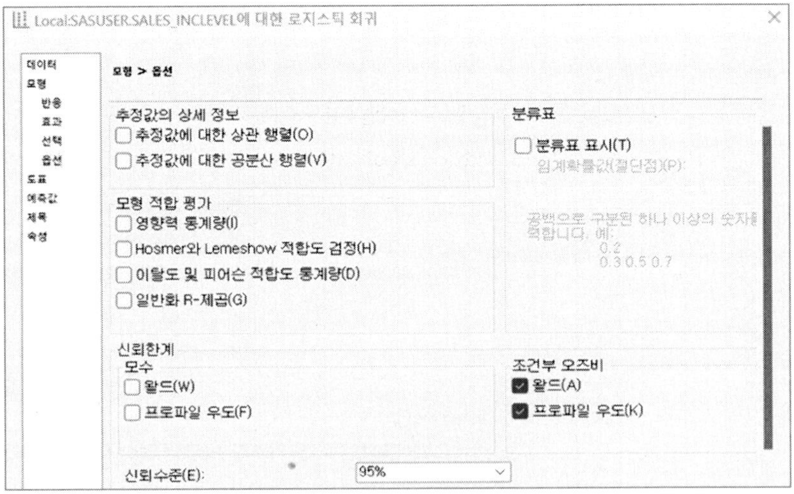

[그림 4. 12] 로지스틱 회귀 - 모델 옵션 선택

모형 > 옵션 항목에서는 조건부 오즈비의 **왈드** 및 **프로파일 우도**를 체크한다.

4. 선택을 모두 마치고 **실행** 버튼을 눌러 분석을 실행하면 다음과 같은 결과를 얻는다.

[표 4. 8] 로지스틱 회귀분석 결과 – The LOGISTIC Procedure

Model Information	
Data Set	WORK.SORTTEMPTABLESORTED
Response Variable	Purchase
Number of Response Levels	2
Model	binary logit
Optimization Technique	Fisher's scoring

Number of Observations Read	431
Number of Observations Used	431

[표 4. 9] Probability modeled is Purchase='Big spender'

Response Profile		
Ordered Value	Purchase	Total Frequency
1	Big spender	162
2	Small spender	269

프로파일(Response Profile)표에서는 종속변수의 분류에 대해 알파벳순으로 정렬하여 분류별 빈도를 나타낸다. 그리고 디폴트로 가장 첫 번째(정렬했을 때 가장 작은) 분류에 대한 확률을 구하는 로지스틱 회귀모형을 만든다. 그러나 이번 실습에서는 **모형 > 반응** 항목에서 **"다음 레벨에 모형 적합"**을 Big spender(Purchase=1)로 설정했기 때문에 이 분류를 기준으로 회귀모형을 적합하게 되는 것이다.

[표 4. 10] Class Leve Information

Class Level Information		
Class	Value	Design Variables
Gender	Female	1
	Male	0

Class Level Information 테이블은 분류변수로 할당된 변수들의 정보를 나타낸다. 변수의 값을 알파벳순으로 정렬하고 가장 마지막(최대값) 분류를 참조 레벨로 하여 가변수(Design Variable or Dummy variable)를 만든다. 여기서는 Male이 가장 마지막 분류이므로 Male이 참조 레벨이 되며, 이 참조 레벨은 오즈비(Odds Ratio)의 기준으로 사용된다.

[표 4.11] Model Convergence Status

Model Convergence Status
Convergence criterion (GCONV=1E-8) satisfied.

Model Convergence Status 테이블은 Fisher's scoring알고리즘의 수렴여부를 알려주는데, 이것이 수렴해야 적절한 결과가 도출되므로 다음 단계로 넘어가기 전 항상 확인해야 한다.

[표 4.12] Model Fit Statistics

Model Fit Statistics		
Criterion	Intercept Only	Intercept and Covariates
AIC	572.649	569.951
SC	576.715	578.084
-2 Log L	570.649	565.951

Model Fit Statistics 테이블은 모형의 적합성에 대해 3가지 통계량을 제공하는데, 그 통계량은 AIC(Akaike's' Information Criterion), SC(Schwarz Criterion), -2 log L이며, -2 × log L은 을 의미한다. AIC와 SC(수정된 결정계수와 유사한 개념)는 다른 모형과 어떤 모형이 더 좋은지를 비교할 수 있는 적합도 측정 방법으로 더 작은 값을 가질수록 더 좋은 모형을 의미한다. AIC는 독립변수의 개수에, SC는 독립변수의 개수와 관측치의 개수에 대한 페널티를 받으며, SC가 더 큰 페널티를 사용하기 때문에 모형평가에 더욱 보수적이라 할 수 있다.

[표 4. 13] Testing Global Null Hypothesis

Testing Global Null Hypothesis: BETA=0			
Test	Chi-Square	DF	Pr > ChiSq
Likelihood Ratio	4.6978	1	0.0302
Score	4.6672	1	0.0307
Wald	4.6436	1	0.0312

회귀계수 검정 테이블은 "모형의 모든 회귀계수는 0이다"라는 귀무가설을 검정하는 3가지의 통계량들을 제시한다. 3가지 통계량 모두 유의확률이 0.05보다 작으므로 귀무가설을 기각한다. 따라서 "0 이 아닌 회귀계수가 적어도 하나는 있다."고 할 수 있다. 특히 우도비 검정(Likelihood Ratio Test)은 작은 표본에서 가장 안정성 있는 검정 방법이다.(Agresti 1996)

[표 4. 14] Analysis of MLE

Analysis of Maximum Likelihood Estimates						
Parameter		DF	Estimate	Standard Error	WaldChi-Square	Pr > ChiSq
Intercept		1	-0.7566	0.1552	23.7700	<.0001
Gender	Female	1	0.4373	0.2029	4.6436	0.0312

[표 4. 15] Odds Ratio Estimates

Analysis of Maximum Likelihood Estimates			
Effect	Point Estimate	95% WaldConfidence Limits	
Gender Female vs Male	1.549	1.040	2.305

Analysis of Maximum Likelihood Estimates 테이블은 모형 모수에 대한의 추정값, 표준오차, 왈드(Wald) 검정, 그리고 분류변수에 대한 오즈비(odds ratio)를 제공한다. 앞의 Class Level Information에서 보았듯이 Gender의 참조 레벨이 Male이므로 Male 대비 Female의 오즈비가 추정된다. 이러한 오즈비의 의미는 "Big Spenders는 Male에 비해 Female이1.549배 많다"이다. 바꿔 말해 "Female에 비해 Male은 0.66(1/1.549)배 적다"를 의미한다.

모형 모수에 대한 유의확률이 모두 0.05보다 작으므로 통계적으로 유의하다. 따라서 로지스틱 회귀분석에 의해 추정된 모형 모수를 이용하여 회귀방정식을 표현하면 다음과 같다.

$$Logit(\hat{\rho}) = -0.75667 + 0.4373 \times \text{Gende}$$

[수식 4. 2] 로지스틱 회귀방정식

Gender의 경우 Female이면 1이고 Male이면 0이므로 Female인 경우에는 0.4373만큼 증가하고 Male이면 하나도 증가하지 않는다. 즉 오즈비의 결과와 같이 $exp(0.4373)$가 약 1.549이므로 Female인 경우 Male인 경우보다 1.549배 증가한다는 식이 성립된다.

[표 4. 16] Profile Likelihood CI for Odds Ratios

Profile Likelihood Confidence Interval for Odds Ratios				
Effect	Unit	Estimate	95% Confidence Limits	
Gender Female vs Male	1.0000	1.549	1.043	2.312

오즈비에 대한Profile Likelihood 신뢰구간은 왈드(Wald)에 비해 비교적 작은 표본의 수를 가지고 있을 때 유용하다. 결과를 비교해 보면 거의 차이가 없음을 알 수 있다.

지금까지는 독립변수가 한 개인 경우를 다루었지만 실제 상황에서 독립변수가 한 개인 경우는 거의 없을 것이다. 따라서 이제부터는 독립변수의 개수가 여러 개인 다중 로지스틱 회귀분석을 생각해 보자. 이것은 여러 개의 연속형 또는 범주형 독립변수가 하나의 종속변수의 변동성을 설명하는 경우에 이용하며, 적절한 변수선택을 통해 적절한 모형을 찾는 것이 목표이다.

[실습 4-4] 후진 제거법을 이용하여 다중 로지스틱 회귀분석을 해보자. 전체 모형은 모든 주효과를 포함해야 한다.

1. [SASUSER] 라이브러리에 있는 [SALES_INCLEVEL] 데이터를 불러온다.

2. **[작업] > [회귀] > [로지스틱 회귀]**을 실행한다.

3. 로지스틱 회귀분석의 각 옵션에서 분석에 필요한 옵션을 선택한다.

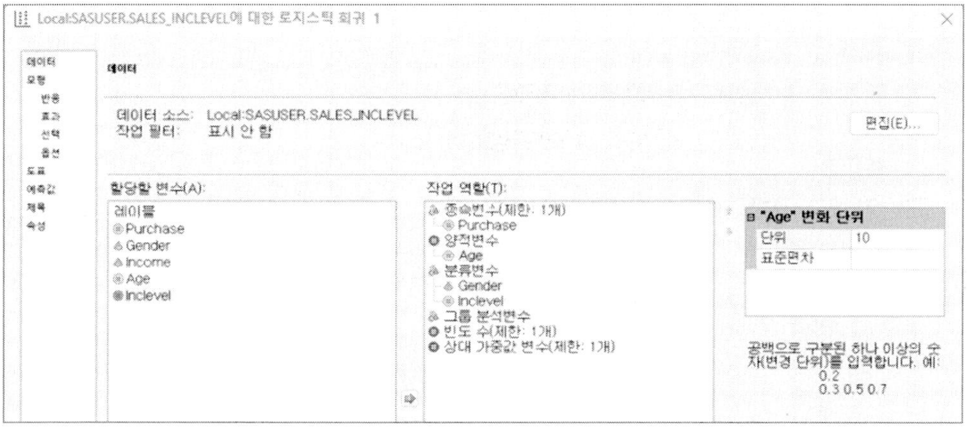

[그림 4. 13] 로지스틱 회귀 - 데이터

데이터 항목에서 Purchase를 종속변수로 할당하고 Age를 양적변수로 Gender와 Inclevel을 분류변수로 할당한다. Inclevel과 같이 수치형 변수이더라도 범주형 변수라면 분류변수로 할당해야 하는 것을 주의하자. 그리고 나서 양적 변수인 Age를 선택한 후 오른쪽의 **단위를 10으로 설정**한다. 단위를 10으로 설정함으로써 Age에 대해 10세 단위로 확인하고자 한다.

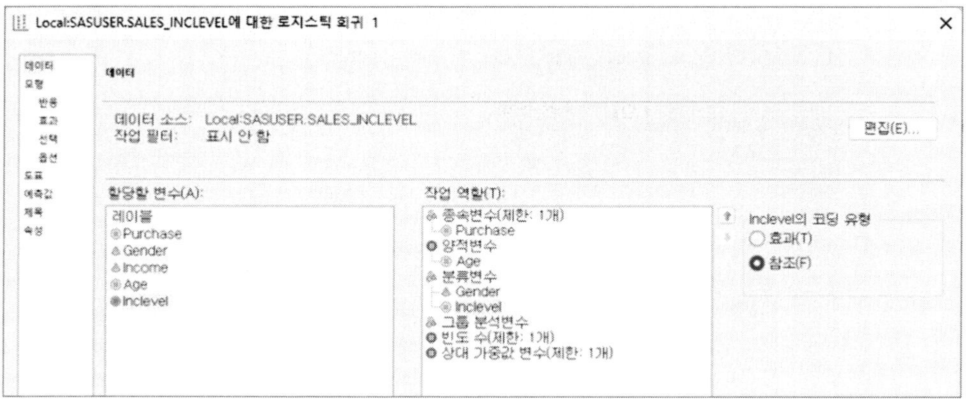

[그림 4. 14] 로지스틱 회귀 - 참조 코딩

분류변수로 할당한 Inclevel과 Gender를 각각 선택한 후 코딩 유형을 **참조**로 설정한다. 출력형식을 적용하기 위하여 Inclevel을 오른쪽 마우스 클릭한 후 속성을 선택한다. 그리고 나서 앞에서 미리 설정한 출력형식 INCFMT을 적용한다. Purchase도 동일한 방법으로 출력형식 PURFMT을 적용한다.

TIP

코딩 유형의 효과 vs 참조 비교

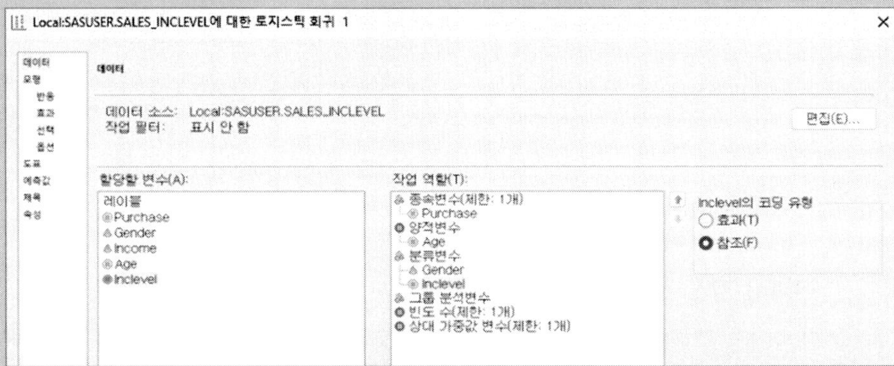

[그림 4. 15] 로지스틱 회귀-효과 코딩

[표 4. 17] Class Level 별 효과/참조 코딩 비교

Class level Info		효과 선택		참조 선택	
Class	Value	Design Variables		Design Variables	
	Male	−1		0	
Inclevel	High Income	1	0	1	0
	Low Income	0	1	0	1
	Medium Income	−1	−1	0	0

로지스틱 회귀분석에서 분류변수로 지정되는 변수들을 가변수로 변환(모수화)하기 위해 코딩 유형을 효과 또는 참조로 결정하여야 한다. 위 표와 같이 코딩 유형을 효과로 설정할 경우 각 수준은 평균 대비 몇 배의 형식으로 비교하게 되고 코딩 유형을 참조로 설정한 경우에는 각 수준을 참조수준 대비 몇 배의 형식으로 비교하게 된다. 여기서 참조 수준이란 가변수(Design Variables)가 모두 0인 수준을 말한다. 어떤 코딩유형으로 선택하는지에 따라 기준이 달라지기 때문에 오즈비와 모형식이 달라질 뿐 예측확률의 결과는 동일하다.

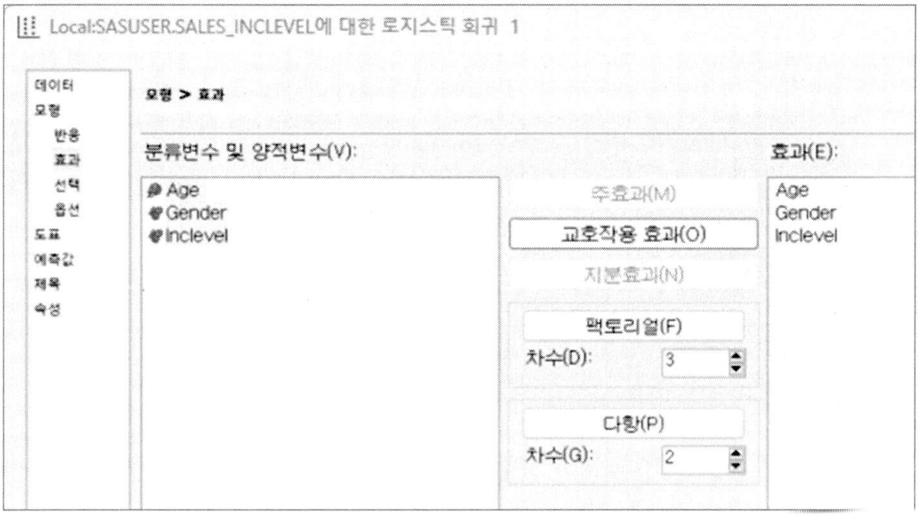

[그림 4. 16] 로지스틱 회귀 – 모형 효과

모형 > 효과 항목에서 각 변수를 선택하고 주효과 버튼을 눌러 모두 **주효과**로 추가한다.

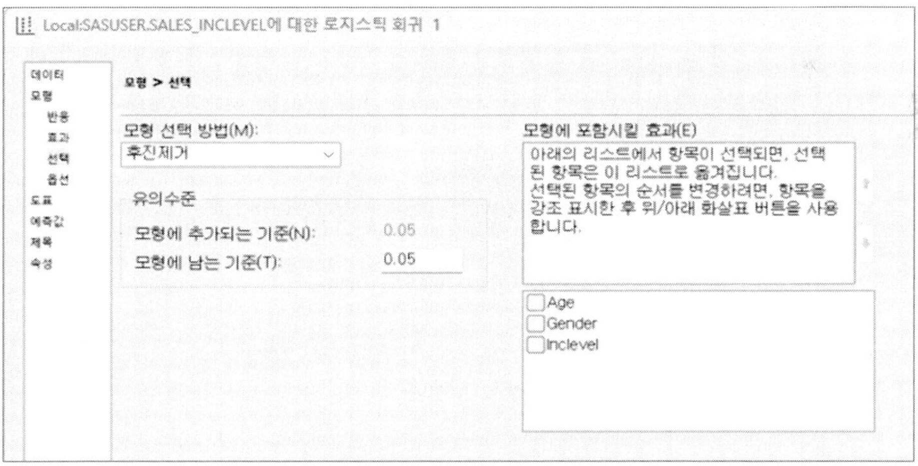

[그림 4. 17] 로지스틱 회귀 – 모형선택

모형 > 선택 항목에서 모형선택 방법을 **후진 제거**로 선택한다. **유의수준** 옵션에서 모형에 남는 기준을 사용자의 선호에 따라 변경할 수 있다.

4. 선택을 모두 마치고 실행 버튼을 눌러 분석을 실행하면 다음과 같은 결과를 얻는다.

[표 4. 18] Probability modeled is Purchase='Big spender'. Backward Elimination Procedure

Analysis of Maximum Likelihood Estimates			
Class	Value	Design Variables	
Gender	Female	1	
	Male	0	
Inclevel	High Income	1	0
	Low Income	0	1
	Medium Income	0	0

참조 수준은 가장 마지막 값으로 선택되기 때문에 Gender는 Male로 선택되었으며 Inclevel은 Medium Income이 참조 수준으로 선택되었다.

TIP

출력형식 설정 이전의 순서로 가변수를 정렬하기

위의 결과에서 출력형식을 지정 후 알파벳 순서로 가변수가 정렬되고 Medium Income이 마지막으로 정렬되어 참조 수준으로 지정되었다. 순서형 변수인 Inclevel을 논리적인 순서로 정렬하여 Low Income을 참조셀로 사용하기 위해 코드를 수정해 보자.

1. 앞에서 실행하였던 로지스틱 회귀분석 [실습 4-4]를 프로젝트 트리에서 더블 클릭한 후 **코드** 항목을 선택하고 코드의 아무 곳을 클릭한 후 스페이스 바를 누르면 수정 가능한 사본을 생성할 것인지 묻는다.
2. **예**를 클릭하여 프로그램 사본을 생성한다.
3. 아래와 같이 ORDER=INTERNAL DESC 옵션을 추가한다.

```
PROC LOGISTIC DATA=WORK.SORTTempTableSorted
        PLOTS(ONLY)=ALL
    ;
    CLASS Gender    (PARAM=REF) Inclevel  (PARAM=REF ORDER=INTERNAL desc);
    MODEL Purchase (Event = '1')=Age Gender Inclevel       /
        SELECTION=BACKWARD
        SLS=0.05
        INCLUDE=0
        LINK=LOGIT
        CLODDS=PL
```

[그림 4. 18] ORDER=INTERNAL DESC 옵션 추가

ORDER=INTERNAL은 출력형식을 설정하기 전의 논리적 순서를 기준으로 정렬하는 옵션이고 DESC (=DESCENDING)는 내림차순으로 논리적 순서를 정렬하라는 의미이다.

[표 4. 19] Step 0. The following effects were entered: Intercept Age Gender Inclevel

Model Convergence Status
Convergence criterion (GCONV=1E-8) satisfied.

[표 4. 20] Model Fir Statistics

Model Fit Statistics		
Criterion	Intercept Only	Intercept and Covariates
AIC	572.649	554.401
SC	576.715	574.732
-2 Log L	570.649	544.401

[표 4. 21] Testing Global Null Hypothesis

Testing Global Null Hypothesis: BETA=0			
Test	Chi-Square	DF	Pr > ChiSq
Likelihood Ratio	26.2480	4	<.0001
Score	25.7528	4	<.0001
Wald	24.3206	4	<.0001

Note: No (additional) effects met the 0.05 significance level for removal from the model.

Note는 유의수준 0.05를 기준으로 모형에서 제거할 만한 변수가 없다는 의미이다. 따라서 Step 0에서 모든 변수들의 유의확률(<0.0001)이 디폴트 유의수준인 0.05보다 작으므로 모든 변수들이 제거되지 않고 모형에 남게 된다. 그래서 다음 단계로 넘어가지 않고 후진 제거법이 종료되었다.

[표 4. 22] Type 3 Analysis of Effects

Type 3 Analysis of Effects			
Effect	DF	WaldChi-Square	Pr > ChiSq
Likelihood Ratio	1	9.5102	0.0020
Score	2	13.0023	0.0015
Wald	1	6.0563	0.0139

이 모형에 대한 Type III 분석에서는 Age, Inclevel, Gender의 모든 설명변수에 대한 유의확률이 0.05보다 작으므로 "모든 회귀계수는 0이 아니다"라고 말할 수 있다.

[표 4. 23] Analysis of MLEs

Analysis of Maximum Likelihood Estimates						
Parameter		DF	Estimate	StandardError	WaldChi-Square	Pr > ChiSq
Intercept		1	-3.2008	0.7466	18.3813	<.0001
Age		0	0.0560	0.0182	9.5102	0.0020
Inclevel	High Income	1	0.7122	0.2458	8.3931	0.0038
Inclevel	Low Income	0	-0.1064	0.2656	0.1605	0.6887
Gender	Female	0	0.5204	0.2115	6.0563	0.0139

최대우도추정 분석테이블에서 가장 우측의 유의확률은 각 추정 계수에 대하여 "추정된 회귀계수가 0이다"라는 귀무가설을 검정하게 된다. Age의 유의확률(0.0020)은 0.05보다 작으므로 귀무가설을 기각하여 추정된 회귀계수가 통계적으로 유의하다고 할 수 있다. 회귀계수가 0.0560 이므로 연령이 증가하면 Big spender 경향(100 달러 이상의 구매경향)이 증가한다는 의미이다. 가변수 Inclevel(High Income)와 Gender(Female)의 경우에도 유의확률이 0.05보다 작으므로 통계적으로 유의하다. Inclevel(High Income)는 추정된 회귀계수가 모두 양수이므로 Medium Income에 비해 Big spender 경향이 더 많다고 할 수 있다. Gender(Female)도 회귀계수가 다르므로 정도의 차이만 있을 뿐 동일하게 해석할 수 있다. 그러나 Inclevel(Low Income)은 유의하지 않기 때문에 Medium Income에 비해 Big spender 경향이 더 작아지기는 하지만 유의하다고 할 수는 없다.

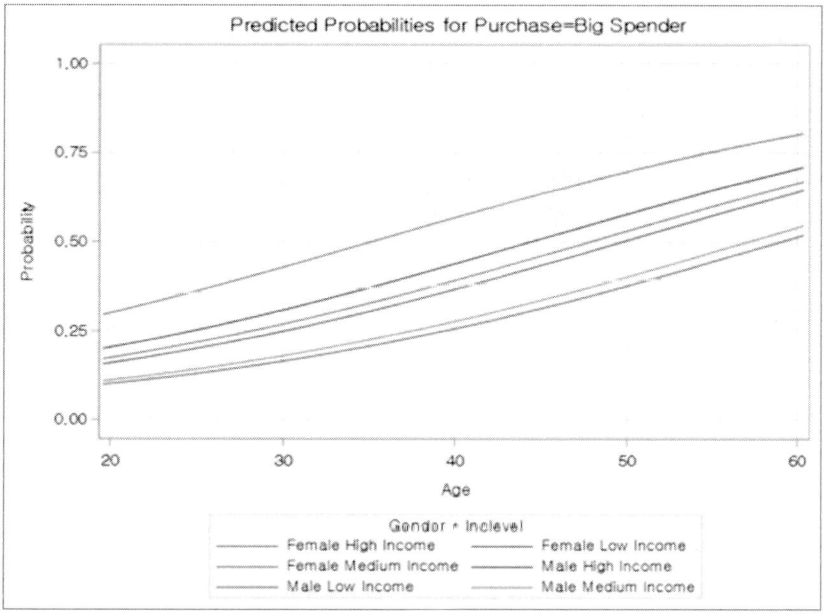

[그림 4. 19] Purchase=Big에 대한 예측확률

Gender(2수준)와 Inclevel(3수준)의 총 6가지(= 2 × 3) 수준에서 그려진 이 도표는 Purchase에 대한 Age의 관계를 나타낸다. 모든 수준에 대해 Age가 증가하면 big spender 경향은 늘어난다.

[표 4. 24] Odds Ration Estimates

Odds Ratio Estimates			
Effect	Point Estimate	95% WaldConfidence Limits	
Age	1.752	1.227	2.501
Inclevel High Income vs Medium Income	2.038	1.259	3.300
Inclevel Low Income vs Medium Income	0.899	0.534	1.513
Gender Female vs Male	1.683	1.112	2.547

Medium Income 대비 Inclevel(Low Income)의 오즈비에 대한 95% 왈드 신뢰구간은 1을 포함하기 때문에 유의수준 0.05에서 통계적으로 유의하지 못하다. 그러나 나머지 신뢰구간들은 모두 1을 포함하고 있지 않기 때문에 통계적으로 유의하다고 할 수 있다.

[표 4. 25] 예측확률과 반응 값 간의 연관성

Association of Predicted Probabilities andObserved Responses			
Percent Concordant	63.2	Somers' D	0.273
Percent Discordant	35.9	Gamma	0.275
Percent Tied	0.8	Tau-a	0.128
Pairs	43578	c	0.636

위 테이블은 예측확률과 관찰된 반응변수를 나타내는데, Gender만을 포함한 이전 모형에 비해 이 모형의 백분율을 비교하면 일치하는 비율은 30.1에서 63.2로 증가했으나 불일치하는 비율도 19.5에서 35.9로 증가하였다.

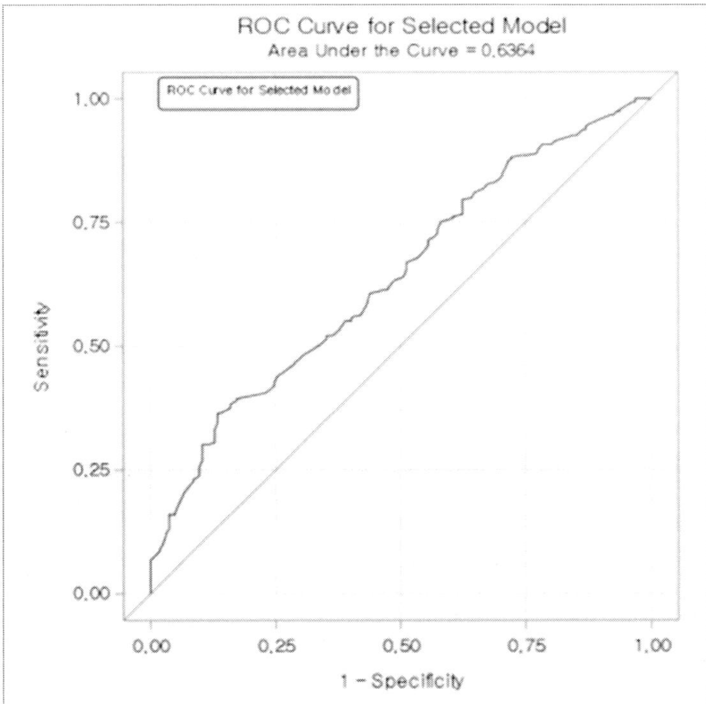

[그림 4. 20] ROC Curve

AUROC라고도 하는 C값은 0.553에서 0.636으로 증가하였으며 이전 모형보다 현재 선택된 모형이 더 좋은 모형이라는 의미이다.

NOTE

AUROC 통계량

AUROC(Area Under the ROC)는 ROC 곡선 아래의 면적(Area Under the Curve)을 의미하는데, 0.5부터 1 사이의 값을 가지며 1에 가까울수록 좋은 모형임을 나타낸다.

[표 4. 26] Profile Likelihood Confidence interval for Odds Ratios

Profile Likelihood Confidence Interval for Odds Ratios				
Effect	Unit	Estimate	95% Confidence Limits	
Age	10.0000	1.752	1.231	2.515
Inclevel High Income vs Medium Income	1.0000	2.038	1.264	3.317
Inclevel Low Income vs Medium Income	1.0000	0.899	0.533	1.512
Gender Female vs Male	1.0000	1.683	1.115	2.557

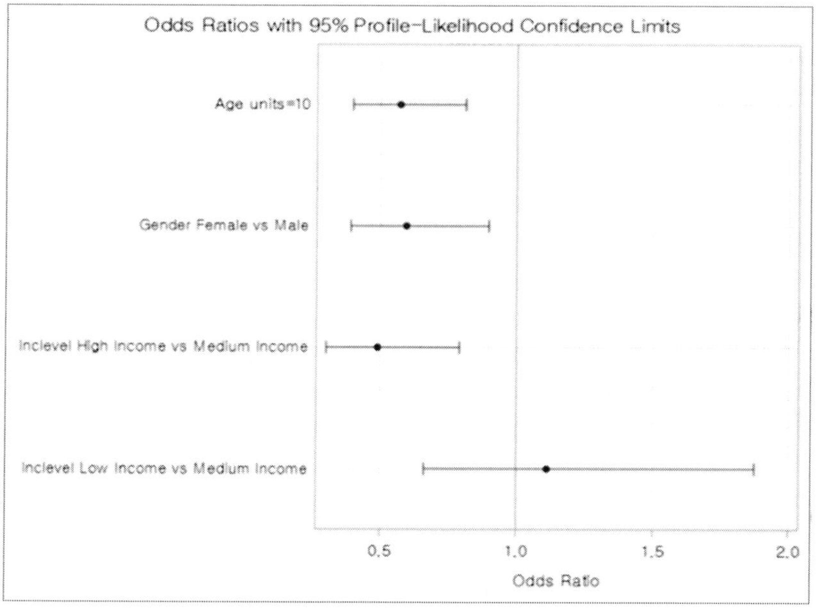

[그림 4. 21] Odds Ratio

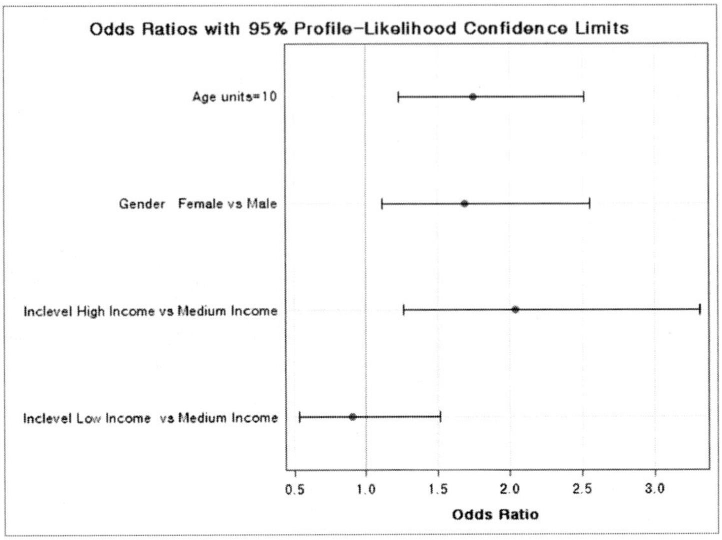

[그림 4. 22] Odds Ratio

프로파일 우도 신뢰구간 테이블은 오즈비에 대한 우도 신뢰구간을 나타내고 오즈비 도표는 오즈비 추정값과 신뢰구간을 시각적으로 나타낸다. Age를 양적변수에 할당할 때 이에 대한 오즈비를 10단위로 선택한 것을 기억할 것이다. 이것은 출력결과들에 대하여 10년 차이에 대한 값들을 계산하기 위해서이다. Age의 오즈비가 1.752라는 뜻은 단위기 10이기 때문에 10년 젊은 고객들에 비해 Big spender 경향이 1.752배 커진다는 것을 나타낸다.

단지 Inclevel Low Income vs medium Income 만이 오즈비에 대한 신뢰구간에서 1.0을 포함하고 있으므로 이 두 수준의 차이가 없다는 것을 시각적으로 알 수 있다.

마지막으로, Gender만의 모델과 Gender, Age, Inclevel을 포함한 모델을 비교해 보자.

[표 4. 27] 모델 비교

	Gender only	Gender + Age + Inclevel
AIC	569.951	554.401
SC	578.084	574.732
−2 Log L	565.951	544.401
c	0.553	0.637

Age와 Inclevel을 더 추가한 모형이 모든 적합 통계량이 더 좋은 결과를 나타낸다. 작을수록 좋은 AIC와 SC, -2logL은 감소하였고 커질수록 좋은 c값은 0.637로 Age만 포함된 모형에 비해 증가하였다. 따라서, Gender만을 포함한 모형보다는 Age와 Inclevel을 추가한 모형이 더 좋은 모형임을 알 수 있다.

5장

회귀진단

회귀진단은 회귀분석에서 주어진 데이터의 특이성에 대한 진단을 말하며, 영향력 있는 데이터(Influential Data) 탐색, 이상점 탐색, 독립변수들 간의 공선성(Collinearity) 탐색 등이 다루어 진다(통계용어 사전; 한국통계학회 편). 또한 회귀진단은 오차항의 분포에 대한 가정(정규성, 등분산성, 독립성)의 타당성을 검토하기 위한 산차분석을 포함한다.

01 | 잔차 도표와 이상점

두 변수 간의 관계를 분석할 때 먼저 산점도(Scatter plot)를 고려하여 자료의 특성을 파악하는 것이 중요하다. 왜냐하면 산점도를 미리 확인하지 않으면 통계적인 분석에서 모형이 유의하다는 결론이 나와도 다음과 같이 회귀식이 잘 적합 되지 않는 경우들이 생기기 때문이다.

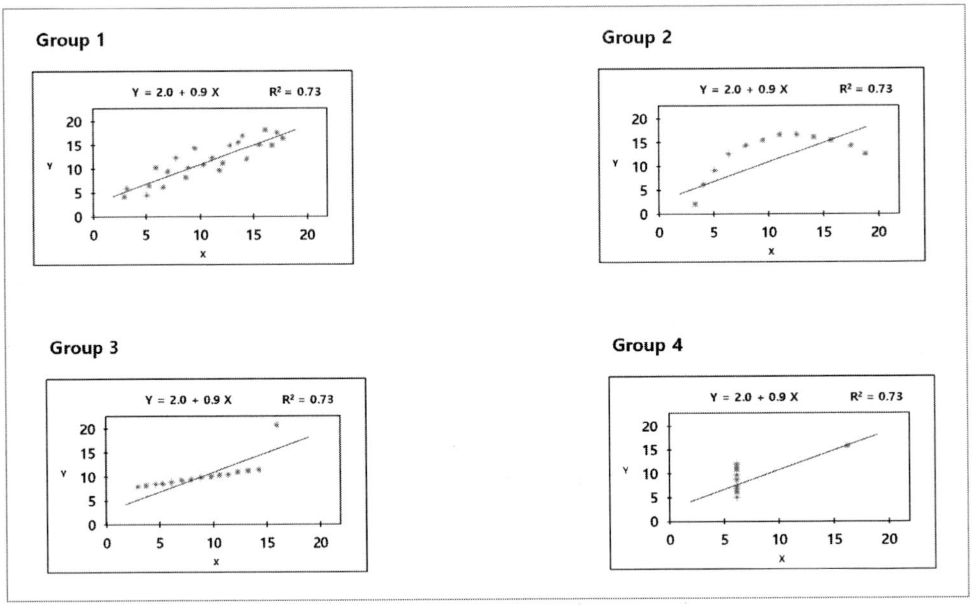

[그림 5. 1] 회귀식 예시

위의 네 가지 유형의 산점도는 모두 $Y = 2.0 + 0.9X$의 회귀식을 가지고 $R^2 = 0.73$을 가지지만 산점도의 모양은 모두 다르다. 각 그룹별로 다음과 같이 설명할 수 있다.

Group 1. 모든 점들이 회귀직선 근처에 분포하고 있으며 이상점(Outlier)이라고 판단되는 점이 없다. 따라서 이 회귀직선은 **데이터를 적절하게 설명하고 있다.**

Group 2. 실제 데이터는 곡선으로 이루어져 있지만 선형으로 적합되었기 때문에 단순 선형회귀분석으로는 이러한 유형의 **데이터를 적절하게 설명할 수 없다.**

Group 3. 우측 상단에 회귀직선에 영향을 미치는 이상점이 존재한다. 이러한 이상점은 회귀직선을 적합하는데 매우 많은 변화를 주는 영향점(influential point)이 된다. 따라서 이 회귀직선은 **데이터를 적절하게 설명한다고 할 수 없다.**

Group 4. 우측 상단에 있는 이상점이 회귀직선의 적합에 매우 많은 영향을 미친다. 실제로 이상점을 제거하면 기울기는 정의되지 않을 것이다.

위의 네 개의 산점도를 보면 두 변수들의 관계는 모두 다르지만 회귀식과 결정계수는 모두 같다. 즉, 결정계수가 높아 회귀식이 유의하다고 해도 실제로는 데이터를 적절하게 설명하지 못할 수 있다는 것이다. 따라서 회귀분석을 하는 것에만 관심을 기울일 것이 아니라 산점도를 통해 그 결과가 적절한지를 판단하는 것은 매우 중요하다.

또한, 회귀분석을 할 때 고려해야 할 사항 중에, 회귀분석에 필요한 가정이 얼마나 만족되고 있는지를 확인하는 것도 중요하다. 일반적으로 선형회귀모형에 필요한 가정은 다음과 같다.

선형회귀모형에 필요한 가정

1. 선형성(Linearity): $E(Y|x) = \alpha + \beta x$
2. 등분산성(Equal variance): $Var(e_1) = Var(e_2) = \cdots = Var(e_n)$
3. 정규성(Normality): $e \sim N(0, \sigma^2)$
4. 독립성(Independence): $e_1, e_2, \cdots e_n$은 서로 독립

이러한 가정의 대부분은 회귀분석을 통해 구할 수 있는 잔차를 통해 확인할 수 있다. 잔차란 회귀식을 통해 예측된 값과 실제 값과의 차이를 말하며, $e_i = y_i - \hat{y}_i$로 표현한다. 그리고 잔차도표는 잔차를 회귀직선과 함께 산점도로 나타낸 것이다. 잔차도표는 각각의 설명변수와 종속변수와의 관계를 분석하는 것이 아니라 모든 설명변수가 교호작용을 통해서 종속변수에 영향을 미치는 것을 확인하는데 유용하다.

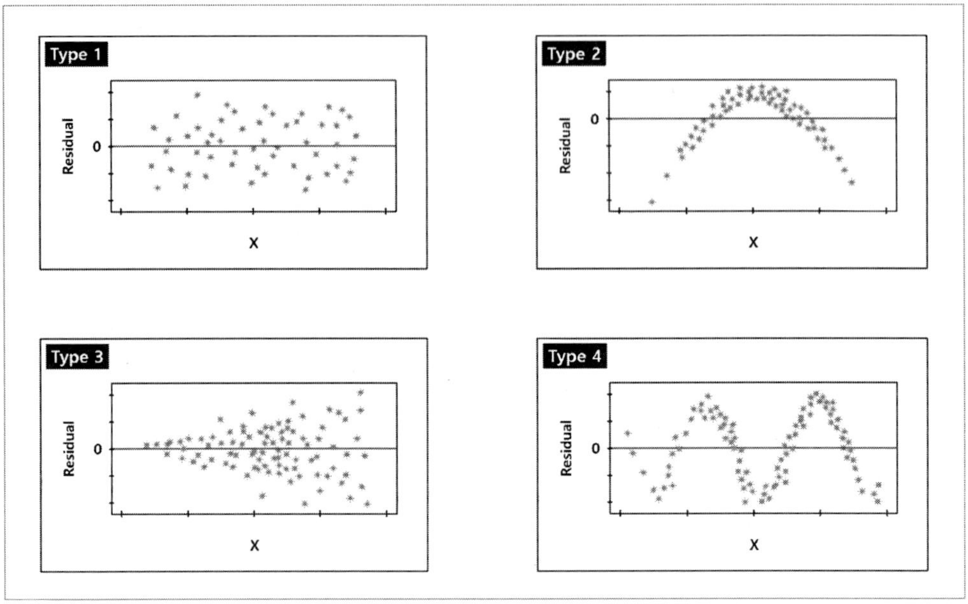

[그림 5. 2] 잔차도표 예시

위 도표들은 서로 다른 데이터를 적합시킨 모형의 잔차(Y)를 설명변수(X)에 대하여 나타낸 잔차도표이다. 선형회귀모형의 가정을 만족한다면 잔차가 0인 참조선을 중심으로 랜덤(Random)하게 흩어져 있어야 한다. 따라서 어떤 추세나 패턴이 존재한다는 것은 모형이 선형회귀모형에 적합하지 않다는 것을 의미한다.

Type 1. 모든 가정을 만족하는 경우

잔차가 0인 참조선을 기준으로 어떤 추세나 패턴이 존재하지 않고 랜덤하게 분포되어 있기 때문에 이 회귀식은 **데이터를 적절하게 설명하고 있다**고 판단된다.

Type 2. 선형성을 만족하지 못하는 경우

잔차의 분포가 곡선 모양을 이루고 있기 때문에 회귀식은 데이터를 적절하게 설명하지 못한다. 이에 대한 해결책은 설명변수의 이차항이나 다차항을 추가시키는 것이다.

Type 3. 등분산성을 만족하지 못하는 경우

왼쪽에서 오른쪽으로 가면서 잔차의 분산이 증가하기 때문에 설명변수의 변화에 따라 잔차에 대한 분산이 일정하지 않다. 이에 대한 해결책은 종속변수를 변환(log 변환 등)하거나 가중 최소자승법(WLS; Weighted Least Square)을 이용하여 분석하는 것이다.

Type 4. 독립성을 만족하지 못하는 경우

잔차도표의 잔차가 자기상관(Auto-correlation)을 가지고 있기 때문에 관측치들은 독립이 아니다. 자기상관이란 같은 모양으로 이전의 잔차를 따라가는 경향을 보이는 것을 말한다. 이러한 문제는 시간의 흐름에 따라 자료를 수집하는 경우에 자주 발생하는데, 이것을 해결하기 위해서는 Enterprise Guide에서 **[작업] > [시계열] > [자기 회귀 오차가 있는 회귀분석]**을 이용하여 분석한다.

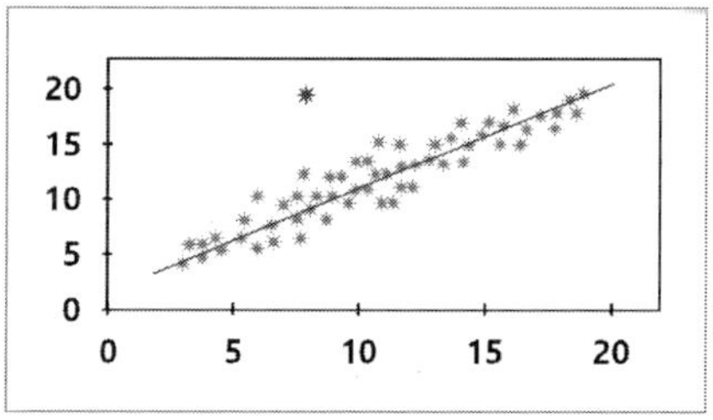

[그림 5. 3] 이상점

산점도를 통해서 가정을 확인하는 것도 중요하지만 이상점을 찾는 것 또한 중요하다. 이상점이란 관측치들의 전체적인 모양에서 떨어져 매우 큰 잔차를 갖는 관측치를 말한다. 이상점은 일반적으로 오류이거나 특별한 상황이 있는 경우에 발생한다. 이상점은 회귀식 적합에 영향을 미치며, 이상점이 있는 경우에는 잔차가 커지기 때문에 결정계수가 더 낮아진다. 따라서 산점도를 확인하여 미리 이상점을 발견하고 그 원인에 대해 연구하는 것이 중요하다.

이상점이 발생하는 이유
1. 모형을 잘못 선택하는 경우: 현재 사용하는 모형을 변형시키거나 새로운 모형을 선택해야 한다. 2. 관측치을 잘못 기록하는 경우 3. 데이터 자체가 가지고 있는 변동성이 지나치게 큰 경우

이상점이 발생한 경우 이것을 그대로 둘 것인지 삭제할 것인지를 결정해야 한다. 만약 이상점을 남기는 경우에는 회귀식에 적합시키는 과정에서 이상점에 의해 회귀식이 크게 영향을 받는지를 확인하는 것이 중요하다. 만약 적합하는(Fitting) 과정에서 이상점의 영향력이 감소하거나 회귀모형이 크게 변하지 않는다면 이상점을 포함시켜도 상관없다.

[실습 5-1] FITNESS 데이터를 이용한 [실습 3-6]의 회귀분석 결과가 회귀가정을 만족하는지 알아보자.

[실습 3-6]의 회귀분석 결과에서 얻은 회귀모형은 종속변수 Oxygen_Consumption (혈관에서의 산소 소모능력)와 설명변수 RunTime(달리기 시간), Age(연령), Run_Pulse(달리고 난 후의 맥박수), Maximum _Pulse(달리는 동안 최대 맥박수)로 이루어져 있었다.

1. [SASUSER] 라이브러리에 있는 [FITNESS] 데이터를 불러온다.

2. [작업] > [회귀] > [선형회귀]를 실행한다.

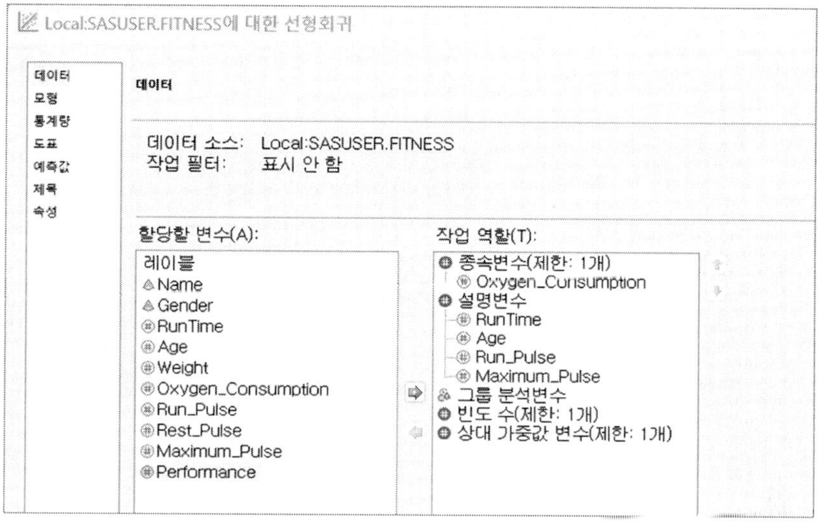

[그림 5. 4] 선형회귀 - 변수 할당

데이터 항목에서 이전 실습과 마찬가지로 Oxygen_Consumption를 **종속변수**로 할당하고 단계별 선택법과 후진 제거법에서 선택된 **4개 변수를 설명변수**로 할당한다.

NOTE

선형회귀에서 작업역할의 각 변수의 의미

- **그룹 분석변수(Group analysis by)**
  이 역할에 지정된 변수의 그룹별로 회귀분석을 한다.
- **빈도변수(Frequency count)**
  이 역할에 변수를 할당하면 관측치 1개가 개의 관측치를 나타내게 되며, 여기서 은 해당 관측치에 대한 빈도가 된다. 회귀분석은 이 빈도만큼 가중치를 가지며, 이 역할에는 최대 한 개의 변수만 할당할 수 있다.
- **상대 가중값 변수(Relative weight)**
  이 역할에 지정된 변수는 각 행의 값이 가중 최소 제곱 적합(weighted least square fit)의 상대 가중치를 의미한다. 이 역할도 한 개의 변수만 지정할 수 있다.

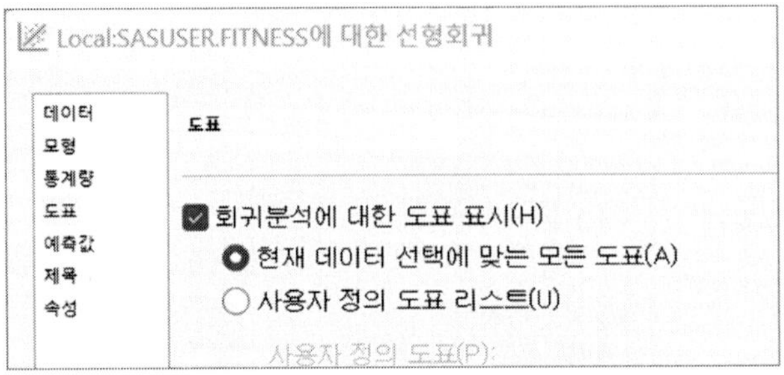

[그림 5. 5] 선형회귀-도표 선택

도표 항목에서 회귀분석에 대한 도표 표시를 체크하고 현재 데이터 선택에 맞는 모든 도표를 선택한다.

3. 선택을 모두 마치고 실행 버튼을 눌러 분석을 실행하면 다음과 같은 결과를 얻는다.

설명변수에 대한 유의성이나 모형의 적합성에 대한 설명은 이전 실습에서 다루었으므로 이번 실습에서는 회귀 진단에 대한 결과만 나타내도록 하겠다.

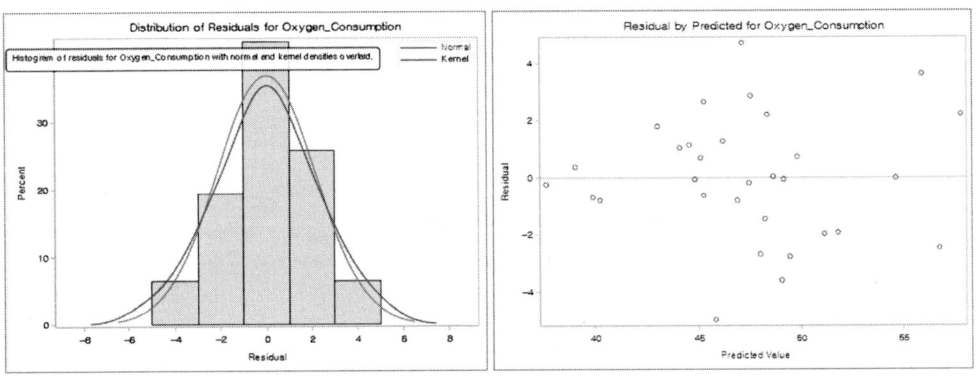

[그림 5. 6] 선형회귀 결과-잔차 도표

왼쪽 잔차의 히스토그램은 이상점을 찾는 데 도움을 줄 뿐만 아니라 정규성에 대한 가정도 평가할 수 있다. 잔차의 히스토그램에서 실선은 정규분포이며 점선은 데이터를 이용하여 추정한 분포이다. 정규분포와 데이터의 분포가 거의 유사하므로 **정규성 가정을 만족**한다고 생각해도 좋다.

오른쪽 잔차도표는 어떤 추세나 패턴없이 잔차가 0인 참조선을 중심으로 랜덤하게 분포되어 있다. 따라서 이 회귀모형은 **독립성 가정을 만족**하고 **등분산성 가정도 만족**시킨다고 할 수 있다.

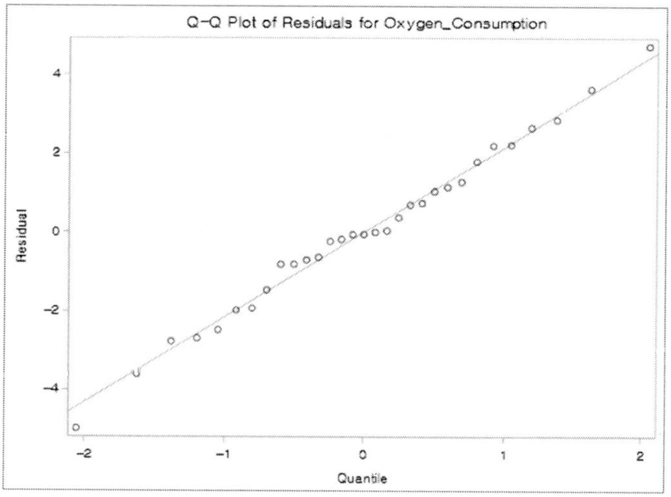

[그림 5. 7] 선형회귀 - Q-Q Plot

위의 그림은 정규분포의 분위수(Quantile)와 잔차(Residual)를 비교한 분위수-분위수 그림(Q-Q Plot)이다. 잔차가 정규분포를 따른다면 잔차의 점들이 대각선 참조선에 근접해서 나타날 것이다. 만약 대각선 참조선에서 상당히 벗어난다면 정규성을 만족하지 않는다는 의미가 된다. 위 도표는 대각선 참조선에 근접하게 잔차들이 분포하므로 **잔차가 정규성 가정을 만족**한다고 할 수 있다. 잔차가 정규성 가정을 만족하지 않는다면 종속변수를 변환하거나 다른 분석모형을 이용해야 한다.

회귀분석의 가정 중 잔차에 대한 등분산성은 모형에 사용된 모든 설명변수에 대해 모든 수준에서 만족되어야 한다. 즉, 각 설명변수에 대한 잔차는 모두 등분산성을 만족해야 한다.

[실습 5-2] 등분산성 가정에 대해 좀 더 자세히 알아보기 위해 다음과 같은 분석을 실시해 보자.

1. 도구바의 **[작업수정]**을 클릭하여 도표 항목에서 사용자 정의 도표 리스트를 선택한 후 진단도표의 체크를 없애고 잔차도표를 체크한다.

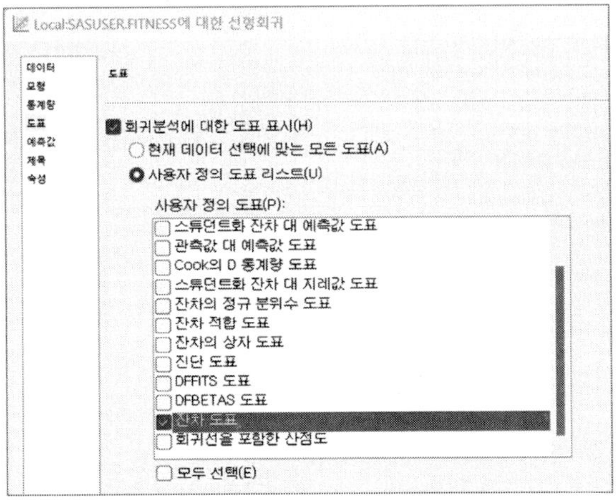

[그림 5. 8] 선형회귀-잔차도표 체크

2. 설정을 마친 후 실행 버튼을 눌러 분석을 실행하면 다음과 같은 결과를 얻는다.

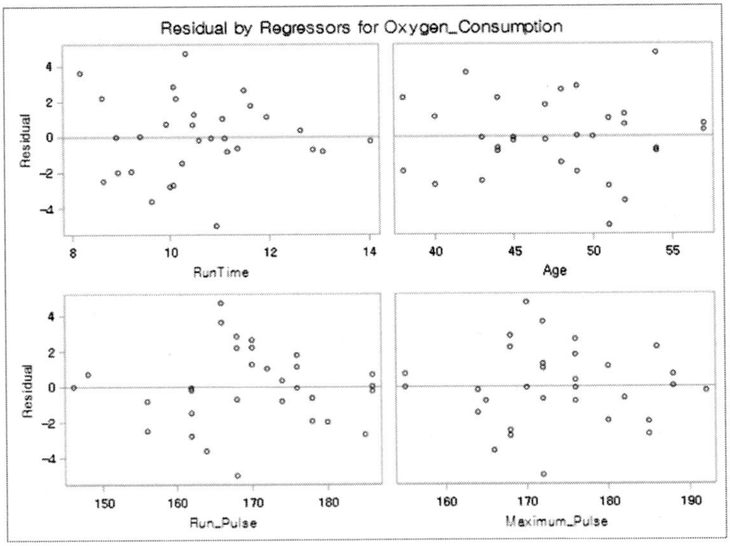

[그림 5. 9] 선형회귀 결과-잔차도표

각 설명변수의 잔차도표가 생성되기 때문에 설명변수의 개수만큼 잔차도표가 출력된다. 설명변수로 할당했던 네 변수에 대한 잔차도표 모두 어떠한 추세나 패턴이 존재하지 않으며 랜덤하게 분포되어 있으므로 **설명변수 모두 등분산성 가정을 만족한다**고 할 수 있다.

02 영향점

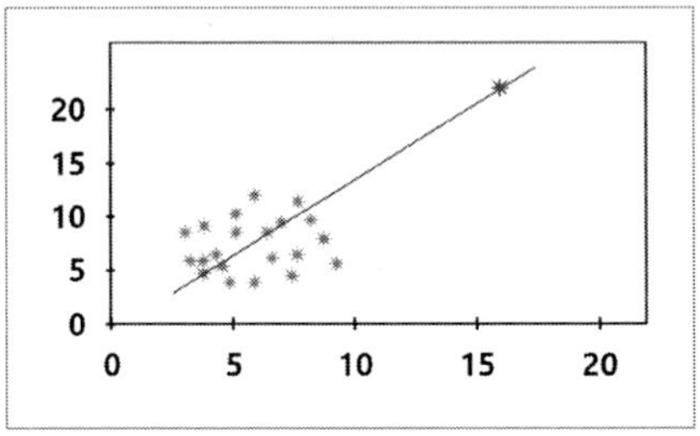

[그림 5. 10] 영향점

하나의 관측치를 제외하고 회귀분석을 수행한 결과와 모든 관측치들을 이용하여 분석한 회귀분석의 결과가 큰 차이를 보이면 그 관측치를 영향점이라고 부른다. 즉, 회귀직선의 기울기 변화에 큰 영향를 미치는 관측치를 영향점이라고 한다. 단순 선형회귀에서는 고려해야 할 변수가 한 개이기 때문에 영향점을 찾기가 크게 어렵지 않지만 다중 선형회귀에서는 고려해야 할 변수가 많기 때문에 영향력이 있는 관측치을 찾는다는 것은 매우 복잡하다.

NOTE

영향점을 찾기 위한 통계량

- **표준화 잔차(Standardized residual)**
  표준화 잔차는 잔차를 표준화한 값이며, $z_i = (e_i - \bar{e})/\sqrt{\text{MSE}}$로 정의된다. 이 통계량은 추정 회귀식으로부터 관측치가 얼마나 많이 떨어져 있는가를 의미하며, ±2를 벗어나면 이상점 또는 영향점으로 판단한다.
- **스튜던트화 잔차(Studentized residual)**
  스튜던트화 잔차는 잔차를 t-분포를 따르도록 변환한 통계량이며, 다음과 같이 정의된다.

$$r_i = \frac{(y_i - \hat{y}_i)}{\sqrt{\text{MSE}/(1-h_i)}}, \qquad h_i = X_i(X'X)^{-1}X'_i$$

[수식 5. 1] 스튜던트 제외 잔차 산출식

h_i는 지레값(Leverage)이며, 이 통계량도 ±2를 벗어나면 이상점 또는 영향점으로 판단한다.

- **스튜던트 제외 잔차(R-Student residual)**

  스튜던트 제외 잔차는 i-번째 관측치를 제외하고 나서 회귀모형을 추정한 후 그 결과로 구한 잔차로 스튜던트화 잔차를 계산하는 것이며, 다음과 같이 정의된다.

$$r_{(i)} = \frac{(y_i - \hat{y}_{(i)})}{\sqrt{\text{MSE}_{(i)}/(1-h_i)}}, \qquad h_i = X_i(X'X)^{-1}X'_i$$

[수식 5. 2] 스튜던트 제외 잔차 산출식

  $\hat{y}_{(i)}$와 $\text{MSE}_{(i)}$ 모두 i-번째 관측치를 제외한 예측값과 평균오차변동이다. 이 통계량도 ±2를 벗어나면 이상점 또는 영향점으로 판단한다.

- **쿡의 D 통계량 도표(Plot Cook's D statistic)**

  관측치의 번호별로 쿡의 D 통계량 도표를 나타내며, 통계량의 값이 커질수록 관측치의 영향력이 커진다는 것을 나타낸다.

- **DFFITS 도표(Difference in Fit, Standardized)**

  DFFITS 통계량은 예측값에 대한 관측치의 표준 영향력이다. 통계량의 값이 커질수록 관측치의 영향력이 커진다는 것을 나타낸다.

- **DFBETAS 도표(Difference in Beta)**

  추정된 회귀계수에 대한 해당 관측치의 영향력을 나타내는 통계량이다. 개별 관측치가 적합된 모형의 각 추정 모수(Beta)에 미치는 영향을 평가하는 데 유용하다.

[실습 5-3] 회귀분석을 통해 적합된 모형이 영향점을 가지고 있는지 확인해 보자.

1. [FITNESS] 데이터를 이용한 [실습 5-2]의 분석결과에서 **[작업 수정]**을 클릭한다.

2. 각 항목에서 분석에 필요한 옵션을 선택한다.

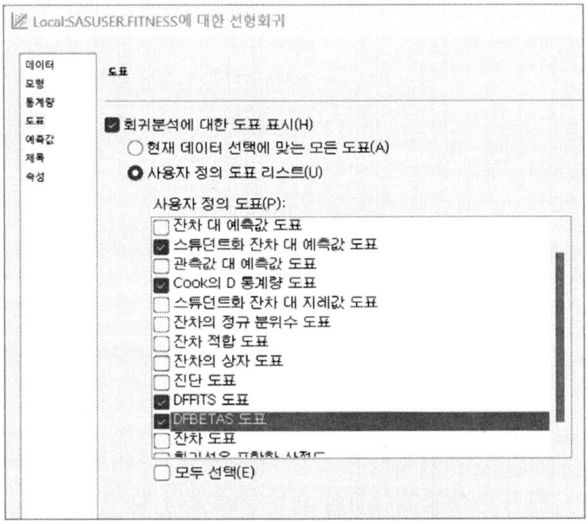

[그림 5. 11] 선형회귀 - 영향점 파악을 위한 도표 체크

도표 항목에서 위와 같이 영향점을 찾기 위해 **스튜던트화 잔차 대 예측값 도표, Cook의 D 통계량 도표, DFFITS 도표, DFBETAS 도표**를 선택한다.

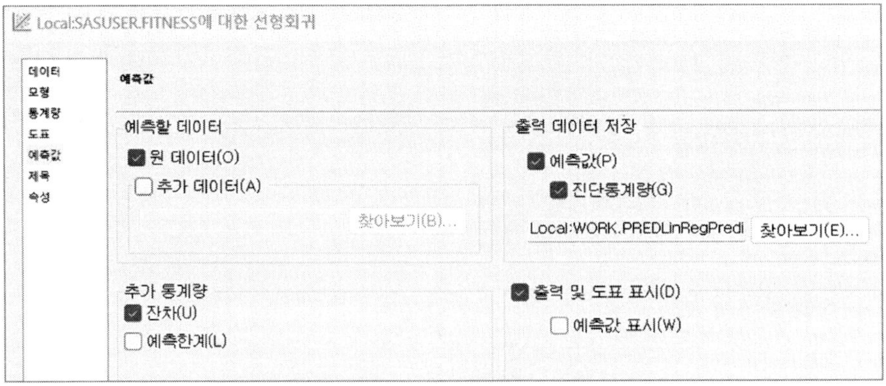

[그림 5. 12] 선형회귀 - 예측값(진단통계량) 체크

예측값 항목에서 영향점을 찾기 위해 원 데이터, 진단통계량, 잔차 등을 설정한다.

3. 선택을 모두 마치고 실행 버튼을 눌러 분석을 실행하면 다음과 같은 결과를 얻는다.

Where | 질의 빌더 | 작업

	Maximum_Pulse	Performance	Predicted Va...	Standard Err...	Residual	Standard Err...	Studentized Residual
1	172	90	55.933289722	0.9104396839	3.6367102778	2.1353460485	1.7031011345
2	186	94	57.836204311	1.6123021981	2.2237956892	1.6700553245	1.3315700723
3	168	83	56.781180312	1.0775212701	2.401180312	2.0561009404	-1.206740517
4	155	67	54.630855287	1.0870312078	-0.000855287	2.0510890566	-0.000416992
5	185	72	51.139952195	1.0944316236	-1.979952195	2.047149869	-0.96717501
6	180	92	51.801735513	1.0288672047	-1.931735513	2.0808737203	-0.928329045
7	188	64	48.632418287	1.1571653509	0.037581713	2.0123547191	0.0186754913
8	166	56	49.050458014	0.736880589	-3.610458014	2.2012746676	-1.640166975

[그림 5. 13] 선형회귀분석 결과 – 예측값, 잔차

모든 관측치에 대해 영향점을 확인하기 위한 통계량들이 새로운 데이터 명으로 출력된다.

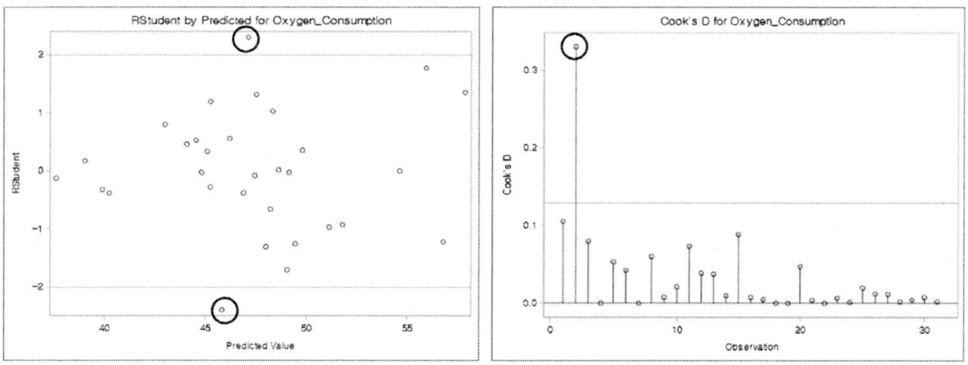

[그림 5. 14] 선형회귀분석 결과 – Rstudent, Cook's D

왼쪽 예측값에 대한 RStudent 도표를 보면 단지 두 개의 관측치가 [-2, 2]를 벗어났으며 [-3, 3]범위를 벗어난 관측치는 존재하지 않는다. 그리고 오른쪽의 Cook's D 통계량은 특정 관측치가 회귀계수에 전체적으로 영향을 주는지를 측정하는 통계량이다. 수평의 참조선은 Cook's D 통계량의 판단 기준을 나타낸 것이며, 하나의 관측치만 참조선을 초과하여 영향점으로 판단된다.

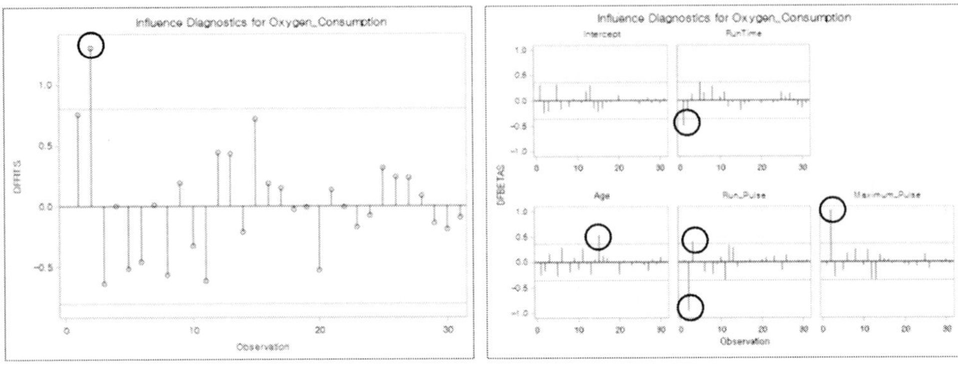

[그림 5. 15] 선형회귀분석 결과 - 영향점 진단

왼쪽 DIFFITS의 도표에서도 하나의 관측치만이 DIFFITS의 영향점에 대한 판단 기준을 초과하였다. 오른쪽의 DFBETAS 도표는 각 설명변수별로 관측치에 대한 영향력을 나타낸다. 이 실습에서는 RunTime에서 1개, Age에서 1개, Run_Pulse에서 2개, Maximum_Pulse에서 1개의 관측치가 영향점으로 판단된다.

이번에는 영향력 도표에서 각 영향점에 대한 정보를 도표에 포함시키는 방법을 알아보자.

[실습 5-4] **[실습 5-3]에서 실습한 스튜던트화 잔차 대 예측값 도표에서 어떤 관측치가 영향점인지 알아보기 위해 관측치의 라벨로 Name(이름)을 도표에 함께 나타내 보자.**

1. 도구바의 **[작업 수정] > [코드 미리 보기] > [코드 삽입]**을 클릭한 후 , **<여기에 사용자 정의 코드 삽입>** 를 클릭한다.
2. PROC REG 구문에서 4개의 PLOTS옵션에 대해 아래와 같이 사용자 코드 입력창에 (LABEL)을 입력하고 확인을 누른다. 라벨을 표시하고자 하는 도표에만 (LABEL) 옵션을 추가하면 된다.

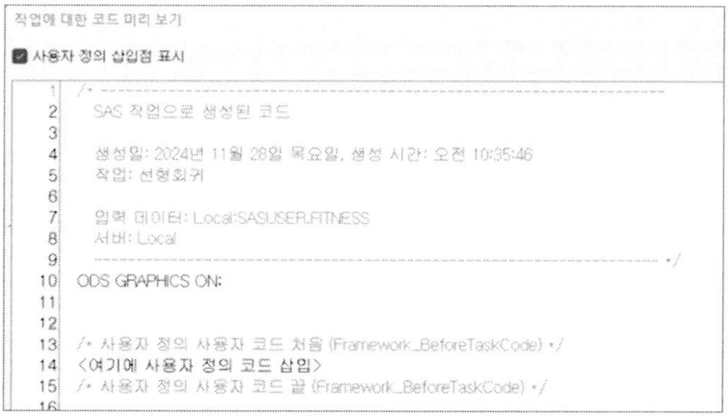

[그림 5. 16] 영향점 정보 표현을 위해 코드 삽입

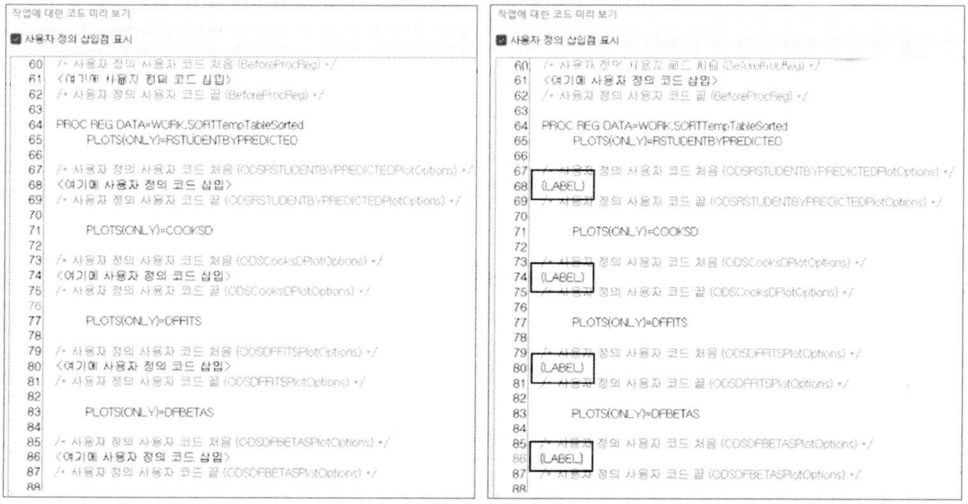

[그림 5. 17] 영향점 정보 표현을 위해 코드 삽입

3. 라벨로 NAME을 표시하기 위해 아래와 같이 OUTPUT 구문 위에 ID NAME; 이라는 코드를 삽입한다.

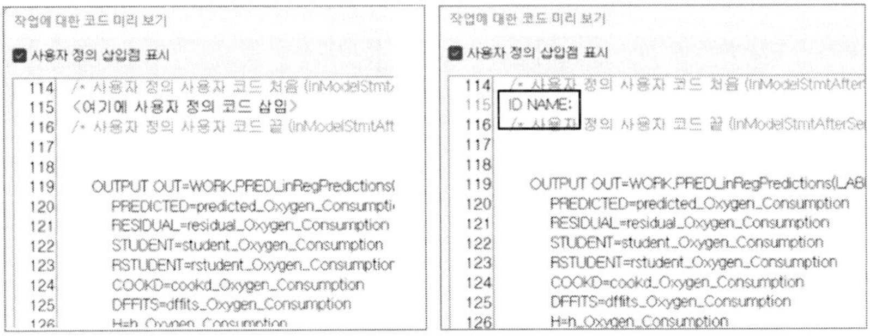

[그림 5. 18] 영향점 정보 표현을 위해 코드 삽입

4. 수정을 마친 후 분석을 실행하면 NAME 이 관측치 옆에 라벨로 출력된다.

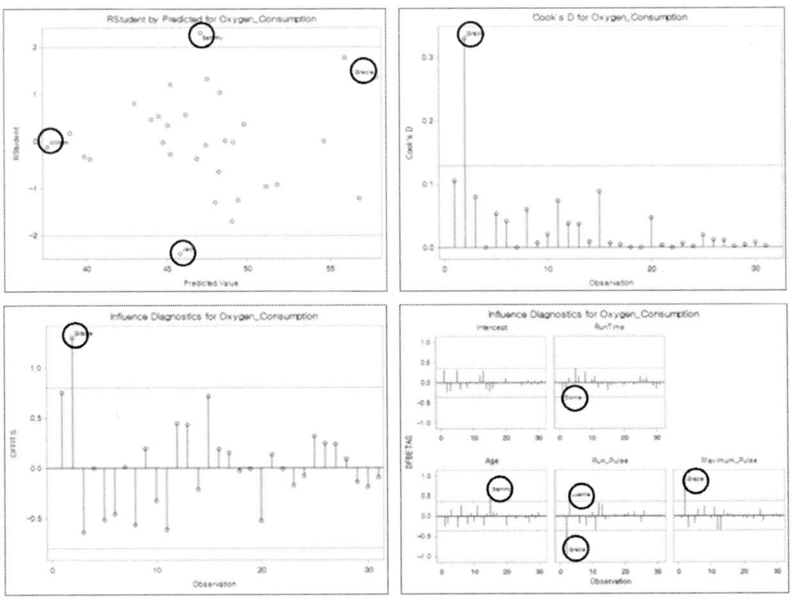

[그림 5. 19] 영향점 라벨 표시

위 도표는 NAME 변수를 통해 도표에 라벨을 표기하였다. 이렇게 이름이나 관측치 번호, ID를 도표에 함께 표시함으로써 영향점을 더욱 쉽게 인지할 수 있다.

영향점으로 판단되는 경우 이러한 관측치는 어떻게 다루어야 할까? 우선 자료에 오류가 있는지 확인해 보아야 한다. 만약 오류가 있다고 판단되면 그것을 제거하고 다시 분석해야 한다. 그리고 오류가 아니라 하더라도 이러한 관측치는 얼마든지 발생할 수 있다. 관측치의 수를 늘릴 경우 이러한 평범하지 않은 관측치는 더 많아질 것이다. 따라서 영향점으로 판단되는 관측치들에 대한 관계를 확인하기 위해서 관측치를 좀 더 많이 수집해 보는 것도 좋은 방법이다.

NOTE

이상점과 영향점의 차이

- **개념에 대한 차이**
  이상점이나 영향점은 모두 다른 관측치에 비해 잔차가 크다는 점에서 공통점을 가지고 있다. 그러나 이상점은 비교할 대상이 있기 때문에 그 대상값들과 비교했을 때 매우 크거나 작아서 회귀식을 변화시키는 경우이고, 영향점은 비교 대상이 없기 때문에 이상점인지를 판단할 수 없는 경우이다.
- **해결방안(처리)에 대한 차이**
  이상점을 인지하면 이를 제외하고 모형을 추정하는 것이 좋고, 영향점은 이를 포함한 모형과 제외한 모형을 모두 고려하는 것이 좋다.
- **이상점도 정보를 가지고 있다는 것을 명심하자**
  이상점은 회귀모형의 적합도를 높이기 위해서 제외하고 분석하지만 다른 관측치들과 왜 이러한 차이를 보이는지 파악하고 연구하여 의결결정에 반영해야 한다. 그리고 금융사기, 자금세탁 등의 금융범죄 및 규제(Financial Crime & Compliance) 분야나 제조 공정에 대한 조기경보 분야에서는 우리가 알고자 하는 것이 이러한 이상점에 해당하는 경우도 많다.

03 | 다중공선성

추정된 다중 회귀방정식은 설명변수들 사이에 상호의존관계가 심각하지 않다는 가정하에서 해석된다. 그러나 실제 상황에서는 설명변수들이 상호의존관계가 없는 경우는 거의 없다고 해도 과언이 아니다. 이러한 경우 다중공선성(Multi-collinearity) 문제가 발생할 가능성이 높으며, 만약 다중공선성이 있다면 회귀분석에만 기초하여 어떤 결론을 내리는 일은 매우 위험하다. 따라서 이번 절에서는 다중공선성을 진단하는 방법과 다중공선성 문제가 발생하는 경우 이것을 최소화하기 위한 해결방법에 대해 알아보도록 하자.

다중공선성 문제란 다중 회귀분석에서 설명변수들 간에 어떤 관계가 있는 경우에 발생하는 문제이다. 다중공선성 문제가 발생하는 경우 회귀분석의 결과에서 나타나는 문제점은 회귀계수가 매우 불안정한 성질을 갖는다는 것이다. 이것은 회귀계수가 종속변수에 미치는 영향을 올바르게 설명하지 못하게 되고 이러한 해석은 타당하지 않게 된다. 즉, 다중공선성을 고려하지 않고 회귀분석에만 기초하여 내린 결과는 잘못된 결론을 내릴 가능성이 높아지게 된다.

다중공선성이 의심되는 경우

1. 설명변수들 사이에 강하게 연관되어 있는 경우(상관계수들의 절대값이 큰 경우)
2. 설명변수가 추가 또는 삭제되거나 관측치가 수정 또는 삭제될 때, 추정된 회귀계수가 크게 변화되는 경우
3. 회귀계수가 유의하지 않음에도 불구하고 모형에 대한 분산분석 결과가 유의한 경우
4. 결정계수가 지나치게 큰 경우
5. 중요하다고 생각되는 설명변수가 유의하지 않거나 회귀계수에 대한 신뢰구간이 지나치게 넓은 경우

그러나 이와 같은 현상이 나타난다고 해서 반드시 다중공선성 문제가 발생하는 것은 아니기 때문에 주의해야 한다.

[실습 5-5] Oxygen_Consumption(혈관에서의 산소 소모능력)을 종속변수로 Performance (건강수치), RunTime(달리기 시간), Age(연령), Weight(몸무게), Run_Pulse(달리고 난 후의 맥박수), Rest_Pulse(휴식 시 맥박수), Maximum_Pulse(달리는 동안 최고맥박수)를 설명변수로 하여 회귀분석을 해보자.

1. [SASUSER] 라이브러리에 있는 [FITNESS] 데이터를 불러온다.

2. **[작업] > [회귀] > [선형회귀]**를 실행한다.

3. 선형회귀의 각 항목에서 분석에 필요한 옵션을 선택한다.

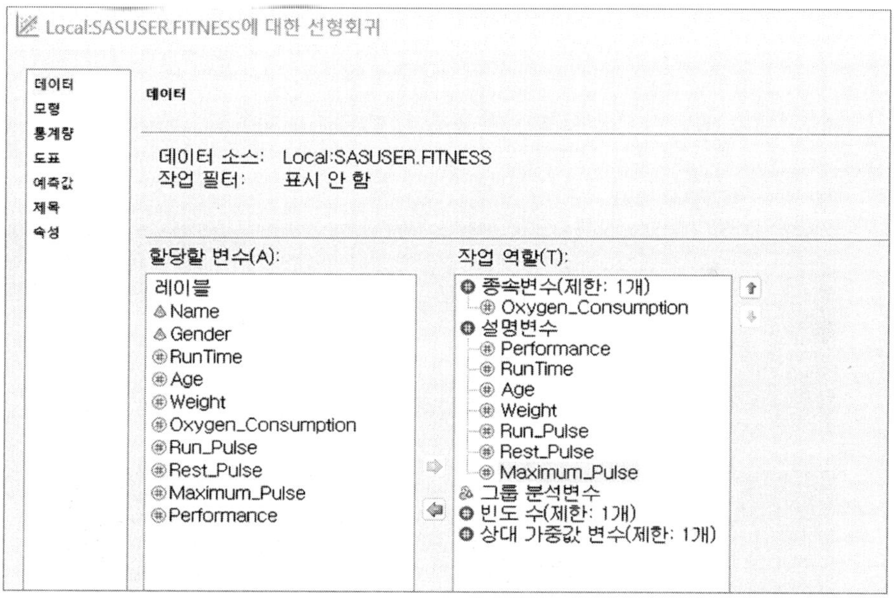

[그림 5. 20] 선형회귀 - 변수 할당

데이터 항목에서 Oxygen_Consumption을 종속변수로 할당하고 Name과 Gender를 제외한 나머지 연속형 변수들을 설명변수로 할당한다.

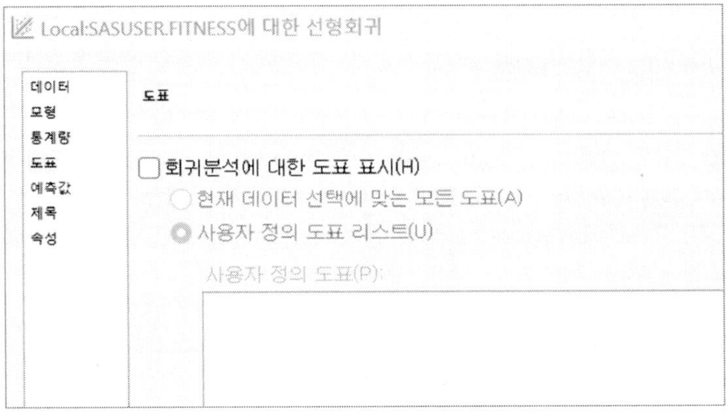

[그림 5. 21] 선형회귀 - 도표 선택

도표 항목에서 다중공선성에 대한 통계량만 확인하기 위해 **[회귀분석에 대한 도표 표시]**의 체크를 해제한다.

4. 선택을 모두 마치고 실행 버튼을 눌러 분석을 실행하면 다음과 같은 결과를 얻는다.

[표 5. 1] 회귀분석 결과

Analysis of Variance					
Source	DF	Sum of Squares	Mean Square	F Value	Pr > F
Model	7	722.66124	103.23732	18.42	<.0001
Error	23	128.89331	5.60406		
Corrected Total	30	851.55455			

Root MSE	2.36729	R-Square	0.8486
Dependent Mean	47.37581	Adj R-Sq	0.8026
Coeff Var	4.99683		

Parameter Estimates					
Variable	DF	Parameter Estimate	Standard Error	t Value	Pr > |t|
Intercept	1	131.78249	72.20754	1.83	0.0810
RunTime	1	-3.86019	2.93659	-1.31	0.2016
Age	1	-0.46082	0.58660	-0.79	0.4401
Weight	1	-0.05812	0.06892	-0.84	0.4078
Run_Pulse	1	-0.36207	0.12324	-2.94	0.0074
Rest_Pulse	1	-0.01512	0.06817	-0.22	0.8264
Maximum_Pulse	1	0.30102	0.13981	2.15	0.0420
Performance	1	-0.12619	0.30097	-0.42	0.6789

적합된 회귀모형에 대한 유의확률(<0.0001)이 0.05보다 작으므로 "모형이 유의하지 않다"는 귀무가설을 기각한다. 즉, 적합된 회귀모형은 유의수준 0.05하에서 통계적으로 유의하다고 할 수 있다. 그러나 각 설명변수들의 유의확률은 동일한 유의수준 하에서 2개의 변수를 제외하고 나머지 변수들은 유의하지 않다. 이와 같이 모형은 유의하지만 모형에 포함되는 많은 변수들이 유의하지 않은 결과가 나오는 경우에는 다중공선성을 의심해 보아야 한다.

[실습 5-6] [실습 5-5]에 대해 다중공선성을 진단해 보자.

1. 다중공선성을 확인해 보기 위하여 **[작업 수정]**을 클릭한다.

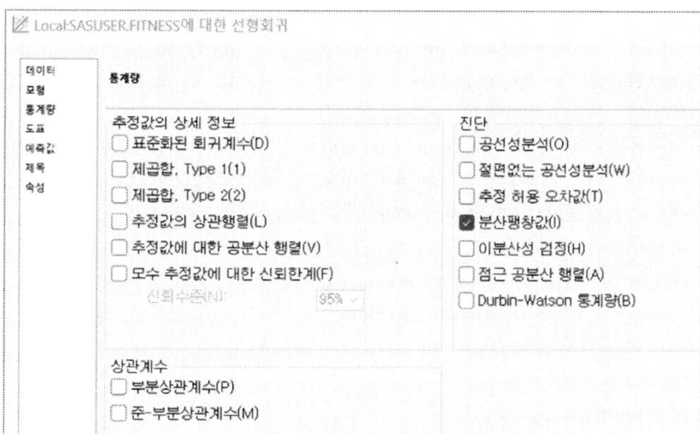

[그림 5. 22] 선형회귀 – 통계량 선택

통계량 항목에서 **분산팽창값**을 체크한다.

2. 수정을 모두 마치고 실행 버튼을 눌러 분석을 실행하면 다음과 같은 결과를 얻는다.

[표 5. 2] 분산팽창값이 포함된 회귀분석 결과

Parameter Estimates						
Variable	DF	Parameter Estimate	Standard Error	t Value	Pr > |t|	Variance Inflation
Intercept	1	131.78249	72.20754	1.83	0.0810	0
RunTime	1	-3.86019	2.93659	-1.31	0.2016	**88.86251**
Age	1	-0.46082	0.58660	-0.79	0.4401	**51.01176**
Weight	1	-0.05812	0.06892	-0.84	0.4078	1.76383
Run_Pulse	1	-0.36207	0.12324	-2.94	0.0074	8.54498
Rest_Pulse	1	-0.01512	0.06817	-0.22	0.8264	1.44425
Maximum_Pulse	1	0.30102	0.13981	2.15	0.0420	8.78755
Performance	1	-0.12619	0.30097	-0.42	0.6789	**162.85399**

분산팽창값을 체크하면 위와 같이 모수추정 테이블의 가장 우측에 설명변수별 분산팽창인자(VIF; Variance Inflation Factor)가 함께 출력된다. 이 통계량은 다중공선성을 진단하는데 가장 일반적으로 사용되며, 일반적으로 10보다 크면 다중공선성을 의심해야 한다.

NOTE

다중공선성을 진단하는 통계량

- **분산팽창인자(VIF; Variance Inflation Factor)**
  분산팽창인자는 허용값의 상대적 개념으로 $VIF_j = 1/(1 - R_j^2)$로 정의된다. 여기서 R_j^2는 종속변수를 X_j로 하고 나머지 설명변수를 설명변수로 하는 회귀모형의 결정계수이다. 따라서 분산팽창인자가 크다는 것은 X_j가 다른 설명변수들에 의해 선형식으로 표현될 수 있다는 것을 의미하며 다중공선성 문제가 발생한다고 할 수 있다. 일반적으로 10보다 크면 다중공선성이 발생한다고 판단한다.
- **상태지수(CI; Condition Index)**
  상태지수는 설명변수의 선형결합에 의해 만들어진 주성분 변수 대비 설명변수의 변동에 대한 설명력을 의미하며, $CI_j = \sqrt{\lambda_{max}/\lambda_j}$ 로 정의된다. 상태지수가 크다는 것은 주성분에 의해 설명변수들 간에 약한 상관관계가 존재하고 100이 넘으면 상관관계가 매우 유의한 변수가 있어 다중공선성이 발생한다고 판단한다.
Enterprise Guide에서 상태지수와 주성분 변수에 대한 고유값을 구하기 위해서는 **통계량** 항목의 **진단**에서 **공선성분석**을 선택하면 된다. ([실습 5-6]의 1단계)

위 결과로 보아 일부 설명변수들의 분산팽창인자가 10보다 매우 큰 값을 가지므로 이는 심각한 다중공선성이 발생하고 있다는 것을 의미한다. 실제로 이 데이터의 생성 과정을 살펴보면 다음과 같다.

```
data sasuser.fitness;
        input @1 Name $8. @10 Gender $1. @12 RunTime 5.2 @18 Age 2. @21 Weight 5.2
                @27 Oxygen_Consumption 5.2 @33 Run_Pulse 3.
                @37 Rest_Pulse 2. @40 Maximum_Pulse 3.;
        Performance = 260 - round(10*RunTime + 2*Age + 4*(Gender='F'));
/* 중간 생략 */
run;
```

이 실습에서 Performance는 다른 변수와는 다르게 측정된 변수가 아니고 RunTime, Age, Gender를 이용하여 생성된 변수이다. 만약 이렇게 만들어진 변수와 기초된 변수들의 일부 또는 전부가 모형에 포함된다면 다중공선성이 발생하는 것은 자명하다. 실제로 이것은 가장 큰 문제의 원인이 될 수 있음을 명심해야 한다. 위 모수 추정 테이블을 살펴보면 새로운 파생변수에 관계된 RunTime, Age, Performance의 분산팽창인자가 모두 높다는 것을 알 수 있다. 이러한 파생변수들은 개별 변수들에 대한 일부 정보를 잃어버린다는 단점을 가지고 있다. 만약 이러한 점이 중요하다면 Performance를 모형으로부터 제거해야 한다.

[실습 5-7] [실습 5-6]에서 설명변수 중 Performance를 제거한 후 다시 다중공선성에 대한 진단을 해보자.

1. Performance를 제거하고 다중공선성을 진단하기 위해 **[작업 수정]**을 클릭한다. 그리고 나서 작업 역할에서 Performance를 클릭하고 왼쪽 화살표를 눌러 Performance를 제거한다.

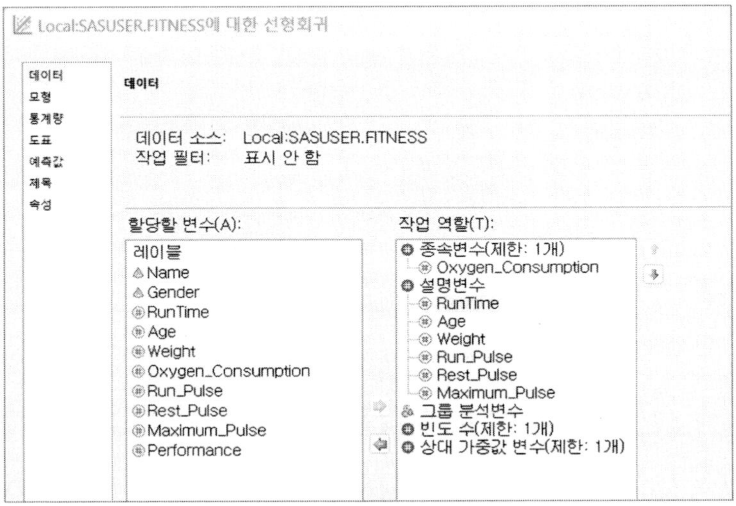

[그림 5. 23] 선형회귀 - 작업 역할 수정

2. 수정을 모두 마치고 실행 버튼을 눌러 분석을 실행하면 다음과 같은 결과를 얻는다.

[표 5. 3] 선형회귀 - 다중공선성 결과

Analysis of Variance					
Source	DF	Sum of Squares	Mean Square	F Value	Pr > F
Model	7	722.66124	120.27934	22.23	<.0001
Error	23	128.89331	5.41160		
Corrected Total	30	851.55455			

Root MSE	2.32629	R-Square	0.8475
Dependent Mean	47.37581	Adj R-Sq	0.8094
Coeff Var	4.91028		

Parameter Estimates						
Variable	DF	Parameter Estimate	Standard Error	t Value	Pr > |t|	Variance Inflation
Intercept	1	101.96313	12.27174	8.31	<.0001	0
RunTime	1	-2.63994	0.38532	-6.85	<.0001	1.58432
Age	1	-0.21848	0.09850	-2.22	0.0363	1.48953
Weight	1	-0.07503	0.05492	-1.37	0.1845	1.15973
Run_Pulse	1	-0.36721	0.12050	-3.05	0.0055	**8.46034**
Rest_Pulse	1	-0.01952	0.06619	-0.29	0.7706	1.41004
Maximum_Pulse	1	0.30457	0.13714	2.22	0.0360	**8.75535**

가장 큰 분산팽창인자가 [실습 5-6]의 결과보다 작아졌고, RunTime과 Age의 분산팽창인자도 작아졌다. 그러나 Run_Pulse와 Maximum_Pulse의 분산팽창인자가 8보다 큰 값으로 10보다는 작지만 아직도 상당히 크다고 할 수 있다. 분산팽창인자가 8이면 결정계수가 0.875이기 때문이다. 달리는 동안 최대 맥박수(Maximum_Pulse)와 달리고 난 후 맥박수(Run_Pulse)는 자명한 연관성을 가지고 있다. 따라서 이 두 변수들 중 유의성이 낮은 Maximum_Pulse를 또 다시 제거해 보자. Performance와 동일한 방식으로 Maximum_Pulse를 제거하고 실행 버튼을 누르면 다음과 같은 결과를 얻을 수 있다.

[표 5. 4] 선형회귀 – 다중공선성 결과

Analysis of Variance					
Source	DF	Sum of Squares	Mean Square	F Value	Pr > F
Model	5	694.98323	138.99665	22.19	<.0001
Error	25	156.57132	6.26285		
Corrected Total	30	851.55455			

Root MSE	2.50257	R-Square	0.8161
Dependent Mean	47.37581	Adj R-Sq	0.7794
Coeff Var	5.28238		

Parameter Estimates						
Variable	DF	Parameter Estimate	Standard Error	t Value	Pr > |t|	Variance Inflation
Intercept	1	115.46115	11.46893	10.07	<.0001	0
RunTime	1	−2.71594	0.41288	−6.58	<.0001	1.57183
Age	1	−0.27650	0.10217	−2.71	0.0121	1.38477
Weight	1	−0.05300	0.05811	−0.91	0.3704	1.12190
Run_Pulse	1	−0.12213	0.05207	−2.35	0.0272	1.36493
Rest_Pulse	1	−0.02485	0.07116	−0.35	0.7298	1.40819

Maximum_Pulse를 제거하면 나니 모든 분산팽창인자가 1에 가까운 값으로 안정화되었다. 그러나 결정계수(R^2)와 수정된 결정계수($Adj.R^2$)가 이전의 결과에 비해 줄어들었고 Run_Pulse의 유의확률이 Maximum_Pulse가 모형에 포함될 때보다 다소 커졌다. 따라서 비록 다중공선성이 발생하기는 하지만 심각하지는 않기 때문에 Maximum_Pulse를 포함하는 것이 더 바람직하다고 생각된다.

모형선택 측면에서 다중공선성은 단계적 선택법의 결과에 많은 영향을 준다. 중요하다고 생각되는 변수들이 다중공선성에 의해 감추어지기 때문에 최종 모형에서 매우 중요한 변수들이 포함되지 않는 경우가 발생한다. 따라서 모형선택법을 이용하기 전에 반드시 다중공선성을 진단하고 처리하는 것이 바람직하다.

TIP

다중공선성을 처리하는 다른 회귀분석 방법은 무엇이 있을까?

다중 회귀분석을 할 때 설명변수들 사이의 다중공선성은 회귀계수 추정값의 표준오차를 증가시키기 때문에 최종 모형을 해석할 때 여러 가지 문제를 발생시킨다. 이러한 문제를 해결하기 위한 방법으로는 상관관계가 높은 변수들을 제거하거나 능형회귀나 주성분회귀를 이용하는 것을 들 수 있다. 특히 다항식회귀(Polynomial Regression)나 공분산분석(ANCOVA) 모형의 경우에는 설명변수들을 Re-centering하는 것도 다중공선성 문제를 해결하는 방법이 될 수 있다.

- **능형회귀(능선회귀; Ridge Regression)**

  회귀분석에서 나중공선성 문제가 발생하는 경우에 최소제곱법에 의해 모수를 추정하는 것은 불안정한 성질을 갖는다. 이를 해결하기 위해 A. E. Hoerl과 R. W. Kennard(1970)에 의해 제안된 방법으로 회귀계수의 추정값 $\hat{\beta}=(X'X+kI)^{-1}X'y$로 정의되며, 여기서 k는 양의 상수이다. 이 추정값 $\hat{\beta}$는 편의(Based)되어 있으나 k를 적절하게 선택하므로써 최소제곱법에 의한 추정값보다 더 작은 평균 제곱오차(MSE)를 가지는 추정값을 찾을 수 있다. (통계용어 사전; 한국통계학회 편)

- **주성분회귀(Principal Component Regression)**

  주성분 회귀분석은 주성분분석(PCA)을 통해 원변수들의 선형결합으로 만들어진 주성분 변수들을 설명변수로 하여 회귀분석을 하는 것이다. 주성분 변수들은 서로 독립이라는 특성을 가지고 있기 때문에 다중공선성 문제가 발생하지 않는다. 그러나 주성분 회귀는 주성분 변수에 대한 해석이 용이하지 않다는 단점이 있어 자주 사용되지는 않는다.

그러면 지금까지 배운 내용을 바탕으로 좀 더 타당하고 합리적인 모델을 만들기 위한 효율적인 모델링 사이클을 정리해 보았다.

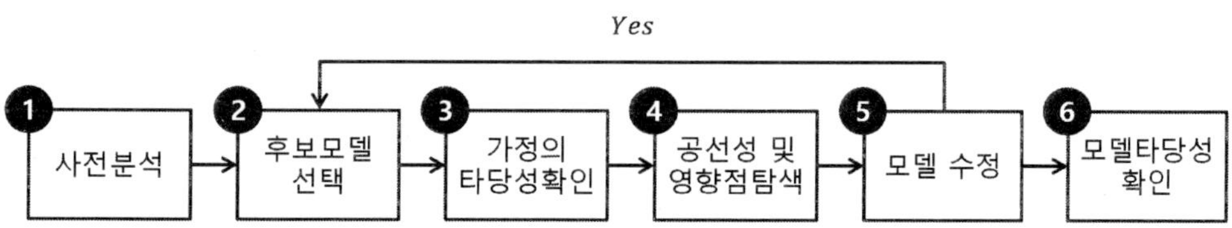

[그림 5. 24] 모델링 사이클

① 사전분석: 이 단계는 기술통계량, 그래프 그리고 상관분석 등을 통해 자료를 탐색하는 단계이다. 이 단계에서 많은 시간을 투자해야만 합리적인 모델을 만들 수 있다.

② 후보모델 선택: 이 단계는 여러 가지 후보 모형을 만들기 위해 회귀분석의 다양한 모델 선택 옵션들을 이용한다.

③ 가정의 타당성 확인: 이 단계는 통계량 및 그래프를 이용한 잔차분석이나 등분산 검정 등의 회귀진단 방법을 이용한다. 가정을 만족하지 않으면 잘못된 결과가 도출될 수 있으므로 주의해야 한다.

④ 공선성 및 영향점 탐색: 이 단계는 다중공선성을 위한 분산팽창인자(VIF), 상태지수(CI) 등과 영향점을 위한 스튜던트화 잔차, 쿡의 D 통계량, DFFITS 도표 등이 포함된다. 이것은 일반적으로 간과되는 경우가 많으나 반드시 확인해야 하는 단계이다.

⑤ 모델 수정: 만약 3단계와 4단계에서 모델 수정이 필요하다고 결정되면 2단계로 돌아가서 모델을 수정한 후 3단계와 4단계를 다시 수행해야 한다.

⑥ 모델 타당성 확인: 데이터가 충분히 확보된 경우 모델링에 사용되지 않은 데이터를 이용하여 모델에 대한 타당성을 검정한다. 모델링에 사용된 데이터를 사용하면 과적합 (Over-fitting) 문제가 발생하여 새로운 데이터에 적용할 때 예측력이 떨어질 가능성이 높아지기 때문이다. 이러한 6개의 단계를 거쳐 최종 모형을 선택하면 합리적인 모델을 생성할 수 있을 것이라 생각한다.

6장

군집분석

군집분석은 관측된 데이터들 간의 유사성을 바탕으로 여러 그룹으로 분류하는 기법이다. 분산분석이나 회귀분석처럼 명확한 종속변수가 있는 분석과 달리, 군집분석은 사전 정보 없이 데이터 내부의 구조를 탐색할 때 사용된다. 예를 들어, 고객의 구매 행동에 따라 고객을 여러 유형으로 나누거나, 시장을 세분화할 때 유용하다. 이 장에서는 군집분석의 주요 개념과 방법을 Enterprise Guide를 통해 어떻게 수행할 수 있는지 살펴본다.

01 | 군집분석의 정의와 개념

군집분석(Clustering Analysis)은 데이터 내에서 유사한 속성을 가진 객체들을 그룹화하여 서로 다른 그룹 간의 차이를 극대화하는 비지도 학습 기법이다. 데이터의 내재된 구조를 탐구하고, 각 군집의 특성을 이해하는 데 사용된다. 군집분석은 특정 라벨이 없는 데이터를 분석하는 데 특히 유용하며, 데이터를 사전 정의된 그룹으로 분류하지 않고 데이터 자체의 유사성을 기준으로 그룹을 생성한다.

군집분석의 주요 특징은 비지도 학습이라는 점에서 출발한다. 이 기법은 레이블이 없는 데이터를 처리하며, 데이터를 사전 정의된 라벨로 분류하지 않는다. 대신, 데이터의 내재된 구조적 패턴을 발견하는 데 중점을 둔다. 이를 통해 데이터의 그룹을 탐색하고 데이터 구조를 이해하는 데 기여한다. 또한, 군집분석은 데이터 유형과 분석 목적에 따라 다양한 기법(K-means, 계층적 군집 등)을 유연하게 적용할 수 있다는 장점이 있다.

군집분석은 데이터의 구조적 이해와 의사결정에 큰 도움을 줄 수 있다. 예를 들어, 고객 데이터를 분석하여 구매 패턴을 발견하거나, 네트워크 보안 분야에서 이상치를 탐지하는 데 유용하게 활용된다. 이를 통해 데이터를 기반으로 한 실질적인 의사결정이 가능해진다. 또한, 군집분석은 비정형 데이터(이미지, 텍스트 등)를 처리하는 데도 효과적이다.

1.1 주요 활용 사례

- **고객 세분화:** 고객의 구매 패턴이나 행동을 분석하여 마케팅 전략을 수립
- **시장 분석:** 소비자 그룹 간의 차이를 이해하여 신제품 개발 및 시장 확장
- **이상치 탐지:** 금융 사기 탐지, 네트워크 보안 등에서 비정상적인 데이터 포인트를 식별
- **생물정보학:** 유전자 데이터 군집화를 통해 질병 관련 유전자 그룹 탐색
- **이미지 분류:** 픽셀 기반의 유사성을 분석하여 이미지 그룹화

1.2 군집분석 기법의 종류

군집분석은 데이터의 특성과 분석 목적에 따라 다양한 기법을 사용할 수 있다. 대표적인 기법은 다음과 같다:

- **평균 연결법**
  - 군집 간의 평균적인 유사성을 고려하기 때문에, 극단값(Outlier)에 덜 민감하다
  - 계산량이 상대적으로 많을 수 있다.
  - 평균 연결법은 군집 간의 전반적인 유사성을 고려하기에 군집의 밀도가 균등한 경우에 적합하다.
- **중심법**
  - 군집의 중심을 기준으로 거리 계산을 하므로 계산이 간단하고 직관적이다.
  - 군집 간의 중심이 서로 가까운 경우에도 군집 내 데이터가 흩어져 있으면 부정확한 결과를 초래할 수 있다.
  - 중심법은 군집 내 데이터의 분포가 대칭적이고 구형(둥근 모양)이라고 가정할 때 유리하다.
- **K-means 군집분석**
  - 데이터 포인트를 사전 정의된 K개의 군집으로 나눈다.
  - 군집의 중심점(centroid)을 기준으로 데이터를 반복적으로 재배치하여 최적의 군집을 형성한다.
  - 단순하고 계산 속도가 빠르지만, 초기 중심점 설정과 K값 결정에 민감하다.
- **Ward의 최소분산법**
  - 군집 내 분산(variance)의 증가를 최소화하는 방식으로 군집을 병합한다.
  - 군집 내의 응집력(cohesiveness)을 극대화하는 데 유리하며, 군집 크기가 비슷한 경우 잘 작동한다.
  - 계산량이 많아 대규모 데이터에서는 느릴 수 있다.

[표 6. 1] 군집분석 방법론 비교

방법	거리 계산 기준	주요 특징	적합한 데이터 구조
평균 연결법	군집 간 평균 거리	극단값에 강건함, 계산량 많음	밀도가 균등한 데이터
중심법	군집 중심 간 거리	군집 내 데이터 대칭/구형 가정	대칭적이고 구형 분포
K-평균 알고리즘	중심값과 데이터 간 거리 반복 갱신	빠르고 대규모 데이터에 적합, K 사전 정의 필요	구형 분포, 군집 개수 명확한 경우
Ward의 최소분산법	군집 내 분산의 증가 최소화	군집 응집력 극대화, 계산량 많음	군집 크기 비슷한 경우

02 평균 연결법

2.1 이론적 배경

평균 연결법(Average Linkage Method)은 군집분석(Clustering Analysis)에서 군집 간의 거리를 계산하는 계층적 군집화(Hierarchical Clustering) 방법 중 하나로, 군집을 병합할 때 **두 군집 간 모든 데이터 포인트의 쌍마다의 평균 거리를 기준으로** 판단한다. 이 방법은 군집 간의 거리 정의를 통해 데이터의 그룹화를 수행하며, 데이터를 병합하는 과정에서 군집 간 **전반적인 유사도**를 고려하기 때문에 군집 내 데이터가 비교적 균일하게 분포된 경우에 효과적이다.

2.2 알고리즘 과정

1. 각 데이터를 독립된 군집으로 가정하고 군집간 거리 행렬 계산
2. 가장 가까운 군집 병합
3. 거리 행렬 업데이트
4. 모든 데이터가 하나의 군집으로 병합될 때까지 2, 3번 과정을 반복

[실습 6-1] SASHELP.IRIS데이터를 이용하여 군집분석(평균 연결법)을 실습해 보자.

IRIS 데이터는 붓꽃의 꽃받침 길이, 꽃받침 너비, 꽃잎 길이, 꽃잎 너비, 꽃의 품종으로 이루어진 데이터이다. 여기서 꽃받침 길이, 꽃받침 너비, 꽃잎 길이, 꽃잎 너비 데이터를 이용하여 붓꽃을 분류하는 실습을 수행해 보자.

1. [SASHELP] 라이브러리에 있는 [IRIS] 데이터를 불러온다.

2. [작업] > [군집분석]을 실행한다.

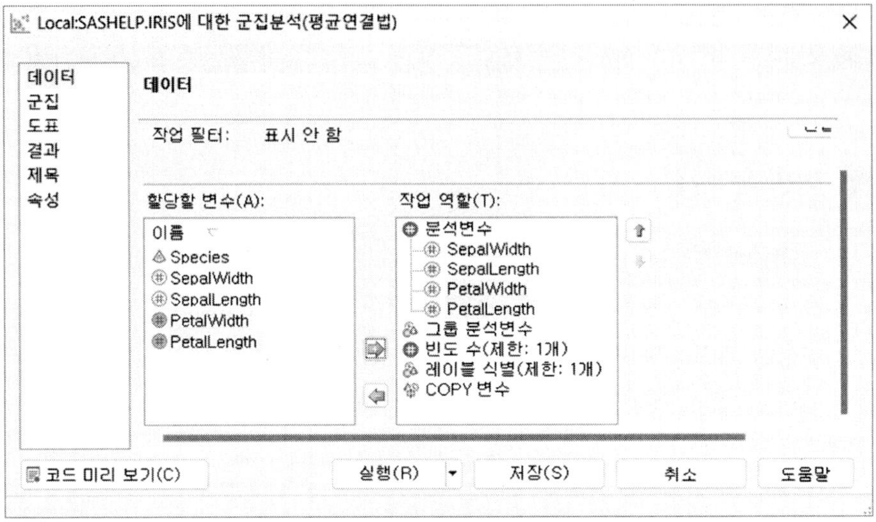

[그림 6. 1] 분석변수 할당

데이터 항목에서 SepalWidth, SepalLength, PetalWidth, PetalLength를 **분석변수**로 할당한다.

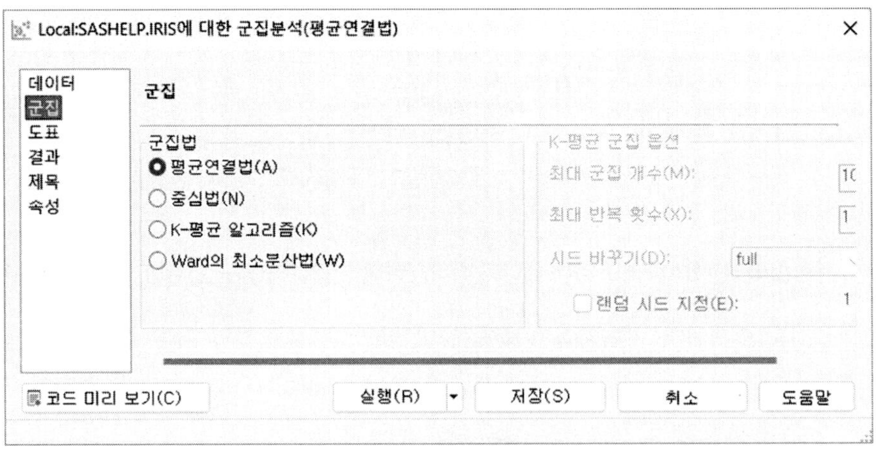

[그림 6. 2] 평균 연결법 선택

군집 항목에서 평균 연결법을 군집법으로 선택한다.

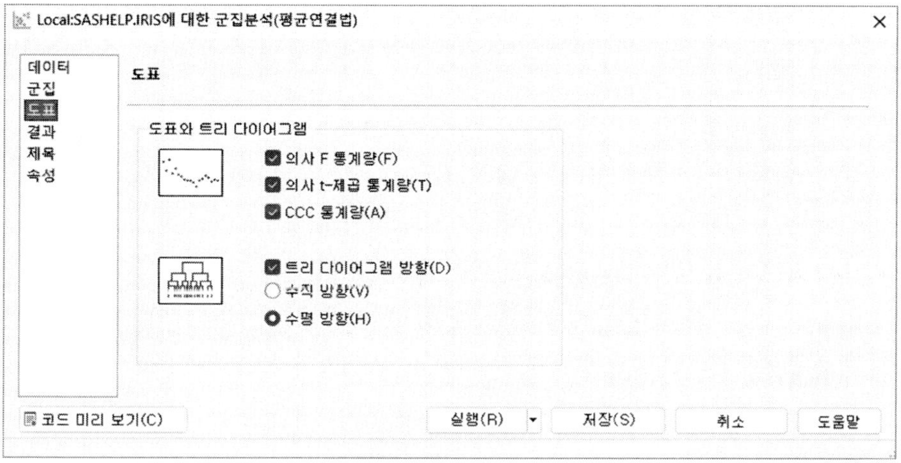

[그림 6. 3] 도표 선택

도표 항목에서 **조회하고자 하는 도표와 다이어그램**을 선택한 후 **실행** 버튼을 눌러 평균 연결법 군집분석을 수행한다.

[표 6. 2] 평균 연결법 공분산 행렬 고윳값

Eigenvalues of the Covariance Matrix				
	Eigenvalue	Difference	Proportion	Cumulative
1	422.824171	398.557096	0.9246	0.9246
2	24.267075	16.446125	0.0531	0.9777
3	7.820950	5.437441	0.0171	0.9948
4	2.383509		0.0052	1.0000

위의 표는 평균 연결법의 공분산 행렬 고윳값 정보로, 각 열의 의미는 아래와 같다.

Eigenvalue: 공분산 행렬의 고윳값. 데이터 분산의 크기를 나타낸다. 큰 고윳값일수록 해당 열이 데이터의 변동성을 더 많이 설명한다.

Difference: 현재 고윳값과 다음 고윳값의 차이. 고윳값이 급격히 감소하는 지점은 중요한 군집을 결정하는 데 도움을 준다.

Proportion: 각 고윳값이 전체 분산에서 차지하는 비율. 고윳값의 크기가 클수록 데이터의 변동성을 더 많이 설명한다.

Cumulative: 누적 비율. 각 고윳값의 설명력을 누적하여 보여준다. 1.0(100%)에 가까울수록 모든 분산이 설명된다.

각 열의 의미를 이용하여 분석 결과를 해석해 보자. 붓꽃 데이터를 2개의 군집으로 분할한다면 97.7%의 설명력을 가지며, 3개의 군집으로 분할한다면 99.48%의 설명력을 가진다. 실제 붓꽃 데이터는 3개의 품종으로 이루어져 있으며 꽃받침의 길이/너비, 꽃잎의 길이/너비 데이터를 3개의 군집으로 분할한다면 2개로 분할했을 때 보다 더 높은 설명력을 가질 수 있다.

도표에서 트리 다이어그램을 선택하였다면 아래와 같이 데이터의 군집이 분기되는 순서를 확인할 수 있다.

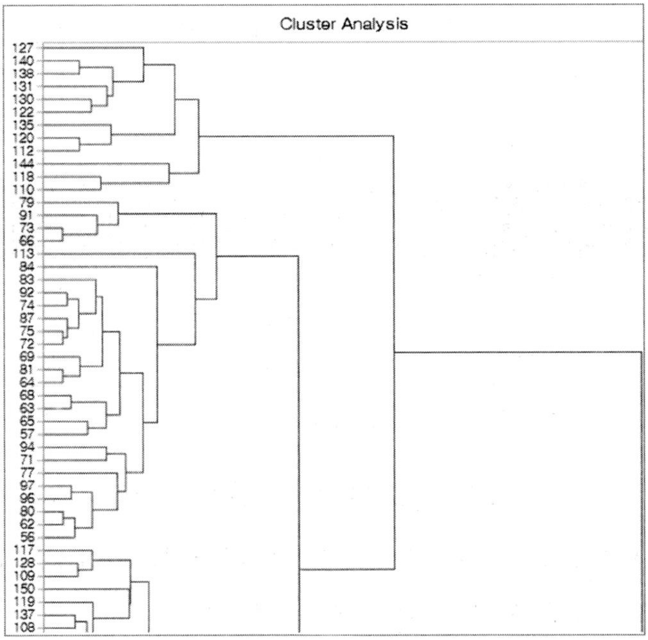

[그림 6. 4] 트리 다이어그램

03 중심법

3.1 이론적 배경

중심법(Centroid Linkage Method)은 계층적 군집분석(Hierarchical Clustering)에서 사용되는 방법 중 하나로, 군집 간 거리를 측정할 때 **각 군집의 중심점(centroid)을 기준**으로 계산한다. 여기서 중심점은 군집 내 모든 데이터 포인트의 평균 위치이며, 군집 간 거리는 두 군집 중심점 간의 거리로 정의된다. 이 때 주로 유클리드 거리(Euclidean Distance)가 사용된다.

중심법의 특징으로는 군집 간의 평균적인 위치를 중심으로 거리 계산을 수행하므로 **단순하고 계산이 빠르다.** 또한 군집의 중심을 기준으로 계산하기 때문에 군집 내의 밀도나 형태를 직접적으로 고려하지 않는다. 중심법은 군집 내 데이터가 구형 분포(spherical distribution)를 가진다고 가정한다.

2.2 알고리즘 과정

1. 각 데이터를 독립된 군집으로 가정하고 군집간 거리 행렬 계산
2. 가장 가까운 군집 병합
3. 거리 행렬 업데이트
4. 모든 데이터가 하나의 군집으로 병합될 때까지 2, 3번 과정 반복

[실습 6-2] SASHELP.IRIS 데이터를 이용하여 군집분석(중심법)을 실습해 보자.

평균 연결법 실습에서 사용한 데이터인 IRIS 데이터를 이용하여 중심법을 이용한 군집분석을 실습해 보자.

1. [SASHELP] 라이브러리에 있는 [IRIS] 데이터를 불러온다.

2. [작업] > [다변량] > [군집분석] 을 실행한다.

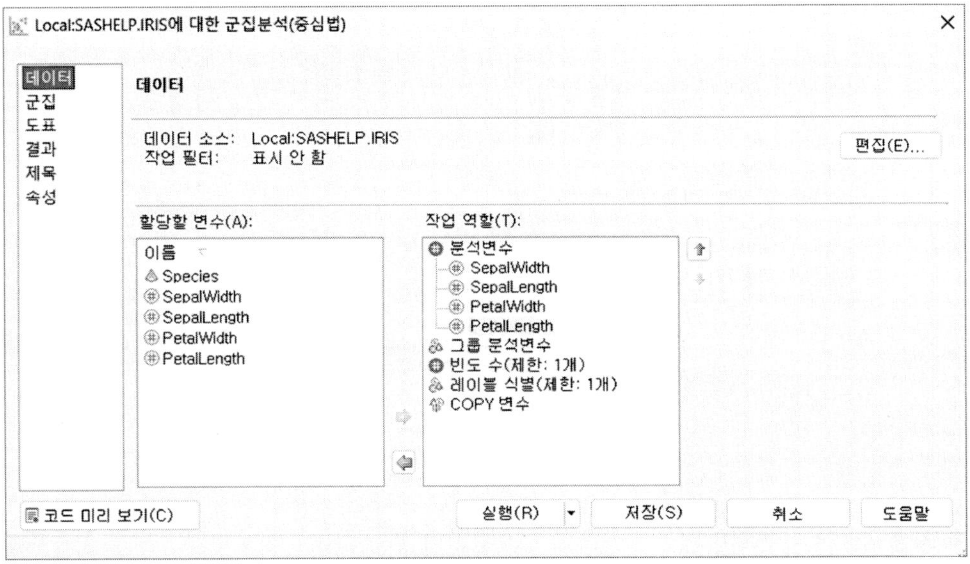

[그림 6. 5] 분석변수 할당

데이터 항목에서 SepalWidth, SepalLength, PetalWidth, PetalLength를 **분석변수**로 할당한다.

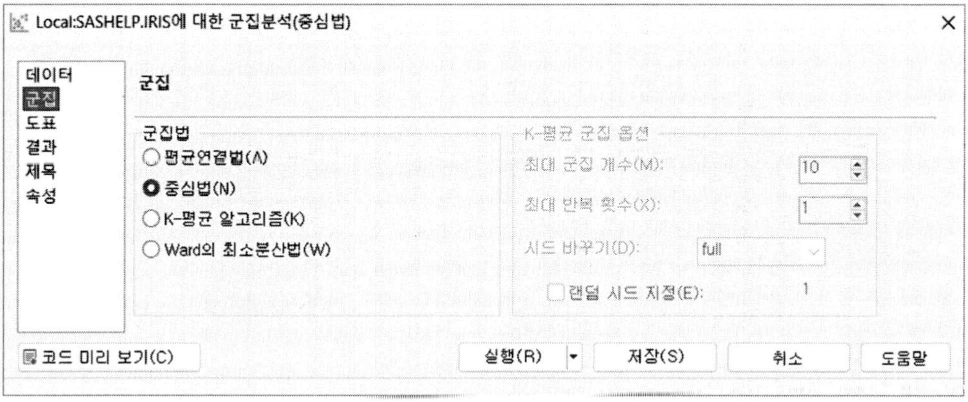

[그림 6. 6] 중심법 선택

군집 항목에서 **중심법**을 **군집법**으로 선택한다.

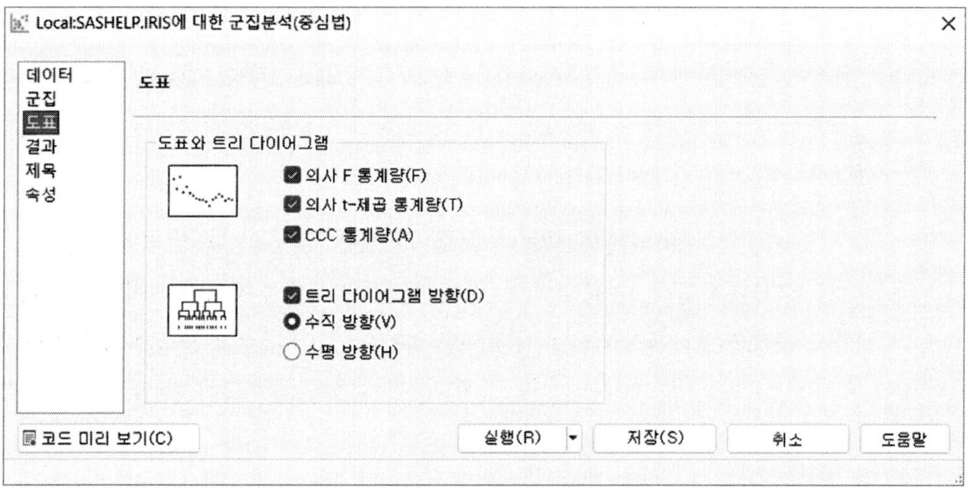

[그림 6. 7] 도표 선택

도표 항목에서 **조회하고자 하는 도표와 다이어그램**을 선택한 후 **실행** 버튼을 눌러 평균연결법 군집분석을 수행한다.

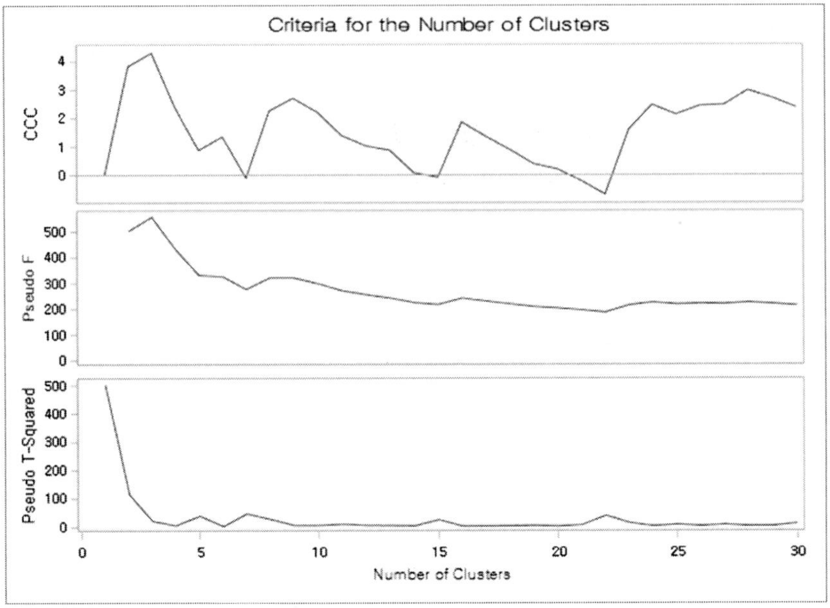

[그림 6. 8] 군집 선택 Criteria 표

- 군집분석(Clustering Analysis)을 수행한 후 결과를 평가하거나 최적의 군집 수를 결정하기 위해 여러 지표가 사용된다. 여기서 CCC, Pseudo F, Pseudo T^2는 주로 계층적 군집분석(Hierarchical Clustering)이나 K-평균 알고리즘에서 군집화 결과를 평가할 때 사용되는 주요 통계적 지표이다.

- CCC는 군집 결과를 평가할 때 **군집 간 변동과 군집 내 변동의 비율**을 측정하는 지표이다. 특정 군집 수 K에서 데이터의 군집화가 "랜덤 데이터와 비교했을 때 얼마나 더 좋은 군집화 결과를 나타내는지"를 수치화한다. **값이 클수록 군집화가 잘 이루어진 것**을 의미한다. 랜덤 데이터에서는 CCC가 0에 가깝게 나타나며 음수 값이면 군집이 랜덤 패턴보다도 나쁘게 형성된 것을 의미한다.

- Pseudo F **통계량**은 군집 간 변동과 군집 내 변동의 비율을 나타내는 통계량으로, ANOVA(분산분석)의 F 통계량 개념을 군집분석에 적용한 것이다. Pseudo F **값이 클수록 군집화가 더 잘 이루어졌음을 의미**한다. Pseudo F 값이 최대가 되는 지점을 기준으로 최적의 군집 수를 찾는 것이 중요하다.

- Pseudo T^2 **통계량**은 군집 분석에서 **이전 단계의 군집 간 분산과 현재 병합된 군집 간 분산의 비율**을 측정하는 지표이다. 계층적 군집분석(Hierarchical Clustering)에서 병합 단계마다 계산되며, 특정 병합 단계에서 군집의 응집력이 얼마나 변화했는지를 나타낸다. Pseudo T^2 값이 급격히 감소한 지점의 바로 이전 단계를 최적의 군집 개수로 고려할 수 있다.
- CCC, Pseudo F, Pseudo T^2의 값을 종합적으로 고려해봤을 때, CCC와 Pseudo F의 값이 크고, Pseudo T^2의 값이 급격하게 감소한 3을 최적의 군집으로 간주할 수 있다. 하지만 반드시 시각화(덴드로그램, 엘보우 플롯)와 함께 검토하는 것이 권장된다.

04 K-means 군집분석

4.1 이론적 배경

K-means 군집분석은 가장 널리 사용되는 군집화 기법 중 하나로, 데이터를 사전에 정의된 K개의 군집으로 나누는 비지도 학습 알고리즘이다. 이 알고리즘은 각 데이터 포인트가 가장 가까운 중심점(centroid)에 할당되도록 반복적으로 재배치하는 방식으로 작동한다. K-means의 주요 목표는 군집 내 분산을 최소화하고, 군집 간의 분산을 극대화하는 것이다.

K-means 알고리즘은 초기 중심점의 선택에 따라 결과가 달라질 수 있다. 중심점은 임의로 초기화되며, 이후 각 데이터 포인트는 가장 가까운 중심점에 할당된다. 군집이 형성된 후에는 각 군집의 평균값을 계산하여 새로운 중심점을 업데이트한다. 이러한 과정은 중심점의 변화가 없을 때까지 반복되며, 최종적으로 안정적인 군집 구조를 형성하게 된다.

K-means는 비교적 단순하고 계산 속도가 빠르다는 장점이 있지만, 몇 가지 단점도 존재한다. 첫째, 군집의 개수(K)를 사전에 지정해야 하므로, 적절한 K값을 선택하는 데 어려움이 있을 수 있다. 둘째, 초기 중심점의 선택에 따라 최적의 해가 보장되지 않을 수 있으며, 로컬 최적해에 수렴할 가능성이 있다. 셋째, 데이터의 분포가 구형(Gaussian)에 가깝지 않은 경우에는 성능이 저하될 수 있다.

4.2 알고리즘 과정

1. 초기화 단계에서 K개의 중심점을 임의로 선택
2. 각 데이터 포인트를 가장 가까운 중심점에 할당하여 초기 군집 형성
3. 각 군집에 대해 데이터 포인트의 평균을 계산하여 새로운 중심점 설정

4. 모든 데이터 포인트에 대해 2단계와 3단계를 반복하며 중심점이 더 이상 변하지 않을 때 종료

이 과정에서 중심점과 데이터 포인트 간의 거리는 일반적으로 유클리디안 거리(Euclidean Distance)를 사용하여 계산된다. 또한, 알고리즘이 수렴할 때까지의 반복 횟수는 데이터의 크기와 분포에 따라 달라질 수 있다.

K-means 알고리즘의 결과는 각 데이터 포인트의 군집 할당 정보와 군집 중심점으로 구성된다. 이러한 결과는 시각화 및 분석을 통해 데이터의 특성과 군집 간의 관계를 이해하는 데 활용된다.

[실습 6-3] **SASHELP.IRIS 데이터를 이용하여 K-mens 군집분석을 실습해 보자.**

평균 연결법과 중심법 실습에서 사용한 데이터인 IRIS 데이터를 이용하여 K-means 군집분석을 실습해 보자.

1. [SASHELP] 라이브러리에 있는 [IRIS] 데이터를 불러온다.

2. [작업] > [다변량] > [군집분석]을 실행한다.

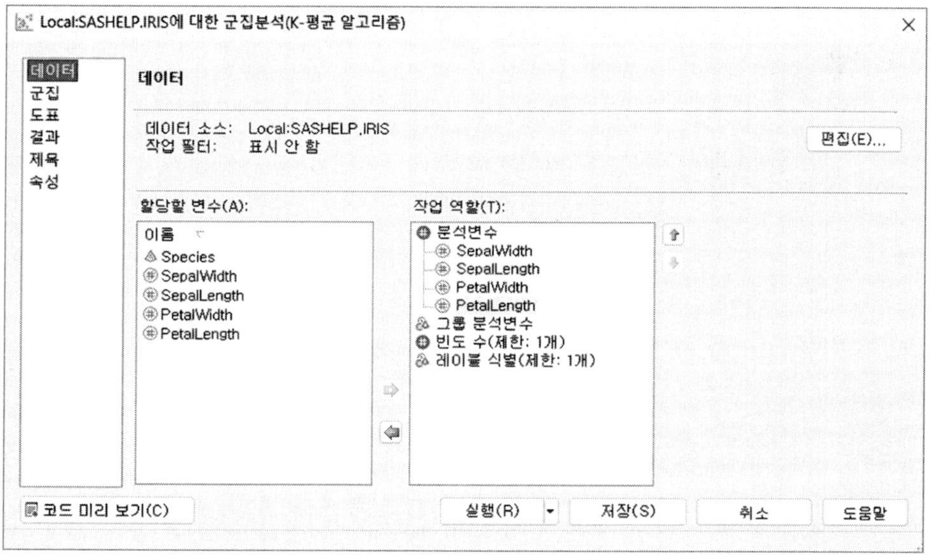

[그림 6. 9] 분석변수 할당

데이터 항목에서 SepalWidth, SepalLength, PetalWidth, PetalLength를 **분석변수**로 할당한다.

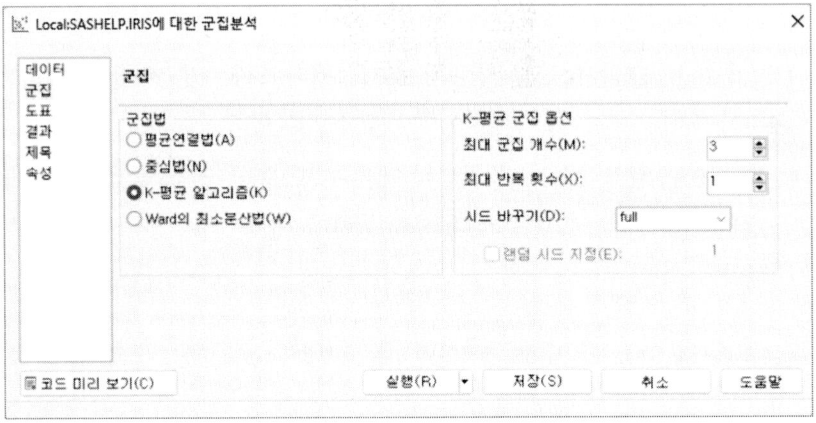

[그림 6.10] K-평균 알고리즘 선택

군집 항목에서 **군집법을 K-평균 알고리즘**으로 선택한다. 앞선 실습에서 최적의 군집 개수가 3개라는 결과를 얻었으므로, 최대 군집 개수는 3, 최대 반복 횟수 1로 설정하였다.

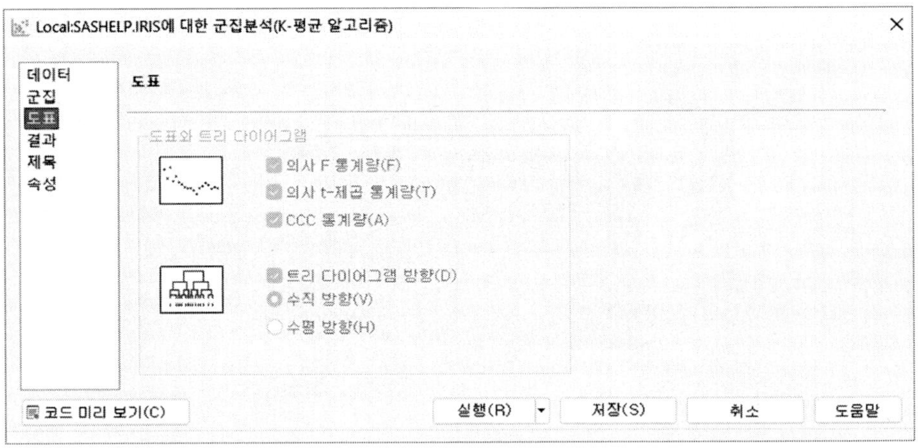

[그림 6.11] 도표 선택

K-평균 알고리즘은 **도표** 항목에서 **도표와 다이어그램**을 선택할 수 없다. **실행** 버튼을 눌러 군집분석을 수행한다.

[표 6. 3] K-means 군집분석 군집 정보

Cluster Summary						
Cluster	Frequency	RMS Std Deviation	Maximum Distancefrom Seedto Observation	Radius Exceeded	Nearest Cluster	Distance Between Cluster Centroids
1	33	3.8831	12.9226		3	18.3409
2	50	2.7803	12.4803		3	34.2516
3	67	4.1797	18.5320		1	18.3409

Frequency(군집 크기)는 각 군집에 속한 데이터 개수를 나타낸다. 예를 들어 1번 군집은 33개의 데이터가 할당되어 가장 작은 군집이고, 3번 군집은 67개의 데이터가 할당되어 가장 큰 군집을 형성하고 있다.

RMS Std Deviation(표준편차)는 각 군집 내의 데이터 분산을 나타낸다. 값이 클수록 군집 내 데이터가 덜 응집되어 있음을 의미한다. 예를 들어 3번 군집은 데이터가 군집 내에서 흩어져 있는 정도가 가장 크다.

Max Distance from Seed(초기 중심과 가장 먼 데이터의 거리)는 군집 내에서 가장 중심에서 멀리 떨어진 데이터까지의 거리를 의미한다. 3번 군집의 값이 가장 크므로, 제일 넓게 분포되어 있는 군집이라고 해석할 수 있다.

Nearest Cluster는 군집 중심 기준으로 가장 가까운 군집 번호를 의미하며, Distance Between Centroids는 이때, 그 군집과의 거리를 의미한다. 예를 들어 1번 군집은 3번 군집과 그 중심이 가장 가까우며 이때 거리는 18.3409이다.

05 Ward의 최소분산법

5.1 이론적 배경

Ward의 **최소분산법**은 계층적 군집분석(Hierarchical Clustering)의 한 기법으로, 군집화 과정에서 군집 내 분산(within-cluster variance)의 증가를 최소화하는 방향으로 군집을 병합하는 방법이다. 군집 간 유사도를 측정하는 방식으로, 다른 계층적 군집화 방법(예: 평균 연결법, 중심법)과는 달리 분산 기반 접근법을 사용한다. **분산 기반 접근법**이란, 데이터 간의 분산(흩어진 정도)을 최소화하거나, 분산을 활용하여 군집을 평가하는 방법이다, 군집 내 데이터가 서로 **가까울수록(분산이 작을수록)** 군집이 잘 형성되었다고 판단하며, 이를 통해 군집화 과정을 진행한다. Ward의 최소분산법은 각 단계에서 새로운 군집이 형성되었을 때 데이터의 응집력이 최대화되도록 설계되었다. 즉, 군집 내 데이터가 서로 유사하며(군집 내 분산 증가량을 최소화), 군집 간의 차이가 뚜렷하도록 하는 것이 목표이다.

5.2 알고리즘 과정

Ward의 최소분산법 알고리즘은 다음과 같은 단계를 통해 수행된다:

1. 초기화 단계에서 각 데이터 포인트를 하나의 독립된 군집으로 간주
2. 모든 군집쌍에 대해 군집간 거리를 계산한다. Ward 방법에서 군집 간 거리는 군집 병합 시의 SSE 증가값으로 정의
3. 군집 간 거리가 가장 작은(즉, SSE 증가값이 가장 작은) 두 군집을 선택하여 병합
4. 모든 데이터 포인트에 대해 2단계와 3단계를 반복하며 중심점이 더 이상 변하지 않을 때 종료

SSE는 군집 내 데이터 포인트들과 그 군집의 중심점(centroid) 간 거리의 제곱을 모두 더한 값이다. 즉, $||x-\mu||^2$는 데이터 x가 군집 중심 μ와 얼마나 떨어져 있는지를 나타내며, 이를 모든 데이터에 대해 합산한 값이 $SSE=\sum_{x\in C}||x-\mu||^2$이다.

[실습 6-4] SASHELP.IRIS 데이터를 이용하여 Ward 군집분석을 실습해보자.

앞선 실습에서 사용한 데이터인 **IRIS** 데이터를 이용하여 Ward의 최소분산법을 실습해보자.

1. [SASHELP] 라이브러리에 있는 [IRIS] 데이터를 불러온다.

2. [작업] > [다변량] > [군집분석]을 실행한다.

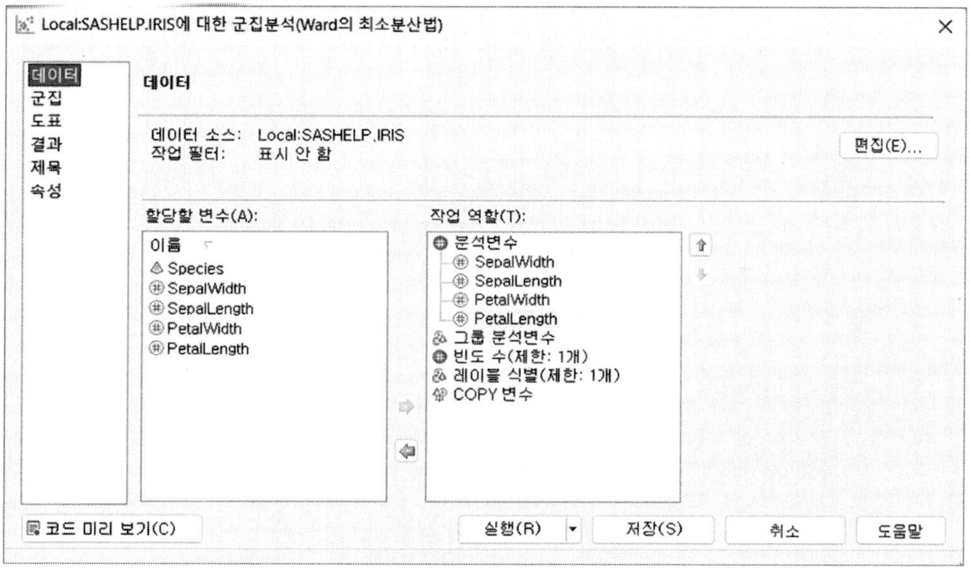

[그림 6. 12] 분석변수 할당

데이터 항목에서 SepalWidth, SepalLength, PetalWidth, PetalLength를 **분석변수**로 할당한다.

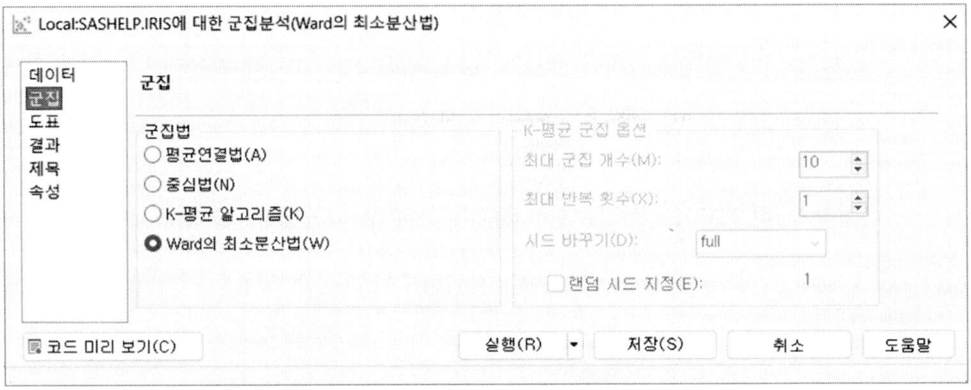

[그림 6. 13] Ward의 최소분산법 선택

군집 항목에서 **Ward의 최소분산법**을 **군집법**으로 선택한다.

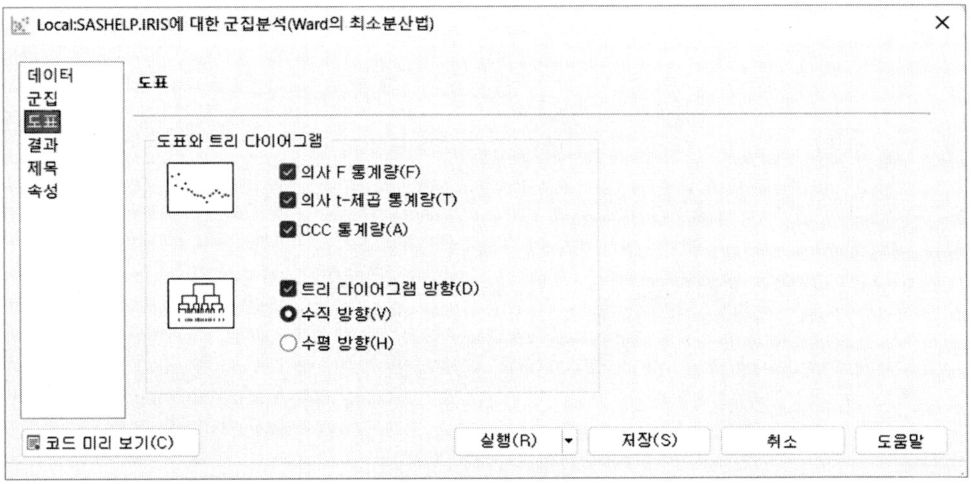

[그림 6. 14] 도표 선택

도표 항목에서 **조회하고자 하는 도표와 다이어그램**을 선택한 후 **실행** 버튼을 눌러 평균 연결법 군집분석을 수행한다.

[표 6. 4] Ward의 최소분산법 공분산 행렬 고윳값

Eigenvalues of the Covariance Matrix				
	Eigenvalue	Difference	Proportion	Cumulative
1	422.824171	398.557096	0.9246	0.9246
2	24.267075	16.446125	0.0531	0.9777
3	7.820950	5.437441	0.0171	0.9948
4	2.383509		0.0052	1.0000

위의 표는 Ward의 최소분산법에서 산출된 공분산 행렬의 고윳값 정보이다. [실습 6-1]의 평균 연결법에서 산출된 공분산행렬과 일치하는 것을 확인할 수 있다. 이는 데이터의 분산 구조가 두 방법에 의해 동일하게 설명되었기 때문이다. 데이터가 매우 균등하게 분포되어 있고 군집간 거리가 구형 분포를 따른다면, 평균 연결법과 Ward 방법이 동일한 군집 병합 과정을 따를 가능성이 있다.

06 결론

군집분석을 수행할 때 고려해야 할 중요한 사항들이 있다. 먼저, 군집 수를 결정해야 한다. 군집의 개수는 미리 알기 어렵고, 잘못된 군집 수를 선택하면 분석 결과의 품질에 영향을 미칠 수 있다. 군집의 개수를 결정하는 것이 어려울 경우, 군집의 개수를 사전 정의할 필요가 없는 알고리즘을 선택하면 된다. 또 다른 과제는 고차원 데이터 처리로, 변수의 수가 많을수록 계산 복잡성이 증가하며, 시각화 및 해석이 어려워질 수 있다. 마지막으로, 군집 결과의 해석은 분석가의 주관성이 개입될 수 있으며, 이로 인해 결과의 활용이 제한될 가능성도 있다.

7장

산업별 시나리오 분석

지금까지 배운 다양한 분석 기법들은 실제 산업 현장에서 어떻게 활용될 수 있을까? 산업별로 데이터의 특성과 분석 목적이 다르기 때문에, 이를 반영한 시나리오 기반의 접근이 필요하다. 보험, 제조, 유통, 금융 산업은 각각 고객 분석, 품질 관리, 마케팅 전략, 리스크 예측 등 다양한 분석 과제를 안고 있다. 이 장에서는 앞서 배운 분석 방법들을 바탕으로 산업별 사례를 살펴보고, 각 산업에서의 실질적인 적용 방안을 모색해 본다.

01 | 보험: 보험 지급금에 영향을 미치는 요인 분석

1.1 보험업에서의 분석

보험업에서 SAS를 이용한 분석은 데이터 분석과 모델링을 통해 보험사가 더 효율적으로 업무를 수행하고 의사 결정을 내릴 수 있도록 지원하는 중요한 역할을 한다. SAS는 강력한 데이터 분석, 통계 모델링, 예측 분석 및 보고 도구를 제공하여 보험업에서 다양한 분석 과제를 해결하는 데 유용하게 사용된다. 보험업에서 SAS를 활용한 주요 분석 영역에는 위험 관리 및 가격 책정, 청구 분석 및 사기 탐지, 고객 세분화 및 타겟팅, 손해율 분석, 보험상품 개발 및 개선, 시나리오 분석 및 재무 예측, 모바일 및 실시간 데이터 분석 등이 포함된다.

이러한 여러 가지 업무 중에서 면책과 관련된 분석도 필요하다. '면책'은 보험 계약에서 명시된 특정 상황이나 조건에 대해 보상을 하지 않는 조항을 의미한다. 자동차 보험, 생명 보험, 주택 보험에서 다양하게 적용되며, 면책 모델링은 보험사의 리스크 관리와 보상 지급의 정확성을 높이는 데 중요한 역할을 한다. 사고 데이터 분석, 예측 모델링, 고객 특성에 따른 세분화된 접근을 통해 면책을 효율적으로 적용할 수 있다.

1.2 데이터 설명

보험 면책, 심사, 청구 관련 13개 변수의 3,515건의 관측치 데이터 INSU_EG를 활용한다.

[표 7.1] INSU_EG 데이터의 변수 설명

No	Variable Name	Measurement Level	Label
1	Target	Binary	면책여부
2	CL_REASON	Nominal	청구사유
3	CLAIM_AMT	Numeric	청구금액
4	CLAIM_CNT_1Y	Numeric	과거 1년 심사건수
5	D_CONT	Numeric	최초계약일로부터 경과기간
6	D_REC	Numeric	경과기간_계약일접수일
7	DHOSP	Numeric	입원일수
8	DISCL_RT	Numeric	과거 1년 성연령질병별 면책율
9	INSU_AMT	Numeric	보험료
10	JOB	Nominal	직업
11	NHOSP	Numeric	과거 1년 입원건수
12	TARGET_AMT1Y	Numeric	과거 1년 지급금액
13	TARGET_CNT_1Y	Numeric	과거 1년 면책건수

1.3 데이터 분석

분석을 시작하기에 앞서서 각 변수들에 대한 EDA(탐색적 자료 분석)를 실행한다.

첫째로는 각 변수들의 빈도 및 통계량을 확인해보기 위해서 데이터 특성화를 활용한다.

1. 라이브러리에 있는 [INSU_EG] 데이터를 불러온다.
2. [작업] > [기술] > [데이터 특성화]를 실행한다.
3. 데이터 특성화 항목에서 리포트에 필요한 옵션을 선택한다.

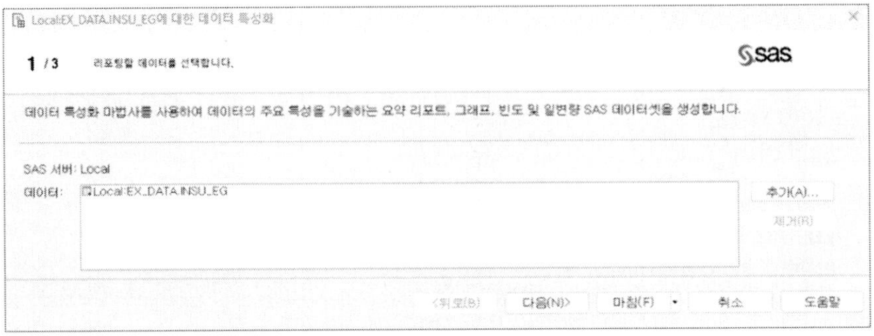

[그림 7. 1] 데이터 특성화 작업 – 데이터 선택

리포트 옵션을 선택합니다. 요약리포트를 선택하고 마침을 클릭한다.

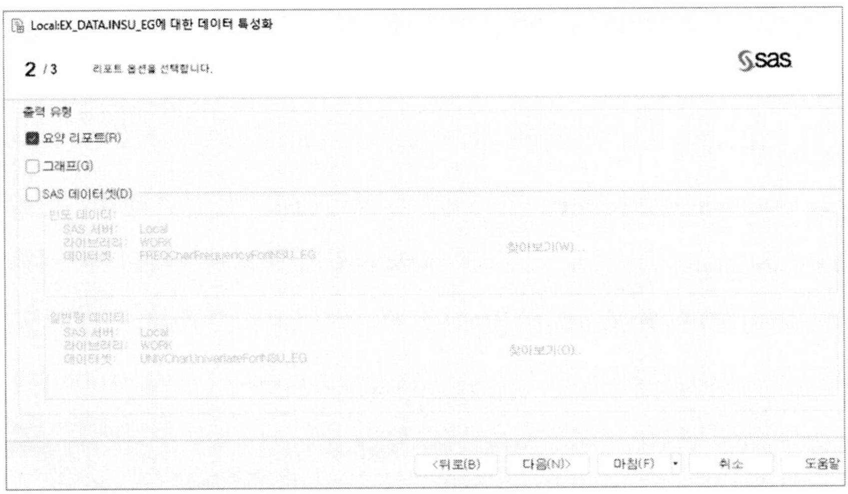

[그림 7. 2] 데이터 특성화 작업 – 리포트 옵션 선택

분석 결과로는 범주형 변수인 청구사유, 직업에 대한 빈도 분석 결과를 보여준다.

Variable	Label	Value	Frequency Count	Percent of Total Frequency
CL_REASON	청구사유	상해	2438	69.3599
		질병	1007	28.6486
		기타	70	1.9915

[그림 7. 3] 변수 CL_REASON에 대한 데이터 특성화 결과

Variable	Label	Value	Frequency Count	Percent of Total Frequency
JOB	직업	Other	1317	37.4680
		ProfExe	908	25.8321
		Office	601	17.0982
		Mgr	455	12.9445
		Self	100	2.8450
		결측	81	2.3044
		Sales	53	1.5078

[그림 7. 4] 변수 JOB에 대한 데이터 특성화 결과

숫자변수로는 다음과 같이 각 변수별 관측치 개수, 결측치 개수, 최솟값, 평균, 중위수, 최댓값 등에 대해서 보여준다.

Variable	Label	N	NMiss	Total	Min	Mean	Median	Max	StdMean
CLAIM_AMT	청구금액	3515	0	67445400.00	1700.00	19187.88	16900.00	89900.00	190.860

[그림 7. 5] 변수 CLAIM_AMT에 대한 데이터 특성화 결과

Variable	Label	N	NMiss	Total	Min	Mean	Median	Max	StdMean
CLAIM_CNT_1Y	과거1년 심사건수	3515	0	951.00	0.00	0.27	0.00	10.00	0.013

[그림 7. 6] 변수 CLAIM_AMT_1Y에 대한 데이터 특성화 결과

Variable	Label	N	NMiss	Total	Min	Mean	Median	Max	StdMean
TARGET_CNT_1Y	과거1년 면책건수	3515	0	515.00	0.00	0.15	0.00	10.00	0.010

[그림 7. 7] 변수 TARGET_AMT_1Y에 대한 데이터 특성화 결과

특히 면책여부와 같이 binary 변수의 0과 1의 빈도 비율을 확인할 때는 일원 빈도분석을 한다.

1. 라이브러리에 있는 [INSU_EG] 데이터를 불러온다.

2. [작업] > [기술] > [일원빈도분석]을 실행한다.

3. [**분석변수**]에 '**면책여부**'를 선택한다.

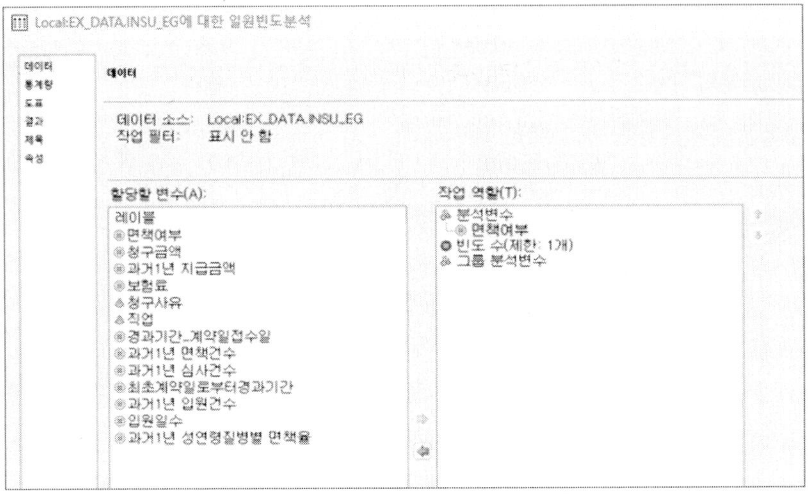

[그림 7. 8] 일원빈도분석 작업 – 데이터 할당

면책여부				
TARGET	빈도	백분율	누적 빈도	누적 백분율
0	3206	91.21	3206	91.21
1	309	8.79	3515	100.00

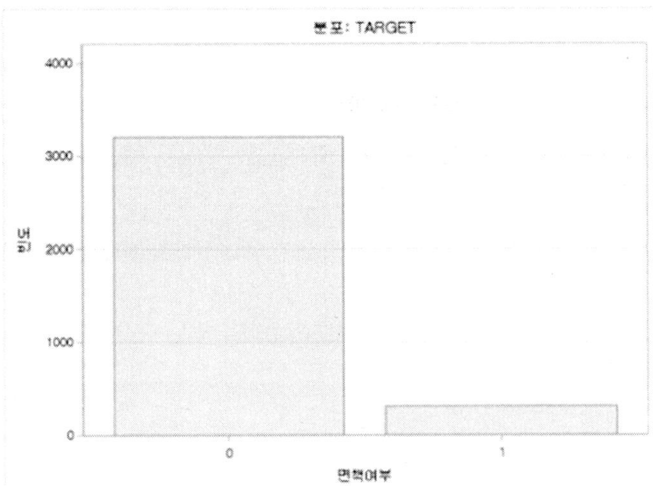

[그림 7. 9] 면책여부 일원빈도분석 결과

일원빈도분석 결과를 통해서 면책여부가 1이 8.79%를 차지함을 알 수 있다.

이번에는 **'과거 1년 동안 지급금액'** 과 연관성이 높은 변수들을 확인해 보자.

1. 라이브러리에 있는 [INSU_EG] 데이터를 불러온다.

2. **[작업] > [다변량] > [상관분석]**을 실행한다.

3. **[분석변수]**에 청구금액, 보험료, 과거 1년 면책건수, 과거 1년 심사건수, 최초계약일로부터 경과기간, 과거 1년 입원일수, 입원일수, 과거 1년 성연령질병별 면책율을 넣고, **[상관분석변수]**에 과거 1년 지급금액을 끌어 놓는다.

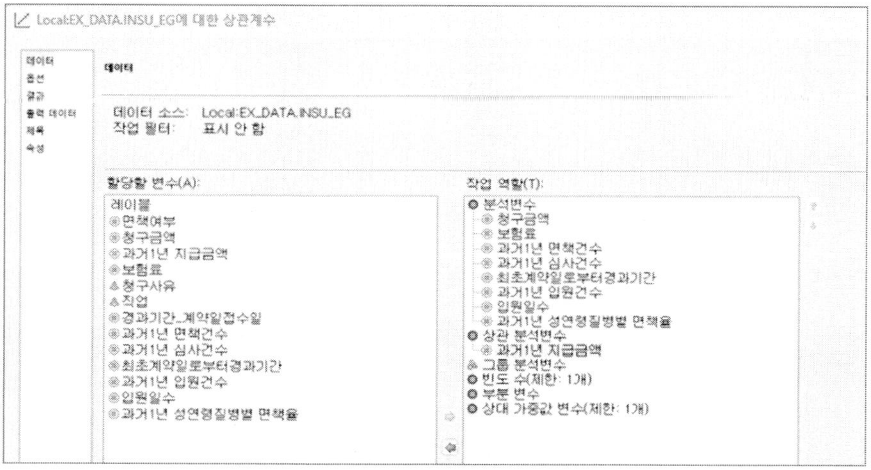

[그림 7. 10] 상관분석 작업 – 데이터 할당

단순 통계량							
변수	**N**	**평균**	**표준편차**	**합**	**최솟값**	**최댓값**	**레이블**
TARGET_AMT1Y	3515	75623	44762	265814973	5076	399412	과거1년 지급금액
CLAIM_AMT	3515	19188	11316	67445400	1700	89900	청구금액
INSU_AMT	3515	106876	54200	375668343	21144	512650	보험료
TARGET_CNT_1Y	3515	0.14651	0.57642	515.00000	0	10.00000	과거1년 면책건수
CLAIM_CNT_1Y	3515	0.27055	0.79585	951.00000	0	10.00000	과거1년 심사건수
D_CONT	3515	181.08267	82.39694	636506	0.48671	1168	최초계약일로부터경과기간
NHOSP	3515	1.02304	1.53383	3596	0	13.00000	과거1년 입원건수
DHOSP	3515	21.95448	9.36013	77170	0	65.00000	입원일수
DISCL_RT	3515	34.12057	8.09391	119934	0.83812	144.18900	과거1년 성연령질병별 면책율

[그림 7. 11] 상관분석 결과 – 단순 통계량

피어슨 상관 계수, N = 3515
H0: Rho=0 가정하에서 Prob > |r|

	CLAIM_AMT	INSU_AMT	TARGET_CNT_1Y	CLAIM_CNT_1Y	D_CONT	NHOSP	DHOSP	DISCL_RT
TARGET_AMT1Y 과거1년 지급금액	0.23494 <.0001	0.86005 <.0001	-0.03467 0.0399	-0.03339 0.0478	0.13205 <.0001	0.04121 0.0146	0.32610 <.0001	0.18176 <.0001

[그림 7. 12] 상관분석 결과 - 피어슨 상관계수

피어슨 상관계수를 보면, 과거 1년 지급금액과 가장 상관계수가 높은 변수로는, INSU_AMT(보험료, 0.86005), DHOSP(입원일수, 0.32610), CLAIM_AMT(청구금액, 0.23494)이 있다.

이번에는 **'과거 1년 동안 지급금액'**을 종속변수로 놓고, 위에서 선택했던 변수들을 설명변수로 설정하고 선형회귀분석을 실행한다.

1. 라이브러리에 있는 [INSU_EG] 데이터를 불러온다.

2. **[작업]** > **[회귀]** > **[선형회귀]**를 실행한다.

3. **[종속변수]**에 **과거 1년 지급금액**을 추가하고, **[설명변수]**에 청구금액, 보험료, 과거 1년 면책건수, 과거 1년 심사건수, 최초계약일로부터 경과기간, 과거 1년 입원일수, 입원일수, 과거 1년 성연령질병별 면책율을 추가한다.

4. **[모형]** > **[모형선택 방법]**으로 **'전체모형(선택 없음)'**을 선택한다.

5. **[도표]**는 체크하지 않는다.

Dependent Variable: TARGET_AMT1Y 과거1년 지급금액

Number of Observations Read	3515
Number of Observations Used	3515

Analysis of Variance					
Source	DF	Sum of Squares	Mean Square	F Value	Pr > F
Model	7	5.450301E12	7.786145E11	1716.90	<.0001
Error	3507	1.590426E12	453500287		
Corrected Total	3514	7.040727E12			

Root MSE	21296	R-Square	0.7741
Dependent Mean	75623	Adj R-Sq	0.7737
Coeff Var	28.16013		

Parameter Estimates						
Variable	Label	DF	Parameter Estimate	Standard Error	t Value	Pr > |t|
Intercept	Intercept	1	-14255	1883.54007	-7.57	<.0001
INSU_AMT	보험료	1	0.71435	0.00742	96.34	<.0001
DISCL_RT	과거1년 성연령질병별 면책율	1	333.91683	45.66746	7.31	<.0001
CLAIM_AMT	청구금액	1	-0.36092	0.03429	-10.52	<.0001
TARGET_CNT_1Y	과거1년 면책건수	1	-1371.55190	633.48292	-2.17	0.0304
CLAIM_CNT_1Y	과거1년 심사건수	1	-91.11736	462.13521	-0.20	0.8437
D_CONT	최초계약일로부터경과기간	1	-34.83715	4.54444	-7.67	<.0001
DHOSP	입원일수	1	710.44490	40.68109	17.46	<.0001

[그림 7. 13] 선형회귀 결과 – 회귀모형

선형회귀 분석 결과, 과거 1년 지급금액을 종속변수로 한 모델의 F-검정에서 p-value가 <0.0001로 유의수준 0.05보다 작게 나타났다. 이는 귀무가설(모든 독립변수의 회귀계수가 0)을 기각하며, 해당 모델이 통계적으로 유의미함을 나타낸다.

02 제조: 장비별 에너지 소비 패턴 비교

2.1 제조업에서의 분산분석

제조업에서는 생산 공정, 품질 관리, 원자재 사용 등을 분석하기 위해 분산분석을 자주 활용한다. 분산분석은 여러 그룹 간의 평균 차이를 비교하고, 특정 요인이 결과에 미치는 영향을 평가하는 통계적 방법으로, 공정 개선과 품질 향상에 중요한 기여를 한다. 예를 들어, 여러 제조 라인의 에너지 소비 차이를 분석할 때 분산분석을 사용하여 각 라인 간의 차이가 통계적으로 유의미한지 평가할 수 있다. 또한, 특정 변수(예: 장비 종류, 작업 조건, 온도 등)가 제품 품질이나 에너지 사용량에 미치는 영향을 평가하는 데 매우 유용하다. 이를 통해 제조업체는 공정에서의 비효율적인 요소를 식별하고 개선할 수 있으며, 품질을 일정하게 유지하면서도 생산 비용을 절감할 수 있다. 이처럼 분산분석은 데이터 기반의 의사결정을 가능하게 하여 제조업체가 보다 효율적이고 경쟁력 있는 생산 환경을 구축하는 데 도움을 준다.

2.2 장비별 에너지 소비량 차이 분석

이번 시나리오에서는 공정 과정에서 장비 유형별 에너지 소비량의 평균 차이를 분산분석을 통해 평가한다. 장비마다 에너지 소비 특성이 다를 수 있기 때문에, 어떤 장비가 에너지를 더 많이 소비하는지, 또 어떤 장비가 더 효율적으로 에너지를 사용하는지를 비교하는 것은 공정의 에너지 효율을 높이는 데 필수 요소이다. 이를 통해 각 장비 유형이 에너지 소비에 미치는 영향을 명확히 이해하고, 공정 개선을 위한 유용한 인사이트를 얻고자 한다.

2.3 데이터 설명

이번 시나리오에서 활용할 데이터는 금속 부품 제조 공정에서 세 가지 서로 다른 장비 유형(A, B, C)에 대해 5일 동안 관찰된 데이터를 사용한다. 각 장비 유형과 날짜별로 200개의 샘플을 수집하였으며, 전체 데이터는 총 3,000개의 관측치로 구성되어 있다.

[표 7. 2] 제조 공정 데이터의 변수 설명

No	Label	Column	Type	Description
1	작업 일자	OPERATING_DATE	날짜	생산 작업 일자
2	장비 유형	EQUIPMENT_TYPE	문자	제품을 생산하는 장비의 종류(A, B, C)
3	작업 온도	OPERATING_TEMP	숫자	생산 공정 중의 작업 온도
4	작업 시간	OPERATING_TIME	숫자	생산 공정에 소요된 작업 시간
5	에너지 소비량	ENERGY	숫자	생산 과정에서 소비된 에너지 양

	작업 일자	장비 유형	작업 온도	작업 시간	에너지 소비량
1	11NOV2024	A	354.93	27.52	73.93
2	11NOV2024	A	356.46	23.52	77.03
3	11NOV2024	A	355.83	28.53	74.72
4	11NOV2024	A	353.36	26.02	82.17
5	11NOV2024	A	354.96	26.47	81.99
6	11NOV2024	A	354.6	30.16	79
7	11NOV2024	A	354.51	29.38	77.96
8	11NOV2024	A	356.26	29.68	76
9	11NOV2024	A	354.35	28.19	82.5
10	11NOV2024	A	353.37	28.72	80.2

[그림 7. 14] 제조공정 데이터

2.4 기술통계분석

분석에 들어가기 앞서, 세 가지 장비 유형(A, B, C)에 따라 작업 온도, 작업 시간, 에너지 소비량의 기술통계량을 산출하여 각 장비의 성능 특성을 비교 분석하였다.

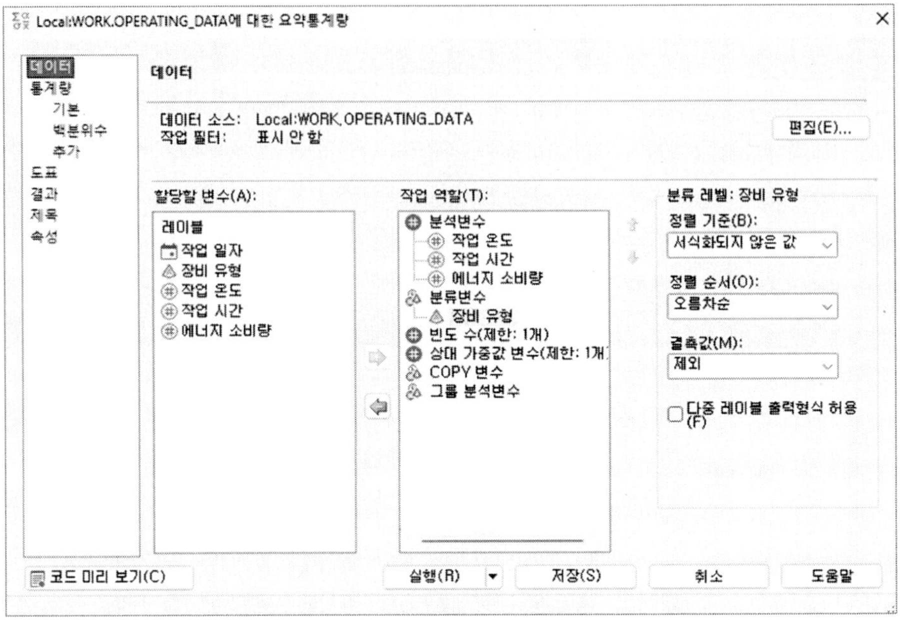

[그림 7. 15] 요약 통계량 – 변수 작업 역할 할당 화면

장비 유형	관측값 수	변수	평균	표준편차	최솟값	최댓값	N
A	1000	작업 온도 작업 시간 에너지 소비량	354.9913100 27.9002900 76.0374800	1.1569456 2.2229724 3.1210719	350.9200000 19.5000000 67.2400000	358.0700000 35.1700000 84.2800000	1000 1000 1000
B	1000	작업 온도 작업 시간 에너지 소비량	354.9667200 33.9427800 76.1389700	1.1855617 2.2124195 3.0498398	351.1100000 27.4600000 65.8800000	358.6800000 40.3900000 87.8300000	1000 1000 1000
C	1000	작업 온도 작업 시간 에너지 소비량	355.0270000 34.0480000 94.9070400	1.1698075 2.2141442 3.2736138	351.2500000 27.8100000 86.0400000	358.9600000 41.3400000 104.1900000	1000 1000 1000

[그림 7. 16] 요약 통계량 결과

요약 통계량 작업을 이용하여 장비 유형별 1,000개의 공정 결과 샘플에 대한 기술 통계를 분석한 결과, 작업 온도는 A장비, B장비, C장비 모두 평균 355.00℃로 비슷한 수준을 보였다. 또한, 작업 시간의 경우, A 장비는 평균 27.9분으로 가장 낮았으며, 장비 유형 B와 C는 각각 평균 33.94분, 34.05분으로 비슷한 수준을 보였다. 에너지 소비량의 경우 A장비는 평균 76.04kWh, B장비는 76.14kWh로 비슷한 수준을 보였으며, 장비 C는 평균 94.91kWh의 에너지 소비량으로 다른 장비 유형에 비해 현저히 높은 소비량을 보였다.

[표 7. 3] 요약 통계량 종합 결과

No	Column	요약통계량 결과
1	작업 온도	A = B = C
2	작업 시간	A < B < C
3	에너지 소비량	A < B < C

장비 유형별 기술통계량 분석 결과를 종합하면 공정 과정에서의 작업 시간과 에너지 소비량은 장비 유형에 따라 차이를 보였다. 이를 통해 각 장비 유형이 생산 효율성과 에너지 소비 패턴에 영향을 미칠 가능성을 확인할 수 있었다. 그러나 이러한 평균 차이가 단순한 표본 변동성에 의한 것인지, 아니면 실제로 통계적으로 유의미한 차이를 나타내는지는 추가적인 검증이 필요하다. 이에 따라, 다음 단계에서는 일원분산분석을 수행하여 집단(장비 유형) 간 평균 차이가 유의미한지 검증하고자 한다.

2.5 데이터 분석

세 가지 장비 유형(A, B, C)에 따른 작업 온도, 작업 시간, 에너지 소비량의 차이를 분석하기 위해 일원분산분석을 수행하였다. 분석 과정은 분산분석 결과 확인, 등분산성 검정, 사후 분석의 단계로 진행되며, **[일원분산분석]** 작업을 통해 수행하였다.

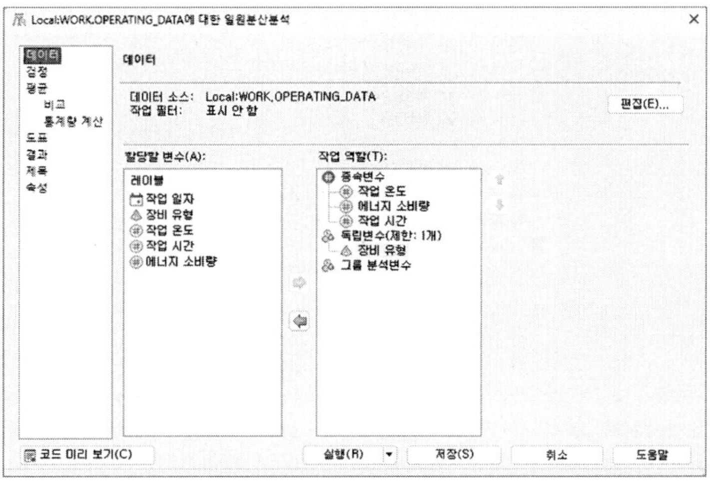

[그림 7. 17] 작업 – 일원분산분석 – 변수 작업 역할 할당 화면

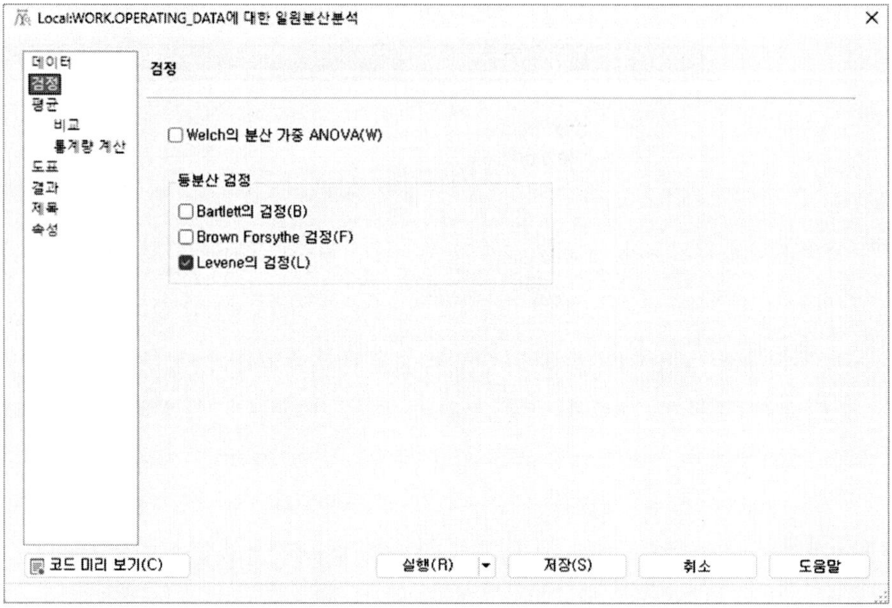

[그림 7. 18] 작업 – 일원분산분석 – 등분산성 검정 선택 화면

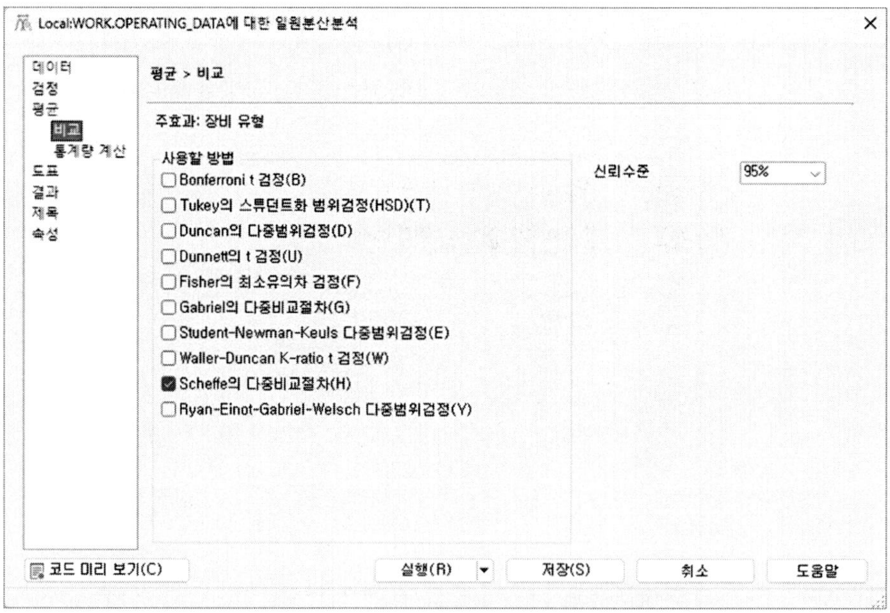

[그림 7. 19] 작업 – 일원분산분석 – 사후 분석 선택 화면

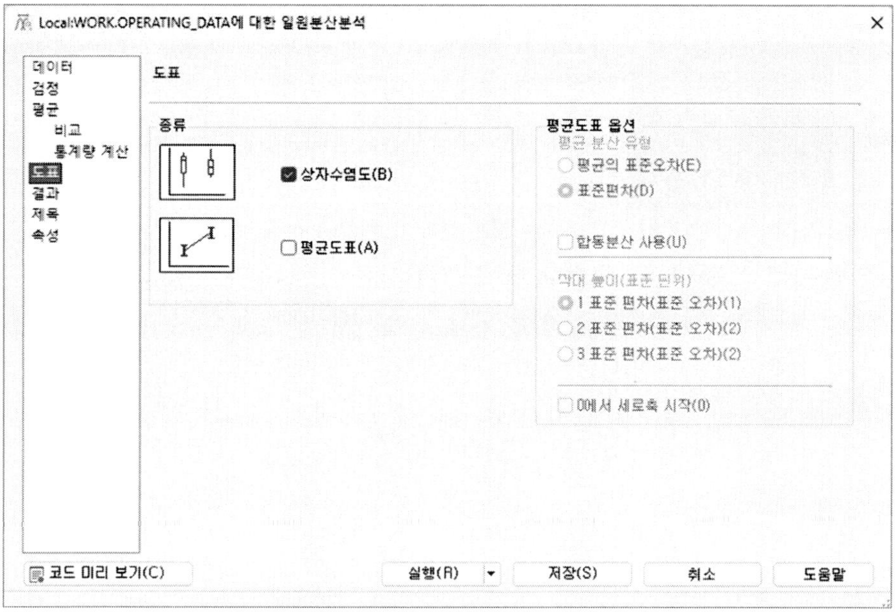

[그림 7. 20] 작업 – 일원분산분석 – 상자수염도 선택 화면

(1) 분산분석 및 결정계수(R^2)

먼저, 분산분석을 통해 장비 유형 간 평균 차이가 통계적으로 유의미한지 검정하고, 결정계수(R^2)를 활용하여 장비 유형이 각 변수의 변동을 얼마나 설명하는지 평가하였다.

작업 온도의 경우, 분산분석 결과 F-Value는 1.03, P-Value는 0.3571로 유의수준 0.05보다 크게 나왔다. 이는 장비 유형간 작업 온도의 평균 차이가 없다는 귀무가설을 기각할 수 없음을 의미하며, 장비 유형에 따른 평균 작업 온도가 통계적으로 유의미한 차이가 없음을 나타낸다.

또한, 결정계수(R^2)는 0.000687로 매우 낮아, 장비 유형이 작업 온도의 변동을 거의 설명하지 못하는 것으로 나타났다. 이는 작업 온도가 장비 유형에 관계없이 일정한 수준을 유지한다는 것을 의미한다.

[표 7. 4] 분산분석표 - 작업 온도

Source	DF	Sum of Squares	Mean Square	F Value	Pr > F
Model	2	3.050681	1.525341	1.03	0.3571
Error	2997	4438.299702	1.480914	-	-
Corrected Total	2999	4441.350383	-	-	-

[표 7. 5] 결정계수 - 작업 온도

R-Square	Coeff Var	Root MSE	작업 온도 Mean
0.000687	0.342764	1.216928	355.0338

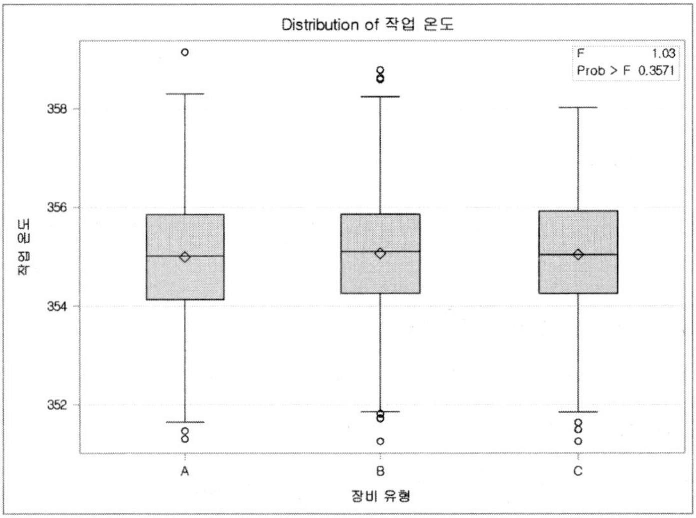

[그림 7. 21] 상자수염도 - 작업 온도

작업 시간의 경우, F-Value는 2,451.82로 매우 크고, P-Value는 <0.0001로 유의수준 0.05보다 작게 나왔다. 이는 장비 유형 간 작업 시간의 평균 차이가 없다는 귀무가설을 기각할 수 있음을 의미하며, 장비 유형에 따른 평균 작업 시간이 통계적으로 유의미한 차이가 있음을 나타낸다.

결정계수(R^2)는 0.6207로 나타났으며, 이는 장비 유형이 작업 시간 변동의 약 62.1%를 설명할 수 있음을 의미한다. 즉, 장비 유형이 작업 시간에 미치는 영향이 크다는 것을 나타내며, 특정 장비가 작업 효율성을 높이거나 낮출 가능성이 있음을 보여준다.

[표 7. 6] 분산분석표 – 작업 시간

Source	DF	Sum of Squares	Mean Square	F Value	Pr > F
Model	2	23193.78294	11596.89147	2451.82	<.0001
Error	2997	14175.56946	4.72992	-	-
Corrected Total	2999	37369.35240	-	-	-

[표 7. 7] 결정계수 – 작업 시간

R-Square	Coeff Var	Root MSE	작업 시간 Mean
0.620663	6.811485	2.174838	31.92898

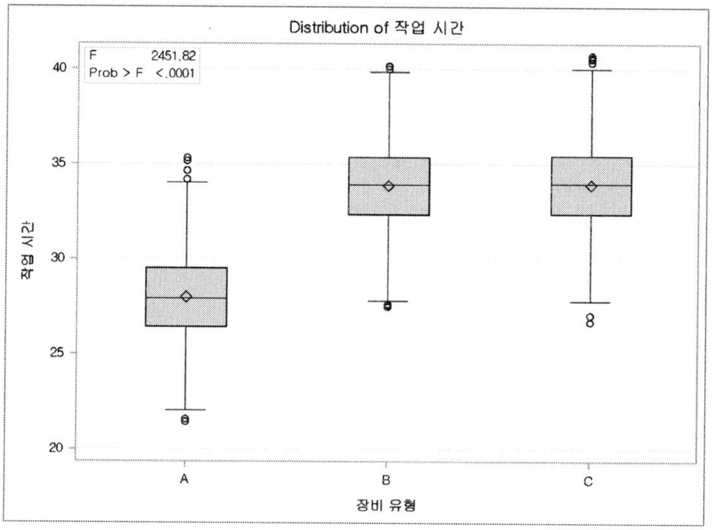

[그림 7. 22] 상자수염도 – 작업 시간

에너지 소비량의 경우, **F-Value**는 11,432.7로 매우 크고, **P-Value**는 <0.0001로 유의수준 0.05보다 작게 나왔다. 이는 장비 유형 간 에너지 소비량의 평균 차이가 없다는 귀무가설을 기각할 수 있음을 의미하며, 장비 유형에 따른 평균 에너지 소비량이 통계적으로 유의미한 차이가 있음을 나타낸다.

또한, 결정계수(R^2)는 0.8841로 높게 나타나, 장비 유형이 에너지 소비량 변동의 약 88.4%를 설명하는 것으로 나타났다. 이는 장비 유형이 에너지 소비에 미치는 영향이 크며, 특정 장비가 다른 장비에 비해 에너지를 훨씬 많이 소비할 가능성이 높음을 보여준다.

[표 7. 8] 분산분석표 - 에너지 소비량

Source	DF	Sum of Squares	Mean Square	F Value	Pr > F
Model	2	241443.4912	120721.7456	11432.7	<.0001
Error	2997	31646.2343	10.5593	-	-
Corrected Total	2999	273089.7255	-	-	-

[표 7. 9] 결정계수 - 에너지 소비량

R-Square	Coeff Var	Root MSE	에너지 소비량 Mean
0.884118	3.944004	3.249508	82.39110

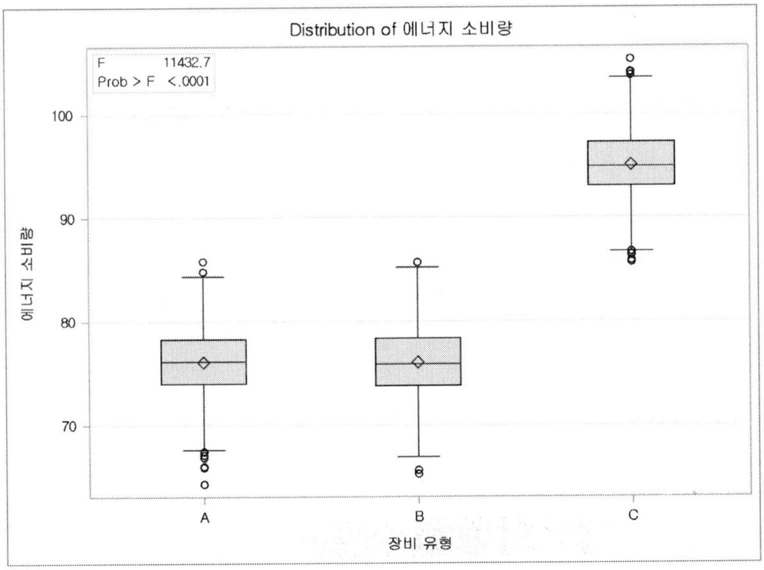

[그림 7. 23] 상자수염도 - 에너지 소비량

분산분석 결과를 종합하면, 작업 온도는 장비 유형 간 유의미한 차이가 없는 반면, 작업 시간과 에너지 소비량은 장비 유형에 따라 유의미한 차이를 보였다. 특히, 결정계수(R^2)를 고려할 때, 작업 시간(62.1%)과 에너지 소비량(88.4%)은 장비 유형에 의해 크게 영향을 받는 변수로 분석되었다.

그러나 이러한 분산분석 결과를 신뢰하기 위해서는 등분산성이 충족되는지 검토해야 한다. 집단 간 분산이 크게 다를 경우, F-검정 결과가 왜곡될 수 있으며, 분석 결과의 타당성을 높이기 위해 등분산성 검정이 필수적이다. 이를 바탕으로 등분산성 검정 결과를 확인하고, 추가적인 분석이 필요한지를 평가하고자 한다.

(2) 등분산성 검정

등분산성 검정은 분산분석(ANOVA)의 중요한 가정 중 하나로, 각 집단의 데이터가 유사한 분산을 가져야 집단 간 평균 차이를 정확하게 비교할 수 있도록 보장한다. 이 가정이 충족되지 않으면 ANOVA 결과의 신뢰성이 낮아질 수 있다. 본 시나리오에서는 Levene의 등분산성 검정을 사용하여 작업 온도, 작업 시간, 에너지 소비량에 대한 등분산성을 평가하였다.

[표 7.10] 등분산성 검정 결과 - 작업 온도

Source	DF	Sum of Squares	Mean Square	F Value	Pr > F
EQUITMENT_TYPE	2	9.9876	4.9938	1.25	0.2869
Error	2997	11982.2	3.9981	-	-

[표 7.11] 등분산성 검정 결과 - 작업 시간

Source	DF	Sum of Squares	Mean Square	F Value	Pr > F
EQUITMENT_TYPE	2	91.5604	45.7802	1.07	0.3446
Error	2997	128749	42.9594	-	-

[표 7.12] 등분산성 검정 결과 - 에너지 소비량

Source	DF	Sum of Squares	Mean Square	F Value	Pr > F
EQUITMENT_TYPE	2	91.5604	11.2992	0.05	0.9500
Error	2997	128749	220.4	-	-

검정 결과, 작업 온도, 작업 시간, 에너지 소비량의 F-Value는 각각 1.25, 1.07, 0.05로 나타났으며, P-Value는 각각 0.2869, 0.3446, 0.9500으로 유의수준 0.05보다 크게 나왔다. 등분산성 검정의 귀무가설인 "장비 유형 간 분산이 동일하다"를 기각할 수 없으므로, 세 변수 모두에서 장비 유형 간의 분산 차이가 통계적으로 유의미하지 않은 것으로 나타났다. 따라서, 분산분석의 기본 가정을 충족하며 분석 결과의 신뢰성이 확보되었다고

볼 수 있다.

이러한 결과를 바탕으로, 분산분석에서 유의미한 차이가 나타난 작업 시간과 에너지 소비량에 대해, 사후 분석을 통해 어떤 장비 간 차이가 통계적으로 유의한지를 구체적으로 확인하고자 한다.

(3) 사후 분석

사후 분석으로는 Sheffe의 사후 분석을 사용하여 모든 가능한 쌍의 장비 유형 간 평균 차이를 정밀하게 평가하였다.

사후 분석 결과, 작업 온도 변수는 분산분석에서 장비 유형 간 평균 차이가 유의하지 않다고 나타난 결과와 동일하게, 세 장비 유형이 모두 동일한 그룹으로 분류되었다.

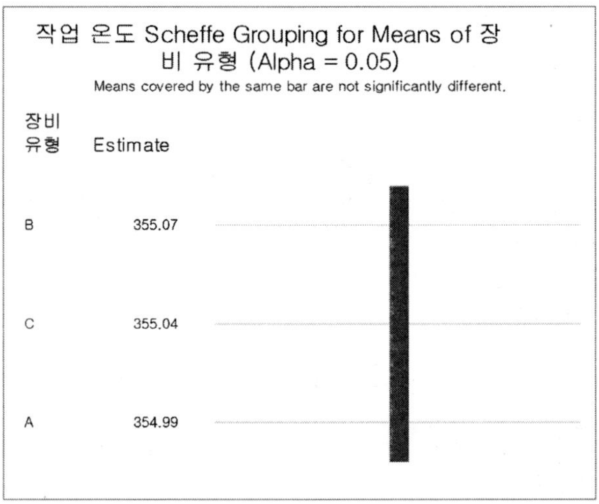

[그림 7. 24] 사후 분석 결과 - 작업 온도

반면, 작업 시간 변수의 경우 A장비의 작업 시간이 B장비와 C장비보다 유의미하게 낮아 별도의 그룹으로 구분되었으며, B장비와 C장비는 차이가 없어 동일한 그룹으로 분류되었다. 즉, A장비는 B와 C장비에 비해 상대적으로 적은 시간이 소요되는 것으로 분석되었다.

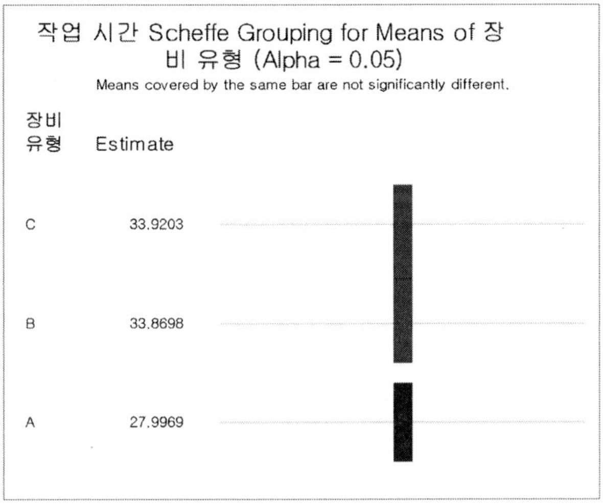

[그림 7. 25] 사후 분석 결과 - 작업 시간

에너지 소비량 변수에서는 A장비와 B장비의 에너지 소비량은 유의미한 차이가 없어 동일한 그룹으로 묶였으며, C장비는 A장비와 B장비보다 유의미하게 높은 값을 보여 별도의 그룹으로 분류되었다. 이는 C장비가 다른 두 장비에 비해 에너지를 더 많이 소비하는 경향을 나타낸다.

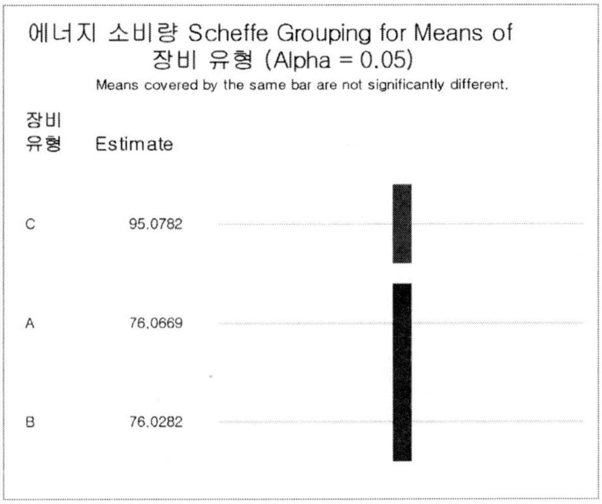

[그림 7. 26] 사후 분석 결과 - 에너지 소비량

종합적으로 작업 온도는 장비 유형에 관계없이 일정한 수준을 유지하는 반면, 작업 시간과 에너지 소비량은 장비 유형에 따라 유의미한 차이를 보였다. 특히, A장비는 상대적으로 적은 작업 시간과 낮은 에너지 소비량을 보였고, C장비는 더 많은 작업 시간과 높은 에너지 소비량을 나타내었다. 이는 각 장비의 효율성 차이를 반영하며, 작업 시간과 에너지 소비량에서 장비별 특성을 잘 보여준다.

2.6 결과 해석

분산분석, 등분산성 검정, 사후 분석 결과를 종합하면, 작업 온도는 장비 유형 간 차이가 없다고 판단되었으며, 이는 각 장비 유형이 작업 온도에 미치는 영향이 동일하다는 것을 의미한다. 반면, 작업 시간과 에너지 소비량은 장비 유형에 따라 유의미한 차이를 보였다. 특히 작업 시간에서는 A장비가 다른 장비들에 비해 상대적으로 짧은 시간을 소요하며, 에너지 소비량에서는 C장비가 다른 장비들에 비해 높은 소비량을 보였다.

따라서 작업 시간과 에너지 소비량을 기준으로 장비의 효율성을 순위별로 평가한 결과, A 장비가 가장 효율적이고, B 장비가 그 다음, C 장비는 상대적으로 비효율적인 것으로 나타났다. 아래 표는 작업 온도, 작업 시간, 에너지 소비량에 대한 분석 결과를 요약한 것이다.

[표 7.13] 분산분석 종합 결과

No	Column	분산분석	등분산성 검정	사후 분석	종합 결과
1	작업 온도	집단 간 차이 유의하지 않음	집단 간 분산이 같음	A = B = C	장비 효율순, A > B > C
2	작업 시간	집단 간 차이 유의함	집단 간 분산이 같음	A < B = C	장비 효율순, A > B > C
3	에너지 소비량	집단 간 차이 유의함	집단 간 분산이 같음	A = B < C	장비 효율순, A > B > C

이러한 분석 결과는 각 장비의 효율성 차이를 명확히 보여주며, 제조업체가 에너지 효율성을 개선하거나 특정 장비를 개선 및 대체하는 방법을 고려하는 데 중요한 기초 자료를 제공한다. 이 과정은 제조 산업에서 에너지 소비를 절감하고, 생산 비용을 낮추는 데 중요한 기여를 하며, 기업의 지속 가능성과 경쟁력을 강화하는 데 중요한 역할을 한다.

03 유통: RPM 기반 고객 세분화

3.1 유통업의 산업적 특성

유통업은 제조사와 소비자를 잇는 징검다리다. 유통사는 제조사에서 물건을 조달하여, 다양한 채널을 통해 판매한다. 그렇기 때문에 같은 제조사의 물건도 다양한 유통사에서 판매된다. 그 때문에 유통업은 가격 경쟁이 치열하고, 물류 최적화를 통한 비용절감이 중요하다. 또한 유통업은 고객 접점에서 고객의 마음을 사로잡아야 하는 위치에 놓여있다. 그 때문에 고객을 잘 아는 것이 중요한 산업이다. 이런 이유로 데이터 분석은 유통업 밸류체인 전반에서 요긴하게 쓰이고 있다.

특히 고객 세분화는 다양한 관점으로 고객을 나누고, 고객의 특성을 분석한다. 유통사는 이 세분화 결과에 기초하여 조달 전략, 마케팅 전략, 프로모션 계획 등을 수립할 수 있다. 즉, 유통사에게 있어 고객 세분화는 필수불가결한 중요한 데이터 과학 활동이다. 이러한 고객 세분화 방법은 고객을 어떤 요인을 중심으로 바라볼 것인가에 따라 그 방법이 다양하게 나뉜다.

3.2 유통업의 세분화 전략

실무 관점에서 고객 세분화 전략은 크게 세 가지 유형으로 나눌 수 있다. **첫째, 인구통계학적 세분화**이다. 축적된 데이터가 부족한 상황에서도 인구통계학적인 세분화 전략은 상당히 유용한 시작점이 될 수 있다. 인간은 필연적으로 연령과 성별 그리고 지역 등에 따라 구매와 행동 성향이 다르기 때문이다. 물론, 인구통계학적 세분화는 최근에 와서는 천편일률적이라는 비판을 받기도 하며, 자칫 잘 못 쓰일 경우 인공지능 윤리 문제를 야기할 수 있는 위험을 가지고 있다.

둘째, 행동기반 세분화이다. 유통업은 고객 접점에서 고객 구매와 포인트, 방문, 조회 등 다양한 행동 정보를 수집할 수 있다. 특히 e-커머스가 활성화되며, 수집 가능한 정보는 더욱 더 많아졌고, 구매 전, 중, 후에 걸친 고객 여정을 분석하는 것도 가능해졌다. 이러한 고객 행동정보는 고객 성향을 나눠 적절한 전략을 기획하고, 이행하는 데에 있어 그 무엇보다 중요한 정보를 제공한다.

셋째, 라이프스타일 세분화이다. 라이프스타일 세분화는 고객 접점에서 고객의 전반적인 구매활동을 조망할 수 있는 몇몇 산업에서만 구축 가능한 심층적인 통찰을 제공하는 세분화 전략이다. 라이프스타일 세분화는 주로 카드사, 대형 유통사, 통신사와 같이 광범위한 고객 데이터를 보유한 기업들이 효과적으로 구축할 수 있는 세분화 방법이다. 하지만 라이프스타일은 시간에 따라 바뀔 수 있으며, 이러한 변화를 포착하고 분석하기 위해 고객과 트렌드, 산업 전반에 대한 심층적인 이해를 요하기 때문에 구축 난이도가 높은 편이다.

3.3 RFM 세분화 전략

고객 행동기반 세분화 방법에도 상당히 다양한 접근법이 존재한다. 이중 가장 널리 알려진 세분화 방법이 바로 RFM 고객 세분화 방법이다. RFM(Recency, Frequency, Monetary)은 고객관계관리의 고객세분화를 목적으로 자주 사용하는 점수부여방식(scoring system)의 모형이다. 이 방법은 고객 가치를 고객이 얼마나 최근에 제품을 구입했는가(Recency), 고객이 얼마나 자주 제품을 구입하는가(Frequency), 고객이 제품을 구입하는데 어느 정도의 돈을 쓰고 있는가(Monetary) 3가지 기준으로 평가한다. RFM 분석에서는 각 지표를 독립적으로 점수화한 후, 이를 조합하여 VIP, 충성 고객, 신규 고객, 휴면 고객 등 다양한 고객 세그먼트를 정의한다. RFM 모형은 이해가 쉽고, 결과로 나눈 세분군별 반응률 차이가 명확하여 실무에서 자주 활용한다.

3.4 EG의 RFM 분석

EG의 RFM 분석은 **[데이터 마이닝]** 밑에 있는 **[RFM 분석]** 작업을 이용한다. 이 작업은 RFM 분석을 손쉽게 수행할 수 있도록 만들어 둔 기능이다. EG의 RFM 분석은 **고객단위로 요약한 데이터**와 **거래단위 데이터** 모두를 입력으로 사용할 수 있다. EG의 R, F, M 스코어 산출을 위한 구간은 각 1~9점으로 설정할 수 있다. 예를 들어 R 스코어의 구간 값을 5로 정하면, R 스코어는 1~5점 사이의 값을 가지며, 가장 오래된 날짜를 1점으로 처리한다. 반면, F, M 스코어는 가장 작은 빈도와 금액을 1점으로 처리한다. 또한 각 R, F, M 점수를 산출하기 위한 군집화 방법도 네스트와 독립 두 가지 방법을 지원한다.

R, F, M 점수 산출 방법

- **네스트 방법**(Nested Method): RFM 분석에서 사용되는 계층적 고객 세분화 접근법으로, 최근성(Recency)을 최우선으로 고객을 정렬한 후, 그 내부에서 빈도(Frequency)에 따라 세분화하고, 최종적으로 금액(Monetary) 기준으로 다시 세분화한다. 이 방법은 마치 러시아 인형처럼 분류 내에 분류가 중첩되는 구조를 가지며, 균등한 고객 분포를 만들어내고 시간에 따른 구매 행동 변화를 고려하는 장점이 있다. 하지만 변수들이 서로 종속적이어서 각 요소의 독립적 영향을 파악하기 어렵고 분석 해석에 더 많은 시간이 소요되는 단점이 있다.
- **독립 방법**(Independent RFM Scoring Method): RFM 분석에서 각 요소(최근성, 빈도, 금액)를 서로 독립적으로 순위화하는 접근법이다. 이 방법은 각 지표의 점수가 다른 지표에 영향을 받지 않고 독립적으로 부여되므로, 해석이 매우 명확하다는 장점이 있다. 예를 들어, 빈도 점수가 5점인 모든 고객은 비슷한 구매 빈도를 가지고 있다고 해석할 수 있다. 하지만 이 방법은 작은 규모의 고객 표본에서는 결합된 RFM 점수의 분포가 고르지 않을 수 있고, 일부 고객 세그먼트에는 아무도 속하지 않는 '빈 세그먼트'가 발생할 가능성이 있다는 단점이 있다.

EG의 경우 R, F, M을 동등하게 취급하지 않는다. EG RFM 로직은 'R > F > M' 순으로 가중치를 달리 하여, RFM 점수를 만든다. 즉 최근에 구매한 고객을 더 중요하게 취급하고, 금액보다는 빈도를 더 중요하게 취급한다는 의미이다. EG의 **RFM 점수 산출 공식**은 다음과 같다.

$$\text{RFM 점수} = 100 \times \text{R 점수} + 10 \times \text{F 점수} + \text{M 점수}$$

[수식 7.1] RFM 점수 산출 공식

3.5 데이터 설명

군집 분석에서 활용할 데이터는 'transaction.sas7bdat' 데이터이다. 이 데이터는 1,000명의 고객의 총 131,635 건의 거래 정보가 저장되어 있다. 이 데이터의 구성 칼럼은 아래 표와 같이 '고객 번호, 구매 일자, 구매 금액' 세 가지이다.

[표 7.14] transaction 데이터 설명

No	Label	Column	Type	Description
1	고객 번호	CUST_ID	문자	고객 식별 번호
2	구매 일자	BUY_DT	날짜(숫자)	고객이 구매한 일자
3	구매 금액	BUY_AM	숫자	해당 일자에 고객이 구매한 금액

3.6 데이터 분석

RFM 분석은 EG의 **[작업 찾아보기]**의 **[데이터 마이닝]** 작업 그룹 아래에 있는 **[RFM 분석]** 작업을 이용하여 수행한다. 우선 분석 데이터 'transaction.sas7bdat'를 프로세스 플로우로 가져온다. 그 다음 가져온 데이터를 우 클릭한 뒤, **[작업 찾아보기]**에서 **[RFM 분석]** 작업을 선택하여 프로세스 플로우로 가져온다. 분석 데이터는 '거래' 데이터로 고객 단위로 요약되어 있지 않다. 그렇기 때문에 **[RFM 유형]**을 **[거래 레벨 데이터]**로 설정한다.

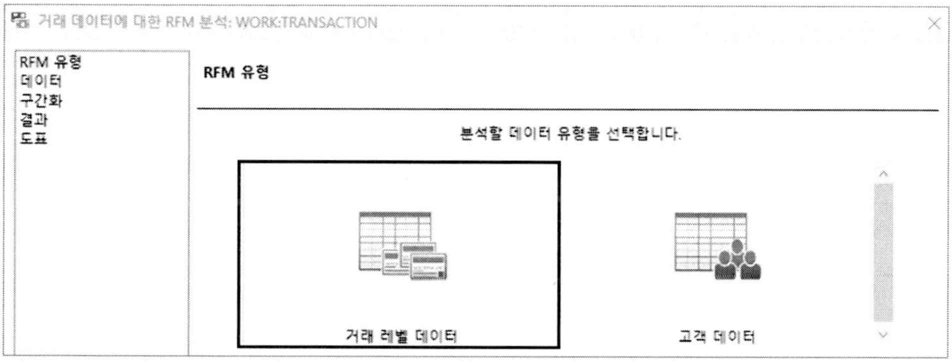

[그림 7. 27] RFM 분석의 RFM 유형 설정

왼쪽 작업 옵션에서 **[데이터]**를 클릭한다. **[데이터]**는 **[거래 날짜]**, **[거래 금액]**, **[고객 식별자]**에 해당하는 컬럼을 지정한다. 분석 데이터의 각 컬럼의 역할에 맞도록 아래 그림과 같이 **[작업 역할]**을 할당한다.

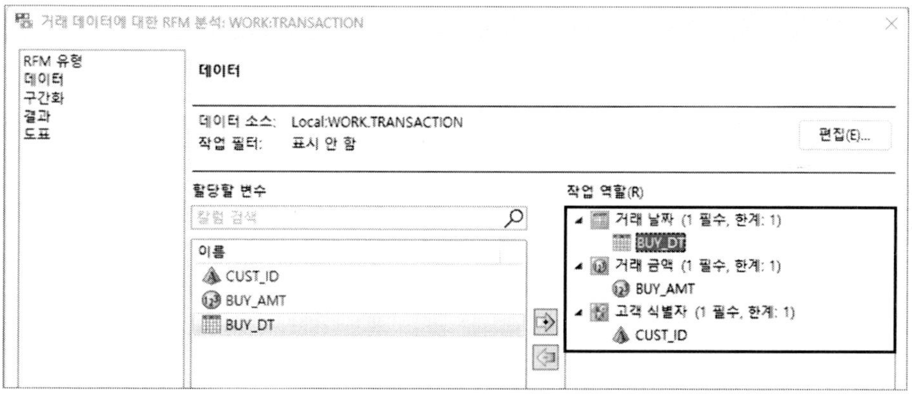

[그림 7. 28] RFM 작업 역할 할당

[구간화] 탭으로 이동한다. **[구간화]** 탭에서는 **[구간 방법]**과 **[막대 수]**를 설정할 수 있다. 이 작업에서 말하는 '막대 수'는 R, F, M 점수 개수를 의미한다. **[구간 방법]**은 **[네스트]**를 선택하여, 각 점수 간 비교에서도 R, F, M간 우선 순위가 보다 명확하게 반영되도록 한다. 다음으로 **[막대 수]는 모두 [9]로 지정**해 RFM 스코어의 최댓값이 '999'가 되도록 설정한다.

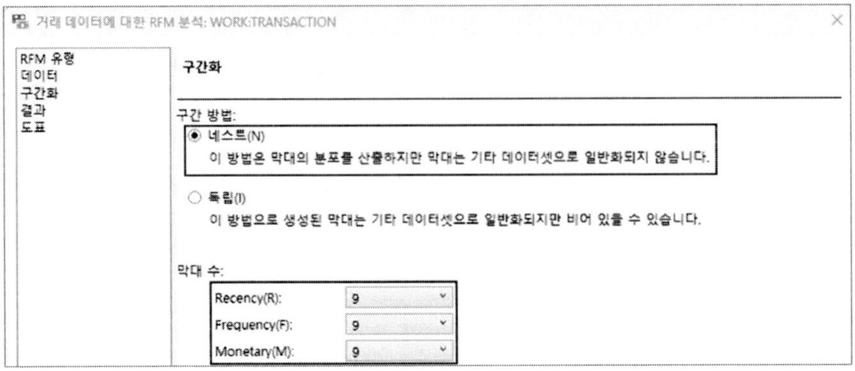

[그림 7. 29] RFM 작업의 구간화 방법 지정

이제 **[결과]** 탭을 선택한다. **[결과]**에서는 RFM 스코어링 결과 데이터를 저장할 데이터셋 이름과 각 R, F, M, RFM 점수를 저장할 칼럼의 이름을 지정할 수 있다. 다음 그림과 같이 기본값으로 필요한 경우 변경하면 된다.

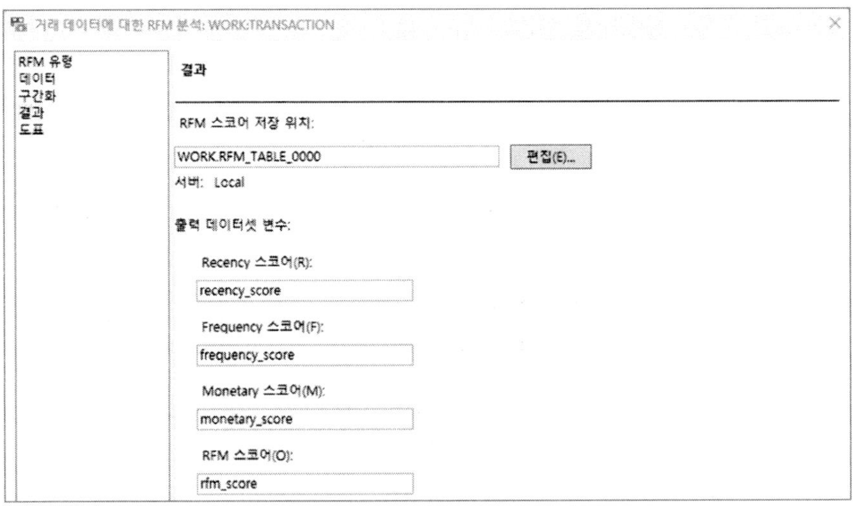

[그림 7. 30] RFM 작업의 구간화 방법 지정

마지막으로 **[도표]** 탭으로 이동한다. **[도표]**에서는 결과 데이터셋과 함께 출력할 도표를 지정할 수 있다. 선택 가능한 도표는 **[금융 지도]**, **[RFM 분포]**, **[RFM 세그먼트 요약]** 이렇게 세 가지 유형이다. 이번에는 **[금융 지도]**와 **[RFM 분포도]**만 선택한다.

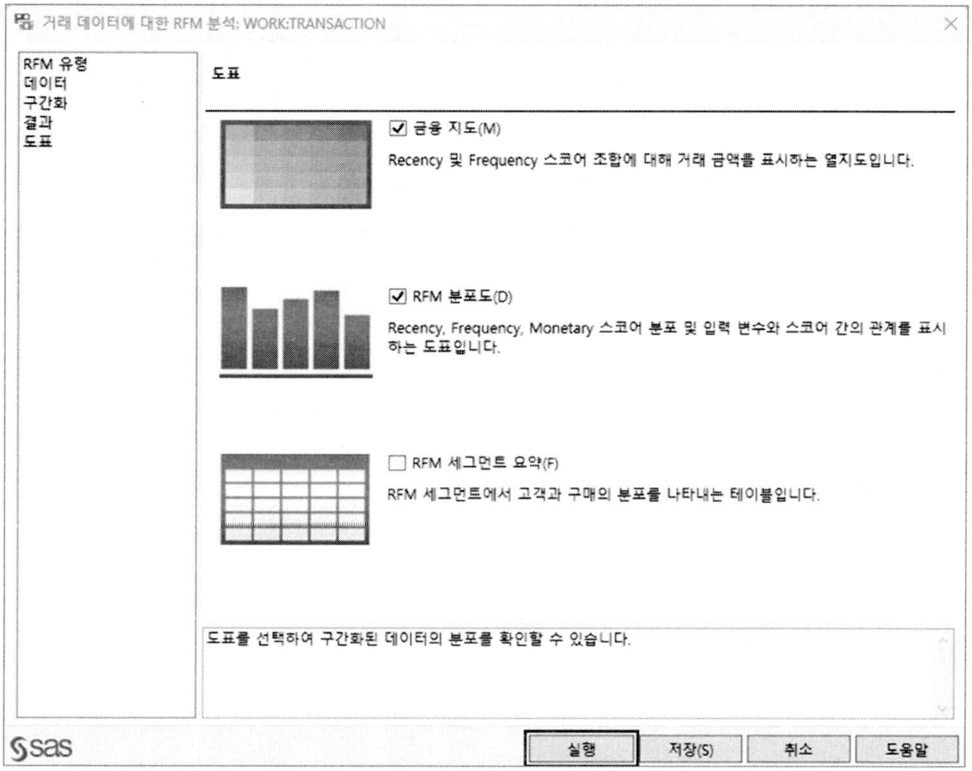

[그림 7. 31] RFM 작업의 구간화 방법 지정

[**RFM 세그먼트**] 요약을 제외한 이유는 [**구간화**]에서 구간을 모두 9로 지정했기 때문이다. 이렇게 설정할 경우, RFM 스코어는 111~999의 범위를 가진다. 이 경우, 출력에 표시되는 도표의 크기가 너무 크기 때문에 출력 대상에서 제외했다. 다음의 표는 [**도표**] 유형별로 출력되는 도표에 대한 설명이다.

[표 7.15] RFM 분석 작업의 [도표]

1) 금융 지도	
출력 그래프 또는 도표	출력 그래프 또는 도표
거래 금액 합계의 수익화 열지도 Monetization Map of Sums of Transaction Amounts	최근성 점수와 빈도 점수를 각각 x축과 y축으로 하는 열지도로, 색상 강도는 각 세그먼트의 거래 금액 합계 중앙값
2) RFM 분포도 (6가지)	
최근성 점수 분포 Distribution of Recency Scores	고객들의 최근성 점수(1-9, 1=가장 오래됨, 9=가장 최근)별 분포를 보여주는 막대 그래프
최근 거래 날짜 분포 Distribution of Frequency Scores by Recency Score	고객들의 가장 최근 거래 날짜가 시간순으로 어떻게 분포되어 있는지 보여주는 그래프
최근성 점수별 빈도 점수 분포 Distribution of Recency Scores	각 최근성 점수(1-9)에 따른 빈도 점수(1-9, 1=가장 적음, 9=가장 많음) 분포를 보여주는 패널 차트
근성 점수별 거래 횟수 분포 Distribution of Numbers ofTransactions by Recency Score	각 최근성 점수별로 실제 거래 횟수가 어떻게 분포되어 있는지 보여주는 패널 차트
최근성 및 빈도 점수별 금액 점수 분포 Distribution of Monetary Scores by Recency Score and Frequency Score	최근성과 빈도 점수의 조합에 따른 금액 점수(1-9, 1=가장 낮음, 9=가장 높음) 분포를 보여주는 다차원 패널 차트
최근성 및 빈도 점수별 거래 금액 합계 분포 Distribution of Sums of Transaction Amounts by Recency Score and Frequency Score	최근성과 빈도 점수 조합별 실제 거래 금액 합계 분포를 보여주는 패널 차트
3) RFM 세그먼트 요약	
RFM 점수별 고객 세그먼트 요약 Summary of RFM Segments	각 RFM 점수 조합(999부터 118까지)에 대한 아래 세그먼트 정보 제공: · 고객 수(Number of Customers) · 총 고객 대비 백분율(Percent of Customers) · 가장 최근 거래 날짜의 중앙값(Median Date of Most Recent Transaction) · 거래 횟수 중앙값(Median Number of Transactions) · 거래 금액 합계(Sum of Transaction Amounts)

3.7 결과 해석

작업을 실행하면 도표와 테이블 두 가지가 출력된다. 먼저 RFM 테이블을 살펴보자. RFM 테이블은 [그림 7. 32]와 같이 8개 칼럼이 포함되어 있다. 이 테이블은 ID 변수를 기준으로 구매 건수(NPurchase), 최근 구매 일자(MostRecentDate), 총 구매 금액(TotPuchaseAmt)를 요약한 다음, 각각에 대해 최근성 점수(recency_score), 빈도 점수(frequency_score), 금액 점수(monetary_score)를 만들고, 이들을 가중 합하여 RFM 점수(rfm_score)를 생성한 결과이다. RFM 테이블을 바로 사용해도 좋지만, RFM 스코어를 이용하여, 고객 등급을 부여하거나 다시 RFM 세 점수로 고객을 세분화하는 것도 좋은 2차 활용 방법이다.

	CUST_ID	NPurchase	MostRecentDate	TotPurchaseAmt	recency_score	frequency_score	monetary_score	rfm_score
1	00001	6	2023-11-28	168,609	3	2	2	322
2	00002	7	2023-11-22	202,852	3	3	3	333
3	00003	9	2023-11-11	424,153	2	6	6	266
4	00004	14	2023-11-26	576,277	3	9	4	394
5	00005	11	2023-12-06	371,656	4	7	4	474
6	00006	6	2023-12-15	308,405	5	1	8	518
7	00007	12	2023-12-19	751,605	5	7	8	578

[그림 7. 32] RFM 테이블

RFM 점수 산출 결과는 각 점수와 점수 간 분포를 살펴보는 방법도 좋지만 전체적인 점수의 타당성을 확인하고자 하는 경우 최근성 점수, 빈도 점수, 금액 점수에 따른 고객 분포를 한 눈에 확인할 수 있는 '거래 금액 합계의 수익화 열지도(Monetization Map of Sums of Transaction Amounts)'가 상당히 유용하다. 이 그래프는 가장 가치 있는 고객 세그먼트(최근에 자주 구매하고 금액이 높은)를 시각적으로 파악할 수 있도록 구성되어 있다. 그래프를 살펴보면, 최근에 가장 자주 구매하는 고객들(9,9)이 약 7천만 원으로 가장 높은 거래 금액을 기록하며, 최근성과 빈도가 감소할수록 거래 금액도 함께 감소하는 경향을 보이는 것을 알 수 있다. 특히 같은 빈도 점수라도 최근성이 높을수록 거래 금액이 증가하는 경향을 보였다. 결과를 비즈니스적으로 활용한다면, 오른쪽 상단의 빨간색/분홍색 영역(9-9, 9-8, 8-9)은 최고 가치 고객으로 VIP 프로그램과 개인화 서비스를 제공해야 할 수 있을 것이다. 또한 중간 가치 고객(최근성 7-8, 빈도 4-7)에게는 업셀링 전략이 효과적일 수 있으며, 과거 활발했으나 최근 비활성화된 고객은 재활성화 캠페인의 대상으로 삼을 수 있다. 최근성과 빈도가 모두 낮은 고객(왼쪽 하단)에게는 기본적인 유지 전략만 적용하여 비용 효율성을 높일 수도 있다.

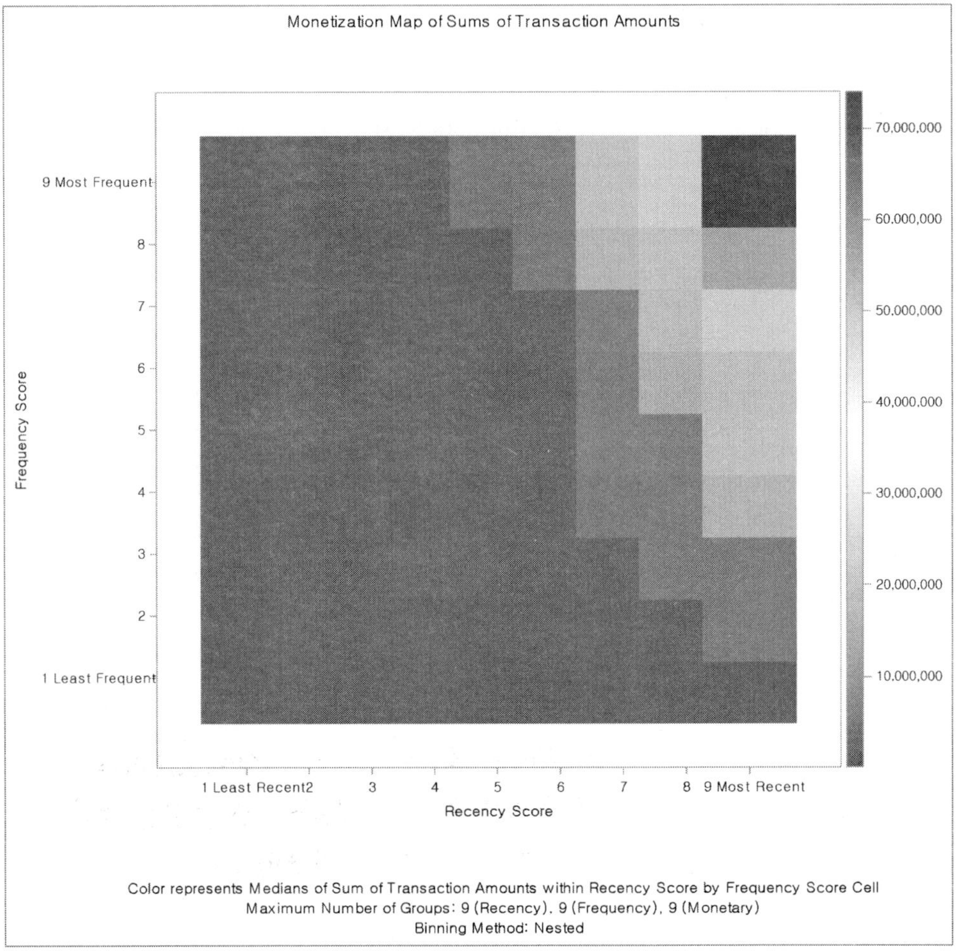

[그림 7. 33] 거래 금액 합계의 수익화 열지도

이처럼 RFM 세분화는 고객을 구매 행동을 기준으로 나눠 각 세그먼트에 따라 유용한 마케팅 전략을 구상할 수 있으며, 이를 통해 고객 경험을 개선하고, 고객 유지율을 높이는 데 기여할 수 있다.

04 금융: 정기예금 가입 예측 모델링

4.1 금융업에서 로지스틱 회귀

금융 산업은 자금을 융통하여 시장에 공급하는 산업과 경제의 중추적 역할을 수행하는 핵심 기반 산업이다. 이러한 금융 산업의 중요성과 더불어, 금융은 고객과 금융 사업자 간 상품에 대한 이해도 차이로 인한 정보 비대칭이 존재한다. 이로 이해 과거부터 금융업은 정부와 국제 기구 등에게 강력한 규제와 감시의 대상이었다. 이러한 금융업은 그 산업 특성으로 인해 무엇보다 신뢰성과 투명성이 중요하다. 그렇기 때문에 금융업에서는 과거부터 로지스틱 회귀모형을 요긴하게 활용해 왔다. 로지스틱 회귀모형은 단순한 수학적 구조에도 불구하고, 강력한 예측력과 설명력을 겸비하고 있다. 로지스틱 회귀는 주로 신용평가, 사기 탐지, 고객 이탈 등과 같은 영역에서 꾸준히 활용되어 왔다.

특히 리테일 마케팅에서 로지스틱 회귀모형은 타겟 마케팅의 핵심 도구로 활용되고 있다. 금융 상품은 그 특성상 고객의 니즈, 재정 상황, 그리고 위험 성향에 따라 수용성이 크게 달라지기 때문에, 무차별적인 마케팅보다는 정밀한 타겟팅이 효율적이다. 로지스틱 회귀모형은 고객의 인구통계 특성, 거래 이력, 금융 상태, 이전 캠페인 반응 등을 기반으로 특정 상품에 대한 고객 구매 가능성을 확률로 예측한다. 이를 통해 은행은 마케팅 예산을 효율적으로 할당하고, 고객별 맞춤형 접근 전략을 수립할 수 있다. 특히 정기 예금과 같은 상품은 이자율 경쟁이 치열한 시장에서 수익성을 유지하기 위해 효과적인 마케팅 전략이 필수적이다. 로지스틱 회귀를 통해 얻은 확률 점수는 마케팅 캠페인의 ROI를 최적화하는 데 중요한 근거가 되며, 모델의 계수 해석을 통해 어떤 요인이 고객의 전환에 가장 큰 영향을 미치는지 이해할 수 있어 마케팅 메시지와 채널 전략 수립에도 유용하다.

4.2 데이터 설명

이번에는 EG의 로지스틱 회귀 기능을 활용하여, 다이렉트 마케팅을 위한 예측 모형을 구축하는 방법을 알아보자. 활용 데이터셋은 포르투갈 은행의 다이렉트 마케팅 캠페인 과정과 결과에서 수집한 정보이다. 이 데이터는 총 고객 7,839명의 데이터가 포함되어 있으며, 각 고객별로 12개의 특성이 기록되어 있다. 데이터는 2008년 5월부터 2010년 11월까지 약 2년 6개월 동안 전화 마케팅을 통해 수집되었다. 이 데이터는 고객이 은행 정기 예금 상품에 가입할지 여부를 예측할 목적으로 수집되었다. 타겟 변수인 정기 예금 가입률은 12.22%이다. 이 데이터는 아래 표와 같이 고객의 인구통계학적 특성(나이, 직업, 결혼 상태, 교육 수준), 금융 상태(잔액, 대출 여부), 그리고 이전 마케팅 캠페인 접촉 기록 등 다양한 정보를 포함하고 있다.

[표 7. 16] BANK_DIRECT_CALL 데이터 설명

No	Label	Column	Type	Description
1	고객 번호	id	문자	고객 식별 번호
2	나이	age	숫자	고객의 나이
3	직업	job	문자	고객의 직업 유형
4	기혼 여부	married	문자	기혼자 여부(기혼 = 1, 미혼 or 이혼 = 0)
5	교육 수준	education	숫자	고객의 교육 수준(초등=1,중/고등=2, 대학=3)
6	평균 잔액	balance	숫자	고객의 연간 평균 계좌 잔액(유로)
7	주택대출 여부	housing	숫자	주택 대출 보유 여부
8	개인대출 여부	loan	숫자	개인 대출 보유 여부
9	섭외 방식	contact	문자	고객과의 마지막 연락 방법
10	통화 시간	duration	숫자	마지막 통화의 지속 시간(초)
11	캠페인 섭외 횟수	campaign	숫자	현재 캠페인에서 이 고객에게 연락한 횟수
12	경과일수	pdays	숫자	이전 캠페인 이후 경과 일수(-1: 없음)
13	이전 섭외 횟수	previous	숫자	이전 캠페인에서 이 고객에게 연락한 횟수
14	이전 섭외 결과	poutcome	문자	이전 마케팅 캠페인 결과
15	정기예금 가입 여부	target	문자	고객의 정기 예금 가입 여부 (타겟 변수)

(출처: Moro, S., Rita, P., & Cortez, P. (2014). Bank Marketing [Dataset]. UCI Machine Learning Repository. https://doi.org/10.24432/C5K306.)

BANK_DIRECT_CALL 데이터는 UCI Machine Learning Repository의 'Bank Marketing' 데이터를 분석에 용이하도록 2차 가공한 데이터이다. 데이터의 출처는 표 하단에 명시해 두었다. 원 자료는 총 약 4만 1천 건의 관측치를 포함하고 있다. BANK_DIRECT_CALL 데이터는 원 자료에서 다음 조건을 만족하는 고객을 제외했다.

① 파산(default) = 'yes'
② 직업(job) = 'unknown'
③ 교육 수준(education) = 'unknown'
④ 평균 잔액(balance) < 0

파산 고객은 보통 마케팅 캠페인 대상이 아니기 때문에 제외하고, 변수 목록에서도 제외했다. 직업과 교육 수준은 모형 적합 후 해석이 모호해질 가능성이 있어 대상에서 제외했다. 연평균 잔액이 0보다 작은 고객은 값이 잘 못 들어가 있거나, 여유 자금이 없는 경우이다. 보통 예금 상품은 여유 자금이 있는 고객이 주로 가입하기 때문에 대상으로 적절하지 않다고 판단하여 대상에서 제외했다. 위 4가지 조건을 만족하는 대상의 약 20%를 타겟 변수(예금 상품 가입 여부)를 기준으로 층화 추출했다. 표본을 뽑은 이유는 원 자료에 데이터가 본 분석 목적에 비해 너무 많기 때문에 원활한 실습 진행을 위해 제외했다. 이 외에도 원 자료에서 몇몇 변수를 변경했다. 다음은 변수 변경에 대한 내용이다.

[표 7.17] BANK_DIRECT_CALL 데이터 처리 내용

변수	작업 유형	전	후
고객 번호(id)	신규 생성	-	-
직업(job)	그룹화	Student Retired Unemployed	NonWorkforce
		self-employed technician management admin.	Professionals
		housemaid services entrepreneur blue-collar	ServiceWorkers
교육 수준 (education)	순위화	Primary Secondary Tertiary	1 2 3
섭외 여부 (contact)	그룹화	cellular telephone unknown	1 1 0
주택대출 여부 (housing)	수치화	Yes no	1 0
개인대출 여부 (loan)	수치화	Yes no	1 0
정기예금 가입 여부 (y → target)	수치화	Yes no	1 0

변수는 크게 그룹화와 수치화로 진행했다. 직업의 경우, 다소 상세 레벨로 나눠져 있어서 불필요한 더미 변수가 많이 생기는 문제가 존재했다. 그래서 각 직업의 성격과 빈도와 예금 가입률 등을 고려하여, 적절하게 묶었다. 다음으로 교육 수준은 순서 정보가 포함된 변수로 수치화 하여도 분석의 정도를 크게 해치지 않기 때문에 순위 변수로 변경했다. 주택대출 여부와 개인대출 여부, 정기예금 가입 여부 변수는 이항형 변수로 0, 1로 처리하여 기술통계를 한 번에 뽑기 쉽도록 변경했다.

4.3 기술통계분석

(1) 데이터 현황 확인

먼저 데이터를 프로세스 플로우로 가져오고, 데이터를 마우스 오른쪽 버튼으로 클릭한다. 그다음 **[작업 찾아보기]**를 클릭하고 **[기술]**에서 **[데이터 리스트]**를 선택한다.

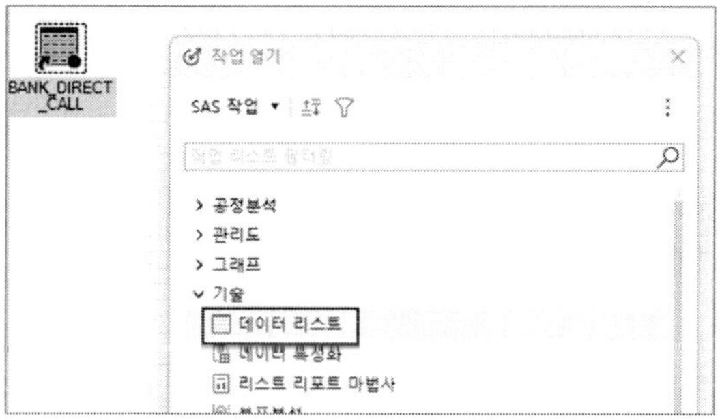

[그림 7. 34] 데이터 리스트 작업 선택

[데이터 리스트]를 선택하고, **[데이터]** 탭에서 **모든 변수를 선택해 [변수 리스트]**로 옮긴다.

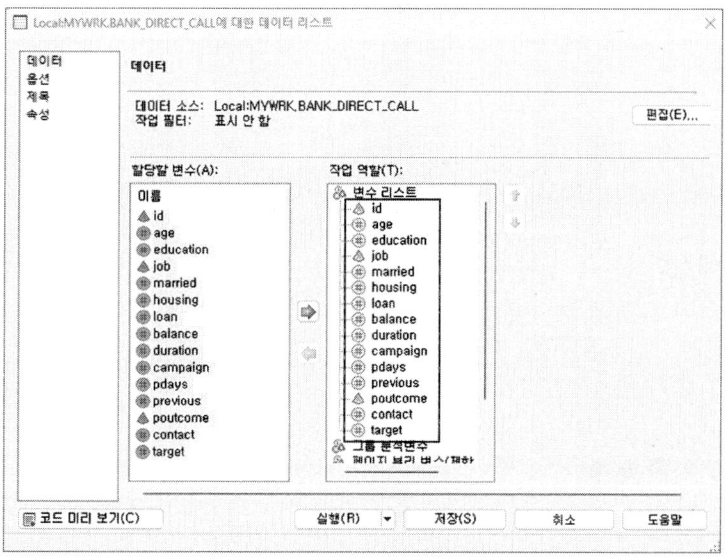

[그림 7. 35] 변수 리스트 선택

[옵션] 탭으로 이동한 뒤, **[나열할 행]**에서 **[1행부터 n번째 행]**을 선택하고, **[n 지정(A)]**에 '20'을 입력한다. 그리고 **[행 번호 표시]** 체크를 해제한다. 옵션을 이렇게 변경하는 이유는 우선 데이터 리스트 작업을 실행하는 목적이 주어진 데이터의 생김새를 확인이기 때문이다. 그렇기 때문에 너무 과도하게 많은 데이터를 출력하여 부하가 발생하는 것을 예방했다. 다음으로 행 번호 표시 체크를 푼 이유는 이미 데이터에 id 칼럼이 포함되어 있기 때문이다.

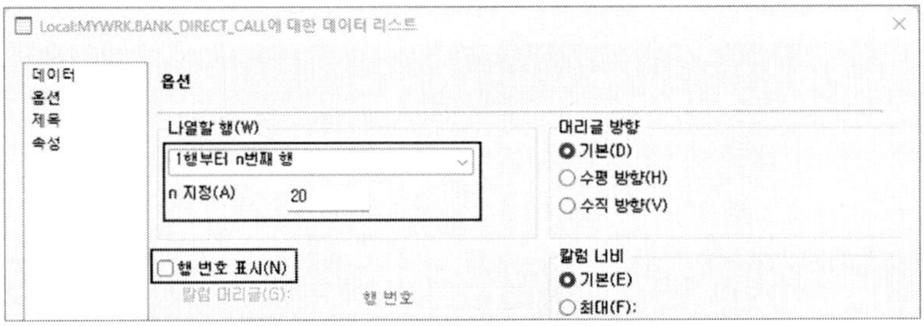

[그림 7. 36] 변수 리스트 옵션 변경

옵션 설정이 모두 끝났으면, **[실행]**을 누르고 결과를 확인한다.

고객 번호	나이	교육 수준	job	기혼 여부	주택대출 여부	개인대출 여부	평균 잔액	통화 시간	캠페인 섭외 횟수	경과일수	이전 섭외 횟수	이전 결과	섭외 여부	정기예금 가입 여부
0001	43	2	Professionals	0	1	0	593	55	1	-1	0	unknown	0	0
0002	57	1	ServiceWorkers	1	1	0	52	38	1	-1	0	unknown	0	0
0003	33	2	ServiceWorkers	1	1	0	0	54	1	-1	0	unknown	0	0
0004	36	2	Professionals	0	1	1	265	348	1	-1	0	unknown	0	0
0005	60	2	Professionals	1	1	1	39	208	1	-1	0	unknown	0	0
0006	59	2	ServiceWorkers	1	1	0	0	226	1	-1	0	unknown	0	0
0007	32	3	Professionals	1	1	0	0	179	1	-1	0	unknown	0	0

[그림 7. 37] 데이터 리스트 출력 결과

데이터 분석 시 메타데이터만으로는 실제 데이터 구조를 정확히 파악하기 어렵다. 따라서 데이터 리스트를 직접 확인하는 과정이 중요하다. 이를 통해 변수들이 실제로 어떻게 기록되어 있는지 확인함으로써 더 정확한 데이터 처리가 가능해진다.

(2) 기술통계

다음은 수치형 변수의 분포를 살펴보겠다. 기술통계는 각 변수의 분포와 결측, 건수 등에 대한 다양한 정보를 제공한다. 그 때문에 통계적인 가정이 필요한 통계분석에서 기술통계는 상당히 중요하다. 물론 머신 러닝이나 AI 영역에서도 기술통계는 여전히 중요하다. 기술통계를 통해 데이터의 정합성을 확인할 수 있고, 필요한 데이터 처리 내용을 확인할 수 있기 때문이다.

다시 데이터를 선택하고 **[작업 찾아보기]**를 선택한다. 그리고 **[기술]** 밑에 **[요약 통계량]**을 선택한다. 그리고 **[데이터] 탭**에서 **모든 수치형 변수를 [분석변수]**에 추가한다.

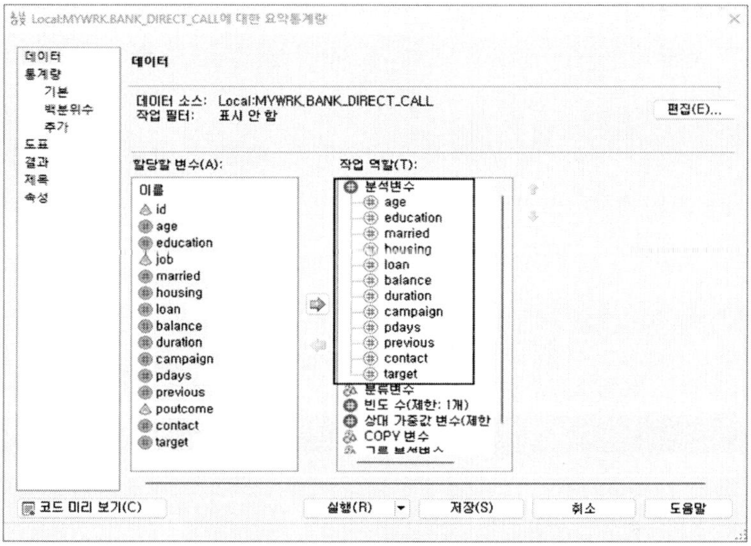

[그림 7. 38] 요약 통계량의 분석변수 할당

[기본] 탭으로 이동한 뒤 **[최대 소수점 이하 자릿]** 옵션을 **[3]으로 변경**한다. 이 옵션을 변경하지 않으며, 결과 표에 너무 많은 소수점이 표시되어 가독성이 떨어지는 경우가 존재한다. 하지만 이 옵션은 소수점 셋째 자리 이하를 모두 생략하기 때문에 정교한 수치가 필요한 경우, 기본값을 유지하고, 엑셀이나 워드에서 따로 수정해 주는 것이 좋다.

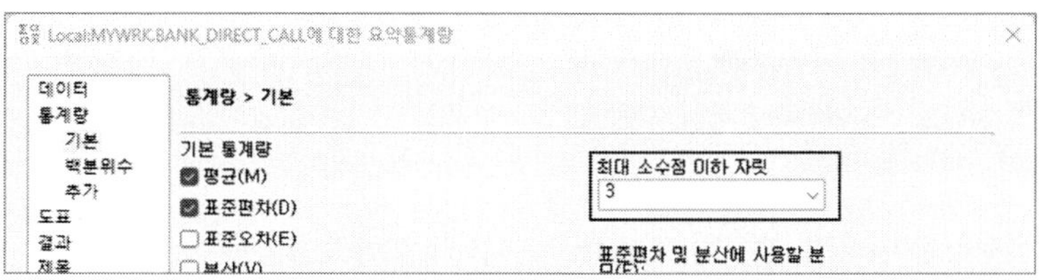

[그림 7. 39] 최대 소수점 이하 자리수 변경

작업을 **[실행]**하고 이어서 결과를 확인한다. 결과를 살펴보면 총 7,839개의 관측치에 대해 평균 나이는 41.1세이며, 교육 수준은 평균 2.155로 중등교육에 가까운 것을 알 수 있다. 정기예금 가입률(target)은 12.2%로 나타났으며, 고객 중 60.9%가 기혼이고 54.2%가 주택대출을 보유하고 있다. 평균 계좌 잔액은 1,531.742유로이며, 통화 시간은 평균 257.7초로 기록되었다. 이전 캠페인 이후 경과일수(pdays)는 평균 40.146일이나 표준편차가 크게 나타났다.

기술통계 산출 결과를 통해 몇 가지 사실을 추측할 수 있다. 먼저 평균 계좌 잔액(1,531유로)과 높은 표준편차(3,113유로)는 고객층의 재정 상태가 매우 다양함을 의미한다. 또한 마지막 통화 시간의 평균이 257초로 비교적 긴 편이다. 즉, **통화 시간과 예금 가입 간 유의미한 관계가 존재할 가능성**이 높다. 또한 **주택대출(54.2%)과 개인대출(14.7%) 보유 비율은 고객의 금융 부담과 신규 상품 가입 가능성 간의 관계를** 분석할 필요가 있음을 보여준다.

[표 7.18] 기술통계 산출 결과

변수	레이블	평균	표준편차	최솟값	최댓값	N
age	나이	41.101	10.762	18.000	89.000	7839
education	교육 수준	2.155	0.672	1.000	3.000	7839
married	기혼 여부	0.609	0.488	0.000	1.000	7839
housing	주택대출 여부	0.542	0.498	0.000	1.000	7839
loan	개인대출 여부	0.147	0.354	0.000	1.000	7839
balance	평균 잔액	1531.742	3113.250	0.000	71188.000	7839
duration	통화 시간	257.455	262.144	1.000	4918.000	7839
campaign	캠페인 섭외 횟수	2.714	2.979	1.000	55.000	7839
pdays	경과일수	40.146	99.335	-1.000	826.000	7839
previous	이전 섭외 횟수	0.591	2.074	0.000	58.000	7839
contact	섭외 여부	0.723	0.448	0.000	1.000	7839
target	정기예금 가입 여부	0.122	0.328	0.000	1.000	7839

다음은 범주형 변수의 분포를 살펴보자. 범주형 변수의 분포는 데이터를 마우스 오른쪽 버튼으로 클릭하고, **[작업 찾아보기]**에서 **[기술]**로 들어간 뒤, **[일원빈도분석]**을 실행하여

확인할 수 있다. 분석변수에는 '이전 섭외 결과(poutcome)와 직업(job)' 변수를 할당한다. 그리고 작업을 **[실행]**한 뒤 결과를 확인한다.

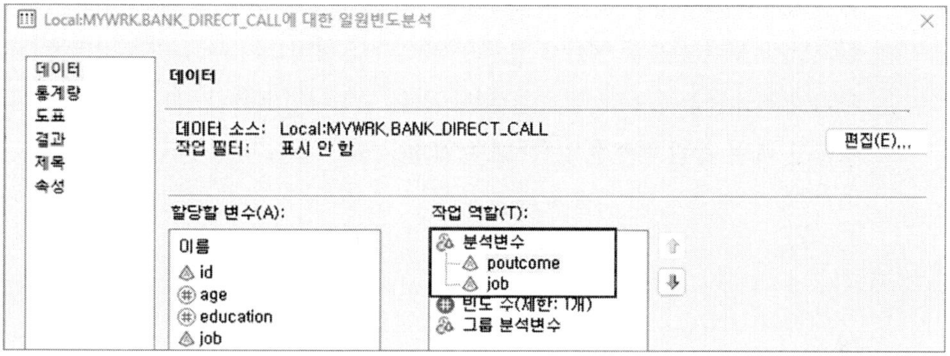

[그림 7. 40] 분석변수 작업 역할 할당

범주형 변수에 대한 빈도표 산출 결과는 다음의 표와 같다. 결과를 살펴보면, 이전 캠페인에서는 대다수(81.2%)의 고객이 'unknown' 상태로, 성공적인 접촉 이력이 있는 고객은 단 3.75%에 불과하다. 직업의 경우, 전문/관리직(Professionals)이 54.42%로 가장 큰 비율을 차지하고, 서비스/현장직(ServiceWorkers)이 35.12%, 비경제활동인구(NonWorkforce)가 10.46%를 차지했다. 이는 은행의 고객 기반이 주로 안정적 소득을 가진 전문직 종사자로 구성되어 있음을 의미한다.

[표 7. 19] 범주형 변수의 빈도표 산출 결과

1) 이전 섭외 결과(poutcome)				
수준	빈도	백분율	누적 빈도	누적 백분율
failure	861	10.98	861	10.98
other	316	4.03	1,177	15.01
success	294	3.75	1,471	18.77
unknown	6,368	81.23	7,839	100.00
2) 직업(job)				
NonWorkforce	820	10.46	820	10.46
Professionals	4,266	54.42	5,086	64.88
ServiceWorkers	2,753	35.12	7,839	100.00

(3) 관계 분석

관계 분석에서는 앞서 기술통계분석을 통해 몇 가지 확인할 내용을 중심으로 살펴보려고 한다. 먼저 **'통화시간, 주택대출, 개인대출'과 '예금 가입 여부'의 관계**를 살펴보자. 이들 변수와 '예금 가입 여부'의 관계를 살펴보는 가장 쉬운 방법은 **[요약테이블] 작업**을 이용하는 것이다. 먼저 **[요약테이블]** 작업의 **[데이터]** 탭을 다음과 같이 설정한다. **핵심은 '예금 가입 여부'를 [분류변수]에 할당**하는 것이다. 분류 변수를 지정할 경우, 해당 변수의 각 수준별로 기술통계를 나누어 출력한다. 이제 작업을 **[실행]**하고 결과를 확인한다.

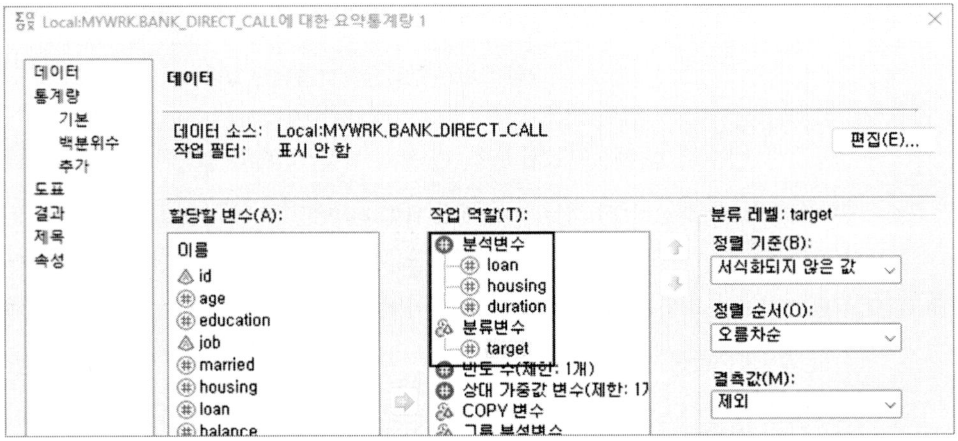

[그림 7. 41] 분석변수 작업 역할 할당

그림의 결과를 살펴보자. 먼저 정기예금 미가입 고객(6,881명)과 가입 고객(958명)을 비교할 때, 가장 뚜렷한 차이점은 통화 시간(duration)이다. **가입 고객의 평균 통화 시간은 527.5초로, 미가입 고객(219.9초)의 2.4배**에 달한다. 이는 더 오랜 통화가 성공적인 전환과 강한 연관성이 있음을 의미한다. 대출 측면에서는 흥미로운 패턴이 나타났다. 미가입 고객 중 개인대출(loan) 보유 비율은 15.6%인 반면, 가입 고객은 8.0%로 절반 수준이다. 반면 주택대출(housing) 보유 비율은 미가입 고객(56.9%)과 가입 고객(34.9%) 모두에서 차이가 있다. 이는 대출 부담이 적은 고객이 정기예금 상품에 더 관심을 보이는 경향이 있음을 나타낸다. **기존 캠페인에서 오랜 시간 통화한 고객은**

대체로 섭외 문의에 우호적인 것으로 추정된다. 또한, 섭외 문의를 넣을 때는 **대출 부담이 적은 고객을 우선 타겟**으로 선정하는 것이 효과적일 수 있다.

정기예금 가입 여부	관측값 수	변수	레이블	평균	표준편차	최솟값	최댓값	N
0	6881	loan	개인대출 여부	0.1560820	0.3629594	0	1.0000000	6881
		housing	주택대출 여부	0.5686673	0.4952983	0	1.0000000	6881
		duration	통화 시간	219.8568522	210.4726775	1.0000000	4918.00	6881
1	958	loan	개인대출 여부	0.0803758	0.2720161	0	1.0000000	958
		housing	주택대출 여부	0.3496868	0.4771201	0	1.0000000	958
		duration	통화 시간	527.5093946	401.4789805	11.0000000	3076.00	958

[그림 7. 42] 정기예금 가입 여부에 따른 주요 변수 분포 비교

다음은 직업과 이전 섭외 결과에 따른 정기예금 가입률 비교 방법을 알아보자. 이 경우에도 **[요약통계량]**을 이용하면 쉽게 결과를 확인할 수 있다. 이번에는 **[분류변수]에 직업(job)을 할당하고, [분석변수]에 정기예금 가입 여부(target)을 할당**한 뒤 한 번 **[요약통계량]** 작업을 실행한다.

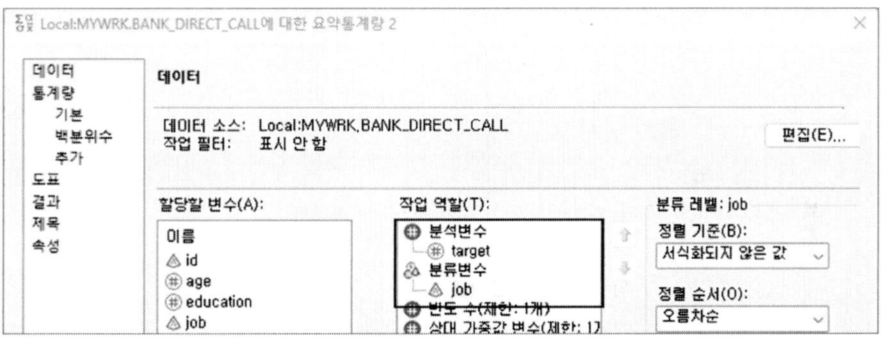

[그림 7. 43] 직업과 정기예금 가입 여부 간 관계 확인을 위한 변수 역할 할당 방법

작업을 실행하면 다음과 같은 결과를 확인할 수 있다.

분석 변수: target 정기예금 가입 여부						
job	관측값 수	평균	표준편차	최솟값	최댓값	N
NonWorkforce	820	0.2134146	0.4099680	0	1.0000000	820
Professionals	4266	0.1312705	0.3377356	0	1.0000000	4266
ServiceWorkers	2753	0.0810025	0.2728886	0	1.0000000	2753

[그림 7. 44] 직업군에 따른 정기예금 가입 여부 분포

결과를 살펴보면, 비경제활동인구(NonWorkforce)의 정기예금 가입률이 21.34%로 가장 높게 나타났다. 이는 전문/관리직(Professionals)의 가입률 13.13%와 서비스/현장직(ServiceWorkers)의 가입률 8.10%보다 현저히 높은 수치이다. 표준편차 값을 통해 각 그룹 내 가입률의 변동성도 확인할 수 있는데, 비경제활동인구에서 가장 큰 표준편차(0.41)를 보인다.

비경제활동인구(NonWorkforce)가 다른 직업군에 비해 정기예금에 더 많이 가입하는 현상은 여러 요인으로 설명할 수 있다. 먼저 이 그룹의 재정 특성이 정기예금과 잘 맞는다. 학생들은 미래를 위한 저축, 은퇴자들은 안정적인 수입원 확보, 실업자들은 일시적인 자금 보관이 필요하기 때문에 안전한 금융 상품인 정기예금에 관심을 보이는 것으로 추측된다. 또한 이 그룹은 대출 부담이 상대적으로 적다. 이전 분석에서 개인대출이나 주택대출을 가진 고객들의 가입률이 낮은 것으로 나타났는데, 비경제활동인구는 이러한 부담이 적을 가능성이 높다. 그리고 이 그룹은 정기적으로 소득이 발생하지 않은 가능성이 높기 때문에, 위험을 감당할 여력이 비교적 낮을 것으로 보인다. 따라서 이 그룹은 안정적인 예금 상품 가입 권유에 반응한 것으로 보인다.

범주형 타겟 변수와의 관계를 분석할 때는 앞선 두 예시와 같이 **[요약통계량]** 작업을 이용하면, 손쉽게 연관성을 확인할 수 있다. 물론 EG에는 다양한 그래프와 관련 작업이 존재하기 때문에 이 방법만을 고수할 필요는 없다.

4.4 모형 적합

이제 본격적으로 로지스틱 회귀모형을 적합해 보자. EG에서는 **[HP 로지스틱 회귀]**와 **[로지스틱 회귀]** 두 가지 작업으로 로지스틱 회귀모형을 지원한다. 이 두 작업 간에 큰 차이는 없으며, 보다 많은 하드웨어 자원이 있는 경우에 HP가 붙은 작업이 유리할 수 있다.

이번에는 **[로지스틱 회귀]** 작업을 이용하여, 모형을 적합하자. 먼저 데이터를 마우스 오른쪽 버튼으로 클릭하고, **[작업 찾아보기]를 선택한 뒤 [회귀] 밑에 있는 [로지스틱 회귀] 작업을 선택하고, [열기]를 클릭**한다. 그리고 창이 열리면, **변수를 그림과 같이**

할당한다. 그리고 각 분류 **변수의 코딩 방법을 [참조]로 모두 변경**한다.

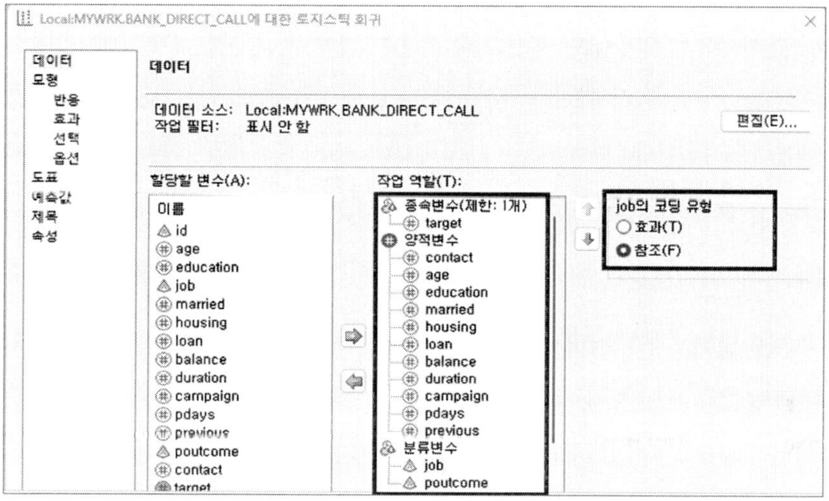

[그림 7. 45] 로지스틱 회귀 작업 역할 할당 및 분류변수 코딩 유형 변경

TIP

참조 코딩과 효과 코딩의 차이

참조 코딩과 효과 코딩은 범주형 변수를 수치로 변환하는 두 가지 주요 방법이다. 참조 코딩은 선택된 하나의 범주를 기준점으로 삼아 다른 범주들의 효과를 비교하는 반면, 효과 코딩은 전체 평균을 기준으로 각 범주의 효과를 측정한다. 두 방식 모두 같은 예측 성능을 제공하지만, 모델 계수의 해석 방식이 다르므로 연구 목적에 맞게 선택해야 한다.

[표 7. 20] 참조 코딩과 효과 코딩 비교

특성	참조 코딩(Reference Coding)	효과 코딩(Effect Coding)
다른 이름	더미 코딩(Dummy Coding)	대비 코딩(Contrast Coding)
기준점	특정 참조 범주	전체 평균
코딩 예시 (3범주)	참조=tertiary primary: 1, 0 secondary: 0, 1 tertiary: 0, 0	primary: 1, 0 secondary: 0, 1 tertiary: −1, −1
절편 해석	참조 범주의 평균	전체 데이터의 평균
계수 해석	각 범주와 참조 범주의 차이	각 범주와 전체 평균의 차이
주요 용도	특정 기준 집단과의 비교	전체 평균과의 비교, ANOVA
결과값 합	계수의 합 ≠ 0	계수의 합 = 0

[모형] 탭으로 이동한 뒤, **[다음 레벨에 모형 적합]**을 [1]로 변경한다. 그래야 Target=1인 값을 중심으로 결과가 출력된다.

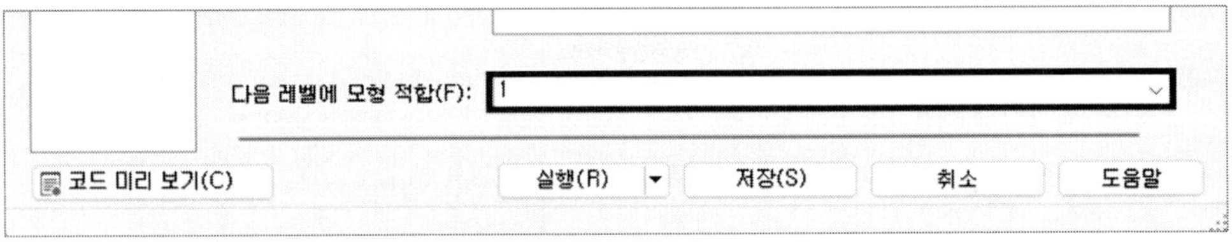

[그림 7. 46] Target 레벨에 모형 적합 옵션 변경

[효과] 탭으로 이동하여, **모든 변수**를 **[주효과]**로 설정한다. 이 탭에서는 주효과 외에도 지분, 교호작용, 팩터리얼 등을 이용하여, 다양한 효과를 추가할 수 있다.

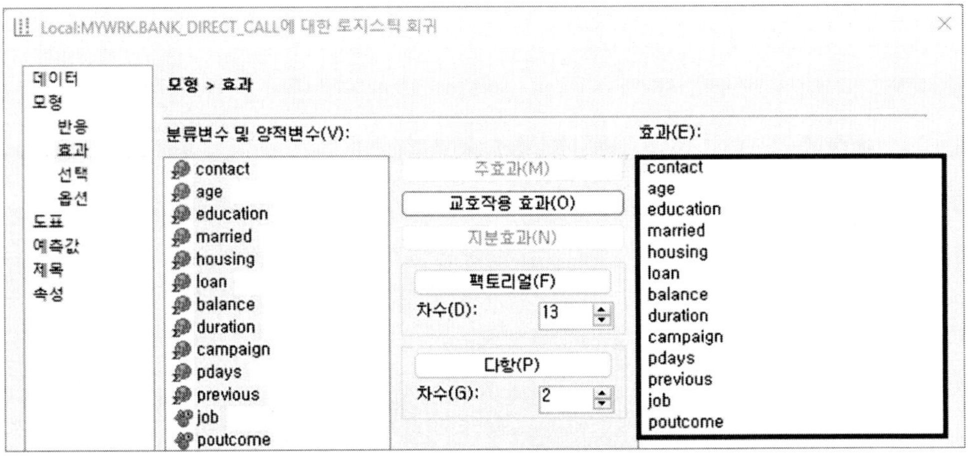

[그림 7. 47] 모형 구조 설정 방법

로지스틱 회귀모형의 결과 해석을 위해 **[옵션] 탭에서 [조건부 오즈비] 항목의 [왈드]와 [프로파일 우도]를 체크**한다. 이 옵션은 조건부 오즈비(조건부 확률에 기반한 승산비)를 계산하여 각 독립변수가 종속변수에 미치는 영향력을 더 명확하게 해석할 수 있게 한다. 또한, 이 옵션을 사용하면 왈드(Wald) 통계량과 프로파일 우도(Profile Likelihood) 방법을 사용하여 신뢰구간을 계산할 수 있다.

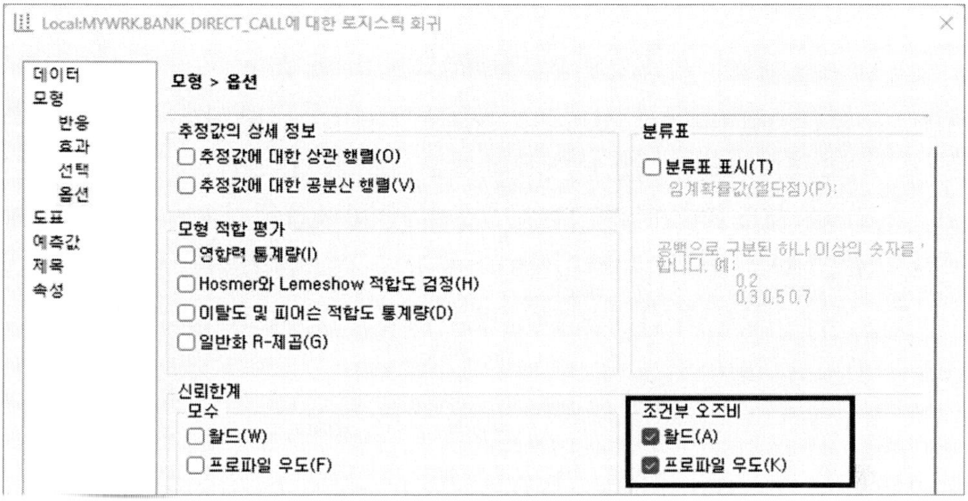

[그림 7. 48] 모형 옵션 설정

이제 **작업을 실행**한 뒤 결과를 확인한다.

4.5 결과 해석

[로지스틱 회귀] 작업을 실행하면 다양한 표가 결과로 출력된다. 하지만 이 모든 표를 꼭 이해할 수 있어야 하는 것은 아니며, 주요한 몇 가지 표를 중심으로 결과를 살펴보자.

(1) 모형 유의성과 적합도

모형에 대한 유의성은 'Testing Global Null Hypothesis: BETA =0' 표를 통해 확인할 수 있다. 이 표는 모형 유의성 검정 결과로, EG의 **[로지스틱 회귀]** 작업은 크게 세 가지 유의성 검정 결과를 출력한다. 먼저 우도비 검정(Likelihood Ratio) 결과를 살펴보자. 우도비의 카이제곱 통계량 값은 1744.0728이고 자유도는 16이다. p-값이 <.0001로 매우 작아 통계적으로 매우 유의하다. 이는 예측변수들이 포함된 현재 모형이 절편만 있는 기본 모형보다 통계적으로 유의하게 우수함을 의미한다. 즉, 포함된 예측변수들이 종속변수(정기예금 가입 여부)를 예측하는 데 유의함을 의미한다.

모형 적합도는 'Model Fit Statistics' 표를 통해 확인할 수 있다. 이 표는 절편만 있는 모형과 예측변수가 포함된 모형의 적합도를 비교한 결과이다. 먼저 AIC(아카이케 정보 기준)는 5823.307에서 4111.234로, SC(슈워츠 기준)는 5830.274에서 4229.671로, -2 Log L(-2 로그 우도)은 5821.307에서 4077.234로 크게 감소했다. 여기서 모든 적합도 지표가 감소한 것은 예측변수를 포함한 모형이 절편만 포함한 모형보다 데이터를 훨씬 더 잘 설명한다는 것을 의미한다. 특히 -2 Log L 값의 큰 감소(약 1744)는 우도비 검정의 카이제곱 값과 일치하며, 모형의 설명력이 상당히 향상되었음을 보여준다.

Model Fit Statistics		
Criterion	Intercept Only	Intercept and Covariates
AIC	5823.307	4111.234
SC	5830.274	4229.671
-2 Log L	5821.307	4077.234

Testing Global Null Hypothesis: BETA=0			
Test	Chi-Square	DF	Pr > ChiSq
Likelihood Ratio	1744.0728	16	<.0001
Score	2103.4580	16	<.0001
Wald	1123.0868	16	<.0001

[그림 7. 49] 모형 적합도(Model Fit Statistics)와 유의성(Testing Global Null Hypothesis: BETA =0) 검정 결과

(2) 계수 유의성 검정

[그림 7. 50]은 로지스틱 회귀모형의 계수 유의성에 대한 결과표이다. 이 표를 살펴보면, 계수 유의성 검정 결과, 통화 지속시간(duration), 이전 캠페인 결과(poutcome), 연락 여부(contact), 주택대출 여부(housing) 등 다수의 변수가 p<.0001로 매우 유의한 것으로 나타났다. 고객과의 통화 지속시간(duration)이 길수록 가입 확률이 높아지며, 이는 충분한 대화 시간이 상품 설명과 고객 설득에 중요함을 보여준다. 특히 이전 캠페인에서

성공 경험이 있는 고객(poutcome success)은 가입 가능성이 크게 증가하므로, 이전 가입 고객에 대한 추가 상품 제안이 효과적인 전략이 될 수 있다.

연락 여부(contact)도 유의미한 영향을 미치는 것으로 나타났다. 반면, 주택대출(housing)이나 개인대출(loan)과 같은 금융 부담이 있는 고객은 정기예금 가입 확률이 감소한다. 두 변수 모두 p<.0001로 매우 유의하여, 이미 대출 부담이 있는 고객들이 추가적인 금융 상품 가입에 소극적임을 통계적으로 확인할 수 있다.

직업군(job)별로는 비경제활동인구(NonWorkforce, p<.0001)와 전문/관리직(Professionals, p=0.0094)이 서비스/현장직보다 높은 가입 가능성을 보이며, 특히 시간적 여유가 있는 비경제활동인구의 가입 확률이 가장 높다. 결혼 상태(married, p=0.0016)와 이전 접촉 횟수(previous, p=0.0024)도 유의한 영향을 미치는 것으로 나타났다. 흥미롭게도 캠페인 접촉 횟수(campaign, p<.0001)가 증가할수록 가입 확률은 오히려 감소하는데, 이는 과도한 접촉이 고객의 피로도를 높이고 부정적 인식을 초래할 수 있음을 의미한다.

반면 나이(age, p=0.9935), 계좌 잔액(balance, p=0.7050), 이전 캠페인 이후 경과일수(pdays, p=0.8293) 등은 p-값이 0.05보다 커서 정기예금 가입에 유의미한 영향을 미치지 않는 것으로 나타났다. 교육 수준(education)은 유의수준 5%에서는 유의하지 않지만, 10%로 유의수준을 완화할 경우 유의했다. 따라서 교육 수준도 예금가입에 영향을 줄 수 있음을 알 수 있다. 이러한 모형 적합 결과는 그 자체로도 가입 가망 고객을 찾아 상품을 추천하거나 권유하는 방법을 활용할 수 있다. 또한 모형 적합을 통해 얻은 다양한 지식들은 마케팅 효율성을 높이는 데 유용하게 활용될 수 있다.

Class Level Information				
Class	Value	Design Variables		
job	NonWorkforce	1	0	
	Professionals	0	1	
	ServiceWorkers	0	0	
poutcome	failure	1	0	0
	other	0	1	0
	success	0	0	1
	unknown	0	0	0

Analysis of Maximum Likelihood Estimates						
Parameter		DF	Estimate	Standard Error	Wald Chi-Square	Pr > ChiSq
Intercept		1	-4.2131	0.2848	218.9067	<.0001
contact		1	1.2133	0.1393	75.9119	<.0001
age		1	-0.00003	0.00401	0.0001	0.9935
education		1	0.1309	0.0726	3.2521	0.0713
married		1	-0.2827	0.0898	9.9142	0.0016
housing		1	-0.7904	0.0917	74.3079	<.0001
loan		1	-0.6514	0.1444	20.3414	<.0001
balance		1	-5.18E-6	0.000014	0.1433	0.7050
duration		1	0.00395	0.000149	708.4030	<.0001
campaign		1	-0.1101	0.0237	21.5881	<.0001
pdays		1	-0.00015	0.000689	0.0465	0.8293
previous		1	0.0524	0.0172	9.2190	0.0024
job	NonWorkforce	1	0.5902	0.1430	17.0416	<.0001
job	Professionals	1	0.2898	0.1116	6.7467	0.0094
poutcome	failure	1	0.0525	0.2036	0.0665	0.7965
poutcome	other	1	0.5070	0.2367	4.5878	0.0322
poutcome	success	1	2.3879	0.1857	165.2825	<.0001

[그림 7. 50] 계수 유의성 검정 결과

(3) 오즈비 분석

[그림 7. 51]는 로지스틱 회귀분석에서 도출된 오즈비(Odds Ratio)와 95% 신뢰구간을 보여준다. 오즈비는 각 변수가 정기예금 가입 확률에 미치는 영향력의 크기와 방향을 나타낸다. 95% 신뢰구간이 1을 포함하지 않는 변수들은 통계적으로 유의한 예측 변수로 볼 수 있다.

가장 강력한 예측 변수는 이전 캠페인 결과가 성공(poutcome success)인 경우로, 오즈비가 10.89(신뢰구간: 7.58-15.71)에 달한다. 이는 이전에 성공적으로 은행 상품에 가입한 고객이 그렇지 않은 고객보다 정기예금 가입 가능성이 약 10.9배 높다는 것을 의미한다. 고객 연락 여부(contact)도 오즈비 3.364(신뢰구간: 2.576-4.449)로 가입 확률에 큰 영향을 미친다.

직업군 측면에서는 비경제활동인구(NonWorkforce)가 서비스/현장직(ServiceWorkers)에 비해 가입 가능성이 1.804배(신뢰구간: 1.362-2.386) 높고, 전문/관리직(Professionals)도 1.336배(신뢰구간: 1.075-1.665) 높다. 이전 마케팅 캠페인 결과가 기타(other)인 경우도 오즈비 1.660(신뢰구간: 1.036-2.624)으로 가입 확률을 높인다.

반면, 주택대출(housing) 보유는 오즈비 0.454(신뢰구간: 0.379-0.543)로 가입 확률을 크게 낮추고, 개인대출(loan) 보유 역시 오즈비 0.521(신뢰구간: 0.390-0.687)로 부정적 영향을 미친다. 결혼 상태(married)는 오즈비 0.754(신뢰구간: 0.632-0.899)로 기혼자의 가입 확률이 낮음을 보여준다. 캠페인 접촉 횟수(campaign)도 오즈비 0.896(신뢰구간: 0.854-0.937)으로 접촉이 많을수록 가입 확률이 감소함을 나타낸다.

나이(age), 교육 수준(education), 계좌 잔액(balance), 이전 캠페인 이후 경과일수(pdays), 이전 캠페인 실패(poutcome failure)는 신뢰구간이 1을 포함하여 통계적으로 유의하지 않은 변수들이다.

Odds Ratio Estimates and Profile-Likelihood Confidence Intervals				
Effect	Unit	Estimate	95% Confidence Limits	
contact	1.0000	3.364	2.576	4.449
age	1.0000	1.000	0.992	1.008
education	1.0000	1.140	0.989	1.314
married	1.0000	0.754	0.632	0.899
housing	1.0000	0.454	0.379	0.543
loan	1.0000	0.521	0.390	0.687
balance	1.0000	1.000	1.000	1.000
duration	1.0000	1.004	1.004	1.004
campaign	1.0000	0.896	0.854	0.937
pdays	1.0000	1.000	0.998	1.001
previous	1.0000	1.054	1.019	1.091
job NonWorkforce vs ServiceWorkers	1.0000	1.804	1.362	2.386
job Professionals vs ServiceWorkers	1.0000	1.336	1.075	1.665
poutcome failure vs unknown	1.0000	1.054	0.704	1.564
poutcome other vs unknown	1.0000	1.660	1.036	2.624
poutcome success vs unknown	1.0000	10.890	7.581	15.711

[그림 7. 51] 오즈비 분석 결과

지금까지 로지스틱 회귀분석을 통해 은행 정기예금 가입에 영향을 미치는 주요 요인들을 체계적으로 파악할 수 있었다. 이전 마케팅 성공 경험, 고객 연락 여부, 대출 부담 정도, 직업군, 통화 시간 등의 변수들이 가입 확률에 통계적으로 유의미한 영향을 미치는 것으로 확인되었다. 이러한 결과는 로지스틱 회귀모형이 금융 분야에서 고객 행동 예측에 탁월한 성능을 발휘함을 보여준다. 로지스틱 회귀는 단순한 구조와 해석 용이성에도 불구하고 정확한 예측력을 제공하여, 규제가 엄격한 금융 환경에서 의사결정의 투명성이 요구될 때 특히 유용하다. 또한 신용평가, 사기 탐지, 고객 이탈 예측, 마케팅 타겟팅 등 다양한 금융 문제에 적용 가능하여, 금융기관이 리스크를 관리하고 마케팅 효율성을 극대화하는 데 필수적인 도구이다.

찾아보기

영문

한글